Friedrich Wilhelm Joseph von Schelling

Sämtliche Werke

Sechster Band

Friedrich Wilhelm Joseph von Schelling

Sämtliche Werke
Sechster Band

ISBN/EAN: 9783742808530

Hergestellt in Europa, USA, Kanada, Australien, Japan

Cover: Foto ©Andreas Hilbeck / pixelio.de

Manufactured and distributed by brebook publishing software
(www.brebook.com)

Friedrich Wilhelm Joseph von Schelling

Sämtliche Werke

Friedrich Wilhelm Joseph von Schellings

sämmtliche Werke.

Erste Abtheilung.

Sechster Band.

Stuttgart und Augsburg.

J. G. Cotta'scher Verlag.

1860.

Vorwort des Herausgebers.

Der ältere handschriftliche Nachlaß Schellings ist auch im gegenwärtigen Band zu seinem Recht gekommen, er enthält außer der kleinen Schrift Philosophie und Religion nur bisher Unbekanntes. Zum Unbekannten nämlich, wenn gleich nicht zum Ungedruckten, ist auch der den Band eröffnende Nachruf an Kant zu rechnen. In einer obscuren Zeitung vergraben, war dieser Aufsatz von niemand gekannt, bis Schelling in einer Anmerkung seiner Darstellung der rationalen Philosophie zuerst auf ihn aufmerksam machte.

Außerdem sind es zwei Manuscripte, die hier zum Abdruck gekommen sind.

Das erste, der Würzburger Zeit angehörende, hat zum Gegenstand die Propädeutik der Philosophie, eine Vorlesung, welche später unter diesem Titel bei Schelling nicht mehr vorkommt.

Diese Propädeutik zerfällt in zwei Abschnitte. Der erste Abschnitt beschäftigt sich mit der Idee der Philosophie als der Darstellung des Unendlichen. Hierbei wird 1) die allgemeine Sphäre oder die Region überhaupt bestimmt, in welcher Philosophie zu Hause ist — es ist die des Unbedingten, „dessen, was von sich selbst und durch sich selbst und allein ohne alle Beschränkung reell ist"; 2) wird dargethan, „daß Philosophie eine der nothwendigen und aus der Natur des menschlichen Geistes selbst hervorgehenden Formen ist, in welchen dieser das Unendliche darstellt"; es wird bewiesen, „daß Sittlichkeit und Religion, Philosophie und Poesie nur ebenso viele verschiedene Ausdrücke eines und desselben Strebens sind, bloß mit dem Unterschied, daß jene der freien, diese der nothwendigen Thätigkeit des Geistes angehören.“ Aus dieser Idee der Philosophie werden dann 3) die sittlichen und geistigen Forderungen abgeleitet, welche an den Philosophirenden und besonders an den gemacht werden, „der in die Geheimnisse dieser Wissenschaft eingeweiht zu werden verlangt.“

Dieser erste Abschnitt der Propädeutik wurde, da er theils mehr allgemein-einleitender Natur ist, theils nichts enthält, das nicht in ähnlicher Weise in schon bekannten Schriften des Verfassers niedergelegt wäre, übergangen und nur der zweite Abschnitt mitgetheilt, welcher eine Darstellung und Kritik der verschiedenen Standpunkte gibt, „über welche die Philosophie allmählich emporsteigen mußte, um zum absoluten Standpunkt zu gelangen.“ Da diese methodische Hinleitung zum absoluten Idealismus sich in dieser Zusammenfassung nirgends in den bisherigen Schriften Schellings findet, so schien sie allerdings des Drucks werth zu seyn.

Den übrigen Theil des Bandes füllt das System der gesammten Philosophie und der Naturphilosophie insbesondere, wie es von Schelling in Würzburg vorgetragen wurde. Dieses zu veröffentlichen, bewogen mich folgende Gründe:

1) Schelling hat bekanntlich niemals das ganze Identitätssystem in continuo mitgetheilt. Insbesondere war immer die Darstellung der ideellen Reihe vermißt. Zwar sie fehlte insofern nicht ganz, als der Bruno und die Schrift: Philosophie und Religion, jener auf die erste Potenz der idealen Welt, die des Erkennens, diese auf die zweite Potenz, die des Handelns, einging. Aber eben das diesen beiden Schriften zu Grunde liegende Ganze der Construktion der idealen Welt war nirgends gegeben. Daß dieses mitgetheilt würde, schien von Wichtigkeit. Ich bemerke überdieß, daß ein Theil der hier vorliegenden Idealphilosophie sogar ganz den ersten (Jenaer) Vortrag derselben wiedergibt. Es fand

sich nämlich, daß der Verfasser in das (hier abgedruckte) Würzburger Manuscript, da wo es auf die Erkenntnißlehre übergeht, einige Bogen des älteren Jenaer Manuscripts der Identitätsphilosophie einfach eingelegt hatte — von §. 277 bis §. 291 incl., indem er bloß, wo es nöthig schien, den Ausdruck „unendliches Erkennen" (= Selbsterkennen der absoluten Identität), dessen er sich in Jena bediente, in den synonymen, dem Würzburger Vortrag entsprechenden Terminus „unendliche Affirmation" verändert hatte.

Die in den genannten §§. enthaltene Deduktion der Erkenntnißlehre und transscendentalen Logik ist also dieselbe, welche dem Bruno zu Grunde gelegt und von Schellings Zuhörern in Jena, darunter auch von Hegel, gehört worden war.

2) Die Naturphilosophie selbst ist in dieser Darstellung nicht nur specieller ausgeführt als in den schon gedruckten naturphilosophischen Schriften des Verfassers, sondern auch in verschiedenen Punkten weiter gebildet, wie dieß der Leser finden wird.

Ein dritter Grund liegt in dem Verhältniß, in welchem das hier mitgetheilte Manuscript zu den Aphorismen über Naturphilosophie in den Jahrbüchern der Medicin als Wissenschaft steht. Diese Aphorismen, welche der nächste Band enthalten wird, mochten, zur Zeit als sie erschienen, fast nur von denen recht verstanden und gewürdigt worden seyn, welche das System der gesammten Philosophie, wie es in diesem Manuscript enthalten ist, bei Schelling gehört hatten. Ein Aehnliches ist wohl auch noch jetzt der Fall. Die Aphorismen sind, was ihr Name sagt, einzeln hingestellte Sätze, Figuren gleichsam, die für sich anziehend sind und dem Tiefsinn willkommen, aber deren Verständniß ein allgemeineres erst wird, wenn man auch den Boden kennt, von dem sie genommen sind.

Außerdem brechen auch diese Aphorismen bei der speciellen Naturphilosophie ab, gehen also nicht durch das Ganze des Systems hindurch, während übrigens die Angabe eines Schemas vom Ganzen (am betreffenden Ort, 1. Bd., 1. Heft, S. 66) nach der Kenntniß desselben begierig macht.

Es versteht sich von selbst, daß, wenn es dem Verfasser seiner Zeit gefallen hätte, statt der bloßen Aphorismen das Gesammtsystem, wie es nun hier vorliegt, herauszugeben, er nicht unterlassen haben würde eine letzte Hand an dieses zunächst nur für Vorlesungen ausgearbeitete Manuscript zu legen. Uebrigens hatte er weitere Veröffentlichungen aus den älteren Jenaer und Würzburger Handschriften über die Naturphilosophie oder das Identitätssystem freigegeben.

Eßlingen im März 1860.

K. F. A. Schelling.

Inhalt.

Immanuel Kant.

1804.

Obgleich in hohem Alter gestorben, hat Kant sich doch nicht überlebt. Seine heftigsten Gegner hat er zum Theile physisch, alle aber moralisch überdauert, und das Feuer der weiter Fortschreitenden hat nur gedient das reine Gold seiner Philosophie von den Zuthaten der Zeit zu scheiden und in reinem Glanze darzustellen. Die öffentliche Wirkung eines großen Schriftstellers richtet sich jederzeit theils nach dem Verhältnisse des Gegensatzes, theils nach dem der Uebereinstimmung, worin er sich mit seiner Zeit befindet. Das erste Verhältniß ist in der Regel das anfängliche, verwandelt sich aber früher oder später in das andere. Jedes Extrem fordert nach einem Naturgesetze sein entgegenwirkendes, und so könnte es für ein geistig und moralisch aufgelöstes und zerflossenes Zeitalter nicht anders als wohlthätig wirken, sich an der Rigidität eines so herrlichen Geistes in seiner Cohäsion wieder zu erhöhen. Nach einer Periode, die nur eklektisches und desultorisches Philosophiren kannte, in welcher über Objekte der Speculation, von denen man nur noch durch Tradition Kunde hatte, nach dem gemeinen Menschenverstande abgeurtheilt wurde, mußte die innere Einheit, der strenge Zusammenhang eines wie aus Einer Masse gegossenen Werks, das zu den Quellen aller Erkenntniß zurückging, ohne alle Rücksicht auf seinen Inhalt, schon durch die Form und sein Vorhaben Ernst und hohe Verehrung gebieten. Insbesondere mußte die Jugend sich unwiderstehlich dazu hingezogen fühlen, und über die Formen, womit sie Gegenstände der Wissenschaft nicht nur, sondern auch des Lebens mit Leichtigkeit und doch gründlicher als zuvor zu behandeln in Stand

Aus der Fränkischen Staats- und Gelehrten-Zeitung, März 1804, Nr. 49. 50.

gesetzt wurde, als über den glücklichsten Fund, erfreut seyn. Mitten unter den stärksten Kämpfen und Gegenkämpfen führte die Zeit indeß selbst den Moment herbei, wo Kant in der vollkommenen Harmonie mit seinem Zeitalter und für Deutschland als der höchste Verkünder und Prophet seines Geistes erschien. Es ist nichts weniger als bloß scheinbare Behauptung, daß das große Ereigniß der französischen Revolution ihm allein die allgemeine und öffentliche Wirkung verschafft hat, welche ihm seine Philosophie an sich selbst nie verschafft haben würde. Nicht ohne eine besondere Schickung darin wahrzunehmen, bewunderten manche seiner enthusiastischen Anhänger das Zusammentreffen beider in ihren Augen gleichwichtigen Umwälzungen, nicht bedenkend, daß es ein und derselbe von lange her gebildeter Geist war, der sich nach Verschiedenheit der Nationen und der Umstände dort in einer realen, hier in einer idealen Revolution Luft schaffte. Wie es eine Folge der Kantischen Philosophie war, daß in Deutschland schneller sich ein Urtheil über die Revolution bildete, so machte dagegen eine Erschütterung, die alle bisherigen Grundsätze in Anspruch nahm, die Ueberzeugung von den ewig haltbaren, durch sich selbst dauernden Grundsäulen des Rechts und der gesellschaftlichen Verfassung zu einer allgemeinen Angelegenheit und die Kenntniß der Kantischen Philosophie, welche hierüber in oberster Instanz entscheiden zu können das Ansehen hatte, zu einem Bedürfnisse selbst der Weltleute und Staatsmänner. — Die Kürze ihrer sittlichen Formeln, wodurch über moralische Fälle mit größter Bestimmtheit entschieden werden konnte, der Rigorismus sittlicher und rechtlicher Grundsätze, den sie vertheidigte, wie die Erhebung derselben über alle Abhängigkeit von Erfahrung, durch die sie dann geprüft werden sollten, — alles dieses fand in dem großen moralischen Schauspiele der Zeit seine Empfehlung, seine Parallele und den reichsten Stoff der Anwendung. — Wenn mit der Ebbe der Revolution auch die des Kantischen Systems eingetreten zu seyn scheint, so wird der Kenner den Grund nicht so sehr in dem Aufhören der zufälligen Unterstützung, welche das Interesse an diesem von jener erhielt,

als weit mehr in einer wirklichen innern Uebereinstimmung und Gleichheit beider suchen, indem beide den bloß negativen Charakter und die unbefriedigende Auflösung des Widerstreits zwischen der Abstraktion und der Wirklichkeit gemein hatten, der diesem ebenso in der Speculation wie für jene in der Praxis unüberwindlich war.

Die öffentliche Wirkung einer Philosophie nach ihrem Einflusse auf andere Doctrinen geschätzt, hat Kant nicht nur in den moralischen und politischen Wissenschaften, sondern mittelbar oder unmittelbar in den meisten übrigen den Grund einer neuen Betrachtungsweise gelegt. Aehnlich seinem Landsmann Copernicus, der die Bewegung aus dem Centrum in die Peripherie verlegte, kehrte er zuerst von Grund aus die Vorstellung um, nach welcher das Subjekt unthätig und ruhig empfangend, der Gegenstand aber wirksam ist: eine Umkehrung, die sich in alle Zweige des Wissens wie durch eine elektrische Wirkung fortleitete.

Es kann hier nicht die Absicht seyn, das wissenschaftliche Verdienst Kants genau zu würdigen; interessanter ist für unsern Zweck der Abdruck seiner Persönlichkeit, den er in seinen Werken zurückgelassen hat. Man hat es schon öfter bemerkt, daß in seinem Geist die Idee des Ganzen seiner Philosophie nicht den Theilen, sondern diese vielmehr jener vorangegangen sind, und das Ganze demnach mehr atomistisch als organisch entstanden sei. Durch sein Lehramt verbunden, die speculative Philosophie vorzutragen, brachte er eine Reihe von Jahren mit dem bloßen Skeptisiren über den damals herrschenden Lehrbegriff, den Wolffisch-Baumgartenschen, zu, da ihn die unendliche Redlichkeit und Aufrichtigkeit seines Geistes gegen sich selbst verhinderte, mit dem Dogmatismus desselben sich, wie andere, zu beruhigen. Doch muß er schon in den Jahren 1770—80 die Hauptideen seiner Kritik mit ziemlicher Klarheit gefaßt haben, da man sie in den um diese Zeit erschienenen Lebensläufen in aufsteigender Linie von Hippel bereits auf eine sogar schon popularisirte Weise in dem bekannten Gespräch findet, in welchem der Dekan der philosophischen Facultät nicht nur ein wissenschaftliches, sondern auch persönliches Portrait von Kant ist.

Wenn man sich fragt, wodurch Kant den meisten seiner Gegner, unter andern dem neuesten derselben, Jacobi, der es an Bitterkeit nicht hat fehlen lassen, für jedes ordentliche Gefühl so sehr überlegen ist, so wird man den Grund davon in der oben erwähnten philosophischen Aufrichtigkeit, die er selbst an den meisten Philosophen so ungern vermißte und die er als die erste Tugend derselben pries, in der klaren Einfalt seines Geistes, die alle Winkelzüge, alle leere Dunst- und Scheinmacherei verachtete, erkennen. Aus dem Gang seiner Werke selbst erhellt, wie absichtslos er zu seinen Resultaten gelangte, ja aus manchen Aeußerungen möchte man schließen, daß er fast wider seine Neigung und nur aus Rücksicht auf den Nutzen der Welt sich mit solchen abstrakten Untersuchungen beschäftigt, als seine Kritik enthält. Diese scheint in Ansehung seiner selbst mehr ein Befreiungsproceß von der Philosophie gewesen und ihm nur als ein nothwendiger Uebergang von den „dornigen Pfaden der Speculation" zu den fruchtbaren Gefilden der Erfahrung vorgekommen zu seyn, auf welchen dann, wie er nicht undeutlich zu verstehen gab, die glücklicheren Nachkommen, nach seinen Bemühungen, allein lustwandeln könnten. Sein Geist war überhaupt nicht, wie er insgemein vorgestellt wird, von der schweren, tiefsinnigen Art (er selbst macht sich in seiner Anthropologie lustig über dieß Wort, das nach ihm nur das Melancholische bezeichnen sollte), sondern von der leichten und heitern Gattung. Eine Tendenz zu französischer Eleganz und dem gesellschaftlich Geistreichen dieser Nation erkennt man schon an seinen frühesten Produkten, z. B. den Betrachtungen über das Gefühl des Schönen und Erhabenen. Daher seine eigene Liebe zur belebten Geselligkeit, sein Geschmack an den Freuden einer durch Geist erheiterten Tafel, den er bei keiner Gelegenheit verleugnet, seine unerschöpfliche Wissenschaft humoristischer Einfälle und witziger Anekdoten, wovon ein Theil, neben manchen Aeußerungen von geringerer Art, in seiner Anthropologie aufbewahrt ist.

So geartet und gewissermaßen philosophe malgré lui, möchte Kant, nur als Philosoph betrachtet, wie gewöhnlich geschieht, in seiner wahren Genialität nothwendig verkannt werden. Ohne Zweifel aber war gerade nur ein Mann von dieser Geistesart fähig, dem Dogmatismus die dauerndsten Siege abzugewinnen und den philosophischen Horizont, den jener umwölkte, so rein aufzuhellen. Der alte heitere Parmenides, wie er bei Plato geschildert wird, und der Dialektiker Zeno hätten freundlich in ihm ihren Geistesverwandten erkannt, hätten sie seine künstlich gearbeiteten Antinomien erblickt, diese bleibenden Siegeszeichen über den Dogmatismus und ewigen Propyläen der wahren Philosophie.

Unerachtet des theilweisen Entstehens seiner Philosophie, zeigt doch sein Geist einen natürlichen und unaufhaltsamen Trieb zur Totalität, die er auch in seiner Sphäre erreicht hat. Seinen spätern speculativen Untersuchungen gingen außer denen, die sich auf die Gesellschaft und das Leben beziehen, vorzüglich naturwissenschaftliche voraus, von welchen er auch, außer jenen, bis zum Erlöschen seiner Denkkraft am meisten angezogen wurde. Seine Theorie und Geschichte des Himmels ist sattsam von andern wegen ihrer Vorherverkündigung eines Planeten über dem äußersten damals bekannten (welche eben nicht so sehr viel sagen wollte), der nahe zutreffenden Bestimmung der Umdrehungszeit des Saturnus vor der Beobachtung und wegen der kühnen Gedanken gepriesen worden, die er über die Systeme der Fixsterne, der Milchstraßen und der Nebelflecke zuerst vortrug und die mehrere Jahre nachher erst durch Lamberts kosmologische Briefe, wo sie, ohne daß Kants Erwähnung geschehen wäre, wiederholt wurden, berühmt werden mußten, und welche übrigens noch immer mehr der Imagination gefallen, als für die Vernunft befriedigend begründet seyn möchten.[1] Viel höher als dieß alles ist der kecke Schwung seines Geistes anzuschlagen, indem er die Gründe auch derjenigen Bestimmungen des Weltsystems und seiner Bewegung, wegen deren der Newtonianismus unmittelbar an die göttliche Allmacht verweist, noch in dem Gebiet der Materie und ihrer natürlichen Kräfte sucht.

Seiner theoretischen Vernunftkritik als der formellen Seite fügte er später seine metaphysischen Anfangsgründe der Naturwissenschaft gewissermaßen als die reelle zu, aber ohne daß er nach

[1] Vgl. Einleitung in die Philosophie der Mythologie S. 485.

dieser Absonderung zur wahren Einheit der Grundsätze beider Theile gediehen und seine Naturwissenschaft Naturphilosophie werden konnte, und ohne daß ihm auch hier gelang, das Allgemeine bis zur vollkommenen Harmonie mit dem Besondern fortzuführen. Noch im Jahre 1801 arbeitete er in den wenigen Stunden freier Denkkraft an einem Werk: Uebergang von der Metaphysik zur Physik, welches, hätte das Alter ihm die Vollendung gegönnt, ohne Zweifel von dem höchsten Interesse hätte seyn müssen. Seine Ansichten über organische Natur waren ihm von der allgemeinen Naturwissenschaft getrennt, und sind in seiner Kritik der teleologischen Urtheilskraft, ohne Verbindung mit jener, niedergelegt.

Auch das weite Feld der Geschichte bestrahlte sein Geist, der nur durch die Zeitidee des stetigen Fortschritts der Menschheit gehemmt war, mit einigen lichtvollen Gedanken.

Die in allen seinen Werken hervorleuchtende Naivetät, durch die er oft die Güte seines Gemüths nicht minder als die Tiefe seines Gei[illegible], ein nicht selten göttlicher Instinkt, der ihn sicher leitet, ist besonders in seiner Kritik der ästhetischen Urtheilskraft erkennbar. Man kann es nur aus der Reinheit eines wahrhaft unabhängigen Gemüths und den großen Anlagen eines klaren Geistes erklären, wenn aus der tiefsten Herabwürdigung der Kunst durch eine Zeit, die, theils in leerer Sentimentalität aufgelöst, theils den groben, materiellen Reiz von jener begehrend, theils sittliche Besserung oder zum mindesten Belehrung oder andern Nutzen von ihr fordernd, auch das einzelne Herrliche, das ihr durch Winkelmann und Goethe geworden war, völlig vergessen oder verkannt hatte, Er sich zu einer Idee von Kunst in ihrer Unabhängigkeit von jedem andern Zweck, als der in ihr selbst liegt, erhebt, die Unbedingtheit der Schönheit darstellt und Realität als das Wesen des Kunstgenies fordert; doppelt bewunderungswürdig hierin, da theils natürliche Geistesrichtung theils Lebens[illegible] (indem er nie weiter als auf einige Meilen von seiner Vaterstadt Königsberg sich entfernt hatte) ihn verhinderten, von den schönen Werken bildender Kunst bedeutendere historische Kenntniß als von denen der Lebenden zu erlangen, unter welchen für ihn die Wielandschen (die äußerste Grenze seiner Bekanntschaft mit deutscher Poesie) und die Homerischen Gedichte ohngefähr auf gleiche Linie zu stehen kamen. Wenn er zur Erklärung seiner Lehre vom Genie sagt: „Kein Homer oder Wieland kann anzeigen, wie sich seine phantasiereichen und doch zugleich gedankenvollen Ideen in seinem Kopfe hervor- oder zusammenfinden konnten, darum, weil er es selbst nicht weiß“: so ist zweifelhaft, ob man mehr über die Naivetät, den Homer zur Erläuterung des (modernen) Begriffs von Genie anzuführen, oder die Gutmüthigkeit verwundert seyn soll, von Wieland zu sagen, daß er selbst nicht wissen könne, wie seine phantasiereichen Ideen in seinem Kopfe zusammen gekommen, etwas das nach dem Urtheil der Kenner der französischen und italienischen Literatur Wieland doch ganz genau wissen kann. — Bekanntlich hat ihm dieser nachher seine Gutmüthigkeit schl[illegible].

Solcher Züge ungeachtet ist es unläugbar: erst seit Kant [illegible] ihn ist das Wesen der Kunst auch wissenschaftlich ausge[illegible]ren: Er gab, wahrhaft ohne es zu wissen, die Begriffe her, [illegible] auch über das vergangene Schöne und Aechte in der deutschen Kunst den Sinn aufschlossen, das Urtheil bildeten, und, wie das meiste Lebendigere in der Wissenschaft, läßt auch der kühnere Schwung, den die Kritik in den letzten Jahren genommen, indirekt auf seine Wirkung sich zurückführen.

Dieses indirekte Verhältniß zu allem Späteren schließt ihn gewissermaßen davon ab und erhält ihm die Reinheit seiner Erscheinung. Er macht gerade die Grenze zweier Epochen in der Philosophie, der einen, die er auf immer geendigt, der andern, die er mit weiser Beschränkung auf seinen, bloß kritischen, Zweck negativ vorbereitet hat.

Unentstellt von den groben Zügen, welche der Mißverstand solcher, die unter dem Namen von Erläuterern und Anhängern Caricaturen von ihm oder schlechte Gipsabdrücke waren, so wie von denen, welche die Wuth bitterer Gegner ihm andichtete, wird das Bild seines Geistes in seiner ganz abgeschlossenen Einzigkeit durch die ganze Zukunft der philosophischen Welt strahlen.

Die Verbreitung seiner Philosophie unter andere Nationen außer den nördlichen, welche sich jederzeit näher an deutsche Cultur anschlossen, hat weder bisher bedeutenden Erfolg gehabt, noch kann ihr ein solcher für die Zukunft auf dem bisherigen Wege versprochen werden. Kants Philosophie und noch mehr seine Darstellung derselben trägt ein starkes Gepräge von Nationalität, und verliert durch die vielfache Beziehung auf die in Deutschland vor ihm herrschende Schulphilosophie sehr viel an Allgemeinfaßlichkeit und Universalität. Die bisher eine solche Verpflanzung versuchten, waren nicht im Stande, eben dieses bloß Nationale, den Zusatz der Individualität und der Zeit von dem Wesentlichen abzuscheiden, wie z. B. Herr Villers, der ihn noch außerdem mit allen Mißverständnissen der deutschen Kantianer seinen Landsleuten bekannt gemacht hat.[1] Wenn indeß Kants Philosophie der wissenschaftlichen Indolenz einer Nation, deren größte Philosophen, außer Baco, Locke und Hume gewesen sind, nothwendiger Weise fremd bleiben muß: so möchte dagegen, außerdem, daß sie durch manche Seiten der französischen Cultur wirklich näher hätte gebracht werden können, schon die Entrüstung der wortführenden Journalisten in Frankreich gegen die Lehre und die Person des deutschen Philosophen ein Beweis seyn, daß sie die Macht der ersteren doch nicht mit so viel Gleichgültigkeit betrachten, als sie simuliren möchten, besonders der Senator in der Cornelle, der, sich an Kants Ruhm zu rächen, in der Dürftigkeit seines Witzes nichts Besseres erfinden konnte als das platte Sinngedicht Popes auf Newton durch eine noch plattere Umkehrung auf Kant anzuwenden, und der überhaupt mit dem einzig seiner würdigen Gegner, dem Abbé Geoffroy, schon hinlänglich beschäftigt seyn möchte.

In dem Andenken seiner Nation, der er durch Geist wie durch Gemüthsanlagen doch allein wahrhaft angehören kann, wird Kant ewig als eines der wenigen intellectuell- und moralisch-großen Individuen leben, in denen der deutsche Geist sich in seiner Totalität lebendig angeschaut hat. HAVE SANCTA ANIMA.

[1] S. die Recension von Villers' Schriften im vorhergehenden Band S. 184 ff.

Philosophie und Religion.

1804.

Vorbericht.

Das im Jahr 1802 erschienene Gespräch: Bruno oder über das göttliche und natürliche Princip der Dinge, ist seiner Anlage nach der Anfang einer Reihe von Gesprächen, deren Gegenstände auch in ihm zum voraus bezeichnet sind[1]. Dem zweiten Gespräch in dieser Folge fehlte, schon seit längerer Zeit, zur öffentlichen Erscheinung nur die letzte Vollendung, welche ihm zu geben, äußere Umstände nicht zugelassen haben. Abgezogen von der symbolischen Form, die er in diesem ganz und durchaus erhalten hat, enthält die gegenwärtige Schrift den Stoff desselben. Wenn aufmerksame Leser in dieser Spuren einer höheren organischen Verbindung erkennen, aus der die einzelnen Theile gerissen sind, so werden sie es sich aus dem Gesagten erklären. Die Veranlassung zur Mittheilung dieser Ideen auch ohne jene Form gaben die Aufforderungen, welche für den Verfasser in mehreren öffentlichen Aeußerungen, vorzüglich aber in der merkwürdigen Schrift von Eschenmayer (wodurch er die Philosophie aufs neue mit dem Glauben ergänzen will) liegen mußten, sich über eben diese Verhältnisse zu erklären. Am besten wäre dieß ohne Zweifel durch das Gespräch selbst geschehen, hätte seiner Erscheinung nicht der angegebene Grund entgegengestanden. Jene höhere Form, die einzige nach unserer Meinung, welche die bis zur Selbständigkeit ausgebildete Philosophie in einem unabhängigen und freien Geiste annehmen kann, wird aber nie gefordert, wo ein Zweck erreicht werden soll; denn sie kann nie als Mittel dienen und hat ihren Werth in sich selbst. Wie nun ein Werk

[1] S. 85 (Band 4, S. 234).

bildender Kunst, auch in die Tiefe des Meers versenkt und von keinem Auge gesehen, nicht aufhört Kunstwerk zu seyn, so allerdings auch jedes Werk philosophischer Kunst, auch unbegriffen von der Zeit. Beschränkte sich diese auf das reine Nichtbegreifen, so müßte man es ihr Dank wissen: statt dessen sucht sie es sich durch verschiedene Organe von ihr selbst, wovon ein Theil als Gegner, ein anderer als Anhänger erscheint, zurechtzumachen und anzueignen. Mißdeutungen und Verunstaltungen solcher Werkzeuge der Zeit übersehen sich leicht und sind keiner Rücksicht werth. Eine andere Bewandtniß hat es mit dem Widerstreit eines edlen Geistes und seinen Forderungen an ein Ganzes der Wissenschaft, welche ebenso viel Achtung verdienen, als sie zur Erleuchtung der Welt gleicherweise beitragen, sie mögen nun beseitigt und erfüllt werden, oder möge dieß nicht der Fall seyn.

Wenn wir uns nun des Vortheils, das, was seiner Natur nach der Gemeinheit unzugänglich seyn soll, ihr auch durch die Form äußerlich-sichtbar zu entziehen, begeben haben, zweifeln wir zwar keineswegs, daß die Zeit diese Töne alter Philosophie, die wir anzugeben gesucht haben, übel vernehmen werde, wissen aber auch, daß diese Dinge demungeachtet nicht profanirt werden können, daß sie durch sich selbst bestehen müssen, und wer sie nicht durch sich selbst besitzt, sie überhaupt nicht besitzen soll und besitzen kann. Zu den groben Mißdeutungen der Gegner, welche die Grundsätze und Folgen dieser Lehre auch bei der Gelegenheit erfahren mögen, werden wir daher ruhig schweigen: desto angelegener möchten wir die Zudringlichkeiten der Nachbeter und Erläuterer von uns ablehnen, und sie auffordern, selbst zu bedenken, daß einige Geister doch nicht allein zu dem Zweck produciren, damit sie Gelegenheit zur Büchermacherei haben, und eine edle Sache durch ihre rohen Anwendungen und geistlosen Ausspinnungen herabsetzen und verächtlich machen. Der Haufe lärmender Gegner verläuft sich endlich von selbst, wenn er gewahr wird, daß er umsonst sich ermüdet. Weniger ist in Deutschland zu erwarten, daß sich die Masse derer so bald sondere, die sich ohne Beruf zu unerbetenen Anhängern einer Lehre machen und, ohne begeistert zu seyn, zu gleichem Skandal der Klugen und der Einfälligen den Thyrsus tragen: die, da sie unfähig sind, die eigentlichen Mysterien der Wissenschaft zu fassen, sich in ihre Außenseite werfen und diese mit der Masse fremdartiger Dinge, die sie hineinlegen, zur Caricatur ausdehnen, oder die Wahrheit, deren Sinn in der Tiefe gegründet ist, in einzelnen oberflächlichen Sätzen ausprägen, die keinen Sinn haben und nur den Pöbel in Erstaunen setzen; oder die, die Sprache mißbrauchend, ein hohles Gemüth, mit gutem Willen sonst, in solche Worte kleiden, welche ihre schwache Imagination lebhaft gerührt haben. Denn über alles gerathen die Deutschen in Schwärmen, den geschlechtslosen Bienen, obwohl nur darin gleich, daß sie emsig davonzutragen und zu verarbeiten suchen, was unabhängig von ihnen blüht und producirt ist. Nehmen sie sich doch die Mühe, selbst Gedanken zu haben, für die sie denn selbst verantwortlich sind, und enthalten sie sich des ewigen Gebrauches fremder, für den sie ihren Urhebern die Verantwortlichkeit aufladen: es hielte sie denn die billige Rücksicht auf sich selbst zurück, daß, da sie von fremdem Eigenthum schon so aufgeblasen sind, sie von eignen Gedanken, wenn sie deren hätten, vollends platzen möchten. Die Außenseite überlassen wir ihnen auch ferner; was aber das Innere betrifft,

Rühre nicht, Bock! denn es brennt.

Einleitung.

Es war eine Zeit, wo Religion, abgesondert vom Volksglauben, gleich einem heiligen Feuer, in Mysterien bewahrt wurde, und Philosophie mit ihr Ein gemeinschaftliches Heiligthum hatte. Die allgemeine Sage des Alterthums nennt die frühesten Philosophen als Urheber der Mysterien, wie die trefflichsten unter den späteren, Plato vornehmlich, gern von ihnen ihre göttlichen Lehren ableiteten. Damals hatte die Philosophie noch den Muth und das Recht zu den einzig großen Gegenständen, um deren willen allein es werth ist zu philosophiren und sich über das gemeine Wissen zu erheben.

In den spätern Zeiten wurden die Mysterien öffentlich und verunreinigten sich mit dem Fremdartigen, das nur dem Volksglauben angehören kann. Nachdem dieß geschehen war, mußte die Philosophie, wollte sie in ihrer Reinheit sich erhalten, von der Religion zurücktreten und im Gegensatz mit ihr esoterisch werden. Diese, welche gegen ihre ursprüngliche Natur mit dem Realen sich vermengt hatte und eine Aeußerlichkeit geworden war, mußte ferner auch überhaupt eine äußere Macht zu werden und, da sie jeden freien Aufschwung zum Urquell der Wahrheit in sich selbst verloren hatte, denselben auch außer sich gewaltsam zu hemmen suchen.

Daher kam es, daß der Philosophie jene Gegenstände, welche sie im Alterthum behandelt hatte, allmählich durch die Religion ganz entzogen, und sie auf dasjenige beschränkt wurde, was für die Vernunft keinen Werth hat. Wie dagegen die erhabenen Lehren, welche jene aus dem gemeinschaftlichen Eigenthum der Philosophie sich einseitig angemaßt hatte, mit der Beziehung auf ihr Urbild auch ihre Bedeutung verloren, und auf einen ganz andern Boden versetzt, als dem sie entsprossen waren, ihre Natur völlig umwandelten.

Eine falsche Uebereinstimmung der Philosophie mit der Religion konnte aus diesem Gegensatze dadurch entstehen, daß jene sich selbst auf den Punkt herabsetzte, Geburten der Vernunft, Ideen, als Verstandesbegriffe und durch solche zu behandeln. Dieser Zustand der Wissenschaft wird durch den Dogmatismus bezeichnet, in welchem die Philosophie zwar eine breite und ansehnliche Existenz in der Welt gewann, aber ihren Charakter ganz aufopferte.

In dem Verhältniß, als die Art des Wissens im Dogmatismus genauer geprüft und einer Kritik unterworfen wurde, mußte sich deutlicher finden, daß es bloß auf Erfahrungsgegenstände und endliche Dinge anwendbar sey, dagegen über Dinge der Vernunft und der übersinnlichen Welt das bloße Zusehen habe, oder vielmehr völlig blind sey. Da es übrigens als das einzig mögliche Wissen anerkannt, ja nun erst vollkommen bestätigt war, mußte der immer gründlicheren Selbsterkenntniß seiner Nichtigkeit der steigende Werth seines Entgegengesetzten, welches man *Glauben* nennt, parallel gehen, so daß alles, was in der Philosophie eigentlich philosophisch ist, zuletzt diesem ganz überantwortet wurde.

Belege anzuführen wäre nicht schwer: ich erinnere indeß nur, daß diese Epoche im Allgemeinen durch *Kant* hinlänglich bezeichnet ist.

Die letzten Anklänge alter, ächter Philosophie wurden durch Spinoza vernommen: ich meine, daß er die Philosophie zu ihren einzigen Gegenständen zurückgeführt, obgleich er einem herrschenden System gegenüber nicht vermied, den Schein und die grellere Farbe eines, nur anderen, Dogmatismus anzunehmen.

Außer der Lehre vom Absoluten haben die wahren Mysterien der Philosophie die von der ewigen Geburt der Dinge und ihrem Verhältniß zu Gott zum vornehmsten, ja einzigen Inhalt; denn auf diese ist die ganze Ethik, als die Anweisung zu einem seligen Leben, wie sie gleichfalls in dem Umkreis heiliger Lehren vorkommt, erst gegründet und eine Folge von ihr.

Jene Lehre, abgesondert vom Ganzen der Philosophie, möchte, nicht ohne Grund, Natur-Philosophie heißen.

Daß eine solche Lehre, die ihrem Begriff gemäß nur speculativ, nichts anderes seyn will, die widerstreitendsten und sich selbst aufhebenden Urtheile erfahre, ist zu erwarten; denn wie jeder partiellen Ansicht Eine andere partielle entgegengesetzt werden kann, so einer umfassenden, die das Universum begreift, alle möglichen Einseitigkeiten. Aber ganz unmöglich ist, sie als Philosophie, und zwar vollendete, einerseits anzuerkennen, sie aber doch andererseits einer Ergänzung durch Glauben bedürftig zu erklären; denn dieses widerstreitet ihrem Begriff und hebt sie demnach selbst auf, da ihr Wesen eben darin besteht, in klarem Wissen und anschauender Erkenntniß zu besitzen, was die Nichtphilosophie im Glauben zu ergreifen meint.

Eine solche Intention, wie sie in der Schrift: *die Philosophie in ihrem Uebergang zur Nichtphilosophie*, von C. A. *Eschenmayer*, gleichwohl vor Augen liegt, wäre daher völlig unbegreiflich, erhellte nicht aus ihr selbst, daß sich ihr scharfsinniger Urheber des speculativen Wissens über diejenigen Gegenstände, wegen deren er an den Glauben verweist, weder überhaupt noch im Einzelnen bemächtigte, und daß er nur aus diesem Grunde vornehmlich zu dem letztern seine Zuflucht genommen. Denn, um nur Eines anzuführen, so müßte es dem Philosophen leid seyn, welcher nicht über dieselben Gegenstände durch das Wissen und im Wissen eine viel klarere Erkenntniß hätte, als welche für Eschenmayer aus dem Glauben und der Ahndung hervorgegangen ist. Was er aber außer der Unmöglichkeit, gewisse Fragen durch Philosophie befriedigend zu beantworten, zur Begründung seines Glaubens Positives anführt, — kann allerdings nicht beweisend seyn, da der Glaube, könnte er bewiesen werden, aufhörte Glaube zu seyn, aber es ist im Widerspruch mit dem von ihm selbst Zugegebenen. Denn wenn das Erkennen, wie er sagt[1], im Absoluten erlischt, so ist jedes ideale Verhältniß zu ihm, das über diesen Punkt hinausliegt.

[1] S. 88 d. angef. Schrift.

nur durch eine Wiederauferweckung der Differenz möglich. Entweder war nun jenes Erlöschen wirklich ein vollkommenes, das Erkennen demnach ein absolutes, in dem alle Sehnsucht, die aus dem Widerstreit des Subjekts und Objekts entspringt, sich aufhob, oder es fand das Gegentheil statt. In diesem Fall war jenes selbst kein Vernunfterkennen, und es kann aus ihm nicht auf das Unbefriedigende des wahrhaft absoluten geschlossen werden. In jenem Fall aber kann keine höhere Potenz als Glaube oder Ahndung etwas Vollkommeneres und Besseres bringen, als in jenem Erkennen schon enthalten war, sondern, was ihm unter diesem oder jenem Namen entgegengesetzt wird, ist entweder nur eine besondere Ansicht jenes allgemeinen Verhältnisses zum Absoluten, das im Erkennen durch Vernunft am vollkommensten ist, oder es ist, weit entfernt eine wirkliche Erhebung und höhere Potenz zu seyn, vielmehr ein Herabsinken von der höchsten Einheit des Erkennens zu einem Erkennen mit neuer Differenz.

In der That ist das Besondere, was die Ahndung oder religiöse Intuition vor der Vernunfterkenntniß voraushaben soll, nach den meisten Beschreibungen nichts anderes als ein Rest der Differenz, der in jener bleibt, in dieser aber gänzlich verschwindet. Jeder, auch der noch übrigens in der Endlichkeit befangene, ist von Natur getrieben, ein Absolutes zu suchen, aber indem er es für die Reflexion fixiren will, verschwindet es ihm. Es umschwebt ihn ewig, aber es ist, wie Fichte sehr bezeichnend sich ausdrückt, nur da, inwiefern man es nicht hat, und indem man es hat, verschwindet es. Nur in Augenblicken dieses Streits, wo die subjektive Thätigkeit sich mit jenem Objektiven in eine unerwartete Harmonie setzt, die eben deßwegen, weil sie unerwartet ist, vor der freien, sehnsuchtlosen Erkenntniß der Vernunft dieß voraus hat, als Glück, als Erleuchtung oder als Offenbarung zu erscheinen, tritt es vor die Seele. Aber kaum ist jene Harmonie gestiftet, so kann die Reflexion eintreten, und die Erscheinung flieht. Religion in dieser vorübergehenden Gestalt ist demnach ein bloßes Erscheinen Gottes in der Seele, sofern diese auch noch in der Sphäre der Reflexion und der Entzweiung ist; dagegen ist Philosophie nothwendig eine höhere und gleichsam ruhigere Vollendung des Geistes; denn sie ist immer in seinem Absoluten, ohne Gefahr, daß es ihr entfliehe, weil sie sich selbst in ein Gebiet über der Reflexion geflüchtet hat.

Ich lasse daher den von Eschenmayer beschriebenen Glauben, die Ahndung des Seligen u. s. w. in ihrer Sphäre, die ich nur, weit entfernt über die der Philosophie zu sehen, vielmehr unter ihr denken muß, in ihrem ganzen Werth, den sie sich da geben mögen, bestehen, und kehre zu dem Vorhaben zurück, diejenigen Gegenstände, welche der Dogmatismus der Religion und die Nichtphilosophie des Glaubens sich zugeeignet haben, der Vernunft und der Philosophie zu vindiciren.

Welches diese Gegenstände seyen, wird sich aus den folgenden Abschnitten ergeben.

— —

Idee des Absoluten.

Ganz gemäß der Absicht, außer der Philosophie einen leeren Raum zu erhalten, welchen die Seele durch Glauben und Andacht ausfüllen könnte, wäre es, über dem Absoluten und Ewigen noch Gott als die unendlichmal höhere Potenz von jenem zu setzen.[1] Nun ist zwar an sich offenbar, daß es über dem Absoluten nichts Höheres geben könne, und daß diese Idee nicht zufälliger Weise, sondern ihrer Natur nach jede Begrenzung ausschließe. Denn auch Gott wäre wieder absolut und ewig; das Absolute kann aber nicht vom Absoluten, das Ewige nicht vom Ewigen verschieden seyn, da diese Begriffe keine Gattungsbegriffe sind. Es folgt daher nothwendig, daß jenem, welcher über dem Absoluten der Vernunft noch ein anderes als Gott setzt, jenes nicht wahrhaft als solches erschienen, und daß es bloß eine Täuschung sey, wenn er ihm gleichwohl diese Bezeichnung noch läßt, die ihrer Natur nach nur Eines bezeichnen kann.

Was mag es also seyn, das der Idee des Absoluten in derjenigen Vorstellung anhängt, welche es zwar als absolut, aber doch nicht zugleich als Gott anerkennt?

Diejenigen, welche zu der Idee des Absoluten durch die Beschreibung, welche der Philosoph davon gibt, gelangen wollen, sollen fast nothwendig in diesen Irrthum, indem sie dadurch immer nur eine bedingte Erkenntniß von ihm erlangen, eine bedingte Erkenntniß aber von keinem Unbedingten möglich ist. Alle Beschreibung derselben kann nämlich nur im Gegensatz gegen das Nichtabsolute geschehen, so nämlich,

[1] S. §. 40 f. der angef. Schrift.

daß von allem, was die Natur des letzteren ausmacht, jener das vollkommene Gegentheil zugeschrieben wird, kurz die Beschreibung ist bloß negativ und bringt nie das Absolute selbst, in seiner wahren Wesenheit, vor die Seele.

So wird das Nichtabsolute z. B. als dasjenige erkannt, in Ansehung dessen der Begriff dem Seyn nicht adäquat ist; denn eben weil hier das Seyn, die Realität nicht aus dem Denken folgt, vielmehr zu dem Begriff noch etwas nicht durch selbigen Bestimmtes hinzukommen muß, wodurch erst das Seyn gesetzt wird, ist es ein Bedingtes, Nichtabsolutes.

So wird ferner die Nichtabsolutheit von demjenigen eingesehen, in welchem das Besondere nicht durch das Allgemeine, sondern durch etwas außer diesem Liegendes bestimmt ist, und demnach zu jenem ein irrationales Verhältniß hat.

Auf gleiche Art ließe sich derselbe Gegensatz durch alle andern Reflexionsbegriffe verfolgen. Wenn nun der Philosoph die Idee des Absoluten so beschreibt, daß von ihr alle diejenige Differenz, welche im Nichtabsoluten ist, negirt werden müsse, so verstehen dieß diejenigen, welche jene Idee von außenher erlangen wollen, auf die bekannte Art, nämlich so, daß sie den Gegensatz der Reflexion und alle möglichen Differenzen der Erscheinungswelt für den Ausgangspunkt der Philosophie halten, und das Absolute als das Produkt betrachten, welches die Vereinigung jener Gegensätze liefert, wo denn das Absolute für sie auch keineswegs an sich selbst, sondern nur durch die Identificirung oder Indifferenzirung gesetzt wird. Oder noch gröber denken sie sich das Verfahren des Philosophen so, daß er in der einen Hand das Ideale oder Subjektive, in der andern das Reale oder Objektive hält, und beide zusammenschlägt, so daß sie sich wechselseitig aufreiben, und das Produkt dieser Aufreibung dann das Absolute ist. Man mag ihnen hundert- und aber hundertmal sagen: es gibt für uns kein Subjektives und kein Objektives, und das Absolute ist uns nur als die Negation jener Gegensätze die absolute Identität beider: sie verstehen doch nicht, und bleiben bei dem ihnen allein Verständlichen, dem nämlich, was aus

Zusammensetzung hervorgeht. So wenig sie bemerken, daß jene Beschreibung des Absoluten als Identität aller Gegensätze eine bloß negative ist, so wenig fällt es ihnen auf, daß der Philosoph zur Erkenntniß des Absoluten selbst noch *etwas ganz anderes* fordert, und dadurch jene Beschreibung selbst für gänzlich unzureichend zu einer solchen erklärt. Auch die intellektuelle Anschauung nämlich ist für sie nach ihren psychologischen Begriffen eine bloße Anschauung jener selbstgeschaffenen Identität durch den inneren Sinn, und demnach vollkommen empirisch, da sie vielmehr eine Erkenntniß ist, die das An-sich der Seele selbst ausmacht, und die nur darum Anschauung heißt, weil das Wesen der Seele, welches mit dem Absoluten eins und es selbst ist, zu diesem kein anderes als unmittelbares Verhältniß haben kann.

Es entgeht ihnen nicht minder, wie die sämmtlichen Formen, in denen das Absolute ausgesprochen werden kann, und in denen es ausgesprochen ist, sich auf die drei einzig möglichen reduciren, die in der Reflexion liegen, und die in den drei Formen der Schlüsse ausgedrückt sind [1], und daß nur die *unmittelbare anschauende Erkenntniß* jede Bestimmung durch Begriff unendlich übertrifft.

Die erste Form des Setzens der Absolutheit ist die kategorische: diese kann sich in der Reflexion bloß negativ ausdrücken, durch ein Weder — Noch; es ist klar, daß hierin durchaus keine positive Erkenntniß liegt, und daß nur die eintretende produktive Anschauung diese Leere ausfüllt und das Positive in jenem Weder — Noch gewährt.

Die andere Form der Erscheinung des Absoluten in der Reflexion ist die hypothetische: wenn ein Subjekt und ein Objekt ist, so ist das Absolute das gleiche Wesen beider. Eben nur von diesem gleichen Wesen oder *An-sich* des einen und andern, das selbst nicht subjektiv oder objektiv ist, und zwar von diesem an sich selbst betrachtet, nicht sofern es das Verknüpfende oder wohl gar das Verknüpfte ist, wird die Identität prädicirt; denn in diesem Falle wäre die Identität ein bloßer Verhältnißbegriff, von welchem jene eben dadurch unterschieden werden soll.

[1] Vergl. Bruno oder über das göttliche und natürliche Princip (1. Ausg.) S. 168 (Sämmtl. Werke Bd. 4. S. 300).

daß sie als eine *absolute* Identität, d. i. als eine solche bezeichnet wird, die jenem *Wesen* an sich selbst, nicht in der Beziehung auf die verknüpften Gegensätze, zukommt. Die Identität, welche in der ersten Form eine bloß negative war und das Absolute nur formell bestimmte, wird demnach in dieser, der hypothetischen, positiv, und bestimmt jenes qualitativ. Sagt man nun, daß auch diese Bestimmung noch einen Bezug auf Reflexion habe, indem sie den Gegensatz nur durch die Bejahung seines Gegentheils, wie die erste durch einfache Verneinung seiner selbst aufhebe, so ist dieß ganz richtig, aber ich frage, von welcher andern möglichen Bestimmung nicht dasselbe gelte. Dem Spinoza ist sein Substanzbegriff häufig genug vorgerückt, und er darnach zum Dogmatiker gestempelt worden, weil man auch bei ihm die einzig mögliche, unmittelbare Erkenntniß des Absoluten, die er in dem Satze so klar beschreibt: Mens nostra, quatenus se sub aeternitatis specie cognoscit, eatenus Dei cognitionem necessario habet, scitque se in Deo esse et per Deum concipi, bei Seite liegen ließ, und durch Vermittlung seiner — Definitionen und Beschreibungen zur Erkenntniß dessen gelangen wollte, was von allen Gegenständen allein nur unmittelbar erkannt werden kann. Verhält es sich mit den Begriffen der Unendlichkeit, der Untheilbarkeit, der Einfachheit etwa anders als mit dem der Substanz oder jedem andern, der uns zu Gebot steht, da die meisten durch ihre Zusammensetzung sogar ausdrücken, daß das, was sie bezeichnen sollen, für die Reflexion etwas bloß Negatives ist?

Die dritte Form, in welcher die Reflexion das Absolute auszudrücken liebt, und welche vorzüglich durch Spinoza bekannt ist, ist die disjunktive. Es ist nur Eines, aber dieses Eine kann auf völlig gleiche Weise jetzt ganz als ideal, jetzt ganz als real betrachtet werden: diese Form entspringt aus der Verbindung der beiden ersten; denn jenes Eine und selbe, das, nicht zugleich, sondern auf gleiche Weise, jetzt als das eine, jetzt als das andere betrachtet werden kann, ist eben deßwegen an sich *weder* das eine *noch* das andere (nach der ersten Form), und doch zugleich das gemeinschaftliche *Wesen*, die Identität beider (nach der zweiten Form), indem es, in seiner Unabhängigkeit von beiden, dennoch gleicher Weise jetzt unter diesem, jetzt unter jenem Attribut betrachtet werden kann.

Diese Form das Absolute auszudrücken ist denn auch die in der Philosophie am meisten herrschende gewesen. Denn wenn z. B. die Erfinder des sogenannten ontologischen Beweises von Gott aussagen, er sey das Eine, in Ansehung dessen das Denken auch das Seyn, die Idee die Realität involvire, so wollen sie damit nicht sagen: in ihm sey das Ideale und das Reale *verknüpft*, so daß er beides *zugleich* sey, sondern: Gott das schlechthin Ideale sey *als* solches und ohne weitere Vermittlung auch schlechthin real, sie ließen Gott nicht aus der *Vermischung* des Idealen und Realen entstehen, sondern ihn jedes *für sich* und jedes *ganz* seyn.

Diese nicht vermittelte, sondern ganz unmittelbare, nicht äußere, sondern innere Identität des Idealen und Realen hat nothwendig von jeher allen verborgen bleiben müssen, denen überhaupt die höhere Wissenschaftlichkeit unzugänglich ist, zu welcher der erste Schritt die Erkenntniß ist, daß das absolut-Ideale, *ohne mit dem Realen integrirt zu werden, an sich selbst*, auch absolut-real ist.

Am sonderbarsten indeß nimmt sich die Polemik gegen die absolute Identität des Denkens und Seyns als Ausdrucks der Absolutheit von denen aus, welche in der Philosophie keinen Schritt thun, ja sich nicht ausdrücken können, als durch Reflexionsbegriffe, und die, wenn sie eine Beschreibung des Absoluten geben wollen, denn doch keine andere zu finden wissen, als die schon bei Spinoza steht, es sey das, was einzig *durch sich selbst* — sey, was den ganzen Grund seines *Seyns* allein *in sich selbst* habe u. s. w., woraus denn allein schon erhellt, daß jener ganze Streit über die Definitionen des Absoluten eine leere Spiegelfechterei ist, welche Einfältige etwa blenden kann, gegen die Sache selbst nichts vermag.

Denn alle möglichen Formen, das Absolute auszudrücken, sind doch nur Erscheinungsweisen desselben in der Reflexion, und hierin sind sich alle völlig gleich. Das Wesen dessen *selbst* aber, das als ideal unmittelbar real ist, kann nicht durch Erklärungen, sondern nur durch

Anschauung erkannt werden; denn nur das Zusammengesetzte ist durch Beschreibung erkennbar, das Einfache aber will angeschaut seyn. Wie auch das Licht, in Bezug auf die Natur, einzig richtig als ein Ideales beschrieben werden könnte, das als solches real ist, ohne daß der Blindgeborene dadurch eine Erkenntniß desselben erlangte, so kann die Absolutheit im Gegensatz gegen die Endlichkeit nur auf ähnliche und keine andere Weise beschrieben werden, ohne daß damit gesetzt wäre, daß der geistig Blinde dadurch eine Anschauung des wahren *Wesens* der Absolutheit habe.

Inwiefern diese Anschauung nicht gleich der irgend einer geometrischen Figur auf allgemeingeltende Art *gegeben* werden kann, sondern jeder Seele, wie die Anschauung des Lichts jedem Auge, insbesondere eigenthümlich ist, so ist hier allerdings eine bloß individuelle, aber in dieser Individualität doch eben so *allgemeingültige* Offenbarung, als es für den empirischen Sinn das Licht ist, und dieß könnte der Punkt seyn, durch welchen auch Eschenmayers Andeutungen sich mit den Behauptungen der Philosophie in der beiderseitigen weiteren Entwickelung vereinigen lassen möchten.

Das einzige einem solchen Gegenstand, als das Absolute, angemessene Organ ist eine ebenso absolute Erkenntnißart, die nicht erst zu der Seele hinzukommt durch Anleitung, Unterricht u. s. w., sondern ihre wahre Substanz und das Ewige von ihr ist. Denn wie das Wesen Gottes in absoluter nur unmittelbar zu erkennender Idealität besteht, die als solche absolute Realität ist, so das Wesen der Seele in Erkenntniß, welche mit dem schlechthin Realen, also mit Gott eins ist; daher auch die Absicht der Philosophie in Bezug auf den Menschen nicht sowohl ist, ihm etwas zu geben, als ihn von dem Zufälligen, das der Leib, die Erscheinungswelt, das Sinnenleben zu ihm hinzugebracht haben, so rein wie möglich zu scheiden und auf das Ursprüngliche zurückzuführen. Daher ferner auch alle Anweisung zur Philosophie, die jener Erkenntniß vorhergeht, nur negativ seyn kann, indem sie nämlich die Nichtigkeit aller endlichen Gegensätze zeigt und die Seele indirekt zur Anschauung des Unendlichen führt. Von selbst läßt sie dann, zu dieser gelangt, jene Behelfe des bloß negativen Beschreibens der Absolutheit zurück, und macht sich von ihnen los, sobald sie ihrer nicht mehr bedürftig ist.

In allen dogmatischen Systemen, ebenso wie im Kriticismus und Idealismus der Wissenschaftslehre, ist von einer Realität des Absoluten die Rede, die außer und unabhängig von der Idealität wäre. In diesen allen ist daher eine unmittelbare Erkenntniß des Absoluten unmöglich; denn, wie sich der Widerspruch der Forderung durch die letztgenannte aufs deutlichste ausgesprochen hat, das An-sich wird durch das Erkennen selbst wieder ein Produkt der Seele, demnach ein bloßes Noumen, und hört auf ein An-sich zu seyn.

Der Voraussetzung einer bloß vermittelten Erkenntniß des Absoluten (gleichviel, wodurch die Vermittelung geschehe) kann das Absolute des Philosophen nur als etwas erscheinen, das angenommen wird, um philosophiren zu können: da vielmehr das Gegentheil stattfindet, und alles Philosophiren beginnt und begonnen hat erst mit der lebendig gewordenen Idee des Absoluten. Das Wahre kann nur an der Wahrheit, das Evidente an der Evidenz erkannt werden; die Wahrheit und Evidenz selbst aber sind von sich selbst klar, und müssen daher absolut und das Wesen Gottes selbst seyn. Ehe man dieses erkannte, war es nicht einmal möglich, die Idee jener höheren Evidenz zu fassen, welche in der Philosophie gesucht wird, und erst nachdem durch Tradition das Wort und der Name der Philosophie auch an solche kam, die jenes inneren Antriebs dazu entbehrten, versuchten diese auch ohne jene Erkenntniß zu philosophiren, deren erster Ursprung zugleich der der Philosophie war.

Aber nicht minder wird, wer jene Evidenz, die in der Idee des Absoluten, und nur in ihr liegt, und welche zu beschreiben jede menschliche Sprache zu schwach ist, erfahren hat, alle Versuche, sie durch Glauben, durch Ahndung, durch Gefühl, oder welche Namen man hiezu erfinden möge, auf das Individuelle des Individuums zurückzuführen und zu beschränken, als jener ganz unangemessen, sie nicht nur nicht erreichend, sondern ihr Wesen selbst aufhebend, betrachten müssen.

Abkunft der endlichen Dinge aus dem Absoluten und ihr Verhältniß zu ihm.

Hierauf möchte man anwenden, was Plato dem Tyrannen von Syrakus schreibt: „Aber welche Frage, o Sohn des Dionysius und der Doris, ist die, welche du aufwirfst: was der Grund sey alles Uebels? Ja sogar ist der Stachel derselben der Seele eingeboren, so daß, wer ihn nicht ausreißt, niemals der Wahrheit wahrhaft theilhaftig werden möchte. Du, in dem Garten, unter den Lorbeeren sagtest, du selbst habest es eingesehen, und es sey deine Erfindung. Ich antwortete dir, daß, verhielte sich dieß so, du für mich der Befreier von vielen Nachforschungen gewesen wärest; auch niemals, setzte ich hinzu, habe ich einen getroffen, aber mir selbst viele Bemühung um diese Sache gegeben. Du aber bist, vielleicht von irgend wem davon hörend, vielleicht durch göttliche Schickung dazu gelangt"[1].

In der angezeigten Schrift führt Eschenmayer mehrere Stellen der Zeitschrift und unter andern eine aus dem Bruno an, wo diese Frage aufs bestimmteste in den Worten aufgestellt ist: „Deine Meinung scheint diese zu seyn, o Bester, daß ich von dem Standpunkt des Ewigen selbst aus, und ohne außer der höchsten Idee etwas anderes vorauszusetzen, zu dem Ursprung des wirklichen Bewußtseyns und der mit ihr zugleich gesetzten Absonderung und Trennung gelange".

Er findet ganz natürlich in den nächstfolgenden Stellen die befriedigende Auflösung nicht; aber warum führt er die im Verlauf wirklich vorkommende Auflösung und so manche Stellen nicht an, worin sie für den Kenner klar und bestimmt genug niedergelegt ist, und wovon wir hier nur eine auszeichnen wollen: „Aber zuvor laß uns noch das Bleibende festhalten, und jenes, das wir als unbeweglich setzen müssen, indem wir das Bewegliche und Wandelbare setzen, denn nicht müde wird die Seele, immer zu der Betrachtung des Vortrefflichsten zurückzukehren; hernach auch uns erinnern, wie allem, was aus

[1] Ep. II.

jener Einheit hervorzugehen oder von ihr sich loszureißen scheint, in ihr zwar die Möglichkeit für sich zu seyn vorher bestimmt sey, die Wirklichkeit aber des abgesonderten Daseyns nur in ihm selbst liege, und selbst bloß ideell, als ideell aber nur in dem Maße stattfinde, als ein Ding durch seine Art im Absoluten zu seyn fähig gemacht ist, sich selbst die Einheit zu seyn".[1]

Ich werde nun versuchen, den Schleier von dieser Frage ganz hinwegzuheben, da auch die neueren Darstellungen in der *Zeitschrift* noch nicht bis zu demjenigen Gebiet (dem der praktischen Philosophie) fortgeführt worden sind, auf welchem allein die Auflösung vollständig gegeben werden kann.

Wir können noch nicht sogleich zur eigentlichen Beantwortung jener Frage gehen, noch stellen sich uns andere Zweifel in den Weg, deren Auflösung jener vorangehen muß.

Wir setzen vorerst überall nichts voraus als das Eine, ohne welches alles Folgende unbegriffen bleiben muß, die intellektuelle Anschauung. Wir setzen so gewiß, als in ihr keine Verschiedenheit und keine Mannichfaltigkeit seyn kann, so gewiß voraus, daß jeder, soll er das in ihr Erkannte aussprechen, es nur als *reine Absolutheit*, ohne *alle weitere Bestimmung*, aussprechen könne. Wir bitten ihn, diese reine Absolutheit ohne alle andere Bestimmung sich für immer gegenwärtig zu erhalten und nie wieder in der Folge aus den Augen zu verlieren.

Diese Erkenntniß ist die *einzig erste*, jede weitere ist schon eine Folge der ersten, und dadurch von ihr gesondert.

So gewiß nämlich jenes schlechthin einfache Wesen der intellektuellen Anschauung, für das uns kein anderer Ausdruck zu Gebot steht als der der Absolutheit, Absolutheit ist: so gewiß kann ihm kein Seyn zukommen, als das durch seinen Begriff (denn wäre dieß nicht, so müßte

[1] Bruno S. 181 (Band 4, S. 282).

es durch etwas anderes außer sich bestimmt seyn, was unmöglich ist); es ist also überhaupt nicht *real*, sondern an sich selbst nur *ideal*. Aber gleich ewig mit dem schlechthin-Idealen ist die *ewige Form*: nicht das schlechthin-Ideale steht unter dieser Form, denn es ist *selbst* außer aller Form, so gewiß es absolut ist, sondern diese Form steht unter ihm, da es ihr, zwar nicht der Zeit, doch dem Begriff nach, vorangeht. Diese Form ist, daß das schlechthin-Ideale, *unmittelbar als solches, ohne also aus seiner Idealität herauszugehen*, auch als ein *Reales* sey.

Dieses *Reale* ist nun eine bloße Folge der Form, so wie die Form eine stille und ruhige Folge des Idealen, des schlechthin-Einfachen ist. Dieses vermengt sich nicht mit dem Realen, denn das letztere ist zwar *dasselbe* dem Wesen nach, aber ewig *ein anderes* der ideellen Bestimmung nach: es ist auch nicht einfach in dem Sinne, wie es das Ideale ist, denn es ist das Ideale dargestellt im Realen, obgleich beides in ihm *eins*, ohne alle Differenz, ist.

Das Einfache oder das Wesen ist auch nicht das *Bewirkende*, oder der *Realgrund* der Form, und es ist von ihm zu dieser so wenig ein Uebergang, als von der Idee des Cirkels zu der Form der gleichen Entfernung aller Punkte der Linie von Einem Mittelpunkt ein Uebergang ist. Es findet in dieser ganzen Region kein Nacheinander statt, sondern alles ist wie mit Einem Schlage zugleich, obschon der ideellen Folge nach eins aus dem andern fließt. Die Grundwahrheit ist: daß kein Reales an sich, sondern nur ein durch Ideales bestimmtes Reales, das Ideale also das schlechthin Erste sey. So gewiß es aber das *Erste* ist, so gewiß ist die *Form der Bestimmtheit des Realen durch das Ideale das Zweite*, so wie das Reale selbst das *Dritte*.

Wollte man nun die lautere Absolutheit, das schlechthin-einfache Wesen derselben, *Gott* oder das Absolute, die Form aber zum Unterschied, und weil die Absolutheit, der ursprünglichen Bedeutung nach, sich auf Form bezieht und Form ist, die *Absolutheit* nennen, so wäre dagegen eben nicht viel einzuwenden; und könnte dieß als der Sinn unter andern von Eschenmayer angenommen werden, so möchten wir uns leicht darüber vereinigen. Aber in dem Sinne könnte dann Gott nicht als das beschrieben werden, was bloß durch Ahndung, durch Gefühl u. s. w. festgehalten wird. Denn wenn die Form der Bestimmtheit des Realen durch das Ideale als *Wissen* in die Seele eintritt, so tritt das Wesen als das *An-sich der Seele selbst* ein, und ist eins mit ihm, so daß die Seele, sich unter der Form der Ewigkeit anschauend, das Wesen selbst anschaut.

Wir haben nun nach dem Bisherigen Folgendes zu unterscheiden: das schlechthin-Ideale, das ewig über aller Realität schwebt und nie aus seiner Ewigkeit heraustritt, nach der eben vorgeschlagenen Bezeichnung: *Gott*; das *schlechthin-Reale*, welches nicht das wahre Reale von jenem seyn kann, ohne ein *anderes Absolutes*, nur in anderer Gestalt, zu seyn; und das *Vermittelnde beider*, die Absolutheit oder die *Form*. Inwiefern, kraft derselben, das Ideale im Realen als einem selbständigen Gegenbild objektiv wird, insofern kann die Form als ein *Selbsterkennen* beschrieben werden, nur daß dieses Selbsterkennen nicht als ein bloßes Accidens oder Attribut des absolut-Idealen, sondern als ein Selbständiges und selbst Absolutes betrachtet werden muß: denn das Absolute kann nicht Idealgrund von irgend etwas seyn, das nicht gleich ihm absolut wäre: so wie eben deßhalb auch das, *worin* das Ideale sich selbst erkennt, das Reale, ein Absolutes und Unabhängiges seyn muß, und nicht mit dem Idealen sich vermengt, das in seiner Reinheit und lauterer Idealität für sich besteht.

Dieses Selbsterkennen der Absolutheit ist nun als ein Herausgehen der Absolutheit aus sich selbst, ein sich-Theilen derselben, ein Differenziirtwerden, verstanden worden, eine Mißdeutung, die zuvor berichtigt seyn muß, ehe die erste Frage mit einiger Hoffnung, über die Antwort nicht wieder mißverstanden zu werden, beantwortet werden kann.

„Ohne Zweifel (?), sagt Eschenmayer[1], ist alles Endliche und Unendliche bloße Modification des Ewigen, aber was ist denn das Bestimmende dieser Modificationen, das Theilende dieser Unterschiede?

[1] S. 70.

Liegt dieses Bestimmende in der absoluten Identität, so wird sie offenbar dadurch getrübt, liegt es außer ihr, so ist der Gegensatz absolut. — Das sich-selbst-Erkennen, das aus-sich-Herausgehen, das sich-Theilen ist für die absolute Identität *ein und eben dasselbe*."

Ohne uns bei der hier geschehenen Vermischung zweier ganz verschiedener Fragen, der nach der Möglichkeit des Selbsterkennens der Absolutheit und der nach Entstehung der wirklichen Differenzen aus ihr (welche zu begreifen etwas ganz anderes erfordert wird), zu verweilen, beschränken wir uns auf die Frage: Inwiefern sollte jenes Selbsterkennen ein Herausgehen der Identität aus sich seyn? — Etwa insofern als hierdurch Differenz zwischen dem Subjektiven und Objektiven dieses Erkennens gesetzt, dadurch also die Identität, welche von dem Absoluten prädicirt war, aufgehoben wurde? Allein die Identität wird nur von dem schlechthin-Idealen prädicirt, welches in seiner reinen Identität dadurch nicht aufgehoben wird, daß es in einem realen Gegenbild objektiv wird, so wenig als es mit diesem im Gegensatz seyn kann, da es sich nach dem Vorhergehenden nicht mit ihm vermengt, und nicht *zugleich* Subjekt und Objekt ist. Oder liegt das Herausgehen darin, daß jenes Selbsterkennen als eine Handlung, die nicht ohne Veränderung gedacht werden kann, oder als ein Uebergang vom Wesen zur Form gedacht wird? Das letzte ist nicht der Fall, denn die Form ist so ewig als das Wesen, und von ihm so unzertrennlich, als es die Absolutheit von der Idee Gottes ist. Das erste nicht, denn die Form ist ein ganz *unmittelbarer* Ausdruck des schlechthin-Idealen ohne alle Handlung oder Thätigkeit des letzteren (wenn wir sie als einen Akt bezeichnen, so ist dieß nach menschlicher Weise geredet); sondern wie das Licht der Sonne entfließt ohne eine Bewegung derselben, so die Form dem Wesen, dessen Natur nur derjenige einigermaßen auszusprechen vermöchte, der den Ausdruck fände für eine Thätigkeit, die die tiefste Ruhe selbst ist.[1] Der Grund des Mißverständnisses ist, daß der Begriff einer realen Folge, womit zugleich der der Veränderung dessen,

[1] Bruno S. 175 (Band 4, S. 306).

von dem sie ausgeht, verknüpft ist, auf diese Verhältnisse übergetragen wird, welche ihrer Natur nach bloß die einer idealen Folge seyn können.

Wie sollte aber ferner jenes Selbsterkennen als ein Sich-selbst-Theilen des Absoluten angesehen werden? War es etwa, daß wir das Absolute als ein Gewächs vorstellten, das sich durch Ableger fortpflanzt? Sollte es Ein Theil seines Wesens seyn, der sich zum Subjekt, Ein Theil, der sich zum Objekt macht? Derjenige, der es so verstanden hätte, müßte nicht die ersten Sätze der frühesten Darstellungen dieser Lehre gelesen oder gefaßt haben. Wo sollte denn etwa die Theilung liegen? Im Subjekt? Aber dieß bleibt in seiner ganzen Integrität als schlechthin-Ideales. Im Objekt? Aber auch dieses ist das ganze Absolute. Oder theilt sich denn etwa, um ein für dieses Verhältniß mehrmals gebrauchtes Bild zu wiederholen, der Gegenstand dadurch, daß ihm sein Bild im Reflex entsteht? Ist nun ein Theil von ihm in ihm selbst, ein anderer im Bild, oder läßt sich nicht vielmehr keine vollkommenere Identität denken, als welche zwischen dem Gegenstand und seinem Bild ist, obgleich beide nie sich vermengen können?[1]

Endlich könnte, um jenes Differenziirtwerden der absoluten Identität im Selbsterkennen zu beweisen, so geschlossen werden: „Sie selbst, als das Subjektive gedacht, ist reine Einfachheit ohne alle Differenz, im Objektiven oder Realen, als dem Entgegengesetzten, wird sie daher nothwendig Nicht-Identität oder Differenz". Dieses zugegeben, bleibt auch hier das An-sich von aller Differenz frei, denn nur das, worin es objektiv wird, nicht es selbst ist Differenz. Was jedoch diese Differenz selbst betrifft, so könnte sie nur darin bestehen, daß die Eine und gleiche Identität in besonderen Formen objektiv würde; diese Formen aber, da in ihnen das Allgemeine, die Absolutheit, mit dem Besondern auf solche Weise eins wird, daß weder jene durch dieses noch dieses durch jene aufgehoben ist, könnten nur die Ideen seyn. In den Ideen aber sind die bloßen Möglichkeiten der Differenzen, und keine wirkliche Differenz, denn jede Idee ist ein Universum für sich, und alle Ideen

[1] Bruno S. 44. (Band 4, S. 258 unten).

sind als Eine Idee. Wäre daher jenes Differenziirtwerden des Absoluten durch das Selbsterkennen als ein *wirkliches* verstanden, so fände dieses auch nicht einmal in dem Gegenbild des Absoluten statt, noch weniger also in ihm selbst; denn wenn es sich selbst differenziirt, so differenziirt es sich nicht in sich selbst, sondern in einem andern, welches sein Reales ist, und auch dieses nicht durch sich selbst, sondern durch die Form, die aus der Fülle seiner Absolutheit als ein Selbständiges ohne sein Zuthun fließt.

Nach diesen Erklärungen, welche ohne Zweifel jedem, der überhaupt absolute Verhältnisse fassen mag, beweisen werden, daß auch in Bezug auf die Form das schlechthin-Ideale in seiner reinen Idealität bleibt, gehen wir zur Beantwortung der erst vorgelegten Frage.

Das selbständige sich-selbst-Erkennen des schlechthin-Idealen ist eine ewige Umwandlung der reinen Idealität in Realität: in diesem und keinem andern Sinne werden wir nun in der Folge von jener Selbstrepräsentation des Absoluten handeln.

Alles bloß endliche Vorstellen ist seiner Natur nach *nur* ideal, die Repräsentationen der Absolutheit dagegen ihrer Natur nach real, weil sie dasjenige ist, in Ansehung dessen das Ideale schlechthin real ist. Das Absolute wird sich daher durch die Form nicht in einem bloß idealen Bilde von sich selbst objektiv, sondern in einem Gegenbilde, das zugleich es selbst, ein wahrhaft *anderes Absolutes* ist. Es überträgt in der Form seine ganze Wesenheit an das, worin es objektiv wird. Sein selbständiges Produciren ist ein Hineinbilden, Hineinschauen seiner selbst in das Reale, wodurch dieses selbständig und gleich dem ersten Absoluten in sich selbst ist. Dieß ist seine eine Seite; diejenige Einheit, die wir an den Ideen als Einbildung des Unendlichen in das Endliche bezeichnet haben.

Aber es ist doch nur absolut und selbständig in der Selbstobjektivirung des Absoluten, und demnach wahrhaft *in sich selbst* nur, sofern es zugleich in der absoluten Form und dadurch *im Absoluten* ist: und dieß ist seine andere, ideale oder subjektive, Seite.

Es ist daher nur ganz real, inwiefern es ganz ideal ist, und ist, in seiner Absolutheit, Ein und dasselbe, das auf ganz gleiche Weise unter der Form beider Einheiten betrachtet werden kann.

Das Absolute würde in dem Realen nicht wahrhaft objektiv, theilte es ihm nicht die Macht mit, gleich ihm seine Idealität in Realität umzuwandeln und sie in besonderen Formen zu objektiviren. Dieses zweite Produciren ist das der Ideen, oder vielmehr dieses Produciren und jenes erste durch die absolute Form ist Ein Produciren. Auch die Ideen sind relativ auf ihre Ureinheit in sich selbst, weil die Absolutheit der ersten in sie übergegangen ist, aber sie sind in sich selbst oder real nur, sofern sie zugleich in der Ureinheit, also ideal sind. Da sie demnach in der Besonderheit und Differenz nicht erscheinen könnten, ohne daß sie aufhörten absolut zu seyn, so fallen sie alle mit der Ureinheit zusammen, wie diese mit dem Absoluten zusammenfällt.

Auch die Ideen sind nothwendig wieder auf gleiche Weise produktiv; auch sie produciren nur Absolutes, nur Ideen, und die Einheiten, die aus ihnen hervorgehen, verhalten sich zu ihnen ebenso, wie sie sich selbst zu der Ureinheit verhalten. Dieses ist die wahre transscendentale Theogonie: ein anderes Verhältniß als ein absolutes gibt es in dieser Region nicht, welches die alte Welt nach ihrer sinnlichen Weise nur durch das Bild der Zeugung auszudrücken wußte, indem das Gezeugte von dem Zeugenden abhängig und nichtsdestoweniger selbständig ist.

Das ganze Resultat dieser fortgesetzten Subjekt-Objektivirung, welche nach dem Einen ersten Gesetz der Form der Absolutheit ins Unendliche geht, ist: daß sich die ganze absolute Welt mit allen Abstufungen der Wesen auf die absolute Einheit Gottes reducirt, daß demnach in jener nichts wahrhaft Besonderes, und bis hierher nichts ist, das nicht absolut, ideal, ganz Seele, reine natura naturans wäre.

Unzählige Versuche sind vergeblich gemacht worden, zwischen dem obersten Princip der Intellektualwelt und der endlichen Natur eine Stetigkeit hervorzubringen. Der älteste und am öftesten wiederholte derselben ist bekanntlich die Emanationslehre, nach welcher die Ausflüsse der Gottheit, in allmählicher Abstufung und Entfernung von der Urquelle, die göttliche Vollkommenheit verlieren, und so zuletzt in das Entgegengesetzte (die Materie, die Privation) übergehen, wie das Licht zuletzt von der Finsterniß begrenzt wird. Aber in der absoluten Welt liegt nirgends eine Begrenzung, und wie Gott nur das schlechthin-Reale, Absolute produciren kann, so ist nothwendig jede folgende Effulguration wieder absolut und kann selbst wieder nur ihr Aehnliches produciren, nirgends aber ist ein stetiger Uebergang in das gerade Gegentheil, die absolute Privation aller Realität, noch kann das Endliche aus dem Unendlichen durch eine Verminderung entstehen. Immer indeß ist dieser Versuch, der die Sinnenwelt aus Gott wenigstens nur durch Vermittlung und mehr auf negative als auf positive Weise, durch allmähliche Entfernung entspringen läßt, unendlich achtungswerther als jeder andere, der, auf welche Weise es geschehe, eine direkte Beziehung des göttlichen Wesens oder seiner Form auf das Substrat der Sinnenwelt annimmt. Nur der wird den Stachel jener Frage, wie Plato sagt, aus der Seele sich reißen, der alle Stetigkeit des erscheinenden Alls mit der göttlichen Vollkommenheit abbricht; denn nur dadurch wird ihm jenes in seinem wahrhaften Nichtseyn erscheinen.

Der roheste Versuch in der angegebenen Art ist wohl der, welcher der Gottheit eine Materie, einen regel- und ordnungslosen Stoff unterlegt, der durch die von ihr ausgehende Wirkung mit den Urbildern der Dinge geschwängert, diese gebiert und eine gesetzmäßige Verfassung erhält. Das Haupt und der Vater der wahren Philosophie wird als einer der Urheber dieser Lehre genannt — und sein Name dadurch entweiht. Denn eine genaue Untersuchung zeigt, daß jene ganze Vorstellung, so wie die gewöhnliche der platonischen Philosophie, nur aus dem Timäus geschöpft ist, mit dem wegen seiner Annäherung an moderne Begriffe leichter war sich vertraut zu machen als mit dem hohen sittlichen Geiste der ächteren platonischen Werke, des Phädo, der Republik u. a., welcher jenen realistischen Vorstellungen über den Ursprung der Sinnenwelt gerade entgegengesetzt ist. In der That ist der Timäus nichts als eine Vermählung des platonischen Intellektualismus mit den roheren, kosmogonischen Begriffen, welche vor ihm geherrscht hatten, und von denen die Philosophie auf immer geschieden zu haben, als das ewig denkwürdige Werk des Sokrates und Plato gepriesen wird.

Die Unstatthaftigkeit jener Combination leuchtet klar auch aus den Werken der Neuplatoniker hervor, welche schon dadurch, daß sie die angebliche Materie des Plato gänzlich aus ihren Systemen ausschloßen, bewiesen, daß sie noch immer reiner und tiefer den Geist ihres Ahnherrn aufgefaßt, als alle später folgenden. Die Materie erklärten sie als das Nichts, und nannten sie das was nicht ist (οὐκ ὄν); ohne auch zwischen diesem und der Gottheit oder irgend einem Ausfluß derselben irgend eine direkte Beziehung oder ein reales Verhältniß zuzulassen, z. B. daß das Licht des göttlichen Wesens an dem Nichts sich gebrochen oder abgespiegelt habe, und hieraus die Sinnenwelt entstanden sey; denn das grob-Realistische jeder solchen Vorstellungsart war ihrem durch das Licht des Idealismus erleuchteten Gedanken ebenso fremd als jede Art von Dualismus. Wenn das Persische Religionssystem zur Erklärung der Mischung des unendlichen und endlichen Princips in den sinnlichen Dingen zwei Urwesen annimmt, die miteinander im Streit liegen und nur in der Auflösung alles Concreten (im Weltende) wieder geschieden und jedes in seine eigne Qualität gestellt werden können: so ist das dem Realen entgegengesetzte Urwesen keine bloße Privation, ein pures Nichts, sondern ein Princip des Nichts und der Finsterniß, eine Macht gleich jenem Princip, das in der Natur auf das Nichts wirkt und das Licht in der Refraktion trübt. An dem leeren Nichts aber kann nichts sich reflektiren oder durch dasselbe getrübt werden, und vor dem Allguten oder gleich-ewig mit ihm kann kein böses Princip oder ein Princip des Nichts seyn; denn dieses ist überall nur von der zweiten und nicht von der ersten Geburt.

Allgemein gesprochen: sollte die vielen, welche sich ohne Beruf, von leerem Dünkel getrieben, an die hohe Frage wagen, nicht schon die einfachste Reflexion belehren, daß sie gleich unwissend sind, sie mögen das Absolute zum positiv-Hervorbringenden des Endlichen machen, oder jenem ein Negatives unterlegen, gleichviel ob sie es zuerst als Materie mit unendlicher Mannichfaltigkeit von Qualitäten, oder, nachdem sie ihm die Mannichfaltigkeit abgleicht, als ein bloßes leeres Unbestimmtes angeben, oder endlich gar zum Nichts machen? Denn in diesem wie in dem ersten Falle wird Gott zum Urheber des Bösen gemacht. Die Materie, das Nichts hat für sich durchaus keinen positiven Charakter; es nimmt ihn erst an und wird zum bösen Princip, nachdem der Abglanz des guten mit ihm in Conflikt tritt. Nun werden sie allerdings sagen, dieser Streit ist nicht von Gott verhängt, dagegen aber zugeben, daß die erste Wirkung oder der erste Ausfluß Gottes durch ein von ihm unabhängiges Princip begrenzt ist, und hiermit in den vollkommensten Dualismus zurückfallen.

Mit Einem Wort, vom Absoluten zum Wirklichen gibt es keinen stetigen Uebergang, der Ursprung der Sinnenwelt ist nur als ein vollkommenes Abbrechen von der Absolutheit, durch einen Sprung, denkbar. Sollte Philosophie das Entstehen der wirklichen Dinge auf positive Art aus dem Absoluten herleiten können, so müßte in diesem ihr positiver Grund liegen, aber in Gott liegt nur der Grund der Ideen, und auch die Ideen produciren unmittelbar nur wieder Ideen, und keine positive von ihnen oder vom Absoluten ausgehende Wirkung macht eine Leitung oder Brücke vom Unendlichen zum Endlichen. Ferner: Philosophie hat zu den erscheinenden Dingen ein bloß negatives Verhältniß, sie beweist nicht sowohl, daß sie sind, als daß sie nicht sind: wie kann sie ihnen also irgend ein positives Verhältniß zu Gott geben? Das Absolute ist das einzige Reale, die endlichen Dinge dagegen sind nicht real; ihr Grund kann daher nicht in einer Mittheilung von Realität an sie oder an ihr Substrat, welche Mittheilung vom Absoluten ausgegangen wäre, er kann nur in einer Entfernung, in einem Abfall von dem Absoluten liegen.

Diese ebenso klare und einfache als erhabene Lehre ist auch die wahrhaft platonische, wie sie in denjenigen Werken angedeutet ist, die am reinsten und unverkennbarsten das Gepräge seines Geistes tragen. Nur durch den Abfall vom Urbild läßt Plato die Seele von ihrer ersten Seligkeit herabsinken und in das zeitliche Universum geboren werden, durch das sie von dem wahren losgerissen ist. Es war ein Gegenstand der geheimeren Lehre in den griechischen Mysterien, auf welche auch Plato deßhalb nicht undeutlich hinweist, den Ursprung der Sinnenwelt nicht, wie in der Volksreligion, durch Schöpfung, als ein positives Hervorgehen aus der Absolutheit, sondern als einen Abfall von ihr vorzustellen. Hierauf gründete sich ihre praktische Lehre, welche darin bestand, daß die Seele, das gefallene Göttliche im Menschen, so viel möglich von der Beziehung und Gemeinschaft des Leibes abgezogen und gereinigt werden müsse, um so, indem sie dem Sinnenleben absterbe, das Absolute wieder zu gewinnen und der Anschauung des Urbildes wieder theilhaftig zu werden. Die nämliche Lehre findet ihr im Phädo auf allen Blättern verzeichnet. Besonders scheint in den Eleusinischen Geheimnissen dieselbe durch die Geschichte der Demeter und des Raubs der Persephone symbolisch vorgebildet worden zu seyn.[1]

Wir gehen auf den Punkt zurück, den wir erst verließen. — Durch dieselbe stille und ewige Wirkung der Form, durch welche die Wesenheit des Absoluten sich im Objekt ab- und ihm einbildet, ist dieses auch, gleich jenem, absolut in sich selbst. „Der Ordner des Alls, drückt sich der Timäus in seiner bildlichen Sprache aus, war gut: dem Guten aber entsteht niemals wegen irgend etwas noch irgendwann Neid; dessen frei wollte er, daß alles so viel möglich ihm ähnlich sey[2]. — Das ausschließend Eigenthümliche der Absolutheit ist, daß sie ihrem Gegenbild mit dem Wesen von ihr selbst auch die Selbständigkeit verleiht. Dieses in-sich-selbst-Seyn, diese eigentliche und wahre Realität des ersten Angeschauten, ist Freiheit, und von jener ersten Selbständigkeit des Gegenbildes fließt aus, was in der Erscheinungswelt [illegible] wieder auftritt, welche noch die letzte Spur und gleichsam [illegible] der in die abge[illegible] genbild, als ein [illegible] das mit dem [illegible] mein hat, [illegible] nicht [illegible] wahrhaft zu seyn [illegible] andere [illegible]

[1] S. Krit. Journal der Philos., I. Bd., 1. St., S. 24. [illegible] (Bd. 5, S. [illegible]).

ohne sich eben dadurch von dem wahren Absoluten zu trennen, oder von ihm abzufallen. Denn es ist *wahrhaft* in sich selbst und absolut nur in der Selbst-Objektivirung des Absoluten, d. h. nur sofern es zugleich in diesem ist; dieses sein Verhältniß zum Absoluten ist das der *Nothwendigkeit*. Es ist absolut-frei nur in der absoluten Nothwendigkeit. Indem es daher in seiner *eignen* Qualität, als Freies, getrennt von der Nothwendigkeit, ist, hört es auch auf frei zu seyn, und verwickelt sich mit derjenigen Nothwendigkeit, welche die Negation jener absoluten, also rein endlich ist.

Was in dieser Beziehung von dem Gegenbilde gilt, gilt nothwendig auch von jeder der in ihm begriffenen Ideen. Die Freiheit in ihrer Lossagung von der Nothwendigkeit ist das *wahre* Nichts, und kann eben deßhalb auch nichts als Bilder ihrer eignen Nichtigkeit, d. h. die sinnlichen und wirklichen Dinge, produciren. Der Grund des Abfalls, und insofern auch dieses Producirens, liegt nun *nicht im Absoluten*, er liegt lediglich im *Realen*, *Angeschauten selbst*, welches ganz als ein Selbständiges, Freies zu betrachten ist. Der Grund der *Möglichkeit* des Abfalls liegt in der Freiheit und, inwiefern diese durch die Einbildung des absolut-Idealen ins Reale gesetzt ist, allerdings in der Form, und dadurch in dem Absoluten; der Grund der *Wirklichkeit* aber einzig im *Abgefallenen* selbst, welches eben daher nur *durch* und *für* sich *selbst* das Nichts der sinnlichen Dinge producirt.

Da nämlich das Reale, wie es im Absoluten ist, unmittelbar als solches auch ideal und demnach *Idee* ist, so kann es, getrennt vom Absoluten, indem es rein *als solches* in sich selbst ist, nothwendig nicht mehr Absolutes, sondern nur Negationen der Absolutheit, Negationen der Idee produciren. Da nun diese als Realität unmittelbar zugleich Idealität ist, so wird das Producirte eine Realität seyn, die von der Idealität getrennt, nicht unmittelbar durch sie bestimmt ist, eine Wirklichkeit also, welche nicht zugleich die vollständige Möglichkeit ihres Seyns in sich selbst, sondern *außer* sich hat, demnach eine sinnliche, bedingte Wirklichkeit.

Das Producirende bleibt immer die Idee, welche, sofern sie bestimmt ist Endliches zu produciren, in ihm sich anzuschauen bestimmt ist. Das, worin sie sich objektiv wird, ist nicht mehr ein Reales, sondern ein bloßes Scheinbild, ein immer und nothwendig Producirtes, das nicht an sich, sondern nur in Bezug auf die Seele, und auch auf diese nur, sofern sie von ihrem Urbild abgefallen ist, wirklich ist.

Inwiefern es die Selbstobjektivirung des Absoluten in der Form ist, wodurch das Gegenbild in sich selbst seyn und von dem Urbild sich entfernen kann, insofern hat die Erscheinungswelt ein, aber nur indirektes, Verhältniß zum Absoluten. Daher der Ursprung keines endlichen Dings unmittelbar auf das Unendliche zurückgeführt, sondern nur durch die Reihe der Ursachen und Wirkungen begriffen werden kann, die aber selbst endlos ist, deren Gesetz daher keine positive, sondern eine bloß negative Bedeutung hat, *daß nämlich kein Endliches unmittelbar aus dem Absoluten entstehen und auf dieses zurückgeführt werden kann.* Wodurch schon in diesem Gesetz der Grund des Seyns endlicher Dinge als ein absolutes Abbrechen vom Unendlichen ausgedrückt wird.

Dieser Abfall ist übrigens so ewig (außer aller Zeit) als die Absolutheit selbst und als die Ideenwelt. Denn wie jene auf eine ewige Weise als Idealität in ein anderes Absolutes, als Reales, geboren wird, und wie dieses andere Absolute, als Uridee, nothwendig eine gedoppelte Seite hat, die eine, wodurch es in sich selbst, die andere, wodurch es im An-sich ist: so ist eben damit und auf gleich ewige Weise der Uridee, wie jeder der in ihr begriffenen Ideen, ein doppeltes Leben verliehen, eines in sich selbst, wodurch sie aber der Endlichkeit sich verpflichtet, und welches, inwiefern es vom andern sich trennt, ein Scheinleben ist, das andere im Absoluten, welches ihr wahres Leben ist. Dieser Ewigkeit des Abfalls und seiner Folge, des sinnlichen Universum, ungeachtet, ist aber, in Bezug auf das Absolute, sowohl als die Idee an sich selbst, jener wie dieses ein bloßes Accidens, da der Grund von ihm weder in jenem noch in dieser an sich liegt, sondern nur in der Idee von der Seite ihrer Selbstheit betrachtet. Er ist außerwesentlich für das Absolute wie für das Urbild; denn er verändert nichts in beiden, weil das Gefallene unmittelbar dadurch sich in das Nichts einführt und in Ansehung des Absoluten wie des Urbilds wahrhaft *Nichts* und nur *für sich selbst* ist.

Der Abfall kann auch nicht (was man so nennt) *erklärt* werden, denn er ist absolut und kommt aus Absolutheit, obgleich seine Folge und das nothwendige Verhängniß, das er mit sich führt, die Nicht-Absolutheit ist. Denn die Selbständigkeit, welche das *andere Absolute* in der Selbstbeschauung des ersten, der Form, empfängt, reicht nur bis zur *Möglichkeit* des realen in-sich-selbst-Seyns, aber nicht weiter; über diese Grenze hinaus liegt die Strafe, welche in der Verwicklung mit dem Endlichen besteht.

Klarer hat wohl auf dieses Verhältniß von allen neueren Philosophen keiner gedeutet als Fichte, wenn er das Princip des endlichen Bewußtseyns nicht in einer *That-Sache*, sondern in einer *That-Handlung* gesetzt will. Wie wenig die Zeitgenossen diesen Ausspruch zu ihrer Erleuchtung zu benutzen fähig gewesen, liegt aber nicht minder am Tage.

Das für-sich-selbst-Seyn des Gegenbildes drückt sich, durch die Endlichkeit fortgeleitet, in seiner höchsten Potenz als *Ichheit* aus. Wie aber im Planetenlauf die höchste Entfernung vom Centro unmittelbar wieder in Annäherung zu ihm übergeht, so ist der Punkt der äußersten Entfernung von Gott, die Ichheit, auch wieder der Moment der Rückkehr zum Absoluten, der Wiederaufnahme ins Ideale. Die Ichheit ist das allgemeine Princip der Endlichkeit. Die Seele schaut in allen Dingen einen Abdruck dieses Princips an. Am unorganischen Körper drückt sich das in-sich-selbst-Seyn als Starrheit, die Einbildung der Identität in Differenz oder Beseelung als Magnetismus aus. An den Weltkörpern, den unmittelbaren Scheinbildern der Idee, ist die Centrifugenz ihre Ichheit. Wo die Ureinheit, das erste Gegenbild, in die abgebildete Welt selbst hereinfällt, erscheint sie als *Vernunft*; denn die Form, als das Wesen des Wissens, ist das Urwissen, die Urvernunft selbst (λόγος); das Reale aber als ihr Produkt ist dem Producirenden gleich.

demnach reale Vernunft und als gefallene Vernunft **Verstand** (νοῦς). Wie nun die Ureinheit alle Ideen, die in ihr sind, aus sich selbst zeugt, so producirt sie auch als Verstand wieder die jenen Ideen entsprechenden Dinge lediglich aus sich selbst. Die Vernunft und die Ichheit, in ihrer **wahren** Absolutheit, sind ein und dasselbe, und ist diese der Punkt des höchsten für-sich-selbst-Seyns des Abgebildeten, so ist sie zugleich der Punkt, wo **in** der gefallenen Welt selbst wieder die urbildliche sich herstellt, jene überirdischen Mächte, die Ideen, versöhnt werden und in Wissenschaft, Kunst und sittlichem Thun der Menschen sich herablassen in die Zeitlichkeit. Die große Absicht des Universum und seiner Geschichte ist keine andere als die vollendete Versöhnung und Wiederauflösung in die Absolutheit.

Die Bedeutung einer Philosophie, welche das Princip des Sündenfalls, in der höchsten Allgemeinheit ausgesprochen, wenn auch unbewußt, zu ihrem eignen Princip macht, kann, nach der vorhergehenden Vermischung der Ideen mit den Begriffen der Endlichkeit im Dogmatismus, nicht groß genug angeschlagen werden[1]. Es ist wahr, daß es, als Princip der gesammten Wissenschaft, nur eine negative Philosophie zum Resultat haben kann, aber es ist schon viel gewonnen, daß das Negative, das Reich des Nichts vom Reiche der Realität und dem einzig Positiven durch eine schneidende Grenze geschieden ist, da jenes erst nach dieser Scheidung wieder hervorstrahlen konnte. Wer das gute Princip ohne das böse zu erkennen meint, befindet sich in dem größten aller Irrthümer; denn, wie in dem Gedicht des Dante, geht auch in der Philosophie nur durch den Abgrund der Weg zum Himmel.

Fichte sagt: die Ichheit ist nur **ihre eigne That**, ihr eignes Handeln, sie ist **nichts** abgesehen von diesem Handeln, und nur **für sich selbst**, nicht **an** sich selbst. Bestimmter konnte der Grund der ganzen Endlichkeit als ein nicht im Absoluten, sondern lediglich in ihr selbst liegender wohl nicht ausgedrückt werden. Wie rein spricht sich die uralte Lehre der ächten Philosophie in diesem zum Princip der Welt

[1] Vergl. Einleitung in die Philosophie der Mythologie, S. 465, Anm. d. H.

gemachten Nichts der Selbheit aus, und in welchem Gegensatz mit der Unphilosophie, welche vor diesem Nichts zurückbebend seine Realität in einem Substrat, worauf das unendliche Denken einwirkt, in einer unförmlichen Materie, einem Stoff zu fixiren strebt!

Wir wollen jenes Princip in einigen seiner Ramificationen, durch die es sich in die Natur erstreckt, verfolgen, ohne eben auf Vollständigkeit oder strenge Ordnung Anspruch zu machen.

Das erscheinende Universum ist nicht dadurch abhängig, daß es einen Anfang in der Zeit hat, es ist vielmehr der Natur oder dem Begriff nach abhängig, und hat wahrhaft weder angefangen noch auch nicht angefangen, weil es ein bloßes Nichtseyn ist, das Nichtseyn aber ebensowenig geworden als nicht geworden seyn kann.

Die Seele, ihren Abfall erkennend, strebt gleichwohl in diesem ein anderes Absolutes zu seyn, und demnach Absolutes zu produciren. Ihr Verhängniß ist aber, das, was in ihr, als Idee, ideal war, real, demnach als Negation des Idealen zu produciren. Sie ist also productiv von besondern und endlichen Dingen. Nun strebt sie zwar, in jedem dieser Scheinbilder so viel möglich die ganze Idee nach ihren beiden Einheiten und an dem vollkommensten Bild von ihr selbst sogar alle Abstufungen der Ideen auszudrücken, so, daß sie, diese Bestimmung des Producirens von dieser, jene von jener Idee nehmend, das Ganze zu einem vollkommenen Abdruck des wahren Universum zu machen strebt. Auf diese Art entstehen ihr denn auch die verschiedenen Potenzen der Dinge, indem sie stufenweise, jetzt die ganze Idee im Realen, jetzt im Idealen ausdrückend, bis zur Ureinheit sich erhebt. Aber von der Seite ihrer Selbstheit ist die Verwicklung mit der Nothwendigkeit unauflöslich, welche sich für sie in die natura naturata, den allgemeinen Schauplatz der Geburt der endlichen und sinnlichen Dinge, ausbreitet. Nur durch die Ablegung der Selbstheit und die Rückkehr in ihre ideale Einheit gelangt sie wieder dazu, Göttliches anzuschauen und Absolutes zu produciren.

Die beiden Einheiten der Idee, die, wodurch sie in sich, und die, wodurch sie im Absoluten ist, sind in ihrer Idealität Eine Einheit und die Idee daher ein absolutes Eins. In dem Abfall wird sie zu einem Zwei, einer Differenz, und die Einheit wird ihr daher nothwendig im Produciren zu einem Drei. Ein Bild des An-sich kann sie nämlich nur produciren, indem sie die beiden Einheiten der Substanz als bloße Attribute unterordnet. Das in-sich-selbst-Seyn getrennt von der andern Einheit involvirt unmittelbar das Seyn als Differenz der Wirklichkeit von der Möglichkeit (die Negation des wahren Seyns); die allgemeine Form dieser Differenz ist die Zeit, denn jedes Ding ist zeitlich, welches die vollkommene Möglichkeit seines Seyns nicht in sich selbst, sondern in einem andern hat, und die Zeit ist daher das Princip und die nothwendige Form aller Nicht-Wesen. Das Producirende, welches die Form der Selbstheit durch die andere Form zu integriren sucht, macht die Zeit zu einem Attribut, einer Form der Substanz (des producirten Realen), an welchem sie jene durch die erste Dimension ausdrückt. Denn die Linie ist die in der andern Einheit erloschene Zeit. Diese andere Einheit ist der Raum. Denn wie die erste die Einbildung der Identität in die Differenz ist, ist die andere nothwendig die der Zurückbildung der Differenz in die Identität, die Differenz also der Ausgangspunkt. Diese, welche im Gegensatz mit der Identität nur als reine Negation erscheinen kann, stellt sich im Punkt dar, denn er ist die Negation aller Realität. Die Auflösung der Identität in die Differenz, die sich, für die Seele, durch eine absolute Geschiedenheit ausdrückt, in der nichts mit dem andern eines ist, kann nur dadurch aufgehoben werden, daß die Differenz als reine Negation gesetzt wird, wo dann, weil Negation der Negation ähnlich und gleich seyn muß, die Identität dadurch gesetzt ist, daß in der absoluten Geschiedenheit kein Punkt vom andern wesentlich verschieden, sondern jeder dem andern vollkommen ähnlich und gleich ist, und einer durch alle und alle durch jeden einzelnen bedingt werden, welches im absoluten Raume der Fall ist.

Der Raum nimmt die Zeit auf, dieses geschieht in der ersten Dimension; wie die Zeit auch den Raum und, obwohl in der Unterordnung unter die herrschende Dimension (die erste), alle übrigen in sich aufnimmt. Die herrschende Dimension des Raums ist die zweite, das

Bild der idealen Einheit; diese ist in der Zeit als Vergangenheit, welche für die Seele, wie der Raum, ein abgeschlossenes Bild ist, worin sie die Differenzen als zurückgegangen, wieder aufgenommen in die Identität anschaut. Die reale Einheit, als solche, schaut sie in der Zukunft an, denn durch diese projiciren sich für sie die Dinge und gehen in ihre Selbstheit ein. Die Indifferenz oder die dritte Einheit haben die beiden Gegenbilder gemein, denn die Gegenwart in der Zeit, weil sie für die Seele nie ist, wie die ruhige Tiefe des Raums, sind ihr ein gleiches Bild des absoluten Nichts der endlichen Dinge.

Das Producirende indeß sucht, wie gesagt, das Producirte so viel möglich der Idee gleich zu machen. Wie das wahre Universum alle Zeit als Möglichkeit in sich, aber keine außer sich hat, strebt jenes die Zeit dem Dritten zu unterwerfen, und sie in der andern Einheit zu fesseln. Weil aber die Seele nicht zurück kann in die absolute Thesis, die absolute Eins, producirt sie nur die Synthesis oder die Drei, worin die beiden Einheiten, nicht wie im Absoluten ungetrübt, als ein und dasselbe Eins, das sich nicht summirt, sondern als ein unüberwindliches Zwei stehen. Das Producirte ist daher ein Mittelwesen, welches an der Natur der Einheit und der Zweiheit, des guten und des bösen Princips, gleicherweise Theil nimmt, worin die beiden Einheiten sich durchkreuzend sich trüben und ein der Evidenz undurchdringliches Scheinbild oder Idol der wahren Realität hervorbringen.

Die Materie gehört, inwiefern sie nichts anderes als die Negation der Evidenz, des reinen Aufgehens der Realität in der Idealität selbst ist, ganz und gar zu der Gattung der Nichtwesen. Als ein bloßes Idol (simulachrum) der Seele, ist sie an sich und unabhängig von dieser betrachtet ein vollkommenes Nichts: wie sie in dieser Geschiedenheit von der Seele die Weisheit der Griechen in den Schattenbildern des Hades abbildet, wo auch die hohe Kraft des Herakles nur als Gebild (εἴδωλον) schwebt, während er selber im Kreis der unsterblichen Götter weilt.[1]

[1] Dresser XI, 602.

Inwiefern nun die Seele von der Seite ihrer Selbstheit oder Endlichkeit betrachtet nur durch dieses Mittelwesen, wie durch einen getrübten Spiegel, die wahren Wesen erkennt, ist alles endliche Erkennen nothwendig ein irrationales, das zu den Gegenständen an sich nur noch ein indirektes, durch keine Gleichung aufzulösendes Verhältniß hat.

Die Lehre von dem Ursprung der Materie gehört mit zu den höchsten Geheimnissen der Philosophie. Noch hat keine dogmatische Philosophie die Alternative überwunden, sie entweder unabhängig von Gott, als ein anderes ihm entgegengesetztes Grundwesen, oder als die Wirkung eines solchen, oder abhängig von Gott, und dadurch Gott selbst zum Urheber der Privation, der Beschränkungen und des daraus resultirenden Uebels zu machen. Selbst Leibniz, welcher, richtig verstanden, die Materie bloß aus den Vorstellungen der Monaden ableitet, welche, wenn sie adäquat sind, nur Gott, wenn sie aber verworren sind, die Welt und die sinnlichen Dinge zum Gegenstand haben — selbst Leibniz, weil er diese verworrenen Vorstellungen und die mit ihnen nothwendig verbundenen Privationen des Uebels und des moralischen Bösen nicht erklären konnte, vermochte sich nicht der Aufgabe einer Rechtfertigung und gleichsam Vertheidigung Gottes wegen der Verhängung oder Zulassung desselben zu entziehen.

Allen jenen Zweifelsknoten, woran die Vernunft seit Jahrtausenden sich müde gearbeitet hat, macht die alte, heilige Lehre ein Ende: daß die Seelen aus der Intellektualwelt in die Sinnenwelt herabsteigen, wo sie zur Strafe ihrer Selbstheit und einer diesem Leben (der Idee, nicht der Zeit nach) vorhergegangenen Schuld an den Leib wie an einen Kerker sich gefesselt finden, und zwar die Erinnerung des Einklangs und der Harmonie des wahren Universum mit sich bringen, aber sie in dem Sinnengeräusch der ihnen vorschwebenden Welt nur gestört durch Mißklang und widerstreitende Töne vernehmen, sowie sie die Wahrheit nicht in dem, was ist oder zu seyn scheint, sondern nur in dem, was für sie war, und zu dem sie zurückstreben müssen, dem intelligiblen Leben, zu erkennen vermögen.

Aber nicht minder lösen sich auch alle Widersprüche, in die sich der Verstand und die realistische Ansicht unvermeidlich verwickelt, durch diese Lehre auf. Denn wenn z. B. gefragt wird, ob das Universum endlich ausgedehnt oder begrenzt sey, so ist die Antwort: keines von beiden, denn das Nichtseyn kann ebensowenig begrenzt als nichtbegrenzt seyn, weil es von einem Nichtwesen keine Prädicate gibt. Ist aber die Frage die: ob das Universum, sofern es eine scheinbare Realität hat, das eine oder andere sey, so heißt dieß ebenso viel, als: ob ihm das eine oder das andere beider Prädicate in dem Sinn zukomme, in welchem ihm auch die Realität zukommt, nämlich bloß im Begriff und in der Vorstellung, wo man denn wiederum nicht um die Antwort verlegen seyn kann.

Wir geben noch einige kurze Linien der weiteren Folgerungen aus dieser Lehre für die Naturphilosophie an.

Die Seele, nachdem sie in die Endlichkeit versenkt ist, kann die Urbilder nicht mehr in ihrer wahren, sondern nur in einer durch die Materie getrübten Gestalt erblicken. Gleichwohl erkennt sie auch so noch in ihnen die Urwesen und sie selbst als Universa, zwar differenziirt und außereinander, aber nicht bloß als abhängig voneinander, sondern zugleich als selbständig. Wie nun der endlichen Seele die Ideen nur in den Gestirnen, als unmittelbaren Abbildern, erscheinen, so verbinden sich dagegen die den Gestirnen vorstehenden Ideen als Seelen mit organischen Leibern, wodurch die Harmonie zwischen diesen und jenen begriffen wird. Als die Abbilder der ersten Ideen und demnach als die ersten abgefallenen Wesen müssen der Seele diejenigen erscheinen, welche, das gute Princip noch unmittelbarer darstellend, in der Dunkelheit der abgefallenen Welt wie Ideen in eignem Lichte leuchten und das Licht, den Ausfluß der ewigen Schönheit in der Natur, verbreiten. Denn diese entfernen sich am wenigsten von den Urbildern und nehmen auch am wenigsten von der Leiblichkeit an. Sie verhalten sich wieder zu den dunkeln Gestirnen, wie sich die Ideen zu ihnen selbst verhalten; nämlich als die Centra, in welchen jene sind, zugleich indem sie in sich selbst sind, aus welchem Einklang ihre Bewegungen entstehen; wie davon schon anderwärts hinlänglich gehandelt worden ist.

Wie Gott in dem ersten Gegenbild, durch die Form, nicht nur überhaupt sich objektiv wird, sondern auch sein Anschauen selbst wieder in jenem anschaut, damit es ihm vollkommen ähnlich und gleich sey, so schaut die Seele auch sich selbst wieder hinein in die Natur, im Licht, welches der in ihr nur wie in Trümmern wohnende Geist ist. Denn, obgleich von dem idealen Princip vollkommen gesondert, ist die Erscheinungswelt doch, für die Seele, die Ruine der göttlichen oder absoluten Welt. Sie ist nämlich die Absolutheit, aber nur in ihrer angeschauten Gestalt, nicht das schlechthin-Ideale, und auch jene nicht an sich, sondern inwiefern sie durch Differenz und Endlichkeit getrübt ist. Daraus begreift sich, wie Spinoza sogar bis zu dem harten Satze: Deus est res extensa, fortgehen konnte, wenn man auch nicht die Reflexion machen wollte, daß er von Gott die Ausdehnung nur insoweit aussagt, als Er das gleiche Wesen oder An-sich des Denkens und der Ausdehnung ist, wo denn das, was in dem Ausgedehnten ausgedehnt, in dem Negirten negirt ist, allerdings das Wesen Gottes ist; oder welcher Philosoph möchte wohl dem widersprechen, daß das in dem Sinnlichen und Ausgedehnten Verneinte das An-sich und demnach das Göttliche ist?

Daß aber die Naturphilosophie des Materialismus, dann der Identification Gottes mit der Sinnenwelt, hierauf des Pantheismus, und wie solche Namen, deren sich das Volk, ohne eben viel dabei zu denken, als Waffen bedient, weiter heißen mögen, angeklagt worden ist, kann nur auf die völlig Unwissenden oder die Blödsinnigen berechnet gewesen seyn, wenn nicht etwa ein Theil derer, die es vorgebracht haben, selbst unter die eine oder andere dieser Kategorien gehört hat; denn erstens hat die Naturphilosophie die absolute Nicht-Realität der gesammten Erscheinung aufs klarste behauptet und von den Gesetzen, welche nach Kant ihre Möglichkeit aussprechen, dargethan: „daß sie vielmehr wahrhaft Ausdrücke ihrer absoluten Nichtigkeit und Nichtwesenheit sind, indem sie alle ein Seyn außer der absoluten Identität, welches an sich ein Nichts ist, aussagen)"[1]; zweitens hat sie „das absolute

[1] Neue Zeitschrift für speculative Physik B. 1, H. 2, S. 11 (Bd. 4, S. 397).

Getrennthalten (die vollkommene Abscheidung) der erscheinenden Welt von der schlechthin-realen als wesentlich zur Erkenntniß der wahren Philosophie" gefordert, „weil nur dadurch jene als absolute Nicht-Realität gesetzt werde, jedes andere Verhältniß aber zum Absoluten ihr selbst eine Realität gebe[1]; drittens ist jederzeit die Ichheit als der eigentliche Absonderungs- und Uebergangspunkt der besonderen Formen aus der Einheit, als das wahre Princip der Endlichkeit aufgestellt und von ihr dargethan worden, daß sie nur ihre eigne That und unabhängig von ihrem Handeln, ebenso wie das Endliche, das mit ihr und nur für sie abgesondert ist vom All, wahrhaftig Nichts sey[2]; welches Nichts denn übrigens einstimmig von der ächten Philosophie aller Zeiten, wenn auch in verschiedenen Formen, behauptet worden ist.

Freiheit, Sittlichkeit und Seligkeit: Endabsicht und Anfang der Geschichte.

„Es schien mir immer ein unauflösliches Problem zu seyn, sagt Eschenmayer[3], den Willen, der alle Spuren von einer Abkunft jenseits des Absoluten in sich trägt, aus der absoluten Identität und noch mehr aus dem absoluten Erkennen zu entwickeln". Und ferner: „So wahr es ist, daß alle Gegensätze der Erkenntnißsphäre in der absoluten Identität aufgehoben sind, so wenig möglich ist es, über den Hauptgegensatz des Diesseits und Jenseits hinauszukommen"[4].

Wenn das Diesseits hier die Erscheinungswelt und die Sphäre des endlichen Erkennens bedeutet, so wird Eschenmayer in dem, was wir so eben von der absoluten Unterscheidung beider, der erscheinenden

[1] Ebendas. 1stes Heft, S. 78 (Band 4, S. 388).
[2] S. außer vielen Stellen im Bruno die Zeitschr. I, 2tes Heft, S. 18 (Bd. 4, S. [illegible]), und Kritisches Journal d. Philos. Bd. 1, Heft 1, S. 18 (Bd. 5, S. 26).
[3] S. 61 der angef. Schrift.
[4] Ebendas. S. 54.

und der absoluten Welt, behauptet haben, die vollkommene Bestätigung seines Gegensatzes finden. Wenn aber, nach derselben Stelle, auch das Absolute noch sein Jenseits hat, und das Diesseits als „das ziehende Gewicht des Willens, der im Erkennen ans Endliche gefesselt ist"[1], beschrieben wird, so sehe ich klar, daß Eschenmayer bei dem Absoluten etwas ganz anderes denkt, als ich dabei denke: was es ist, das er denkt, weiß ich nicht, da es mir, wie schon gesagt, ein unmittelbarer Widerspruch dünkt, außer und über dem Absoluten überhaupt etwas zu suchen.

Möge dieser geistreiche Forscher sich selbst deutlich machen, wozu in seiner Vorstellung unser Absolutes herabgesunken ist, und wodurch; vielleicht daß ihm dann zugleich bemerklich wird, daß eben das Höhere, das er jenseits dessen, was er Absolutes nennt, durch Glauben festhalten will, dieselbe Absolutheit ist, die wir in klarem Wissen und ebenso klarem Bewußtseyn dieses Wissens besitzen.

Oder hat er nicht selbst bei dieser Absolutheit das Licht angezündet, welches bei ihm durchbrechen zu wollen scheint, wen[illegible]: der göttliche Funken der Freiheit, welcher aus der unsich[illegible] sich der unsrigen mittheilt, durchbreche die absolute Ide[illegible], und erst dann entstehen nach Maßgab seiner Vertheilung auf einer Seite Denken und Seyn, auf der andern Wollen und Handeln?[2]

Nach unserer Vorstellung ist das Wissen eine Einbildung des Unendlichen in die Seele als Objekt oder als Endliches, welches dadurch selbständig ist und sich wieder ebenso verhält, wie sich das erste G[illegible]bild der göttlichen Anschauung verhielt. Die Seele löst sich in der [illegible]nunft auf in die Ureinheit und wird ihr gleich. Hierdurch ist ihr die Möglichkeit gegeben, ganz in sich selbst zu seyn, sowie die Möglichkeit, ganz im Absoluten zu seyn.

Der Grund der Wirklichkeit des einen oder des andern [illegible] nicht mehr in der Ureinheit (zu der sich die Seele jetzt selbst verhält, wie diese sich zum Absoluten verhielt), sondern [illegible] Seele selbst, welche demnach aufs Neue die Mög[illegible] in die

[1] Das.
[2] Das. S. 90.

Absolutheit herzustellen, oder aufs Neue in die Nicht-Absolutheit zu fallen und von dem Urbild sich zu trennen.

Dieses Verhältniß von Möglichkeit und Wirklichkeit ist der Grund der Erscheinung der Freiheit, welche allerdings unerklärbar ist, weil dieß eben ihr Begriff ist, nur durch sich selbst bestimmt zu seyn: deren erster Ausgangspunkt aber, von dem sie in die Erscheinungswelt erst herabfließt, gleichwohl aufgezeigt werden kann und muß.

Wie das Seyn der Seele in der Ureinheit und dadurch in Gott für sie keine reale Nothwendigkeit ist, wie sie vielmehr in jener nicht seyn kann, ohne eben dadurch wahrhaft in-sich-selbst und zugleich absolut zu seyn, so vermag sie hinwiederum nicht wahrhaft frei zu seyn, ohne zugleich im Unendlichen, also nothwendig zu seyn. Die Seele, die, sich in der Selbstheit ergreifend, das Unendliche in sich der Endlichkeit unterordnet, fällt damit von dem Urbild ab, aber die unmittelbare Strafe, die ihr als Verhängniß folgt, ist, daß das Positive des in-sich-selbst-Seyns ihr zur Negation wird, und daß sie nicht mehr Absolutes und Ewiges, sondern nur Nicht-Absolutes und Zeitliches produciren kann. Wie die Freiheit der Zeuge der ersten Absolutheit der Dinge, aber eben deßhalb auch die wiederholte Möglichkeit des Abfalls ist, so ist die empirische Nothwendigkeit eben nur die gefallene Seite der Freiheit, der Zwang, in den sie sich durch die Entfernung von dem Urbild begibt.

Wie dagegen die Seele durch die Identität mit dem Unendlichen sich der endlichen Nothwendigkeit entziehe, wird aus dem Verhältniß derselben zur absoluten erhellen.

Die Seele ist auch in ihrem endlichen Produciren nur Werkzeug der ewigen Nothwendigkeit, ebenso auch die producirten Dinge sind nur Werkzeuge der Ideen. Aber das Absolute hat zu der endlichen Seele nur noch ein indirektes und irrationales Verhältniß, so daß die Dinge in ihr nicht unmittelbar aus dem Ewigen, sondern nur auseinander entspringen, und die Seele demnach als identisch mit dem Producirten, in dem ganz gleichen Zustand der höchsten [illegible] ist wie die Natur. Die Seele dagegen, in der Identität mit dem Unendlichen, erhebt sich über die Nothwendigkeit, die der Freiheit entgegenstrebt, zu der, welche die absolute Freiheit selbst ist, und in der auch das Reale, das hier, im Naturlauf, als unabhängig von der Freiheit erscheint, mit ihr in Harmonie gesetzt ist.

Religion, als Erkenntniß des schlechthin-Idealen, schließt sich nicht an diese Begriffe an, sondern geht ihnen vielmehr voraus, und ist ihr Grund. Denn jene absolute Identität, die nur in Gott ist, zu erkennen: zu erkennen, daß sie unabhängig von allem Handeln ist, als das Wesen oder An-sich alles Handelns, ist der erste Grund der Sittlichkeit. Dem jene Identität der Nothwendigkeit und Freiheit nach ihrem indirekten Verhältniß zur Welt, aber in diesem doch erhaben über sie erscheint, erscheint sie als Schicksal, welches zu erkennen, daher zu der Sittlichkeit der erste Schritt ist. In dem Verhältniß der bewußten Versöhnung mit ihr erkennt die Seele sie als Vorsehung, nicht mehr wie vom Standpunkt der Erscheinung als unbegriffene und unbegreifliche Identität, sondern als Gott, dessen Wesen dem geistigen Auge ebenso unmittelbar, durch sich selbst sichtbar und offenbar ist, als das sinnliche Licht dem sinnlichen Auge.

Die Realität Gottes ist nicht eine Forderung, die erst gemacht wird durch die Sittlichkeit, sondern nur, der Gott, auf welche Weise es sey, erkennt, ist erst wahrhaft sittlich. Nicht als ob die sittlichen Gebote dann auf Gott als Gesetzgeber bezogen und darum erfüllt werden sollten, oder welches andere Verhältniß dieser Art sich diejenigen denken mögen, die einmal nur Endliches zu denken vermögen; sondern, weil das Wesen Gottes und das der Sittlichkeit Ein Wesen ist, und weil dieses in seinen Handlungen ausdrücken ebenso viel ist, als das Wesen Gottes ausdrücken. Es ist überhaupt erst eine sittliche Welt, wenn Gott ist, und diesen seyn zu lassen, damit eine sittliche Welt sey, ist nur durch vollkommene Umkehrung der wahren und nothwendigen Verhältnisse möglich.

Wie es nun ein und derselbe Geist ist, der die Wissenschaft und das Leben unternimmt, die endliche Freiheit zu opfern, um die unendliche zu erlangen, und der Sinnenwelt zu sterben, um in der geistigen einheimisch zu seyn: so also weder Sittenlehre noch Sittlichkeit ist ohne

Anschauung der Ideen, so ist hinwiederum eine Philosophie, die das Wesen der Sittlichkeit ausschließt, nicht minder ein Unding.

Bei Eschenmayer[1] steht Folgendes gedruckt: „Schelling hat den intelligibeln Pol oder die Gemeinschaft vernünftiger Wesen, welche einen nothwendigen Bestandtheil unsers Vernunftsystems ausmacht, in keiner seiner Schriften deutlich und ausführlich berührt, und dadurch die Tugend als eine der Grundideen aus der Vernunft ausgeschlossen", welches er denn ferner noch in andern Wendungen wiederholt.

Wenn platte Unwissenschaftlichkeit sich für ihre Nullität durch herzbrechende Aeußerungen über die Nichtsittlichkeit einer Philosophie an dieser rächt, oder, pfäffisch-tückisch, auch ein anderer durch ein so leichtes Urtheil seiner Beengtheit Luft zu machen sucht, so ist das in der Ordnung und begreiflich. Eschenmayer, wenn er das Unglück hat, in denselben Ton zu fallen, geräth nur in Widerspruch mit sich selbst; denn wie kann er, ohne sich zu widersprechen, demselben System, dem er jenen Vorwurf macht, zugestehen: es lasse nach dem Fichteschen für Philosophie vor jetzt nichts zu wünschen übrig, mit ihm beginne der heitere Tag der Wissenschaft[2] u. a. m.? Oder gehört auch die Idee der Tugend nach ihm in die Sphäre der Nichtphilosophie? und kann ein System der Philosophie vor jetzt nichts zu wünschen übrig lassen, ob es gleich die Idee der Tugend aus der Vernunft ausschließt? Und nun erst der Grund! Weil der Verfasser die sittliche Gemeinschaft vernünftiger Wesen in seinen Schriften nicht ausführlich und deutlich berührt (also nur nicht auf diese Weise berührt) hat, hat er die Idee der Tugend positiv ausgeschlossen (denn anders läßt sich die Stelle nicht erklären), ausgeschlossen in einem System, das alle Ideen als Eine behandelt, dessen Eigenthümliches es ist, alles in der Potenz des Ewigen darzustellen[3], in welchem nach Eschenmayer selbst[4] „die Tugend

[1] §. 86 der angef. Schr.
[2] Das. Vorber. S. II. S. 17.
[3] Das. S. 17.
[4] S. 92.

allein auch wahrhaft und schön, die Wahrheit auch tugendhaft und schön und die Schönheit mit Tugend und Wahrheit verschwistert ist". Wo sollte nun bei dieser Identität die Ausschließung irgend einer dieser Ideen herkommen?

„Das lautet alles vortrefflich", werden nun andre sprechen; „ohngefähr sagen wir das auch (sie sagen es allerdings, weil auch diese Formel ihnen, wie so manche andere, durch das öftere Vorkommen geläufig geworden ist), *aber wir denken etwas ganz anderes dabei*".

Wir wollen es also unverholen bekennen und deutlich sagen: Ja! wir glauben, daß es etwas Höheres gibt als *eure* Tugend und *die* Sittlichkeit, wovon *ihr*, armselig und ohne Kraft, redet: wir glauben, daß es einen Zustand der Seele gibt, in welchem für sie so wenig ein Gebot als eine Belohnung der Tugend ist, indem sie bloß der innern Nothwendigkeit ihrer Natur gemäß handelt. Das Gebot spricht sich durch ein Sollen aus, und setzt den Begriff des Bösen neben dem des Guten voraus. Um das Böse euch gleichwohl zu erhalten (denn es ist nach dem Vorhergehenden der Grund eurer sinnlichen Existenz), wollt ihr die Tugend lieber als Unterwerfung denn als absolute Freiheit begreifen. Daß Sittlichkeit in diesem Sinne nichts Höchstes sey, könnt ihr aber schon aus dem Gegensatz sehen, den sie für euch zur Begleitung hat, dem der Glückseligkeit. Die Bestimmung des Vernunftwesens kann nicht seyn, dem Sittengesetz ebenso zu unterliegen, wie der einzelne Körper der Schwere unterliegt, denn hiemit bestünde das Differenzverhältniß: die Seele ist nur wahrhaft sittlich, wenn sie es mit absoluter Freiheit ist, d. h. wenn die Sittlichkeit für sie zugleich die absolute Seligkeit ist. Wie unglücklich zu seyn oder sich zu fühlen die wahre Unsittlichkeit selbst ist, so ist Seligkeit nicht ein Accidens der Tugend, sondern sie selbst. Nicht ein abhängiges, sondern ein in der Gesetzmäßigkeit zugleich freies Leben zu leben, ist absolute Sittlichkeit. Wie die Idee und wie ihr Abbild, der Weltkörper, nur dadurch, daß er das Centrum, die Identität, in sich selbst aufnimmt, zugleich in ihr ist und umgekehrt, so auch die Seele: ihre Tendenz mit dem Centro, mit

Gott Eins zu seyn, ist Sittlichkeit; aber die Differenz würde als bloße Negation bestehen, wäre nicht diese Wiederaufnahme der Endlichkeit in die Unendlichkeit zugleich ein Uebergang des Unendlichen in das Endliche, d. h. ein vollkommenes in-sich-selbst-Seyn des letzteren. Sittlichkeit und Seligkeit verhalten sich demnach nur als die zwei verschiedenen Ansichten einer und derselben Einheit: keiner Ergänzung durch die andere bedürftig, ist jede für sich absolut und begreift die andere, und das Urbild dieses Eins-Seyns, welches zugleich das der Wahrheit und der Schönheit ist, ist in *Gott*.

Gott ist auf eine völlig gleiche Weise absolute Seligkeit und absolute Sittlichkeit, oder beide sind die gleich unendlichen Attribute Gottes. Denn in ihm ist keine Sittlichkeit denkbar, welche nicht eine aus den ewigen Gesetzen seiner Natur fließende Nothwendigkeit, d. h. die nicht als solche zugleich absolute Seligkeit wäre. Aber auch hinwiederum die Seligkeit ist in Ansehung Gottes in der absoluten Nothwendigkeit, und insofern in der absoluten Sittlichkeit gegründet. In ihm ist das Subjekt auch schlechthin das Objekt, das Allgemeine das Besondere. Er ist nur ein und dasselbe Wesen von der Seite der Nothwendigkeit und von der Seite der Freiheit betrachtet.

Von der Seligkeit Gottes ist die Natur, von seiner Heiligkeit die ideale Welt, obgleich nur ein unvollkommenes durch Differenz gestörtes, Bild.

Gott ist das gleiche An-sich der Nothwendigkeit und der Freiheit; denn die Negation, wodurch der endlichen Seele die Nothwendigkeit als unabhängig von der Freiheit, ihr entgegen, erscheint, verschwindet in ihm; aber Er ist nicht nur in Bezug auf die einzelne Seele, welche durch die Sittlichkeit, in der sie dieselbe Harmonie ausdrückt, zur Wiedervereinigung mit ihm gelangt, sondern ebenso in Bezug auf die Gattung das gleiche Wesen der Freiheit und der Nothwendigkeit, der Getrenntheit der Vernunftwesen im Einzelnen und der Einheit aller im Ganzen. Gott ist daher das *unmittelbare* An-sich der Geschichte, da er das An-sich der Natur nur durch Vermittlung der Seele ist. Denn da im Handeln das Reale, die Nothwendigkeit, unabhängig von der Seele erscheint, so ist die Uebereinstimmung oder Nichtübereinstimmung derselben mit der Freiheit nicht aus der Seele selbst zu begreifen, sondern erscheint jederzeit als eine unmittelbare Manifestation oder Antwort der unsichtbaren Welt. Da aber Gott die *absolute* Harmonie der Nothwendigkeit und Freiheit ist, diese aber nur in der Geschichte im Ganzen, nicht im Einzelnen ausgedrückt seyn kann, so ist auch nur die Geschichte im Ganzen — und auch diese nur eine successiv sich entwickelnde Offenbarung Gottes.

Obgleich von den Schicksalen des Universums nur die Eine Seite repräsentirend, ist die Geschichte doch nicht partiell, sondern symbolisch für jene zu fassen, die sich in ihr ganz wiederholen und deutlich abspiegeln.

Die Geschichte ist ein Epos, im Geiste Gottes gedichtet; seine zwei Hauptpartien sind: die, welche den Ausgang der Menschheit von ihrem Centro bis zur höchsten Entfernung von ihm darstellt, die andere, welche die Rückkehr. Jene Seite ist gleichsam die Ilias, diese die Odyssee der Geschichte. In jener war die Richtung centrifugal, in dieser wird sie centripetal. Die große Absicht der gesammten Welterscheinung drückt sich auf diese Art in der Geschichte aus. Die Ideen, die Geister mußten von ihrem Centro abfallen, sich in der Natur, der allgemeinen Sphäre des Abfalls, in die Besonderheit einführen, damit sie nachher, als besondere, in die Indifferenz zurückkehren und, ihr versöhnt, in ihr seyn könnten, ohne sie zu stören.

Bevor wir diese Endabsicht der Geschichte und des gesammten Weltphänomens deutlicher entwickeln, sehen wir noch auf einen Gegenstand zurück, über welchen nur die Religion Unterricht ertheilte: ich meine die für den Menschen so interessante Frage nach den ersten Anfängen der Erziehung seines Geschlechts, dem Ursprung der Künste, der Wissenschaften und der gesammten Cultur. Die Philosophie sucht auch in jenen grenzenlos dunkeln Raum das Licht der Wahrheit zu verbreiten, den Mythologie und Religion für die Einbildungskraft mit Dichtungen angefüllt haben. Die Erfahrung spricht zu laut aus, daß der Mensch, wie er jetzt erscheint, der Bildung nur Gewöhnung durch schon Gebildete bedarf, um zur Vernunft zu erwachen, und daß Mangel der Erziehung zur Vernunft in ihm auch bloß thierische Anlagen und Instinkte sich entwickeln läßt, als daß der Gedanke als möglich erschiene: das gegenwärtige Menschengeschlecht habe sich von sich selbst aus der Thierheit und dem Instinkt zur Vernunft und zur Freiheit emporgehoben. Nicht minder würden auch die dem Zufall überlassenen Anfänge der Bildung sogleich nach so verschiedenen Richtungen sich getrennt haben, daß dadurch jene Identität der Bildung, die man in dem Verhältniß findet, in welchem man sich der Urwelt und der wahrscheinlichen Geburtsstätte der Menschheit annähert, völlig unbegreiflich würde. Die gesammte Geschichte weist auf einen gemeinschaftlichen Ursprung aller Künste, Wissenschaften, Religionen und gesetzlichen Einrichtungen hin: und gleichwohl zeigt die äußerste dämmernde Grenze der bekannten Geschichte schon eine von früherer Höhe herabgesunkene Cultur, schon entstellte Reste vormaliger Wissenschaft, Symbole, deren Bedeutung längst verloren scheint.

Nach diesen Prämissen bleibt nichts anderes übrig als anzunehmen, daß die gegenwärtige Menschengattung die Erziehung höherer Naturen genossen, so daß dieses Geschlecht, in dem bloß die Möglichkeit der Vernunft, aber nicht die Wirklichkeit wohnt, sofern es nicht dazu gebildet wird, alle seine Cultur und Wissenschaft nur durch Ueberlieferung und durch Lehre eines früheren Geschlechtes besitzt, von dem es die tiefere Potenz oder das Residuum ist, und welches, der Vernunft unmittelbar durch sich selbst theilhaftig, nachdem es den göttlichen Samen der Ideen, der Künste und Wissenschaften auf der Erde ausgestreut, von ihr verschwunden ist. Wenn nach den Abstufungen der Ideenwelt auch der Idee des Menschen eine höhere Ordnung vorsteht, aus der sie erzeugt ist, so ist es der Harmonie der sichtbaren mit der unsichtbaren Welt gemäß, daß dieselben Urwesen, welche die geistigen Erzeuger des Menschen der ersten Geburt nach gewesen, in der zweiten seine ersten Erzieher und Anführer zum Vernunftleben wurden, wodurch er sich in sein vollkommeneres Leben wiederherstellt.

Wenn aber gezweifelt werden sollte, wie jenes Geistergeschlecht in irdische Leiber habe herabsteigen können, so überzeugt uns alles, daß die frühere Natur der Erde sich mit edlern und höher gebildeten Formen vertrug, als die gegenwärtigen sind: wie die Reste von thierischen Geschöpfen, deren Gegenbilder in der jetzigen Natur vergeblich gesucht werden, und die durch Größe und Struktur die jetzt existirenden weit übertreffen, beweisen, daß sie auch in andern Gattungen lebender Wesen in der Jugend ihrer Kräfte höhere Exemplarien und vollkommener gebildete Gattungen geboren hat, die den veränderten Verhältnissen der Erde weichend ihren Untergang fanden. Die allmähliche Deterioration der Erde ist nicht nur eine allgemeine Sage der Vorwelt, sondern eine ebenso bestimmte physikalische Wahrheit, als es die später eingetretene Inclination ihrer Axe ist. Mit der wachsenden Erstarrung griff die Macht des bösen Princips in gleichem Verhältniß um sich, und die frühere Identität mit der Sonne, welche die schöneren Geburten der Erde begünstigte, verschwand.

Wir werden uns von jenem höheren Geschlecht, als der Identität, aus welcher das menschliche hervorging, gern vorstellen, daß es von Natur und in unbewußter Herrlichkeit vereinigt, was das zweite Geschlecht nur in einzelne Strahlen und Farben gestreut, allein mit Bewußtseyn verknüpft. Jenen Zustand bewußtloser Glückseligkeit [illegible] als den der ersten Milde der Erde haben die Sagen aller Völker in dem Mythos des goldenen Zeitalters erhalten: wie es natürlich war, daß das zweite Menschengeschlecht jene Schutzgeister seiner Kindheit, die Wohlthäter, durch die es, vom Instinkt aufgerichtet, mit den ersten Künsten des Lebens begabt, gegen die künftige Härte der Natur zum voraus geschützt wurde, und die ersten Keime der Wissenschaften, der Religion und der Gesetzgebung erlangt hatte, in dem Bild der Heroen und der Götter verewigte, mit denen seine Geschichte allerwärts und nach den Ueberlieferungen der ersten und ältesten Völker beginnt.

Unsterblichkeit der Seele.

Die Geschichte des Universum ist die Geschichte des Geisterreichs, und die Endabsicht der ersten kann nur in der der letzten erkannt werden.

Die Seele, welche sich unmittelbar auf den Leib bezieht oder das Producirende desselben ist, unterliegt nothwendig der gleichen Nichtigkeit mit diesem; ebenso auch die Seele, sofern sie das Princip des Verstandes ist, weil auch diese sich mittelbar durch die erste auf das Endliche bezieht. Das wahre An-sich oder Wesen der bloß erscheinenden Seele ist die Idee, oder der ewige Begriff von ihr, der in Gott, und welcher, ihr vereinigt, das Princip der ewigen Erkenntnisse ist. Daß nun dieses ewig ist, ist sogar nur ein identischer Satz. Das zeitliche Daseyn ändert in dem Urbild nichts, und wie es nicht realer wird dadurch, daß das ihm entsprechende Endliche existirt, so kann es auch durch die Vernichtung desselben nicht weniger real werden oder aufhören real zu seyn.

Dieses Ewige der Seele aber ist nicht ewig wegen der Anfang- oder wegen der Endlosigkeit seiner Dauer, sondern es hat überhaupt kein Verhältniß zu der Zeit. Es kann daher auch nicht unsterblich heißen in dem Sinn, in welchem dieser Begriff den einer individuellen Fortdauer in sich schließt. Denn da diese nicht ohne die Beziehung auf das Endliche und den Leib gedacht werden kann, so wäre Unsterblichkeit in diesem Sinn wahrhaft nur eine fortgesetzte Sterblichkeit und keine Befreiung, sondern eine fortwährende Gefangenschaft der Seele. Der Wunsch nach Unsterblichkeit in solcher Bedeutung stammt daher unmittelbar aus der Endlichkeit ab, und kann am wenigsten demjenigen entstehen, welcher schon jetzt bestrebt ist, die Seele so viel möglich von dem Leibe zu lösen, d. h. nach Sokrates dem wahrhaft Philosophirenden[1].

[1] Phädo S. 153.

Es ist daher Mißkennen des ächten Geistes der Philosophie, die Unsterblichkeit über die Ewigkeit der Seele und ihr Seyn in der Idee zu setzen[1], und, wie uns scheint, klarer Mißverstand, die Seele im Tode die Sinnlichkeit abstreifen und gleichwohl individuell fortdauern lassen[2].

Wenn die Verwicklung der Seele mit dem Leib (welche eigentlich Individualität heißt) die Folge von einer Negation in der Seele selbst und eine Strafe ist, so wird die Seele nothwendig in dem Verhältniß ewig, d. h. wahrhaft unsterblich seyn, in welchem sie sich von jener Negation befreit hat; dagegen ist es nothwendig, daß die, deren Seelen fast bloß von zeitlichen und vergänglichen Dingen erfüllt und aufgeblasen waren, in einen dem Nichts ähnlichen Zustand übergehen und am meisten im wahren Sinne sterblich seyen: daher ihre nothwendige und unwillkürliche Furcht vor der Vernichtung, während dagegen in denjenigen, welche schon hier von dem Ewigen erfüllt gewesen sind und den Dämon in sich am meisten befreit haben, Gewißheit der Ewigkeit und nicht nur die Verachtung, sondern die Liebe des Todes entsteht.

Wird aber die Endlichkeit als das wahre Positive und die Verwicklung mit ihr als die wahre Realität und Existenz gesetzt, so werden die ersten, welche sich von ihr als einer Krankheit am meisten zu befreien getrachtet haben, nothwendig am wenigsten (in diesem Sinne) unsterblich seyn, diejenigen hingegen, welche sich hier auf das Riechen, Schmecken, Sehen, Fühlen und dem Aehnliches eingeschränkt haben, werden die ihnen erwünschte Realität ganz vollkommen genießen, und von Materie trunken, gleichsam am meisten, in ihrem Sinne, fortdauern.

Hat schon die erste Endlichkeit der Seele eine Beziehung auf Freiheit und ist eine Folge der Selbstheit, so kann auch jeder künftige Zustand der Seele zu dem gegenwärtigen nur in diesem Verhältniß stehen, und der nothwendige Begriff, durch welchen allein die Gegenwart mit der Zukunft verknüpft wird, ist der der Schuld oder der Reinheit von der Schuld.

Die Endlichkeit ist an sich selbst die Strafe, die nicht durch ein

[1] Eschenmayers angef. Schr. S. 59. §. 67.
[2] Ebendas. §. 68. S. 60.

freies, sondern nothwendiges Verhängniß dem Abfall folgt (*hier* liegt der Grund der nach Fichte *unbegreiflichen* Schranken): denjenigen also, deren Leben nur eine fortwährende Entfernung von dem Urbilde war, wartet nothwendig der negirteste Zustand, diejenigen im Gegentheil, welche es als eine Rückkehr zu jenem betrachten, werden durch viel wenigere Zwischenstufen zu dem Punkt gelangen, wo sie sich ganz wieder mit ihrer Idee vereinigen, und wo sie aufhören sterblich zu seyn; wie es Plato bildlicher im Phädo beschreibt, daß die ersten in den Schlamm der Materie versenkt in der untern Welt verborgen werden, von den andern aber die, welche vorzüglich fromm gelebt haben, von diesem Ort der Erde befreit und wie aus einem Kerker losgelassen, aufwärts in die reinere Region gelangen und über der Erde wohnen, diejenigen aber, welche durch Liebe zur Weisheit hinlänglich gereinigt sind, *ganz und gar ohne Leiber* die ganze Zukunft leben und zu noch schöneren Wohnsitzen als jene gelangen werden.

Diese Stufenfolge möchte sich durch folgende Betrachtungen bewähren. — Das Endliche ist nichts Positives, es ist nur die Seite der Selbstheit der Ideen, die ihnen in der Trennung von ihrem Urbild zur Negation wird. Das höchste Ziel aller Geister ist nicht, daß sie absolut aufhören, in sich selbst zu seyn, sondern daß dieses in-sich-selbst-Seyn aufhöre, Negation für sie zu seyn und sich in das Entgegengesetzte zu verwandeln, daß *sie also ganz vom Leibe* und von aller Beziehung auf die Materie befreit werden. Was ist daher die Natur, dieß verworrene Scheinbild gefallener Geister, anders als ein Durchgeborenwerden der Ideen durch alle Stufen der Endlichkeit, bis die Selbstheit an ihnen, nach Ablegung aller Differenz, zur Identität mit dem Unendlichen sich läutert, und alle *als* reale zugleich in ihre höchste Idealität eingehen? Da die Selbstheit selber das Producirende des Leibes ist, so schaut jede Seele in dem Maß, in welchem sie, mit jener behaftet, den gegenwärtigen Zustand verläßt, sich aufs Neue im Scheinbild an, und bestimmt sich selbst den Ort ihrer Palingenesie, indem sie entweder in den höheren Sphären und auf besseren Sternen ein zweites weniger der Materie untergeordnetes Leben beginnt, oder an noch tiefere Orte verstoßen wird; so wie, wenn sie im vorhergehenden Zustand ganz von dem Idol sich gelöst und alles, was bloß auf den Leib sich bezieht, von sich abgesondert hat, sie unmittelbar in das Geschlecht der Ideen zurückkehrt, und rein für sich, ohne eine andere Seite, in der Intellektualwelt ewig lebt.

Besteht die Sinnenwelt nur in der Anschauung der Geister, so ist jenes Zurückgehen der Seelen in ihren Ursprung und ihre Scheidung vom Concreten zugleich die Auflösung der Sinnenwelt selbst, die zuletzt in der Geisterwelt verschwindet. In gleichem Verhältniß wie diese sich ihrem Centro annähert, schreitet auch jene zu ihrem Ziele fort, denn auch den Gestirnen sind ihre Verwandlungen bestimmt und ihre allmähliche Auflösung aus der tieferen Stufe in die höhere.

Wie nun die Endabsicht der Geschichte die Versöhnung des Abfalls ist, so mag auch dieser in jener Beziehung von einer mehr positiven Seite angesehen werden. Denn die erste Selbstheit der Ideen war eine aus der unmittelbaren Wirkung Gottes herfließende; die Selbstheit und Absolutheit aber, in die sie sich durch die Versöhnung einführen, ist eine selbstgegebene, so daß sie als wahrhaft selbständige, unbeschadet der Absolutheit, in ihr sind; wodurch der Abfall das Mittel der vollendeten Offenbarung Gottes wird. Indem Gott, kraft der ewigen Nothwendigkeit seiner Natur, dem Angeschauten die Selbstheit verleiht, gibt er es selbst dahin in die Endlichkeit, und opfert es gleichsam, damit die Ideen, welche in ihm ohne selbstgegebenes Leben waren, ins Leben gerufen, eben dadurch aber fähig werden, als unabhängig existirende wieder in der Absolutheit zu seyn, welches durch die vollkommene Sittlichkeit geschieht.

Mit dieser Ansicht vollendet sich erst das Bild jener Indifferenz oder Neidlosigkeit des Absoluten gegen das Gegenbild, welche Spinoza trefflich in dem Satz ausdrückt: daß Gott sich selbst mit intellektualer Liebe unendlich liebt[1]. Unter diesem Bild der Liebe Gottes zu sich selbst (der schönsten Vorstellung der Subjekt-Objektivierung) ist dann auch der Ursprung des Universum aus ihm und sein

[1] Ethic. V, Prop. XXXV.

Verhältniß zu diesem in allen denjenigen Religionsformen dargestellt worden, deren Geist im Wesen der Sittlichkeit gegründet ist.

Nach unserer ganzen Ansicht fängt die Ewigkeit schon hier an, oder ist vielmehr schon, und wenn es, wie Eschenmeyer sagt[1], einen künftigen Zustand gibt, wo das, was hier nur durch Glauben offenbar ist, Gegenstand des Erkennens seyn wird, so ist nicht einzusehen, warum dieser Zustand nicht gleichfalls hier schon unter der gleichen Bedingung eintreten könne, unter welcher er jenseits beginnen soll, daß nämlich die Seele soviel möglich sich von den Banden der Sinnlichkeit befreie: jenes leugnen hieße die Seele ganz an den Leib fesseln.

[1] S. 60 der angef. Schr.

Anhang.

Ueber die äußeren Formen, unter welchen Religion existirt.

Wenn nach dem Vorbild des Universums der Staat in zwei Sphären oder Klassen von Wesen zerfällt, in die der Freien, welche die Ideen, und die der Nichtfreien, welche die concreten und sinnlichen Dinge repräsentiren, so bleibt die höchste und oberste Ordnung noch unerfüllt durch beide. Die Ideen bekommen dadurch, daß die Dinge ihre Werkzeuge oder Organe sind, selbst eine Beziehung auf die Erscheinung, und treten in sie, als Seelen, ein. Gott aber, die Einheit der obersten Ordnung, bleibt über alle Realität erhaben, und hat zu der Natur ewig nur ein indirektes Verhältniß. Repräsentirt nun der Staat in der höheren sittlichen Ordnung eine *zweite Natur*, so kann das Göttliche zu ihm immer nur im idealen und indirekten, nie aber in einem realen Verhältniß stehen, und die Religion kann daher im vollkommensten Staat, will sie zugleich sich selbst in unverletzt reiner Idealität erhalten, nie anders als esoterisch oder in Gestalt von *Mysterien* existiren.

Wollt ihr, daß sie zugleich eine exoterische und öffentliche Seite habe, so gebt ihr diese in der Mythologie, der Poesie und der Kunst einer Nation: die eigentliche Religion, ihres idealen Charakters eingedenk, leiste auf die Oeffentlichkeit Verzicht und ziehe sich in das heilige

Dunkel der Geheimnisse zurück. Der Gegensatz, in welchem sie mit der exoterischen Religion ist, wird weder ihr selbst noch dieser Eintrag thun, sondern desto mehr jedes von beiden in seiner Reinheit und Unabhängigkeit bestehen lassen. So wenig wir von den griechischen Mysterien wissen, wissen wir gleichwohl unzweifelhaft, daß ihre Lehre mit der öffentlichen Religion im geradesten und auffallendsten Gegensatz war. Der reine Sinn der Griechen offenbart sich eben auch darin, daß sie das, was seiner Natur nach nicht öffentlich und real seyn konnte, in seiner Idealität und Abgeschlossenheit bewahrten. Man entgegne nicht, daß jener Gegensatz der Mysterien und der öffentlichen Religion bloß darum habe bestehen können, weil jene nur wenigen mitgetheilt worden. Denn sie waren geheim nicht durch Einschränkung der Theilnahme an ihnen, die sich vielmehr auch über die Grenzen von Griechenland erstreckte[1], sondern dadurch, daß ihre Profanation, d. h. ihre Uebertragung ins öffentliche Leben als Verbrechen betrachtet und bestraft wurde, und die Nation auf nichts so eifersüchtig war als auf die Erhaltung der Mysterien in ihrer Geschiedenheit von allem Oeffentlichen. Dieselben Dichter, welche ihre Poesie ganz auf die Mythologie gründen, erwähnen der Mysterien als der heilvollsten und wohlthätigsten aller Einrichtungen. Ueberall erscheinen sie als der Centralpunkt der öffentlichen Sittlichkeit: die hohe sittliche Schönheit der griechischen Tragödie weist auf sie zurück, und es möchte nicht schwer seyn, in den Gedichten des Sophokles bestimmt die Töne zu hören, in die er durch jene eingeweiht worden. Hätte man den Begriff des Heidenthums nicht immer und allein von der öffentlichen Religion abstrahirt, so würde man längst eingesehen haben, wie Heidenthum und Christenthum von jeher beisammen waren, und dieses aus jenem nur dadurch entstand, daß es die Mysterien öffentlich machte: ein Satz, der sich historisch durch die meisten Gebräuche des Christenthums, seine symbolischen Handlungen, Abstufungen und Einweihungen durchführen ließe, welche eine offenbare Nachahmung der in den Mysterien herrschenden waren.

[1] Cicero de Nat. Deor. 1, 42: Mitto Eleusinem sanctam illam et augustam, ubi initiantur gentes orarum ultimae.

Wie es der Natur einer geistigen Religion zuwider ist und sie entweiht, mit dem Realen und Sinnlichen sich zu vermengen, so fruchtlos ist ihr Streben, sich eine wahre Oeffentlichkeit und mythologische Objektivität zu geben.

Wahre Mythologie ist eine Symbolik der Ideen, welche nur durch Gestalten der Natur möglich und eine vollkommene Verendlichung des Unendlichen ist. Diese kann in einer Religion nicht stattfinden, die sich unmittelbar auf das Unendliche bezieht und eine Vereinigung des Göttlichen mit dem Natürlichen nur als Aufhebung des letzteren denken kann, wie im Begriff des Wunderbaren geschieht. Das Wunderbare ist der exoterische Stoff einer solchen Religion: ihre Gestalten sind nur historisch, nicht zugleich Naturwesen, bloß Individuen, nicht zugleich Gattungen, vergängliche Erscheinungen, nicht ewig dauernde und unvergängliche Naturen. Sucht ihr also eine universelle Mythologie, so bemächtiget euch der symbolischen Ansicht der Natur, lasset die Götter wieder Besitz von ihr ergreifen und sie erfüllen; dagegen bleibe die geistige Welt der Religion frei und ganz vom Sinnenschein abgezogen, oder wenigstens werde sie nur durch heilige enthusiastische Gesänge und eine ebenso abgesonderte Art der Poesie gefeiert, als die geheime und religiöse der Alten war[1], von der wiederum die moderne Poesie nur die exoterische, aber eben dadurch minder reine Erscheinung ist.

Von den Lehren und der Einrichtung der Mysterien wollen wir nur erwähnen, was sich darüber aus den Nachrichten der Alten Vernunftgemäßes abstrahiren läßt.

Die esoterische Religion ist ebenso nothwendig Monotheismus, als die exoterische unter irgend einer Form nothwendig in Polytheismus verfällt. Erst mit der Idee des schlechthin Einen und absolut-Idealen sind alle andern Ideen gesetzt. Aus ihr folgt erst, obgleich unmittelbar, die Lehre von einem absoluten Zustand der Seelen in den Ideen und der ersten Einheit mit Gott, wo sie der Anschauung des an sich Wahren, an sich Schönen und Guten theilhaftig sind: eine Lehre, die

[1] Geschichte der Poesie der Griechen und Römer von Fr. Schlegel S. 6 ff.

sinnbildlich auch als eine Präexistenz der Seelen der Zeit nach dargestellt werden kann. Unmittelbar an diese Erkenntniß schließt sich die von dem Verlust jenes Zustandes, also von dem Abfall der Ideen und der hieraus folgenden Verbannung der Seelen in Leiber und in die Sinnenwelt an. Nach den verschiedenen Ansichten, welche hierüber in der Vernunft selbst liegen, mag diese Lehre auch verschiedene Vorstellungen erfahren, wie die Erklärung des Sinnenlebens aus einer zuvor zugezogenen Schuld in den meisten der griechischen Mysterien geherrscht zu haben scheint, dieselbe Lehre aber in verschiedenen Mysterien unter verschiedenen Bildern, z. B. dem eines sterblich gewordenen und leidenden Gottes, vorgestellt wurde. Den Abfall vom Absoluten zu versöhnen und das negative Verhältniß des Endlichen zu ihm in ein positives zu verwandeln, ist ein anderer Zweck der religiösen Lehre. Ihre praktische Lehre gründet sich nothwendig auf jene erste, denn sie geht auf Befreiung der Seele von dem Leib als ihrer negativen Seite, wie der Eingang in die alten Mysterien als eine Dahingabe und Opferung des Lebens, als ein leiblicher Tod und eine Auferstehung der Seele beschrieben wurde, und Ein Wort die Bezeichnung des Todes und der Einweihung war. Die erste Absicht der Vereinfachung der Seele und Zurückziehung von dem Leib war die Genesung von dem Irrthum, als der ersten und tiefsten Krankheit der Seele, durch die Wiedererlangung der intellektuellen Anschauung des allein Wahren und Ewigen, der Ideen. Ihr sittlicher Zweck war die Lösung der Seele von Affekten, denen sie nur so lange unterworfen ist, als sie mit dem Leib verwickelt ist, und von der Liebe des Sinnenlebens, welche der Grund und der Antrieb der Unsittlichkeit ist.

Nothwendig endlich ist mit jenen Lehren die von der Ewigkeit der Seele und dem sittlichen Verhältniß zwischen dem gegenwärtigen und dem künftigen Zustand verbunden.

Auf diese Lehren aber, diese ewigen Grundsäulen der Tugend wie der höheren Wahrheit, müßte jede geistige und esoterische Religion zurückgeführt werden.

Die äußere Form und die Verfassung der Mysterien betreffend, so sind sie als ein öffentliches aus dem Gemüth und Geist der Nation selbst kommendes Institut anzusehen, das der Staat selbst errichtet und heilig bewahrt, das nicht nach Art geheimer Verbindungen von mehr zeitlichen Zwecken einen Theil zuläßt, den andern ausschließt, sondern auf die innere und sittliche Vereinung aller, die zum Staate gehören, ebenso hinwirkt, wie dieser selbst auf die äußere und gesetzliche Einheit hinwirkt. Nothwendig indeß sind Abstufungen in ihnen, denn nicht alle können gleicherweise zur Anschauung des an-sich-Wahren gelangen. Für diese muß ein Vorhof, eine Vorbereitung stattfinden, die sich, nach dem Bild des Euripides, zu der vollen Einweihung wie der Schlaf zum Tode verhält. Der Schlaf ist nur negativ; der Tod ist positiv, er ist der letzte, der absolute Befreier. Die erste Vorbereitung zu den höchsten Erkenntnissen kann nur negativ seyn: sie besteht in der Schwächung und wo möglich Vernichtung der sinnlichen Affekte und alles dessen, was die ruhige und sittliche Organisation der Seele stört. Es ist genug, daß die meisten so weit in der Befreiung gelangen, und auf diese Stufe möchte sich überhaupt die Theilnahme der Nicht-freien an den Mysterien beschränken. Selbst schreckenvolle Bilder, die der Seele die Nichtigkeit alles Zeitlichen vor die Augen stellen und sie erschütternd das einzig wahre Seyn ahnden lassen, gehören in diesen Umkreis. Nachdem die Beziehung auf den Leib bis zu einem gewissen Punkt vernichtet ist, fängt die Seele wenigstens an zu träumen, d. h. Bilder einer nicht wirklichen und idealen Welt zu empfangen. Die zweite Stufe möchte daher die seyn, wo die Geschichte und die Schicksale des Universum bildlich und vornämlich durch Handlung dargestellt würden; denn wie sich im Epos nur das Endliche spiegelt, das Unendliche aber in allen seinen Erscheinungen ihm fremd ist, wie dagegen die exoterische Tragödie der eigentliche Abdruck der öffentlichen Sittlichkeit ist, so eignet sich die dramatische Form auch für die esoterischen Darstellungen religiöser Lehren am meisten. Die von selbst durch diese Hülle hindurch zu der Bedeutung der Symbole dringen, und die sich durch Mäßigung, Weisheit, Selbstüberwindung und Hinneigung zum Unsinnlichen bewährt hätten, müßten zum vollen Erwachen in einem neuen Leben übergehen und als Autopten die Wahrheit rein wie sie ist, ohne Bilder sehen. Diejenigen aber, die vor andern zu dieser Stufe gelangten, müßten die Staatsoberhäupter seyn, und keiner, der nicht die letzte Weihe empfangen, könnte in den Stand derselben eintreten. Denn auch die Bestimmungen des ganzen Geschlechts würde ihnen in jener letzten Enthüllung klar; wie in demselben Verein die obersten Grundsätze der königlichen Kunst der Gesetzgebung und der erhabenen Denkungsart mitgetheilt und gepflegt würden, welche den Regierenden am meisten eigen seyn muß.

Wie nun die Religion durch solche Veranstaltung ganz von rein sittlicher Wirkung und außer Gefahr gesetzt wäre, mit dem Realen, Sinnlichen sich zu vermischen, oder auf äußere Herrschaft und Gewalt, die ihrer Natur widerstrebt, Ansprüche zu machen, so wäre die Philosophie dagegen, deren Liebhaber die natürlich-Eingeweihten sind, durch sie mit der Religion in ewigem Bunde.

Propädeutik der Philosophie.

(Aus dem handschriftlichen Nachlaß.)

Geschrieben ums Jahr 1804.

Dem Vortrag des Ganzen der Philosophie schicke ich eine Propädeutik derselben voraus: nicht als ob die Gründe der Philosophie nicht vollständig in ihr selbst lägen, und sie noch durch etwas außer ihr begründet werden müßte, überhaupt nicht einer objektiven, sondern einer subjektiven Nothwendigkeit halber. Dem Anfänger sind zuvörderst auch nicht einmal die Probleme der Philosophie bekannt; er begreift nicht, warum nach dem Grund mancher Wahrheiten in der Philosophie gefragt wird, die er bisher als sich von selbst verstehende, durch sich selbst klare angesehen hatte, z. B. wie wir dazu kommen, Dingen außer uns eine Realität beizumessen, da der Satz: Ich bin, und es sind Dinge außer mir, bei ihm die Stelle absoluter Wahrheit vertreten. Aus diesem Grunde gibt es auch keine andere Vorbereitung zur ächten Philosophie als die, ihm diese Wissenschaft auf ihren verschiedenen Stufen von der ersten an, wo sie noch ganz gleichsam mit der Sinnenwelt verwachsen ist, bis zu der letzten Befreiung von dieser zu zeigen, und so den Gang, den der menschliche Geist im Ganzen genommen hat, im Einzelnen nachzuahmen. Meine Propädeutik der Philosophie wird also von selbst 1) eine Darlegung der Hauptprobleme der Philosophie und ihres nothwendigen Ursprungs aus der menschlichen Natur, 2) eine Bezeichnung der verschiedenen Standpunkte seyn, über welche die Philosophie allmählich emporsteigen mußte, um zu dem absoluten Standpunkte zu gelangen[1]. Eine andere als diese bloß negative Vorbereitung zur Philosophie gibt es nicht. Aller positive Anfang in der Philosophie muß von der Hauptwissenschaft selbst, nicht von Nebenwissenschaften

[1] Ich bemerke, daß hier im Folgenden nur die Ausführung dieses zweiten Punkts der Propädeutik mitgetheilt ist. D. H.

gemacht werden, die, weil sie selbst untergeordnet sind, auch nur untergeordnete Standpunkte zulassen, und den Geist an diese binden, anstatt ihn in die absolute Freiheit, die das eigentliche Organ des Unendlichen ist, zu versetzen. — —

Es gibt nur zwei Sphären, in welchen Philosophie sich befinden kann, die Sphäre des Nicht Absoluten, des Endlichen, Bedingten überhaupt, und die Sphäre des Absoluten. Wir nennen die Sphäre des Endlichen in Bezug auf unser Wissen allgemein die Sphäre der Erfahrung. Ich begreife darunter nicht bloß, was insgemein darunter begriffen wird, die unmittelbare Sinnenerkenntniß, oder, was auch durch Schluß vom Sinnlichen aus gefunden wird, sondern überhaupt jede Erkenntniß, die sich auf das Endliche bezieht, mag sie auch in Bezug auf dieses eine Priorität behaupten. So unterscheidet z. B. Kant zwischen Erkenntnißen a posteriori und a priori. Letztere enthalten die Möglichkeit der Erfahrung. Als Möglichkeit gehen sie allerdings der Wirklichkeit voran, haben Priorität, und tragen daher ihren Namen; aber sie drücken doch nur die Möglichkeit der Erfahrung, des Endlichen aus, und gehören daher mit in die Sphäre desselben. Ich nenne nun jede Philosophie, die innerhalb dieser Sphäre bleibt, allgemein und in dem eben bestimmten weiteren Sinne Empirismus.

Die tiefste Stufe dieser Art des Wissens ist allerdings die, welche bloß die wirkliche Erfahrung zum Gegenstand hat und überall nicht bis zur Reflexion über ihre Möglichkeit im Ganzen sich erhebt. Ueber die Unvollkommenheit dieses Wissens nur einige Bemerkungen! 1) Was ist Erfahrung in diesem Sinn? Sie ist ein Wissen, das für jedes Individuum in der Mitte einer Reihe von Ursachen und Wirkungen anfängt, das also seiner Natur nach auf nichts Erstes oder Letztes geht. Der Mensch tritt bewußtlos in die Sinnenwelt ein, und findet sich gleich zuerst an einen bestimmten Punkt der Zeit nach gefesselt und begriffen in einem Ganzen, dessen Grenzen er nach keiner Richtung hin übersieht. Er erweitert zwar seine Erfahrung einigermaßen durch Hülfe anderer, durch die Ueberlieferungen vergangener Zeitalter, welche festzuhalten die menschliche Kunst frühzeitig erfand; aber dieß verändert in dem Grundverhältniß des Menschen zu der Welt, welches er in dieser Art des Wissens überhaupt hat, durchaus nichts. Denn so gewiß wir nach einem nothwendigen Gesetz unseres Geistes getrieben sind, den Grund der Gegenwart in einer endlosen Vergangenheit zu suchen, so gewiß war auch der erste Mensch schon, wenn wir einen solchen annehmen, dazu gezwungen, und war also in demselben Verhältniß zur Welt, in welchem der gegenwärtige Mensch dazu steht, nämlich in einem völlig unauflöslichen und unergründlichen. So ist auch einzusehen, daß der folgende Weltlauf, auch ins Endlose ausgedehnt, nie etwas über jenes letzte oder Grundverhältniß des Menschen zum Universum oder des Universums selbst zu einem letzten Grunde erfahrungsmäßig enthalten werde. Alle Erfahrung ist nur innerhalb des Universums, nicht über dasselbe hinaus.

Aber soll denn der Geist überhaupt nach Ergründung dieses Verhältnisses streben? Ich antworte: wenn er nicht soll, so muß er wenigstens. Er hat von jeher darnach gestrebt, und wird auch künftig darnach streben.

Geben wir aber auch ganz das Bedürfniß jener Frage auf, und sehen, was denn auch innerhalb des Universums durch Erfahrung gewußt werden könne. Offenbar a) nichts mit Allgemeinheit.

Die Sätze der Erfahrung werden durch Induktion bewiesen, d. h. es wird gezeigt, daß unter denselben Umständen, solange man noch sie beobachtet habe, immer dasselbe erfolgt sey. Aber dieß ist durchaus keine wahre oder strenge, sondern nur angenommene und nur vergleichungsweise geltende Allgemeinheit. Denn daraus, daß etwas jederzeit bisher beobachtet worden ist, folgt nicht, daß es auch künftig so ohne Ausnahme erfolgen werde. (Beispiele).

Ebensowenig b) ist durch Erfahrung etwas mit Nothwendigkeit zu wissen. Wenn wir das als Nothwendigkeit ansehen, dessen Gegentheil schlechthin unmöglich ist, so ist klar, daß von keinem Erfahrungssatze Nothwendigkeit ausgesagt werden könne. Denn, wenn z. B. bisher auf der Erde eine stete Abwechslung von Tag und Nacht gewesen, so ist doch nicht einzusehen, daß dieß nicht einmal auch sich verändern und jener Wechsel aufhören könne.

Wenn aber die bloße Erfahrung irgend etwas Befriedigendes bei sich führt, warum bleibt denn der Empirismus nicht bei den nächsten Erscheinungen (dem unmittelbar Gegebenen) stehen und geht über sie hinaus, warum strebt er bewußtlos, sie doch auf ein Unendliches zu beziehen? Denn die Erklärung nach dem Gesetz des Causalzusammenhangs ist nichts anderes als ein solches Streben, obgleich dieses Gesetz, weit entfernt sein Gelingen, vielmehr sein endloses Nichtgelingen aussagt. Daß der Empirismus in allem Wissen, das er kraft dieses Gesetzes durch das Schließen von der Ursache auf die Wirkung erhält, ein bloß täuschendes Wissen besitze, ist aus Folgendem klar. 1) Eine Ursache oder ein Princip nur durch seine Wirkungen kennen, heißt offenbar, es nicht an sich selbst kennen; dieß spricht sich in den Erklärungen der Empiriker selbst aus; sie kommen zuletzt immer auf etwas ganz Unbestimmtes, wovon sie keinen deutlichen Begriff geben können; sie sagen z. B. die Wirkung B ist, also gibt es einen Stoff mit diesen oder jenen Eigenschaften, eine Kraft, welcher Begriff ein wahres Asyl der Unwissenheit ist. So schließt der Empiriker ferner z. B. aus der Erfahrung geistiger Wirkungen, die er nicht aus der Materie erklären kann, auch wohl auf das Daseyn eines von der Materie unabhängigen Wesens, Seele genannt, das er dann auch nicht weiter bestimmen kann. Aber woher kann er denn je wissen, daß es nicht einmal gelingen werde, auch jene geistigen Wirkungen noch aus der Materie zu erklären? Sieht er sich nicht z. B. gedrungen, den Thieren keine Seele in dem Sinn zuzuschreiben, in welchem sie den Menschen zugeschrieben wird? Und gleichwohl sieht er die Thiere höchst kunstreiche und zweckmäßige Handlungen ausüben. Können nun die Thiere, obgleich bloße Wirkungen und Modificationen der Materie, solche vernünftigen ähnliche Handlungen ausüben, woher ist mit Gewißheit abzunehmen, daß nicht durch eine noch höhere Steigerung der Materie auch jene höheren geistigen Thätigkeiten möglich seyen, wegen deren ein von der Materie unabhängiges Princip angenommen wird? Ich sage nicht, daß es so sey, und bin weit entfernt dieß zu behaupten, ich sage nur, daß der Empiriker nicht im Stande ist die Möglichkeit davon zu leugnen, und daß, so oft irgend ein neuer Versuch gemacht wird, die geistigen Erscheinungen auf die bloße Materie zurückzuführen, der Empiriker so lange, bis er etwa mißlungen ist, sein Urtheil suspendiren muß, also nie wissen kann, ob er denn doch nicht vielleicht einmal gelingen werde. Wie der empirische Physiker außer der Materie dann noch gewisse besondere Kräfte, z. B. Anziehungskraft, Zurückstoßungskraft u. s. w., annimmt, auf welche er die äußern Erscheinungen zurückführet, so nimmt der empirische Psycholog wieder außer dem allgemeinen Princip der Seele eine Menge von Seelenkräften, Seelenvermögen an, die dann ebenso wie jene Kräfte der Physiker bloße Geschöpfe von ihm selbst sind.

Sodann aber und 2) ist aller Empirismus in einem nothwendigen und handgreiflichen Cirkel gefangen. Erst werden die Ursachen nach den Wirkungen bestimmt und gemodelt, die Möglichkeit der Wirkungen erst in die Ursachen gelegt, und dann wiederum die Wirkungen aus ihnen abgeleitet und erklärt, welches eine sehr leichte Kunst ist. Aber selbst abgesehen von diesem Cirkel, und dem Empiriker zugegeben, daß er seine Ursachen erst nach den Wirkungen modelt, um dann diese wieder aus jenen abzuleiten, so ist er ja selbst dann der wahren Beschaffenheit seiner Ursachen nie gewiß, denn es können sich Erscheinungen hervorthun, auf welche jene Ursachen doch nicht mehr passen. Es ist bekannt genug, welches Rühmen die Lobpreiser unseres Zeitalters von der Aufklärung machen, welche dem menschlichen Geist durch die Fortschritte der empirischen Entdeckungen in der Seele und in der Natur widerfahren sey. Es ist wahr, man wird jetzt nicht leicht mehr eine ungewisse Naturerscheinung für ein Wunder, für eine Unterbrechung des Naturlaufs halten, aber, was an die Stelle dieser Superstition gesetzt ist, ist nur eine andere Art des Aberglaubens. Derselbe, welcher sich von der Meinung losgemacht hat, daß z. B. Dämonen oder Geister in der Natur wirksam sind, derselbe betet statt ihrer nur gewisse Naturkräfte an, die er ebensowenig kennt, als der rohe Mensch jene Dämonen gekannt hat, aber er setzt an die Stelle derselben Stoffe, die nach den Wirkungen, die ihnen zugeschrieben werden, wahre Zauberer und Wunderthäter sind. Das Wunder ist also noch immer nicht verschwunden; es hat nur einen andern Namen bekommen, übrigens ist und bleibt das letzte Verhältniß, wodurch Erscheinungen in der Natur oder Seele bewirkt werden, immer gleich unbegreiflich und unbekannt.

So viel möchte hinreichen, zu beweisen, daß Empirismus nie auf den Werth oder auch nur den Namen eines philosophischen Wissens Anspruch machen kann, und daß es geradezu ein Widerspruch ist, die Erfahrung selbst, deren Wesen eben darin besteht, nie auf ein Princip zu führen, zum Princip, und zwar zum obersten in der Philosophie zu machen, wie Baco und Locke und wie die späteren französischen Philosophen gethan haben.

Es ist offenbar, da nur die Reflexion — nicht über das Wirkliche der Erfahrung, sondern ihre Möglichkeit über die Sphäre des Empirismus, so wie er bisher bestimmt wurde, heraustritt: daß diese Reflexion in anderer Beziehung, nämlich auf ein Wissen, das sich ganz nicht nur über die Wirklichkeit, sondern auch die Möglichkeit der Erfahrung erhebt, selbst wieder in die allgemeine Sphäre des Empirismus zurückfalle, geht uns hier nichts an.

Die Sphäre des Empirismus, d. h. eines sich überhaupt auf Erfahrung und Endlichkeit beziehenden Wissens, begreift also wieder zwei Sphären, die des Empirismus im engeren Sinn, und die des Empirismus im weiteren, der zur Reflexion über die Möglichkeit der Erfahrung fortgeht. Mit dem letzteren beschäftigen wir uns jetzt. Daß die Reflexion über die Möglichkeit der Erfahrung wenigstens einen Schein von Philosophie hervorbringe und hervorbringen müsse, erhellt aus Folgendem. Philosophie ist die Wissenschaft, welche subjektiv die absolute Harmonie des Geistes mit sich selbst, objektiv die Zurückführung alles Wirklichen auf eine gemeinschaftliche Identität zum Gegenstand hat. Nun kann aber die Reflexion nicht bis zur Möglichkeit der Erfahrung aufsteigen, ohne auf jeder verschiedenen Stufe wenigstens, auf der sie stehen bleibt, ein gemeinschaftliches Princip zu setzen, aus dem alles Wirkliche abzuleiten sie bestrebt ist. Es kann denn in der Folge wohl ein neuer Gegensatz hervor und mit jenem Princip in Widerstreit treten, wo dann zu einem höheren Princip, einer höheren Identität fortgegangen wird; aber jede bestimmte Stufe der Reflexion hat ihr bestimmtes Princip, welches auf ihr und für sie auch wirklich die wahre Identität ist; endlich freilich muß der Punkt kommen, wo die letzte, der bloßen Reflexion überhaupt mögliche Identität erfliegen wird; und von diesem Punkt kann sie nicht weiter gehen; es liegt über diesen Punkt hinaus überhaupt nichts mehr für die Reflexion, und es bedarf eines ganz anderen Organs, über diesen Punkt hinaus noch zu sehen. Ich erkläre vorläufig, daß meiner Ueberzeugung nach sämmtliche frühere Versuche in der Philosophie, den Platonismus ausgenommen, wenn er in seiner Reinheit aufgefaßt und dargestellt wird, welches aber bisher noch nicht geschehen ist — daß, sage ich, sämmtliche bisherige Versuche in der Philosophie nach meiner Ueberzeugung sich innerhalb dieser Sphäre halten, und daß aller bisherige Wechsel und sämmtliche Successionen philosophischer Systeme nichts anderes waren als Steigerungen oder Potenzirungen der Reflexion.

Daher konnten verschiedene Systeme sich folgen, eins das andere verdrängen, weil innerhalb der bloßen Reflexion auf die Möglichkeit der Erfahrung allerdings ein steter Fortschritt bis zu einem gewissen Punkte möglich ist, bei dem sie dann endlich stille stehen muß. Diejenigen Männer unter uns, welche am meisten dazu gewirkt haben, die Reflexion endlich auf ihre höchste Stufe zu stellen und das letzte Princip der Möglichkeit der Erfahrung zu erreichen, sind Kant und Fichte.

Kant hat das Verdienst, sich zuerst die Frage recht deutlich gemacht zu haben, wornach in allen späteren Systemen eigentlich gefragt werde, und er fand, daß dieß nichts anderes als die Möglichkeit der Erfahrung der gesammten Endlichkeit sey. Er fand sogar schon, daß die wahrhaft absolute Möglichkeit der Erfahrung nicht mehr innerhalb ihrer selbst und vermittelst der Begriffe gefunden werden könne, die von ihr gelten, d. h. er schrieb der Erfahrung bloß Möglichkeit und Wirklichkeit in Bezug auf uns und unser Erkenntnißvermögen zu. Aber weil er gleichwohl die Sphäre der Erfahrung für die einzige annahm und erkannte, worin ein wahres und reelles Wissen statfände, so wie die Begriffe, die sich auf Erfahrung beziehen, für die einzigen, die uns überhaupt für irgend eine Erkenntniß zu Gebot stünden, leugnete er zugleich jedes mögliche Wissen, das über die Grenzen der Erfahrung und der Erscheinung hinauslåge, wodurch denn das, was man seine Philosophie nennt, nichts Positives, sondern lediglich etwas Negatives wurde. Kant hatte das eigentliche unmittelbare Princip der Endlichkeit und der gesammten Erfahrungen in seiner Kritik der Vernunft in einzelnen Ausdrücken wohl sehr bestimmt und klar ausgesprochen, aber der Grundausdruck war nirgends deutlich hervorgehoben; daher das blinde Tappen der Anhänger seines Systems, die den Grundton desselben nirgends herausfinden konnten und nichts wie eitel Dissonanzen vernehmen ließen. Fichte hat diesen Grundton der Endlichkeit mit selbständiger Kraft aus der Kantischen Verwirrung herausgehoben und an die Spitze seines Systems gestellt. Fichte ist dadurch der Vollender der Philosophie in einer ihrer Richtungen geworden, in derjenigen nämlich, in welcher sie Reflexion über die Möglichkeit des Endlichen ist. Er hat das große Verdienst, daß wenigstens über die Frage nach der Möglichkeit der Erfahrung kein weiterer Versuch nach ihm stattfinden kann, daß jeder, der mit ihm diese ganze Sphäre der Reflexion gemein hat, nothwendig, wenn er ihn nur überhaupt versteht, seinem *Princip* sich unterwerfen muß; daß jeder, der innerhalb dieser Sphäre etwas anderes und seinem Princip Widerstreitendes behaupten will, durch ihn und seine Philosophie vollkommen widerlegbar ist und schlechterdings nichts gegen sie vermag. Ich werde in der Folge beweisen, daß in dem Ich oder der Ichheit (Fichtes Princip) das eigentliche unmittelbare Princip der Endlichkeit und die Möglichkeit der Erfahrung aufs vollkommenste, lichtvollste ausgesprochen wird, und daß, wenn Philosophie kein höheres Problem als dieses hätte, schlechterdings keine Philosophie außer und über der seinigen wäre. Ich kann hier nicht nachweisen, wie auch sein System nothwendig in Unbefriedigung, in Disharmonie endet, weil absolute Befriedigung, absolute Harmonie überhaupt nicht in der Sphäre liegen kann, worin sein Princip das höchste ist. Denn die Richtung der Philosophie ist nicht abwärts in die Erfahrung, wie Fichte sagt, daß er den Menschen, zwar vom Boden des gemeinen Wissens hinwegnehme, aber um ihn am Ende, nachdem er seinen Umlauf gleichsam vollbracht, wieder an eben dem Punkt niederzusetzen, wo er ihn aufgenommen; die Philosophie stieg von den Regionen der älteren Welt herab in die Sinnenwelt, [illegible] wie die Richtung des Feuers geht auch die der Philosophie von [illegible] zum Himmel, von der sinnlichen Welt zur übersinnlichen.

Vor Kant und Fichte war die philosophische Atmosphäre, wenn ich mich dieses Ausdrucks bedienen darf, von verschiedenartigen Elementen erfüllt und dadurch verdunkelt. Es war kraft der nothwendigen Anlage des Menschen für das Ewige und Absolute nicht möglich, daß nicht selbst in das ganz endliche Bestreben der früheren philosophischen Systeme sich mancher Strahl der Unendlichkeit verloren, nur daß er mit dem Endlichen vermischt seine ganze Natur einbüßte, sich völlig verdunkelte. Ein System, das Spinozistische, ist sogar ein vollkommenes Schwanken zwischen dem Unendlichen und Endlichen, und hat von beiden einen fast gleichen Antheil. Kant erschien zuerst und fing an das Endliche, das auf Erfahrung sich Beziehende, einzeln zu scheiden und dadurch das Unendliche frei zu machen, welches sich nun [illegible] und in seiner Erhebung in die höheren Regionen den bloß auf das niederfallende Endliche gerichteten Augen völlig verschwinden mußte.

Fichte schied das Endliche vom Unendlichen nicht einzeln, sondern erfand das allgemeine Auflösungs- und Scheidungsmittel beider, so daß es sich vollkommen präcipitirte. Kant hatte immer der Endlichkeit und der Erfahrung noch alle Realität gelassen, indem er außer ihr nur einen leeren Raum annahm, und die Vernunft ausdrücklich an jene Erfahrungsrealität verwies. So konnte die Scheidung nicht vollkommen seyn. Fichte ging einen Schritt weiter. Er schied nicht nur das Endliche rein vom Unendlichen, sondern er stellte es in dieser Scheidung, durch sein Princip selbst, als ein vollkommenes und absolutes Nichts dar, als das, [illegible] nur Realität hat, [illegible], was selbst keine Realität hat, [illegible] die Ichheit. Nun erst, da das Endliche alle Realität verlor, konnte das wahre Reale, von ihm geschieden, in seinem eigenthümlichen Glanz, als das Unendliche hervorstrahlen. Nur erst und nur durch sein Verdienst ist es möglich, daß endlich der volle Tag der Wissenschaft des Unendlichen anbreche, das ungetrübte Licht der Philosophie erkannt werde.

Ich werde nun die verschiedenen Standpunkte, welche die Reflexion von dem tiefsten an bis zu dem höchsten, der nach meiner Ueberzeugung durch Fichte erreicht ist, durchlaufen hat, nach ihrer Stufenfolge durchgehen, das Unbefriedigende eines jeden zeigen, und so Sie bis an die Grenze führen, wo Reflexion und Philosophie sich trennen, und diese beginnt.

Die erste Erhebung über die *wirkliche* Erfahrung ist also die Reflexion auf die Möglichkeit derselben. Die Absicht dieser Reflexion ist jederzeit, ein Princip zu finden, in welchem als einer obersten Möglichkeit die gesammte Wirklichkeit begriffen ist. Dieses Princip ist verschieden nach der Stufe von Abstraktion, welche die Reflexion jedes Mal erreicht. Die tiefste Stufe der Abstraktion ist nun ohne Zweifel die, welche bei dem unmittelbar Gegebenen, dem Sinnlichen, der Materie selbst stehen bleibt; der erste philosophische Versuch der Reflexion also: die Identität oder das Princip alles Wirklichen in der *Materie* zu suchen, woraus Materialismus. Nicht in der Materie, wie sie den Sinnen sich darstellt; denn von dieser soll ja eben das Princip gefunden werden, aus welchem sie erst in dieser ihrer Mannichfaltigkeit hervorgeht; also der Materie, inwiefern sie nicht *erscheint*, nicht in der wirklichen Erfahrung dargestellt, sondern nur *gedacht* werden kann. Die Reflexion kann von hier aus wieder zwei Richtungen nehmen. Sie geht nämlich über die Erscheinung und die sichtbare Materie nur insoweit hinaus, daß sie ihr ein zwar nicht *wirklich* erkennbares, aber doch immer noch materielles Substrat gibt, das bloß einer zufälligen Bestimmung wegen, nicht aber seiner Natur oder Qualität nach, sinnlich unerkennbar ist. Die zufällige Bestimmung der Materie = Quantität. Die Reflexion sucht also das nicht-erkennbare Princip der Materie in dem, was nur der quantitativen Bestimmung nach sinnlich unerkennbar ist, in *Atomen* oder in unendlich kleinen Theilen der Materie, aus denen sie sich alle wirkliche Materie zusammengesetzt denkt. Die Reflexion, die sich nach dieser Seite richtet, fällt ganz und gar in den

Empirismus der ersten Art zurück, der nämlich nur die wirkliche Er-fahrung zum Gegenstand hat. Denn wenn die Atomen nicht [illegible] sinnliche Anschauung treten, so sind sie insofern bloß subjektiv [illegible] wirklich; oder nur in subjektiver Beziehung liegen sie über das Wirkliche hinaus, nicht aber an sich selbst.

Indeß drückt sich selbst in diesem eingeschränkten Versuch doch der Trieb aus, über die sinnliche (Materie) hinauszugehen, nur daß er hier sich selbst täuscht und statt des wahrhaft nicht-Wirklichen nur das sinnlich nicht erkennbare Wirkliche setzt.

Zur Widerlegung des Atomismus ist sehr wenig zu sagen. Er ist gar keine Erklärung gerade der Materie, wie sie erscheint, denn die Atomen haben schon alle Eigenschaften der erscheinenden Materie. Die Atomen sind noch innerhalb der Sphäre des Wirklichen, so daß dem-nach in Ansehung ihrer die Forderung stattfindet, ihr Daseyn in der Erfahrung aufzuzeigen, eine Forderung, die aber nie erfüllt werden kann. Mit welchem Grunde müßte also der Atomistiker seine Annahme beweisen? Mit der Voraussetzung, daß die Materie zusammengesetzt, und daß, wenn dieß der Fall sey, gewisse letzte untheilbare Elemente seyn müssen, weil, wäre die Materie ins Unendliche theilbar, jede be-stimmte Materie nur durch eine unendliche Zusammensetzung möglich wäre, welches undenkbar sey. Allein eben jene erste Voraussetzung von dem Componirtseyn der Materie aus Theilen ist es, welche nicht be-wiesen werden kann, und die selbst nur durch die Reflexion auf die ge-gebene Materie entsteht: — die gegebene, fertige Materie kann ich theilen und so weit theilen, als ich will; aber die Zusammengesetztheit folgt aus der Theilbarkeit noch keineswegs, denn man sieht nicht ein, warum eben die Theile dem Ganzen und nicht ebenso gut das Ganze den Theilen vorangehen könne. Ferner: da die Theilbarkeit [illegible] ist, so kann nach dem Grund gefragt werden, durch welchen der Ato-mistiker bestimmt wird, eben bei diesen Theilen stehen zu bleiben. Die Unmöglichkeit weiter zu theilen könnte nur entweder im [illegible] oder im [illegible] gesucht werden. Nun ist aber jedes [illegible], vergleichbar doch auch der Atom seyn soll, nothwendig noch quantitativ theilbar. Denn man setze, er wäre es nicht, so wäre damit die vollkommene Negation aller Extension oder Quantität, d. h. der mathematische Punkt, gesetzt.

Die Atomen sollen aber nicht mathematische, sondern physische und reelle Punkte seyn. Der Grund der Unmöglichkeit sie weiter zu theilen muß also im Qualitativen, in ihrer Beschaffenheit gesucht werden.

Hier bietet sich nur Härte, Zusammenhang mit sich selbst dar. Aber 1) wenn hierin die Unmöglichkeit liegt weiter zu theilen, so müßte die Quantität völlig gleichgültig seyn. Wäre Atom ein materieller Theil, dessen Zusammensetzung zu überwinden keine Kraft der Natur fähig ist, so sieht man nicht, warum es nicht auch Atome von der Größe der Erde sollte geben können. 2) Jeder mögliche Grad ist immer nur relativ, es gibt z. B. keine absolute Härte, absolute Festigkeit, sondern nur Grade derselben. Es läßt sich also auch in Bezug auf den Atom kein Grad von Zusammensetzung denken, der nicht durch irgend eine Kraft der Natur überwältigt werden könnte, und demnach ist auch dieser Charakter der Atomen ein völlig unzulänglicher.

Mit Einem Wort, die Atomen sind bloße Fiktionen, denen nichts entspricht, und wir erwähnen diese ganze Ansicht nur, weil sie der erste, aber ganz mißlingende und sich selbst mißverstehende Versuch der Reflexion ist, sich über das Wirkliche zur Möglichkeit des Wirklichen zu erheben. In der Beziehung auf Philosophie hat dieses System nur Interesse durch seine sittliche Seite, die vorzüglich durch Epikur ausgebildet worden ist. So sehr dieses System von der einen Seite die Natur herabsetzt, indem es sie in Atomen ohne Leben auflöst und dadurch wahrhaft zu nichte macht, so sehr erhebt dasselbe von seiner anderen sittlichen Seite den Menschen über dieses Nichts der Natur zur Unabhängigkeit von aller Sehnsucht, allen Leidenschaften und Affektionen, da es die sämmtlichen Gegenstände derselben als ein eitles und vergängliches Spiel der Atomen darstellt, eine Unabhängigkeit, welche Epikur, dessen größere Absicht sehr allgemein mißverstanden worden ist, als den Zustand der Seligkeit beschreibt, durch welche nach ihm der Mensch den

Göttern gleich werden soll, die ohne alle Berührung mit der für sie zu niedrigen Welt und ohne alle Sorge um sie existiren.

Die Reflexion, welche die Identität aller wirklichen Dinge in der Materie sucht, polarisirt sich nach zwei Seiten: nach der einen erscheint die Natur als das absolut Todte, in absolute Differenz aufgelöst, ohne einigendes Princip, nach der andern erscheint die Materie selbst als lebendig und das Princip des Lebens und der Einigung in sich selbst begreifend. Der Atomistik steht der Hylozoismus, oder das System vom selbständigen Leben der Materie, entgegen. Es beruht auf folgenden Punkten.

Die Materie an sich ist überall nichts als die reine Identität aller materiellen Dinge selbst; da sie also nicht wie diese sinnlich empfindbar ist, so ist sie eine intelligible Materie. Wir können aber an der Materie selbst zwei Seiten unterscheiden, die eine, wodurch sie ein reines Seyn ist, und die andere, wodurch sie thätig, bewegend, Ursache von Leben ist. Auf dieser Identität des Bewegenden und des Bewegten beruht alles Leben, und da die Materie lebendig ist (nach der Voraussetzung), so ist sie eine solche Identität. Betrachten wir sie nun an sich, ihrem bloßen Wesen nach, so ist sie schlechthin einfach; betrachten wir sie der Form ihres Seyns nach, so ist sie Identität von Bewegendem und Bewegtem. Aber die Form ist eben deßhalb dem Wesen wieder gleich und so ewig als dieses. Von Ewigkeit wären also Wesen und Form in der Materie beisammen. Die Form wirkt von Ewigkeit in dem Wesen, und sucht sich durch einzelne Bilder von ihr selbst auszudrücken — Identitäten von Seele und Leib. — Das Wesen, welchem nur die unendliche Form angemessen, verhält sich dabei bloß empfangend, leidend, es ist das Substrat und der Grund aller Realität. Von der absoluten Form mit den Formen der Dinge gleichsam geschwängert, fängt die Substanz an, sie als einzelne wirkliche und vergängliche Dinge zu gebären. Denn der absoluten Substanz ist die absolute Form vollkommen adäquat, die besondere Form ist ihr aber nothwendig unangemessen, daher in den einzelnen Dingen nur ein gezwungenes Band. Nun ist das Wesen oder die Substanz untheilbar, sie ist also in jedem besondern Ding ganz und vollkommen, die Form dagegen ist unvollkommen. Es findet also in den wirklichen Dingen ebenso nothwendig eine Differenz von Form und Wesen statt, als in dem Urgrund dieser Dinge eine absolute Identität von beiden stattfindet. Dem Wesen nach sind sie alle unendlich, der Form nach endlich, dem Wesen nach könnten sie alles seyn, der Form nach aber sind sie nur ein Bestimmtes mit Ausschluß alles anderen. Was aber nicht alles wirklich ist, was es seyn kann, ist nothwendig unvollkommen und endlich, so wie dagegen das, was alles ist, was es seyn kann, vollkommen, unendlich und außer der Zeit ist; denn was vollkommen ist, kann nichts werden, eben weil es alles ist; das endliche Ding, weil es niemals ganz ist, was es dem Wesen nach seyn könnte, ist nothwendig dadurch dem Werden, der Verwandlung, und damit auch der Zeit unterworfen.

Die Differenzen der Dinge beruhen nun einzig auf dem Verhältniß, in welchem sie die Einheit des bewegenden und des bewegten Princips, der Seele und des Leibes, ausdrücken. Z. B. in der sogenannten todten Materie hat das bloß bewegte oder leibliche Princip das Uebergewicht, so wie dagegen in der organischen und belebten Materie beide zum vollkommenen Gleichgewicht kommen, in den Erscheinungen aber, die man einem eignen Princip der Seele zuschreibt, nur das bewegende Princip das Uebergewicht über das bewegte, von sich selbst träge Princip erhält.

Man muß diesem System, wovon hier übrigens nur die Grundzüge angegeben worden, die Gerechtigkeit widerfahren lassen, 1) daß es in seinem Princip über die wirkliche Erfahrung sich erhebt, 2) daß es in der Materie nach der Idee, die es davon gibt, wirklich eine, obwohl untergeordnete, Identität aufstellt, in welcher der Gegensatz zwischen dem unendlichen und dem endlichen Princip bis zu einem gewissen Punkte aufgehoben ist; 3) daß in ihm wirklich der Grund der Production und der Einheit der Natur bis zu einem gewissen Punkte angegeben ist. Wenn die Materie an sich todt ist und in leblose Theile als absolute Differenzen zerfällt, so kann nur ein fremder Verstand diesen formlosen

Stoff eine äußere Einheit aufdringen, wenn nicht, wie in der consequenten Atomistik auch dieses Zusammentreten der Atomen dem blinden Zufall, welcher ein vollkommenes Nichts ist, überlassen wird. Aber ein äußerer Verstand drückt dem Stoff seine Form auch nur äußerlich auf, die Form geht nicht über in das Wesen, sondern bleibt, wie bei mechanischen Kunstwerken, getrennt von der Substanz. Jene Einheit von Form und Substanz, jenes wirkliche und vollkommene Uebergehen des Begriffs in das Ding und in den Stoff, das wir vorzüglich an den organischen Naturwesen wahrnehmen, ist nur durch eine innere mit der Materie selbst verwachsene und identische Kunst möglich. Eine solche ist der Vorstellung des Hylozoismus nach in der Materie; sie ist der Stoff und die Künstlerin zugleich, das Hervorbringende nicht verschieden vom Hervorgebrachten, das Producirende vom Producirten. Ueberhaupt, was sich gegen den Hylozoismus anführen läßt, ist nicht, daß er auf *seinem* Standpunkt irgend etwas behauptet, was auf diesem nicht gegründet wäre — was ihn zu einem falschen System macht, ist eben sein Standpunkt selbst. Denn wenn in der absoluten Wissenschaft das erste Gesetz ist, nichts als wahrhaft reell zuzulassen, dessen Realität nicht unbedingt-nothwendig ist, so kann auch die Materie, wie sie übrigens bestimmt werden möge, keineswegs als das höchste und oberste Princip betrachtet werden, da ohne Zweifel in dem Gedanken nichts Unmögliches ist, daß die Materie überhaupt nichts Reelles, sondern ein bloßes Schein- oder Traumbild des Geistes sey, daß sie also ebenso gut nur ein Accidens des Geistes oder der Seele seyn könne, als die Seele in jenem System zu einem Accidens von ihr gemacht wird. Ist nun dieß der Fall, so ist klar, daß der Hylozoismus oder dasjenige System, welches die Identität aller Dinge in die Materie setzt, nur durch eine willkürliche Beschränkung der Reflexion auf diesen Punkt, also wie alle unzulänglichen Systeme überhaupt nur durch Willkür möglich sey. Nur dasjenige System ist ohne Zweifel das richtige, dem kein anderes entgegengesetzt werden kann. Dieß ist aber der Fall mit dem Hylozoismus nicht; denn jenes eben angegebene System, nach welchem nur der Geist das Producirende und insofern das wahre Wesen der sinnlichen Dinge ist, kann ihm mit ebenso viel Recht, ja als eine höhere Abstraktion, mit weit grösserem Recht entgegengesetzt werden.

Der Uebergang zu diesem höheren System konnte nur durch die absolute Entgegensetzung von Geist und Materie geschehen. Es folgt also der natürlichen Folge der Systeme gemäß in diesem Punkt als Fortschritt das dualistische System oder die Lehre, daß Leib und Seele, Materie und Geist zwei absolut verschiedene Substanzen sind. Ich bitte, genau diese Bestimmung zu bemerken; es ist nicht die Frage, ob Materie und Geist überhaupt verschieden, sondern ob sie so verschieden sind wie zwei ganz und absolut verschiedene Substanzen; denn wenn z. B. die Seele einerseits und der Leib andererseits die zwei Bestimmungen oder Attribute einer und derselben Substanz wären, so wäre zwar damit ihre Verschiedenheit nicht aufgehoben — jene bliebe immer Seele, dieser immer Leib —, aber beide in ihrer Entgegensetzung hörten auf verschiedene Substanzen zu seyn und wären nur Formen einer und derselben Substanz.

Der vollkommene Dualismus im cartesischen System war als Uebergang zu einer höheren Philosophie nothwendig. Da dieses System eben deswegen, weil es zwei absolut verschiedene Arten von Substanzen, die Seele auf der einen, den Leib von der andern Seite, behauptet, was die Materie betrifft, sich vollkommen mit der Atomistik vertragen kann, indem, wenn das einigende Princip, die Seele, nur im absolut vollkommenen Gegensatz gegen die Materie bestehen kann, diese dagegen nicht Eines, sondern absolute Differenz seyn und in Atomen zerfallen muß, so bringt der Dualismus zu der Atomistik nur gleichsam ihre andere Seite hinzu, nämlich die Seele in der gleichen Abgezogenheit nicht nur, sondern reellen Entgegensetzung gegen den Leib, in welcher nach der Atomistik die Materie gegen die Seele ist. Das eine Problem, was hieraus, nämlich aus der vollkommenen Entgegensetzung, entsteht, kann nur dieses seyn, wie sich zwei heterogene Substanzen, dergleichen Seele und Leib sind, entsprechen und miteinander Wechselwirkung haben. Nachdem einmal jener Gegensatz absolut festgesetzt und angenommen ist, kann nur gefragt werden, wie Seele und Leib als zwei absolut verschiedene Bestimmungen. Eine Identität, die *über* beiden liegt, läßt sich nicht suchen; dieß kann nur erst geschehen, nachdem jener Gegensatz selbst als kein wesentlicher, die Substanz angehender gesetzt ist. Es kommt also im Dualismus bloß darauf an, die Möglichkeit der Vereinigung zweier ganz absolut heterogener Substanzen auszumitteln. Ich gebe hier die verschiedenen Versuche kurz an, die gemacht wurden, diese Verbindung zu vermitteln. Der roheste ist ohne Zweifel der, daß Seele und Leib *aufeinander* wirken, wie Körper auf Körper wirkt, daß einerseits die Affektionen des letztern die Seele zu Vorstellungen veranlassen, andererseits die freie Thätigkeit der Seele den Leib zu Bewegungen bestimme. Dieß ist das System des sogenannten physischen Einflusses. Wie Dinge einer und derselben Reihe aufeinander einwirken, ist begreiflich, wie aber zwei absolut heterogene Substanzen aufeinander einwirken, z. B. die Seele den Leib durch einen Entschluß bestimme, oder eine Affektion des Leibs in der Seele eine Vorstellung verursache, darüber ist man sicher daß nie ein Mensch ein verständliches, geschweige denn vernünftiges Wort vorbringen werde. Cartesius selbst, der Urheber jener absoluten Entgegensetzung, sah dieß ein, indem er eine unmittelbare Wirkung der Seele auf den Leib, des Leibs auf die Seele auf keine andere Weise zu denken vermochte, als folgende: nämlich, daß bei Gelegenheit jeder Affektion des Leibes die absolute Substanz, Gott, eintrete und eine ihr entsprechende Vorstellung in der Seele bewirke, und daß hinwiederum bei jedem Willen oder Entschluß in der Seele gleichfalls Gott eintrete und die entsprechende Bewegung in dem Leibe bewirke. Man nennt dieses System das System des Occasionalismus. Was gegen dieses System deutlich spricht, ist Folgendes. Es ist nämlich ganz und gar gegen die Idee Gottes, daß dieser auf Veranlassung und bei Gelegenheit z. B. einer Affektion in dem Leib eine Vorstellung in der Seele *bewirke*; denn wenn man auch z. B. annähme, daß diese Vermittlung durch Gott nicht kraft eines Entschlusses oder einer freien Handlung, sondern kraft eines ewigen und unabänderlichen Gesetzes geschehe, vermöge dessen Leib und Seele übereinstimmen müssen, so wäre doch Gott eben dadurch zu der Seele im Verhältniß der Ursache zu der Wirkung gesetzt, welches wiederum ganz undenkbar ist. Denn so wenig ich mir vorstellen kann, wie irgend ein Objekt eine Vorstellung in der Seele bewirke, so wenig kann ich mir denken, wie Gott Ursache einer Vorstellung in der Seele sey. Wollte ich hier selbst auf die Identität der Seele mit Gott und der Gleichheit ihres Wesens mit dem göttlichen mich berufen, so könnte doch Gott Ursache einer Vorstellung in der Seele seyn nur, sofern diese Vorstellung selbst unendlich, nicht aber inwiefern sie endlich ist, welches sich mit der Idee Gottes nicht verträgt, der schlechterdings nichts Endliches; sondern nur Unendliches produciren kann. Was hierauf geantwortet werden könnte, ist kurz entweder, daß die Wirkung Gottes auf die Seele unendlich sey, daß aber diese unendliche Wirkung durch die Beziehung der Seele auf den Leib eine endliche werde; in diesem Fall würde aber vorausgesetzt, was durch die Dazwischenkunft Gottes erklärt und begriffen werden sollte, nämlich eben jene Beziehung der Seele auf den Leib oder die Identität mit ihm. Oder man beziehe sich darauf, daß die Seele eingeborene, ursprüngliche Schranken habe, und daß in Bezug auf diese Schranken auch die Wirkung Gottes nur eine endliche, getrübte Vorstellung hervorbringen könne, wie das Licht z. B. in Beziehung auf einen Körper und reflektirt von ihm, aufhört Licht zu seyn und zur Farbe wird. Wäre dieß der Sinn jener Meinung, so sieht man nicht ein, wozu überhaupt noch eine Materie außer uns existirt. Denn wenn der Grund davon, daß das göttliche Licht, das an sich vollkommen rein und einfach ist, in uns getrübt und mannichfaltig wird, wenn der Grund davon, sage ich, in angeborenen und ursprünglichen Schranken der Seele liegt, so ist die Materie außer mir völlig gleichgültig; denn dasselbe würde kraft der angeborenen Schranken der Seele erfolgen, die Materie möchte wahrhaft existiren oder nicht, und da die Materie schlechthin bewußtlos ist, nicht für sich selbst existirt, so wäre es ohne Zweifel völlig gleichgültig, ob sie wirklich und unabhängig außer mir, oder ob sie nur als nothwendige Vorstellung in mir existirt. Denn wenn z. B. die Materie auch wirklich außer mir existirt, so werde ich sie doch nicht beschauen, sondern nur kraft der nothwendigen Wirkung Gottes erkennen. Noch auffallender ist dasselbe, wenn auf das Verhältniß der Seele zu dem Leib oder auf eine Bestimmung reflektirt wird, die aus jener in diesen übergehen soll. Auch hier läugnet Cartesius den unmittelbaren Einfluß; er läßt auch die einer freien Thätigkeit der Seele oder einem Entschluß in ihr entsprechende Wirkung in dem Leib nur durch Wirkung Gottes entstehen, so daß also Gott als unmittelbar wirkend auf den Leib, ein sinnliches Ding, gedacht wird. Wollte man hiergegen die Ausflucht nehmen zu sagen, daß Gott auch nur durch Vermittlung der Seele den Leib bestimme, und daß die Seele den Leib nur anschaue als bestimmt kraft eines Begriffs oder Entschlusses von ihr, so brauchte man ja überhaupt keinen Leib außer der Seele existiren zu lassen, sondern der Leib und alle Bestimmungen desselben könnten nur unmittelbar in der Seele bewirkt und in ihr angeschaut werden.

Es war ein sehr natürlicher Gedanke von dem cartesianischen Occasionalismus aus noch einen Schritt weiter zu thun, und jene Harmonie zwischen Seele und Leib, die diesem zu Folge Gott auf Veranlassung jeder Vorstellung oder Affektion in beiden durch seine Dazwischenkunft bewirkte, durch eine von Ewigkeit vorher bestimmte Harmonie bestehen zu lassen, welches bekanntlich die Leibnizische Vorstellung ist.

Die Leibnizische Vorstellung ist noch einer höheren Auslegung fähig, in welcher sie späterhin noch vorkommen wird. Gegenüber dem Cartesianismus und, so wie sie Leibniz selbst in diesem Gegensatz darstellte, schien ihr Sinn der zu seyn: Es bestehen zwei wirklich verschiedene Substanzen, Seele und Leib, nebeneinander, aber beide wissen nichts voneinander und haben keinen direkten Einfluß aufeinander, sondern stimmen miteinander überein bloß kraft einer von Ewigkeit prästabilirten Harmonie. Sie verhalten sich wie zwei Uhren, die, gleich gut gearbeitet, zu gleicher Zeit aufgezogen und auf Eine Stunde gerichtet, auch in der Folge mit einander ohne alle wechselseitige Einwirkung oder direkte Beziehung übereinstimmen. Was hiergegen zu sagen ist, ist dasselbe, was gegen den Occasionalismus: Nämlich es wird erst vorausgesetzt, daß der Leib unabhängig von der Seele und wahrhaft außer ihr existire, und darauf dann das Princip einer vorher bestimmten Harmonie gegründet. Aber eben jenes ist der zweifelhafte Punkt, wie bereits bemerkt. Producirt die Seele, als ob kein Leib, so kann sie es auch ohne Leib, und dann ist keine prästabilirte Harmonie nöthig.

Die Stufenfolge philosophischer Ansichten läßt sich schon aus dem Bisherigen übersehen. Die erste Identität wird in das ganze Reelle, die Materie gelegt; kaum aber ist diese Identität gesetzt, so tritt das Ideelle, der Geist, in seiner Entgegensetzung hervor. Nicht als ob nicht auch die Materie ein ideelles Princip neben dem Reellen in sich begriffe — dieß ist die ausdrückliche Voraussetzung des Systems, welches der Materie ein selbständiges Leben zuschreibt —, sondern weil das ideelle Princip als Accidens der Materie oder untergeordnet der Materie nothwendig als dem Endlichen untergeordnet erscheint. Der gemeinschaftliche Exponent des Reellen und des Ideellen in jener Identität ist das Endliche. Im Gegensatz des Endlichen tritt nun aber das Ideelle in seiner Gestalt als Unendliches hervor. Die erste Identität ist hiermit wieder aufgehoben; es entsteht ein neuer Gegensatz; die Ansicht, die bei diesem Punkte stehen bleibt, ist ein System des Dualismus, in welchem, wie zuletzt gezeigt, Leib und Seele, Materie und Geist, als zwei absolut verschiedene Substanzen erscheinend, nur durch Vermittlung vereinigt werden können. Aber eben durch diese Entzweiung wird die Forderung einer neuen höheren Identität gemacht, welche dann die dritte Stufe in dieser Aufeinanderfolge ist. Aber auch hier finden aufs neue zwei Möglichkeiten statt. Diese Identität selbst nämlich kann wieder entweder real oder ideal ausgedrückt werden. Wird sie im Realen ausgedrückt, so fällt das System, welches in ihr gegründet ist, überhaupt noch auf die reelle Seite des Fortschritts in der Philosophie; es macht gleichsam den Wendepunkt zwischen dieser und der ideellen Seite.

Wenn nämlich der allgemeine Gegensatz der Philosophie überhaupt der des Reellen und Ideellen ist, und alle Philosophie darauf ausgeht, diesen Gegensatz aufzuheben, so finden für jene Seite nur folgende Möglichkeiten statt. Entweder wird das Ideelle ganz dem Reellen untergeordnet — dieß geschieht im Materialismus —, oder beide treten in ihrer vollkommenen Entgegensetzung hervor, oder endlich es wird eine absolute Identität beider gesetzt, eine Identität, von der beide, als entgegengesetzte, die bloßen Aeußerungen sind, aber diese Identität ist selbst wieder eine reale. Hiemit hat denn die Philosophie von ihrer realen Seite alle möglichen Stufen durchlaufen, alle Ansichten, die innerhalb dieser Seite liegen, können durch den allgemeinen Begriff des Realismus bezeichnet werden. Der natürliche Fortgang innerhalb dieser Seite ist der, von der Identität, die im Materialismus liegt, zur Differenz oder zur Antithese, die im Dualismus, und zur Synthesis der Identität und der Differenz, die im vollkommenen Realismus liegt. Auch von der ideellen Seite zu werden wir die Philosophie dieselben Stufen durchlaufen sehen. Die erste wird die seyn, wo das Reelle ganz dem Ideellen untergeordnet wird, die zweite, wo das Reelle im Gegensatz gegen das Ideelle hervortritt, die dritte, wo beide wieder in einer absoluten Identität vereinigt, und diese selbst wieder als eine ideelle gesetzt wird. Hiemit ist der vollkommenste Idealismus im Gegensatz gegen den vollkommensten Realismus erreicht. Wir haben uns nun zunächst nur mit dem Letzteren zu beschäftigen. — Der Materialismus war dasjenige System, welches die Seele, d. h. eben das Ideelle ganz dem Reellen unterordnete. Im Gegensatz gegen dieses System mußte das Ideelle, der Geist, in seiner Selbständigkeit gegen das Reelle hervortreten. Dieß geschah in der neueren Philosophie durch den Cartesianismus, so wie in der alten Philosophie, nachdem zuvor bloß die materialistischen Ansichten der physischen Schule geherrscht hatten, durch Anaxagoras, welcher zuerst das ideelle Princip dem materiellen entgegensetzte. Unmittelbar aus dem Cartesianismus bildete sich in der neueren Zeit der Spinozismus, so wie in der alten Philosophie das eleatische System, welches mit dem Spinozismus ganz dasselbe ist. Jetzt erst war der Kreis sämmtlicher möglicher [illegible] im Realismus durchlaufen, jetzt erst konnte der Idealismus in seiner eigenthümlichen Gestalt hervortreten. Daß der Spinozismus, welchen ich als das System des vollendeten Realismus bestimme, unmittelbar aus dem Cartesianismus hervorgegangen ist, ist nicht bloß der Zeit, sondern auch dem inneren Verhältniß beider Systeme nach der Fall. Der Grundsatz des letzteren war: es gibt zwei absolut verschiedene Substanzen, die eine, welche Materie, ein Ausgedehntes ist, die andere, welche Geist, ein absolut Einfaches und nicht Ausgedehntes ist. Der erste Grundsatz des Spinozismus ist: es ist nur Eine Substanz. Denn (dieß ist der Beweis des Satzes) Substanz ist das Unveränderliche, Unwandelbare, was von sich selbst und durch sich selbst ist. Alles, wovon das Gegentheil, gehört nicht zur Substanz. Ein solches aber kann nur Eines seyn; denn man setze, es wären mehrere Substanzen, so würde das Maß der Substantialität in der einen bestimmt seyn durch das in der andern, eine würde daher die andere bestimmen, und dann auch keine absolut seyn. Oder auch: Substanz ist dasjenige, zu dessen Idee es gehört zu seyn, oder dessen Idee nichts als das reine Seyn selbst involvirt. Wären nun mehrere Substanzen, so daß eine die andere begrenzte, so würde Substanz nicht dasjenige seyn, dessen Idee bloß das reine Seyn, als solches, involvirt und die Negation ausschließt. Vielmehr wäre Substanz zum Theil zwar als Seyn, zum Theil aber auch als Nicht-Seyn, als Negation des Seyns gesetzt, was widersprechend ist.

Es ist daher nur Eine Substanz, Ein Wesen, zu dessen Idee es gehört, schlechthin und ohne alle Bestimmung zu seyn.

Eben deßhalb kann weder das Ideelle auf der einen noch das Reelle auf der andern Seite an sich Substanz seyn; denn da beide sich absolut entgegenstehen, so müßten mehrere Substanzen gesetzt werden, es ist also nur Eine Substanz, Ein Wesen, Ein An-sich, in dem einen wie in dem andern, in dem Denken wie in der Ausdehnung.

Dieser Satz bloß negativ ausgesprochen, so daß in ihm nur die substantielle Differenz von Denken und Seyn geläugnet ist, ist [illegible] durch den allgemeinen Begriff der Substanz bewiesen. Wir [illegible] wird der Gegensatz von Denken und Seyn als ein bereits gegebener vorausgesetzt. Wird er aber positiv ausgedrückt, wie in dem Satz des Spinoza, daß Denken und Ausdehnung die beiden gleich unendlichen Attribute der absoluten Substanz, diese also ihre positive Einheit ist, so kann hier allerdings nach dem Uebergang von der Idee der Substanz zu den Begriffen des Denkens und der Ausdehnung gefragt werden. Wenn ich freilich Denken und Ausdehnung erst setze, so muß die schlechthin Eine Substanz das gleiche An-sich oder Wesen in beiden seyn, aber wie komme ich denn überhaupt dazu, ein Denken und eine Ausdehnung zu setzen? Spinoza bleibt die Antwort schuldig, und sie kann im System des Realismus überhaupt nicht gegeben werden. Wenn Denken und Ausdehnung oder (denn diese Begriffe möchten sich ohne weitere Beweise einander substituiren lassen) Denken und Seyn Attribute der absoluten Substanz sind, so müßte eben die Identität beider die nothwendige Form dieser absoluten Substanz seyn. Nicht so, daß sie unter ihr stünde; denn die absolute Substanz, so gewiß sie ist, ist außer aller Form, sondern so, daß diese vielmehr aus ihr ausflösse. Aber eben diese Emanation der Form aus der absoluten Substanz kann im Realismus nicht begriffen werden. Die Form ist ein nothwendiges und ewiges Handeln, die Substanz ein bloßes Seyn; die Form verhält sich selbst wieder als Ideal, da die Substanz als Reales bestimmt ist; es ist demnach hier kein möglicher Uebergang, und der ganze Gegensatz von Denken und Ausdehnung, obgleich er in der Idee der absoluten Substanz aufgehoben wird, ist ein bloß aus der Erfahrung aufgegriffener.

Wir haben schon vorläufig angenommen, daß auch der Spinozismus nur innerhalb der Sphäre derjenigen philosophischen Systeme liegt, die aus der Reflexion über die Möglichkeit der Erfahrung hervorgehen und sich nicht gänzlich über diese erheben. Dieß bestätigt sich hier. Auch ist offenbar, daß jener Satz bei Spinoza einen bloß empirischen Ursprung hat, daß er nämlich bloß in Bezug auf den cartesianischen Dualismus von Seele und Leib aufgestellt, und bloß aus diesem der ganze Gegensatz überhaupt aufgenommen ist. Aus dieser Beziehung erklärt sich auch, warum Spinoza sich auf diesen untergeordneten

Ausdruck des Gegensatzes beschränkt hat. Denn die Ausdehnung gehört offenbar bloß zur erscheinenden Welt, und kann kein ursprüngliches Attribut der absoluten Substanz seyn. Ebenso auch das Denken, in wiefern es der Ausdehnung entgegensteht und sich auf diese bezieht, gehört bloß zur Erscheinungswelt und wird nur in dieser unterschieden. Nun ist zwar allerdings Gott oder die absolute Substanz, inwiefern sie die absolute Einheit des Denkens und der Ausdehnung ist, eben deßhalb keines von beiden, weder das eine noch das andere; aber, wie dieses Weder Noch, das an sich bloß negativ ist, sich in den positiven Satz verwandle, daß Gott die gleiche Substanz des Denkens und der Ausdehnung sey, dieß ist nicht erklärt; der Satz heißt nur so viel: Wenn es ein Denken und eine Ausdehnung gibt, wovon keines das andere hervorbringt oder bewirkt, so ist die absolute Substanz nothwendig das gleiche Wesen beider; denn nur durch sie können beide vermittelt seyn. Aber eben daß ein Denken, und daß eine Ausdehnung ist, und wie beide sind, dieß ist die nicht beantwortete Frage. Da der Realismus beide Attribute nur aus der Erfahrung aufnimmt, so kann er nicht beantworten, 1) warum er der absoluten Substanz gerade diese, 2) warum er ihr nicht andere und mehrere Attribute beilegt. Spinoza selbst beruft sich deßhalb deutlich bloß auf die Erfahrung, indem er sagt, daß, weil an der Natur der menschlichen Seele außer dem Denken und der Ausdehnung keine andern Attribute des Absoluten ausgedrückt seyen, wir auch nicht mehrere erkennen; er scheint also hier eine Möglichkeit zuzugeben, daß wohl auch andere Attribute des Absoluten seyn möchten. Entweder war dieß wirklich seine Meinung oder nicht: im ersten Fall erkennt er den Mangel eines zureichenden Erkenntnißgrundes der Attribute des Absoluten, im andern Fall müßte er einen höhern Erkenntnißgrund als die Erfahrung angeben, da sie von der menschlichen Seele nicht mehr [illegible]

Vergleichen wir also den Spinozismus als vollendeten Realismus mit den beiden vorhergehenden Systemen, so erhebt er sich 1) über den Materialismus, denn die Identität von Seele und Leib, die er setzt, erhebt sich über die Materie und liegt höher als diese, welche selbst nur ein endlicher Ausdruck dieser Identität und nur eines der Attribute ist, die jener höheren Identität zukommen, das der Ausdehnung nämlich (denn Spinoza versteht unter Ausdehnung nicht den Raum, den er selbst als ein leeres Abstraktum, ein bloßes Nichts erklärt; sondern die reelle Differenz, die Nicht-Identität, welcher das Denken als die Identität entgegensteht). 2) Erhebt er sich ebenso über den Dualismus des zweiten Systems, indem er nur Eine Substanz setzt, die das gleiche Wesen beider, das An-sich der Seele und des Leibes ist, indem er also diese beiden nicht als zwei reell verschiedene Substanzen, sondern nur als die Accidenzen einer höheren Identität setzt. Man kann 3) bemerken, daß der Spinozismus mit den beiden Systemen, auf welche er folgt, eben das gemein hat, was das Unterscheidende eines jeden ist. Vom Materialismus die Identität, welche dieser aber nur dadurch erreicht, daß er sie bloß im Endlichen ausdrückt. Vom Dualismus die Anerkennung des Unendlichen, des Denkens, und seines Gegensatzes mit dem Endlichen, dem Seyn; denn eben deßwegen, weil Denken und Seyn nur durch die absolute Substanz vereinigt, keines durch das andere bewirkt seyn kann, sind sie zugleich, indem sie auf ihre absolute Identität zurückgeführt sind, auch in ihrer vollkommenen Entgegensetzung dargestellt. Der Spinozismus hat also vom ersten System die Identität, vom zweiten den Gegensatz; er ist daher in dieser Linie des Fortschritts die wahre Synthesis und allerdings das höchste System, wozu der Realismus überhaupt gelangen kann.

Um noch zu zeigen, daß die oben dargestellten unauflöslichen Schwierigkeiten des Spinozismus nicht bloß in der besondern Darstellung, die er durch diesen Philosophen erhalten hat, sondern in der Natur des Realismus überhaupt liegen, noch Folgendes. Der Realismus entsteht überhaupt durch eine Umkehrung des wahren und ursprünglichen Verhältnisses, welches dieses ist: daß das Ideale durchaus und überall das absolute Prius des Realen sey (aber nur nicht ein Ideales, dem selbst wieder ein Reales entgegensteht, sondern das als solches u.); das Ideale hat nicht der Zeit, aber der Natur nach die absolute Priorität vor dem Realen. Der Spinozismus kehrt dieß um. Seine absolute Identität ist selbst wieder ein Reales. Das Reale kann nun wohl eine Emanation des Idealen seyn, denn dieß ist das ursprüngliche Verhältniß, das schon in der Identität der Absolutheit liegt, welche die ist, daß in Ansehung ihrer das Seyn unmittelbar aus dem Denken folge und nicht von ihm verschieden sey (nichts anderes hinzuzukommen brauche). Dagegen kann das Ideale nie ein Ausfluß des Realen seyn, eben weil dieses, dem letzten und höchsten Verhältniß zufolge, immer nur eine Folge des Idealen, nicht umgekehrt dieses eine Folge von ihm seyn kann.

Wie es sich im Realismus mit den ersten Attributen der absoluten Substanz verhält, daß er sie nämlich nur aus der Erfahrung aufsuchen kann, so auch mit dem, was weiter aus diesen Attributen gefolgert wird.

Die unmittelbaren und allgemeinsten Formen der Ausdehnung z.B. sind Ruhe und Bewegung; beide sind sich in Bezug auf das Attribut der Ausdehnung wieder ebenso entgegengesetzt, wie diese und das Denken in Bezug auf die absolute Substanz entgegengesetzt sind. Nämlich Ruhe kann so wenig Bewegung, als Bewegung Ruhe hervorbringen. Beide können also nur ebenso durch das Attribut der Ausdehnung unmittelbar durch die absolute Substanz vermittelt seyn, als Denken und Ausdehnung durch diese unmittelbar vermittelt sind. Aber auch dieser Satz hat eine bloß hypothetische Realität. Er sagt nichts anderes als: *wenn* Ruhe, und wenn Bewegung ist, so sind diese, weil keines das andere hervorgebracht haben kann, die beiden gleich ewigen und unendlichen Attribute der absoluten Substanz. Aber woher weiß ich denn, *daß* es eine Ruhe und daß es eine Bewegung gibt?

Wie sich nun Ruhe und Bewegung zur unendlichen Ausdehnung wieder als die zwei gleich ewigen Attribute derselben verhalten, so Verstand und Wille zum unendlichen Denken; beide sind Formen des unendlichen Denkens, die so ewig sind als dieß selbst.

Bis hieher war nichts als Unendliches: aus der absoluten Substanz folgen unmittelbar die zwei unendlichen Attribute des Denkens und der Ausdehnung, so wie aus jedem von diesen wieder zwei gleichfalls unendliche Formen, aus dem Denken Verstand und Wille, aus der Ausdehnung Ruhe und Bewegung. Nun aber soll das Verhältniß des Endlichen und Wirklichen zu diesem Unendlichen eingesehen werden. Es ist nun zwar offenbar, daß der endliche Verstand oder der endliche Wille nur durch eine Affektion, eine Begrenzung, d. h. durch eine Negation des Unendlichen gesetzt werden kann; ebenso, daß das einzelne wirkliche Ding nur durch eine Negation der unendlichen Ruhe und Bewegung und mittelbar der unendlichen Ausdehnung gesetzt seyn kann. Aber woher nun diese Negationen, wodurch die eigentlichen Nichtwesen, die sinnlichen und wirklichen Seelen oder Dinge gesetzt werden?

Jede bestimmte Seele ist nur eine Affektion, d. h. eine Modifikation des unendlichen Denkens, so wie ihr Verstand und Wille nur ein Begriff oder eine Negation des unendlichen Verstandes und des unendlichen Willens. Jeder Leib ist eine Modifikation der unendlichen Ausdehnung und unmittelbar eine in die unendliche Ruhe und Bewegung gesetzte Begrenzung. Der Spinozismus oder überhaupt der vollendete Realismus hat das vor allen andern untergeordneten Systemen dieser so wie der andern Sphäre voraus, daß er wenigstens bis zum Absoluten, zum Unendlichen fortgeht, und es als das wahre Wesen, das allein-Reale erkennt, obwohl er nun dieses selbst wieder als ein Seyn bestimmt. In Bezug auf das allein-Reale kann nun jede besondere Realität nur durch Negation gesetzt seyn.

Der Spinozismus hat also vor jedem andern untergeordneten System auch dieses voraus, daß er den einzelnen wirklichen Dingen keine Realität zuschreibt, oder daß er ihre Realität einzig in die Nichtrealität setzt, daß er also auch nicht in die Versuchung kommen kann, gleich andern Systemen diese Realität der wirklichen Dinge durch einen positiven Hervorgang derselben aus dem Absoluten oder durch eine Hervorbringung des Absoluten zu erklären; denn eben weil er die wirklichen Dinge als bloße non-entia, als reine Nichtwesen begreift, kann ihr Ursprung weder im Ganzen noch im Einzelnen unmittelbar auf das Absolute, das Unendliche zurückgeführt werden. Nicht im Einzelnen. Denn kein wirkliches, d. h. kein in seinem Daseyn und Wirken beschränktes

Ding kann von Gott absolut betrachtet, oder von irgend einem Attribute Gottes gleichfalls absolut betrachtet, hervorgebracht seyn, denn was sowohl aus jenem als aus diesem folgt, kann nur wieder Unendliches seyn. Es mußte also nicht aus Gott oder irgend einem seiner Attribute absolut betrachtet, sondern es konnte nur aus einem Attribut der absoluten Substanz folgen, sofern es selbst auf eine bestimmte Weise afficirt war, denn außer der unendlichen Realität kann es nichts weiteres geben als Affektionen dieser unendlichen Realität. Nun konnte aber ferner das wirkliche, seinem Wesen und Wirken nach beschränkte Ding auch nicht aus der Affektion eines Attributs folgen, die selbst wieder unendlich und ewig war, also nur aus der Affektion eines Attributs, sofern diese selbst eine endliche, begrenzte und beschränkte war. Aber auch diese ꝛc. Affektion konnte nicht wieder unmittelbar aus dem Unendlichen oder einem unendlichen Attribut folgen; auch sie setzt wieder eine gleiche, schon begrenzte oder endliche Affektion voraus. Hieraus folgt, daß jedes Endliche im Einzelnen nur wieder auf ein anderes Endliches zurückgeführt werden kann, und es folgt zugleich, daß auch das Endliche im Ganzen nie unmittelbar auf das Unendliche zurückführbar ist, eben deßwegen, weil innerhalb der Reihe bloß endlicher Affektionen und Begrenzungen der unendlichen Realität niemals ein Uebergang von dieser in jene seyn kann, weil diese niemals Ursache von Endlichem, sondern nur von Unendlichem werden kann.

Die vollkommene Nichtigkeit aller Einzelwesen hat daher Spinoza auf das Kürzeste und Hellste in einem Hauptsatz seiner Ethik ausgesprochen, der so lautet: Jedes einzelne Ding oder jedes Ding, das endlich ist und ein begrenztes Daseyn hat, kann weder existiren, noch zum Wirken bestimmt werden, es werde denn zur Existenz und zum Wirken bestimmt durch eine andere Ursache, die auch endlich ist und eine begrenzte Existenz hat, und wiederum kann diese Ursache weder ꝛc. u. s. f. ins Unendliche. Dieser Zusatz, der jederzeit jenem Gesetz angehängt ist, der Zusatz „u. s. f. ins Unendliche" drückt vollkommen den bloß negativen Charakter dieses Gesetzes aus, daß es nämlich nichts anderes aussagt als die absolute Unmöglichkeit, je das Daseyn eines wirklichen und endlichen Dinge unmittelbar auf das Unendliche zurückzuführen.

Aber wenn denn nun die wirklichen Dinge bloße Begrenzungen und Negationen der unendlichen Realität sind, so sind sie doch wenigstens als Negationen reell: so scheint es wenigstens vom Standpunkt des Realismus aus; daß sie etwa auch *als Negationen* nicht wahrhaft reell, sondern nur Vorstellungen von Etwas seyn könnten, das, inwiefern es sie vorstellt, selbst nicht reell ist: diese Erklärung liegt nicht im Realismus, und ich bitte *Sie*, diese hier nur für die schon Eingeweihteren erwähnte Möglichkeit gänzlich bei Seite zu lassen, indem sie nicht im Realismus liegt und hier auch nicht erklärt werden kann; — also: es ist unleugbar, daß, wenn auch die wirklichen Dinge *bloße* Negationen der unendlichen Realität sind, sie doch als Negationen *reell* sind. Diese negative Realität kann aber nie und in keiner Zeit aus dem Unendlichen entstanden seyn; da sie aber doch ist, da jene Negationen als Negationen doch wirklich sind, so können sie überhaupt nicht *geworden* seyn, sondern sie müssen, wie das Unendliche selbst, ewig und von Ewigkeit bei dem Unendlichen gewesen seyn. Nicht daß sie von einer unendlichen Zeit her gewesen seyen, denn das Unendliche ist in keiner Zeit: so sind also auch jene Negationen des Unendlichen, die wir wirkliche Dinge nennen, in keiner Zeit entstanden, sondern sind ein ewiges und *zeitloses* Accidens des Unendlichen — obgleich innerhalb *der* Sphäre, die *sie* bilden, eines aus dem andern der Zeit nach entspringt. Aber eben diese Zeit ist selbst nicht entstanden, sondern ist das ewige Accidens des Unendlichen. Dieser Satz, welcher das Hauptresultat des Spinozismus ist, daß nämlich das Endliche von Ewigkeit bei dem Unendlichen sey, dieser Satz ist allerdings bewiesen, wie alle vorhergegangenen bewiesen waren, nämlich bloß negativ und hypothetisch. *Wenn* nämlich endliche und wirkliche Dinge sind, so können sie, als Negationen des Unendlichen, nie und auf keine Weise aus ihm *entstanden* seyn, und müssen daher gleich ewig mit ihm seyn.

Die Ewigkeit des Endlichen wird demnach hier bloß daraus bewiesen, daß es *nicht entstanden* seyn kann, d. h. es wird nur negativ bewiesen. Wie es aber von Ewigkeit bei und mit dem Unendlichen seyn könne, darauf ist in dem Realismus keine positive Antwort, die in einem ganz andern Gebiet liegt als dem, worin er allein ist.

Resultat. Der Realismus reicht zwar wohl hin, alles gegebene Endliche auf das Unendliche zurückzuführen. Er beweist z. B. unwidersprechlich, daß, wenn ein Denken und wenn eine Ausdehnung ist, die absolute Substanz nur das gleiche Wesen beider, beide selbst also keine Substanz seyen; er beweist, daß, wenn endliche Dinge sind, diese, weil sie nicht entstanden seyn können, ewig seyen; aber er ist durchaus unfähig, vom Unendlichen selbst ausgehend die Nothwendigkeit seiner Attribute, so wie die Affektionen dieser Attribute, welche die einzelnen Dinge sind, zu beweisen. Ueber alle übrigen Fragen der Speculation gewährt indeß dieses System, nachdem es einmal die absolute Substanz als gleiches Wesen der Ausdehnung und des Denkens gesetzt hat, bei weitem befriedigendere Aufschlüsse als jedes der vorhergehenden.

Die Seele ist ein Modus, eine Affektion des unendlichen Denkens, wie der Leib der unendlichen Ausdehnung. Aber wie diese beiden Attribute in Bezug auf Gott ein und dasselbe sind, so sind nothwendig auch ihre beiderseitigen Modi ein und dasselbe und stimmen daher nothwendig zusammen.

Die Seele ist nur der unmittelbare Begriff eines einzelnen existirenden Dings, das wir Leib nennen, der Leib selbst nur das Objektive eines existirenden, lebendigen Begriffs, den wir Seele nennen. Beide stimmen nicht miteinander überein durch eine wechselseitige Einwirkung oder Bestimmung, die sie aufeinander ausüben. Denn entweder als Accidenzen betrachtet, so sind sie einander formell entgegengesetzt, keines kann auf das andere einfließen, oder der Substanz und dem Wesen nach, so sind beide Eine Substanz; die Substanz kann aber nicht auf Substanz wirken, weil Substanz von Substanz nicht verschieden seyn kann. Aber sie stimmen auch nicht überein wie zwei absolut verschiedene Wesen, so daß sie nur durch ein ihnen fremdes Band, eine prästabilirte Harmonie sich entsprechen, sondern durch die innere und wesentliche Gleichheit. Die

Substanz nämlich ist das wahre *Wesen*, das An-sich sowohl der Seele als des Leibs; Seele und Leib existiren eben deßhalb nicht *an sich*, nicht absolut, sondern nur an und in jenem Wesen, welches das An-sich beider ist.

Wenn wir die verschiedenen Stufen, welche die Reflexion bis zum vollendeten Realismus durchläuft, als *Potenzen* ausdrücken wollen, so ist der Materialismus die erste Potenz, der Dualismus die zweite, und endlich der Spinozismus die dritte Potenz.

Daß sie nothwendige Stufen der Reflexion sind, erhellt daraus, daß jeder dieser Ansichten eine eigne Sphäre in der Natur entspricht. Das Reich der einzelnen körperlichen Dinge ist die Sphäre des Atomismus. Durch den Gegensatz der Materie und des Lichts ist der Dualismus gesetzt. Dem Licht als der Seele, dem Geist, steht die Materie als der Leib entgegen. Der Organismus endlich setzt diese Extreme als eins und als Accidenzen einer und derselben realen Substanz; er ist daher das wahre Bild des Spinozismus. Aber *über* den Organismus hinaus liegt die Vernunft, welche die absolute Substanz, *ideal* angeschaut, ist; und von diesem Punkte aus bildet sich eine neue Folge von Ansichten, in denen ebenso das Ideale als das Erste gesetzt wird wie in jenem das Reale. Auch nach dieser Richtung durchläuft die Philosophie die Sphären des Atomismus, des Dualismus und des Organismus. Sieht man darauf, daß dem ursprünglichen Verhältnisse nach das Ideale dem Realen vorangeht, so liegt jedes einzelne System dieser Reihe höher als jedes der vorhergehenden. Zieht man aber die wissenschaftliche Vollendung und die Form in Betracht, so steht der intellektuelle Atomismus z. B. gegen den vollendeten Realismus zurück, der, obwohl in der untergeordneten Sphäre, dennoch bis zur absoluten Einheit vorgedrungen ist. Der Spinozismus lebt und webt ganz im Unendlichen, im absoluten All; er würde sich über alle Beziehung auf die Erfahrung erheben, erschiene ihm das Ideale in seiner vollkommenen Priorität über dem Realen. Nur der vollendete Idealismus gelangt dazu, da er mit dem Spinozismus die Anschauung des Unendlichen, des absolut-Allgemeinen hat, aber, sich über alles Reale erhebend, als

Unendliches die absolute Indifferenz alles Subjektiven und Objektiven in einem schlechthin Idealen setzt.

Die erste dem Materialismus entsprechende Form des Idealismus ist die eines intellektuellen Atomismus, als welche ich die Leibnizische Monadenlehre bestimme. Ich sage intellektuellen Atomismus; denn es ist ein vollkommenes Mißverständniß, wenn man die Monaden des Leibniz als physische Atomen verstanden hat, obgleich dieß sehr allgemein geschehen ist. Leibniz selbst definirt die Monas als eine vorstellende Kraft, und läßt alle Materie selbst nur in den Vorstellungen der Monaden existiren. Die Monaden sind Seelen; jede derselben ist eine Welt für sich und ein lebendiger Spiegel des Universum. Man muß diesen Atomismus im Gegensatz gegen den Spinozismus betrachten, um ihn ganz klar zu erkennen. Spinoza sagt: es ist nur Ein Universum und Eine Substanz; Leibniz: es sind so viel Universa und so viel Substanzen als Monaden sind. Die absolute Substanz wird durch die Vielheit nicht getheilt, denn sie ist in jeder Monas ganz; nur auf diesem sich-selbst-gleich-Seyn beruht die Einheit der Substanz; sie ist nicht numerisch, sondern dem Begriff oder der Idee nach Eine, und hört daher auch durch die Vielheit der Monaden nicht auf absolut Eine zu seyn.

Man bemerkt leicht, daß dieser Begriff der Monade der einzige war, welcher direkt dem Spinozismus entgegengestellt werden konnte, welche Entgegensetzung denn auch die offenbare Absicht Leibnizens war. Im Spinozismus stand zwischen den endlichen Affektionen, den einzelnen und wirklichen Dingen, und dem Universum nichts in der Mitte als die Attribute der Substanz, die aber gleichfalls unendlich waren. Leibniz stellt die Monaden als eine mittlere Ordnung von Wesen dazwischen. Auch sie sind Affektionen der Substanz, eben weil sie Monaden, jede ein Universum für sich ist, aber sie sind absolute Affektionen, von denen bei Spinoza nur eine ganz dunkle Spur ist. Sie sind besondere Formen; denn eben nur dadurch können sie voneinander absolut geschieden seyn. Aber die Besonderheit ist in Ansehung ihrer nicht wie in Ansehung der endlichen Dinge die Negation; die Negation wird hier vielmehr selbst zur Position, die Begrenzung wird zum Wesen, das Endliche zum Unendlichen.

Zuerst dämmert hier in der spätern Philosophie die Lehre von den *Ideen* oder von der Art auf, wie die besondern Dinge im Absoluten zu seyn vermögen. Offenbar nicht, inwiefern ihre Besonderheit selbst eine Schranke, eine Negation ist, sondern wenn sie für sie zum *Wesen* und selbst unendlich wird. Nur dann sind 1) die besondern Dinge wahrhaft geschieden, wenn jedes für sich ein Universum ist; denn nur das Universum ist absolut gesondert, weil nichts *außer* ihm ist; im Universum aber ist nichts absolut geschieden, weil alles mit allem in Verknüpfung ist. 2) Zugleich aber ist dieß die einzige Art, wie die endlichen Dinge im Universum seyn können, ohne es zu beschränken, denn nur inwiefern jede für sich ein Universum ist, wird das Besondere an ihnen zu einer bloßen wiederholten Position des *All*, des Unendlichen — und nicht zur *Negation*.

Aber diese erhabene Lehre der Ideen drückt sich hier auf ihrer tiefsten Stufe als eine bloße Atomistik aus, die Ideen sind Monaden; sie werden vorzüglich nur von der Seite ihrer Geschiedenheit, ihrer Differenz betrachtet, und sind nicht sowohl absolute als individuirte Ideen.

Die Beziehung, in welcher die Leibnizische Lehre die größte Bedeutung hat, ist, daß durch sie die idealistische Wendung der Philosophie beginnt; das Wichtige derselben ist nicht sowohl, daß sie die Einheit der spinozischen Substanz zersplittert — denn dieß thut sie nicht einmal, wie wir in der weitern Entwicklung finden werden, und auch hier schon einsehen können —, als daß sie die Substanz, das Reale selbst ganz als *ideal*, als Seele, und, obwohl in einem noch unvollkommenen Ausdruck, als vis repraesentativa, als Vorstellkraft bestimmt, demnach das Reale schlechthin dem Idealen unterordnet. Das Ideale, welchem er es unterordnet, ist allerdings noch nicht das absolut Ideale, eben deßwegen, weil er es nur als *Vorstellkraft* bestimmt; daher stellt sein System auch bloß die *erste Potenz* in dieser Reihe vor, und verhält sich zu dem vollendeten Idealismus nur so, wie sich der Atomismus zum Spinozismus verhält; aber es ist doch in ihm der erste Schritt zum Idealismus und der idealen Ansicht in der Philosophie geschehen.

Aus dem Begriff der Monade, daß jede ein Universum für sich sey, folgt unmittelbar, daß keine Monade durch die andere veränderlich ist, keine unmittelbar auf die andere einwirken kann. Jede kann daher nur kraft eines innern Princips, einer produktiven Thätigkeit, die in ihr selbst liegt, das Universum und die übrigen Monaden repräsentiren.

Die Entstehung der Vorstellung durch äußeren Eindruck fällt hiermit ganz hinweg; das Triebwerk der Vorstellungen ist rein geistig und liegt in dem Wesen der Seele selbst, welches nichts anderes ist, als *vorstellend* zu seyn. Nach einem allgemeinen und nothwendigen Gesetz stellt zuerst die Monade für sich selbst das Universum in einem *Leibe* vor, der für sie der unmittelbare Schematismus ihrer gesammten Weltanschauung, der ihrer Vorstellung zu Grunde liegende Typus des Universums ist. Nach der Beschaffenheit dieses Leibes stellt sie nun auch das Universum entweder mehr dunkel, verworren und unvollständig oder mehr klar, deutlich und vollständig vor. Die dunkelste und unvollständigste Repräsentation des Universum ist die, durch welche die todte, unorganische Materie vorgestellt wird. Die Monaden, sofern sie diese vorstellen, sind gleichsam ganz von Endlichkeit trunken und wie in einem Schlaf begriffen, worin sie nur ganz dunkler und verworrener Vorstellungen fähig sind, deren objektiver Ausdruck eben die todte Materie ist. Die Materie ist daher nichts an sich, sie ist nur die Erscheinung der unvollkommenen Vorstellungen der Monaden. Die verschiedenen Stufen und Produkte der Natur sind überhaupt nichts anderes als die objektiven Ausdrücke der mehr oder weniger vollkommenen Vorstellkräfte der Monaden. Da jede Monade das gesammte Universum repräsentirt, also auch repräsentirt, was in jeder andern Monade vorgeht, so ist die todte Materie für uns z. B. nichts anderes als die Erscheinung der verworrenen Vorstellungen anderer, bewußtloser Monaden. Eine höhere Stufe in der Deutlichkeit der Vorstellungen nehmen schon die Monaden oder Seelen der organischen Wesen, der Pflanzen und der Thiere ein; was uns in der Außenwelt durch Pflanzen und Thiere erscheint, sind nur die Vorstellungen höherer Monaden, die zwar noch nicht zum Bewußtseyn gekommen sind, aber doch anfangen zu träumen. Das volle

Erwachen tritt erst mit dem Bewußtseyn und in der Vernunft ein. Inwiefern auch die vernünftige Seele oder die Monas bloß die sinnlichen Dinge vorstellt, insofern sind ihre Vorstellungen noch immer verworren, inadäquat; aber inwiefern sie sich ganz zu klaren und adäquaten Vorstellungen erhebt, ist sie fähig, die ewigen Wahrheiten und das reine All ohne alle Negationen, d. h. Gott, zu erkennen.

Nur in den verworrenen Vorstellungen der Monaden existirt also überhaupt die Sinnenwelt, so wie dagegen der einzige Gegenstand der Seele, wenn sie vollkommen adäquate und deutliche Vorstellungen hat, Gott ist.

Sie sehen von selbst, daß sonach mit diesem System schon, wenn es richtig verstanden wird, die ganze Realität der Sinnenwelt zusammenfällt. Das Verdienst desselben beschränkt sich einzig darauf, daß es, richtig verstanden, die Sinnenwelt aufhebt. Es sind nach ihm nur Seelen, nur Monaden, nur Vorstellkräfte, alles, was nicht reine Seele, ganz ideal ist, stammt nur von den limitirten, unvollständigen und getrübten Vorstellungen der Monaden her, und ist der Ausdruck dieser Vorstellungen.

Angenommen, wie in der Leibnizischen Lehre angenommen wird, daß jedem besondern Wesen der Natur eine Seele vorsteht, von dem es selbst die bloß äußere Erscheinung ist, so stellen die andern Seelen diese äußere Erscheinung nicht vor kraft einer Einwirkung oder eines Eindrucks, den diese auf sie machte, sondern kraft der nothwendigen und allgemeinen Harmonie zwischen allen Monaden. Z. B. die vernünftige Seele stellt die Materie nicht unmittelbar oder auch kraft eines Eindrucks vor, den diese auf sie machte — denn auf eine Monade kann nicht gewirkt werden; die Monaden, sagt Leibniz, haben keine Fenster, durch welche die Dinge in sie hineinsteigen könnten — also die vernünftige Seele stellt die Materie z. B. nicht kraft eines Eindrucks vor, der auf sie geschähe, sondern kraft der Identität, in welcher sie mit der Monade ist, deren unmittelbare und objektive Vorstellung die Materie ist. Wir schauen daher doch alle Dinge nur in der Intellektualwelt in den Monaden oder dem höheren Ausdruck nach in den Ideen an; die Seelen, die

Ideen der Dinge, existiren für uns nicht in der objectiven, der realen, der wirklichen Welt, sondern bloß in der Intellectualwelt; nur ihre Vorstellungen, oder vielmehr nur das *Vorgestellte* jener Seelen macht für uns die Sinnenwelt aus, aber auch dieses Vorgestellte repräsentiren *wir* nicht kraft eines unmittelbaren Verhältnisses zu ihm, sondern nur kraft unserer unmittelbaren Harmonie mit den Monaden selbst und kraft der nothwendigen Zusammenstimmung unserer Repräsentationen mit ihren Repräsentationen. Wir schauen in den Dingen also nicht sowohl sie selbst, als vielmehr nur die Repräsentationen der Monaden oder ihrer Ideen an, und die Monaden sind auf keine andere Weise außer uns, als auf welche auch die Ideen außer uns sind. Da nämlich die vernünftige Seele der vollkommenste Spiegel des All ist, da in ihr demnach alle Ideen sind; so schaut sie alle Ideen nur an, insofern sie *in ihr* sind, und jede Monade schaut die Vorstellungen der andern Monaden nur in dem Maß, in welchem jene in ihr selbst sind, d. h. in welchem sie selbst ein Spiegel des All ist. Dieses in-sich-selbst-Anschauen der Ideen, kraft dessen die Seele nicht nöthig hat aus sich heraus zu gehen, um andere Dinge anzuschauen, ist denn auch der einzige Grund der sogenannten prästabilirten Harmonie im Leibnitzischen System. Ich habe diese prästabilirte Harmonie früher in ihrem untergeordneten Sinn, der ihr gewöhnlich, nicht ohne alle Schuld von Leibniz selbst, zugeschrieben wird, erwähnt, nämlich in dem Sinn, wo sie als eine vorherbestimmte Harmonie zwischen Seele und Leib als zweier absolut verschiedener Substanzen erscheint, in welchem Sinn sie denn wie alle andern den Dualismus, d. h. die absolute Entgegensetzung von Seele und Leib, voraussetzenden Ansichten nothwendig falsch ist. Es ist nun aber klar genug, daß diese Harmonie, richtiger und besser verstanden, nicht eine Harmonie zwischen zwei absolut verschiedenen Substanzen, zwischen Materie und Geist, Seele und Leib, sondern eine Harmonie ist, die bloß *zwischen den Monaden*, zwischen Seele und Seele stattfindet. Die Materie, der Leib, ist überall nichts außer der Seele, und es bedarf keines Bandes und keiner prästabilirten Harmonie zwischen beiden. Die Materie ist für mich nur die Vorstellung der verworrenen Vorstellung der Monaden, also sie ist selbst nur eine vorgestellte Vorstellung. Ebenso der Leib.

Wenn Ihnen auffallen sollte, daß diese Darstellung des Leibnizianismus von allen bekannten sehr wesentlich abweicht, so bemerke ich, daß allerdings das Leibnizische System bis auf den heutigen Tag allgemein mißverstanden, oder wenigstens nur in einzelnen Theilen richtig verstanden worden ist, und daß man Leibniz, um einen Ausdruck Kants bei anderer Gelegenheit zu gebrauchen, erst besser verstehen muß, als er sich selbst verstand, um ihn richtig zu verstehen. Leibniz ist auch in der Art seiner Darstellungen ein intellektueller Atomist; nirgends hat er das Ganze seiner Ideen organisch gebildet dargestellt, und es überhaupt selbst mehr in einzelnen hellen Blicken als durchgreifend aufgefaßt, daher in der großen Masse seiner verschiedenartigen Schriften nicht selten die auffallendsten Widersprüche gegen seine eignen Ideen und den richtigen Sinn derselben vorkommen, wie er denn namentlich in seiner Theodicee in den krassesten Dogmatismus zurückgefallen ist. Doch war dieß nicht sowohl bloß Folge der individuellen Geistesart dieses großen Mannes, sondern zum Theil auch nothwendige Folge der Schranken seines Systems, die er nicht überschreiten konnte, ohne mit sich in Widerspruch zu gerathen. Von diesen nothwendigen Schranken des Leibnizischen Systems will ich noch genauer reden.

Der Charakter des Leibnizischen Systems läßt sich in zwei Worten aussprechen. Es erhebt sich zum Idealismus, aber es ist in dem Idealismus selbst wieder die Potenz des Endlichen. Ebenso absolut als der Atomismus — die tiefste Stufe des Realismus — seine Atome setzt, ebenso absolut setzt Leibniz seine Monaden oder die individuirten Ideen. Wie jener die Atomen als das erste Reelle ohne weiteren Grund setzt, so Leibniz auch die Monaden, ohne Rechenschaft über sie zu geben. Alles nun, was sich auf die innern Verhältnisse der Monaden unter sich so wie auf das Endliche als Produkt ihrer Vorstellkräfte bezieht, ist vollkommen klar in dieser Lehre; was aber ihr Verhältniß zum Unendlichen, zum Absoluten betrifft, so ist der Intellektualismus hierüber nicht minder unbefriedigend, als es der

Realismus ist. Zwar bestimmt Leibniz Gott als die Monade aller Monaden, die Einheit in allen Einheiten, er beschreibt Gott als den Ort aller Geister, wie der unendliche Raum der allgemeine Ort aller Körper sey u. s. f. Uebrigens aber drückt er sich selbst da, wo er seiner speculativen Ansicht am meisten treu bleibt, über das Seyn der Monaden in Gott oder ihr Hervorgehen aus ihm nur bildlich aus, er nennt die Monaden Fulgurationen der Gottheit; sonst sinkt er zu der populären Vorstellung einer Schöpfung zurück.

Der Gewinn des Leibnizischen Systems läßt sich also darauf zurückbringen, daß er das *Endliche* auf den Boden des Intellectuellen oder Ideellen versetzt, ohne aber das Verhältniß desselben zum Unendlichen auf diesem Gebiet weiter, als es zuvor schon im Realismus geschehen war, zu ergründen. Es war daher nothwendig, daß hier, auf der ideellen Seite, gegen die Endlichkeit des Intellectualismus ebenso das Unendliche als Gegensatz hervortrat, als auf der reellen Seite das Unendliche als Gegensatz gegen die Endlichkeit des Materiellen hervortrat. Es mußte ein neuer, höherer Dualismus entstehen, ein Dualismus, in welchem nicht mehr die Frage war von dem allgemeinen Gegensatz von Geist und Materie — denn dieser war schon dadurch aufgehoben, daß die Materie als bloßes Accidens der Seele oder des Geistes gesetzt war —, sondern von dem Gegensatz des als endlich gesetzten Ideellen und des unendlichen Ideellen.

Ob ich das Endliche, das concrete, wirkliche Ding, als an sich selbst reell annehme, oder ob ich es nur in einem ideell Endlichen, in der Seele, existiren lasse, die, weil sie endlich ist, auch nur Endliches vorstellt, ist ohne Zweifel in der höheren Beziehung auf das Unendliche völlig gleichgültig. Zwischen dem endlichen *Ding* und dem Unendlichen und zwischen der endlichen *Seele* und dem Unendlichen ist ohne Zweifel ein ganz gleicher Abstand. Nun hatte Leibniz zwar das Endliche aus dem Realen in das Ideale, in die Seele, verlegt; es existirt für ihn kein endliches Objekt als solches, denn nur die Monaden der Seelen waren ihm reell; aber es existiren für ihn endliche Seelen, die bestimmt waren Endliches vorzustellen. Ob nun aber das Endliche real oder ob es bloß ideal existirt, dieß eben ist vollkommen gleichgültig; denn von dem Unendlichen zu dem endlichen Ding und von demselben zu der endlichen Seele bleibt, wie gesagt, immer derselbe Abstand. Der Uebergang von jenem zu diesem (dem Endlichen) ist gleich unmöglich, ich mag dieses als reell oder als ideell setzen. Da nun Leibniz nichts weiter gethan hatte, als daß er das zuvor als reell gesetzte Endliche als ideell setzte, und da er keineswegs ein Vermittlungsglied des Endlichen und des Unendlichen — gleichviel ob es ideell oder reell ist — angegeben hatte, so mußte aus seinem System unmittelbar ein neuer Dualismus hervorgehen, der das Unendliche oder Gott von der einen und das Endliche oder die Seele und ihre Vorstellungen von der andern Seite durchaus nicht zu vereinigen wußte. Es ist wahr, Leibniz setzte alles endliche Seyn bloß in die Vorstellungen der Monaden; aber die Monaden, die bestimmt waren, nicht das absolute All, das Unendliche ohne alle Negation, sondern das Endliche mit Negation vermischt vorzustellen, waren ebenso nothwendig endlich, als es die vorgestellten Dinge waren, denen der Realismus eine von der Vorstellung unabhängige Realität zugeschrieben hatte.

Mit Einem Wort, Leibniz hatte das Ideale nur in seiner endlichen Gestalt erkannt, und über das Verhältniß dieses endlichen Idealen zu dem Unendlichen wußte er ebenso wenig befriedigende Antwort zu geben als der Realismus. Sobald er daher die Frage nach dem Verhältniß der endlichen Seele zu dem Unendlichen zu beantworten unternahm, mußte er in dieselben Widersprüche fallen, in welche die Systeme vor ihm gefallen waren. Er setzte Gott, das Unendliche, das schlechthin Ideale von der einen Seite, von der andern das endliche Ideale, die endlichen Vorstellkräfte der Monaden, von welchen das endliche Reale das bloße Accidens war. Aber das Verhältniß der endlichen Monade zu Gott, dem unendlichen Idealen, blieb hiebei gänzlich unergründet. Leibniz beschränkte sich nicht auf seine Sphäre des reinen Endlichen, sondern überschritt sie; außerdem daß er die gesammte endliche Welt unleugbar auf die Endlichkeit der Vorstellkräfte der Monaden reducirt hatte, und sie nur in diesen existiren ließ, wollte er auch noch diese Endlichkeit selbst auf das Unendliche zurückführen. Aber hier standen ihm nun selbst nur endliche Begriffe zu Gebot, und da der herrschende Begriff der endlichen Welt der Begriff der Ursache und der Wirkung ist, so machte er Gott zum Urheber der endlichen Monaden. Der Widerspruch, den er dadurch beging, das Unendliche, in dem keine Negation ist, zum Urheber der Negation zu machen, drückte sich bei ihm nicht unmittelbar in dieser Gestalt, sondern in einer andern aus. Er leitete nämlich eben von jenen Beschränkungen — Limitationen — der Monaden alle andern Privationen, namentlich also das physische Uebel und moralische Böse der Erscheinungswelt ab. In Gott, als dem rein Unendlichen, war keine Privation denkbar; in ihm war daher weder ein Uebel noch ein Böses; er war das absolut Gute. Wie nun das absolut Gute Urheber des Bösen seyn könne, diese Frage war es, in der sich bei Leibniz der oben angegebene Widerspruch ausdrückte, und seine Beantwortung dieser Frage selbst war der vollgültigste Beweis des vollkommen Unzureichenden und Unzulänglichen seines philosophischen Systems. (Bekanntlich hat Leibniz diese Frage zum Gegenstand seiner Theodicee gemacht).

Da Leibniz nicht vom Unendlichen ausgegangen und von da zu der endlichen Seele gelangt war, da er vielmehr die endlichen Seelen, die Monaden, voraussetzte, und von diesen zu dem Unendlichen aufsteigen wollte, blieb ihm kein anderes Gesetz oder Mittel übrig, als welches in der endlichen Betrachtungsweise liegt; denn in dieser, da sie vom Endlichen ausgeht, da das Endliche ihr Ausgangspunkt ist, gibt es nur ein Aufsteigen zum Unendlichen, welches aber selbst ein unendliches ist. Nicht nur also mußte aus Leibnizens System ein neuer Dualismus, d. h. ein System der vollkommenen Entgegensetzung zwischen dem Endlichen und dem Unendlichen, sich entwickeln, sondern er selbst sogar, sobald er jenes Gebiet des Endlichen verließ, mußte in jenen Dualismus verfallen, und dadurch sich so auffallend widersprechen, daß mehrere seiner Anhänger z. B. seine Theodicee als eine bloße Verstellung; als ein nicht im Ernst, sondern bloß zum Schein geschriebenes Werk betrachteten.

Jede Philosophie, die vom Endlichen ausgeht, verwickelt sich nothwendig in Widersprüche; denn wenn auch das Endliche ihr Anfangspunkt ist, so ist er es doch nur, um von ihm aus zum Unendlichen zu gelangen. Eine Wissenschaft, die überall das Unendliche ausschlösse, wäre überhaupt nicht Philosophie.

Wenn denn auch eine das Endliche übrigens als Erstes setzende Philosophie zum Unendlichen gelangen will, so ist dieß nicht möglich, ohne folgenden Widerspruch zu begehen, nämlich daß, da sie an der Kette des Endlichen fortgeht, sie auch kein anderes Gesetz, als das innerhalb dieser Kette gilt, befolgen kann. Entweder nimmt sie nun an, daß jenes Gesetz aus der Reihe des Endlichen in das Unendliche hinüberreiche, oder nicht. Im ersten Falle begeht sie den Widerspruch, das, was bloß Endliches mit Endlichem verknüpft, zu einem Vermittlungsglied zwischen dem Endlichen und seinem absolut-Entgegengesetzten, dem Unendlichen, zu machen; oder sie nimmt dieß nicht an, so ist sie dadurch im Widerspruch, daß sie eine Erkenntniß des Unendlichen durch das Endliche sucht. Der natürliche und nothwendige Gang der philosophischen Metamorphosen ist daher dieser: Die erste Stufe das Endliche. Unmittelbar auf dieses aber tritt die vollkommene Entzweiung und der Gegensatz des Unendlichen hervor, welcher so lange besteht, bis sich die Philosophie zum schlechthin Unendlichen erhebt.

In der Reihe realistischer Formen ist nur der einzige Spinoza, der sich zum Unendlichen erhebt; aber er bestimmt es selbst wieder als ein Seyn und kann den Gegensatz nicht vollkommen auflösen. Durch Leibniz wird zwar die ganze Endlichkeit auf das Gebiet des Ideellen versetzt, aber es bleibt vorerst in diesem Gebiet wieder bei dem Endlichen stehen; seine Wirkung beschränkt sich bloß darauf, daß er den Gegensatz der Seele und des Leibs, aber nicht den des Unendlichen und Endlichen selbst aufhob; dieser mußte daher unmittelbar in seinem System selbst hervortreten, oder wenigstens unmittelbar aus ihm sich entwickeln.

Aber nur stufenweise konnte er sich ganz entwickeln. Es mußte erst ein unvollständiger Versuch der Vermittlung zwischen beiden Gegensätzen eintreten, ehe beide vollkommen und absolut geschieden in einem absoluten Dualismus auseinander gingen.

Als jenen unvollständigen Vermittlungsversuch leibnizischen Dogmatismus, als den Anfang des gänzlichen Scheidungsprocesses im Kriticismus, und als die endlich vollkommen gelungene Scheidung des Unendlichen und Endlichen oder als den absoluten Dualismus auf der Seite des Idealismus der Wissenschaftslehre.

Wir haben nun jede dieser Stufen ins Besondere zu betrachten und den Keim des Dualismus, der schon in Leibnitz lag, bis zu seiner letzten Entwicklung zu verfolgen.

Der gemeine Verstand heißt überhaupt der Verstand, sofern er ganz an das Endliche gefesselt nur endliche Verhältnisse begreift. Da es zur Ruhe der Seele wie zur Befriedigung des Geistes gehört, das Unendliche zu erkennen, so strebt auch die Seele, welche übrigens nicht die Endlichkeit opfern will, nach jener Erkenntniß; sie strebt also zwischen dieser und jener irgend eine Vermittlung herauszubringen, welches denn nicht anders als mit Begriffen der Erfahrung und der endlichen Welt geschehen kann. Auf diese Weise bildet sich im gemeinen Verstand ein System über das Universum und sein Verhältniß zum Unendlichen aus, worin beide eine ganz gleiche Realität behaupten. Damit die Sinnenwelt nicht zu Grunde gehe, bedarf es eines Gottes, der sie trägt, und der mit ihrer Erhaltung fortwährend beschäftigt ist, wie er sie hervorgebracht hat. Zu dem Ende muß Gott der Welt entgegengesetzt, und insofern selbst durch sie begrenzt seyn. Sicher hat dieser Gott, der zu der Welt in einem empirischen Verhältnisse steht, darum das höchste Interesse für den gemeinen Verstand, weil mit ihm zugleich die empirische Realität der Welt besteht, und dieses Nichts der Welt dadurch, daß es an Gott als die höchste Realität geknüpft ist, selbst in seiner Realität bestätigt wird. Wir können dieses Vermittlungssystem des Endlichen und Unendlichen mit Einem Wort als Dogmatismus bezeichnen. Leibnitz, der in seiner Monadologie eine wahrhaft philosophische Lehre ausgedrückt hatte, ließ sich schon [illegible] dem Volke auf diese Vermittlung zu denken; das Produkt [illegible] seine Theodicee, welche die eigentliche Urkunde des spätern Dogmatismus in der Philosophie ist. Die Aufgabe dieser Theodicee [illegible] wegen Zulassung oder Verursachung des Uebels so wie des Bösen in der Welt zu rechtfertigen; die ganze Aufgabe konnte schon nicht stattfinden, hätte man nicht zuvor ein reelles Verhältniß Gottes zur Welt angenommen. Leibnitzens Lehre über diesen Gegenstand kommt auf folgende zwei Hauptsätze zurück: 1) der Grund des Uebels und des Bösen in der Welt liegt nicht in Gott, sondern in den nothwendigen Einschränkungen oder Privationen des Endlichen. Es entsteht aber die Frage: wo liegt der Grund jener Privationen? Liegt er außer Gott in einem ihm widerstrebenden Princip, wie nach dem alten orientalischen Dualismus in einem bösen Urwesen, so ist Gott in seinen Wirkungen durch dieses nothwendig begrenzt, also nicht *unendlich*. Oder liegt er in Gott selbst, so ist demnach in diesem eine ursprüngliche Begrenzung, und er ist wieder nicht unendlich. Die Antwort: der Grund liege weder in Gott noch außer Gott, sondern in der Natur des Endlichen, zu dessen Begriff es gehöre, limitirt, mit Negation gesetzt zu seyn, reicht wieder nicht hin und schiebt die Antwort nur zurück. Denn allerdings, *wenn* Gott bestimmt war Endliches zu produciren, so konnte er es nur mit Schranken. Aber in seiner Idee liegt nur, daß er Unendliches, nicht, daß er Endliches producire. Nothwendiger Weise kann er nur Unendliches produciren. Das Endliche konnte also zu ihm in keinem andern als zufälligen Verhältniß stehen, und da im Bewußtseyn kein anderes Causalverhältniß vorkommt, das den Schein der Zufälligkeit, der nicht-Nothwendigkeit hat, als das des freien Willens und der Entschließung, so blieb nichts anderes übrig, als den Grund jener Hervorbringung des Endlichen in den *freien Willen* oder einen *Entschluß* Gottes zu setzen, welches denn auch durch Leibniz geschah (Gipfel des Dogmatismus). Wenn etwas Wahres in dieser Ansicht ist, so ist es die gänzliche Zufälligkeit, d. h. die ursprüngliche Nichtwesenheit der erscheinenden Welt. Daß aber nun die *freie Handlung*, welche die Erscheinungswelt ist, in Gott gelegt wurde, war eine ebenso vollkommene Umkehrung des wahren Verhältnisses, als daß in einer andern Sphäre der Betrachtung die Bewegung in die Sonne gelegt, die Erde dagegen als ruhig betrachtet wurde. So groß in der Ansicht der räumlichen

Welt die Revolution war, welche durch Copernicus gemacht wurde, als er die Bewegung der Sonne in die Peripherie verlegte und jene zum ruhigen Centro machte, so total muß die Revolution in der Ansicht der geistigen Welt seyn, welche entsteht, sobald jene Handlung nicht in Gott, sondern in den Umkreis der Welt selbst gelegt wird, sobald erkannt wird, daß die Realität der Sinnenwelt in Bezug auf Gott ebenso täuschend und nichtig ist, als die Bewegung der Sonne um die Erde täuschend in Bezug auf jene war, und daß sie überall nur Realität hat durch eine Handlung, deren Grund nicht im Centro, nicht in Gott, sondern außer ihm liegt.

Leibniz ging aber in der Vorstellung des Entstehens der Welt durch einen freien Willen Gottes so weit, daß er Gott vor der Hervorbringung der Welt alle Möglichkeiten einer solchen entwerfen und übersehen, daraus den best möglichen Plan zu derselben auslesen und ausführen ließ, ungefähr wie ein Architekt von einem Gebäude erst verschiedene Risse entwirft, diese miteinander vergleicht und zuletzt den auswählt, der ihm am besten scheint. Der beste Plan zur Welt war nach Leibniz der, welcher die geringst mögliche Summe von Negation oder Privation, also die größte Summe der Position in ihr zuließ. Nach diesem besten Plan ist denn wirklich die Erscheinungswelt von Gott hervorgebracht, so daß mit dieser Lehre auch noch die Nothwendigkeit verbunden ist, die gegenwärtige Welt für die best mögliche zu halten, und anzunehmen, daß in ihr die geringst mögliche Summe von Privation ist — die bekannte Lehre des Optimismus, die außer ihrer philosophischen Nichtigkeit noch überdieß mit der sittlichen Ansicht der Welt sehr wenig zusammenstimmt.

Ich halte es für ganz unnöthig, zur Beurtheilung dieser Ansicht irgend etwas hinzuzusetzen, oder auch nur diesen Dogmatismus weiter in seinen Ausspinnungen und Ausbildungen zu verfolgen. Wie es zu geschehen pflegt, ließen schon beinahe die nächsten Nachfolger Leibnitzens das wahrhaft Speculative seiner Lehre, die Monadologie, fallen, so daß der berühmteste derselben, Wolf, sie sogar nur als eine Hypothese in sein System aufnahm; dagegen wurde die dogmatische Seite seiner Philosophie, besonders aber seiner Theodicee, am meisten hervorgezogen und aus dieser eigentlich das in Deutschland unter diesem Namen herrschend und bekannt gewesene Leibnizische System gebildet. Der weiteren Darstellung desselben glaube ich mich überheben zu dürfen, und gehe sogleich zur zweiten Stufe in dieser Entwicklung fort.

Der Dogmatismus war nur ein Uebergang in der Geschichte der Philosophie, er machte in derselben keine Epoche, da er überhaupt kein philosophisches System, sondern ein bloßes System des gemeinen Verstandes ist. Er war eine vergeblich versuchte Vermittlung des Unendlichen und Endlichen und suchte der nothwendigen Entzweiung des vollkommenen Dualismus zuvorzukommen, welche nachher Kant bewirkte, und dadurch allerdings in dem System des Dogmatismus die größte Zerstörung anrichtete.

Anmerkung. Man kann den Kriticismus von einer doppelten Seite ansehen; entweder mehr negativ oder mehr positiv. Ist sein ganzer Charakter nur negativ, d. h. ist er nicht sowohl selbst Philosophie als vielmehr nur Kritik und Einschränkung der Philosophie auf ein bestimmtes Gebiet, so ist er in dieser Beziehung bloß dem Dogmatismus gegenüber negativ; er ist nicht gegen die Philosophie überhaupt, er ist nur gegen den Dogmatismus, d. h. gegen die Unphilosophie, gerichtet. Zwar rühmt sich dieser Kriticismus, das ganze Feld der menschlichen Erkenntniß durchmessen und vollkommen umfaßt zu haben, welches aber eine Selbsttäuschung ist. Das Gebiet, auf welches er sich bezieht, ist einzig das Gebiet des Verstandes und der Vernunft, inwiefern sie selbst von der Endlichkeit ausgehend auf das Unendliche nur zu schließen vermag[1]. Gerade jene Sphäre oder Region des Erkenntnißvermögens, worin die eigentliche Philosophie ist, ist ihm völlig entgangen. Insofern hat der ganze Kriticismus Kants eine durchaus bloß temporäre und locale Beziehung. Er bezieht sich einzig nur auf den Dogmatismus, und auch auf diesen nur, wie er unmittelbar vor Kant durch die Wolfische Schule in Deutschland verbreitet war. Und diese bloß temporäre philosophische Erscheinung hat der große Haufen der Nachbeter für eine die ganze Philosophie und die gesammte Vernunft

[1] Man vgl. im vorhergehenden Band, S. 159.

betreffende Revolution angesehen. Es ist allerdings nicht zu leugnen, daß der Kriticismus den Dogmatismus siegreich überwunden und nicht nur für jetzt, sondern auf ewige Zeiten vernichtet hat. Aber dieser Dogmatismus ist jederzeit in der Philosophie selbst nur eine vorübergehende Erscheinung gewesen. Man kann historisch behaupten, daß zu keiner Zeit als unmittelbar vor Kant dieser Dogmatismus für Philosophie gehalten wurde.

Weit mehr Gerechtigkeit widerfährt dem Kriticismus, wenn er mehr von seiner positiven als von seiner negativen Seite aufgefaßt wird; von dieser, wie gesagt, hat er eine bloß zeitliche Beziehung, von jener dagegen ist er der Anfang der vollkommenen Ausbildung des Dualismus, der seit Leibniz in der Philosophie vorhanden war, und ich glaube der Kritik von Kant sowohl als der Wissenschaftslehre von Fichte keine größere Bedeutung geben zu können, als wenn ich ihnen in der ideellen Reihe der philosophischen Entwicklungen dieselbe Stufe anweise, welche dem Cartesianismus in der reellen Reihe zukommt. Beide haben gewirkt, jene Vermischung des Unendlichen und Endlichen, die im Dogmatismus stattfand, aufzuheben, und den vollkommenen Gegensatz beider herzustellen. Ich behaupte, daß einen wirklichen Gegensatz in seiner ganzen Schärfe darstellen ebenso vortheilhaft für die Wissenschaft ist, als seine Identität darstellen. So konnte nur aus dem vollkommenen Dualismus des Cartesius unmittelbar der Spinozismus hervorgehen, mit welchem in jener Reihe die höchste Vollendung der Philosophie erreicht war.

Kants und Fichtes Systeme werden bei weitem deutlicher, wenn man sie nicht bloß als Gegensatz des Dogmatismus begreift, sondern wenn man sie zugleich von ihrer positiven Seite als die höchste und aufs vollkommenste ausgebildete Scheidung der entgegengesetzten und insofern als den höchsten Dualismus begreift. —

Ich gebe vorerst eine kurze Idee des Kantischen Kriticismus. — Kant warf zuerst die Frage auf nach dem Recht des Gebrauchs der bloß endlichen und sinnlichen Begriffe in Bezug auf nichtendliche und nichtsinnliche Gegenstände. Er fand durch eine ganz erschöpfende Unterfahrung, daß diese Begriffe, z. B. der der Ursache und Wirkung, Begriffe seyen, die bloß zur Möglichkeit der Erfahrung gehören, welche bloß diese Möglichkeit enthalten. Er läugnete daher, daß mittelst dieser Begriffe irgend eine positive Erkenntniß des Uebersinnlichen oder des Unendlichen möglich sey. Hätte Kant sich hierauf beschränkt, er hätte das wahre Wesen der Philosophie, welches eben darin besteht sich über diese Begriffe zu erheben, wenigstens negativ vollkommen ausgesprochen. Allein er ging weiter. Er behauptete, daß diese Begriffe das einzige Organ der Erkenntniß seyen, das uns überhaupt zu Gebot stehe, und hierin wurde er selbst dogmatisch. Wenn es also nach seiner Meinung eine wahre Philosophie gegeben hätte, oder geben könnte, so hätte sie in der Bestimmung oder Erkenntniß des Uebersinnlichen durch diese Begriffe bestanden; er setzte so weit die falsche Idee der Philosophie immer als die einzig mögliche voraus, obgleich er nun allerdings behauptete, daß eine Philosophie, die nach diesen Begriffen über die Sinnenwelt sich erheben wollte, eine durchaus leere und nichtige Philosophie seyn müßte.

Kant läugnete diesem nach alle wahre theoretische Erkenntniß des Uebersinnlichen, d. h. alle wahre theoretische Philosophie. Er befestigte zuerst mit vollkommenem Bewußtseyn den absoluten Gegensatz zwischen den endlichen Vorstell- und Erkenntnißkräften der Seele und zwischen dem Unendlichen. Von der einen Seite standen ihm die Begriffe des endlichen Verstandes, von der andern unerreichbar und absolut unbestimmbar durch diese die eigentlichen Gegenstände der Vernunft, die Ideen und die Idee aller Ideen — Gott oder das Unendliche. Er beschränkt daher alle Erkenntniß lediglich auf die Erfahrung und die Sphäre des Endlichen. Bloß in einem Phänomen der Seele konnte er den höheren und übersinnlichen Ursprung und die absolute Oberherrschaft oder Priorität des Idealen über das Reale nicht verkennen. Dieß war das Phänomen der Sittlichkeit. Er bemerkte, daß das Sittengebot schlechthin alles Sinnliche in uns niederschlage, es als Nichts setze; er fand zugleich, daß dieses Gesetz ganz unbedingt gebiete und daher eine wahrhaft übersinnliche Erscheinung in der Seele sey. Aus dieser einen übersinnlichen Erscheinung schloß er nun auf die Realität des Uebersinnlichen überhaupt:

nicht sowohl *geschlossen* werden, denn auch dieß wäre wieder Dogmatismus gewesen, als vielmehr, um jener Einen absoluten Erscheinung willen sollte an die Realität des Uebersinnlichen überhaupt *geglaubt* werden. Das Sittengebot, sagt er, spricht unbedingt zu uns; es läßt nicht in unserem Willen bestehen, ob wir ihm folgen wollen oder nicht, sondern es fordert absolut und kategorisch, *daß* wir ihm gehorchen. Wir können dieser inneren Stimme, diesem Gott in uns, nicht zuwider handeln, ohne uns selbst absolut zu widersprechen; aber, gesetzt auch, daß wir dieß wollten, so können wir doch seine unbedingte Verwerfung des Unsittlichen, sowie seine absolute Forderung des Gegentheils nicht verstummen machen. Diese Stimme kommt nicht aus uns selbst, aus unserer sinnlichen Natur, da sie sich ja vielmehr *gegen* diese richtet und sie absolut in uns zu nichte macht. Sie muß also aus einem Höheren kommen, als wir selbst sind; sie kann nur der Widerklang einer höheren und übersinnlichen Welt in uns seyn. So gewiß ich von jener Stimme und ihrem absoluten Gebot *Glauben* beimesse, so gewiß muß ich dem Uebersinnlichen überhaupt Glauben beimessen; denn wäre überhaupt nichts Uebersinnliches, so müßte auch das Sittengebot Täuschung seyn; allein es für Täuschung zu halten, verbietet es selbst, indem seine unbedingte Forderung dahin geht, in ihm vielmehr allein das absolut- und unbedingt-Reale zu erkennen. So gewiß also das Sittengebot keine Täuschung ist, so gewiß ist auch überhaupt ein Uebersinnliches. Allein das Sittengebot nicht für Täuschung, sondern für die einzige Realität zu halten, ist selbst schon Sittlichkeit, und diese Gewißheit ist nicht theoretischen Ursprungs. Ebensowenig also auch die, die sich an die Sittlichkeit knüpft und durch sie vermittelt ist. Sie ist bloß *praktischer* Art und demnach Glaube. Sie beruht nicht auf *Gründen*, so wenig als meine Achtung gegen das Sittengebot auf Gründen beruht, die vielmehr schon geschmälert seyn würde, wenn ich nach Gründen des Gehorsams fragen wollte. Wie alles, was aus unbedingtem Gehorsam ohne weitere Gründe angenommen wird, Glaube ist, so auch meine Gewißheit vom Uebersinnlichen. Das einzige Verhältniß zum Uebersinnlichen ist daher überhaupt nur das des Glaubens.

Man wird gern gestehen, daß, wenn einmal alle eigentliche Anschauung und Erkenntniß des Unendlichen geleugnet wird, kein besseres Aequivalent derselben gefunden werden kann als der eben beschriebene Glauben. Dem gemeinen Menschenverstand, der sich in einer vollkommenen philosophischen Enthaltsamkeit befindet, sagt daher auch die Kantische Lehre außerordentlich zu. Sie ist gerade dasjenige System, was der gemeine Verstand in seiner Enthaltsamkeit von allem, was außer dem Umkreis der Erfahrung liegt, sich selbst machen würde, und im Grunde auch mehr oder weniger unabhängig von Kant gemacht hatte. *Wir* betrachten dieses System von Seiten der Stufe, die es in der wissenschaftlichen Entwicklung der Philosophie bezeichnet. Hier dann, da *Glaube* immer ein Setzen außer mir ist, und das Unendliche nach dieser Ansicht in stetem Differenzverhältniß bleibt, ist wohl unzweifelhaft, daß in Kant der Dualismus deutlich erschienen ist, der schon in Leibniz undeutlich lag, und den der Dogmatismus vergebens durch eine falsche Vermittlung zu verhüllen suchte. Dieser Dualismus findet sich denn nicht nur in der Kantischen Lehre vom Unendlichen, sondern in seiner gesammten Ansicht des Erkenntnißvermögens und seines Verhältnisses zum Objekt.

Der Ursprung aller Erkenntniß liegt nach ihm 1) in einer Affektion, wobei ein Stoff von Dingen an sich. Daß aber eine Einwirkung von diesen stattfinde, ist nicht denkbar. Also ist hier ein vollkommenes Geheimniß, ein vollkommen unauflöslicher Gegensatz. 2) Liegt die Möglichkeit der Erkenntniß in gewissen ursprünglichen dem Erkenntnißvermögen eigenthümlichen Formen und Begriffen, wodurch es das Objekt erzeugt. Zwischen dem Stoff auf jener und der Form der Erkenntniß auf dieser Seite ist ein absoluter Gegensatz.

Der Stoff repräsentirt hier das Unendliche, die Substanz, die Form des Erkenntnißvermögens das Endliche. Das Endliche ist also hier zwar ganz *ideell*, wie in Leibniz; sein Grund liegt bloß in der Seele; dagegen ist nun das Unendliche in der *reellen* Gestalt diesem Endlichen gegenüber getreten, die wahre Idee desselben also gänzlich verschwunden.

Die Kantianer haben den Kriticismus wieder mit dem Empiricismus und dem Systeme des physischen Einflusses verbunden. Auf diese Weise bildete sich aus der Kantischen Lehre selbst wieder ein Dogmatismus oder vielmehr ein dogmatischer Empirismus. Denn es war natürlich, daß der gemeine Verstand, der durch ihn aus allen seinen Ansprüchen auf ein wahres Wissen über das Verhältniß des Sinnlichen und Uebersinnlichen, des Reellen und des Ideellen vertrieben war, in ihm selbst wieder die Mittel zur Herstellung seiner Ansicht suchte. Ein solcher empirischer Dogmatismus ist bis jetzt aller Kantianismus überhaupt, ein durchaus vergeblicher Versuch nämlich, das Subjektive der Erkenntniß mit dem Objektiven zu vereinigen, zu erklären, wie das erkennende Subjekt und der Gegenstand zusammenkommen, zu welchem Behuf ihm dann kein anderer Begriff als der des Empirismus selbst — der Ursache und der Wirkung — zu Gebot stand.

Fichte, der die Widersprüche bemerkte, in die sich der Kantianismus verwickelte, sobald er an eine Vermittlung zwischen dem Subjekt und Objekt dachte, wirkte wieder auf den Kantianismus, oder vielmehr auf den aus dem Kriticismus hergestellten Dogmatismus, wie jener selbst auf den Dogmatismus gewirkt hatte, d. h. er stellte den absoluten Dualismus vollkommen her.

Er bestimmte zuvörderst als die Aufgabe der gesammten Philosophie die Erklärung, wie die mit dem Gefühl der Nothwendigkeit begleiteten Vorstellungen in uns entstehen. Alle Nothwendigkeit ist eine Begrenzung der freien, der unendlichen Thätigkeit. Die Frage war also eigentlich die nach dem Ursprung der endlichen Vorstellungen. Er schloß alle Beziehung der Philosophie auf das Unendliche hiemit völlig aus, und setzte seine einzige Absicht darein, den letzten Grund der endlichen Vorstellungen zu finden. Er kehrte auf den Satz zurück, der schon durch Leibniz vollkommen ausgesprochen, und nur durch Kant wieder unkenntlich gemacht war, daß nämlich alles Endliche einzig in den Vorstellungen der Seele und außer dem vorstellenden Subjekt nichts Wirkliches existire. Er ergriff zuerst durch absolute Freiheit die erste und oberste Thathandlung, wodurch alles Endliche gesetzt ist. Eine ihm bewußte und in einem [illegible], das Bewußtseyn z. B., aber diese Thatsache war ja selbst eine endliche, daher wieder zu erklärende. Nur durch einen Grund, der selbst durch keinen andern Grund weiter erklärbar, sondern absolut und daher unerklärbar war, konnte das Endliche begriffen werden; denn jeder mögliche Grund, der selbst auf einen höheren zurückwies, war ja selbst schon ein endlicher und daher kein absoluter Erklärungsgrund. Der Dogmatismus vor ihm hatte dieses Unbedingte, wodurch die gesammte Endlichkeit gesetzt wäre, in einer absoluten Handlung, einer freien Entschließung Gottes gesucht. Aber eben dadurch war Gott zum Urheber der Privation, der Beschränkung, und sonach auch des Uebels in der Welt gemacht. Vorausgesetzt also, daß der Grund des Endlichen nur in einer Handlung, die selbst nicht weiter erklärbar, sondern unbedingt wäre, gesucht werden sollte, so konnte diese Handlung nicht mehr in Gott, sie konnte nur in dem vorstellenden Subjekt selbst gesucht werden — und *Freiheit* mußte der Anfang und das Princip einer Philosophie werden, die ihre ganze Aufgabe auf die Erklärung des Endlichen oder der mit dem Gefühl der Nothwendigkeit begleiteten Vorstellungen einschränkte.

Ich stelle natürlich das Fichtesche System hier nicht dar, wie es sich selbst darstellt, sondern wie es von einem höheren Standpunkt aus erscheint.

Fichte schloß auf folgende Art: Was ich weiß, weiß ich immer doch nur *durch mich selbst*; denn ich bin es ja, der weiß. Was ich vorstelle, stelle ich doch immer unmittelbar in mir selbst vor. Ob daher meinen Vorstellungen irgend etwas außer mir entspreche, oder nicht, darüber bin ich völlig ungewiß. Der letzte Grund aller Gewißheit, die ich habe oder empfinde, ist immer nur meine *Ichheit*, die Ichheit also auch *für mich* der Grund aller Endlichkeit. — Inwiefern setze ich mich denn nun als Ich? — Ich setze mich *als* mich selbst, heißt, ich sondere mich ab schlechthin von allem andern: Ich = Ich, aber eben dadurch verschieden von allem andern. — Indem ich mich als *mich selbst* setze, setze ich mich allem andern, und demnach dem gesammten Universum entgegen. Die *Ichheit* ist daher der allgemeine Ausdruck der Absonderung, der Trennung von dem All, und da von dem All nichts getrennt seyn kann, als dadurch, daß es, da jenes unendlich ist, endlich, d. h. mit Negation, gesetzt ist, so ist die Ichheit der allgemeine Ausdruck und das höchste Princip aller *Endlichkeit*, d. h. alles dessen, was nicht *absolutes All*, absolute Realität ist. — Wie das Unendliche, in dem keine Negation ist, Ursache von Privationen, von Einschränkungen seyn könne, dieß ist schlechthin unbegreiflich. Dieser Grund kann daher nicht in dem Unendlichen, er kann nur in dem vorstellenden Subjekt, in der Ichheit selbst liegen. — Aber wodurch ist denn die Ichheit — das vorstellende Subjekt — bestimmt, sich von dem All, dem Unendlichen zu trennen, und dadurch Negationen desselben, die einzelnen wirklichen Dinge zu setzen? — Wiederum kann die Ursache hievon nicht in dem Unendlichen liegen, denn a) ist dieß an sich nicht möglich, weil das Unendliche nie Ursache von Negationen seyn kann, die Ichheit selbst aber die höchste Entfernung vom All ist; b) wäre alsdann der Grund, warum die Ichheit sich von dem All trennte, ein nothwendiger, welches wiederum nicht der Fall seyn kann. Es bleibt also nichts anderes übrig, als den Grund jenes für-sich-selbst-Seyns und sich-für-sich-Setzens der Ichheit in absoluter *Freiheit* zu suchen. Nicht das Unendliche ist der Grund dieses sich-für-sich-selbst-Setzens, sondern die Ichheit selber ist es. Die *Ichheit* ist durchaus ihre *eigne That*, ihr *eignes Handeln*, sie ist daher *nichts* abgesehen von diesem Handeln, nichts also auch in Ansehung des Unendlichen. Ebenso auch alles, was nur für die Ichheit und durch die Ichheit ist, die gesammte endliche oder reelle Welt — denn dieß wird auf diesem Standpunkt schon als ausgemacht vorausgesetzt, daß diese überall nur in Vorstellungen oder ideell existirt — ist nichts an sich selbst, ist nur durch die freie Handlung der Ichheit gesetzt, wodurch diese sich selbst setzt, sich selbst von dem All absondert, und eben deßwegen nichts als Negationen des All, Negationen des Unendlichen produciren kann.

Ich leihe hier dem Fichteschen Idealismus die höchste Bedeutung, die ihm meines Erachtens zukommen kann, und bediene mich in Ansehung seiner desselben Rechts, dessen er sich in Ansehung Kants bediente, ihn nach höheren Principien auszulegen.

Fassen wir den Fichteschen Idealismus so auf, so ist klar, daß mit demselben das gänzlich accidentelle und insofern unwesentliche Verhältniß der Erscheinungswelt zum Wesen des Unendlichen gesetzt ist. Der Dogmatismus wollte ein gleiches Verhältniß setzen; er erklärte daher die Erscheinungswelt für die Wirkung einer freien Handlung des Unendlichen oder *Gottes*. Der Fichte'sche Idealismus setzt jene Handlung nicht in Gott, er setzt sie bloß in die Ichheit, nicht in das Centrum, sondern einzig in die Peripherie. So müßte man den Fichteschen Idealismus auslegen, wenn das eine Peripherie haben könnte, worin es an dem Centrum fehlt. — Ich erkläre mich deutlicher.

Seit Leibnitz sehen wir, die Mittelerscheinungen abgerechnet, die für nichts zählen, allgemein das Reale, das Endliche, auf das Gebiet des Idealen versetzt. Die gesammte reale Welt hat keine Existenz an sich, sondern nur in den Vorstellungen der Seele. Dieses bestimmte Objekt, das ich anschaue, ist nichts anderes als meine beschränkte und bestimmte Vorstellung selbst; und es gibt *überhaupt* kein wirkliches Objekt als in der Vorstellung. Diesen Idealismus, welcher ein Negiren des an-sich-selbst-Seyns des Realen ist, nimmt auch Fichte wieder auf, und er geht hierin nicht weiter als Leibnitz. Das, worin er sich von diesem unterscheidet, ist einzig, daß Leibnitz den Grund, warum die Seele oder die Monade mit Affektion gesetzt und bestimmt ist Endliches vorzustellen, nicht weiter anzugeben weiß, oder, wenn er es versucht, den Grund davon in *Gott*, dem Unendlichen, suchen muß, welches ihn in nothwendige Widersprüche verwickelt, daß Fichte dagegen, richtig verstanden, den Grund der Endlichkeit der Seele in einer absoluten freien Handlung der Seele selbst oder darin sucht, daß sie *sich für sich selbst*, durch ihr eignes *Thun* als endlich, als abgesondert von dem *absoluten All*, und dadurch zugleich sich selbst in die Nothwendigkeit setzt, nicht dieses absolute All, sondern nur Negationen desselben, Begrenzungen und Beschränkungen anzuschauen.

Diese Lehre, welche, für sich betrachtet, und als eine bloße Erklärung der Endlichkeit angesehen, die einzig befriedigende ist, kann aber nicht an die Stelle der *gesammten* Philosophie treten; denn die Philosophie hat andere Gegenstände als das bloße Endliche. Man spricht jene Ansicht allerdings den höchsten Grund der Wirklichkeit des Endlichen und das letzte Princip aller Erfahrung aus, aber sie erhebt sich nicht über alle Erfahrung. Sie nimmt hier ganz den intellektuellen Atomismus des Leibniz wieder auf (wie der Cartesianismus den materiellen Atomismus); wie in diesem die absolute Substanz in Monaden zerfällt, so ist in jener eines jeden Ich für jeden die absolute Substanz selbst. — Das, woraus nur das Endliche erklärt werden kann, wird bei Fichte zum Princip der gesammten Philosophie und demnach der Wissenschaft des Unendlichen selbst gemacht (dieses mit zum Accidens des Ich). Genau betrachtet beschränkt sich also sein Verdienst darauf, das Endliche, was bei Leibniz in der Form der Monaden gesetzt war, in seinem allgemeinsten und höchsten Ausdruck gesetzt, und dadurch ganz rein und absolut von seinem Entgegengesetzten geschieden zu haben. Es existiren nämlich nach dem Fichteschen System nun wirklich zwei Welten, eine Welt des Unendlichen und eine Welt des Endlichen, beide absolut geschieden; zwischen beiden steht die Ichheit; beide sind nur von dieser die Erscheinungen, nicht an sich. Wenn Fichte die Freiheit als Princip der Endlichkeit wirklich wahrhaft als nichts in Bezug auf das Unendliche bestimmte, so wäre jener Dualismus aufgehoben. Denn zwischen dem Unendlichen auf der einen und dem Nichts auf der andern Seite ist kein wahrer Gegensatz, eben weil dieses Nichts ist. Fichte bestimmt aber die Freiheit als die höchste Realität selbst, und alles — also auch das Unendliche — hat nur Realität für die Freiheit. Die Freiheit ist gleichsam der Mittelpunkt, von dem das Endliche auf der einen und das Unendliche auf der andern Seite die beiden gleich nothwendigen Erscheinungen sind. Wie er also der Sinnenwelt eine bloß subjektive Realität in Bezug auf die Freiheit zuschreibt, so auch der übersinnlichen Welt. Weil aber das Unendliche doch auf keine Weise abhängig existiren kann, so wird es eben deshalb als wahrhaft Unendliches nothwendig gänzlich außer dem Ich und demnach unerreichbar von ihm gesetzt. — Der nothwendige Cirkel, in dem die Wissenschaftslehre befangen ist, und in dem sie den menschlichen Geist überhaupt befangen glaubt, ist folgender: „Das Unendliche, das An-sich, ist immer nur für mich; denn ich bin es ja, der es denkt oder anschaut; es ist also immer nur in meinem Wissen, nicht unabhängig von demselben. Nun ist aber das An-sich eben etwas, das unabhängig von meinem Denken und Wissen existirt, demnach nichts Absolutes, oder wenn, so als schlechthin unabhängig von mir, und demnach nicht für mein Wissen oder im Wissen." Hier ist demnach der vollkommene Gegensatz des Endlichen und des Unendlichen klar ausgesprochen. Das Unendliche, um wahrhaft an sich selbst zu seyn, muß durchaus unabhängig von mir, schlechthin außer mir, dem Endlichen, existiren. Das Seyn des Absoluten in meinem Wissen wird nicht als ein eins-Seyn aufgefaßt, sondern das Ich verhält sich als Subjekt, das Absolute als Objekt; es ist daher für mich durch mein Wissen bedingt, demnach nicht unbedingt und absolut, wie die wirklichen Dinge nicht absolut sind, weil sie nur mein Wissen selbst, nicht außer ihm sind.

Nach dieser Anschauung ist also in der Seele nichts, das mit dem Absoluten, mit dem Unendlichen selbst eins wäre. Die Seele oder die Ichheit ist die reine Differenz des Unendlichen, d. h. die reine Endlichkeit, und diese Endlichkeit steht dem Unendlichen absolut gegenüber.

In anderer Gestalt spricht sich dieselbe Reflexion auch folgendermaßen aus: „Als endliche Naturen sind wir getrieben, alles Bewußtseyn und eben daher die mit ihm gesetzte Endlichkeit aus einem An-sich, einem von uns Unabhängigen zu erklären, aber auch jene Erklärung geschieht ja nur nach Gesetzen unserer endlichen Natur, und sobald wir darauf reflektiren, verwandelt sich jenes Unabhängige, jenes Außer-mir, wieder in ein Produkt meiner Subjektivität". Diese Reflexion ist ganz richtig; auf solchem Weg gibt es nie ein Absolutes; aber es fehlt eben der letzte Schritt, welcher der wäre, daß, da es nach Gesetzen unserer endlichen Natur geschieht, daß wir das An-sich oder das Unendliche zum Erklärungsgrund machen, diese Erklärung schon eben deßhalb nichtig ist, da die endliche Natur selbst keine Realität hat, sondern eine Negation der wahren Realität ist; es fehlt nur die weitere Reflexion, daß jene ganze Unterscheidung des Ich und Außer-mir, auf welchem jener Zirkel beruht, eine bloß subjektive, unserer Endlichkeit entsprechende

Erscheinung ist, daß also auch dieser Cirkel nur so lange besteht, als ich an meiner endlichen Natur und den Gesetzen derselben festhange. Fichte meint, es wäre schon gut, das Unendliche zum Erklärungsgrund des Endlichen zu machen, wenn jenes nur nicht eben dadurch aufhörte ein An-sich zu seyn. Allein der Fehler liegt höher, nämlich darin, überhaupt das Unendliche zum Erklärungsgrund zu machen, und eben dieß stammt ganz aus unserer endlichen Natur ab, die selbst nicht reell ist. Wenn Fichte sagt: Das Absolute entweder in mir oder außer mir: in mir, so ein Produkt meiner Subjektivität — außer mir, so nicht erkennbar, so ist die Antwort hierauf: Weder — noch rc. Denn wie sollte es für das Absolute überhaupt eine Bestimmung geben, die nur von mir, von der Ichheit der endlichen Natur hergenommen ist.

Dieser ganze Cirkel kann also nur entstehen, wenn das Endliche als eine wahre Realität fixirt und dem Unendlichen entgegengesetzt wird, d. h. in jenem Cirkel selbst spricht sich der absolute Dualismus aus. Fichte hat daher, weit entfernt, sich über das Endliche wahrhaft zu erheben, es vielmehr erst vollkommen befestigt und nur in seinem reinen Gegensatz gegen das Unendliche fixirt. Zwar nennt sich die Wissenschaftslehre Idealismus und sagt von sich selbst, daß sie die Sinnenwelt vernichte. Allein 1) sie ist Idealismus nur gegenüber von den wirklichen Dingen, indem sie nämlich der Ichheit und den Vorstellungen ebenso wie der Leibnizianismus die Priorität über sie gibt. Sie ist nicht Idealismus im positiven Sinn, in dem nämlich, daß sie sich wahrhaft zu dem Unendlichen und positiv Idealen erhöbe. 2) Was die Vernichtung der Sinnenwelt und der Endlichkeit betrifft, so besteht sie in einer bloßen Uebersetzung des Endlichen aus dem Realen ins Ideale. Ob nun aber die sinnlichen Dinge wirklich so, wie der gemeine Verstand sich vorstellt, *außer* mir existiren, oder ob sie nur kraft ursprünglicher Schranken der Ichheit und meiner Vorstellkraft in mir, aber doch gleichwohl reell existiren, ist spekulativ betrachtet vollkommen gleichgültig. Denn in beiden Fällen schreibe ich dem Endlichen Realität zu.

Man kann überhaupt gegen die Fichte'sche Philosophie folgendes Dilemma aufstellen: entweder hat sie bloß Erklärung der Endlichkeit zur Absicht, oder sie will Wissenschaft des Unendlichen seyn. Ist das erste der Fall, so hat sie die Endlichkeit auf ihre höchste Möglichkeit, so *weit diese selbst noch in der Sphäre der Endlichkeit* liegt, auf ihren allgemeinen Ausdruck, die Ichheit, reducirt, aber das *Besondere* der Endlichkeit gänzlich unerklärt gelassen, hinter unbegreiflichen Schranken, die absolut gesetzt werden; sie hat eben damit — mit dem absoluten Setzen der Schranken — die Endlichkeit zu einer absoluten Realität gemacht und dieses für-sich-selbst-bestehende Endliche auf keine Weise mit dem Unendlichen in Harmonie gesetzt. Soll sie aber Wissenschaft des Unendlichen seyn, so gesteht sie selbst, *daß sie es nicht* ist; denn auch für die Wissenschaftslehre ist das letzte Verhältniß, in welchem das Subjekt zum Unendlichen stehen kann, das eines *Glaubens*, d. h. einer vollkommenen Differenz. Auch sie leugnet durchaus alle theoretische Einsicht in die übersinnliche Welt. Nur durch die Sittlichkeit ist uns ein Blick in diese Welt geöffnet. Weil nämlich sich in dem Sittengebot etwas ankündigt, das ganz unabhängig von aller Endlichkeit ist und diese vielmehr in mir niederschlägt, weil sich also hier der Seele etwas offenbart, das nicht wieder als Gedankending gesetzt werden kann, sondern dem ich eine von mir unabhängige Realität zuschreiben muß, so gewiß ich sittlich gesinnt bin, so ist nur in der Sittlichkeit für mich der wahre Charakter des Absoluten, nämlich der der Unabhängigkeit vom Subjektiven ausgedrückt (Forderung eines Außer-mir). Hierin ist also die Fichte'sche Philosophie ganz der Kantischen gleich, so wie ich überhaupt durch das Bisherige als bewiesen annehmen zu dürfen glaube: 1) daß in keinem der bis jetzt entwickelten Systeme das Verhältniß der Endlichkeit zum Unendlichen ergründet ist, obgleich im Fichte'schen Systeme wenigstens der höchste Ausdruck der ersten gefunden ist; 2) daß das Fichte'sche System nichts anderes ist als der vollkommen ausgebildete Dualismus der idealistischen Ansicht, wie der Cartesianismus der der realistischen Ansicht. Denn obgleich Fichte die Endlichkeit rein bloß in die Ichheit setzt, und diese selbst nur *ihre eigne That* und dennoch nicht *an-sich* seyn läßt — obgleich er also in dieser Rücksicht die Ichheit und mit ihr die Endlichkeit selbst zu einer bloßen

Negation, einem Nichts zu machen scheint, so gilt ihm doch zugleich eben jenes Für-sich-selbst-Sein selbst, das von einem höheren Standpunkt betrachtet = Null ist, für die wahre Realität, und er setzt das Endliche eben dadurch schlechthin, daß er es dem Unendlichen schlechthin entgegensetzt. Fichte hat also immer und nothwendig zwei Faktoren, die Ichheit oder die Endlichkeit auf der einen Seite und die Absolutheit auf der andern Seite; sein System kann nie bis zur wahren, bis zur absoluten Identität durchdringen.

In der bisherigen Entwicklung hat also die Philosophie folgende Stufen durchlaufen: 1) im Realen, a) Endliches, b) absoluten Gegensatz des Endlichen und des Unendlichen, c) absolute Identität beider, aber selbst im Realen ausgedrückt.

Im Idealen nur die zwei Stufen von Leibniz an: a) Endliches, b) absoluten Gegensatz von Unendlichem und Endlichem, dargestellt durch Kant und Fichte. Es ist noch eine Stufe übrig, nämlich die: zur absoluten Identität, dem *schlechthin* Unendlichen fortzugehen, welches nicht mit dem Endlichen im Gegensatz, sondern über ihm ist, oder *dem* Unendlichen, von welchem das Unendliche im Gegensatze des Endlichen wie dieses bloß Accidens.

Auch als Synthese der beiden vorhergehenden Systeme kann dieses letzte bezeichnet werden.

Das System des vollkommenen Idealismus muß 1) den Dualismus begreifen, inwiefern es das Endliche schlechthin vom Unendlichen scheidet; 2) die absolute Identität, indem es das Endliche in jener Abscheidung vom Unendlichen zugleich als vollkommene Nichtrealität und eben dadurch das Unendliche — weil es nichts außer sich hat — als absolute Identität, als das schlechthin Eine setzt, das ist, und das, als absolut ideal, absolut real; weil außer ihm nur Nicht-Realität, also zugleich höchster Indifferenzpunkt. Nach dem idealistischen Dualismus Fichtes gibt es keine höhere Stufe als die eines Idealismus, der *ganz im Unendlichen* als der wahren absoluten Identität ist.

System der gesammten Philosophie

und der

Naturphilosophie insbesondere.

(Aus dem handschriftlichen Nachlaß.)

1804.

Inhaltsübersicht.

I. Erster Theil oder die allgemeine Philosophie.

Seite

II. Zweiter oder besonderer Theil.

Seite

I. Erster Theil oder die allgemeine Philosophie.

Der erste Antrieb zur Philosophie, so verschieden er sich in verschiedenen Subjekten modificirt, liegt doch im Grunde nur in *Einer* Voraussetzung, welche uns nur durch die Reflexion auf das *Wissen selbst* abgenöthigt wird. Dieser Voraussetzung *Realität* zu geben, sie in ihrem ganzen Gehalt zu ergründen und von allen Seiten als *wahr* darzustellen, dieß ist eigentlich der subjektive, verborgene Impuls zu aller Philosophie. In wem jene Voraussetzung nicht — entweder von selbst oder durch andere — lebendig geworden ist, der berührt nicht einmal die Region der Philosophie, und entbehrt ganz des wahren Antriebs zu derselben.

Ich spreche zuvörderst gleich jene Voraussetzung aus und stelle als *ersten* Satz unserer Untersuchung folgenden auf:

§. 1. *Die erste Voraussetzung alles Wissens ist, daß es ein und dasselbe ist, das da weiß, und das da gewußt wird.*

Ich suche diesen Satz vorerst zu erläutern und dann zu beweisen.

In der ersten Reflexion auf das *Wissen selbst* glauben wir in ihm zu unterscheiden ein Subjekt des Wissens, oder auch das Wissen selbst als Akt aufgefaßt, und das Objekt des Wissens, das Gewußte. Ich sage mit Absicht nur: wir *glauben* zu unterscheiden; denn eben um die Realität dieser Unterscheidung handelt es sich hier, und es möchte sich leicht finden, daß eben diese Unterscheidung eines Subjekts und eines Objekts im Wissen der Grundirrthum in allem Wissen ist. Sobald denn jene Unterscheidung gemacht ist, wird auf derselben niedrigen Stufe der Reflexion dennoch wieder der Versuch gemacht, das Subjekt und das Objekt auszugleichen; die *Wahrheit* des Wissens wird z. B. darin gesetzt, daß es mit seinem Objekt *übereinstimme*, oder die Wahrheit wird erklärt als Uebereinstimmung der Subjektivität und Objektivität im Wissen. Nur ein solches Wissen, sagt man, ist wirklich ein *Wissen*, welchem das Objekt entspricht; ein Wissen, mit dem nichts Objektives übereinstimmt, ist kein Wissen, sondern ein bloßes Denken. Solche Reflexionen werden schon im gemeinen Bewußtseyn gemacht. Es ist klar, daß bei jener Erklärung der Wahrheit als einer Uebereinstimmung der Subjektivität und Objektivität im Wissen beide, Subjekt und Objekt, bereits als verschiedene vorausgesetzt werden, denn nur Verschiedene können übereinstimmen, Nichtverschiedene sind an sich eins.

Unser Satz sagt nun das *Gegentheil* hievon aus. Wir sagen: es gibt überall kein Subjekt als ein Subjekt, noch ein Objekt als ein Objekt, sondern es ist nur ein und dasselbe, das da weiß und das gewußt wird, und das also an sich ebensowenig subjektiv als objektiv ist.

Daß nun dieß die erste Voraussetzung *alles* Wissens, d. h. diejenige Voraussetzung ist, ohne welche sich überall kein Wissen denken läßt, dieser Satz kann hier nur indirekt, nämlich dadurch bewiesen werden, daß gezeigt wird, es sey bei keiner der andern möglichen Voraussetzungen ein Wissen denkbar. — Nehmen wir also wirklich an: es sey ein Verschiedenes, das da weiß, und das da gewußt wird, so sind nur folgende Fälle möglich. Entweder das, welches weiß, ist von dem, welches gewußt wird, absolut geschieden, und es ist kein Verhältniß zwischen beiden. Oder aber es findet ein Verhältniß zwischen beiden statt. Ist kein Verhältniß zwischen beiden, wie kann auch nur jene Uebereinstimmung zwischen beiden seyn, welche selbst die *gemeine* Reflexion fordert, wie kann das Wissen ein Wissen, das Gewußte ein Gewußtes seyn? Wollte man sagen, es sey vereinigt durch etwas, das *außer* dem Wissen und außer dem Gewußten liegt, so ist dieß eine bloß zum Behuf der Erklärung ersonnene Annahme, selbst kein *Wissen*. Denn wie kann ich von dem wissen, was *außer* dem Wissen ist? Also ein Verhältniß ist zwischen beiden. Hier sind nun wieder zwei Fälle möglich. Ein *einseitiges* oder ein *wechselseitiges*. Ein einseitiges, so ist entweder das Subjekt durch das Objekt, oder das Objekt durch das Subjekt bestimmt. Die erste Annahme, daß nämlich dasjenige, welches *weiß*, bestimmt ist von dem, welches gewußt wird, ist denn in der That die gewöhnlichste Vorstellungsart, durch welche man die Uebereinstimmung zwischen Subjektivität und Objektivität begreiflich zu machen sucht. Ich mache hier nur den Einwand geltend, daß, wenn das Wissen eine Wirkung des Gewußten, das Gewußte denn also nicht, wie es an sich selbst ist, sondern nur *durch seine Wirkung* erkannt wird. Wenn wir auch davon absehen und nicht fragen wollen, wie denn das Gewußte, das Objekt, je ein *Wissen*, also sein Gegentheil zur Folge haben kann, so könnte doch in einem solchen Verhältniß nur die reine Wirkung des Objekts, nicht aber das *Objekt selbst* übergehen; in dem Subjekte, in dem Wissen des letzteren; würde also auch nur diese Wirkung, nicht der Gegenstand selbst vorkommen. Mit Einem Worte, es ist bei einer solchen Bewirkung des Wissens durch das Gewußte überall nichts zu denken.

Das andere mögliche einseitige Verhältniß, daß das Objekt vom Subjekt bestimmt wird, stellt sich nicht minder als ein undenkbares dar. Denn entweder es wäre *absolut* durch das Subjekt bestimmt und unabhängig von ihm *gar nichts*, so wäre eben deßhalb kein Objekt als Objekt: es wäre nur Subjekt, und auch dieses nicht, denn das Subjekt ist Subjekt nur im Gegensatz des Objekts. Oder ist das Bestimmtseyn des Objekts vom Subjekt nur *relativ*. Allein dann ist es nur ein Wissen insoweit, als es durch das Subjekt bestimmt ist, insoweit aber, als es nicht dadurch bestimmt ist, ein *Nichtgewußtes*, das Kantische *Ding an sich*, das Nichtvorstellbare, welches aber selber nur ein Gedankending ist. — Es bliebe also nur die Wechselwirkung übrig. Nämlich das *Gewußte* sowohl als das Wissen selbst müßten Produkte einer Wechselwirkung von Subjekt und Objekt seyn; das Gewußte müßte einen Theil seiner Bestimmung vom Objekt, einen Theil vom Subjekt haben, ebenso das Wissen. Allein es ist leicht einzusehen, daß diese Vorstellungsart, da sie eine bloße Verbindung der beiden vorhergehenden ist, auch nur die Schwierigkeiten beider in sich vereinigt. Sie schließt 1) eine Bestimmung des Subjekts durch das Objekt ein, indem sie das Wissen zum Produkt einer Wechselwirkung zwischen beiden macht, 2) eine Bestimmung des Objekts durch das Subjekt, indem sie das Gewußte zu einem solchen macht. Sie ist also in *dem* Verhältniß selbst undenkbar, in welchem eine Bestimmung des Subjekts durch das Objekt und des Objekts durch das Subjekt undenkbar ist, d. h. sie ist gleichfalls völlig nichtig.

Beruht nun jene erste Unterscheidung des Wissens und des Gewußten nothwendig auf gänzlich nichtigen Vorstellungen, bei welchen das Wissen selbst als unmöglich erscheint, so ist offenbar die erste Voraussetzung, die in jedem Wissen gemacht wird, die, daß jene Unterscheidung selbst falsch ist, weil, wenn es ein anderes wäre, das da weiß, ein anderes, das da gewußt wird, das Wissen selbst undenkbar, ja unmöglich wäre.

Hiermit trennen wir uns also für immer von derjenigen Sphäre der Reflexion, in welcher eine Unterscheidung zwischen Subjekt und Objekt gemacht wird, und unsere fernere Betrachtung kann nur Entwicklung und Ergründung der Voraussetzung seyn, daß es Ein und dasselbe ist, das da weiß, und das da gewußt wird.

Jene Unterscheidung ist selbst schon ein Produkt unserer Subjektivität und sonach unserer Endlichkeit. Aber eben diese müssen uns im Philosophiren gänzlich verschwinden. Es gibt wahrhaft und an sich überall kein Subjekt, kein Ich, also auch kein Objekt, kein Nicht-Ich. Daß ich sage: ich weiß oder ich bin der Wissende, dieß ist schon das πρῶτον ψεῦδος. Ich weiß *nichts*, oder *mein* Wissen, insofern es wirklich *meines* ist, ist kein wahres Wissen. Nicht ich weiß, sondern nur das *All* weiß in mir, wenn das Wissen, das ich das meinige nenne, ein wirkliches, ein wahres Wissen ist. Dieses *Eine* aber, das *weiß*, ist auch allein, das wahrhaft *gewußt* wird, und es ist hier weder eine Differenz noch eine Uebereinstimmung, denn das *Wissende* und das, was gewußt wird, sind nicht verschiedene, sondern ein und dasselbe.

§. 2. *Dieses Eine, das da weiß und das gewußt wird,*

ist nun nothwendig dasselbe Eine in allen möglichen Fällen des Wissens und des Gewußtwerdens, es ist also nothwendig und überall nur Ein Wissen und Ein Gewußtes. (Der erste Satz war ganz allgemein, er behauptete nicht von diesem oder jenem Wissen, sondern er behauptete von allem Wissen ohne Unterschied, es sey unmittelbar, daß es Eines ist, das da denkt und das gedacht wird, Eines, welches erkennt und welches erkannt wird). —

Denn ist es im Wissen überhaupt nur ein und dasselbe, welches weiß und welches gewußt wird, so ist es auch in jedem besonderen Wissen ein und dasselbe, welches weiß und welches gewußt wird. Dieses Eine kehrt also als das Eine, welches überhaupt weiß, und welches gewußt wird, in jedem besonderen Wissen zurück, und ist sich als dieses Eine (welches überhaupt weiß u. s. w.) gleich. Ist es sich aber gleich, so ist auch in keinem Wissen ein Wissendes als ein solches, noch ein Gewußtes als ein solches; dasselbe Eine demnach ist auch nothwendig und in allem Wissen nur Ein Wissen und nur Ein Gewußtes. Hieraus folgt

§. 3. Die höchste Erkenntniß ist nothwendig diejenige, worin jene Gleichheit des Subjekts und Objekts selbst erkannt wird, oder, da diese Gleichheit eben darin besteht, daß es ein und dasselbe ist, was erkennt und was erkannt wird, diejenige Erkenntniß, in welcher jene ewige Gleichheit sich selbst erkennt. — Von sich selbst klar und keines Beweises bedürftig.

§ 4. Dieses Erkennen, in welchem die ewige Gleichheit sich selbst erkennt, ist die Vernunft. Denn die Vernunft ist entweder überall keine Erkenntniß, oder sie ist Erkenntniß des Ewigen, des Unveränderlichen im Wissen. Nun ist aber nichts Ewiges, Unveränderliches im Wissen außer jener Gleichheit des Subjekts und des Objekts selbst, diese können wechseln, wie wir schon zum voraus zugegeben haben, nur jene besteht. Also kann die Vernunft, indem sie das Unveränderliche, Ewige erkennt, nur jene ewige Gleichheit erkennen, und da nach dem Princip dieser Gleichheit selbst das Erkennende nothwendig auch das Erkennende ist, so ist demnach nur die Vernunft das Selbsterkennen jener ewigen Gleichheit.*)

Der Beweis, den ich eben geführt habe, beruht darauf, daß Vernunft Erkenntniß des Unveränderlichen, des Ewigen. Diese Behauptung, wenn sie nicht, wie wohl allgemein zu erwarten ist, freiwillig zugegeben würde, könnte nur durch den Gegensatz der Vernunft mit aller anderer Erkenntniß bewiesen werden. — Das Allgemeine des Verstandes z. B. bleibt immer nur ein relativ Allgemeines, so wie es auch die Mannichfaltigkeit der sinnlichen Erkenntniß nur zu einer relativen Einheit vereinigen kann. Die Einbildungskraft aber kann nur aus der Sinnenwelt zur Totalität aufstreben.

Noch bei einer anderen Betrachtung haben wir hier zu verweilen, welche für die ganze Philosophie höchst wichtig ist. Wir sagen: die Vernunft ist das Selbsterkennen jener ewigen Gleichheit. Mit diesem Satz ist denn zugleich alles Subjektiviren der Vernunfterkenntniß auf immer niedergeschlagen.

Ich erkläre, was dieses Subjektiviren bedeutet.

Wir behaupten: es ist nur Eines unveränderlich und ewig in allem Wissen und in allem Bewußtwerden, nämlich die Gleichheit beider selbst. Die Subjektivitätsphilosophie konnte hiergegen nichts vorbringen als Folgendes: Wer ist denn das Erkennende jener ewigen Gleichheit des Subjekts und Objekts? Reflektire nur in deinem Erkennen wieder auf dich selbst, und du wirst einsehen, daß es doch immer nur du bist, der jene Gleichheit erkennt, daß du also auch mit dieser Erkenntniß nicht aus dir selbst herauskommst, nichts wahrhaft an sich erkennst; daß auch jene Gleichheit nur wieder ein Produkt deines Erkennens und demnach ein bloßes Gedankending für dich ist. — Wer diese Sprache führte, von dem müßte ohne allen Zweifel behauptet werden; daß er sich noch überall nicht zur Vernunfterkenntniß erhoben habe. In der Vernunft hört alle Subjektivität auf; und dieß eben ist es, was wir

*) Vgl. die Abhandlung über das Verhältniß der Naturphil. zur Philosophie überhaupt, S. 110 des vorhergehenden Bandes. D. H.

durch unsern Satz aussprechen. In der Vernunft ist jene ewige Gleichheit selbst zugleich das Erkennende und das Erkannte — nicht ich bin es, der diese Gleichheit erkennt, sondern sie selbst erkennt sich, und ich bin das bloße Organ von ihr. Eben deßhalb ist Vernunft Vernunft, weil in ihr nicht das Subjektive das Erkennende ist, sondern weil in ihr das Gleiche das Gleiche erkennt und der Gegensatz von Subjektivität und Objektivität sich in seiner höchsten Instanz ausgleicht. — Umgekehrt vielmehr würde jenes Subjektiviren der Vernunft auf folgende Art erwidert werden können. Du sagst, würde ich jenem antworten, daß die Erkenntniß der ewigen Einheit doch wieder nur meine Erkenntniß sey, und forderst mich auf, nur auf mich selbst zu reflektiren, um zu finden, daß es sich so verhalte. Allein, würde ich fortfahren, ich bitte dich dagegen deinerseits die ganz einfache Ueberlegung anzustellen, daß ja auch diese Reflexion, wodurch du jenes Erkennen zu deinem Erkennen, und dadurch zu einer Subjektivität machst, wieder nur deine Reflexion ist, eine Subjektivität also die andere aufhebt.[1] Du wirst daher gestehen müssen, daß jene Erkenntniß der absoluten Gleichheit, abgesehen von deiner Reflexion, die sie dazu macht, weder dein noch irgend eines Menschen Erkennen ist, sondern eben absolutes Erkennen, Erkennen ohne alle weitere Bestimmung. Gäbe es nicht in unserem Geiste selbst eine Erkenntniß, die von aller Subjektivität völlig unabhängig und nicht mehr ein Erkennen des Subjekts als Subjekts, sondern ein Erkennen dessen, was allein überhaupt auch ist, und allein erkannt werden kann, des schlechthin Einen, so müßten wir in der That auf alle absolute Philosophie Verzicht thun, wir wären ewig mit unserem Denken und Wissen eingeschlossen in die Sphäre der Subjektivität, und wir müßten das Resultat der Kantischen, sowie der Fichteschen Philosophie als das einzig mögliche ansehen und unmittelbar zu dem unserigen machen.

Hier geht also die Grenze, wo sich unsere Philosophie von diesen beiden Systemen trennt, nach welchen überall keine Erkenntniß von

[1] Vgl. 1. Abth. Bd. II, S. 61. D. H.

was an sich möglich ist. Nun müssen wir aber gestehen, daß Philosophie überall keinen Werth hat, führt sie nicht wirklich zu dem, was an sich, was ewig, was unveränderlich ist. Wie eine solche Erkenntniß möglich, ist nicht einzusehen, solange alle Erkenntniß als eine subjektive betrachtet wird, gleichsam als gehörte nicht auch sie zur Welt. Dann wäre jener Cirkel allerdings unauflöslich, in dem Fichte den menschlichen Geist selbst befangen glaubt, und der darin besteht, daß das An-sich, das Absolute ja ewig nur für mich ist: „Denn, sagt Fichte, ich bin es ja, der es denkt oder anschaut, es ist also immer nur in meinem Wissen, nicht unabhängig von diesem. Nun wird aber schon im Begriff des An-sich, im Begriff des Absoluten gedacht, daß es unabhängig von mir, unabhängig von meinem Wissen sey. Also ist eine Erkenntniß desselben eine völlig unmögliche.“ In diesem Schluß ist nur Ein Fehler gemacht, nämlich der der Voraussetzung, daß es nothwendig ich bin, der das An-sich erkennt, daß es mein Wissen ist, wodurch es erkannt wird. An einer andern Stelle, wo der Widerspruch in diesem noch deutlicher erscheint, drückt sich Fichte so aus: „Als endliche Naturen sind wir getrieben, alles Bewußtseyn und die mit ihm gesetzte Endlichkeit aus einem An-sich, aus einem von uns Unabhängigen zu erklären, aber auch jene Erklärung geschieht ja nach den Gesetzen unserer endlichen Natur, und sobald wir darauf reflektiren, verwandelt sich jenes Unabhängige, jenes Außer-uns wieder in ein Produkt der Subjektivität“[1]. Auch diesem Schluß fehlt nur Eines, nämlich das Festhalten der Reflexion, daß es eben nur unsere endliche Natur ist, die uns antreibt, auf das An-sich als Erklärungsgrund von der Erscheinung, von dem Endlichen aus zu schließen (also es nur in Relation zu setzen), welches freilich nie zu einer Erkenntniß des An-sich führen kann.

Soll also daraus, daß vermöge der Erkenntnißart, welche aus unserer endlichen Natur folgt, keine Erkenntniß des An-sich möglich sey, geschlossen werden, daß überhaupt keine Erkenntniß desselben

[1] Vgl. oben S. 127.

möglich sey, so muß die Endlichkeit unserer Natur geradezu als eine wahre Realität fixirt werden, aus der es überall keinen Ausweg gibt, d. h. die Vernunft selbst muß negirt werden, denn in der Vernunft geht alle Endlichkeit und alle Subjektivität unter.

Eine gleiche Bewandtniß hat es mit dem sonst gerühmten Dilemma gegen die Möglichkeit einer Erkenntniß des An-sich: entweder ist das An-sich in oder außer mir. In mir, so bloß subjektiv erkannt — Produkt meiner Erkenntniß. Außer mir, so überall nicht erkennbar. Auch dieser Schluß fließt her aus der ganz leeren Entgegensetzung der Subjektivität und Objektivität. Das An-sich ist eben deßhalb, weil es dieß ist, weder ein In-mir noch ein Außer-mir. Diese ganze Unterscheidung steht und fällt mit der Annahme, daß ich es bin, welches in allem Erkennen erkennt, und daß kein Selbsterkennen des An-sich, d. h. keine Vernunft ist, in der die Ichheit selbst zusammt dem, was ihr entgegengesetzt ist, verschwindet.

Mit Absicht habe ich hierbei länger verweilt, weil diese Einsicht in das Wesen der Vernunft und der Möglichkeit einer schlechthin in jeder Beziehung absoluten Erkenntniß eigentlich der Angel der Philosophie und der Punkt ist, in dem sie gegründet ist. Ich gehe nun weiter. — Wir behaupten: die höchste Erkenntniß ist die, worin jene ewige Gleichheit des Subjekts und des Objekts als die Substanz alles Wissens und alles Gewußten selbst erkannt wird oder (kraft dieser Gleichheit) sich selbst erkennt. Wir behaupten ferner: dieses Selbsterkennen = Vernunft. Hieraus nun weitere Folge.

§. 5. Das Grundgesetz der Vernunft und aller Erkenntniß, sofern sie Vernunfterkenntniß ist, ist das Gesetz der Identität oder der Satz A = A. Denn die Vernunft ist das Selbsterkennen jener ewigen Gleichheit, sonst nichts. Nun drückt sich aber dieses Selbsterkennen in dem Satz A = A aus, also u. — Hier nun ist nur der Untersatz unseres Beweises zu erklären auf folgende Art.

Alles Wissen ist nichts anderes als eine Affirmation; in jeder Affirmation aber ist ein Affirmirendes und ein Affirmirtes. Das

Affirmirende im Wissen ist das Subjektive, das Affirmirte das Objektive. Beide sind im Wissen eins, und die absolute Affirmation ihrer Einheit ist selbst das höchste Wissen, das höchste Erkennen. Diese absolute Affirmation ist nun in dem Satz A = A ausgesagt, wir mögen ihn nun bloß von seiner formellen Seite auffassen oder seiner reellen Bedeutung nach. *Formell* betrachtet wird in dem Satz A = A Subjekt und Prädicat absolut gleichgesetzt. Wie verhält sich nun aber Subjekt und Prädicat? Das Prädicat ist nur gesetzt durch das Subjekt, also das Subjekt = dem Prädicirenden, z. B. der Kreis ist rund. Ich setze rund nur, inwiefern *Kreis* gesetzt ist. Nun werden aber Subjekt und Prädicat in dem Satz A = A vollkommen gleich gesetzt, es wird also in ihm behauptet, daß das Affirmirende und das Affirmirte ewig gleich, beide ein und dasselbe. Der Satz A = A ist also schon von seiner formellen Seite Ausdruck der absoluten Gleichheit des Affirmirenden und des Affirmirten, des Subjektiven und des Objektiven; er ist also selbst Ausdruck des Höchsten der Vernunfterkenntniß, die nichts anderes als die Affirmation jener Gleichheit ist.

Als *reeller* Ausdruck der Vernunfterkenntniß erscheint jener Satz durch folgende Betrachtung. Nämlich der Satz A = A absolut betrachtet sagt nicht aus, weder daß A überhaupt, noch daß A als Subjekt oder daß es als Prädicat. Nicht daß A überhaupt, denn [es könnte] ein erdichtetes oder gar unmögliches [seyn*]. (Bemerken Sie hier schon die gänzliche Zufälligkeit dessen, was in diesem Satz dem Subjekt, und was dem Objekt entspricht). Aber ebensowenig sagt der Satz A = A aus, daß A als Subjekt oder daß es als Prädicat sey. Denn er sagt vielmehr das Gegentheil aus, daß A *nicht* als Prädicat und nicht als Subjekt insbesondere sey, sondern daß nur die *Gleichheit* beider sey. Es kann also in diesem Satz von allem abstrahirt werden, von der Realität des A überhaupt sowohl als seiner Realität als Subjekts und als Prädicats; das aber, wovon schlechterdings nicht abstrahirt werden kann, und

* Die in [ ] stehenden Worte fehlen im Manuscript. D. H.

was als das einzig Reale in diesem Satz übrig bleibt, ist die *Gleichheit* oder die *absolute Identität* selbst, welche demnach die wahre *Substanz* des Wissens in diesem Satze ist. In ihm spricht sich demnach nichts anderes aus als die ewige und nothwendige Gleichheit des Affirmirenden und des Affirmirten, des Subjekts und des Objekts; in ihm spricht sich also auch allein jenes *Selbsterkennen* der ewigen Gleichheit und demnach die höchste Erkenntniß der Vernunft aus.

Folgerungen: 1) Nur was nach dem Gesetz der Identität A = A erkannt wird, wird erkannt, wie es in der Vernunft ist. — Alles also, was nicht nach diesem Gesetz, sondern nach einem von ihm verschiedenen erkannt wird, wird nicht erkannt, wie es in der Vernunft ist, und da nur in der Vernunft eine Erkenntniß des An-sich ist, so wird es auch nicht erkannt, wie es *an sich* ist.

2) Erhellt zugleich aus diesem Princip die gänzliche und absolute Unabhängigkeit der *Identität* oder der *Gleichheit an sich selbst* von dem Subjektiven und dem Objektiven. Die *Qualität* des Subjekts und des Prädicats ist für die Identität völlig gleichgültig, woraus sich schon zum voraus einsehen läßt, wie jene ewige Einheit als Einheit nie negirt werden könne, sondern dieselbe bleibe, das Subjekt und Objekt mag wandeln, wie es will. Nicht durch das Subjekt und das Objekt besteht die *Gleichheit*, sondern umgekehrt, nur sofern die Gleichheit ist, d. h. *nur sofern beide ein und dasselbe sind*, sind auch Subjekt und Objekt.

Der Satz A = A ist also das einzige Princip unbedingter oder absoluter Erkenntniß. Absolute Erkenntniß nenne ich diejenige, in welcher nicht das *Subjekt* als Subjekt das Erkennende ist, sondern die Vernunft. Aber die Vernunft spricht sich selbst nur in jenem Satz als das, was sie ist, nämlich als Selbsterkennen der ewigen Gleichheit des Subjekts und Objekts aus. Also rc. Wir gehen nun weiter.

Der Satz A = A sagt *allgemein* die ewige, die nothwendige Gleichheit des Subjekts und Objekts aus. Aber diese Gleichheit kann nicht *allgemein* ausgesagt werden, wenn nicht das allgemeine, das Wesen aller Dinge das Subjektive und das Objektive, das Affirmirende und Affirmirte von sich selbst ist. Jene allgemeine Affirmation der Gleichheit von Subjekt und Objekt ist also indirekt eine Affirmation davon, daß das Wesen aller Dinge das Affirmirende und das Affirmirte von sich selbst ist. (Hier erst voller Gehalt). Daher

§. 6. Die absolute Gleichheit des Subjekts und Objekts kann allgemein affirmirt werden nur, wenn das An-sich, das Wesen alles Seyns selbst kraft seiner Natur das Affirmirende und das Affirmirte von sich selbst ist. Denn Subjektives und Objektives verhalten sich (§. 5) wie Affirmirendes und Affirmirtes. Subjekt und Objekt sind eins, heißt: Affirmirendes und Affirmirtes sind eins. Beide können aber ursprünglich und absolut nur dadurch eins seyn, daß ein und dasselbige ist, welches von sich das Affirmirende und das Affirmirte ist. Beide können daher allgemein eins seyn, wie in A = A ausgesagt wird, nur wenn das Allgemeine alles Seyns, das Wesen der Dinge selbst ein solches ist, das von sich selbst das Affirmirende und das Affirmirte ist.

§. 7. Ein solches, welches sich selbst absolut affirmirt, und also von sich selbst das Affirmirte ist, ist nur das Absolute oder Gott. Denn absolut ist nach der allgemeinen Idee davon nur ein solches, welches von sich selbst und durch sich selbst ist. Aber von sich und durch sich selbst seyn, heißt: seyn durch seine eigne Affirmation, heißt also: von sich selbst das Affirmirende und das Affirmirte seyn. So wie denn dagegen das Nichtabsolute allgemein dasjenige ist, welches durch ein anderes zum Daseyn bestimmt, dessen Affirmation außer ihm selbst liegt. — Jedes Besondere überhaupt ist nicht die Ursache von sich selbst, sondern hat seine Ursache in einem andern. Die Ursache eines Dings ist das Affirmirende dieses Dings, das Ding als Wirkung ist das Affirmirte. Beide sind aber im Nicht-Absoluten nicht-eins, im Absoluten also nothwendig eins.

Gott ist die absolute Affirmation von sich selbst, dieß ist die einzig wahre Idee Gottes, die dann allerdings auf verschiedene Weise ausgedrückt werden kann, aber nothwendig und immer dieselbe bleibt. — So kann, wenn das Affirmirende dem Subjektiven, das Affirmirte dem Objektiven, und dann ferner das Subjektive der Idee oder dem Begriff, das Objektive dem Seyn entspricht, diese Einheit auch so ausgedrückt werden. Das Absolute ist dasjenige, welches unmittelbar durch seine Idee auch *ist*, oder es ist dasjenige, zu dessen Idee es gehört zu *seyn*, dessen Idee also die unmittelbare Affirmation von Seyn ist (weder Idee noch Seyn insbesondere). — Dasselbe ist auch so ausgedrückt worden: In Ansehung des Absoluten ist das Ideale unmittelbar auch das Reale. Auch bei *diesem* Ausdruck der Idee des Absoluten läßt sich der Gegensatz aus dem Nichtabsoluten vollkommen nachweisen. In Ansehung des Nichtabsoluten ist das *Seyn* nie mit dem bloßen Begriff desselben schon gesetzt. Es muß hier immer etwas von dem Begriff, von dem Denken Unabhängiges hinzukommen, damit der Gegenstand sey. Indem ich irgend einen Gegenstand = A denke, so denke ich nur A, ich denke nichts anderes, welches in dieser Qualität von A wäre. Aber ist dieses A ein Nichtabsolutes, so ist es durch ein anderes bestimmt — ein anderes ist sein Affirmirendes — ich muß also auf etwas von meinem Denken, welches ein bloßes Denken von A ist, Unabhängiges, auf ein anderes als A, auf B hinausgehen, um A als reell zu setzen, von B wieder auf C u. s. f. Bei dem Absoluten dagegen gehe ich nicht über die Identität des Begriffs hinaus auf ein anderes, sondern indem ich A als Begriff denke, setze ich unmittelbar und nothwendig dasselbe A auch als Seyn — und hier wird uns denn erst die volle reelle Bedeutung des Vernunftgesetzes A = A deutlich. — In der gemeinen Reflexion werden zweierlei Arten des Wissens unterschieden: 1) *bedingtes*, wo Affirmatives und Affirmirtes nicht an sich eins, sondern verschieden sind. Von dieser Art ist das von Kant sogenannte *synthetische* Wissen. Es ist eben diejenige Art von Wissen, in welchem zu dem Begriff = A noch ein anderes, was *nicht* dieser Begriff ist, = B hinzukommen muß, um A als reell zu setzen; 2) *unbedingtes*. Ein solches kommt im gemeinen Wissen nicht anders vor als in der Gestalt eines bloß subjektiven oder, wie es Kant nennt, *analytischen* Wissens. Hier wird der Satz A = A bloß *formell*, nämlich so verstanden: wenn ich A denke, so denke ich A. Hier gehe ich nun allerdings auch nicht über mein *Denken* hinaus, dagegen sage ich auch keine *Realität* aus. Im gemeinen Wissen ist also der Gegensatz, wie ihn auch Kant macht, der: Entweder ich *weiß* von einem Wirklichen, einem Objektiven, mein Wissen ist ein *reelles*, alsdann aber ist es auch bloß bedingter, synthetischer Art. Oder ich weiß zwar unbedingt, aber dann ist mein Wissen kein objektives, sondern ein bloß subjektives, ich komme nicht über mich selbst hinaus. Ueber der Realität verliere ich immer die Unbedingtheit, so wie über der Unbedingtheit die Realität. — So verhält es sich allerdings auf demjenigen Standpunkt, auf welchem die gemeine Logik und auf welchem namentlich *Kant* mit seiner ganzen Philosophie steht, der daher auch nur im bedingten, synthetischen Wissen Realität sieht, welches vielmehr nach der höheren Ansicht *wahrer* Philosophie gerade ein Wissen ohne Realität ist. In der *Vernunft* (so wie wir sie bestimmt haben) weiß ich *unbedingt* und *reell* zugleich; die Vernunft ist ein Wissen, das, *ohne über sich selbst*, ohne über die Identität dieser Idee *hinauszugehen*, dennoch *unmittelbar zugleich* auch *den Gegenstand* bestimmt, d. h. der *Gegenstand* der Vernunfterkenntniß selbst ist von der Art, daß er auch als Gegenstand, d. h. auch seiner Realität nach, nur durch das Gesetz der Identität bestimmt ist. Ein solcher Gegenstand ist aber nur dasjenige, in Ansehung dessen aus der *Idee* unmittelbar auch das Seyn folgt, oder das sich selbst durch seine Idee affirmirt. Der *wahre* Gegenstand der Vernunfterkenntniß ist daher nur das Absolute; weil nur in Ansehung des Absoluten das Gesetz der Identität zugleich Gesetz des Seyns ist — und hiermit ist erst vollkommen die wahre, die reelle Bedeutung des Satzes A = A bestimmt.

Zusatz. In dem Satz A = A, seiner reellen Bedeutung nach, spricht sich die unmittelbare Erkenntniß des Absoluten aus, oder anders ausgedrückt: das *Reelle* in dem Satz A = A ist die unmittelbare Erkenntniß Gottes oder des Absoluten selbst.

§. 8. *Es ist eine unmittelbare Erkenntniß Gottes oder des Absoluten.* Denn in der Vernunft erkennt die ewige

Gleichheit des Subjekts und Objekts *sich selbst*, d. h. die Vernunft ist eine *unmittelbare* Erkenntniß von ihr, und sie wird allgemein erkannt. Nun ist aber eben diese Gleichheit des Subjekts und Objekts, dieses Einsseyn des Affirmirenden und Affirmirten das Wesen, die Idee des Absoluten. Erkennt sich also in der Vernunft die Gleichheit des Subjekts und Objekts selbst, so erkennt, d. h. affirmirt sich in der Vernunft selbst auch die *Idee* des Absoluten. Wir haben demnach in der Vernunft eine absolute Affirmation, d. h. eine unmittelbare Erkenntniß der Idee Gottes.

Anders. Gott ist nicht, wie anderes ist; er ist nur, inwiefern er *sich selbst* affirmirt. Diese Selbstaffirmation aber oder diese Gleichheit des Subjekts und Objekts erkennt sich selbst wieder in der Vernunft, und demnach ist auch in der Vernunft ein Selbsterkennen, d. h. eine unmittelbare Affirmation der Idee Gottes. In der Vernunft wiederholt sich nur die erste Selbstaffirmation Gottes.

Corollarium. Gott oder das Absolute ist der einzige unmittelbare Gegenstand der Erkenntniß, alle andere Erkenntniß, nur mittelbare. — Der Gegensatz zwischen der Ansicht des Dogmatismus und der wahren Philosophie ist schon hinlänglich dadurch bezeichnet, daß jener überall bloß eine mittelbare Erkenntniß des Absoluten, diese aber eine durchaus unmittelbare behauptet. Die unmittelbare Affirmation der Idee Gottes durch das Wesen der Vernunft, welche *selbst nur die Idee Gottes* ist *und nichts anderes*, war den dogmatischen Systemen unzugänglich.

Der ganze bisherige Ideengang zeigt, daß hier überall nicht von Gott im Sinne des *Dogmatismus* die Rede ist. Der Dogmatismus ist das System, welches entsteht, wenn die Begriffe der endlichen Welt und der endlichen Vorstellung auf das Unendliche, das Absolute, angewendet werden.[1] Im Dogmatismus ist das Absolute jederzeit nur das letzte Erschlossene der Philosophie, Gott ist hier nur das Höchste,

[1] Vgl. über die Construktion der Philosophie im Krit. Journal Bd. 1, S. 29 (Bd. 5, S. 127.

aber keineswegs das absolut *Eine*, außer Gott besteht und eine Welt, und von dieser Welt aus, an der Kette der Ursachen und Wirkungen, geht die Schlußreihe fort, welche zuletzt auf Gott als die oberste und die absolute Ursache führt. Nach der Ansicht der wahren Philosophie ist Gott nicht das Höchste, sondern der schlechthin *Eine*, nicht der Gipfel oder das letzte Glied einer Reihe, sondern das Centrum. Es ist keine Welt außer ihm, zu der er sich als Ursache zur Wirkung verhielte; denn hiemit wäre Gott durch ein anderes Gesetz als das Gesetz der Identität bestimmt; wie wir aber im Vorhergehenden bewiesen haben, ist das Identitätsgesetz das einzige Erkenntnißprincip Gottes. Aus Gott kann nichts *entspringen*, denn Gott ist alles, und es ist kein anderes Verhältniß in ihm als das der ewigen und unendlichen Affirmation seiner selbst.

Wenn einige auch neuerdings den *Glauben* oder die *Ahndung* Gottes über die Erkenntniß erheben, wie z. B. Eschenmayer, so ist der einzig denkbare Erklärungsgrund davon dieser. Die Vernunft ist die unmittelbare Affirmation der Idee Gottes. Aber die Vernunft ist nicht das Subjektive, das Besondere; sie ist das schlechthin Allgemeine, das alle Besonderheit, alle Subjektivität niederschlägt. In einem wohl geordneten Gemüth aber kann die Besonderheit, die Subjektivität, selbst zur Identität mit der *Vernunft* sich läutern, und die Erkenntniß des Göttlichen ist dann nicht mehr eine bloße Erkenntniß des *Allgemeinen* der Seele, sondern auch ihres Besonderen (welches mit dem Allgemeinen jetzt Eins ist), und es wird dann auch für das Subjekt ein Genuß des Göttlichen möglich in *dem* Maß, in welchem es sich selbst dem Allgemeinen vermählt hat. Weil es aber doch nicht vermöge seiner *ursprünglichen Natur*, sondern nur vermöge seiner besonderen Conformation und Verähnlichung mit dem Göttlichen zu dieser Erkenntniß gelangt, so wird diese auch nicht in der Qualität einer *allgemeinen* Erkenntniß, sondern mehr einer individuellen, wenn gleich deßwegen nicht minder unbedingten Erkenntniß erscheinen, und in dieser Beziehung heißt sie *Glaube*, so wie sie bei der bloßen Annäherung zu jener Einheit des Besonderen mit der Vernunft *Ahndung* heißen kann. Also ist [illegible] Glaube nur ein Versuch, die Subjektivität zu [illegible] [1].

[illegible] sonst einer unmittelbaren Erkenntniß des Absoluten auf andere Weise entgegengesetzt wird, daß von dem Absoluten nur ein Fürwahrhalten — ein Anerkennen — oder wie man sonst eine solche Halbheit ausdrücken mag, möglich sey, daran ist vollends gar nichts. Ist die Erkenntniß der Vernunft eine subjektive, dann kann sie allerdings höchstens ein Anerkennen, ein Fürwahrhalten seyn. Aber die Vernunft in ein Subjektives verwandeln, heißt die Vernunft selbst negiren.

Wir haben die Erkenntniß des Absoluten in der Vernunft als eine ganz unmittelbare bestimmt. Es ergeben sich hieraus aber noch mehrere andere nothwendige Bestimmungen derselben, welche folgende sind.

1) Jede unmittelbare Erkenntniß ist auch nothwendig eine vollkommen adäquate, ihrem Gegenstand angemessene, ihn durchdringende. — Denn in der unmittelbaren Erkenntniß ist das Erkennende und das Erkannte Eins. Dieses wird also von jenem durchdrungen. Es ist hier keine Begrenzung des Erkennenden durch das Erkannte. Das Erkannte und das Erkennende selbst sind nur ein und dasselbe, ebenso wie in der Anschauung des reinen Raumes der Raum nicht mein Wissen von ihm begrenzt, sondern mein Anschauen auch zugleich das Angeschaute ist, und umgekehrt, nur von einer andern Seite betrachtet.

2) Die Erkenntnißart des Absoluten also, wenn sie eine absolute ist, ist auch eine contemplative. — Jede unmittelbare Erkenntniß ist überhaupt = Anschauung, und insofern ist auch alle Contemplation Anschauung. Da aber die Vernunft hier das Erkennende ist, so ist diese Anschauung eine Vernunft-, oder, wie auch sonst genannt, eine intellektuelle Anschauung. Es ist nur die Folge des nothwendigen Wesens der Vernunft als der unmittelbaren Affirmation der Idee Gottes, daß die Erkenntniß des Absoluten eine unmittelbare, eine contemplative, eine intellektuell-anschauende ist. So wie denn auch umgekehrt aus dem

[1] Vgl. Philosophie und Religion, oben S. 18 ff.

Wesen einer contemplativen, einer unmittelbar anschauenden Erkenntniß der Vernunft gefolgert werden kann, daß der Gegenstand einer solchen nur das Absolute seyn könne, und nichts außerdem. — Wenn wir z. B. die intellektuelle Anschauung der sinnlichen entgegensetzen, und diese als eine jederzeit gezwungene und gebundene bestimmen, in welcher wir uns *genöthigt* fühlen, so wird dagegen die intellektuelle Anschauung nothwendig eine *absolut-freie* seyn (nur nicht in dem Sinn, in welchem dieß wohl auch sonst behauptet wurde, daß die intellektuelle Anschauung eine durch Freiheit *hervorgebrachte* sey), und schon dieß zeigt uns, daß ihr Gegenstand überhaupt kein begrenzter, kein endlicher seyn könne: — nicht etwa nur kein Gegenstand des äußeren Sinns, dagegen etwa ein Gegenstand des inneren Sinns, wie die intellektuelle Anschauung bei Fichte ist, der sie so erklärt: „Wenn ich einen äußeren Gegenstand denke, so ist der Gedanke und die Sache eine verschiedene, denke ich aber mich selbst, so ist Subjekt und Objekt Eins, und in dieser Einheit ist die intellektuelle Anschauung." Die Gleichheit von Subjekt und Objekt ist nicht eingeschränkt auf das Bewußtseyn meiner selbst; sie ist *allgemein* verbreitet. Gegenstand einer intellektuellen Anschauung kann also weder ein äußeres, sinnliches Objekt, aber ebenso wenig das empirische Selbst oder irgend ein anderer Gegenstand des inneren Sinns seyn. Denn die sämmtlichen Objekte desselben sind ebenso begrenzt und wandelbar, als es die des äußeren Sinns sind. Also nur ein Unendliches, ein durchaus Unbegrenztes, von sich selbst Affirmirtes, kann Gegenstand einer intellektuellen Anschauung seyn. — Wenn nun jemand forderte, daß man ihm die intellektuelle Anschauung mittheilen sollte, so wäre dieß ebenso viel, als wenn er forderte, daß man ihm die Vernunft mittheilte. Der Mangel der intellektuellen Anschauung in ihm beweist nichts weiter, als daß in ihm die Vernunft noch nicht zur Klarheit ihrer Selbsterkenntniß gekommen ist. Die intellektuelle Anschauung ist nichts Besonderes, sondern gerade das ganz Allgemeine.

Ich kehre nun wieder zu dem obigen Satz zurück.

Jene *Form der absoluten Affirmation* seiner selbst durch sich selbst, die das *Wesen* des Absoluten selbst ist, diese Form, sagte lich, wiederholt sich in der Vernunft, und sie ist das Licht, in dem wir das Absolute begreifen, der wahre und eigentliche Mittler zwischen ihm und der Erkenntniß. Wie die sinnlichen Dinge für das sinnliche Auge nicht sich selbst affirmiren, sondern durch das Licht affirmirt werden, dieses dagegen sich selbst affirmirt und sowohl sich selbst als die Finsterniß offenbart, so ist die Idee Gottes in der geistigen Welt die erste Affirmation aller Realität; es ist keine Realität als, die kraft seiner Idee und durch sie affirmirt ist; diese aber hat keine Bejahung außer sich, sie ist von sich selbst das Affirmirende und das Affirmirte. Jenes absolute Licht, die Idee Gottes, schlägt gleichsam ein in die Vernunft, und leuchtet in ihr fort als eine ewige Affirmation von Erkenntniß. Kraft dieser Affirmation, die das Wesen unserer Seele ist, erkennen wir, daß das Nichtseyn ewig unmöglich und niemals zu erkennen noch zu begreifen ist, und jene letzte Frage des am Abgrund der Unendlichkeit schwindelnden Verstandes, die Frage: warum ist nicht nichts, warum ist etwas überhaupt? — diese Frage ist auf ewig verdrungen durch die Erkenntniß, daß das Seyn nothwendig ist, d. h. durch jene absolute Affirmation des Seyns in der Erkenntniß. Die absolute Position der Idee Gottes ist in der That nichts anderes als die absolute Negation des Nichts, und so gewiß die Vernunft ewig das Nichts negirt, und das Nichts nichts ist, so gewiß affirmirt sie das All, und so ewig ist Gott.

Es gibt also auch keine Erkenntniß, als inwiefern die Idee von Gott ist; es gibt keine andere Erkenntniß, die zu dieser leitete, sondern erst nachdem diese absolut affirmirt ist, ist auch jede Erkenntniß affirmirt. Denn erst dann erkennen wir, daß nicht nichts ist, sondern daß nothwendig und ewig das All ist.

Das Erste in der Philosophie ist die Idee des Absoluten. Dieß bisher. Ich gehe nun in meiner Darstellung weiter. Der Ausgangspunkt ist die absolute Identität des Affirmirenden und Affirmirten [illegible] des Subjekts und des Objekts, welche ich künftig auch die *absolute Identität* schlechthin nennen werde, theils der Kürze des Ausdrucks wegen, theils weil es eben nur *jene* Gleichheit ist, welche *absolut* heißen kann, da sie in nichts und auf keine Weise negirt werden kann, wie dieß durch folgende Sätze noch deutlicher wird.

§. 9. *Die absolute Identität kann als Identität auf keine Weise aufgehoben werden.* Oder: sie kann in nichts und auf keine Weise negirt werden. — Schon aus §. 2 einzusehen; denn sie ist das ewig Gleiche in aller Erkenntniß, das Unveränderliche, und was besteht, Subjekt und Prädicat, Subjekt und Objekt mögen wechseln wie sie wollen. — Wir können daher zum voraus einsehen, daß wir durch Vernunft nie ein anderes Verhältniß als das jener Identität *erkennen* werden, und die feste Norm unserer ferneren Construktion wird eben die seyn: *die Identität* ewig *als Identität darzustellen*, und nichts als reell zu erkennen, wodurch sie als aufgehoben oder als negirt gesetzt werden müßte.

§. 10. *Alles, was ist, ist, insofern es ist, die absolute Identität.* Denn die absolute Identität kann nie und in nichts negirt werden, die Negation der Identität ist also nothwendig und ewig *nicht*. Alles also, was ist, ist, sofern es nur wirklich ist, die absolute Identität. Inwiefern es also (*Zusatz*) nicht die absolute Identität wäre, insofern wäre es *nicht*, es wären bloße Nicht-Wesen, non-ens.

Folgesatz. Alles, was ist, ist, insofern es ist, *Eins*: nämlich es ist die ewig gleiche Identität, das *Eine*, das überhaupt ist, und das also auch allein erkannt werden kann. — Bloße Inversion des vorhergehenden Satzes. — Dasjenige also (dieß ist wieder eine unmittelbare Folge des eben behaupteten Satzes), dasjenige, wodurch überhaupt *eine Verschiedenheit* gesetzt wird (wenn nämlich etwas der Art wäre), gehört nicht zum Wesen, zum wahren esse, sondern vielmehr zum non-esse, zum Nichtseyn der Dinge, und ist eine bloße Bestimmung derselben, nicht inwiefern sie sind (denn da sind sie Eins), sondern inwiefern sie nicht sind. — Inwiefern nun ferner die absolute

Identität der unmittelbare Ausdruck der Absolutheit selbst ist (denn nur das Absolute affirmirt unmittelbar dadurch, daß es sich selbst affirmirt, auch die allgemeine, ewige und unveränderliche Gleichheit des Subjekts und Objekts), und inwiefern also die *absolute Identität* der unmittelbare Ausdruck Gottes oder der Absolutheit an den Dingen ist, so muß der Satz: alles, was ist, ist, insofern es ist, auch so ausgedrückt werden: *alles, was ist, ist, insofern es ist,* Gott. Alles Seyn also, das nicht das Seyn Gottes ist, ist kein *Seyn*, sondern vielmehr Negation des Seyns, und wir können demnach jetzt bestimmt aussprechen:[1]

§. 11. *Es ist überall nur Ein Seyn, nur Ein wahres Wesen, die Identität, oder Gott als die Affirmation derselben.*

Beweis. Denn nur zum Wesen Gottes gehört es, die Affirmation von sich selbst zu seyn. Aber nur dadurch, daß Eines ist, zu dessen Wesen es gehört Affirmirendes und Affirmirtes von sich selbst zu seyn, ist auch diese Gleichheit *überhaupt* gesetzt (§. 6)

Anmerkung. Es gibt also nicht verschiedene Substanzen, sondern nur Eine Substanz, nicht ein verschiedenes Seyn, sondern nur Ein Seyn.

§. 12. *Gott ist schlechthin Eines, oder: es ist nur Ein Absolutes.* Denn es ist nur Eine Substanz, welche Gott, das von sich selbst Affirmirte ist. Also auch umgekehrt.

Auf eine indirekte Art ist die Einheit Gottes so zu beweisen (wie auch Spinoza): das *Seyn* folgt in Ansehung Gottes unmittelbar aus der Idee. Nun schließt aber die Idee, der Begriff seines Wesens für sich eine *Mehrheit* in sich. So folgt z. B. aus dem allgemeinen Begriff eines Menschen keineswegs, daß jetzt eben diese und keine andere Anzahl von Menschen existirt. Dieses folgt aus etwas von der Idee Unabhängigem, Fremdartigem. Wären also mehrere Absolute, so müßte

[1] Zu §. 9 und 10, ebenso zu dem folgenden §. 17 vergleiche man die gleichlautenden Sätze in der ersten Darstellung des Identitätssystems (Bd. 4, S. 119).

der Grund dieser Wahrheit außer der Idee der Absolutheit liegen, aber dieß widerspricht dem ersten Begriff des Absoluten, daß es nämlich dasjenige sey, in Ansehung dessen das Seyn einzig aus der Idee folge; demnach leidet der Begriff der Vielheit, d. h. der Begriff der Quantität, überall keine Anwendung auf das Absolute — das Letzte ist der allgemeinere Ausdruck unseres Satzes —; denn so wenig der Begriff der Vielheit anwendbar ist auf die Idee Gottes, so wenig kann auch der Begriff der numerischen Einheit eine Anwendung auf Gott haben. Gott ist **Eins** der Substanz, nicht der Zahl nach, und diese Einheit der Substanz kann durch keine quantitative Vielheit aufgehoben werden. Wäre Gott einzig im numerischen Sinne, so wäre die Vielheit nicht durch seine **Natur**, sondern nur zufällig von ihm negirt, Gott wäre ein Individuum, er ist aber weder Individuum noch Gattung. Nicht Individuum, denn sonst wäre das Seyn in ihm nicht vollkommen adäquat dem Begriff, das Affirmirte dem Affirmirenden. Nicht **Gattung**, denn sonst müßten mehrere Absolute möglich seyn, und wäre das Absolute doch Eins, so läge der Grund dieser Einheit dann nicht in seiner Natur oder Idee, sondern außer ihr, welches aber dem Begriff des Absoluten selbst widerstreitet.[1]

§. 13. **Gott ist schlechthin ewig.** — Ich nenne ewig, was überall kein Verhältniß zu der Zeit hat. Schlechthin ewig ist also ebensowenig, was keinen Anfang in der Zeit hat und etwa nur von unendlicher Zeit her als existirend gedacht wird, als das was einen Anfang hat. Die meisten drücken die Ewigkeit Gottes als ein **Daseyn** von Ewigkeit her aus, worunter sie dann ein Daseyn von unendlicher Zeit denken. Allein Gott kann überhaupt kein Verhältniß zu der Zeit, also in dieser weder einen Anfang noch keinen haben.

Beweis. Jedes Seyn, das ein Verhältniß zu der Zeit hat, ist **Dauer**. Nun ist aber Dauer überhaupt eine Bestimmung des Seyns, nicht inwiefern es dem Begriff angemessen, sondern inwiefern es ihm unangemessen ist. (Von dem Begriff wird nicht gesagt, daß er daure,

[1] Man vgl. hier Phil. d. Myth. S. 366. D. H.

sondern von dem besonderen Seyn, welches eine Negation des allgemeinen Begriffs ist). Nun ist aber in Gott kein Seyn, das nicht durch den Begriff bestimmt, oder das von der Idee verschieden wäre (kraft der absoluten Identität des Affirmirenden und Affirmirten). Also hat auch der Begriff der *Dauer* überall keine Anwendung auf das Absolute. Ist aber dieß, so hat das Absolute auch überall kein Verhältniß zu der Zeit, es ist schlechthin ewig. *Anders*. Dauer = Unvollkommenheit. Das endliche Ding dauert, weil sein Besonderes unangemessen seinem Allgemeinen. *Wäre* es jederzeit das in der That und wirklich, was es seinem Begriff nach seyn könnte, so wäre es überhaupt nicht in der Zeit. Nun ist aber in Ansehung des Absoluten das Seyn dem Begriff absolut gleich, denn das Affirmirte ist dem Affirmirenden gleich und es selbst. Also auch in dieser Beziehung *Zeit*, *Dauer* Begriffe, die auf das Absolute ganz unanwendbar sind.

Zusatz. Von dem, was dem *Seyn* nach ewig ist, ist auch nur ewige Erkenntniß möglich — Erkenntniß nicht, die etwa für alle Zeit, sondern überhaupt nicht in Bezug auf Zeit gilt. (Ursache und Wirkung keine *ewige* Wahrheit, nur A=A). Die Vernunft also ist eine ewige Erkenntniß, so wie die Philosophie eine Wissenschaft der *ewigen* Wahrheit in dem angegebenen Sinn des Worts.

§. 14. *Gott kann nichts anderem als der Zeit nach vorangegangen oder vorangehend gedacht werden*. — Unmittelbare Folge aus dem Vorhergehenden.

Anmerkung. Das, was *anderem* nicht der Zeit nach vorangeht, kann ihm aber der *Idee* nach vorangehen, so wie z. B. die Idee des Cirkels zwar nicht der Zeit, wohl aber der Idee nach allen einzelnen concreten Cirkeln vorangeht. Umgekehrt daraus, daß etwas der *Natur* oder der *Idee* nach eher ist als das andere, folgt nicht, daß es ihm der Zeit nach vorangeht. — So ist der unendliche Raum der Idee nach eher als einzelne Räume sind, die nur in ihm und durch ihn als ebenso viele Negationen gedacht werden können, aber er geht ihnen keineswegs der *Zeit* nach voran. So geht Gott der Idee oder der Natur nach nothwendig allen andern voran, aber er kann keinem

Ding der Zeit nach vorangehen, ohne selbst in die Zeit gesetzt zu werden, was nach dem vorhergehenden Satze undenkbar ist. Nicht nur aber kann er nichts anderem rc., sondern auch

§. 15. *Im Absoluten selbst ist kein Vor oder Nach.* Denn das Absolute ist *ganz* Eins, sein Seyn ist kein theilweises, so daß eines in ihm vorgehen, das andere ihm folgen könnte. Es ist in ihm keine Folge von Bestimmungen, denn sonst wäre auch ein Bestimmtwerden — Affektion in ihm gesetzt. Das Absolute aber ist nothwendig affektionslos. Es ist nichts in Gott, wozu er sich neigen oder bewegen könnte, sondern er ist das ewig gleiche ruhige Centrum.

§. 16. *Das Absolute ist schlechthin unendlich.* — Es gibt eine gedoppelte Unendlichkeit: eine solche, die wir demjenigen zuschreiben, von dem wir die Grenze nicht angeben können, z. B. dem Raum, der Zeit u. s. f., oder das unendlich ist *kraft seiner Ursache*, wie z. B. die Gattungen in der organischen Natur kraft ihrer Ursache unendlich sind. Es gibt aber auch eine andere von diesen beiden ganz verschiedene Unendlichkeit, welche einem Wesen kraft seiner Definition, wie Spinoza sich ausdrückt, oder kraft seiner Idee zukommt. Eine solche Unendlichkeit ist die Unendlichkeit Gottes. Denn Gott ist die absolute Affirmation von sich selbst als unendlicher Realität. Diese Unendlichkeit ist eine völlig zeit- und raumlose, nicht eine Unendlichkeit, die *wird*, wie z. B. die Unendlichkeit der Causalreihe, sondern eine Unendlichkeit, die kraft einer absoluten Position ist, eine aktuelle Unendlichkeit. Etwas anderes als diese *absolute Affirmation der unendlichen Realität seiner Natur* werden wir also weder hier noch auch inskünftige unter der Unendlichkeit des Absoluten verstehen, und diese bedarf als eine unmittelbare Folge aus der ersten Idee Gottes, welche eben die der unendlichen Affirmation von sich selbst ist, keines Beweises. Woher aber jene andere bloß trügerische Unendlichkeit stamme, die nicht kraft einer absoluten untheilbaren Position, sondern bloß durch den Mangel der Grenzen oder durch eine endlose Addition gesetzt ist, davon kann erst in der Folge die Rede seyn.

§. 17. *Nichts ist dem Seyn an sich nach entstanden.* —

Wie sollte wahrhaft oder an sich etwas entstehen oder entstanden seyn, da alles ist, was seyn kann, und da, was wirklich ist, ohne Zeit ist, die absolute Identität nämlich oder Gott, auch nicht mehr und minder seyn kann? So gewiß als Gott kraft seiner bloßen Idee die Position von unendlicher Realität ist, so gewiß ist diese Realität, und da sie nun ist, so kann keine andere Realität seyn als diese; diese aber ist nur, und wird oder entsteht nicht.

Folgesatz. Nichts ist an sich betrachtet endlich.

Anmerkung. Hieraus erhellt, daß dem Standpunkt der Vernunft aus überall keine Endlichkeit sey, daß daher auch nicht nach dem Ursprung dieser Endlichkeit aus Gott gefragt werden kann, denn aus Gott emanirt nur Unendliches, daß dann ferner, die Dinge als endlich betrachtet, ebenso viel heißt als, sie nicht betrachten, wie sie an sich sind.

§. 18. Gott ist nur, inwiefern er das Affirmirende und das Affirmirte von sich selbst ist. (In Ansehung des Absoluten keine Differenz des Wesens und der Form). — Denn Gott ist nur unbedingt, oder er kann überall nicht auf bedingte Weise seyn; ein unbedingtes Seyn ist aber nur ein solches, welches seine eigne Position ist, sich selbst affirmirt. Gott ist daher so nothwendig, als er unbedingt ist, so nothwendig das Affirmirende und das Affirmirte von sich selbst, und diese seine Art zu seyn ist von seinem Wesen (der Unbedingtheit nämlich) unzertrennlich. Es ist hier kein Uebergang vom Wesen zu der Form, kein Vor und kein Nach, sondern die Form folgt aus dem Wesen kraft des bloßen Gesetzes der Identität, d. h. die Form ist selbst mit dem Wesen eins. — Ebensowenig ist hier an dasjenige Verhältniß von Seyn und von Form zu denken, welches bei concreten Dingen stattfindet; denn hier ist die Form immer das Beschränkende des Seyns, welches das Allgemeine, so wie jene dagegen das Besondere ist. Allgemeines und Besonderes sind aber im Concreten in nothwendiger Differenz. Dieses (das Concrete) ist eben concret, weil die Form Negation des Seyns, Negation des Allgemeinen. Indem daher die Form vergeht, bleibt doch die Substanz oder das Seyn. Diese Differenz ist aber in Ansehung des Absoluten undenkbar; denn die Form, welche die ist, Affirmirendes und Affirmirtes von sich selbst zu seyn, ist hier selbst das Unbedingte, also nicht beschränkend für das Wesen. Das concrete Ding *hat* eine Form, das Absolute aber ist *sich selbst* die Form, und ist in dieser Beziehung wieder *formlos*, inwiefern nämlich das Formlose dem Unendlichen gleich gesetzt wird.

Eine wichtigere und für die Folge bedeutende Reflexion über den aufgestellten Satz ist diese: Gott ist von sich selbst das Affirmirende und das Affirmirte, heißt so viel: dasselbe Wesen Gottes ist das Affirmirende und das Affirmirte, oder: Gott ist *derselbe* als jenes und als dieses. *Beide* daher, das Affirmirende als Affirmirendes und das Affirmirte als Affirmirtes, gehören ebensowenig *insbesondere* zum Wesen *Gottes*, als in dem Satz A = A A als Subjekt oder als Prädicat zum Wesen der Identität insbesondere gehören, sondern umgekehrt vielmehr, das Affirmirende als Affirmirendes und das Affirmirte als Affirmirtes, beide sind an sich nichts, das Wesen Gottes *gehört zu ihnen*; sie sind nicht, als inwiefern *Gott* ist, d. h. inwiefern das Eine ist, das sich selbst affirmirt.

Zusatz. Gott ist das an sich identische, gleiche Wesen des Affirmirenden und des Affirmirten, *aber* nicht umgekehrt gehören dieses *als* dieses und jenes *als* jenes *zum Wesen* Gottes.

Beweis. Denn an sich ist ja kein Affirmirendes und kein Affirmirtes, sondern an sich ist nur Gott, und nur dadurch, daß Gott ist, ist auch ein Affirmirendes und Affirmirtes. Aber auch so ist *nicht* jedes insbesondere und für sich, sondern nur *Gott* ist als Affirmirendes und Affirmirtes, d. h. beide sind nur, sofern sie zugleich ein und dasselbe, nämlich Gott sind.

Was wir hier ausgesprochen haben, und was in der Folge noch immer deutlicher werden wird, dient schon vorläufig zur Berichtigung der fast allgemeinen Mißverständnisse über die Idee des Absoluten. Die gewöhnliche Vorstellung, die man sich von dieser Idee macht, und die man in Büchern von vermeintlichen Anhängern und von Gegnern dieser Philosophie gleicherweise finden kann, ist diese. Es gibt zuvörderst ein

Subjektives und ein Objektives (= Affirmirendes und Affirmirtes) jedes für sich, eins entgegengesetzt dem andern. Nun tritt die philosophische Reflexion hinzu und *verbindet* diese Entgegengesetzten zu *Einem*, und dieses Eine, das *Produkt* der Verbindung, nennt sie alsdann das Absolute. Ich sage zuvörderst: Es gibt weder so etwas wie ein Subjektives an sich, noch so etwas wie ein Objektives an sich, sondern es ist nur Eines — Gott, dessen unmittelbare Affirmation die Vernunft selbst, und welcher der einzige unmittelbare Gegenstand der Erkenntniß ist. In diesem einzig unmittelbaren Gegenstand der intellektuellen Anschauung ist keine Duplicität, nichts Zwiefaches — kein Subjektives und kein Objektives — sondern er ist absolut einfach. Aber eben kraft dieser absoluten *Einfachheit* affirmirt er *sich selbst* unmittelbar. Auch durch diese Selbstaffirmation ist kein Affirmirendes und kein Affirmirtes *als solches*, kein Subjektives als Subjektives, kein Objektives als Objektives gesetzt, sondern *nur Gott* ist gesetzt als *derselbe*, der affirmirt und der affirmirt wird; nicht aber das Affirmirende und das Affirmirte selbst ist gesetzt. Da nun nach meiner Darstellung nicht einmal aus der Selbstaffirmation des Absoluten ein Affirmirendes oder ein Affirmirtes *als solches* hervorgeht, sondern auch in jener nur *Gott* ist: so kann noch viel weniger umgekehrt aus dem Gegensatz des Affirmirenden und des Affirmirten, des Subjektiven und des Objektiven Gott hervorgehen als das *Vereinigende* des Gegensatzes. Dieß ist gerade ebenso widersinnig, als wenn ich sagen wollte, durch die Vereinigung des Mittelpunkts und der Peripherie entstehe der Cirkel, oder ihre Verknüpfung *liefere* mir den Cirkel als Produkt, da vielmehr die *Idee* des Kreises beiden nothwendig vorangeht.

Wäre der Gegensatz von Subjektivem und Objektivem der Ausgangspunkt, das Absolute nur das Produkt, das hinterdrein erst durch die Vernichtung des Gegensatzes gesetzt wird, so wäre ja das Absolute alsdann selbst bloß eine Negation, nämlich die Negation einer Verschiedenheit, von der man nicht weiß, woher sie kommt, und warum sie gerade dienen soll an ihrer Negation das Absolute zu demonstriren. Das Absolute wäre dann keine *Position*, sondern eine bloß negative Idee, ein Produkt des synthesirenden Denkens, oder, wie sich noch machte vorstellen, der synthesirenden Einbildungskraft, kein unmittelbarer Gegenstand der Erkenntniß, sondern ein durchaus mittelbarer, mit Einem Wort ein bloßes Gedankending.

Ich muß diese Erinnerungen ausdrücklich machen, theils weil in der That alles, was noch gegen das Identitätssystem vorgebracht worden ist, auf dieser zum Theil absichtlichen zum Theil unabsichtlichen Verdrehung beruht; dann auch weil diese erste Verkehrtheit der Ansicht wieder andere gebiert und in der Folge sich beständig wiederholt. So soll z. B. erst das Absolute zwar ein Produkt der Verbindung von Subjektivem und Objektivem zu einem Seyn, dann aber soll aus diesem Einen doch wieder das Subjektive und das Objektive abgeleitet werden.

Der unmittelbare Gegenstand der Erkenntniß ist nothwendig auch ein absolut Einfaches, denn nur ein solches ist unmittelbar erkennbar. Ein Einfaches aber kann, so gewiß es dieß ist, so gewiß auch nur sich selbst affirmiren, nicht durch ein anderes affirmirt seyn. Wenn wir nun aber sagen: Gott als das Einfache affirmirt sich selbst und ist von sich selbst affirmirt, so setzen wir damit ohne Zweifel kein Affirmirendes als ein Wesen für sich und kein Affirmirtes als ein Wesen für sich, sondern wir setzen nur Gott als das Einfache, als das Affirmirende und Affirmirte von sich. — Welche Idee haben wir denn von Gott selbst? Eben die, daß er sich selbst *affirmirt* und von sich selbst *affirmirt* ist, d. h. eben die, daß er die *Einheit* des Affirmirenden und des Affirmirten ist. „Das Affirmirende und das Affirmirte, beides ist Gott", heißt also ebenso viel als: beides, das Affirmirende und das Affirmirte, jedes für sich, ist Identität des Affirmirenden und des Affirmirten. Es gibt also kein rein Bejahendes, denn das Bejahende von Gott ist selbst Gott, d. h. selbst schon die Identität des Bejahenden und des Bejahten: und es gibt kein rein und bloß Bejahtes; denn das Bejahte ist wieder selbst Gott, d. h. selbst die Identität des Bejahten und des Bejahenden. Es ist hier überall keine *Theilung* möglich, so daß etwa ein Theil von Gott das Bejahende seiner Realität, der andere das Bejahte wäre, sondern jedes das Bejahende und das Bejahte ist das *ganze* Absolute. Es ist keine Theilung möglich, denn ist Gott überhaupt als Affirmation von sich selbst, so ist er auch als das Bejahende wieder nur das Bejahte von sich selbst — er selbst setzt sich als Bejahendes —, so wie er als das Bejahte nur das Bejahende von sich selbst ist: d. h. er ist als das eine und als das andere das *ganze* Absolute. Aller Regressus ins Unendliche ist hier abgeschnitten. Um es anschaulich zu machen, wollen wir Gott als das Bejahende von sich durch A bezeichnen, als das Bejahte durch B. Ich sage nun: Gott als das *Bejahende* von sich selbst ist nothwendig auch schon das Bejahte von sich selbst, d. h. er ist nicht bloßes A, sondern er ist als A auch schon B, oder bestimmter gesagt, er ist weder A noch B, sondern die untrennbare Identität beider. Ebenso ist Gott, als das *Bejahte* von sich selbst, nothwendig auch schon das Bejahende, d. h. er ist nicht reines bloßes B, sondern unmittelbar als solches auch A; d. h. er ist wiederum weder A noch B für sich, sondern als A und als B die ganze untheilbare Absolutheit; und da A und B nur ein und dasselbe sind, so ist er als A und als B nur ein und dasselbe, A = A.

Anders: In dem Satz A = A wird nicht Ungleiches Ungleichem, sondern dasselbe wird sich selbst gleich gesetzt. Das A als Subjekt ist also schon das Ganze, ebenso das A als Prädicat ist das Ganze, es wird nicht eine einfache Identität, sondern es wird die *Identität einer Identität* gesetzt. Wie nun in dem Satz A = A das erste A nicht bloß ein Theil des Ganzen, sondern das ganze untheilbare A selbst ist, ebenso das Prädicat ꝛc., so ist das Absolute als das Bejahende von sich selbst nicht bloß ein Theil des Absoluten, sondern das ganze Absolute. Ebenso als das Bejahte von sich selbst.

Ich verweile mit Absicht bei dem Gegenstand und suche ihn nach allen Seiten zu erweitern, da er von den bedeutendsten Folgen und das Mißverständniß über diesen Punkt sich nothwendig über die ganze Philosophie fortsetzt. Ich versuche daher dasselbe durch ein von der Geometrie genommenes Beispiel zu erläutern, denn überhaupt läßt sich der Gang des Philosophirens, welches nichts anderes als die ruhige Contemplation der Wesenheit des Absoluten mit ihren Folgen ist, am besten durch den Gang der Geometrie symbolisiren, so wie umgekehrt nur erst der wissenschaftliche Gang der [illegible] Philosophie den Aufschluß über die verschlossene Symbolik der [illegible]metrie geben kann. Der Anfang aller Geometrie ist die Kreislinie; der erste Satz des Euklides, die Construktion des gleichseitigen Dreiecks kann nur durch Vermittlung der Kreislinie und durch sie und in ihr begriffen werden. Die Idee der Kreislinie ist nun 1) ohne Zweifel eine absolut einfache, obgleich in dieser untheilbaren Position des Kreises unmittelbar zugleich schon auch der Mittelpunkt und die Peripherie begriffen sind. 2) In der Kreislinie ist der Mittelpunkt das Affirmirende, oder er verhält sich als das Subjektive, die Peripherie ist das Affirmirte oder Objektive, jener das Ideale, diese das Reale. Dieß beweise ich so. Das Affirmirende aller Realität ist das alle Realität in sich Begreifende und gleichsam Absorbirende. Daher, weil in der Geometrie die Realität sich als Extension darstellt, ist das Affirmirende in der Kreislinie ausgedrückt durch die Negation aller Extension, d. h. durch den Punkt. Ist nun der Mittelpunkt das Ideale, so ist der Umkreis nothwendig das in Realität umgewandelte Ideale des Mittelpunkts, oder das Affirmirte von ihm. Nun frage ich:

1) Ist denn in dem Kreis a) der Mittelpunkt, b) die Peripherie etwas für sich? Unmöglich; denn nicht jeder beliebig in den Raum gesetzte Punkt ist Mittelpunkt. Der Mittelpunkt als solcher — und in seiner [illegible] als Mittelpunkt — involvirt schon nothwendig den Begriff einer Linie, deren Punkte von ihm alle in gleicher Entfernung sind, d. h. er involvirt den Umkreis. Das Affirmirende ist also nur gesetzt, insofern unmittelbar zugleich das Affirmirte gesetzt ist. Ebenso ist es mit der Peripherie. Ich setze also — dieß ist wohl zu merken — ich setze eigentlich weder Mittelpunkt als Mittelpunkt, noch Peripherie als Peripherie für sich, sondern ich setze in jedem nothwendig und immer schon den Kreis, d. h. die absolute Einheit, die an sich weder Mittelpunkt noch Peripherie, sondern eben Kreis ist. — Wir wollen nun sehen, was Mittelpunkt und was Peripherie wird, wenn sie anders als in der Einheit betrachtet werden. Der Mittelpunkt wird zum bloßen Punkt. Wir haben ein Affirmirendes, ohne ein Affirmirtes;

die Peripherie wird zur geraden Linie; die gerade Linie ist Abfall von dem Kreise, ist die ewige Richtung aller Entfernung vom Centro, aller Centrifugenz: hier haben wir ein Bejahtes ohne Bejahendes; wir haben das, was im Kreis *eins* ist, in seiner formellen Differenz, d. h. wir haben beides als relative Negation gesetzt; das Bejahende als solches schließt das Bejahte, dieses jenes aus. Ebenso nun ist es in der Philosophie. Wenn wir das Subjektive als Subjektives, das Objektive als Objektives reell setzen, so haben wir im ersten Fall bloß ein Subjektives, von dem das Objektive negirt ist, im andern ein Objektives, von dem das Subjektive negirt ist, d. h. wir haben nichts Absolutes, wir haben überhaupt nur Negationen. — Ich frage nun: 2) Verhalten sich etwa Mittelpunkt und Peripherie in dem Kreise als Theile desselben, oder ist nicht vielmehr jedes *für sich*, insofern es nämlich überhaupt ist, was es ist, schon der ganze Kreis? Dieß würde schon aus dem folgen, was wir so eben gefunden haben, daß nämlich der Mittelpunkt als Mittelpunkt nothwendig auch den Umkreis und daher den ganzen Kreis begreift; ebenso der Umkreis. — Noch bestimmter so: Der Mittelpunkt ist der ganze Kreis, nur in seiner Idealität oder in seiner Affirmation angeschaut, die Peripherie ist der ganze Kreis, nur in seiner Realität angeschaut. Der Mittelpunkt ist der Kreis als Affirmation von sich, die *ideale* Kreislinie, aber schon der ganze Kreis. Die Peripherie ist der Kreis als das Affirmirte, aber schon der ganze Kreis. (Die *ideale* Kreislinie wird repräsentirt durch den Mittelpunkt; denn was ist der Punkt anderes als eine Kreislinie von unendlich kleinem Durchmesser, oder ein Kreis, worin die Peripherie mit dem Mittelpunkt zusammenfällt?). Ist nun aber Mittelpunkt und Peripherie, jedes für sich, schon der *ganze Kreis*, so frage ich 3) ob in beiden ein Zweifaches, und ob nicht vielmehr ein absolut *Einfaches*, nämlich die eine Idee des Kreises angeschaut werde. Ferner: ob man sich das Einsseyn *beider* im Kreise als ein solches Einsseyn vorstellen könne, wie das von zwei Theilen ist, die erst zusammen ein Ganzes ausmachen: ob also etwa Mittelpunkt und Peripherie als *Factoren* des Kreises betrachtet werden können (da sie vielmehr jedes für sich schon der ganze Kreis sind), und: ob der Kreis selbst dann eigentlich [illegible] trakt, die Synthese vom Mittelpunkt und Peripherie betrachtet [illegible], da er in jedem von beiden schon ganz und untheilbar gegenwärtig ist.

Dieß angewendet auf den vorliegenden Fall, so frage ich: Sind 1) kraft der Idee Gottes das Affirmative und das Affirmirte etwas für sich? Unmöglich; sie sind überhaupt nur kraft der Idee Gottes, wie der Mittelpunkt und die Peripherie nur kraft der Idee des Kreises sind, was sie sind. Sind aber wohl 2) Affirmirendes und Affirmirtes Theile in Gott, so daß ein Theil des Absoluten der bloß bejahende, der andere der bloß bejahte ist? Unmöglich; sondern wie dort jedes für sich schon der ganze Kreis, so ist auch hier jedes für sich das Ganze, nämlich die untheilbare Absolutheit, oder Gott selbst. Wird endlich 3) in dem Affirmirenden und dem Affirmirten eine Duplicität, eine Entzweiung in Gott selbst, wird nicht vielmehr die höchste denkbare Einheit angeschaut? — Eine Entzweiung in Gott wäre, wenn das Affirmative in ihm ein anderes wäre als das Affirmirte. Die höchste denkbare Einheit ist in Gott dadurch, daß ein und dasselbe ist, das sich affirmirt und von sich affirmirt ist.

Die Idee Gottes ist also, nicht weder das Affirmirende noch das Affirmirte insbesondere zu seyn, sondern immer und [illegible] die Einheit [illegible] zu seyn. — Die Wichtigkeit dieser Sätze [illegible] die Folgen erkennbar, indem [illegible] der ewigen [illegible] das Affirmirende und das Affirmirten nun auch die ewige Gleich[illegible] Subjektiven und Objektiven, alles Idealen und Realen gesetzt ist, [illegible] also [illegible] zugleich alles Subjektive als Subjektives, alles Objektive als [illegible] negirt, und in allem Wissen, sowie [illegible] Seyn, nur die ewige untheilbare Einheit beider, d. h. [illegible] erkannt wird.

§. 19. [illegible] Selbstaffirmation Gottes kann auch als ein Selbsterkennen beschrieben werden. Denn alles Erkennen, alles Wissen überhaupt ist nur ein Affirmiren. Ist also Gott die absolute Affirmation von sich selbst, so ist Gott auch die absolute Erkenntniß von sich selbst — und diese Erkenntniß Gottes von sich selbst wird nothwendig der Ursprung aller Erkenntniß seyn, so wie überhaupt die Affirmation Gottes alle andere Affirmation affirmirt ist.

Zusatz. Das Affirmirende des Wissens ist das Subjektive, das Affirmirte ist das Objektive oder das Gewußte.

Folgesatz. Es wird also von dem Subjektiven und dem Objektiven im Wissen dasselbe gelten, was von dem Affirmirenden und dem Affirmirten bewiesen wurde, und da es von diesem in Bezug auf Gott, d. h. [illegible] schlechthin allgemein bewiesen wurde (denn Gott ist das Allgemeine alles Seyns und Wissens nach §§. 6. 11), so wird dasselbe, was von dem Affirmirenden und Affirmirten bewiesen worden, auch allgemein von dem Subjektiven und Objektiven insgesammt bewiesen seyn.

§. 20. Alle Erkenntniß in Gott ist nur [illegible] eine absolute Affirmation des Erkannten, die unmittelbar aus seiner Idee folgt. Denn überhaupt außer Gott ist nichts, Gott kann also auch außer sich selbst nichts erkennen. Die Erkenntniß Gottes von sich selbst ist aber eine absolute Affirmation von sich selbst. Demnach ist in Gott keine Erkenntniß denkbar, als welche in der absoluten Affirmation des Erkannten besteht. Aber ferner: aus Gott kann nichts folgen, und es kann nichts in ihm seyn, als was aus ihm folgt oder in ihm ist unmittelbar kraft seiner Idee; also ist in Gott keine Erkenntniß, als eine solche, welche absolute Affirmation des Erkannten ist und unmittelbar aus seiner Idee folgt.

Zur Erläuterung. Indem Gott sich selbst affirmirt, affirmirt er nothwendig zugleich unendliche Realität. Alles nun, was dadurch affirmirt ist, daß Gott sich selbst affirmirt, folgt unmittelbar aus seiner Idee, und von ihm ist in Gott nothwendig die gleiche Erkenntniß wie von sich selbst. Da nun die Erkenntniß Gottes von sich selbst eine absolute Position von sich selbst ist, so ist in Gott auch [illegible] Erkenntniß als vermöge einer solchen Position. Oder anders ausgedrückt: Gott erkennt die Dinge nicht, weil sie sind, sondern umgekehrt die Dinge sind, weil sie Gott erkennt, d. h. weil sie unmittelbar mit der Erkenntniß, die er von sich selbst hat, oder weil sie mit der absoluten Affirmation von sich selbst zugleich affirmirt sind. — Alles bloß endliche Vorstellen ist entweder *real* oder bloß *ideal*. Ist es real, so erscheint das Erkannte als das prius, das Erkennende als das posterius. Ist es ideal, so entspricht ihm überall kein *Gegenstand*. Das endliche Vorstellen ist also *keine* absolute Affirmation des Erkannten; dagegen sind die Repräsentationen des Absoluten ihrer Natur nach real, weil es zur Natur der Absolutheit gehört, daß in ihr kein Affirmiren ist, das nicht unmittelbar auch ein Affirmirtseyn wäre. Die endlichen Naturen stellen die Dinge vor, weil sie sind. In Ansehung des Absoluten sind die Dinge, weil sie durch die Idee des Absoluten affirmirt sind; nur ist hiebei nicht etwa an ein Entstehen oder *Werden* der Dinge kraft jener Affirmation zu denken. Das Affirmirende und Affirmirte ist vielmehr *gleich ewig*, denn eben dieses Gleichseyn beider ist die Idee Gottes, nicht aber, daß dieses jenem oder jenes diesem vorangehe. Daher

Zusatz 1. Das Selbsterkennen ist als keine *Handlung* zu denken. Denn das Selbsterkennen Gottes ist die unendliche Affirmation von sich selbst. Diese ist aber eine unmittelbare Folge seiner Idee, oder in seiner Idee sind Affirmirendes oder Affirmirtes schon absolut eins und werden nicht erst eins durch sein Handeln. *Oder*: das Affirmiren Gottes selbst ist nicht eine Handlung, von der Gott als das Affirmirte das Produkt wäre, denn Gott ist an sich, ohne Handlung, schon seiner Idee nach ewige Einheit des Affirmativen und des Affirmirenden. Er wird also ebensowenig Affirmirtes, als er Affirmirendes wird. Wo aber kein Werden ist, ist auch keine Handlung.

Zusatz 2. Das Selbsterkennen Gottes ist ebensowenig als eine *Selbstdifferenziirung* anzusehen. — Will man aus der Realität der Welt auf eine solche Selbstdifferenziirung schließen, so wird das, was, nach der Voraussetzung, selbst bloß das *Begründete* oder die *Folge* ist, nämlich die Welt, wieder zum Grund, wohl gar zum Bestimmungsgrund für Gott gemacht, sich selbst zu differenziiren.

Daß man die Idee von dem ewigen Selbsterkennen Gottes als der Form seines Seyns mit dieser Vorstellung einer Selbstdifferenziirung in Gott vermischt hat, ist nur ein Beweis, daß jene nicht verstanden wurde. Die Selbsterkenntniß Gottes = Selbstaffirmation. So wenig nun (nach früheren Beweisen) diese eine Differenzìirung, ebenso wenig auch jene. Gott, indem er sich selbst affirmirt, setzt nicht ein Affirmatives und ein Affirmirtes als verschiedene, als differente, sondern er setzt nur sich selbst als das, was affirmirt und affirmirt ist.[1]

Zusatz 3. Das Selbsterkennen Gottes kann auch nicht als ein Herausgehen aus sich selbst angesehen werden. Denn dieß könnte nur geschehen, wenn er sich selbst in sich selbst differenzìirte, was unmöglich. — Alle diese falschen Vorstellungen von dem Selbsterkennen Gottes kommen auf eine und dieselbe falsche Voraussetzung zurück, welche die ist, daß durch jene Selbsterkenntniß ein Subjektives als ein Subjektives, ein Objektives als ein Objektives gesetzt sey. Daher

§. 21. Durch das Selbsterkennen Gottes wird weder ein Subjektives als ein Subjektives, noch ein Objektives als ein Objektives gesetzt. Denn wenn wir sagen: Gott als das schlechthin Einfache erkennt, d. h. affirmirt sich selbst, so setzen wir damit ohne Zweifel kein Erkennendes als ein solches für sich und kein Erkanntes als ein solches für sich, sondern wir setzen nur Gott als das gleich einfache Wesen des Erkennenden und des Erkannten, des Subjektiven und des Objektiven. — Oder auch so: Sollte durch das Selbsterkennen Gottes ein Subjektives als ein solches und ein Objektives als ein solches gesetzt werden, so müßten nothwendig beide in ihrer Verschiedenheit voneinander gesetzt werden. Nun werden aber in dem Selbsterkennen Gottes beide vielmehr als nicht verschieden gesetzt, denn das Selbsterkennen Gottes ist die Position Gottes, also eben die Position ihrer Nichtverschiedenheit, nicht die Position ihrer Verschiedenheit. Demnach rc.

Folgesatz 1. Es ist daher in Ansehung Gottes, und da, was in Ansehung Gottes gilt, schlechthin allgemein gilt, es ist allgemein

[1] Man vgl. Philosophie und Religion, oben S. 50 ff. D. H.

und überhaupt weder ein Subjektives als ein solches, noch ein Objektives als ein solches, sondern es ist nur ihre *Einheit* — Gott, welcher eben nur dadurch, daß er ihre Einheit ist, sich selbst erkennt.

Folgesatz 2. Alles, was ist, ist, seinem wahren Wesen oder seinem Seyn an sich nach betrachtet, die absolute Identität des Subjektiven und des Objektiven, des Affirmirenden und des Affirmirten; ein Subjektives als ein Subjektives oder ein Objektives als ein Objektives ist *nur*, *sofern die Dinge nicht an sich oder dem Wesen nach*, *sondern nur ihrer formellen Differenz nach* betrachtet werden.

§. 22. *Die Vernunft ist dasselbe mit dem Selbsterkennen Gottes.* Denn diese ist dasselbe mit der Selbstaffirmation Gottes, diese aber wiederholt sich in der Vernunft, welche eben darum unmittelbar Erkenntniß Gottes ist (nach §. 8).

Zusatz. Auch für die Vernunft ist weder ein Subjektives als ein Subjektives, noch ein Objektives als ein Objektives, sondern nur die Einheit.

§. 23. *Gott kann nicht sich selbst überhaupt affirmiren oder überhaupt sich selbst erkennen, ohne sich unmittelbar zugleich wieder als Identität des Affirmativen und des Affirmirten oder als Identität des Subjektiven und Objektiven zu affirmiren.* Denn Gott ist das Affirmirte von sich selbst, aber auch als dieses Affirmirte von sich selbst ist er ja wieder nur durch sich selbst affirmirt, d. h. wieder Einheit des Affirmativen und des Affirmirten. Wir stoßen also in Gott nie auf ein Affirmirendes, noch auf ein Affirmirtes, denn nach allen Richtungen hin ist er nur die unendliche Affirmation seiner selbst.

Zusatz. Gott ist daher in der Selbsterkenntniß nie weder rein Subjektives, noch rein Objektives, sondern er ist als Subjektives und als Objektives Gott, d. h. absolute Identität des Subjektiven und des Objektiven. — Nicht ein rein Subjektives, das nur dieses wäre, steht einem rein Objektiven, das gleichfalls nur dieses wäre, gegenüber, sondern in der Selbsterkenntniß Gottes ist das Subjektive oder das

Erkennende und das Objektive oder das Erkannte, jedes für sich, = Gott, jedes also = der absoluten Identität des Subjektiven und des Objektiven. Es wird also auch im Selbsterkennen, wie im Selbstaffirmiren Gottes, nicht eine einfache Identität, sondern eine Identität der Identität gesetzt; die Gleichheit des Subjektiven und Objektiven wird sich selbst gleichgesetzt, erkennt sich selbst, und ist von sich selbst das Subjekt und das Objekt.

Anmerkung. Wie nun Gott nicht überhaupt sich selbst erkennen oder affirmiren kann, ohne auch als Erkennendes wieder von sich erkannt zu seyn, und umgekehrt, so ist durch die Affirmation der Idee Gottes, welcher das Wesen der Vernunft ist, unmittelbar auch wieder die Affirmation dieser Affirmation gesetzt, und dasselbe gilt dann gleicherweise von jeder andern Erkenntniß, die mit jener unmittelbaren Affirmation der Idee Gottes gesetzt ist, nämlich daß mit ihr unmittelbar auch wieder die Erkenntniß von ihm gesetzt ist u. s. f. Aller Regressus ins Unendliche hört hier auf. Alles *wahre* Wissen, d. h. alles Vernunftwissen, ist auch unmittelbar wieder ein *Wissen dieses Wissens*, und wenn das Absolute der Grund und das Princip aller Wahrheit ist, so weiß ich demnach unmittelbar, indem ich ein wahres Wissen habe, auch, *daß* ich ein solches Wissen habe; es ist daher nur vermöge der Idee Gottes eine absolute Erkenntniß möglich, eine solche nämlich, zu der es keiner andern bedarf, und die sich selbst absolut und in unendlicher Wiederholung affirmirt.[1]

Der obige Satz kann auch so bewiesen werden: Gott erkennt *sich selbst*. Nun ist aber nach §. 7 Gott *selbst* nichts anderes als die unendliche Affirmation, also auch das unendliche Erkennen von sich selbst. Gott erkennt sich selbst, heißt daher: Gott erkennt sich selbst auf unendliche Art *als* das Erkennende von sich selbst und als das *Erkannte*. Er ist also als das eine und als das andere gleich unendlich, gleich absolut.

Folgesatz. Es ist eine und dieselbe und gleich absolute Identität

[1] Vgl. Bruno, Sämmtl. Werke, Bd. IV, S. 290. D. H.

von Subjektivem und Objektivem, die als Subjektives und als Objektives in der Selbsterkenntniß Gottes gesetzt ist. (Dieser Satz sagt positiv aus, was §. 21 negativ, ist übrigens eine unmittelbare Folge des vorhergehenden).

§ 24. Gott ist unmittelbar kraft der Selbstaffirmation seiner Idee absolutes All; und hinwiederum das absolute All ist nichts anderes als die unendliche Selbstaffirmation Gottes und (da Gott nach der Definition §. 7 nichts anderes als eben diese unendliche Affirmation seiner selbst ist) Gott selbst. — Beweise. Erster Theil: Gott ist u.; denn unmittelbar aus der Selbstaffirmation Gottes folgt Unendliches, da Gott (§. 16) die unendliche Position von sich selbst ist, und es folgt auf unendliche Weise aus ihr, da in Gott keine Affirmation ist, die nicht unmittelbar als solche auch wieder affirmirt wäre, und umgekehrt, so daß Unendliches aus Unendlichem hervorquillt — sich durchdringt. (Ich erinnere an den früher erklärten Begriff von Unendlichkeit. Wahrhaft unendlich ist, was nur kraft einer absoluten Position ohne alle Einschränkung ist). Aus der Selbstaffirmation Gottes folgt nun nicht nur überhaupt unendliche Realität, sondern sie folgt auf unendliche Weise, wie ein organischer Leib nicht nur überhaupt organisch ist, sondern auf unendliche Weise, so daß Organisches aus Organischem hervorquillt, und jeder Theil, ins Unendliche verfolgt, wieder organisch, d. h. wieder von der Natur des Ganzen ist. Nun ist a) unendliche Realität schon an sich = All. Denn so gewiß sie unendlich ist, so gewiß ist nichts außer ihr, dasjenige aber, außer welchem nichts ist, ist nothwendig das All. Aber b) aus der Selbstaffirmation Gottes folgt nicht nur unendliche Realität überhaupt, sondern auch auf unendliche Weise. Mit andern Worten: Alles, was kraft der Selbstaffirmation Gottes möglich ist, ist auch unmittelbar wirklich durch sie. Das aber, worin alle Möglichkeiten Wirklichkeiten sind, ist nothwendig ein solches, dem nichts gebricht; es ist All, nicht deßwegen, weil nichts außer ihm, sondern weil auch alles Mögliche in ihm wirklich ist. Gott ist also unmittelbar kraft seiner Selbstaffirmation auch absolutes All, Universum, nicht nur als das, außer welchem nichts ist, sondern auch als das, in welchem alle Möglichkeit Wirklichkeit ist. — Zweiter Theil: das absolute All ist die unendliche Selbstaffirmation Gottes, oder kraft §. 7 Gott selbst. Denn aus Gott folgt alles, was überhaupt aus ihm folgt, kraft des bloßen Gesetzes der Identität, d. h. so, daß es ihm selbst gleich ist. Nun folgt aber unmittelbar aus der Selbstaffirmation Gottes, d. h. (§. 7) aus Gott selbst folgt Unendliches auf unendliche Weise oder absolutes All. Also ist das absolute All ꝛc.

Der Beweis dieses Satzes wird auch so geführt: Gott affirmirt sich selbst, da er aber unendlich ist, so affirmirt er auch sich selbst als unendliche Realität, und (weil auch jedes Affirmiren in ihm wieder affirmirt, so wie jedes Affirmirte affirmirend ist) auf unendliche Weise. Eine unendliche auf unendliche Weise affirmirte Realität aber ist = absolutes All. Gott affirmirt sich also selbst als absolutes All, und das absolute All ist daher das Affirmirte von Gott. Da aber in Gott kein Affirmirtes ist, das nicht unmittelbar als solches affirmirend wäre, so ist das All als das Affirmirte unmittelbar auch das Affirmirende, d. h. = Gott, hinwiederum also Gott auch = dem All, und es ist kein Gegensatz, sondern nur absolute Identität zwischen beiden. Nun ist erst die Bedeutung klar, in welcher Alles Eins und Eins Alles.

§. 26. Alles ist Eins, oder das All ist schlechthin Eines. Nicht einzig im numerischen Sinn, denn die numerische Bestimmung ist auf das All ebensowenig als auf Gott anzuwenden. Das All ist Eins, heißt: es ist absolut einfach. Denn (negativer Beweis) a) es kann nicht durch Zusammensetzung entstehen. Denn das Woraus wäre entweder wieder = All, aber dann könnte es sich nicht als Theil verhalten, oder nicht = All, d. h. Negation des All. Demnach müßte das All, welches seiner Natur nach absolute Position ist, zusammengesetzt werden aus Negationen seiner selbst, welches absurd ist. (Die gemeine Vorstellung kennt das Universum allerdings nichts anders als zusammengesetzt, als einen Inbegriff endlicher Dinge, die in ihm nur zu einem Ganzen vereinigt sind. Der wahren Idee nach ist das All ein absolut theilloses Ganzes, das allem Einzelnen ebenso vorangeht, wie der unendliche Raum den einzelnen Räumen). Ist aber das All nicht zusammengesetzt, so ist es schlechthin einfach, schlechthin Eins. — b) Positiver Beweis. Denn das All ist gesetzt durch die untheilbaren Positionen der Idee Gottes, und ist selbst nur diese Position der Idee Gottes (wie gezeigt); so nothwendig nun diese einfach ist, so nothwendig auch das All. — Auch so: da alles, was ist, durch eine und dieselbe untheilbare Position ist, so ist in dem wahren All nichts außereinander oder nacheinander, sondern alles, was auf unendliche Weise aus der Idee Gottes folgt, ist kraft dieser Idee und in der Selbsterkenntniß Gottes, also überhaupt und an sich Eins — nicht Vieles.

Erläuterung. In dem erscheinenden All unterscheiden wir verschiedene Dinge, verschiedene Formen, und wir selbst behaupten, Unendliches folge aus Gott auch auf unendliche Weise. Aber auch das, was aus Gott auf unendliche Weise folgt, und was daher in der Erscheinung als ein Verschiedenes sich darstellen kann, ist doch in der absoluten Position der unendlichen Realität, d. h. in der Idee Gottes selbst, Eins. Es ist nicht eine besondere Position, z. B. aus welcher in der entfernteren Erscheinung die organische, und wieder eine besondere, aus welcher die unorganische Natur ausfließt, sondern es ist eine untheilbare Position, wodurch sie — also auch als Eines — gesetzt sind. Die ganze unendliche Realität in den unendlichen Weisen ihres Affirmirtseyns durch die Idee Gottes ist Eine Realität. Das All ist also nicht nur eingeboren, sondern auch einig in sich, nämlich eine und dieselbe untheilbare Position der unendlichen Realität Gottes. Hinwiederum

§. 26. Eins ist Alles. — Denn absolut und an sich ist nur Eines, nämlich Gott, aber dieses Eine affirmirt sich selbst nicht nur überhaupt als unendlich, sondern auch auf unendliche Weise, d. h. als All, und dieses Affirmirte ist mit dem Affirmirenden Eins. Also ist das Affirmirende als Eins unmittelbar zugleich als Alles, und das Eine gesetzt, ist Alles gesetzt.

Philosophie also ist Darstellung der Selbstaffirmation Gottes in der unendlichen Fruchtbarkeit ihrer Folgen, also Darstellung des Einen als des Alls. Hinwiederum ist sie eben deßhalb Darstellung des Universums, wie es unmittelbar aus der Selbstaffirmation Gottes als seiner ewigen Einheit hervorquillt — Darstellung also des All als Einen, und in *dieser* Identität der All- und Einheit liegt alle Erkenntniß der Philosophie und der Vernunft beschlossen.

§. 27. *Gott ist nicht die Ursache des All, sondern das All selbst.* Unter Ursache verstehe ich hier ein Affirmirendes, das von seinem Affirmirten verschieden ist. Nun ist aber das All, als das Affirmirte, von Gott, als dem Affirmirenden, nicht verschieden, also Gott zu ihm auch nicht im Verhältniß der Ursache, sondern im Verhältniß der vollkommenen Identität. Das All *wird* nicht, das All *ist* unmittelbar mit Gott. Oder wenn die Realität des All mit der Realität Gottes eine und dieselbe ist, ist etwa noch ein All außer diesem, zu dessen Erklärung es eines Causalverhältnisses in Gott bedarf, und ist nicht vielmehr nur Ein All und das All, welches nicht unmittelbar aus der Idee Gottes folgt, vielmehr ein nicht-All — ein vollkommenes Nichtseyn? —

Folgesatz. Das Universum ist gleich ewig mit Gott; denn Gott *ist* nur durch die unendliche Affirmation von sich selbst, d. h. er ist nur als All: Gott selbst aber ist ewig (§. 13), also ist auch das All nothwendig ewig.

So ist, wird man sagen, dieses System *Pantheismus*. Gesetzt, es wäre nun selbst Pantheismus in *eurem* Sinn, was wäre es denn nun? Gesetzt, eben dieses System und kein anderes folgte aus der Vernunft, müßte ich es nicht trotz eurem Erschrecken davor als das einzig wahre behaupten? Die gemeinste Art von Polemik in der Philosophie ist die, welche mit gewissen Schreckbildern geführt wird, die man aus der Geschichte der Philosophie aufgegriffen hat, und die dann jedem neuen System als ebenso viel Medusenköpfe entgegengehalten werden. Aber was wird denn verstanden unter Pantheismus? Seh' ich recht, eben die Vorstellung, nach welcher die Allheit Gottes so verstanden wird, als ob Alles, d. h. alle *sinnlichen* Dinge zusammengenommen, Gott wären, aber von diesem ist bei uns überall nicht die

Rede, und weit entfernt zu sagen, daß es Gott ist, behaupten wir vielmehr, es sey eben nur *sinnlich*, weil Privation Gottes.

§. 28. *Die Substanz, das Wesen alles Seyns*, ist, ebenso *wie das All, schlechthin untheilbar*. Denn man setze, das Wesen alles Seyns könne getheilt werden, so werden die Theile entweder die Natur dieses Wesens beibehalten, oder nicht beibehalten. Im ersten Fall werden sie also unendlich und absolut von sich selbst seyn, d. h. es werden mehrere Absolute seyn, was absurd ist. Im andern Fall würde die Substanz, das Wesen alles Seyns, selbst durch Theilung aufhören können zu seyn, was gleichfalls widersprechend ist. Denn das Einzelne, was ist, kann aufhören zu seyn, das *Seyn selbst* aber ist nothwendig ewig und unveränderlich. Das Wesen alles Seyns ist also schlechthin untheilbar. — Ebenso das All. Denn das All ist Gott als die unendliche Affirmation *seiner selbst*, nichts außer dem. Wäre also das All, *als All*, theilbar, so müßten die Theile entweder Negationen des All seyn, das All also aus Negationen von sich selbst zusammengesetzt werden können, was nach §. 25 absurd ist. Oder die Theile wären jeder für sich wieder unendliche Affirmation von sich selbst, d. h. jeder für sich wäre All, und also *nicht* Theil des Alls. Demnach ist auch das All als All schlechthin untheilbar.

Anmerkung. Was also auch getheilt werden möge, so wird nie die absolute Substanz selbst getheilt. Das was z. B. getheilt wird, wenn wir von dem Körper sagen, er sey ins Unendliche theilbar, ist keineswegs die körperliche *Substanz selbst*, sondern vielmehr die Negation derselben. Die Reflexion aber kennt die Substanz überhaupt nicht *an sich*, sondern nur, inwiefern sie zugleich mit Affektionen oder Bestimmungen, d. h. mit Negation, gesetzt ist. Die *Materie* ist der Substanz nach überall Eine, und es ist kein Theil in ihr unterscheidbar, als inwiefern sie mit verschiedenen Affektionen gesetzt ist. So kann z. B. das Wasser als Wasser getheilt werden, wie es als solches entstehen und vernichtet werden kann, so wenig es aber als Substanz oder der Substanz nach entsteht oder vergeht, so wenig kann es der Substanz nach getheilt werden. Vielmehr ist die *absolute* Untheilbarkeit der Materie dem Wesen nach der Grund ihrer Theilbarkeit ins Unendliche der Form oder der Affektion nach. Denn daß mir der Körper ins Unendliche theilbar erscheint, beruht darauf, daß ins Unendliche getheilt die Substanz, das Wesen, immer dasselbe bleibt. Könnte ich durch die Theilung je auf eine Verschiedenheit der Substanz nach, auf einen wahrhaft qualitativen Gegensatz stoßen, so würde eben damit die Theilung nothwendig stehen. Die Theilbarkeit der Körper ins Unendliche ist also vielmehr eine Negation ihrer Theilbarkeit der Substanz nach, als daß hieraus auf die Theilbarkeit der Substanz geschlossen werden könnte.

Zusatz. Nichts, was ist, kann, inwiefern es ist, vernichtet werden; denn alles, was ist, ist, inwiefern es ist, Eines, nämlich die absolute Identität. Diese aber kann weder überhaupt noch zum Theil vernichtet werden. Nicht überhaupt, denn sie kann (§. 9) in nichts und auf keine Weise negirt werden, und sie ist (§. 6) unmittelbare Folge der absoluten Position der Idee Gottes. Nicht zum Theil. Denn sie ist unabhängig von aller Quantität; könnte sie also auch nur in einem Theil des Ganzen negirt werden, so wäre sie überhaupt oder absolut negirt: es würde, um uns so auszudrücken, nicht mehr dazu gehören, sie im Ganzen als sie im Theil zu vernichten. Nichts also, was ist, kann *rc.*

§. 29. In dem All ist überall keine wesentliche oder qualitative Differenz denkbar. Eine qualitative Differenz wäre z. B. gesetzt, wenn das Subjektive und Objektive dem Wesen, der Substanz nach verschieden seyn könnten. Aber Subjektives und Objektives sind selbst nur ein und dasselbe, und es ist nichts an sich außer der unendlichen Identität beider, also kann auch ins Unendliche nie Subjektives als Subjektives, Objektives als Objektives gesetzt seyn, sondern alles, was in dem All ist, ist, insofern es ist, nothwendig selbst das allgemeine, ewig gleiche, untheilbare Wesen alles Seyns. Es ist daher in dem All keine Differenz dem Wesen nach denkbar.

§. 30. Erklärung. Quantitative oder unwesentliche Differenz wäre gesetzt, wenn zwar durchaus dasselbe und gleiche Wesen Gottes,

d. h. dieselbe unendliche Einheit des Affirmativen und Affirmirten, aber mit dem Uebergewicht entweder des Affirmirens oder des Affirmirtseyns, gesetzt würde.

Anmerkung. Diese quantitative Differenz könnte der gleichen inneren Einheit des Wesens unbeschadet ins Unendliche gehen, weil aus der Selbstaffirmation Gottes Unendliches auf unendliche Weise folgt, und in Gott auch sein Affirmiren und sein Affirmirtseyn selbst wieder auf unendliche Weise affirmirt wird. Quantitativ hieße diese Differenz, eben weil sie das Wesen nicht afficirt, welches immer die untheilbare gleiche Substanz der Absolutheit selbst ist, sondern bloß die *Art* des Gesetztseyns bestimmt.

§. 31. *In Ansehung des All selbst als solchen, ist auch diese quantitative Differenz undenkbar.* Denn kraft der unendlichen Affirmation Gottes von sich selbst ist nach den früheren Sätzen nichts *insbesondere* gesetzt; nicht das Affirmirte als Affirmirtes, aber auch nicht das Affirmirende als solches, noch das Affirmirende jenes Affirmirenden, sondern dieß alles ist zumal gesetzt kraft einer und derselben untheilbaren Position, als eine und dieselbe Affirmation Gottes, d. h. *nur das All als solches* ist gesetzt; nicht diese oder jene besondere Weise in der unendlichen Affirmation Gottes, sondern diese unendliche Affirmation selbst in der Unendlichkeit ihrer Weisen ist als *Einheit*, d. h. als absolutes All, gesetzt. Wenn also auch im All oder vom Standpunkt, welcher nicht Standpunkt der absoluten Position selbst, sondern Standpunkt eines im All Begriffenen ist, quantitative Differenz ist, so nämlich, daß das Eine und gleiche Wesen Gottes zwar immer und in allem als *dasselbe*, aber jetzt vorzugsweise *unter der* Form des Affirmirtseyns, jetzt der des Affirmirens gesetzt ist, so kann doch *in Ansehung* des All selbst (ich bitte diesen Ausdruck genau zu bemerken), es kann in Ansehung des *All selbst* keine quantitative Differenz seyn.

Zusatz. Was als quantitative Differenz gesetzt ist, ist in Bezug auf das All selbst nur als (relativ) negirt — als *Nicht-Wesen* — gesetzt. — Es ist eine und dieselbe Affirmation, gleichsam Ein Schlag, womit das All und das Besondere gesetzt ist. Das All ist = Gott, angeschaut in den unendlichen Folgen seiner Idee, alle diese Folgen sind also zumal, aber eben, weil sie nur zumal, nur durch untheilbare Position sind, so *ist* das Besondere von ihnen im All, und es ist auch nicht. Es ist, inwiefern es durchdrungen ist vom unendlichen Begriff Gottes und des Alls, es ist *nicht*, inwiefern es etwas für sich ist. Alles *Besondere*, das als solches, als quantitative Differenz (denn keine Besonderheit durch qualitative), gesetzt wird, ist daher unmittelbar als solches auch als relative Negation in Bezug auf das All gesetzt. *Eben jenes Seyn und relative Nichtseyn des Besonderen im All ist der Keim der gesammten Endlichkeit.* Hieraus die folgenden Sätze. Zuvor noch —

Erläuterung. Wären die Besonderheiten im All als Besonderheiten für sich, so wäre das All nur der Inbegriff, das Compositum von ihnen. Aber die Besonderheiten *sind* nicht ursprünglich, sondern nur die unendliche Affirmation, und zwar als unendliche. Nur das All als All ist. Indem nun das All ist, sind in ihm auch die besonderen Formen, aber sie sind auch *nicht*, weil es sie nur als *aufgelöst* in sich, also nicht ihrer besonderen Realität nach setzt. Eben dadurch, daß das All allen Besonderheiten vorangeht, setzt es sie nur als aufgelöst in sich, und setzt sie eben deßwegen auch *nicht*, weil es sie nicht ihrer besonderen Natur nach setzt. Hieraus erhellt, wie von dem All gesagt werden könne, nicht nur, daß es *alle* Formen enthaltend selbst keine davon *insbesondere* sey, daß es *alle* enthaltend eben deßwegen *keine* enthalte. Es enthält alle, aber als absolute, untheilbare Einheit, als schlechthin einfache Position, und es enthält sie nicht, eben deßhalb, weil es sie nur als *Einheit*, also absolut aufgelöst enthält. — Von einer andern Seite. Was ist denn das überhaupt, was wir eine *Besonderheit* nennen? — Es ist selbst für eine untergeordnete Reflexion, *nichts an sich*, nicht Substanz, bloß Form, bloß ideelle Bestimmung. Das, was die *Pflanze* zur Pflanze macht, ist z. B. nicht die Substanz, denn die Substanz ist ihr gleich mit allen andern Naturwesen; hinwiederum also ist auch die Pflanze, nicht reell, nichts an sich.

sie ist bloß Begriff, bloß Schematismus der Einbildungskraft. Nun fließt auch *diese* Weise des Seyns, und wär' es durch noch so viele Mittelglieder, aus von der *unendlichen Affirmation* der Idee Gottes, und sie ist in diesen Begriffen, aber sie fließt *nicht* als *diese* besondere aus. Denn kraft der unendlichen Affirmation ist auch nur das Unendliche in seiner absoluten Einheit, d. h. das All. Mit dem *Besonderen* auch der *Art* nach ist daher nichts im All noch im Absoluten; es ist im All nur, inwiefern es durchdrungen ist vom Begriff desselben, getilgt vom Unendlichen, aufgelöst in das Allseyn. Diese Auflösung ist die *wahre* Identität des Unendlichen und des Endlichen. Das Endliche ist *nur* im Unendlichen, aber eben dadurch hört es auf als das Endliche zu seyn. Wenn aber gegen die Reflexion, welcher eben die Besonderheit das Reale ist, diese Identität des Unendlichen mit dem Endlichen behauptet wird, so bemerkt sie wohl etwa, daß hier Entgegengesetzte verbunden werden, nicht aber, daß beide eben dadurch, daß sie verbunden sind, auch die Eigenschaften ablegen, die sie nur haben *außer* der Verbindung, und inwiefern sie Entgegengesetzte sind. So, wenn an die Reflexion gefordert wird, das Endliche, Besondere dem All wieder zu geben, von dem es genommen ist, so begreift sie wohl, *was* gefordert, aber das *Wie* nicht; sie begreift nicht, daß das Wiedergegebene eben durch diese Wiederauflösung das verliert, was sie nur durch die Trennung und in der Trennung erhalten hatte. Jene Identität des Endlichen mit dem Unendlichen bleibt ihr daher eine bloße *Synthese*, keine wirkliche Auflösung des einen in das andere.

§. 32. *Die Abkunft aller Dinge ihrem Seyn nach ist eine ewige Abkunft.* Denn zwischen Gott und dem All, demnach auch zwischen Gott und den Dingen, sofern sie im All *sind*, ihrer Position nach betrachtet, kann kein anderes Verhältniß stattfinden, als welches dem Princip der Identität A=A gemäß ist. Denn alles fließt aus der Idee Gottes kraft des bloßen Gesetzes der Identität. Nun enthält aber dieses eine ewige Wahrheit, also ist auch das Verhältniß der Dinge zu Gott, und weil sie nur in Gott und kraft der unendlichen Affirmation Gottes seyn können, so ist auch die Abkunft der

Dinge von Gott eine ewige Abkunft. — Die Betrachtung der Dinge ihrer ewigen Abkunft nach, oder inwiefern sie in Gott sind, ist daher auch die einzig wahre Betrachtung. Durch das *Seyn* als solches hat ein jedes Ding die unmittelbare Beziehung auf Gott, mag es auch seinem Nichtseyn nach oder als bloßes non-ens jederzeit von einem andern zum Daseyn oder zum Wirken bestimmt seyn.

§. 33. *Die Wesenheiten der Dinge als gegründet in der Ewigkeit Gottes = Ideen.* — Im vorhergehenden Satz wurde bewiesen, daß die Dinge dem Seyn oder der reinen Position nach ein ewiges Verhältniß zu Gott haben. Hier wird eben dasjenige an den Dingen, wodurch sie jenes unmittelbare Verhältniß zu Gott haben und in seiner Ewigkeit gegründet sind, näher bestimmt. — Kein Ding des Universums hat eine *besondere* Wesenheit; das Wesen, das An-sich aller Dinge ist vielmehr nur das All selbst, und jedes Ding, sofern es *im All* ist, ist selbst nur *Darstellung* des *All*, und eben deßhalb nicht das besondere Ding, denn sonst müßte es vielmehr nicht das All seyn. Wenn also von *Wesenheiten* der Dinge die Rede ist, so ist dieß nicht als eine Verschiedenheit in dem *Wesen selbst* gemeint, sondern nur als eine Verschiedenheit dessen, worauf es sich bezieht. Inwiefern nur der obige Satz eine bloße Erklärung enthält, bedarf er eigentlich keines Beweises, sondern bloß der Erläuterung. Ich bemerke also zuvörderst, daß ich unter Idee hier und in der Folge nicht den bloßen Modus des *Denkens*, wie es insgemein, und wie es selbst bei Spinosa der Fall ist, verstehe, sondern ich verstehe darunter (der ursprünglichen Bedeutung nach) die Urgestalt, das Wesen in den Dingen, gleichsam das Herz der Dinge: was also an ihnen weder bloß subjektiv ist, wie der Begriff, der Modus des Denkens, noch bloß objektiv, wie das Ding rein als solches, sondern die absolute Identität beider.

Ich behaupte nun, das wahrhaft Reale in allen Dingen sey nur die *Idee* oder die vollkommene Idealität des Allgemeinen und Besondern, und hierüber berufe ich mich auf die Erläuterungen des §. 31, wo gezeigt wurde, daß das Besondere oder das Endliche im *All* nur seyn kann, sofern es ganz aufgelöst ist in das Allgemeine; aber eben dieß ins Allgemeine, ins Unendliche aufgelöste Endliche ist die Idee, und nur seine Idee ist das von ihm, was im unmittelbaren Verhältniß zu Gott steht, also auch *real* ist. — Wir behaupten, die Idee sey die vollkommene Identität des Besonderen mit seinem *Allgemeinen*. Nun ist aber das Allgemeine eines jeden Dings Eins, nämlich das All selbst; es müßte sich also zeigen, daß jedes Besondere, inwiefern es mit seinem Allgemeinen absolut eins und in ihm aufgelöst ist, eben dadurch auch mit dem All eins und in diesem aufgelöst ist. Aber so ist es auch. Fangen wir einmal bei dem Gegensatz des Besonderen mit seinem Allgemeinen an, um zu sehen, wie jenes in dieses, aber eben dadurch auch in das All aufgelöst wird. Was ist es z. B., das diese bestimmte oder besondere Pflanze zur bestimmten, zur besonderen macht. Nichts anderes als dieß, daß sie ihren Allgemeinbegriff nicht vollkommen ausgedrückt in sich darstellt, weil sie nur zum Theil ist, was sie ihrem Begriff nach seyn könnte. Kurz also, weil sie Negation ihres Allgemeinbegriffs ist. Wir schauen in allen Dingen nur das Allgemeine, den Begriff, aber negirt an. Die besondere Pflanze z. B. ist nichts anderes als der angeschaute, aber mit Negation angeschaute Begriff der Pflanze. Wir erkennen aber ferner auch den *Allgemeinbegriff* als Allgemeinbegriff eines *Besonderen* nur, sofern dieses Besondere als die Negation von ihm angeschaut wird, nicht an sich. Der Begriff der Pflanze z. B. ist Begriff der *Pflanze* nur, sofern diese selbst ihrem Begriff nicht adäquat ist, das Affirmirte nicht das All ist wie das Affirmirende. Denn man setze das Besondere aufgelöst in seinem Begriff ihm ganz gleich, so ist dieser Begriff auch unmittelbar Begriff des All, unendliche, ewige Form. — Was ist das Wesentliche der Pflanze, als die unendliche Zeugung und Affirmation von sich selbst. Das Wesentliche der Pflanze ist als das *All selbst* in der unendlichen Zeugung von sich selbst angeschaut, und dieser Begriff, dieses Wesen des All, kraft dessen es sich selbst auf unendliche Weise zeugt, dieser Begriff *wird* zum Begriff der Pflanze erst durch Negation, d. h. nur dadurch, daß er *nicht als* Begriff des Alls angeschaut wird. Die Pflanze ist daher als solche nichts Positives, nichts an sich, sie ist ihrer Besonderheit nach durch bloße Negation des An-sich, der Idee, welche unendlicher Begriff, Begriff des All selbst ist.

Wenn nun die Wesenheiten der Dinge als gegründet in der Ewigkeit Gottes = Ideen, so ist Philosophie als Wissenschaft der Dinge an sich nothwendig Wissenschaft der Ideen, Wissenschaft, die selbst durchaus nur in der Identität des Allgemeinen und des Besonderen ist. Denn die Idee ist die vollkommene Identität des Besonderen mit seinem Allgemeinen. Die bloße Reflexion als Gegensatz der Philosophie befindet sich nothwendig in der Antithese des Allgemeinen und Besonderen. Sie kennt das Allgemeine und das Besondere nur als zwei relative Negationen, das Allgemeine als relative Negation des Besonderen, das insofern ohne Realität ist, das Besondere dagegen als eine relative Negation des Allgemeinen. Auf diesem Standpunkt erscheint daher der Allgemeinbegriff als vollkommen leer; es kann z. B. aus dem Begriff Substanz in alle Ewigkeit keine wirkliche Substanz eingesehen werden, es muß etwas von dem Begriff Unabhängiges hinzukommen, um sie als solche zu setzen. Im All dagegen sind eben die Allgemeinbegriffe auch das Reale, denn sie sind in dem All als Formen, die das ganze Wesen des All selbst in sich aufnehmen, so daß Wesen und Form, Allgemeines und Besonderes hier vollkommen ein und dasselbe ist. Die Frage, ob die Ideen selbst wieder subjektiv oder objektiv, hat keinen Sinn, sie ist nur aufgeworfen von einem solchen, der ganz in der Reflexion ist, der das Allgemeine nur als Gedankending kennt, als Produkt der Abstraktion, das Besondere dagegen als das Reelle, ohne zu bedenken, daß ihm auch das Besondere ebenso nur durch Abstraktion von dem Wesen entsteht, also ebenso gut Gedankending ist wie jenes. Die Logik in ihrer gewöhnlichen Bedeutung ist eben die Lehre, durch welche das rein Allgemeine in seinem Gegensatz mit dem Besonderen, d. h. in seiner Leerheit, betrachtet wird, welcher Leerheit dann nur ein ebenso leeres Besonderes, nämlich das physisch-Besondere gegenüber stehen kann. Daher das Mißverständniß der Platonischen Ideenlehre, die von den meisten Geschichtschreibern der Philosophie bald als bloß logische Abstrakta, bald als wirkliche, physisch-existirende Wesen gedacht worden

Kant hat das Verdienst, der *Sprache* das Wort Ideen wieder vindicirt zu haben zur Bezeichnung von etwas Höherem, als was durch das Wort Begriff oder gar Vorstellung hinlänglich bezeichnet wird. Er erinnerte zuerst wieder daran, daß *Ideen* etwas bedeuten, das nicht nur nicht von den Sinnen entlehnt ist, sondern welches sogar die Begriffe des Verstandes oder die Kategorien weit übersteigt, indem es Begriffe nicht einer möglichen Erfahrung, sondern Begriffe sind, die über alle Erfahrung hinausgehen. Er führt an, sie seyen nach Platos Meinung aus der höchsten Vernunft ausgeflossen, von der sie der menschlichen zu Theil geworden, die sich aber jetzt nach Verlust ihres ersten Zustands nur mit Mühe der alten jetzt sehr verdunkelten Ideen erinnere, welche Erinnerung zurückzurufen Philosophie sey. In dem letztern sieht nun Kant freilich nichts wie *mystische* Uebertreibungen, die man Plato zu gut halten müsse, und meint am Ende, die hohe Sprache, deren er sich in diesem Felde bedient, möge einer mildern und der Natur der Dinge angemessenen Auslegung fähig seyn, so wie er auch der Zuversicht lebt, daß *wir* Plato jetzt besser verstehen können, als er sich selbst verstanden, wovon er aber eben hierin keinen besondern Beweis ablegt. Kant läßt nun den Ideen keine Realität zu, als inwiefern sie *sittlicher* Natur sind: theils drängt sich in sittlichen Ideen die über alle Erfahrung erhabene Natur der Ideen überhaupt unmittelbarer und unabweislicher auf, so daß sie weniger verkannt werden kann, theils ist diese Einschränkung der Ideen auf das Sittliche dem übrigen Wesen von Kant ganz und gar angemessen. Denn er steht überall auf dem Punkt der Reflexion, wo über Ideen die Frage entstehen muß, ob sie nicht bloße Gedankendinge seyen — den höheren kennt er nicht —, und einzig weil diese Frage in Ansehung der sittlichen Ideen schon durch die Art ihrer Erscheinung in der Seele (welche die einer absoluten Nöthigung ist) verhindert ist, sieht sich Kant, dessen Philosophie ganz von der Reflexion geleitet ist, in der Nothwendigkeit, ihnen die absolute Realität zuzugestehen. Es ist aber klar, daß, wenn die sittlichen Ideen nicht bloße Gedankendinge sind und als Ideen, und eben deswegen, weil sie dieß sind, unbedingte Realität haben, dieß allgemein gelten muß.

und daß, wenn *Sittlichkeit* überall nur Eine Seite der Intellektualwelt ist, gegen die *absolute* Realität der Ideen überhaupt nicht eingewendet werden kann, sie *könnten* nur bloße Gedankendinge seyn. Denn diesen eitlen Trieb der Selbstheit, welche alles in *ihr* Produkt zu verwandeln strebt, wenn er überhaupt und in Ansehung irgend einer Idee abgelegt werden kann, muß auch allgemein und in Ansehung aller Ideen, so wie des Absoluten überhaupt, abgelegt werden können, und es ist ganz eine und dieselbe Unvernunft, die sittlichen Ideen und die theoretisch genannten für bloße Gedankendinge zu halten.

Zusatz. Kraft der Selbstaffirmation des Absoluten, wodurch dieses in sich das All auf ewige Weise gebiert und selbst All ist, ist auch dem *Besondern* im All ein *gedoppeltes* Leben verliehen, ein Leben im Absoluten — dieß ist das Leben der Idee, welche eben daher auch als die Auflösung des Endlichen im Unendlichen, des Besonderen im All beschrieben wurde — und ein Leben *in sich selbst*, welches ihm aber wahrhaft nur insofern zukommt, als es zugleich aufgelöst ist im All, das aber getrennt von dem Leben in Gott ein bloßes Scheinleben ist. Nur Absolutes ist im Absoluten; nur Selbständiges bildet das All. Das Besondere, indem es aufgelöst wird in das unendliche Allseyn, erlangt eben dadurch ein *absolutes* Leben, es ist absolut in sich selbst; aber nur, sofern es im All ist, es kann nicht zugleich absolut seyn und des besonderen Lebens als eines besonderen genießen; es kann auch als Besonderes nur das Leben des Alls leben. Es wird in der ewigen Affirmation Gottes in einem und demselben Akt geschaffen und vernichtet: geschaffen als absolute Realität, vernichtet, weil es kein besonderes vom All abtrennbares Leben für sich, sondern eben nur das Leben im All hat (Fulguration — Ausstrahlen und Zurücknehmen —). Dieses Leben im All also, diese *Wesenheit* der Dinge, als gegründet in der Ewigkeit Gottes, ist die Idee, und ihr Seyn im All ist das Seyn der Idee nach.

§. 34. Das relative Nichtseyn des Besonderen in Bezug auf das All kann als die bloße Erscheinung im Gegensatz der Idee bezeichnet werden.

Erläuterung. Alle Besonderheit oder, was dasselbe ist, alle Differenz überhaupt, kann nach dem §. 29 keine qualitative seyn, also nur eine quantitative. Aber auch diese ist nach §. 31 in Ansehung des All negirt, d. h. sie ist relativ auf das All bloßes Nichtseyn. Das absolute Setzen des All ist also unmittelbar auch ein relatives Nichtsetzen der qualitativen Differenz, d. h. des Besonderen als Besonderen (ein relatives, weil das Besondere nicht absolut in jeder Beziehung, sondern nur seinem für-sich-Seyn, seinem *eignen* Leben nach negirt wird, nicht aber seinem Leben im All nach). Nach §. 31, Zusatz, ist ferner alles, was als quantitative Differenz gesetzt ist, unmittelbar als solches als nicht *an sich* reell gesetzt; denn weil das An-sich nur im All ist, so ist das, was relativ auf das All als Nichtseyn gesetzt ist, auch nicht an sich als reell gesetzt. Da aber hiermit das Besondere als solches nur *an sich* nicht ist, d. h. in Bezug auf das All *nicht* ist, so kann dieses relative Nichtseyn in Bezug auf das All auch als ein Seyn bezeichnet werden, das nur nicht *wahres* Seyn, d. h. das bloße Erscheinung ist. (Man bemerke genau den Gang dieses Beweises). Vor der Hand ist das Besondere nur als etwas, das *an* sich ist, negirt, es ist also nicht negirt als etwas, das nicht an sich ist, das bloße Erscheinung ist: es *kann* also auch als solches bezeichnet werden. Ob es nun aber auch als solches, das *nicht* an sich ist, negirt oder nicht negirt ist, darüber erst die folgenden Sätze.

§. 35. *Das All und die Erscheinung sind beide gleich ewig gesetzt, oder: so ewig das All ist, so ewig ist auch die Erscheinung, aber als Erscheinung.* (Der letzte Zusatz, um die gleiche Dignität beider zu verwerfen. Das All ist schlechthin ewig, aber die Erscheinung ist nur ewig, insofern das All ist, und dadurch ist die Erscheinung unmittelbar und ewig mit dem All zugleich). *Beweis.* Denn gleich ewig in der Idee des All ist das Seyn und das Nichtseyn der Dinge, das Seyn der Dinge als Ideen, das Nichtseyn als besonderer Dinge. Nun ist aber dieses Nichtseyn nur Nichtseyn in Bezug auf das All; also *absolut* zwar betrachtet, ist es auch absolutes Nichtseyn, nicht absolut betrachtet, ist es aber auch nicht-absolutes

Nichtseyn, sondern nur relatives; oder anders ausgedrückt: es ist in Bezug auf das All als absolutes Seyn negirt; aber es ist nicht negirt als nicht-absolutes: vielmehr eben deßhalb, weil es durch das All ewig als absolutes Seyn negirt ist, ist es als nicht-absolutes, d. h. als nicht-wahres Seyn, und demnach als Erscheinung gesetzt.

Folgesatz. Die Idee und die Erscheinung der Idee sind gleich ewig gesetzt, oder, die Idee gesetzt, ist unmittelbar auch ihre Erscheinung gesetzt, aber nur als Erscheinung, d. h. die Erscheinung ist nicht ohne die Idee, sie ist nur, inwiefern die Idee ist, aber sie ist doch gleich ewig. Diese geht ihr also dem Begriff nach nothwendig voran, ohne ihr der Zeit nach vorauszugehen.

Verlangt man daher an die Philosophie die Erscheinung abzuleiten, so kann sie dieß unmöglich insofern leisten, als etwa gefordert wird, die Erscheinung als positive Realität abzuleiten. Ist aber die Forderung die, die Erscheinung eben nur als Erscheinung, als nicht wahre Realität, abzuleiten, so kann hier freilich auch kein Ableiten stattfinden, eben deßwegen, weil die Erscheinung als solche, d. h. als nicht-wahres Seyn, nothwendig ebenso ewig gesetzt ist, als sie als wahres oder als absolutes Seyn negirt ist. — Wir haben nun zunächst eben dieses relative Nichtseyn der Besonderheit, d. h. ihr Seyn als nicht-absoluter, welches mit ihrem Nichtseyn als absoluter ein und dasselbe ist, in seinen nähern Bestimmungen zu zeigen.

§. 36. Das relative Nichtseyn des Besonderen in Bezug auf das All, als relatives Nichtseyn aufgefaßt, ist das concrete, wirkliche Seyn. Dieser Satz wäre zu beweisen dadurch, daß wir zeigten, daß das, was wir als Bestimmungen des einzelnen wirklichen Dings und in der Reflexion sogar als positive Bestimmungen desselben ansehen, wahrhaft nur Ausdrücke seines relativen Nichtseyns sind, und daß wir daher auch in dem besonderen wirklichen Ding als dem Inbegriff jener Bestimmungen weit entfernt etwas Positives zu erkennen, vielmehr wahrhaft ein bloßes Nichtseyn in Bezug auf das All erkennen, das Nichtseyn, die Negation, also das wahre Wesen dieses Dings ist; allein dann müßten wir jene

Bestimmungen *voraussetzen* oder aus der Reflexion aufnehmen; es ist aber methodischer, diese Bestimmungen aus dem vorausgesetzten Begriff des *einzelnen Dings* als eines solchen, dessen Substanz im bloßen Nichtseyn besteht, abzuleiten als umgekehrt. Daher folgender kürzerer Beweis. Ein relatives Nichtseyn schließt ein ebenso relatives Seyn in sich. Dasjenige, was *relativ* auf etwas, wie z. B. hier auf das All, *absolut nicht-ist*, kann, *nicht* bezogen auf jenes, nicht absolut nicht-seyn, denn sonst müßte es *bezogen* auf jenes absolut seyn. Es kann aber auch, nicht bezogen auf jenes, nicht absolut seyn, denn das, was, bezogen auf ein anderes, schlechthin *nicht* ist, kann nie und in keinem Betracht absolut seyn. Es kann also, nicht bezogen auf jenes, weder absolut *seyn*, noch auch absolut *nicht-seyn*, d. h. es kann nur relativ seyn und relativ nicht-seyn. Das relative Nichtseyn schließt also ein ebenso relatives *Seyn* in sich, welches das erste war. Hinwiederum also das, dem ein bloß relatives Seyn zukommt, *ist* zum Theil und ist zum Theil *nicht*; es ist demnach ein Gemischtes von Realität und von Negation, es ist ein *Limitirtes*, ein *Etwas*, ein *Concretes*, Einzelnes, oder nach dem gewöhnlichen Sprachgebrauch Wirkliches. Nun ist aber das Besondere *als Besonderes* in Bezug auf die Idee relatives Nichtseyn, also ist es auch nach dem eben geführten Beweis zum Theil Seyn, zum Theil Nichtseyn, demnach auch concretes oder wirkliches Seyn.

Folgesatz. Das besondere wirkliche Ding ist die Erscheinung der Idee. Denn Erscheinung ist das, was relativ auf die Idee oder das All nicht wahrhaft ist (§. 34). Nun ist aber das besondere concrete Ding wirklich nichts anderes als das relative Nichtseyn des Besonderen selbst in Bezug auf die Idee, demnach Erscheinung.

§. 37. *Die Idee ist ewig Eines: das, was sich zu ihr als relatives Nichtseyn oder als negirte Form verhält, das Concrete,* die Erscheinung, *ist nothwendig Nicht-Eines, sondern vieles.* Die Idee ist 1) absolut Eines, denn (um nur den kürzesten Beweis zu wählen) sie ist dem All, also wie dieses sich selbst absolut gleich, ohne Differenz. Ist aber die Idee absolut Eines, so ist sie nothwendig auch wieder *Alles* — sie ist das All in ihrer Art. Auch die Idee für sich wieder ist absolute Position unendlicher Realität; auch sie begreift alle Differenzen, d. h. alle besondern Folgen von sich, ebenso in sich, wie das All alle besondern Folgen der Idee Gottes in sich begreift: nämlich sie sind in ihr, und sie sind nicht in ihr. Sie *sind* in ihr, nämlich als aufgelöst in ihrer Unendlichkeit, als schlechthin einfache, untheilbare Position, und sie sind *nicht* in ihr, nämlich ihrer Besonderheit nach. Ist nun die Idee für sich wieder All, die Erscheinung oder das Concrete aber nur das Besondere in seinem *Nichtseyn* — relativ auf das All der Idee — betrachtet, so ist es nothwendig, da es nicht All seyn kann, auch nicht Eines, demnach *Vieles*, und weil das Besondere als aufgelöst in die Idee *unendlich* ist, nothwendig unendlich, oder, genauer zu reden, unbestimmbar Vieles. Hinwiederum ist aber auch umgekehrt die Vielheit des Concreten nichts Positives an ihm, sondern nur Ausdruck seines Nichtseyns relativ auf das All der Idee, oder nur Ausdruck davon, daß es das All der Idee nicht in sich darstellt. — Alles, was *vieles* seyn kann, ist, inwiefern es dieß ist, bloß einzelne Form, bloß wechselnde, nicht wahre *Gestalt* der Idee, die an sich keine Realität hat. Der *einzelne* Mensch z. B. ist einzelner Mensch nicht kraft der Idee, sondern vielmehr weil er nicht die Idee, Negation der Idee ist. Das Seyn kann nur Eines seyn, das Nichtseyn aber unbestimmbar Vieles. Die unendliche Realität, mit welcher die Idee des Menschen in Gott verknüpft ist, drückt der einzelne Mensch jederzeit nur zum Theil, d. h. mit Negation, aus. Das Concrete ist also Vieles, eben weil es nicht das *Wahre* ist. Es ist nur *Eine* Idee, die von jedem Concreten das *Wahre* ist, aber eben deßhalb ist das Concrete, an sich betrachtet, *nichts*. Denn wäre es nicht nichts, so wäre es das Eine selbst. Denn die Idee kann nicht etwa getheilt werden, so daß hieraus die Vielheit entspränge; sie ist vielmehr wie das All untheilbar. Es gibt also keinen möglichen Grund der Vielheit als einen negativen, nämlich die Vielheit des Concreten ist nur Ausdruck seines relativen Nichtseyns in Bezug auf die Idee. Es ist nicht an sich vieles,

vieles ist nur die Bestimmung dessen, was nicht ist. — Hiermit ist also zugleich die Quelle aller Quantitätsbegriffe aufgedeckt.

Zusatz 1. Durch die Einheit sowohl als Vielheit wird nichts zum Wesen eines Dings Gehöriges ausgedrückt. Beide sind bloße Formen der Abstraktion von dem All, d. h. Formen des Nichtseyns. Indem ich ein Ding Eines nenne im numerischen Sinn, füge ich offenbar nichts zu seinem Wesen hinzu, noch sage ich etwas über sein Wesen aus, sondern die Einheit ist eine bloße Art oder Form, ein Ding von andern Dingen zu sondern oder zu scheiden, also schon hierin offenbar bloß negativen Charakters.

Ebenso aber fügt auch die Vielheit nichts zum Wesen der Dinge hinzu, und ist gleichfalls nur Form der Sonderung dessen, was an sich, d. h. der Idee nach, Eines ist, was aber eben durch diese Sonderung (indem ich z. B. zähle) als das, was nicht die Idee, was also ein Nichtseyn ist, gesetzt wird.

Zusatz 2. Auch der Gegensatz des Allgemeinen und Besonderen, wie er in Bezug auf das Concrete gemacht wird, enthält nichts Positives, sondern drückt gleichfalls eine bloße Negation aus. — In der Idee, so wie in Gott, ist das Wesen und das Seyn eins. Die Idee hat kein vom Wesen verschiedenes Seyn, sondern ihr Wesen ist selbst das Seyn, das Seyn folgt nicht. Im Concreten aber folgt das Seyn nicht aus dem Wesen (z. B. aus dem Wesen einer Substanz nie eine concrete Substanz). Das Seyn folgt nicht aus dem Wesen, heißt aber so viel: das Seyn ist kein Seyn an sich, es ist Negation des Wesens, Negation des An-sich. Mit der Differenz von Wesen und Seyn ist aber der Gegensatz des Allgemeinen und des Besonderen gleichbedeutend. Demnach drückt auch dieser Gegensatz nur eine Negation aus, nämlich er sagt aus, daß das Seyn nicht das Wesen selbst, demnach Negation von ihm ist. Alles also (dieß ist ein hieraus sich ergebender Grundsatz der Philosophie) alles, wovon ein Allgemeinbegriff möglich ist, ist eben deßwegen nichts an sich. Deßwegen ist von Gott, deßwegen von dem All kein Allgemeinbegriff möglich, denn das Seyn ist hier das Wesen selbst.

Ich kann z. B. von den Menschen einen Allgemeinbegriff aufstellen, bloß inwiefern kein Besonderes das ganze Allgemeine ist, aber auch dieses Allgemeine, welches ich als Begriff dem Besonderen entgegenstelle, ist relative Negation, des Besonderen nämlich. Die *Idee* dagegen ist die *unendliche* Position des Besonderen, und daher eigentlich weder Allgemeines noch Besonderes, sondern absolute Identität. Alle die hier bemerkten Begriffe also, die Bestimmungen des Concreten oder wenigstens nur in Bezug auf das Concrete sind, sind keine positiven Bestimmungen, sie fügen zum Wesen des Dings nichts hinzu, sondern *nehmen* vielmehr *hinweg*, wie die *Privation* oder die Negation selbst nichts zu dem Ding hinzufügt, sondern eine *meram carentiam*, nichts Positives, in ihm setzt, also auch an sich selbst ein bloßes Nichts ist.

§. 88. *In der Idee ist ein und dasselbe die Form und die Substanz, in dem concreten Ding aber ist die Form in nothwendiger Differenz von der Substanz.* Denn der Substanz nach oder kraft der Substanz ist kein einzelnes Ding als einzelnes, sein Seyn beruht auf der Form. Denn nur dadurch unterscheidet es sich bei der Gleichheit der Substanz von andern Dingen. In der Idee aber ist das *Seyn* nicht ein von dem Wesen Verschiedenes, sondern das Wesen selbst; denn die Idee ist dem Seyn oder der *Form* nach ebenso unendlich als dem *Wesen* nach. In ihr ist daher keine Differenz beider; in dem einzelnen Ding ist aber nothwendig Differenz beider, denn hier ist die Form oder das *Seyn* vielmehr Negation der Substanz, d. h. es ist kein *wahres* Seyn.

Zusatz. Auch die Differenz der Form und Substanz im Concreten oder der Gegensatz von Substanz und Accidens, kraft dessen jene beharrt, indem dieses wechselt, drückt eine bloße Negation des wahren Seyns und nichts Positives an dem Ding aus (die Form dem Seyn hier nicht wesentlich, bloß *Accidens*).

§. 89. *Kein Einzelnes hat den Grund seines Daseyns in sich selbst.* Denn wäre dieß, so müßte das Seyn aus seiner Idee oder seinem *Wesen* folgen, d. h. ihm gleich seyn. Dieß ist aber nach dem Vorhergehenden nicht der Fall. Denn dem *Wesen* nach ist alles nur Eines, und daher kann das Wesen keines einzelnen Dings (z. B. das Wesen oder die Idee des *Menschen*) den Grund enthalten, daß es als dieses einzelne (z. B. als der einzelne Mensch) sey; es ist also als dieses nicht durch sich selbst.

Zusatz. Diese Bestimmung des einzelnen Seyns spricht sich gleich selbst *als Negation* aus, und es ist daher nichts insbesondere darüber zu bemerken.

§. 40. *Jedes einzelne Seyn ist bestimmt durch ein anderes einzelnes Seyn*, welches gleichfalls wieder durch anderes einzelnes Seyn bestimmt ist, u. s. f. ins Endlose. Denn als einzelnes Seyn ist es nicht bestimmt *durch sich selbst*, weil es den Grund seines Seyns nicht in sich selbst hat. Es ist aber ebensowenig zum Daseyn bestimmt durch *Gott*; denn in Gott liegt nur der Grund der Totalität, und des Seyns nur, sofern es in der Totalität ist, nicht aber des Seyns, inwiefern es nicht in der Totalität ist, d. h. des einzelnen. Ebensowenig durch die Idee; denn auch die Idee als absolute Einheit enthält nur den Grund von sich selbst als Totalität (auch die Idee ist nur als *All in ihrer Art*). Da also das einzelne Seyn unmittelbar weder aus Gott noch aus der Idee entspringen kann (denn weder Gott noch die Idee kann Ursache einer Negation seyn), so kann es nur durch etwas, das gleichfalls *Negation* der Idee und des All ist, d. h. durch ein anderes einzelnes Seyn, zum Daseyn bestimmt seyn; dieses andere aber muß aus demselben Grunde wieder von einem andern bestimmt seyn, u. s. f. ins Endlose.

Zusatz. Durch diesen Satz ist nun die höchste Negation des endlichen Seyns ausgesprochen, und es bedarf fast des Beweises nicht, daß jene Bestimmung des einzelnen Seyns durch anderes einzelnes Seyn, welches selbst wieder auf die gleiche Weise bestimmt ist, die vollendete Verneinung des *wahren* Seyns ist. In der gewöhnlichen Betrachtungsweise allerdings heißt eben das *wirklich*, was zum Daseyn und Wirken bestimmt ist durch *ein anderes* und *inwiefern* es bestimmt ist. Hier gerade wird zur Wirklichkeit des Dings verlangt, daß etwas von dem Begriff des Dings Unabhängiges, d. h. etwas in seinem Begriff nicht Begriffenes, ein anderes Ding, hinzukomme, wodurch es bestimmt werde, und nur insofern dieß ist, wird dem Ding Realität zuerkannt. Diese Betrachtungsweise kennt aber überhaupt kein anderes Seyn als das *Seyn der einzelnen Dinge*, und in Bezug auf diese hat sie vollkommen Recht, jene *Bestimmung durch anderes Seyn* zur Bedingung der Realität zu machen. Die Realität der einzelnen Dinge besteht nämlich eben in der Nicht-Realität, und diese Nicht-Realität wird durch nichts vollkommener ausgesprochen als durch jene Bestimmung. Ich sage: jene Bestimmung, welche insgemein unter der Gestalt des *Causalgesetzes* vorkommt, ist der höchste Ausdruck der Negation, des Nichtseyns der einzelnen Dinge. Denn

1) wird durch diese Bestimmung das unmittelbare Verhältniß der Dinge zu Gott und zur Idee negirt. Da nun zu Gott nichts in einem andern als unmittelbaren Verhältniß stehen kann, und nur, was in diesem *unmittelbaren* Verhältniß zu ihm steht, d. h. kraft des Gesetzes der Identität aus ihm fließt, wahrhaft reell ist, so ist schon hierdurch die Nicht-Realität der einzelnen Dinge als einzelner vollkommen ausgesprochen. Dasselbe gilt auch in Bezug auf die Idee. Weit entfernt also, daß jenes Gesetz etwas Positives in Ansehung der Dinge aussagte, sagt es vielmehr nur ein Negatives aus, daß nämlich kein Endliches als solches unmittelbar aus dem Absoluten entstehen oder auf dieses zurückgeführt werden könne.

2) Durch diese Bestimmung wird eine absolute Verneinung des *An-sich-Seyns*, d. h. des wahren Seyns der einzelnen Dinge als einzelner, ausgesagt. *Was* daher auch an dem Ding durch das Gesetz der Ursache und Wirkung bestimmt ist, ist immer und nothwendig die Negation der Realität an ihm, oder das, wodurch es vielmehr nicht ist, als ist. — *Bloß* diesem Schatten der Realität nach, kraft des Nichts, entspringen die Dinge auseinander. Ein Nicht-Wesen sucht in dem andern seine Realität, die es an sich nicht hat, es sucht sie in einem andern, welches selbst keine hat, und sie gleichfalls wieder in einem andern sucht. Dieses unendliche Anhängen der Dinge aneinander durch

Ursache und Wirkung ist also selbst nur das Zeugniß gleichsam und der Ausdruck der Eitelkeit, der sie unterworfen sind, und des Zurückstrebens in die Einheit, von der sie losgerissen sind, und in der alles allein Wahrheit ist. Und jene Negation spricht sich nicht nur überhaupt, sondern als eine *unendliche* aus, daher jener Zusatz, der dem Causalgesetz angesetzt zu werden pflegt: *u. s. f. ins Unendliche*, welcher nichts anderes sagt, als daß das einzelne Endliche als Endliches selbst niemals weder unmittelbar aus dem Absoluten entstehen noch etwas an sich seyn könne. Hinwiederum aber

3) ist dieses Gesetz eine indirekte Affirmation des Satzes, daß nur die Totalität ist, und alles, was nicht die Totalität ist, unmittelbar als Nichtseyn gesetzt ist. Ferner ist offenbar, daß dieses Gesetz auf nichts, das an sich ist, anwendbar ist, und daß es also auch die Dinge nur ihrem Nichtseyn nach, und soweit sie nichts sind, nicht aber *wahrhaft*, d. h. ihrer Realität nach, bestimmt. So kann freilich ein Körper *Ursache* der Bewegung in einem andern seyn, aber nur als *Körper*, d. h. als Nicht-Wesen, ist jener Ursache oder Bestimmendes, dieser Bestimmtes — aber das Wesen habt ihr damit nicht erklärt. So bringt freilich z. B. die Säure mit einem Alcali vermischt ein Aufbrausen in dem letzteren hervor, und ihr habt dieses allerdings durch jenes als Ursache erklärt, aber bloß für die inadäquate Betrachtungsweise, d. h. für diejenige, welche die Dinge nur in ihrem Nichtseyn erkennt.

Hiermit haben wir denn auch die vollständige Ableitung aller Bestimmungen des einzelnen Dings oder der Erscheinung aus dem vorausgesetzten Begriff eines solchen Dings, nämlich aus dem Begriff des *Nichtseyns* relativ auf das All, hinwiederum also, da das Ding eben nur der Inbegriff dieser Bestimmungen ist, auch wieder von dem einzelnen Ding, als einzelnem, bewiesen, daß es seinem *wahren Wesen* nach ein bloßes Nichtseyn ist, und daß das Nichtseyn eigentlich seine wahre Substanz ist. — Hiermit verlassen wir diese Bestimmungen des einzelnen Seyns. Folgender Satz dient als Uebergang zur nächsten Betrachtung.

§. 41. Das concrete Ding ist als solches, oder mit dem, wodurch es concret ist, bloßes Nichtseyn relativ auf das All, aber in eben diesem Nichtseyn zugleich nothwendig Widerschein oder Reflex des All. — Der erste Theil des Satzes ist die Folge aller vorhergehenden. Das concrete Ding als concretes ist bloßes Nichtseyn, heißt so viel als: dasjenige an ihm, was es zu einem Concreten macht, ist bloßes Nichtseyn (bloße Ohnmacht), nichts Reelles, nichts an-sich; es ist eben daher auch nicht an sich Concretes. Nun ist es aber die unendliche Affirmation Gottes, und zwar in ihrer Unendlichkeit, d. h. die Position des All als All, und demnach auch das All selbst ist es, wodurch das Besondere in seiner Besonderheit, als Nichtseyn gesetzt wird. Denn dem §. 31 zufolge ist eben das absolute Setzen des All unmittelbar ein relatives Nichtsetzen des Besonderen als solchen, d. h. das Setzen des All als solchen und das Setzen des Besonderen als Nichtseyns ist ein und dasselbe Setzen, oder es ist ein und derselbe untheilbare Akt, das ewige Schaffen der Idee Gottes, wodurch das All ist und das Besondere nicht ist, wodurch das All als All gesetzt, und wodurch das Besondere, als solches, relativ auf das All als nicht-real gesetzt ist. Da es nun die absolute Position des All, d. h. es das All selbst ist, wodurch das Besondere als bloßes Nichtseyn gesetzt wird; so ist dieses Nichtseyn als Nichtseyn, und eben dadurch, daß es Nichtseyn ist, Ausdruck des All, das All in ihm erkennbar, nicht unmittelbar, aber mittelbar, d. h. durch Reflex, durch Widerschein: — und hiermit ist denn zuerst die ganze Bedeutung der Erscheinung ausgesprochen.

Die unendliche Affirmation, indem sie alles Besondere, das aus der Idee Gottes folgt, zurücknimmt und wieder auflöst in sich selbst, läßt, dem Blitz ähnlich, nur die entseelte Gestalt, den Schatten, das reine Nichts des Besondern zurück, aber eben in diesem Nichts des Besonderen spricht sich am meisten das All aus als die allmächtige, die eingeborne, die ewige Substanz.

Wie das Auge, indem es sich selbst im Widerschein, z. B. im Spiegel, erblickt, sich selbst setzt, sich selbst anschaut, nur inwiefern es das *Reflektirende* — den Spiegel — als nichts für sich setzt, und wie es gleichsam Ein Akt des Auges ist, wodurch es sich selbst setzt, sich selbst sieht, und das Reflektirende nicht sieht, es nicht setzt: so setzt oder schaut das All *sich selbst*, indem es das Besondere nicht-setzt, nicht-schaut; beides ist Ein Akt in ihm; das Nichtsehen des Besonderen ist ein Schauen, ein Setzen seiner selbst, und dieß ist die Erklärung vom höchsten Geheimniß der Philosophie, wie nämlich die ewige Substanz oder Gott durch das Besondere oder die Erscheinung nicht *modificirt* ist, sondern nur *sich selbst schaut* und selbst ist also die *Eine unendliche Substanz*. — Dem sinnlichen Auge verschwindet das Reflektirende freilich nur relativ, nämlich es besteht noch unabhängig von ihm, z. B. für das Gefühl, was aber vor dem *All* verschwindet, als Reflektirendes, verschwindet auch absolut, und Gott schaut in demselben nur sich selbst als die eingeborne, ewige, unendliche Substanz. Schon die Alten sagen: Gott ist ganz Auge, d. h. er ist ganz Sehendes und ganz Gesehenes; sein Sehen ist auch sein Seyn und sein Seyn sein Sehen; es ist nichts außer ihm, das gesehen werden könnte, sondern er selbst ist das allein Schauende und Geschaute. — Dieser Widerschein Gottes im Endlichen ist nun auch dasjenige, vermöge dessen wir ein Ding als *reell* zu erkennen glauben, da es doch an sich nur nicht-reell ist. Ohne die steten Ausstrahlungen der Gottheit würde das, was uns als Concretes erscheint, wirklich als reines Nichts auch erscheinen. Der unmittelbare Gegenstand unserer Erkenntniß bleibt daher immer nur das Positive, immer nur Gott; und die Erkenntniß der Dinge entsteht in uns ebenso, wie ihr Seyn außer uns, nur durch *Privation* der Erkenntniß. Daß wir dasjenige an ihnen, was eigentlich bloße Verneinung ist, dennoch *als* etwas Positives zu erkennen glauben, ist dieselbe Täuschung, welche uns auch in einzelnen Sphären des Wissens begegnet, wie z. B. wenn wir die Grenze, die Kälte, die Dunkelheit für etwas Positives ansehen. Wir sagen z. B. daß wir die dunklen Flecken von der Sonnenscheibe *sehen*; allein, nach der Wahrheit zu reden, sind sie nicht das Gesehene, sie sind vielmehr das Nichtgesehene, da sie dunkel sind; unmittelbarer Gegenstand unserer

Betrachtung bleibt daher immer das Licht der Sonne selbst, und nur mittelbar vermöge desselben erkennen wir jene dunklen Stellen, nicht als etwas Reelles, sondern als etwas nicht-Reelles. — So ist also unser sinnliches Erkennen, als ein sinnliches, eigentlich ein Nicht-Erkennen, nicht ein Wissen, sondern eine Privation des Wissens — ein sehr verschiedenes Resultat allerdings von der Lehre der Kantischen Philosophie, nach welcher gerade nur vom Sinnlichen Erkenntniß möglich ist, vom Nichtsinnlichen aber nicht. Wir sagen im Gegentheil: alle sinnliche Erkenntniß ist, als eine sinnliche, eine Verneinung der Erkenntniß, und nur das Wesen, das An-sich, ist der positive Gegenstand des Wissens, dasjenige, von dem wir eigentlich wissen können. So wie wir also in dem obigen Beispiel die dunklen Flecken nicht außer der Lichtsphäre sondern nur in ihr erscheinen können, wie sie also ewig nur durch das Licht begriffen werden, an sich selbst aber nichts sind, so können wir auch die Dinge wahrhaft nur in Gott, nicht außer Gott erkennen; denn nur sofern wir sie in Gott erkennen, drücken sie sich für uns als Privationen, d. h. als das, was sie sind, ab. — Ferner also auch, wie das All, indem es die Besonderheiten als nichts setzt, eben dadurch sich selbst erkennt, so erkennen wir durch ein gleiches Setzen der Dinge — als Privationen nämlich — in den Dingen Gott als die alleinige ewige Substanz.

§. 42. Erklärung. Die Gesammtheit der Dinge, inwiefern sie bloß in Gott sind, kein Seyn an sich haben, und in ihrem Nichtseyn nur Widerschein des All sind, ist die reflektirte oder abgebildete Welt (Natura naturata), das All aber, als die unendliche Affirmation Gottes, oder als das, in dem alles ist, was ist, ist absolutes All oder die schaffende Natur (Natura naturans).

In der bisherigen Betrachtung haben wir die Natur und den Ursprung des Besondern bis zu einem gewissen Punkte erkannt, aber auch nur bis zu einem gewissen. Den ersten und ewigen Ursprung desselben knüpften wir an die Idee Gottes, aus der, da sie unendlich ist, Unendliches auf unendliche Weise folgt. Aber nicht die besondern Dinge als besondere sind affirmirt durch die Idee Gottes. Nur die Allheit dieser Folgen ist der Idee Gottes gleich, und zwar nur als [illegible] d. h. inwiefern sie zugleich untheilbare Position, [illegible] Die erscheinende Welt oder Natura naturata ist nur der [illegible] auf welchem die Dinge, nicht ihrem Seyn in Gott, sondern ihrem eignen Leben nach, aber eben daher unter dem Gesetz der [illegible], der Privation, der Endlichkeit, erscheinen. Wir erkennen also hiermit zwar das allgemeine Verhältniß der endlichen Dinge zum [illegible]; aber noch nicht ihr besonderes Verhältniß. Wir wissen, daß jedes besondere Ding, das erscheint in der Endlichkeit, eine besondere Folge aus Gott ist, die aber ihrem eignen Leben nach nur unter Privationen erscheinen kann: als solche Privationen erkannten wir alle Bestimmungen der einzelnen Dinge, die Vielheit z. B., das Entstehen und Vergehen u. s. f. Aber noch begreifen wir nicht, warum dieses Endliche, z. B. als Seele, oder warum es als Leib, und warum es auch hier wieder z. B. als Pflanze, als Thier u. s. f. erscheint. Mit Einem Worte, wir haben noch unerörtert gelassen: wie das Besondere — nicht dem Erscheinungsdaseyn nach (denn dieses haben wir in der letzten Untersuchung erklärt), sondern wie es — dem Begriff oder der Art nach aus der Idee Gottes folge, und diesen bis jetzt absichtlich zurückgelassenen Punkt haben wir jetzt einzurechnen. Zu dem Ende müssen wir auf den Satz zurückgehen: daß aus der Idee Gottes Unendliches auf unendliche Weise folgt. Denn hier oder sonst nirgends muß sich die Auflösung unserer gegenwärtigen Aufgabe anknüpfen. — Aber scheint es sich nicht sogleich als eine Unmöglichkeit aufzudringen, aus diesem Satze irgend etwas zu erkennen? Denn wie kann die Unendlichkeit jener Folgen erschöpft, oder jener Urquell der Realität in seinen zahllosen Ausflüssen verfolgt werden? — Diese Frage wäre allerdings unbeantwortlich, wenn nicht auch jene Unendlichkeit aus der Idee Gottes nach einem ewigen Gesetz folgte; und dieses Gesetz eben in der Idee Gottes selbst erkennbar wäre. So ist, um ein wenigstens analoges Beispiel anzuführen, auch die Reihe der Zahl überhaupt von unendlicher Fruchtbarkeit; Unendliches folgt aus ihr in der That auf (in dieser Art) unendliche Weise. Z. B. die Reihe der Primzahlen ist-

unendlich, aber sie enthält keineswegs alle Zahlen. Ebenso die Reihe der Quadrat- und der Cubikzahlen, die wieder auf eine besondere Weise aus der Idee der Zahl folgen und, obgleich unendlich, dennoch nicht alle Zahlen begreifen. Der Mathematiker bekümmert sich nicht um die Vollständigkeit dieser Reihen a parte post, welche auch unmöglich wäre, wenn er nur ihre Unendlichkeit a parte ante erkennt, nämlich die Art, wie sie aus der Idee der Zahl hervorgehen, und das Gesetz, nach welchem sie in sich fortschreiten. — Oder ein anderes Beispiel: Raum, der zwischen zwei, nicht concentrirten, Kreisen eingeschlossen ist. Mit der bloßen Idee eines solchen Raums ist eine Unendlichkeit von Differenzen affirmirt, die es vergeblich wäre durch Zahlen begreifen zu wollen, da diese Unendlichkeit der Idee zur Zahl gar kein Verhältniß haben kann, und dennoch läßt sich hier ein Gesetz oder eine allgemeine Form dieser Differenzen finden, es läßt sich das Maximum und das Minimum des eingeschlossenen Raums angeben, sowie daß die Differenz nach der einen Richtung ebenso stetig abnimmt, als sie nach der andern zunimmt. — — So gewiß nun die Unendlichkeit jener Folgen selbst eine Folge der Ideegesetze ist, so daß es außer dieser schlechterdings nichts bedarf sie zu begreifen: so muß auch das ewige Gesetz derselben in der Idee Gottes selbst erkennbar seyn. Es kann nach der Einfachheit der Idee Gottes nur eine und dieselbe Art der Folge seyn, die sich ins Unendliche verzweigt, und in jeder dieser Verzweigungen wieder Unendliches, gleichfalls in unendlichen Verästlungen, zur Folge hat. Diese Materie zu entwickeln, dienen folgende Sätze.

§. 43. **Gott als unendliche Affirmation seiner selbst ist weder Affirmirendes insbesondere noch Affirmirtes, noch selbst die Indifferenz beider; aber er begreift alle diese Formen in der Unendlichkeit seiner Affirmation — als untheilbare Position.** — Der erste Theil dieses Satzes ist eigentlich nur Reflexion des §. 18, wo gezeigt wurde; es sey nicht nur kein Gegensatz zwischen dem Affirmirenden als solchem und dem Affirmirten als solchem (da beide nur ein und dasselbe sind, nämlich Gott); sondern auch Gott selbst sey nicht das eine und das andere insbesondere, noch selbst die Einheit beider; die letzte nicht, denn auch diese ist nach §. 23 nur affirmirt durch die Idee Gottes, also nicht die Idee Gottes selbst. Aber obgleich Gott keine dieser Formen insbesondere ist, so begreift er sie doch alle, oder er ist die unzertheilbare Position aller durch seine Idee, wie der unendliche Raum an sich keine seiner Dimensionen, weder Länge, Breite noch Tiefe, insbesondere ist, aber gleichwohl alle in sich begreift. Jene Formen sind also die unmittelbaren Folgen aus der Idee Gottes — und aus ihnen muß wieder Unendliches folgen. Aus der Idee Gottes kann unmittelbar nur Gott selbst folgen, nach dem Gesetz A = A. Aus der Idee Gottes folgt nun Gott als Affirmirtes von sich selbst, als affirmirend sich selbst in untrennbarer Einheit. — Aber Gott begreift und umfaßt sich auch selbst wieder als affirmirt und als affirmirend, und ewig schwebt die Idee der unendlichen Affirmation über jeder besonderen Form oder Weise derselben. (Hier hätten wir also die ersten Folge aus der Idee Gottes, die wir nun allerdings zum Behuf der Darstellung, und um die Fülle der Allheit oder der unendlichen Affirmation zu erkennen, insbesondere betrachten müssen).

§. 44. **Gott setzt sich selbst als Realität und ist daher als Affirmirtes auf unendliche Weise affirmirend.** — Implicite lag dieser Satz schon in §. 23, der Beweis desselben enthält zugleich das Folgende. Seiner Idee zufolge kann Gott nie bloß Bejahendes oder Bejahtes seyn; er ist also, da er nicht affirmirt ist, als inwiefern er sich selbst affirmirt, als Affirmirtes zugleich auf unendliche Weise affirmirend.

Zusatz: Gott, inwiefern er als Affirmirtes auf unendliche Weise affirmirend ist, ist das reale All oder die Natur in der realen Bedeutung. — Beweis. Die Form des Affirmirtseyns ist die Form des Realseyns, oder Affirmirtseyn und Realseyn ist ein und dasselbe. Nun ist aber Gott als das Affirmirte zugleich auf unendliche Weise affirmirend, d. h. schaffend, also als real, als affirmirt, = All = Natur; denn auch das All selbst in realer Gestalt, oder die Natur, sofern darunter überhaupt das reale All verstanden wird.

Anmerkung. Wir haben oben (§. 41) unterschieden die Natura naturans oder Gott als absolute Position, absolutes Schaffen, und die Natura naturata, worunter die bloße Erscheinung des absoluten All, die endliche Welt, verstanden wird. Zur Natura naturata in diesem Sinne gehört nun das, was insgemein Natur genannt wird, nämlich das äußere, reale Universum nicht mehr, als auch die sogenannte geistige Welt dazu gehört. Hier aber ist von Natur ausdrücklich in der Bedeutung die Rede, in welcher sie das reale, das objektive All ist; auch als reales All ist Natur wieder Natura naturans und Natura naturata; naturans, wie wir sogleich genauer hören werden, inwiefern sie Gott, inwiefern sie eins ist mit der unendlichen Affirmation; naturata dem besonderen oder eignen Leben nach. Von dieser Unterscheidung wird aber hier noch abstrahirt, und behauptet, Gott, inwiefern er als Affirmirtes auf unendliche Weise affirmirend ist, sey das reale All oder die Natur in der gleichen Bedeutung. Jedermann wird gestehen, daß er in dem Begriff der Natur nichts anderes denkt als ein Seyn, ein Reales, also ein Affirmirtes, das aber nicht todtes Seyn ist, sondern in diesem Seyn zugleich auf unendliche Weise schaffend, eine ewige Geburt von Realität, wie selbst die erscheinende Natur sich noch darstellt. Diese ganz eigenthümliche Idee eines Affirmirten, das als solches dennoch auf unendliche Weise affirmirend ist, wird nun hier zurückgeführt auf die Idee Gottes. — Zu größerer Deutlichkeit will ich mich auch so ausdrücken: Gott, inwiefern er als Affirmirtes auf unendliche Weise affirmirend ist, ist das An-sich der erscheinenden realen Natur oder die Natura naturans selbst als reale betrachtet.

§. 45. Gott affirmirt auch sein Affirmiren wieder auf ewige Weise, und ist daher als Affirmirendes auf unendliche Weise affirmirt. — Der Beweis dieses Satzes ergibt sich von selbst. Da nämlich Gott die unendliche Position von sich selbst ist, so kann er nicht überhaupt sich affirmiren, ohne auch dieses sein Affirmiren wieder zu affirmiren, d. h. ohne als Affirmirendes auf unendliche Weise affirmirt zu seyn.

Zusatz: Gott, inwiefern er als Affirmirendes auf unendliche

Weise affirmirt ist, ist das ideale All. Denn (nach dem vorhergehenden Paragraphen) verhält sich die Form des Affirmirtseyns als reale Form, die Form des Affirmirens daher als ideale. Da aber Gott als affirmirend, d. h. ideal, auf unendliche Weise affirmirt ist, so ist er auch als ideal = All, oder er ist ideales Universum (Natura naturans idealis).

Jedermann wird zugeben, daß z. B. das Wissen, welches ohne Zweifel eine Erscheinung der idealen Welt ist, nicht ein bloß-Ideales, ein bloßes Denken, sondern als ein Ideales zugleich real, d. h. als affirmirend zugleich affirmirt ist. Auf gleiche Weise ist alles Handeln, inwiefern es gleichfalls zur idealen Welt gerechnet werden kann, ein Affirmiren, aber ein Affirmiren, das als solches, als ideal, zugleich auch affirmirt oder real ist.

§. 46. Jeder Weise des Affirmirtseyns im realen All entspricht eine gleiche Weise des Affirmirens im idealen All. Denn das reale All ist gesetzt dadurch, daß Gott auf unendliche Weise sich selbst affirmirt, das ideale aber dadurch, daß auch dieses sein Affirmiren wieder affirmirt ist. Jede besondere Weise des Affirmirtseyns im realen All ist also gesetzt dadurch, daß Gott von sich selbst auf diese Weise affirmirt ist. Dieselbe Weise ist aber auch im idealen All gesetzt dadurch, daß Gott jene Weise seines Affirmirens selbst wieder affirmirt. Also ꝛc.

§. 47. Das reale und das ideale All sind nur ein und dasselbe All. Denn in dem realen All ist dasselbe als real und in diesem Realseyn als affirmirend gesetzt, was im idealen All als ideal und in diesem Idealseyn als affirmirt gesetzt ist. — Oder kürzer: beide, das reale und das ideale All sind nur eine und dieselbe Substanz, nämlich Gott, der als affirmirt auf unendliche Weise affirmirend, und als affirmirend auf unendliche Weise affirmirt ist, und nicht nur der Substanz oder dem Wesen, sondern auch der Form oder der Weise nach ist (§. 46) in dem einen gesetzt, was in dem andern gesetzt ist. Nicht das reale und nicht das ideale All, ebensowenig die reale oder ideale Weise sind insbesondere affirmirt durch die Idee Gottes, sondern nur das absolute All — welches jene begreifend und nicht begreifend —.

Zusatz: Dasselbe gilt von jeder besonderen Weise des Affirmirtseyns in jenem und des Affirmirtseyns in diesem, nämlich beide sind nur eine und dieselbe Weise.

Anmerkung. So sind also auch reales und ideales All mit allen ihren Weisen begriffen in Gott als ein und dasselbe identische All — als Folge der Einen unendlichen und ewigen Affirmation der Idee Gottes.

§. 47. Das reale wie das ideale All ist jedes wieder Indifferenz des Affirmirtseyns und des Affirmirens, des Subjektiven und des Objektiven. Denn im realen All ist das Affirmirte als affirmirend, im idealen das Affirmirende als affirmirt gesetzt. In jedem von beiden ist also wieder die vollkommene Gleichheit beider gesetzt. Dasselbe, das affirmirt ist, ist auch das Affirmirende, und umgekehrt dasselbe, das affirmirend ist, ist auch das Affirmirte.

Zusatz: Es ist also überall im Universum kein rein Reales, oder rein Ideales, und das Wesen des Realen wie des Idealen = Indifferenz (quantitative Differenz nach §. 30).

§. 48. Das reale All als solches wie das ideale als solches sind nur besondere Folgen der unendlichen Affirmation Gottes, und können daher als solche nur durch endliche Dinge erscheinen. Denn aus der Idee Gottes absolut betrachtet folgt nicht das reale All als solches oder das ideale als solches, sondern das absolute All, als untheilbare Position. Jedes von beiden verhält sich also nur als besondere Folge der Idee Gottes, als Folge, die nur ist, inwiefern das absolute All ist, nicht ist, abgetrennt vom absoluten All. Da nun aber das, was nur besondere Folge ist, als besondere oder dem eigenen Leben nach nur auf endliche Art, d. h. nur durch endliche besondere Dinge, erscheinen kann, so kann auch weder das reale All als solches noch das ideale als solches anders als durch besondere Dinge erscheinen.

Zusatz: Dasselbe gilt von allem, was im realen oder im idealen

All nur wieder als *besondere* Folge begriffen ist. Denn nicht die besondere Folge, sondern das reale *All* als *All* ist affirmirt durch das absolute All, so wie auch dieses wieder durch die Idee Gottes, nicht der *besonderen* Folge nach, sondern nur als All, affirmirt ist. Was also in dem realen All selbst wieder nur als besondere Folge begriffen ist, z. B. was vom realen All wieder das Affirmirende, das Affirmirte oder selbst die bloße Indifferenz ist, kann nur durch besondere endliche Dinge erscheinen.

(*Resumtion*: Als die beiden unmittelbaren Folgen der Idee Gottes ergaben sich uns Gott oder das All, inwiefern es als affirmirt auf unendliche Weise affirmirend ist (der Exponent der Identität ist hier das Affirmirt- oder das Realseyn). Diese erste Folge der Idee Gottes (die aber nur Realität hat in ihm) ist also das *reale All*. Aber ebenso ewig ist auch das Affirmiren Gottes wieder affirmirt, und das All, inwiefern es als sich selbst affirmirend auf unendliche Weise affirmirt ist, ist die gleich ewige Folge aus der Idee Gottes (der Exponent der Identität ist hier das *Affirmiren* im Gegensatz des Affirmirtseyns, also der ideale). Diese andere mit der ersten gleich ewige Folge also = *ideales All*.

Aber: nicht das reale und nicht das ideale All als solches, sondern nur das absolute All ist unmittelbar *affirmirt* durch die Idee Gottes. Das reale und ideale All sind also nicht *an sich*, sondern nur sofern sie in dem absoluten All sind (nur mittelbar). Aber auch das reale und ideale All begreifen in sich wieder aufgelöst die besonderen Folgen der unendlichen Affirmation. Denn Gott affirmirt sich selbst auf unendliche Weise, er affirmirt sich also im realen und idealen ebenso wie im absoluten All, und in jeder Weise des realen und des idealen Universums wieder ebenso wie im realen und idealen All selbst, nämlich auf unendliche Weise. Nun ist aber nach §. 31 kraft der unendlichen Affirmation Gottes von sich selbst nichts *insbesondere* gesetzt, nicht diese oder jene besondere Folge ist affirmirt, sondern nur das All selbst in der Unendlichkeit dieser Folgen und als die untheilbare Position derselben ist affirmirt. Demnach kann auch weder das reale All als ein solches, noch das ideale, noch kann die besondere, in jenem oder in diesem begriffene Folge ihrer Besonderheit gemäß anders als durch endliche Dinge erscheinen. Denn alles, was nicht *an sich* ist, sondern nur ist, sofern es im All ist, kann dem besonderen Leben nach nur auf *endliche* Weise, d. h. durch concrete Dinge erscheinen. Dieß ist der Punkt, von welchem aus wir nun weiter die unendliche Affirmation in ihren Ramificationen verfolgen).

§. 60. *Das reale und ideale All fließen zur absoluten Identität zusammen in der Vernunft* (sind in der Vernunft in absoluter Identität). Denn das Wesen der Vernunft ist (§§. 6—8) selbst die absolute Affirmation der Idee Gottes, nichts außerdem. Nun ist aber (§. 24) die absolute Affirmation der Idee Gottes das All — nicht das reale oder das ideale, sondern das All schlechthin, als absolute Identität des realen und idealen. Demnach ist auch die Vernunft absolute Identität des realen und idealen All, oder beide sind in der Vernunft ebenso begriffen, wie sie im All schlechthin begriffen sind, d. h. in absoluter Identität.

§. 61. *Die Vernunft, als Vernunft, ist keine besondere Folge der unendlichen Affirmation, sondern sie ist die absolute Identität aller besonderen Folgen aus Gott, ebenso wie es das absolute All selbst.* — Von selbst klar aus dem vorhergehenden Satz.

Zusatz 1. Die Vernunft ist also im All das All selbst, oder die Vernunft ist dasjenige im All, worin Gott *selbst* sich in der All- und Einheit aller Folgen seiner Idee erkennt. (Wenn wir daher Gott als das *Urbild* bestimmen, so ist die Vernunft das dem Urbild Gleiche, das eigentlich Urbildliche im Gegenbild). — Fiele nicht die absolute Identität selbst als Identität herein in die abgebildete Welt, so wäre eine Erkenntniß des Urbilds und des wahren Universums unmöglich. Die Vernunft ist gleichsam das auf dem All ruhende Antlitz Gottes selbst; sie ist der *Reflex* der Gottheit, inwiefern sie in der abgebildeten Welt liegt, aber dennoch dem Wesen der Gottheit ähnlich und gleich, weil sie in dem abgebildeten All selbst nicht als eine besondere Folge, sondern als die absolute Identität aller besonderen Folgen aus Gott enthalten ist.

Anmerkung. Ich verstehe übrigens hier die Vernunft keineswegs, inwiefern sie bloß im Menschen sich ausdrückt und zugleich zu ihrer Selbsterkenntniß kommt, sondern die Vernunft, inwiefern sie allgemein verbreitet, das wahre Wesen, die Substanz aller Dinge ist und im ganzen Universum wohnt. Da überhaupt nichts Realität hat außer der Allheit, und zwar als Allheit, also auch nichts Realität hat außer der Vernunft, so ist selbst an den besonderen Dingen, z. B. an dem besonderen ausgedehnten Ding, nicht die besondere Form, nicht z. B. eine besondere Dimension, sondern eben die Totalität derselben, d. h. der Ausdruck der Vernunft an ihm, ist das wahrhaft Reale.

Zusatz 2. Da das All, schlechthin betrachtet, die unmittelbare Folge der Idee Gottes ist, und nur mittelbar, durch das All, das Reale und Ideale, so ist auch die Vernunft die mittelbare Folge der Idee Gottes, und nur mittelbar, durch die Vernunft, das reale und ideale All.

§. 52. Das reale und ideale All, jedes von beiden löst sich in seiner Absolutheit auf in das andere, und dadurch auch in die absolute Identität. Denn das reale All beruht darauf, daß das Affirmirte auf unendliche Art affirmirend sey, d. h. darauf, daß das Affirmirte mit dem Affirmirenden absolut eins sey. Das ideale darauf, daß das Affirmirende auf unendliche Weise affirmirt sey, d. h. darauf, daß das Affirmirende ganz dem Affirmirten gleich sey. Bezeichnen wir jenes durch A, dieses durch B, so beruht das reale All darauf, daß B = A, das ideale darauf, daß A = B wird. Wird aber B vollkommen dem A gleich, so löst sich das B = A in A = A auf. Ebenso wird das A vollkommen dem B gleich, so ist nicht mehr A = B, sondern A = A gesetzt; beide lösen sich also in der absoluten Identität und eben damit auch wechselseitig ineinander auf.

Zusatz 1. Beide sind nur durch die Nicht-Identität ihrer Faktoren als real und als ideal unterscheidbar — an sich eins.

Zusatz 2. Jener Punkt ihrer Wechselauflösung ineinander ist der Punkt, durch welchen beide im Absoluten sind.

§. 63. In dem realen All für sich betrachtet, ebenso in dem idealen All für sich betrachtet, kann nicht die absolute Identität, sondern nur die Indifferenz beider Faktoren (A und B) dargestellt werden. Nicht die absolute Identität. Denn sonst lösen sie sich wechselseitig ineinander auf (§. 49), aber dann ist nicht mehr reales All als reales. Um aber zu beweisen, daß nur die Indifferenz dargestellt werde, so muß zuvor erklärt werden, wie sich absolute Identität und Indifferenz unterscheiden. — Die absolute Identität ist die Gleichheit des Wesens, oder sie ist wesentliche, qualitative Einheit. Indifferenz ist bloß quantitative Einheit, quantitatives Gleichgewicht. Z. B. der unendliche Raum ist die absolute Identität der drei Dimensionen, der Länge, Breite und Tiefe, nicht ihre Indifferenz. Dagegen stellt z. B. der Cubus oder die Sphäre auch eine Gleichheit der drei Dimensionen dar, aber nicht als absolute Identität, sondern nur im Gleichgewicht oder als Indifferenz. Dieß vorausgesetzt, ist also der Beweis (daß im realen und im idealen All, für sich betrachtet, nur die Indifferenz der beiden Faktoren dargestellt werden) dieser: nach dem Zusatz zu §. 48 gibt es im Universum weder ein rein Reales noch ein rein Ideales; das Wesen des Realen als solchen wie des Idealen als solchen ist vielmehr (§. 48) immer die Indifferenz des Realen und Idealen — nur dort mit der Bestimmung des Affirmirtseyns oder des Realen, hier mit der des Affirmirenden oder der Idealität. — Dieß heißt mit andern Worten der Erklärung gemäß, die wir §. 50 von quantitativer Differenz gegeben haben: zwischen dem Realen und Idealen ist nur quantitative Differenz. Demnach ist auch im realen All als realem, ebenso im idealen All als idealem, nur quantitative Gleichheit, d. h. Indifferenz beider möglich, und umgekehrt, wo die Gleichheit nicht mehr quantitativ, sondern qualitativ, würde das Reale als Reale, das Ideale als Ideale verschwinden — sich in die absolute Identität auflösen.

§. 64. Die Besonderheit der endlichen Dinge, durch welche das reale All als reales, das ideale als ideales erscheint, können nur entweder auf einem wechselseitigen

Ueberwiegen des einen Faktor über den andern oder auf dem Gleichgewicht beider beruhen. Denn durch die Idee des realen All ist nichts außer der Bestimmung gegeben, daß das Affirmirte, als solches, zugleich affirmirend sey. Alle Verschiedenheit also, welche hier möglich ist, ist nur entweder, daß das Affirmirte mit dem Affirmirenden im vollkommenen Gleichgewicht, in der Indifferenz sey, oder daß das Affirmirte das Uebergewicht über das Affirmirende habe, und umgekehrt. Da nun dieß die einzigen in dem realen All als Möglichkeit liegenden Differenzen sind, so kann, da nach §. [illegible] das reale All als solches nur durch endliche Dinge erscheinen kann, die Besonderheit dieser Dinge auch bloß entweder auf der Indifferenz beider Faktoren, oder auf dem wechselseitigen Uebergewicht des einen über den andern beruhen. Dasselbe wird auf gleiche Weise vom idealen All bewiesen.

§. 55. Die Differenzen, durch welche das reale und ideale All als solches erscheinen, können durch Potenzen des Einen Faktors ausgedrückt werden, die im realen All begriffenen durch Potenzen des idealen, die im idealen begriffenen durch Potenzen des realen Faktors, ein Satz, der bloß die Methode der Darstellung betrifft und also auch weiter keines Beweises bedarf, bloß

Erläuterung. Ausdruck des realen All ist B = A. Da wo das Affirmirtseyn ein relatives Uebergewicht über das Affirmirende hat, und dieses nur ein Affirmirendes des Affirmirten ist, ist es A^1; da wo das Affirmirende das Uebergewicht hat, und das Affirmirende der ersten Potenzen selbst wieder affirmirt, ist A^2 (A in der zweiten Potenz); da, wo beide, das Affirmirende des Affirmirten oder A^1 und das Affirmirende des Affirmirenden oder A^2, sich durchdringen und multipliciren, entsteht das A^3 oder die Indifferenz, in welcher die Faktoren A und B sich zum quantitativen Gleichgewicht reduciren. — Ebenso verhält es sich mit den Differenzen des idealen All, nur daß hier die Potenzen zu B gesetzt werden, weil hier A = B, nicht aber B = A werden soll.

§. 56. Triplicität der Potenzen ist nothwendige Erscheinungsweise des realen All als realen, ebenso des idealen als idealen. Denn es kann (§. 49) nur durch endliche Dinge erscheinen, deren Differenzen (nach §§. 54. 55) nur durch drei Potenzen ausgedrückt werden können, wovon die eine das Uebergewicht des Affirmirtseyns, die andere des Affirmirens und die dritte die Indifferenz beider bezeichnet.

Anmerkung. Das wahre Schema der unmittelbaren Folgen aus der Idee Gottes wäre also dieses: Gott als das Urbild ist die absolute Identität, in der das reale All und das ideale begriffen ist. Die unmittelbare Folge des realen und idealen All als solchen ist die Indifferenz des Affirmirenden und des Affirmirten, welche daher einen gedoppelten Ausdruck hat, einen im Realen, den andern im Idealen (da die absolute Identität weder jenem noch diesem angehört). Aus der Indifferenz folgt dann in herabsteigender Folge das Affirmirende oder Ideale im relativen Uebergewicht über das Affirmirte oder Reale, und das Affirmirte oder Reale im relativen Uebergewicht über das Affirmirende oder Ideale, — beides folgt auf gleiche Weise aus der Indifferenz im Realen und Idealen. Dieses selbe Schema kann sich nun aber ins Unendliche wiederholen. Es ist aber hier nicht unsere Aufgabe, es in der wirklichen Wiederholung darzulegen, unsere Aufgabe war bloß, eben dieses Schema selbst zu finden, oder das Gesetz zu erkennen, nach welchem aus Gott Unendliches auf unendliche Weise folgt.

§. 57. Die Potenz ist keine Bestimmung des Dings an sich oder des Wesens, sondern vielmehr des Nicht-Wesens. — Beweis: Denn nach §. 54 und §. 56 sind die Potenzen die bloßen Besonderheiten der endlichen Dinge, wodurch das reale und ideale All erscheint. Alles aber, was zur Endlichkeit und Besonderheit in den Dingen gehört, ist nicht Bestimmung ihres Seyns, sondern ihres Nichtseyns, oder kraft desselben sind sie nicht Wesen, sondern Nicht-Wesen. Also auch x.

§. 58. Alle Differenzen auch der Natura naturata (der realen sowohl als idealen) sind nur quantitativer Art, nur Unterschiede der Potenz, nicht des Wesens. — Folgt aus dem vorhergehenden §. Indeß noch auf folgende Art zu beweisen. In dem

All kann kraft der Idee Gottes nur ein und dasselbe gesetzt seyn. Alle Dinge sind dem Wesen nach Eins (§. 10). Der Unterschied der Potenz ist ein Unterschied, der nicht in Bezug auf das Ding selbst, d. h. das Ding an sich, sondern nur relativ auf anderes und relativ auf das Ganze gemacht wird. An sich betrachtet ist daher jedes Besondere Identität von Affirmirendem und Affirmirtem; die Besonderheit oder die Potenz aber ist an ihm bloß relativ bestimmbar, sie gehört also nicht zu dem Ding, an sich betrachtet, also auch nicht zum Wesen des Dings. Alle Differenzen ꝛc.[1]

§. 59. *Das Absolute ist außer aller Potenz, oder es ist schlechthin potenzlos.* — Dieß ist unmittelbare Folge der vorhergehenden Sätze. Indeß doch von bedeutender Folge (Eschenmayers Mißverstand).[2]

§. 60. *Alle Potenzen sind sich gleich in Ansehung des Absoluten*, d. h. keine folgt aus der andern, sondern sie alle folgen gemeinschaftlich und nach einem gleichen Gesetz aus der absoluten Identität. Denn die absolute Identität ist auch absolute Allheit. In der Allheit sind aber alle Formen nicht *nacheinander*, oder auseinander entspringend, sondern, der Idee nach, in gleicher Absolutheit gesetzt.

§. 61. *Der Grad der Realität, den jedes Ding für sich hat, steht im Verhältniß seiner Annäherung zur absoluten Identität* (oder beruht auf dem Maß ꝛc.). Ich verstehe hier unter Realität nicht relative, der Idealität entgegengesetzte, sondern die *absolute*, die eigentliche Substantialität oder die Realität in dem Sinn, in welchem das All die absolute Realität ist. — Denn die absolute Identität ist das schlechthin Reale, außer dem nichts real ist. In dem Verhältniß also, wie ein Besonderes sich der absoluten Identität

[1] Um die bloße Relativität der Besonderheit einer Potenz, um also das nicht-an-sich-Seyn der Besonderheit sich anschaulich zu machen, habe ich mich auch sonst schon des Beispiels einer Linie bedient, in welcher zwei Faktoren A und B untrennbar vereinigt, jedoch nach zwei entgegengesetzten Richtungen wechselseitig überwiegend gesetzt sind.

[2] Man vgl. hier die früheren Aphorismen zur Einleitung in die Naturphilosophie, Seite 210, Anm. D. H.

annähert, drückt es schon in seiner Besonderheit als solches einen höheren Grad von Realität aus, ohne daß es darum aufhörte endlich zu seyn.

Zur Erläuterung. Der eben aufgestellte Satz enthält keinen Widerspruch gegen frühere, den man etwa darin finden könnte, daß wir im Vorhergehenden die Besonderheit als solche als reines Nichtseyn bestimmt haben, hier aber von Graden der Realität des Besonderen sprechen. Jenes bleibt bestehen, nämlich das Nichtseyn des Besonderen relativ auf das All, eben das, was als Nichtseyn gesetzt wird, kann mit einem größeren oder geringeren Grad der Realität als Nichtseyn gesetzt werden.

Unter größerer oder geringerer Vollkommenheit eines Dings verstehe ich nämlich einzig das mehr oder weniger Positive, was an ihm ist, wie unter Unvollkommenheit das ÷ oder — der Privation, die es involvirt. *Je ähnlicher ein Ding schon der Besonderheit nach dem All ist, desto vollkommener ist es also*, und desto mehr schaut auch das Absolute, indem es dieses Ding der Form der Besonderheit nach als Nichtseyn relativ auf sich setzt, *sich selbst* in ihm an; ein desto vollkommenerer Widerschein des All ist es also selbst in seinem Nichtseyn; es wird weniger an ihm negirt, indem es als Reflex des All gesetzt wird, indem es ihm schon für sich seiner Besonderheit nach ähnlicher ist; es ist also auch weniger der Endlichkeit untergeordnet. — Es kann nun aber noch gefragt werden: worauf jene Annäherung zur Identität oder das Mehr der Position in einem Ding beruhe. Da die absolute Identität alle Potenzen begreift, ohne selbst eine derselben insbesondere zu seyn, so wird unter den besonderen Dingen dasjenige sich am meisten der Identität annähern, am meisten also auch Positives in sich haben, welches andere Potenzen begreift. — So drückt also die höhere Potenz als begreifend die untergeordnete nothwendig auch schon der Besonderheit nach einen höheren Grad der Realität oder der Position aus. Z. B. das A^1, welches nur ein Affirmirendes des Affirmirten ist und sich auf das bloße Affirmirtseyn bezieht, ist nothwendig in geringerem Grade *Position* als das A^2, welches auch jenes

Affirmirende das A^2 wieder begreift. Aber der höhere Grad der Position ist doch in dem A^3, weil durch dieses das A^1 und das A^2 selbst wieder affirmirt sind, weil es also nicht nur das Affirmirende des Affirmirten, sondern auch das Affirmirende jenes Affirmirten wieder als Affirmirtes begreift, und also der Fülle der unendlichen Affirmation ähnlicher ist.

Zusatz 1. Also auch der Grad der Negation eines Dings steht im Verhältniß der Entfernung von der absoluten Identität; oder in dem Verhältniß, in welchem es durch sein Besonderes von der absoluten Identität entfernt, ist es auch der Endlichkeit untergeordnet.

Zusatz 2. Hinwiederum in dem Verhältniß, in welchem sich das Besondere dem Potenzlosen annähert und dem All ähnlicher wird, in dem Verhältniß wird das Nichts in ihm überwunden oder die Privation vermindert.

Mit diesen Sätzen schließt sich nun die allgemeine Philosophie. Mit denselben ist die allgemeine Grundlage aller Vernunftwissenschaft oder aller wahren Metaphysik gegeben, und die Construktion tritt nun von diesem Punkt über in die besondere Sphäre, nämlich in die der Naturphilosophie.

II. Zweiter oder besonderer Theil.

A) Allgemeine Naturphilosophie

oder

Construktion der Natur oder des realen All.

Indem wir nun hier zunächst zur Construktion der Natur oder des realen All übergehen, müssen wir einige Sätze resumiren, die zwar ihre Stelle schon in der allgemeinen Philosophie gefunden haben, aber insbesondere zur Begründung der Naturphilosophie nothwendig sind.

§. 62. In dem Universum ist nichts, das bloß affirmirt und nicht als solches auch affirmirend wäre. — Unter verschiedenen Ausdrücken wurde dieser Satz schon im Vorhergehenden aufgestellt und bewiesen. Hier leiten wir ihn nur aus der allgemeinsten Wahrheit ab, nämlich, daß alles im Universum Ausdruck der unendlichen Substanz Gottes, diese aber als affirmirt unmittelbar auch affirmirend ist, da sie nur sich selbst affirmirt. Demnach auch im Universum nichts, das nicht auch Position seiner selbst, — real-ideal. (Gegenüber von der gewöhnlichen Vorstellung des objektiven oder realen Seyns als eines bloßen Seyns ist hier gezeigt, daß nichts im Universum bloßes Seyn, rein Reales ist, sondern alles, wenn auch in verschiedener Weise oder verschiedenem Grad die absolute Identität ausdrückt).

Zusatz. Die unendliche Substanz, real betrachtet, oder (§. 44, Zusatz), was dasselbe ist, die ewige Natur ist als affirmirt auch aff unendliche Weise affirmirend, und beides ist absolut eins oder in absoluter Identität in ihr.

§. 63. *Die besonderen Dinge in der unendlichen realen Substanz können sich von ihr und relativ auseinander bloß durch die relative Differenz des Affirmirenden und des Affirmirten unterscheiden.* Dieser Satz ist unmittelbare Folge des §. 53, wo bewiesen wurde, daß die besonderen endlichen Dinge, durch welche das reale All als reales erscheint, nur durch relative Differenzen des Affirmirenden und des Affirmirten verschieden seyn können. Die Besonderheit ist aber an den Dingen nicht eine Bestimmung des Wesens, sondern das, was nicht zum Wesen gehört, bloß auf Vergleichung, Entgegensetzung beruht. Diese Besonderheit an dem besonderen Ding ist daher nicht als eine *Aufhebung* seiner Unendlichkeit zu denken, sondern vielmehr als das, was ihm fremd, das bloße *Nichts* an ihm ist. Jedes Ding seinem Wesen nach oder an sich betrachtet ist vielmehr ein *actu* Unendliches (eine Totalität in Bezug auf sich selbst), die Endlichkeit kommt ihm nicht an sich selbst zu, sondern bloß relativ oder in Vergleichung mit andern. Denn seine Endlichkeit beruht auf dem bestimmten Verhältniß des Affirmirenden und Affirmirten in ihm, aber dieses bestimmte Verhältniß kann seiner Bestimmtheit nach selbst nur im Gegensatz oder in Vergleichung erkannt werden, was durch das Beispiel einer *Linie* deutlich gemacht wurde; deren *Wesen* oder Idee es ist, A und B als eins zu setzen, und die durch dieses ihr Wesen allerdings auch alle Verschiedenheiten oder alle möglichen Arten dieses Verhältnisses begreift, ohne daß diese je Bestimmungen eines Punktes oder Theils der Linie *an sich selbst* und anders als in Relation wären, indem jeder Punkt, je nachdem er betrachtet und bezogen wird, ein + von A oder ein + von B oder die Indifferenz beider ausdrückt.

Zusatz: Jedes der besonderen, in der realen unendlichen Substanz begriffenen Dinge ist an sich selbst (nicht in Beziehung betrachtet) *ein actu Unendliches oder eine Totalität in Bezug auf sich selbst.* Denn die Besonderheit an ihm (das bestimmte Verhältniß des Affirmirenden zum Affirmirten) ist nicht eine Bestimmung des Wesens oder des Unendlichen an ihm, sondern etwas, das gar nicht zum Wesen als solchem gehört.

§. 64. *Das Affirmirende, inwiefern es unmittelbar bloß das Affirmirende des Besonderen ist, ist die Seele, das Affirmirte dagegen, inwiefern es unmittelbar bloß das Affirmirte jenes Affirmirenden ist, der Leib des Dings.* — Eigentlich bedarf dieser Satz keines Beweises, da er bloß Bestimmung des Sinnes ist, in welchem wir in der Folge die Worte Seele und Leib brauchen werden. Indeß wird Folgendes hinreichen, die Identität der von uns bisher gewählten Bezeichnungen des Affirmirenden und Affirmirten mit denen von Seele und Leib zu zeigen. — Das Verhältniß von Seele und Leib ist = dem Verhältniß von Idealem und Realem, aber eben dieses ist das Verhältniß von Affirmirendem und Affirmirtem. — Alles Erkennen ist auch ein Affirmiren und umgekehrt. Die Seele nun ist das Erkennende, d. h. das Affirmirende des Leibes, der Leib das Erkannte, d. h. das Affirmirte. Der Begriff eines Dings ist nichts anderes als die Position oder die Affirmation dieses Dings, das Ding selbst als das Objekt dieses Begriffs ist das Affirmirte desselben. Demnach verhält sich in jeder möglichen Beziehung Seele und Leib, wie sich ꝛc. Noch *insbesondere*. Das Affirmirende ist die Seele nur, inwiefern es die unmittelbare Position oder der unmittelbare Begriff des Affirmirten ist, also nur in der Beziehung auf dieses Seele, drückt also schon die Relation eines Affirmirenden auf ein Affirmirtes aus. Ebenso ist umgekehrt das Affirmirte *Leib* nur in der unmittelbaren Beziehung auf das Affirmirende, oder nur inwiefern es das unmittelbar Affirmirte des Letzteren ist.

§. 65. *Alles im Universum ist beseelt*, oder: Nichts ist im Universum, das *bloß* Leib und nicht als solches unmittelbar auch Seele wäre. Nächste Folge aus §. 62 und dem Vorhergehenden.

Zusatz: Das wahre Wesen der Dinge (auch im realen All) ist weder Seele noch Leib, sondern das Identische beider.

§. 66. *Das Affirmirende ist endlich, inwiefern es nur*

das unmittelbar Affirmirende dieses Affirmirten als dieses ist, und umgekehrt: nämlich das Affirmirte ist endlich bloß, inwiefern es das unmittelbare Objekt dieses Affirmirenden ist. — Denn das Affirmirende ist überhaupt nur Affirmirendes oder Seele in der unmittelbaren Beziehung auf sein Affirmirtes, es kann also auch als Affirmirendes endlich seyn nur in der unmittelbaren Beziehung auf jenes als ein endliches. Ebenso umgekehrt.

Zusatz. Keines von beiden ist also an sich endlich, sondern nur in Relation oder in der Wechselbeziehung aufeinander. Unmittelbare Folge.

§. 67. Einzig durch diese Verbindung des Affirmirenden mit einem Affirmirten (der Seele mit einem Leibe) bilden beide zusammen eine vollendete Substanz (substantia completa), eine Monas, eine Welt für sich. — Denn kraft dieser unauflöslichen Verbindung schaut das Affirmirende sich unmittelbar nur in seinem Affirmirten als in einer besonderen Welt — einer Totalität für sich — an, und hinwiederum dieses wird durch die unmittelbare Beziehung auf jenes oder als das unmittelbare Objekt von jenem, als Identität in Bezug auf sich selbst, gesetzt.

Zur Erläuterung. Was aus der Idee Gottes als ein bloßes Affirmirtseyn folgte (wenn nämlich überhaupt ein solches denkbar wäre), würde nicht nur den geringsten Grad von Realität bezeichnen, sondern es wäre selbst reines Nihilum, nämlich bloßes Leiden, reine Bestimmbarkeit. Hinwiederum wäre das Affirmirende für sich betrachtet und abgesondert von einem Affirmirten bloße Thätigkeit, reine Entelechie, wie es die Alten bezeichneten. Erst durch die Verbindung der Entelechie mit dem Affirmirten wird sie zur Monas, zur Welt für sich, zur substantia completa. — Das Affirmirtseyn an den Dingen für sich betrachtet ist ihre bloße Endlichkeit; es ist das, was bei früheren Philosophen die materia prima oder die prima potentia passiva ist, die für sich keine Realität hat, sondern sie erst durch die Verbindung mit der Entelechie erlangt.

§. 68. Die besonderen Dinge in der unendlichen

realen Substanz haben ein gedoppeltes Leben, ein Leben in der Substanz und ein Leben in sich selbst oder ein besonderes Leben (das letztere bestimmt die Vergänglichkeit an ihnen). — Dieser Satz ist bloße Anwendung des schon früher allgemein Bewiesenen. — Die besonderen Dinge haben ein Leben in der unendlichen realen Substanz, denn diese begreift das Wesen aller Dinge, die Ideen — ein Leben in sich selbst durch die mit dem Wesen zugleich, obschon als nichtig, gesetzte Relation (das Leben in sich insofern bloßes Scheinleben). Gegensätze, die hieraus folgen:

§. 69. Im Gegensatz des Lebens im All kann das besondere Leben nur als ein unendliches Zerfallen in Differenz — ohne Identität — erscheinen, als unendliche Nicht-Identität, reine Ausdehnung. — Denn die innere Identität ist aufgehoben durch die Relation der Positionen aufeinander. Diese aber ist das Bekräftigende, Affirmative. Demnach kann auch das besondere Leben der Dinge im Gegensatz des Lebens in der unendlichen Substanz, d. h. das Affirmirtseyn der Dinge getrennt von der unendlichen Affirmation, als der Identität, kann nur als unendliche Differenz, als gänzliche Beraubung der Identität, demnach nur als ein kraftloses Zerfallen, als reine Ausdehnung erscheinen.

Zur Erläuterung für diejenigen, welche bereits mit der Naturphilosophie bekannter sind, will ich hier folgende Bemerkung machen. — Die reine Ausdehnung oder der Raum ist per oppositum Erscheinung oder Widerschein des Seyns der Dinge im Absoluten, und insofern muß der Raum demjenigen gleichgesetzt werden, was ich sonst auch durch die ideale Einheit bezeichnet habe, worunter ich nämlich eben das Seyn des Besonderen im All oder sein Zurückgehen ins All verstehe. Inwiefern aber der Raum oder die reine Ausdehnung nur per oppositum Widerschein des Lebens der Dinge im All ist, oder, deutlicher ausgedrückt, inwiefern im Raum nicht eigentlich das Leben der Dinge im All selbst, sondern ihr besonderes Leben im Gegensatz gegen jenes und in seiner Nichtigkeit in Bezug auf dasselbe betrachtet wird, insofern kann der Raum auch wieder als reale Einheit, nämlich als Form des Lebens der Selbstheit in der gänzlichen Auflösung und der Trennung von ihrer Position betrachtet werden.

§. 70. Im Gegensatz des besonderen Lebens der Dinge oder ihres Lebens in sich erscheint das All als in ihrer Nichtigkeit anschauend sein eignes unendliches Leben, oder: das All im Gegensatz des besonderen Lebens der Dinge kann nur als die Einbildung seines unendlichen Begriffs (seiner unendlichen Affirmation) in ihre Besonderheit erscheinen, aber mit Vernichtung der Unendlichkeit in den Dingen; diese Vernichtung selbst aber kann nur als Bestimmung der Dinge durch Zeit erscheinen. — Ist nämlich das besondere Leben der Dinge als ein Besonderes und im Gegensatz gegen das All bloße Aufgelöstheit, Nichtigkeit, reine Ohnmacht, so erscheint dagegen in der entgegengesetzten Beziehung des Alls auf die besonderen Dinge ihr besonderes Leben zwar als reell, aber nur insofern, als es dem unendlichen Begriff des Ganzen dient, und von ihm gleichsam unterjocht, als Besonderes vernichtet ist. Die Zeit ist diese Vernichtung des besonderen Lebens als eines besonderen; denn es entsteht nur in der Zeit, es ist nicht an sich selbst, sondern nur, sofern ihm der unendliche Begriff des All eingebildet, und sofern es durch diesen Begriff gesetzt, nicht reell. Sein Entstehen und Seyn ist also eigentlich nur ein stetes Vergehen und Vernichtetwerden durch den unendlichen Begriff des All, wie in der Linie durch den unendlichen Begriff derselben die Einzelheit der Punkte unterjocht wird, und keiner etwas für sich ist, sondern nur im Ganzen (wie es aus dem Punkt weicht, den es einnimmt, ist es nichts). In dem Entstehen und Vergehen der Dinge dem besonderen Leben nach, d. h. in dem zeitlichen Seyn der Dinge, schaut also das All nur sein eignes unendliches Leben, und demnach ist die Zeit selbst nichts anderes als das All erscheinend im Gegensatz gegen das besondere Leben der Dinge, oder: die Zeit ist die das Besondere (die Unendlichkeit) negirende, in ihm und in seiner Negation sich selbst anschauende Einheit, welches zu beweisen war.

Auch mit Beziehung auf den Gegensatz von Raum und Zeit in der

Ausdehnung oder im Raum wird angeschaut die Nichtigkeit des Besondern relativ auf das All: seine Nichtigkeit nämlich, inwiefern ihm das All nicht eingebildet ist; in der Zeit wird angeschaut die Allgegenwart des All in der Nichtigkeit des Besondern für sich und in der Einbildung des unendlichen Begriffs der Allheit in seine Besonderheit (wodurch dieses ein momentanes Leben erhält).

§. 71. Der Raum ist die bloße Form der Nichtigkeit der Dinge, inwiefern sie von der absoluten Identität, der unendlichen Position getrennt sind, oder er ist Form des bloßen Affirmirtseyns der Dinge in seiner Differenz vom Affirmirenden. Denn nach §. 69 ist der Raum die bloße Form des eigenen Lebens der Dinge im Gegensatz des Lebens im All. Nun ist aber das All die unendliche Position der Dinge — also der Raum auch die bloße Form der Nichtigkeit der Dinge in der Trennung von ihrer Position oder von dem Affirmirenden (also auch Form des bloßen Affirmirtseyns in der Trennung von ihrem Affirmirenden).

§. 72. Die Zeit im Gegentheil ist die Form des Beseeltseyns der Dinge.

Beweis. Denn das Affirmirende der Dinge ist die absolute Einheit. Jedes Ding ist daher in dem Grad affirmirend, und weil das Affirmirende nach §. 64 = Seele ist, in dem Maße beseelt, in welchem ihm die Identität eingebildet ist. Nun ist aber diese Einbildung der Identität, d. h. des unendlichen Begriffs der Allheit, in die Besonderheit Zeit; demnach ist auch die Zeit die Form des Beseeltseyns der Dinge.

Zusatz: Das Affirmirende des Dings ist daher allgemein die Identität als der unmittelbare Begriff oder das unmittelbare Wesen seiner Differenz.

§. 73. Der Leib an den Dingen ist nicht reell, wenn er nicht auch als Affirmirtes wieder das Affirmirende begreift. Denn nach §. 69 ist das Affirmirtseyn der Dinge, d. h. ihre bloße Besonderheit, getrennt vom All als von ihrer Position, reines Zerfallen, reine Ohnmacht, so wie schon nach der Erläuterung beim

§. 67 das bloße Affirmirtseyn getrennt von seinem Affirmirenden reines Leiden, reine Bestimmbarkeit, reine Durchdringlichkeit, demnach bloßes Nichts ist. Demnach würde auch schon das Affirmirte als Affirmirtes, der Leib der Dinge, nicht real seyn, wenn es nicht auch als Affirmirtes wieder das Affirmirende begriffe.

Anders. Die Erscheinungsform des bloßen Affirmirtseyns als solchen ist der Raum. Soll nun das Affirmirte *im Raum* nicht als bloßes kraftloses Nichts, als reiner Raum erscheinen, so muß es auch als Affirmirtes wieder das Affirmirende begreifen, nur daß, wie sich von selbst versteht, das Affirmirende hier selbst unter der Form des Affirmirtseyns, d. h. als A', erscheint.

§. 74. *Das Affirmative im Leiblichen und als untergeordnet dem Leiblichen ist die erste Dimension im Ausgedehnten.*

Beweis. Denn das Affirmirende eines Dings ist die absolute Einheit in der unmittelbaren Beziehung auf die Differenz des Dings oder als der Begriff dieses Dings, als ihm eingebildet, nach §. 72 Zus. Nun ist aber (§. 70 und §. 72) die Einbildung des unendlichen Begriffs, d. h. der unendlichen Affirmation der Allheit, und da diese in der absoluten Identität liegt, die Einbildung der *absoluten Identität* selbst in das Besondere eines Dings dasjenige, was die Zeit an dem Dinge bestimmt. Die Zeit soll aber hier als untergeordnet dem Affirmirten, d. h. (weil nach §. 71 der Raum die Form des von seinem Affirmirten getrennten Affirmirenden ist) die Zeit soll als untergeordnet dem Raum oder als ausgedrückt im Raum erscheinen. Der Ausdruck der Zeit aber im Raum oder das der Zeit im Raum Entsprechende ist die erste Dimension (den Beweis dieses Satzes werde ich sogleich nachbringen), und demnach ist das Affirmative im Affirmirten, inwiefern es selbst affirmirt ist, die *erste* Dimension im Ausgedehnten.

Der eben geführte Beweis gründet sich vorzüglich auf die Wahrheit des Satzes, daß die im Raum ausgedehnte Zeit = erster Dimension = Linie sey. Wir müssen daher, um dieses zu zeigen, uns hier über den Begriff der *Linie* erklären.

Daß die Linie die dem Raum eingebildete, im Raum gleichsam erloschene Zeit sey, dieß würde schon aus folgender Uebereinstimmung erhellen. — Zeit ist Einbildung der Identität in die Differenz, wodurch diese ihr eignes Leben verliert und dem Ganzen unterworfen wird, aber eben dieß ist der Fall in der Linie, wo zwar eine Differenz, ein Außereinander gesetzt ist, aber in dieser Differenz eine herrschende, sie durchdringende, die Einzelheit negirende Identität. Die Zeit ferner ist die Einbildung der Identität oder der Affirmation in das Affirmirte, ohne doch je zur Totalität zu gelangen (weil sie nämlich die Einbildung der Identität in die Differenz ist, *sofern diese Einbildung nur an dem Einzelnen erscheint*). Dasselbe aber ist der Fall in der Linie, die daher ihrer Natur nach interminabel ist, wie die Zeit. Man könnte ferner anführen, daß wie in der Linie so auch in der Zeit nur Eine Dimension herrschend ist.

Folgendes jedoch ist eine noch bestimmtere Erklärung über das Wesen der Linie und der Zeit.

Die Ausdehnung ist *Differenz* des Affirmirten von seinem Affirmirenden, in welcher Differenz jenes in sich selbst zur Nichtidentität zerfällt; die vollkommene Geschiedenheit des Affirmirten von seinem Affirmirenden, und demnach seine völlige Nichtigkeit wird angeschaut in dem reinen Raum. Der Raum *rein* als solcher ist nun selbst für den Geometer nichts Reelles, er wird ihm reell nur, sofern er das Affirmirende in ihn bringt. Dieses in seiner völligen Geschiedenheit vom Affirmirten ist für den Geometer der Punkt; der Punkt und der unendliche Raum, unendliche Intensität und unendliche Extensität sind die zwei Gegensätze, in welche sich die Reflexion nothwendig verliert — in der unendlichen Substanz sind beide eins. Der Punkt ist hier nicht von dem unendlichen Raum, das Kleinste nicht vom Größten, die Identität nicht von der Totalität verschieden, Mittelpunkt und Umkreis fallen zusammen, alles ist Mittelpunkt und Peripherie zumal. Wie der Punkt und die unendliche Ausdehnung (Identität und Totalität) in der unendlichen realen Substanz eins sind, so sind sie wenigstens relativ eins in den besonderen realen Dingen. Der Punkt oder das bloß Affirmirende mit der Ausdehnung oder dem bloß Affirmirten synthesirt, — gibt die Linie; die Linie ist der sich selbst als affirmirt sehende, sich selbst in die Differenz einbildende Punkt, allgemein also die sich selbst in die Differenz einbildende Identität, welche lebendig, als affirmirend angeschaut = Zeit ist (wie schon in einem früheren Satz bewiesen), im Affirmirten oder im Seyn ausgedrückt, wie so eben bewiesen, = Linie ist.

Zusatz. Das Beseeltseyn des besonderen realen Dings drückt sich an ihm durch die erste Dimension aus (der Grad also auch ꝛc. = dem Grad, in welchem diese an ihm ausgedrückt). Denn nach §. 72 ist die Zeit die Form des Beseeltseyns der Dinge. Die Zeit aber drückt sich, wie so eben bewiesen wurde, am besonderen Ding durch die erste Dimension aus, also ꝛc.

§. 75. Das rein Affirmirte im Leiblichen oder (nach §. 73) der bloße Raum am Affirmirten drückt sich durch die reine Differenz, das reine Zerfallen, das bloße Außereinander ohne wechselseitige Einbildung — durch die Fläche aus. — Von selbst klar. Wie also die Zeit im Ausgedehnten = Linie, so ist der Raum im Ausgedehnten = Fläche, zweiter Dimension.

§. 76. Das Reale oder die Indifferenz im Affirmirten ist die Materie.

Erläuterung. Daß Realität = Indifferenz folgt schon aus §. 48, wo gezeigt, daß im Realen und im Idealen das eigentlich Reale immer wieder die Indifferenz ist.

Beweis. Dieser kann auf verschiedene Weise aus dem Vorhergehenden geführt werden: — a) das bloß Affirmirte oder die Besonderheit in ihrer Trennung von dem Affirmirenden ist reines Zerfallen, bloßes Leiden, reine Bestimmbarkeit, reine Durchdringlichkeit. Aber das Affirmirte ist hier nicht in der absoluten Geschiedenheit von seiner Position, dem Affirmirenden (der Einheit), gesetzt, sondern vielmehr in relativer Identität mit ihm, wie §. 70 bewiesen wurde. So weit es nun mit diesem in relativer Identität ist, so weit ist auch das reine Leiden, die reine Nichtigkeit und Durchdringlichkeit an ihm negirt (denn das Affirmirende setzt es als Realität in Bezug auf sich selbst, als Welt, in der es sich selbst anschaut). Die Indifferenz oder die relative Identität des Affirmirten und Affirmirenden im Affirmirten ist daher selbst *Undurchdringlichkeit*, oder das Reale im Affirmirten ist ein solches, das zwar an sich, getrennt vom Affirmirenden, reine Durchdringlichkeit, in die relative Identität aber oder in die Indifferenz mit ihm gesetzt, wie hier, ein undurchdringlich gemachtes Durchdringliches, ein sich selbst Affirmirendes, Bestimmbares ist. Aber eben dieser Charakter der Undurchdringlichkeit ist der Charakter der Materie. Also ist das Reale oder die Indifferenz des Affirmirten und Affirmirenden im *Affirmirten* = Materie. — b) Andere Art des Beweises. Das bloße Affirmirtseyn für sich betrachtet wäre reines Zerfallen in Differenz, bloße kraftlose Extension; nun aber ist (ex hypothesi) das Affirmirte hier synthesirt mit dem Affirmirenden, welches in seiner Geschiedenheit vom Affirmirten bloße Identität mit Negation aller Extension — bloßer Punkt ist, und zwar ist die Synthese als eine gedoppelte gesetzt. Einmal ist die Differenz synthesirt, eingebildet der Identität, die Ausdehnung ist eingebildet dem Punkt — der Ausdruck der vollkommenen Einbildung der Differenz in die Identität ist die *Kreislinie*. (Der *bloßen Fläche*, der zweiten Dimension, fehlt die Beziehung auf das Affirmirende, den Punkt; diese Beziehung gegeben ist die Kreislinie gesetzt.) Wir können also diese Seite der Synthese beschreiben als eine Tendenz des Affirmirten zum Punkt, der sich hier nur als Mittelpunkt verhält, also als Concentration oder Contraktion des Affirmirten. Vermöge dieser Tendenz, wenn sie nämlich unbeschränkt wäre, würde das Affirmirte auf den bloßen Punkt reducirt, alle Extension von ihm negirt werden. Aber die andere Seite derselben Synthese ist die, daß der Differenz die Identität, der Ausdehnung der Punkt eingebildet wird: der Ausdruck dieser Synthese ist Expansion. Vermöge dieser Tendenz, wenn sie unbeschränkt wäre, würde das Affirmirte in unendlicher Extensität zerfallen; beide Seiten, die der Einbildung der Differenz in die Identität und der Identität in die Differenz, würden also *für sich* den gänzlichen Mangel an Realität setzen. Nun producirt aber die Substanz in den Dingen weder bloß den Punkt (die unendliche Intensität) noch die unendliche Ausdehnung oder Extensität: beide sind in ihr absolut eins (sie ist nämlich als *Identität*, als Punkt, unmittelbar auch Totalität, unendliche Extensität, und umgekehrt). Wie nun der Punkt und die unendliche Ausdehnung in dem Produciren der unendlichen Substanz als solcher absolut eins sind, so sind beide in den besondern realen Dingen wenigstens relativ eins oder in relativer Indifferenz: demnach ist das Produkt ein mittleres von unendlicher Expansion und unendlicher Contraktion. Wie nun die unendliche Expansion das unendliche Außereinander, die absolute Durchdringlichkeit selbst ist, so ist der Punkt als Negation alles Affirmirten auch Negation alles Durchdringlichen, also die absolute Undurchdringlichkeit selbst. — Das Durchdringliche des Affirmirten synthesirt mit der absoluten Undurchdringlichkeit des Punkts setzt also ein *Undurchdringliches*, d. h. ein solches, das zwar den Stoff der Durchdringlichkeit in sich hat, aber durch Verbindung mit seiner Position undurchdringlich ist — mit Einem Wort die *Materie*.

Zusatz. Der allgemeine Leib der Dinge ist demnach die Materie. Denn das Reale des Affirmirten ist, wie aus dem Beweis unseres Satzes erhält, = Materie. Nun verhält sich aber das Affirmirte als der Leib, und demnach ist die Materie ꝛc.

Anmerkungen. 1. Die Attraktiv- und Repulsivkraft, aus deren Conflikt nach Kant die Materie hervorgehen soll, sind selbst bloß ideelle Faktoren, und können als *reale* Faktoren nur aus der Synthesis des Affirmirten und Affirmirenden begriffen werden. Das Repulsive in der Materie ist nämlich die Einbildung der Identität in die Differenz, das Attraktive die Einbildung der Differenz in die Identität. Der Begriff von *Kraft* aber ist selbst nur ein Reflexionsbegriff, d. h. ein Begriff, der von den Dingen gebraucht wird, nur sofern sie abstrahirt von der unendlichen Substanz betrachtet werden. Denn das einzig Reale in den Dingen ist nur das Wesen der unendlichen Substanz, welches aber nicht als Kraft beschrieben werden kann, wie manche die Naturphilosophie zu erläutern oder zu verschönern glaubten, wenn sie das Absolute als die Urkraft des Universums beschreiben. In dem Begriff Kraft liegt ein bloßes Streben, ein conatus oder nisus zu handeln. Die unendliche Substanz ist aber als Seyn *reines* Handeln, reines ewiges Produciren. Nur den Dingen also, abgesehen von ihrem Wesen, oder nicht wahrhaft betrachtet, kann Kraft zugeschrieben werden.

2. Die von uns geführte Construktion der Materie läßt sich ganz durch den Gebrauch der *Potenzen* versinnlichen. — Triplicität der Potenzen ist, wie schon früher allgemein bewiesen wurde, die allgemeine Erscheinungsweise des realen und idealen All. Auch in der Materie tritt (wie wir sogleich noch ausdrücklich beweisen werden) die absolute Identität in die drei Potenzen auseinander, die sich dann im Raum oder im Leiblichen als drei *Dimensionen* aussprechen. Da die erste Dimension eigentlich das Affirmirende in der unmittelbaren Beziehung auf das Affirmirte oder der unmittelbare Begriff desselben ist, so entspricht diese dem A¹. Sie ist die Dimension des Beseeltseyns, des In-sich-selbst-Seyns der Dinge, sie ist Ausdruck der Zeit am Ding, diese aber = Form des Beseeltseyns der Besonderheit. Die zweite Dimension, nicht für sich betrachtet (wo sie bloßes Zerfallen in die Fläche ist), sondern betrachtet als Attribut der Indifferenz oder als untergeordnet der Indifferenz, ist = zweiter Potenz; denn das Affirmirende der ersten Potenz, welches insofern ein *Affirmirtes* ist, wird hier selbst wieder dem Affirmirenden verbunden, mit der Identität synthesirt. Das Affirmirende der zweiten Dimension ist also = A², weil in ihm auch das Affirmirende der ersten Potenz, die Linie, wieder als affirmirt, und nur insofern als *zerfallen*, als gebrochen im Winkel, oder — bei vollkommener Ineinsbildung — gekrümmt zum Kreise gesetzt ist. Die dritte Potenz endlich, durch welche die beiden ersten gleicherweise affirmirt werden, ist = dritte Dimension = Cubus. Die ursprünglichste Form nämlich, unter welcher die drei Dimensionen der Materie gesetzt werden können, ist die *ihrer vollkommenen quantitativen Gleichheit*, welches eben der *Cubus*, die Grundform alles Körperlichen ist. Der Cubus folgt daher in allen seinen Bestimmungen der *Dreizahl*; er läßt z. B. so viel Ansichten von sich zu, als die dreifache

Dimension Grenzen hat, nämlich sechs — er ist bestimmt nach oben und unten, vorn und hinten, rechts und links; die Doppelzahl von 6 ist das Bestimmende seiner Seiten u. s. f.

Das Gleichgewicht der Dimensionen im Affirmirten erzeugt also von selbst das Cubische, oder das Körperliche.

§. 77. Die unendliche reale Substanz producirt in den besondern realen Dingen unmittelbar die absolute Identität, die aber wegen der ursprünglichen Relativität der Besonderheiten in die drei Dimensionen auseinander tritt. — Der erste Theil des Satzes versteht sich von selbst. Denn die unendliche Substanz ist Einheit, Unendlichkeit und Indifferenz auf untheilbare Weise. Was außerdem an dem Ding ist, ist nicht das Producirte an ihm, sondern Mangel, Privation, ist res increata, das Nichtreale an ihm. Daß nun aber die unendliche Substanz, indem sie in den besondern Dingen, d. h. in der Relativität, die absolute Identität, d. h. die wahre Substanz, wirkt, in den besondern nur unter der Form der Indifferenz, und demnach auch nur der Form der drei Potenzen oder Dimensionen erscheinen kann, davon ist die ganze vorhergehende Construktion der Beweis. Nur in der unendlichen Substanz nämlich sind Affirmirtes und Affirmirendes auf unendliche Weise eins und in ab[illegible] Identität. Im Besonderen können sie, eben weil es Besonderes [illegible] auf endliche Weise eins, also nicht in absoluter Identität seyn. Sie treten daher gesondert in der Form dreier Potenzen oder Dimensionen hervor. Daß aber die absolute Identität hier sich zu Dimensionen entfaltet, gleichsam in Dimensionen zerbricht, davon liegt der Grund nicht in der unendlichen Substanz selbst, sondern in der Privation des besondern Dings. — Auch so deutlich zu machen: Die unendliche Substanz producirt auf ewige Weise nur die absolute Thesis, wie sie selbst nur absolute Thesis ist. Diese aber scheint wider an der Besonderheit, deren Seyn nicht ihrem eignen Wesen gleich, sondern durch Relation bedingt ist, oder sofern es durch diese bedingt ist. Das unmittelbare Abbild der absoluten Identität in ihm ist die Indifferenz, worin sich die beiden Entgegengesetzten, das besondere Leben des Dings,

Einheit in der Unendlichkeit, und sein Leben in der Identität durchdringen, und in der Durchkreuzung (weil sie nur relative Durchdringung, nicht absolute Identität ist) sich trübend, jenes der Evidenz undurchdringliche Scheinbild oder Idol der wahren Realität hervorbringen, welches wir Materie nennen. Statt der Thesis wird die Synthesis producirt, und das, was im Absoluten oder an sich das Erste ist, die Identität, wird im Abbild zum Dritten; dieß ist das allgemeine Gesetz alles Reflexes.

Da alles daran gelegen ist, daß gerade dieses Verhältniß der Erscheinung zur absoluten Identität gefaßt werde, indem, wer dieses nicht begreift, sonst nichts begreifen kann in der Philosophie, so will ich hier dieses Verhältniß noch durch ein Beispiel deutlich machen. — In aller sinnlichen Anschauung, in allem sinnlichen Seyn also schauen wir nicht ein Einfaches an, sondern ein Doppelbild. Wir schauen nicht eigentlich das Besondere für sich an; denn das Besondere für sich ist nichts, und also auch nicht sehbar. Wir sehen immer nur das Allgemeine, das Eine, die unendliche Substanz. Indem wir also ein besonderes körperliches Ding anschauen, schauen wir nicht eine besondere Substanz an, sondern nur die Substanz im Besonderen, in dem, was für sich eigentlich nicht sehbar ist, weil es Nichts ist. Diesem Nichts, diesem μὴ ὄν, strahlt die unendliche Substanz ihr Wesen, nämlich die [illegible] Identität ein, aber wegen der impotentia recipiendi Dessen [illegible] absolute Identität in ihm nur in der Form der Indifferenz oder der Synthesis erscheinen. Gott beseelt also das Nichts durch die Irradiation der Dimensionen, aber diese, und demnach auch die reale Materie, sind ein mittleres Produkt, ein Produkt aus der absoluten Identität der unendlichen Substanz und dem Unvermögen der Besonderheit. Wir sehen hier also nicht Eines, sondern wir sehen ein Gedoppeltes, die unendliche Substanz + dem Nichts der Besonderheit: wir sehen also ein Doppelbild, demnach ein wahres Spektrum, etwas, das an sich so wenig Realität hat, als es der Regenbogen hat, oder das spectrum solare im Prisma, welches gleichfalls ein Doppelbild ist. Wenn ich einen hellen Fleck auf einem dunkeln Grund durch das Prisma betrachte, so sehe ich auf der Grenze beider die Erscheinung der Farben. Die gegebenen Elemente dieser Erscheinung sind a) der dunkle Grund — dieser ist für sich gar nicht sehbar; wenn ich auch sage, daß ich ihn sehe, so ist es nur im Gegensatz gegen den hellen Fleck; er ist für sich wahrhaft nichts; b) der helle Fleck, z. B. die Sonnenscheibe: diese ist es allein eigentlich, was sichtbar ist. Durch die Refraktion des Prisma wird nun der helle Fleck über den dunkeln geführt oder gezogen; was erfolgt jetzt? Ich sehe jetzt den dunkeln Grund, den ich für sich nicht sehen würde, weil ich an seiner Stelle den hellen, dahin gezogenen, erblicke. Ich sehe aber zugleich das *Helle*, aber ich sehe es nicht *rein*, denn ich sehe es mit dem Dunkeln zugleich, ich sehe also eigentlich ein *Doppelbild*, ich sehe das Helle + dem Dunkeln, das Positive + dem Nichts, also keines von beiden rein für sich; ich sehe also ein *Mittleres der Farbe*, die das Positive vom Hellen, das Privative vom Dunkeln hat. Wie nun die Farbe nur das durch die Privation, das Dunkel, temperirte Licht ist, so erblicken wir in der ganzen Sinnenwelt eigentlich nur das durch die Privation oder das Nichts des Besonderen gemäßigte Licht der göttlichen Substanz, also weder rein das Besondere, denn dieß wäre nichts, noch rein das Unendliche oder Gott, denn dieß wäre alles.

So viel zur Erläuterung der gemischten Natur des Concreten und der Materie insbesondere.

§. 72. *Der Raum ist nichts unabhängig von den besonderen Dingen.* — Dieser Satz spricht nur positiv aus, was negativ schon §. 71 ausgesagt wurde. Der Raum drückt nichts anderes aus als das Unvermögen oder die Insufficienz des besonderen Dings in seinem Gegensatz mit dem All; er ist nur ein Modus der Abstraktion eines Dings von der Totalität. — Wie die Dinge selbst Abstrakta von dem All (denn nur in der Absonderung vom All sind sie einzelne wirkliche Dinge), so ist der Raum selbst wieder ein *Abstraktum* der einzelnen Dinge (nur daß dieses Wort hier nicht in dem Sinn genommen wird, als wäre der Raum ein abstrakter Begriff, welches allerdings nicht der Fall ist), so daß die besonderen wirklichen Dinge aufgehoben so wenig ein Raum ist, als z. B. dieselben Dinge aufgehoben eine Zahl wäre, — ein Satz, dessen Verkennen in der Philosophie viele unauflösliche Schwierigkeiten nach sich gezogen hat. — Der Raum ist bloß relative Bestimmung der Dinge; nichts ist bloß für sich oder an sich betrachtet im Raum, sondern nur im Vergleich mit andern Dingen, welches eben die Betrachtungsweise ist, zu welcher die Imagination inclinirt. Aber der Raum, außerdem, daß er eine bloße Relation ist, drückt auch überdieß bestimmt die Privation an den Dingen aus, daß sie nämlich nichts sind — unabhängig vom All; nur daß die Imagination sie dann nicht in das unmittelbare Verhältniß zum All (wodurch sie verschwinden würden), sondern zu andern Dingen setzt, die gleichsam keine Realität haben als im Widerschein anderer Dinge, daher die Bestimmung der Dinge dem Raum nach ganz denselben Grund hat, wie ihre Bestimmung nach dem Causalgesetz; denn auch hier sucht ein Reales seine Realität in dem andern, das gleichfalls keine Realität hat und sie wieder in einem andern sucht, wie wir gleich noch bestimmter hören werden. Der Raum kann also auch definirt werden als die reine Privation, das reine Nichts der besonderen Dinge im Gegensatz des All. Dieses Nichts abgesehen von den Dingen angeschaut, in welchen es mit der Realität verbunden, also gemischt ist, heißt der reine Raum, welcher dann eben wegen der Reinheit des Nichts in ihm wieder die Grundlage rationaler Construktion in der Geometrie werden kann, wovon später ein Mehreres.

§. 79. Die Materie selbst und jeder Theil der Materie ist an sich betrachtet ein actu Unendliches oder eine Totalität in Bezug auf sich selbst. Der allgemeine Beweis, der im Zusatz zu §. 60 schon gegeben wurde, wiederholt sich hier für den gegenwärtigen Fall. Das Reale in der Materie oder das An-sich derselben nach Abzug der Privationen, die sie nur in der Erscheinung und relativ auf andere Dinge hat, ist das Wesen der unendlichen Substanz. Nun könnte dieses in ihr negirt werden, bloß inwiefern die Endlichkeit an der Materie eine wahre, dem Wesen entgegengesetzte Potenz wäre. Allein das Endliche an den Dingen ist bloße Privation, bloßer Mangel, nichts Positives — also auch keine Aufhebung des Unendlichen des Dings. Da nun das Wesen der unendlichen Substanz Position unendlicher Realität, also actu unendlich ist, so muß auch die Materie selbst und jeder Theil der Materie, an sich oder dem Wesen nach betrachtet, actu unendlich und eine Totalität in Bezug auf sich selbst seyn.

Zur Erläuterung. Es ist also hier nirgends, auch in der Materie nicht, ein positiver Begriff der unendlichen Substanz. Denn das, was als Begrenzung erscheint, ist bloße Ohnmacht, nur Mangel, Leere, nichts Positives. Wenn wir also ein Ding als endlich bestimmen, nicht sofern wir es in der unendlichen Substanz, sondern sofern wir es abstrahirt von ihr und im Gegensatz anderer Dinge begreifen, so ist auch im Universum und in der Materie nichts unfruchtbar, leer, unangebaut oder todt, sondern ihr selbst und jedem Theil von ihr ist das Universum eingeboren, oder sie selbst und jeder Theil ist eine eigene Welt, Mikrokosmos, in dem die große Welt vollkommen abgebildet und nachgebildet wird.

§. 80. Die empirische Unendlichkeit ist das falsche Scheinbild der wahren oder der aktuellen Unendlichkeit und ein bloßes Produkt der Imagination. Denn die Imagination ist eine solche Betrachtungsweise, in der etwas, das nicht ist, angesehen wird als etwas, das ist. Wir haben daher nur die empirische Unendlichkeit zu erläutern, oder zu sagen, worauf sie sich gründet, um sie als Produkt der Imagination und als bloßes Scheinbild der wahren Unendlichkeit zu finden. — Die aktuelle Unendlichkeit ist die, welche kraft absoluter Position oder Affirmation gesetzt ist. So ist das absolute All ein actu Unendliches, weil es kraft der absoluten Position der Idee Gottes ist. Aber nicht minder ist auch im Universum, wahrhaft oder an sich betrachtet, alles, was ist, Universum, aktuelle Unendlichkeit, da es kraft einer absoluten Position, der Idee, ist. Empirisch ist nun diejenige Unendlichkeit, welche durch bloße Addition von Endlichem zu Endlichem gesetzt wird; es sey nun, daß diese Addition als ein Werden in der Zeit oder als ein Hinzufügen im Raum gedacht werde. Dieser Erklärung zufolge entsteht also empirische Unendlichkeit dadurch, daß das, was an sich nichts ist (bloßes Abstraktum) als reell, oder das, was an sich endlich ist, als unendlich gesetzt werden soll. — Oder anders ausgedrückt: Die empirische Unendlichkeit ist ein Modus der Imagination, wodurch das vom All Abstrahirte in dieser Abtrennung vom All gleichwohl als reell gesetzt werden soll. Da es nämlich in dieser seiner Abstraktion vom All nichtig ist, so soll ihm eine Realität gegeben werden durch Relation — nicht durch wahrhaft absolute Wiederaufnahme in das All (die Ewigkeit), in die Substanz — denn hier würde es verschwinden — also durch Relation, durch eine relative Identität — nicht mit dem All (dieß ist unmöglich, denn das All hat kein Verhältniß zum Endlichen) — also wieder mit einem anderen, vom All Getrennten, bei dem wieder der gleiche Grund obwaltet, so daß also der Widerspruch, der aufgelöst werden sollte, da er wahrhaft unauflöslich ist, nur ins Unendliche hinausgeschoben wird, wodurch denn die entia imaginaria eines unendlichen Raums, einer unendlichen Zeit u. s. w. entstehen. Die wahre Unendlichkeit ist also völlig unabhängig von Raum und von Zeit. — In jeder möglichen Reihe, die durch Hinzufügung entsteht, z. B. in der unendlichen Ausdehnung, welche dadurch imaginär wird, daß Körper auf Körper, Gestalten auf Gestalten gehäuft werden, oder in der Reihe, welche durch die Addition des 1 zu sich selbst ins Endlose entsteht (aber nie ist) — in jeder solchen Reihe beruht die Unendlichkeit auf dem bloß äußern Umstand der endlosen Hinzufügung, also vielmehr auf der endlosen Negation der wahren Unendlichkeit als auf der Position. Jedes Glied der Reihe ist ein endliches, die Reihe selbst aber ist eben deßhalb gleichfalls ins Unendliche endlich; denn jeder Punkt des Raums, z. B. jeder mögliche Centralkörper im Sonnensystem, bei welchem ich stehen bleiben wollte, drückt durch sein räumliches Seyn eine Relation, seine Nichtigkeit für sich selbst aus: nun wird er verknüpft mit dem All, aber nur wieder durch anderes Endliches u. s. f. durch eine endlose Reihe, welche selbst nichts anderes als der Ausdruck eines vollkommen unaufgelösten Widerspruchs ist. — Diejenigen, welche nur das empirisch

Unendliche kennen, verwechseln dann auch das actu infinitum damit, und gerathen auf Widersprüche, indem sie dieses durch Begriffe des ersteren bestimmen wollen. (Nach unserer Lehre ist die Materie und jeder Theil der Materie ein actu infinitum). Z. B. sagen sie: wäre die Materie ein actu infinitum, so müßte eine unendliche Zahl, oder eine Zahl, über die es keine größere gibt, angenommen werden, welches widersprechend ist, da über jeder möglichen Zahl unendlich viele größere gedacht werden können. Sie nehmen daher an, daß die Materie gewisse letzte Theile habe, also endlich sey. Allein wie wenig diese und andere ähnliche Argumente bedeuten, erhellt, wie Spinosa sehr schön beweist, schon daraus, wie wenig sich die Mathematiker darum kümmern, die darum doch fortfahren, das actu Unendliche zu statuiren, wo sie es nöthig finden, und eine Menge Dinge kennen, welche alle Zahl übertreffen, die also nicht durch eine unendliche Zahl, sondern überhaupt nicht durch Zahl bestimmt sind. Die die empirische Unendlichkeit mit der wahren verwechseln, sehen also in der letzten nur eine Unendlichkeit der Zahl nach, welche es allerdings nicht gibt, da sie vielmehr eine Unendlichkeit ist, die überhaupt nicht durch Zahl bestimmbar ist und jede Bestimmung durch dieselbe übertrifft. Die ganze Natur bietet Beispiele einer solchen Unendlichkeit in Menge dar. Der thierische Organismus z. B. ist eine solche aktuelle Unendlichkeit, die durch eine absolute Position es ist. Der Organismus ist actu in infinitum nicht nur theilbar, sondern wirklich getheilt; jede Materie ist es auch, aber es fällt bei ihr nicht so von selbst in die Augen wie beim Organismus. — Aber noch viel adäquatere Beispiele bietet die Geometrie an, von welcher ich hier nur dasjenige anführen will, welches Spinosa gebraucht und gleichsam als ein Sinnbild seiner ganzen Philosophie und Betrachtungsweise der Welt seinem ersten Werke vorgesetzt hat. Wenn von zwei Cirkeln einer den andern umfaßt, jedoch so, daß beide nicht ein und dasselbe gemeinschaftliche Centrum haben, so sind die Ungleichheiten, welche in dem von beiden eingeschlossenen Raum möglich sind, oder die Variationen, welche eine in diesem Raum bewegte Materie erleiden würde, unendlich und durch keine Zahl bestimmbar. Die angegebene

Figur ist also die absolute Position einer Unendlichkeit, der keine Zahl angemessen ist, — und diese Unendlichkeit ist eine schlechthin gegenwärtige, im Begrenzten selbst dargestellte. Die Mathematiker, sagt Spinoza, schließen diese Unendlichkeit nicht aus der Menge von gegebenen Theilen — dieß wäre die empirische Unendlichkeit — sondern daraus, daß die Natur, die Idee der Sache ohne offenbaren Widerspruch keine Zahl leidet. Die Mathematiker schließen auf die Unendlichkeit der Differenzen in diesem Raum nicht aus seiner Größe, seiner Ausdehnung — denn diese ist ja vielmehr bestimmt und begrenzt (zum Beweis, im Vorbeigehen zu sagen, daß diese passive Begrenztheit die wahre Unendlichkeit nicht ausschließt), das Eigenthümliche dieser Anschauung ist eben, daß hier die Unendlichkeit selbst gegenwärtig, und das, was die Imagination in der Gestalt einer empirischen Unendlichkeit in einen endlosen Raum ausdehnt, aus seiner Endlosigkeit zurückgeholt und für eine absolute Apperception als absolutes Zumal dargestellt ist. Die Unendlichkeit liegt hier nicht in der Größe (welche ja überhaupt ein bloß relativer Begriff ist, also auf die wahre Unendlichkeit gar keine Anwendung leidet), denn die Größe der Ausdehnung ist in dem angegebenen Falle völlig gleichgültig; ich kann größere oder kleinere Portionen dieses Raums nehmen, so werden doch auch die Differenzen, die der kleinste in sich schließt, jede Zahl übertreffen und von keiner erreichbar seyn. Der Theil ist hier durchaus von der Natur des Ganzen; jeder für sich wieder ist absolute Position, jeder für sich wieder eine Unendlichkeit. Man kann eben daher auch sagen, der zwischen beiden nicht concentrischen Kreisen eingeschlossene Raum sey ins Unendliche nicht sowohl theilbar als wirklich getheilt, obgleich diese Unendlichkeit hier nicht auf Zusammensetzung, sondern auf einer schlechthin einfachen unendlichen Position beruht. Auch wird die Unendlichkeit der Differenzen hier nicht, wie in andern Fällen, daraus geschlossen, daß wir das Maximum und das Minimum nicht bestimmen können, wie z. B. in der Zahlenreihe keine Zahl angegeben werden kann, über die nicht eine größere, und keine, unter der nicht eine kleinere gedacht werden könnte (die Zahlenreihe heißt der gemeinen Vorstellung unendlich, weil sie eigentlich wie unendlich, jede mögliche Zahl auf- und abwärts noch durch eine andere begriffen ist — in dem voranstehenden Beispiel ist aber das Maximum und das Minimum bestimmt gegeben): der Schluß auf die Unendlichkeit der Ungleichheiten in diesem Raum wird also nicht wegen der Unmöglichkeit, das Maximum oder Minimum anzugeben, gemacht, sondern einzig daraus, daß die Natur, die Idee eines zwischen den zwei Cirkeln eingeschlossenen Raumes nichts dergleichen erlaubt. Hier haben wir also in dem begrenzten Raum ein actu Unendliches in der unmittelbaren Anschauung als absolute Position, beschlossene Gegenwart.

Machen wir nun die Anwendung hievon auf die Idee des All, so ist, ebenso wie mit der bloßen Idee eines zwischen zwei nicht concentrischen Kreisen eingeschlossenen Raums, unangesehen aller Quantität (denn der eingeschlossene Raum und die Kreise selbst können so groß oder so klein gedacht werden als sie wollen, ohne Nachtheil der Idee, woraus man sieht, daß Unendlichkeit etwas ganz anderes ist als Größe) — wie also mit der bloßen Idee eine Unendlichkeit von Differenzen gesetzt ist, so ist mit der bloßen Idee Gottes ohne alles Weitere eine unendliche Realität gesetzt, denn die Idee Gottes *ist* eben die Idee einer unendlichen Position von Realität. Ebenso ist in Ansehung jeder Idee insbesondere, unmittelbar indem sie als Idee gesetzt wird, unendliche Realität gesetzt. Eine solche Unendlichkeit ist nun auch die, welche dem Wesen der Materie zukommt.

§. 81. *Die Theilbarkeit der Materie und des Raums ins Endlose ist nicht eine Theilbarkeit der Substanz selbst, sondern dessen, was nicht-Substanz ist.* Denn das, was getheilt wird, ist immer bloß das *Besondere* oder die quantitative Differenz als Differenz. Noch genauer ausgedrückt: die Theilung selbst ist nur ein Modus der Abstraktion des Besonderen von der unendlichen Position. — Die Materie z. B. ist, dem Wesen nach betrachtet, Position und Realität; theile ich sie aber, so setze ich das, was nur *kraft* dieser Position ist, abgesondert von dieser Position, ich theile daher auch nicht die Position, d. h. die Substanz selbst (denn theilen ist *trennen*), sondern eben nur das von ihr Abgetrennte oder Abstrahirte als ein

Abstrahirtes, was insofern nicht Substanz ist. Wenn ich einen Körper auch zertrenne, so bleibt doch offenbar die Substanz unafficirt, nur der Körper ist afficirt. So z. B. ein Metall oder Wasser oder die Luft, aber nicht die Substanz.

§. 82. *Die Substanz der Materie ist ebensowenig zusammengesetzt als sie theilbar ist.* Denn, wie schon im Vorhergehenden bemerkt, die Substanz begreift die Besonderheiten nicht als Theile, sondern in absoluter Identität, so wie der oben angeführte Raum ꝛc. So wenig also die Theilbarkeit der Materie die *Theilbarkeit* der Substanz ist, so wenig ist die Zusammengesetztheit der Materie die der Substanz.

Jeder Theil, den ich in der Materie setze, ist nur gesetzt durch die Abstraktion von der absoluten Position; diese aber kann nicht aus demjenigen entspringen, was nur gesetzt ist, inwiefern von ihr abgesehen wird; sie geht vielmehr diesem der Natur oder der Idee nach voran.

Anmerkung. Nachdem man erst die ausgedehnte Substanz als zusammengesetzt gedacht hat, erheben sich allerdings unauflösliche Schwierigkeiten gegen die Unendlichkeit derselben, allein diese haben nicht mehr Werth als die Einwendungen, die man auf eine gleiche Weise gegen die Möglichkeit einer Linie machen kann, nachdem man erst vorausgesetzt hat, daß sie aus Punkten zusammengesetzt werde. Denn ist dieß der Fall; so ist, die unendliche Theilbarkeit vorausgesetzt, schlechterdings nicht zu begreifen, wie man je von einem Punkt A zu einem andern Punkt B eine Linie ziehen könne, denn da die Linie zusammengesetzt und zugleich unendlich theilbar ist, so werden zwischen A und B, so wie zwischen jeden möglichen zwei Punkten der Linie, nothwendig unendlich viele andere Punkte liegen, deren Zusammensetzung eine unendliche Zeit erfordern würde, welche unmöglich ist. Alle diese Schwierigkeiten, welche von der Reflexion gegen die klarsten Dinge erhoben werden, die sich mit derselben Evidenz einsehen lassen, mit der man einsehen kann, daß 2 . 2 = 4, haben einen gemeinschaftlichen Ursprung. Sie entspringen alle daraus, daß man das, was nur Realität hat durch die Substanz, durch das Ganze (wie z. B. die Punkte in einer Linie) abstrahirt von diesem Ganzen dennoch als reell setzen will, woraus denn, da jedes Ganze seiner Natur nach Position von Unendlichem ist, nothwendig eine empirische Unendlichkeit, d. h. eine unendliche Endlichkeit entsteht.

Durch das Bisherige glaube ich nun hinlänglich die Unendlichkeit der realen Substanz, und zwar die von aller Ausdehnung, Größe u. s. w. unabhängige Unendlichkeit dargethan zu haben, so wie daß die Unendlichkeit der Substanz durch die Bestimmungen der Dinge weder afficirt noch aufgehoben wird. — Diejenigen, welche die Endlichkeit der Substanz des Ausgedehnten behaupten, gründen sich darauf, daß die Materie theilbar ist und aus Theilen, wie sie glauben, zusammengesetzt werde. Allein ich habe gezeigt, daß nichts von all dem eine Anwendung auf die Substanz hat, und daß sie ebenso wenig theilbar ist, als sie aus Theilen zusammengesetzt wird.

§. 83. Das Universum ist weder endlich noch unendlich ausgedehnt im Raume. Denn der Raum ist bloß eine Betrachtungsweise der einzelnen Dinge als einzelner, nicht aber des Universums. Das Universum ist nicht endlich ausgedehnt im Raum wegen seiner eignen Unendlichkeit, und es ist nicht unendlich ausgedehnt im Raum wegen der endlichen Natur des Raums und da der Raum selbst nie unendlich seyn kann (denn er ist ja nur die reine Endlichkeit selbst). Wie es nämlich nach dem oben angeführten Beispiel Dinge gibt, die alle Zahl übertreffen, so übertrifft auch die Welt oder das Universum allen Raum. Wie es Dinge gibt, denen ebenso wenig eine endliche als eine unendliche Zahl angemessen wäre, oder deren Unendlichkeit weder durch eine endliche noch unendliche Zahl (selbst wenn es eine solche gäbe) ausgedrückt werden könnte, so kann weder durch einen endlichen noch einen unendlichen Raum die Unendlichkeit des Universums ausgedrückt werden; es ist nicht im Raum, weder in einem begrenzten noch in einem unbegrenzten, sondern über allem Raum.

Die tiefste Vorstellung von Unendlichkeit ist die, sie überhaupt in der Größe zu suchen. Denn da alle Größe nur relativ ist, so hat das All keine Größe, keine Quantität, und da der Raum oder die Ausdehnung überall nur die Kraftlosigkeit des besonderen Seyns bezeichnet, so ist die Ausdehnung des Raums ins Endlose durch die Imagination eigentlich nur eine endlose Verbreitung jener Kraftlosigkeit, woraus wahre Unendlichkeit erzeugen zu wollen ebenso unsinnig ist, als aus der Zusammensetzung von lauter Nullen eine Zahl erzeugen zu wollen. — Der Raum, als unendliche Extensität gedacht, ist, wie gezeigt wurde, nur die Form des bloßen, seiner Position beraubten Affirmirtseyns, des Zerfallens. Der Raum ist daher eine Totalität ohne Identität, wie die Zeit eine Identität ohne Totalität, aber eben deßhalb, weil nämlich alle wahre Totalität Identität ist, auch keine Totalität. Wie die Imagination dem Raume ein Verhältniß zum Universum geben will, so will sie ihn zugleich als Identität setzen; da aber dieß unmöglich, so geräth sie dadurch in ein Schweben zwischen Endlichkeit und Endlosigkeit, zwischen Begrenztheit und Unbegrenztheit. Wäre die Welt dem Raume nach unendlich, so könnte sie nie eine Identität und daher auch nie ein Ganzes seyn. Reflektirt daher die Imagination auf die Identität, so setzt sie das Universum im Raum als endlich: nun hat sie zwar die Identität, aber die Totalität ist verloren. Indem sie dieß gewahr wird, dehnt sie also das Universum ins Unbegrenzte aus: allein nun hat sie zwar Totalität, aber keine Identität, und so wird sie beständig hin und her getrieben von der einen Seite auf die andere. — Diese Erörterung zeigt, daß, da alle Größe und Ausdehnung überhaupt auf der Trennung der Einheit und der Allheit beruht, das Universum selbst und die Substanz überhaupt keine Größe haben könne und von der Größe nicht afficirt werde. Denn, wie schon mehrmals erinnert wurde, in Ansehung der Substanz, da sie Einheit und Allheit auf untrennbare Weise ist, ist das Größte nicht vom Kleinsten verschieden, d. h. es hat überall keine Größe. Alles im Universum ist Mittelpunkt, aber dieser Mittelpunkt ist eben deßhalb, weil alles er selbst ist, unmittelbar auch Umkreis, aber eben deßhalb weder eigentlicher Mittelpunkt noch Umkreis, sondern einige, ewige, unendliche Substanz.

Zusatz: Wie der Raum selbst keine Bestimmung des Universums ist, ebenso muß auch jede andere Bestimmung, die nur in Bezug auf

Raum möglich ist, negirt werden. — Das wahre Universum, das schaffende, zeugende All, ist nicht Materie (denn auch diese ist nach dem Vorhergehenden eine bloße Erscheinung der Dinge in Relation), es hat keine Figur, keine Dimensionen — denn die Dimensionen sind nur Erscheinung der absoluten Identität an dem besonderen Ding — es hat keine Dimensionen, nicht wie der Punkt keine hat wegen des Mangels der Totalität, sondern vielmehr, weil es absolute Totalität ist, nicht wie der unendliche Raum keine hat wegen der Ununterschiedenheit der Dimensionen in ihm oder wegen des Mangels der Grenze, sondern vielmehr, weil es absolute Identität ist.

Ich gehe nun weiter, wobei ich das Vorhergehende kurz recapitulire.

Der große Grundsatz, auf welchem alle Erkenntniß des Universums beruht, ist der, daß nichts im Universum affirmirt ist, das nicht als solches auch affirmirend wäre, und umgekehrt. Von der unendlichen realen Substanz wurde behauptet, sie sey auf unendliche Weise als affirmirt auch affirmirend — von den besonderen Dingen aber, daß sie sich nur durch die verschiedenen Verhältnisse des Affirmirten und des Affirmirenden von ihr so wie von sich selbst unterscheiden können, daß aber diese Verhältnisse selbst nur relativ oder vergleichungsweise verschieden seyen. Wir bestimmten hierauf das Verhältniß von Affirmirendem und Affirmirtem als ein Verhältniß von Seele und Leib, und behaupteten demnach, daß alles im Universum beseelt sey, so wie, daß jedes Ding nur durch diese Verbindung von Seele und Leib eine wahre Realität im Universum habe. Da nun aber jedes besondere Ding in der unendlichen realen Substanz Seele und Leib ist, so mußte ferner noch durch diese allgemeine Untersuchung ausgemittelt werden, welches die allgemeine Erscheinungsweise sey sowohl des Leibes als der Seele der Dinge. Beide sind nämlich auf eine ewige Weise und unmittelbar durch die unendliche Substanz selbst eins — jedes für sich ist gleicher Ausdruck derselben —, obgleich nur beide in Vereinung eine vollendete Substanz — eine Welt für sich — darstellen. Durch die zuletzt geführte Construktion fand sich dann als der allgemeine Ausdruck des

Leiblichen der Dinge die Materie. Wir zeigten hierauf die wahre, von Größe, Ausdehnung u. s. w. unabhängige, aktuelle Unendlichkeit der Materie, die ihr zukommen muß, soll sie wirklich dem Wesen nach die unendliche Substanz ausdrücken. Wir schlossen zuletzt diese Untersuchung mit dem Beweis der absoluten, von Raum, Größe, Ausdehnung völlig unerreichbaren Unendlichkeit des Universums. Haben wir nun in dem Bisherigen die allgemeine Erscheinungsweise der Dinge von Seiten des Leibes bestimmt, so haben wir jetzt die andere Seite der Dinge zu betrachten, d. h. wir haben die Erscheinungsweise der Dinge von der Seite der Seele zu bestimmen. Als leitendes Princip dieser Untersuchung stellt sich der frühere Satz dar: nämlich Seele und Leib sind ein und dasselbe Ding, nur von verschiedenen Seiten betrachtet; in der Seele ist also das Gleiche gesetzt, was im Leibe gesetzt ist, und umgekehrt; denn das Ding seiner Realität nach ist eine und dieselbe Substanz, die auf völlig gleiche Weise als Leib und als Seele betrachtet werden kann.

§. 84. **Nach dem Gesetz (§. 62), daß nichts im Universum ist, das bloß affirmirt und nicht unmittelbar als solches auch affirmirend wäre, muß die Materie dasselbe, was sie auf affirmirte oder leidende Art ist, auch auf affirmirende oder thätige Weise seyn.** — Folgt von selbst aus dem angegebenen Princip.

§. 85. **Dasselbe, was in der Materie objektiv oder auf affirmirte Weise ist, ist in der Bewegung subjektiv oder auf affirmative Weise.** — Denn die Materie, wie sie im Vorhergehenden betrachtet wurde, nämlich als Leib drückt das Affirmirte und Affirmirende, aber auf leidende Weise, in-eins-gebildet aus. Nun soll aber die Materie dasselbe, was sie als Leib, auf affirmirte Weise ist, auch als Subjekt oder auf affirmirende Weise seyn.

Da nun die allgemeine Form des Affirmirtseyns nach §. 71 der Raum, der Ausdruck des Beseelenden (Affirmirenden) an den Dingen aber die Zeit ist (§. 73), so kann jene Forderung auch so ausgedrückt werden: Die Materie soll, wie sie Raum und Zeit auf affirmirte Weise, dem Leibe nach gleichsetzt, so dieselbe der Seele nach, auf affirmirende oder thätige Weise gleichsetzen oder in-eins-bilden. Nun ist aber eine solche thätige Ineinsbildung von Raum und Zeit Bewegung. Also ist dasselbe, was in der Materie rc.

Zusatz 1. Hieraus entsteht nun erst der vollständige Begriff der Materie, und wir werden daher in der Folge unter Materie nicht, wie bisher, den bloßen Leib, sondern die Identität von Seele und Leib oder dasjenige verstehen, von welchem Bewegung und Ruhe die beiden gleichen Attribute sind.

Zusatz 2. Ruhe und Bewegung können bloß durch die unendliche Substanz vermittelt werden, und sind daher beide gleich ursprüngliche Attribute der Materie. Denn keines kann das andere, die Ruhe kann nicht die Bewegung, noch die Bewegung die Ruhe hervorbringen. Da nun beide voneinander unabhängig und doch Bestimmungen von einer und derselben sind, so können sie nur durch die unendliche Substanz vermittelt und eins seyn, ebenso wie auch nur durch die unendliche Substanz Affirmirendes und Affirmirtes eins seyn können.

Zusatz 3. Der Raum als bloßes Abstraktum von den Dingen ist das reine Nichts der Ruhe selbst (die reine Position kann sich nicht bewegen); er ist dasjenige, in welchem sich alles bewegt, das aber selbst nicht bewegt wird; er ist die Ruhe in der Abstraktion von dem Ruhenden. Auf gleiche Weise ist die Zeit als Abstraktum von den besonderen Dingen bloße Bewegung ohne Bewegtes. Die reale Ruhe wie die reale Bewegung ist aber nur durch Ineinsbildung von Raum und von Zeit gesetzt.

Wir können jetzt erst, nachdem wir an der Materie das Leidende und das Thätige erkannt haben, auch das eine durch den Gegensatz des anderen bestimmen. Hierüber folgende Sätze.

§. 66. Erklärung. Die Materie in der Abstraktion von der Seele oder dem bewegenden Princip gedacht, nennen wir Masse.

(Die Masse mit dem bewegenden Princip verbunden, wäre also erst die Materie).

§. 87. Alle Modificationen oder Bestimmungen, deren die Materie als bloße Masse fähig ist, sind nur passive Bestimmungen, d. h. solche, in welchen nichts Positives, sondern die bloße Privation gedacht wird. — Dieß ist die nothwendige Folge des vorhergehenden Satzes, wornach die Masse als das bloß Leidende an der Materie bestimmt wird.

Anmerkung. Solche bloß passive Bestimmungen, die das Wesen gar nichts angehen, sind z. B. Verschiedenheit des Orts, der Größe, der Figur u. s. w.

Zusatz 1. Hinwiederum folgt aus der Nichtigkeit dieser Eigenschaften, oder daraus, daß diese Eigenschaften der Masse gar keine Wesenheit einschließen, es folgt hieraus, sage ich, daß die Materie als Masse betrachtet etwas bloß Passives sey. — Zur Erläuterung. Die Masse ist das bloß Undurchdringliche in der Materie. Nun könnte man sagen, daß doch zur bloßen Undurchdringlichkeit schon etwas Aktives erfordert werde, wie wir dieß auch im Vorhergehenden gezeigt haben. Allein es ist hier zu bemerken, daß Undurchdringlichkeit selbst wieder eine passive Eigenschaft ist, d. h. eine Eigenschaft, die sich nur äußert, inwiefern eine Materie auf die andere handelnd gedacht wird. Vermöge der Undurchdringlichkeit bewegt sich keine Materie; sie geht z. B. nicht darauf aus, in die andere einzudringen, sondern erwartet diese. Das Aktive, was in der Undurchdringlichkeit ist, ist also selbst bloß passiv gesetzt, wie wir auch im Vorhergehenden zeigten, daß die Materie als Masse betrachtet allerdings Ineinsbildung von Affirmirtem und Affirmirendem ist, aber so, daß beides nur als affirmirt, d. h. beides nur als leidend gesetzt ist. (Nicht mit Elasticität zu verwechseln).

Zusatz 2. Da auch die Bewegung nicht reine Thätigkeit, da also auch in ihr eine Beziehung auf ein Affirmirtes ist, so gilt auch von der Bewegung, sofern in ihr nichts als die eben angeführten Bestimmungen, z. B. Unterschied des Orts, der Größe und Figur betrachtet werden, dasselbe, nämlich, daß insofern in ihr nichts als etwas bloß Passives betrachtet werde.

Zusatz 3. Der Complexus jener passiven Verschiedenheiten, und was bloß aus diesem folgt, heißt mit Einem Wort Mechanismus. Wäre daher die Materie nichts mehr oder nichts anderes, als was sie vermöge der Masse oder des Passiven in ihr ist (sie ist aber nie und nichts bloß dieses), so würde auch nichts anderes aus ihr abgeleitet werden können, als der Mechanismus. Hinwiederum da aller Mechanismus auf der bloß einseitigen Betrachtung der Materie, der Materie nämlich, sofern sie bloß passiv ist und auch bloß passive Eigenschaften hat, beruht, so erhellt hieraus, warum der Mechanismus keine Sache der Philosophie ist, da diese nämlich die Materie nur in der Identität des Affirmirten und Affirmirenden betrachtet, warum er sich also in einer eignen Wissenschaft, nämlich der Mathematik, anbaut, die sich eben auf diese bloß passiven Eigenschaften, die Größe, Figur u. s. w. einschränkt, und nur dadurch wieder rational ist, daß sie diese Eigenschaften rein und unvermischt mit dem Realen betrachtet. — Der Physiker dagegen, welcher die Ordnung des Universums und der Natur aus eben diesen bloß passiven Bestimmungen, aus Größe, Figur, Lage der Theile u. s. w. begreifen will, würde die Natur, das unendliche Leben selbst in Tod verwandeln, wenn es ihm gelänge, was, wie leicht einzusehen, unmöglich ist.

§. 88. **Die Materie als Masse betrachtet ist nicht eine Negation, sondern eine völlige Privation der Bewegung.** — Denn wäre sie Negation der Bewegung, so müßte sie eine dieser entgegengesetzte Thätigkeit äußern. Sie ist aber für sich lediglich passiv, unvermögend, also auch keine Negation, sondern eine völlige Privation der Bewegung.

Zusatz. Hiermit ist erklärt, was insgemein die **Trägheit** der **Masse** genannt wird. — Die Trägheit ist nämlich a) nicht mit der **Ruhe** zu verwechseln. Denn wenn wir oben im ersten Zusatz zu §. 86 Bewegung und Ruhe als die beiden **Attribute** der Materie bestimmt haben, so ist klar, daß der Masse die Ruhe nicht in dem Sinn zukommt, in welchem sie als Attribut der **Materie**, d. h. der ganzen Substanz, betrachtet werden kann. Die Ruhe kommt nämlich der Masse nicht als Gegensatz der Bewegung (als ein entgegengesetztes [illegible]), sondern absolut zu, und wenn Ruhe Unvermögen ist, so kommt der Masse dieses Unvermögen, also Ruhe, absolut, d. h. sowohl in Beziehung auf Ruhe als auf Bewegung, zu: die Masse als Masse ruht, nicht im Gegensatz der Bewegung, sondern sie ruht, d. h. ist passiv, in der Ruhe wie in der Bewegung. Es ist ihr ebenso unmöglich, durch sich selbst von der Bewegung zur Ruhe überzugehen, oder die Geschwindigkeit, die sie erlangt hat, zu vermindern (denn dieß wäre bereits handeln), als es ihr unmöglich ist, aus der Ruhe zur Bewegung überzugehen, oder die Geschwindigkeit, die sie erlangt hat, zu vermehren. b) Ebensowenig kann die Trägheit als eine eigentliche aktive Tendenz zur Ruhe beschrieben werden, wie von manchen aus Mißverstand geschehen ist, als ob nämlich die Masse eine wirkliche Thätigkeit oder Kraft aufwende, sich in ihrem Zustand zu behaupten und der Bewegung zu widersetzen. Durch eine solche Kraft wäre vielmehr schon die Trägheit aufgehoben. — Es bleibt daher keine andere Bestimmung übrig, als die oben gegebene, nämlich daß die Materie als Masse vollkommene Privation der Thätigkeit oder der Bewegung ist, und wir demnach hier, wie auch Leibniz schon sehr richtig bemerkt, an der Trägheit der Materie das Beispiel einer ursprünglichen Unvollkommenheit haben, einer ursprünglichen Privation in den geschaffenen Dingen.

Die Masse als Masse hat überall keine Tendenz zur Bewegung oder zur Ruhe, inwiefern beides positive — nur in wechselseitiger Entgegensetzung stehende — Bestimmungen sind. Sie hat vielmehr ihrer Natur nach eine reine Tendenz zum Nichts — oder zum Nichtseyn — und behauptet diese Tendenz in der Ruhe wie in der Bewegung. Sie mag ruhen oder bewegt werden, so ist es immer nur dadurch, daß sie durch den Begriff eines andern als sie selbst beseelt ist; sie ist nur Beraubung des bewegenden Princips, also relativ auf dasselbe nichts. So widersprechend auf den ersten Anblick eine solche rein passive Tendenz scheinen mag, deren Begriff jedoch der genialische Kepler nicht gescheut hat, indem er die nachher so mißverstandene oder vielmehr gar nicht verstandene Bezeichnung der vis inertiae dafür wählte, so liegt doch selbst in unserer vorhergehenden Construktion die Rechtfertigung desselben. Die Materie als bloßes Undurchdringliches, bloße Masse, ist ein sich selbst affirmirendes Nichts. Es ist also ein Affirmirendes in der Masse, das insofern als ein Positives erscheinen kann, aber es ist ein Affirmirendes, das bloß das *Nichts* in der Materie affirmirt, es ist also eine Tendenz, aber keine *positive*, auf etwas Positives gehende, sondern eine unmittelbar auf die Privation gehende, d. h. eine passive Tendenz. — An sich selbst und für sich betrachtet hat die Masse überall keinen positiven Charakter; sie ist ein affirmirtes Nichts, es sey nun, daß sie ruhe, oder daß sie sich bewege; dieses Affirmirtseyn des Nichts in ihr zu überwinden, sie also entweder aus der Ruhe in die Bewegung oder aus der Bewegung in die Ruhe zu versetzen, wird eine äußere Bestimmung erfordert, und zwar jedesmal eine solche, deren Gewalt der Masse proportional ist. Ohne diese passive Tendenz wäre z. B. nicht einzusehen, warum einen Körper von jeder Masse nicht auch die kleinste Kraft in Bewegung setzen könnte, oder umgekehrt, warum die Bewegung eines Körpers von jeder Masse aufzuhalten, nicht gleichfalls jede, auch die kleinste Kraft hinreichte. Wir können nämlich das Nichtbewegtwerden eines Körpers von großer Masse durch eine geringe Kraft nicht als eine gänzliche Negation der Bewegung, sondern nur als eine Bewegung mit unendlicher Langsamkeit ansehen. Die Bestimmung oder die bewegende Kraft von außen kann nun für sich nur Ursache des Positiven, nämlich der Bewegung seyn, nicht aber Ursache der Limitation derselben oder ihrer Langsamkeit. Diese kann also nur im Bewegten liegen, und da dieses seiner Natur nach kein Handeln, sondern vielmehr Leiden ist, so haben wir hier das offenbare Beispiel einer *vor aller That vorhergehenden* Privation, einer Limitation, die durch kein Handeln gesetzt ist, einer angeborenen Unvollkommenheit, gleichsam einer Erbsünde der Materie.[1]

§. 89. *Im Gegensatz der Zeit* kann das besondere

[1] Vgl. die spätere Darstellung der rationalen Philosophie, 2. Abth. Bd. 1. S. 428. D. H.

Leben der Masse nur als ein völlig nichtiges, ihr unterworfenes erscheinen.

Erläuterung. Im §. 70 wurde bewiesen, daß die Zeit nichts anderes ist als die Offenbarung des All an dem besonderen Leben der Dinge oder die Erscheinung des All im Gegensatz des besonderen Lebens. In der Beziehung des Alls auf die besonderen Dinge erscheint nämlich das Leben der letzteren als reell, aber nur sofern es dem unendlichen Begriff des Ganzen dient, oder sofern ihm dieser eingebildet ist. Nun kann aber nach den verschiedenen Graden der Realität oder der Perfektion eines Dings, wie wir sie im §. 61 bestimmt haben, einem Ding mehr, dem anderen weniger der unendliche Begriff des Ganzen eingebildet seyn. Je mehr dieß der Fall ist, je mehr es den unendlichen Begriff in sich selbst aufgenommen hat, desto mehr hat es nothwendig auch die Zeit in sich selbst, desto weniger ist es ihr also unterworfen, desto mehr selbständige Realität besitzt es noch in seiner Zeitlichkeit, d. h. in der allgemeinen Nichtigkeit, die es mit allem Endlichen theilt. Die Zeit ist also die Form des Beseeltseyns der Dinge für ihr besonderes Leben. Da nun aber (§. 86) die Masse die Materie ist in der Abstraktion von der Seele oder dem bewegenden Princip, so kann ihr auch als solcher der unendliche Begriff nicht wahrhaft eingebildet seyn. Alle endlichen Dinge sind nur Durchgangspunkte der Einbildung des unendlichen Begriffs in die Besonderheit (nichts Reelles, bloßer Consluxus); aber je mehr sie in diesem Durchgang zugleich selbst den unendlichen Begriff in sich aufnehmen, desto reeller sind sie für sich; die Masse aber kann überall nur Durchgangspunkt seyn, denn es ist nicht in ihr selbst wieder das Affirmative ihres besonderen Seyns — und dieß ist der Sinn des oben aufgestellten Satzes, daß nämlich die Masse relativ auf die Zeit als ein bloß Nichtiges erscheinen könne; und diese Erklärung enthält zugleich den Beweis des Satzes. — Wir haben jetzt nur noch nachzuweisen, daß die Materie als Masse wirklich nur Durchgangspunkt des unendlichen Begriffs sey. Dieß nun erhellt unmittelbar daraus, daß das Leben der Materie in der Zeit Bewegung ist, daß aber die Masse für sich gänzliche Privation der Bewegung ist und zu aller

Bewegung das bloß passive Verhältniß hat. Die Bewegung der Masse, wodurch sie ein Leben in sich selbst erhält, ist also keine Aufnahme des unendlichen Begriffs in sie selbst, denn damit wäre sie aktiv gesetzt; sie verhält sich bloß als unterworfen dem Begriff oder dem Affirmativen; nur als bewegt, nicht als sich bewegend; ihr ganzes Seyn ist *unterjocht* durch den Begriff oder durch die Zeit, die sie beherrscht, d. h. es ist als ein *eignes* Seyn völlig aufgehoben — vernichtet. Sie kann durch sich selbst nicht nur von ihrer Bewegung nicht ablassen, sondern auch ihre Richtung nicht verändern, wie der Punkt in der Linie sein eignes Leben verliert, und da er an und für sich Indifferenz aller Richtungen ist, wie als Centrum des Kreises, jetzt nur in Einer Richtung Realität hat.

Es ist von selbst klar, daß wir in dieser Darstellung nichts anderes als die sogenannte *mitgetheilte* Bewegung geschildert haben. In jeder Bewegung dieser Art wird die Masse als für sich selbst todt, als bloß unterworfen dem unendlichen Begriff, demnach als nichtig in Bezug auf ihn gesetzt. In jeder Bewegung ist ein affirmatives Princip, das seiner Natur nach unendlich ist. Entweder hat nun die Materie dieses [illegible] Princip in sich selbst, oder nicht in sich selbst; im [illegible] nicht unmittelbar der Begriff oder die Seele *dieses* Besondern, sondern es ist der Begriff alles Besonderen — es geht durch das Besondere nur hindurch, wie die Identität in der Linie durch den einzelnen Punkt hindurchgeht, aber ihn nun todt zurückläßt. Die sogenannte *Mittheilung* der Bewegung drückt also nichts anderes aus, als daß das bewegende Princip, als die Identität, das Besondere oder die Differenz in Bezug auf sich selbst als *nichts* setzt, und nicht dieses als *dieses insbesondere*, sondern nur als Glied einer Reihe beseelt, die wie die Zeit selbst (indem diese Identität ohne Totalität, wie der Raum Totalität ohne Identität) endlos, d. h. das Unendliche endlich ist.

Nach diesen Erörterungen können wir nun den Sinn des oben aufgestellten Satzes bestimmter aussprechen.

Zusatz 1. Die Masse ist nur beseelt in der mitgetheilten

Bewegung, oder das besondere Leben der Masse kann sich nur in der mitgetheilten Bewegung, d. h. in einer solchen ausdrücken, in welcher sie zugleich als nichtig relativ auf das Bewegende gesetzt wird. — Derselbe Satz invertirt kann auch so ausgedrückt werden:

Zusatz 2. Die mitgetheilte Bewegung oder die Bewegung der Masse durch Stoß, weit entfernt etwas Positives in Bezug auf die Masse zu seyn, ist vielmehr nur der Ausdruck der vollkommenen Nichtigkeit ihres besonderen Lebens oder ihres Lebens in sich selbst. — Dieß alles wird noch deutlicher werden durch folgende Reflexion.

In §. 68 zeigten wir, daß die *besonderen* Dinge in der unendlichen realen Substanz ein gedoppeltes Leben haben, ein Leben in der Substanz und ein *Leben in sich selbst*. Dieses Leben in sich selbst kann nun der Masse als solcher für sich selbst nie zukommen, sie kann nie die Zeit, als Ausdruck des besonderen Lebens oder als Form des Beseeltseyns, in sich selbst aufnehmen, sondern ist ewig nur der Zeit *unterworfen*. Diese *Unterwerfung* unter die Zeit drückt sich in der mechanischen Bewegung aus, wo das Besondere nie als selbstständiges Glied, sondern als bloßer Durchgangspunkt auftritt. Wenn denn nun nach dem Bisherigen der *Masse* als solcher alles Leben in sich selbst abgesprochen ist, so kann ihr nur ein Leben in der Substanz zukommen, welches aber wieder ein Nichtleben ihrer Besonderheit nach ist.

Ich bemerke noch: Da die bloß mechanische Betrachtungsweise der Materie kein anderes *Leben* oder Beseeltseyn der Materie für sich selbst kennt, als das durch Stoß, so erhellt auch hieraus, daß sie an der Materie nichts anderes als das bloß Passive und Nichtige betrachtet. So kann auch nach der Bemerkung, die schon früher gemacht wurde, an der Bewegung, sofern sie sich bloß auf das Passive bezieht, also auch an der Bewegung durch Stoß, überall keine andere als bloß passive Verschiedenheit, d. h. eine solche erkannt werden, die überall nichts Positives involvirt, z. B. Größe, Figur u. s. w.

§. 90. Die Materie als Masse hat kein eignes Leben für sich selbst, sondern nur ein Leben in der unendlichen Substanz, und dieses ist das einzig reale an ihr. — Da, die Materie als Masse kein eignes Leben hat (§. 90 ff.), so kann sie, inwiefern sie überhaupt real ist, nur ein Leben in der unendlichen Substanz haben, und dieß kann sogar das einzig Reale an ihr seyn.

§. 91. **Die Materie als Masse kann sich zu der unendlichen realen Substanz nur als zu ihrem Grunde verhalten.** — Denn a) sie hat die Affirmation ihres Lebens nicht in sich selbst, also nur in der unendlichen Substanz. Sie kann aber b) zu der unendlichen Substanz nicht im Verhältniß der absoluten Identität stehen, denn sie ist vielmehr eine Abstraktion oder eine Differenz der unendlichen Substanz. Sie kann also überhaupt nur im Differenzverhältniß zu ihr erscheinen, und da sie nur ein Leben durch sie und in ihr hat, im Verhältniß zu ihr als ihrem Grunde. (Dieses Verhältniß, im Vorbeigehen zu sagen, ist allgemeiner Ausdruck des nicht-wahren Seyns).

§. 92. **Die unendliche reale Substanz oder die absolute Identität, sofern sie sich zu den besonderen Dingen als Grund von Realität verhält, ist Schwere.** Beweis. Das, was keine Realität hat für sich selbst und an sich selbst, sondern nur, sofern es in einem anderen ist, wird mit so viel Realität, als es wirklich hat, auch dem anderen zugethan seyn, in welchem es Realität hat. Denn wäre dieß nicht der Fall, so müßte man annehmen, die Realität, die es hat, strebe, Nicht-Realität zu seyn oder Nicht-Realität zu werden, welches absurd ist. Denn Realität kann so wenig Nicht-Realität werden, als A = non A werden kann. In dem gegenwärtigen Fall handelt es sich nun von der Masse oder von demjenigen an der Materie, was nur Realität hat in der unendlichen Substanz (und in ihr besteht, unabhängig von dem, was bloß durch die Concretion, durch den Zusammenfluß gesetzt ist). Vermöge desselben wird also die Materie auch nur streben können, in der unendlichen Substanz, nicht aber für-sich zu seyn, und jenes Streben wird sogar nur ihr Seyn und ihre Realität selbst und dieser vollkommen gleich seyn. Nun kann aber die Masse, als Differenz der unendlichen Substanz, kein unmittelbares Verhältniß zu ihr haben, sondern nur ein mittelbares. (Dieser Zwischensatz [illegible], auf dieselbe Weise bewiesen werden, wie im Vorhergehenden bewiesen wurde, daß kein einzelnes Ding ein unmittelbares Verhältniß zum Absoluten haben kann; denn in Gott und ebenso in der unendlichen Substanz liegt unmittelbar nur der Grund der Totalität und nur durch diese auch des Besonderen). In dem obigen Fall kann nun die Masse kein unmittelbares Verhältniß zur unendlichen Substanz haben (denn ein solches ist in der differenziirten Welt aufgehoben), demnach, scheint es, kann sie zu jener nur ein mittelbares Verhältniß haben, nämlich durch das, was gleichfalls im Raum und Erscheinung der unendlichen Substanz, also Materie ist. Da sie aber dieses Verhältniß zu anderer Materie selbst nur der Substanz nach hat, so kann sie dieses Verhältniß auch nicht zu dieser als dieser, sondern nur inwiefern sie gleichfalls die Substanz ist, haben, und insofern ist jenes Verhältniß doch eigentlich nur ein Verhältniß zur unendlichen Substanz. Die Masse wird also vermöge ihrer Realität selbst, und soweit sie Realität ist, streben, mit der unendlichen Substanz durch andere Materie, und demnach auch mit dieser, soweit sie Substanz ist, eins zu seyn, und dieses ihr Streben wird mit der Realität in ihr ein und dasselbe, d. h. ihr ganz vollkommen gleich seyn. Nun ist aber eine solche Tendenz der Materie, mit anderer Materie eins zu seyn, und zwar eine solche Tendenz zur Identität, die der Realität oder der Masse gleich ist, — eine solche Tendenz ist nur die Schwere. Demnach drückt sich auch in der Natur jenes Verhältniß der unendlichen Substanz, wodurch sie Grund der Realität der besonderen ausgedehnten Dinge ist, durch die Schwere aus, und das Wesen der Schwere ist demnach die absolute Identität selbst, inwiefern sie als Grund von Realität erscheint.

§. 93. Die Bewegung der Masse vermöge der Schwere ist keine bloß mitgetheilte Bewegung. — Denn eine mitgetheilte Bewegung ist diejenige, wodurch nach §. 89 die Masse als endliche für sich selbst gesetzt wird. Die Bewegung der Schwere ist aber vielmehr diejenige, kraft welcher die Masse reell ist, und welche sogar ihrer Realität selbst gleich ist. Demnach kann die Bewegung der Schwere auch keine bloß mitgetheilte Bewegung seyn. Schon hieraus folgt der negative Satz:

Folgesatz. *Die Schwere kann auf keinem einseitigen Causalverhältniß einer Masse zu einer andern Masse beruhen.* — Ein einseitiges Causalverhältniß wird z. B. in der Newtonschen Vorstellung einer *Ziehkraft* statuirt, vermöge welcher in der Gravitation ein Körper den andern an sich zieht. Das Causalverhältniß ist hier einseitig, wenn auch etwa behauptet wird, daß alle Anziehung wechselseitig ist, und daß der Körper B, wenn er von A angezogen wird, auch hinwiederum diesen anzieht. Denn die Gravitation von B gegen A ist doch bei dieser Vorstellung ein bloßes Angezogenwerden, oder in jener Gravitation ist doch B bloß das Angezogene, es ist also ein durchaus einseitiges Verhältniß. Schon hieraus ist klar, daß die Gravitation überall auf keiner Anziehung beruhen kann, und die Annahme einer solchen Anziehungskraft selbst eine ganz unphilosophische ist. Positiv ausgesprochen in

§. 94. *Der Grund der Gravitation einer Masse gegen eine andere Masse liegt* weder in jener noch in dieser, noch überhaupt in einer Wirkung der Massen aufeinander, sondern *einzig in der absoluten Identität.* — Denn kein Ding hat seiner *Realität* nach (entgegengesetzt der Relation) ein unmittelbares Verhältniß zu einem andern Ding, sondern nur zur unendlichen Substanz. Demnach kann auch die Masse ihrer Realität nach weder unmittelbar eine Tendenz zu einer andern Masse als solcher, noch kann umgekehrt diese eine Kraft haben, wodurch sie jene sich verbände, sondern nur die absolute Identität verbindet sie, und nur inwiefern sie in dieser sind, sind sie auch unter sich verbunden. Alle Gravitation einer Masse gegen die andere ist also nur durch die absolute Identität vermittelt, nicht aber durch eine Wirkung dieser Massen aufeinander oder der einen auf die andere. Die allgemeine Schwere ist daher das wahre System der prästabilirten Harmonie zwischen allen körperlichen Dingen. Es gibt nämlich eine gedoppelte Art der Dinge eins zu seyn und aufeinander zu wirken. Die einzig wahre ist aber die, welche auf der Identität der Substanz beruht; alle andere gehört bloß zum Schein, so wie auch in jeder andern Wirkung die Dinge unmittelbar als nichtig gesetzt werden und erscheinen. Alle Dinge sind wahrhaft nur Eins, sofern die unendliche Substanz Eines ist, und wie, absolut betrachtet, alle besonderen Dinge nur in *Gott* sind, so können alle körperlichen Dinge nur in der unendlichen realen Substanz seyn, deren Allgegenwart sich eben in der Schwere manifestirt.

§. 95. *Jedes Ding gravitirt unmittelbar nur gegen das schlechthin Eine, die unendliche Substanz, und nur dadurch gegen alles; und hinwiederum, indem ein Ding gegen alles gravitirt, gravitirt es doch nur gegen das Eine, nämlich die unendliche Substanz.* — Denn kein Ding hat die Nothwendigkeit in einem anderen als anderen zu seyn, wohl aber hat es die Nothwendigkeit in der unendlichen Substanz zu seyn. Es kann also unmittelbar nur gegen diese, und bloß mittelbar, nämlich der Erscheinung nach, gegen anderes gravitiren, ja, indem es gegen dieses andere schwer ist, ist es doch nicht gegen dieses, als dieses, sondern nur gegen die Substanz schwer, deren Ausdruck es ist.

Zur weiteren Erläuterung. Jedes Wesen der Natur ist schon unmittelbar dadurch, daß es *ist*, durch seine Realität selbst, in der unendlichen Substanz, als seinem Centro, und hat das Centrum in sich selbst. Dieß ist also nichts Zufälliges, ihm von außen Hinzukommendes, also auch nichts, was an ihm *bewirkt* wäre; es ist vielmehr seine Realität selbst. Da nun aber die Substanz *Eine* ist, ungetheilt, untheilbar, und da sie gleicherweise das Wesen jedes Dings ist, sofern es Realität hat, so hat mittelbar jedes Wesen in jedem anderen sein Centrum; dieß ist die große Verkettung, die innere ewige Verwandtschaft und Harmonie der Dinge. Es ist also bloß Zufälligkeit der Erscheinung, daß der Stein z. B. gerade gegen das Centrum der Erde gravitirt; denn wahrhaft ist seine Gravitation gegen die Erde nichts anderes als Ausdruck der Nothwendigkeit, die er hat, in der Substanz und dadurch, der Substanz nach, mit allen Dingen eins zu seyn.

Nie ist ein Körper als Körper eigentlich gegen einen andern Körper schwer; und die Anziehungskraft als allgemeine *Eigenschaft* der Körper ist auch darum eine Absurdität, weil sie das, was seinen Grund in der Substanz hat, zu einer Eigenschaft der quantitativen Differenz macht. Newton, sich wohl bewußt, daß er in der allgemeinen Attraktion, wenn er sie als Erklärungsgrund behaupten wollte, nur eine qualitas occulta aufstellen würde, ging auch immer wieder darauf zurück, daß er damit bloß das Phänomen bezeichnen wollte (als ob Attraktion auch nur richtige Bezeichnung des Phänomens wäre), ja er meinte sogar, er wolle nicht widersprechen, daß die Schwere vielleicht durch Stoß einer Materie bewirkt würde, womit er denn aus der Scylla in die Charybdis fiel. Kant hat in neuerer Zeit zwar den Versuch gemacht, diese Newtonische Attraktion bei den Philosophen in Credit zu bringen, da sie Leibniz schon als eine schlechte Erdichtung verworfen hatte. Kant nämlich unternimmt, wie schon früher angeführt, die Materie aus dem Conflict der Attraktiv- und Repulsivkraft zu construiren. Hier kommt aber zweierlei zu betrachten: 1) daß der Begriff von Kraft ein ganz endlicher Begriff ist und nur der abstrakten oder mechanischen Betrachtungsweise der Dinge angehört, wo nämlich das thätige Princip als abgesondert von dem leidenden betrachtet wird; 2) ist nicht einzusehen, wie die Attraktivkraft, wenn sie dazu verwandt wird, eine bestimmte Repulsivkraft einzuschränken, um sie den Raum erfüllen zu machen, wie diese Attraktivkraft außer dieser intransitiven Wirkung noch eine transitive, nämlich auf andere Materien haben könne, so daß also hier die Vertheidigung nicht besser ist, als was vertheidigt werden sollte. — Denjenigen, welche die Unabhängigkeit der Schwere von aller Attraktivkraft gegen Kant weiter dargethan verlangen, empfehle ich die treffliche Schrift von Franz Baader über das Pythagoreische Quadrat oder die vier Weltgegenden, der die Schwere zuerst wieder in ihre eigentliche Würde eingesetzt hat.

Eine andere Chimäre, die sich mit der Newtonschen Attraktionslehre verbunden hat und in ihr nothwendig ist, ist die der actio in distans, der Wirkung in die Ferne, welche Kant gleichfalls philosophisch zu machen übernommen hat. Auch dieser Begriff ist bloße Folge der Betrachtungsweise der Dinge unabhängig von der Substanz. Die Substanz ist allgegenwärtig, es gibt keine Leere im Universum, und alles wahre Handeln und Seyn der Dinge ist vermittelt durch die allgemeine Substanz. — Es gibt also auch keine actio in distans, denn nicht der Körper zieht den Körper aus der Ferne an sich; sondern die allgemeine unendliche Substanz einigt sie, die aber nicht ferne und nicht nahe, sondern *alles und jedes* auf gleiche Weise ist. Sie ist das, was als Eines Alles und als Alles Eines ist. Sie ist die Identität in der Totalität und die Totalität in der Identität. — Jener Begriff, so wie die falsche Vorstellung der Schwere, ist schon widerlegt in dem, was wir beim 63. Satz bewiesen haben. Nämlich im wahren Universum ist der Punkt nicht vom unendlichen Raum, der Raum nicht vom Punkt verschieden. *Alles ist Mittelpunkt.* Dieß ist die große Bedeutung des Gesetzes der Schwere. Für die unendliche Substanz gibt es keine Nähe und Ferne. Denn das Größte ist im Universum nicht vom Kleinsten verschieden, weil es selbst keine Größe im Raum hat. Newton nennt aber das alles *actio* in distans, was im Universum nur durch Vermittlung der unendlichen Substanz, d. h. alles, was auf wahrhaft göttliche Weise geschieht, und was der mechanische Verstand nicht mechanisch zu begreifen vermag.

§. 96. *Das unmittelbare Gegenbild oder der Abdruck der Schwere in der Materie ist die Indifferenz oder die Masse; die Schwere selbst aber ist das göttliche Princip, nicht zwar absolut betrachtet, aber inwiefern es als Grund von Realität erscheint.* — *Beweis.* Dasjenige Ding und also auch dasjenige in den Dingen ist der absoluten Identität oder der Substanz am nächsten (nach §. 61), also der unmittelbare Ausdruck von ihr, was am meisten anderes begreift. Nun ist aber in der Materie, dem Leibe nach betrachtet, die Indifferenz die dritte Potenz (zufolge der Erläuterung bei §. 76), also dasjenige an den Dingen, was die anderen Potenzen begreift, demnach ist diese auch der unmittelbare Abdruck der *Schwere.* Die Schwere selbst aber kann, als absolute Identität in Bezug auf die Masse keiner besonderen Potenz oder Dimension eignen; sie ist vielmehr *potenzlos*, und demnach das göttliche Princip, — aber sie ist nicht das göttliche Princip schlechthin betrachtet, sondern das göttliche Princip, sofern es sich zu der Indifferenz oder dem Gegenbildlichen der Materie, der Masse, als Grund ihrer Realität verhält, d. h. sie ist überhaupt das göttliche Princip, inwiefern es als Grund von Realität erscheint.

Anmerkung. Hiermit hätten wir denn eine allgemeine Definition der Schwere, durch welche sie nicht mehr bloß auf diese bestimmte Region, in der wir sie bisher betrachtet haben, eingeschränkt ist, sondern die göttliche oder die absolute Identität überhaupt ist, inwiefern sie, es sey nun an welchem Ding oder in welcher Potenz, als Grund von Realität erscheint.

§. 97. Die Schwere ist das Leben der Masse in der unendlichen Substanz und ihr einzig reales Leben. — Das Erste ist durch das Bisherige bewiesen. Das Andere folgt daraus, daß, da jedem Ding ein gedoppeltes Leben zukommt, ein Leben in der Substanz und ein Leben in sich selbst, das letztere, das der Masse als solcher, d. h. das der Materie, abstrahirt von der Seele betrachtet, negirt ist, weßhalb sie außer dem Leben in der Schwere nur noch der Bewegung durch Stoß fähig ist, welche aber, weit entfernt ein wahres Leben der Masse zu seyn, vielmehr nur die vollkommene Unterjochung und Vernichtung desselben ist.

Zusatz. Hieraus erhellt, wie ungereimt es ist, auch die Schwere auf Bewegung durch Stoß zurückführen zu wollen. — Seit man die Schwere erkannt hat, hat man auch versucht, sie auf mechanische oder überhaupt empirische Weise begreiflich zu machen. Aber das, was Princip der Schwere ist, kann eben deßhalb, weil es sich als Schwere nur als Grund von Wirklichkeit verhält, nicht selbst als eine Wirklichkeit dargestellt werden, auch nur so, wie z. B. das Licht oder wie die Cohäsion oder andere Thätigkeiten der Natur einer empirischen Darstellung fähig sind. Der Grund der Schwere ist also die unerforschliche Tiefe der Natur selbst, das, was nie selbst an den Tag treten kann, weil es das ist, wodurch alles andere geboren wird und das Licht [illegible], die geheimnißvolle Nacht, das Mutter aller Dinge, [illegible] weil in ihr die Dinge als in ihrem Grunde sind, in dem sie empfangen, und aus dem sie geboren werden, das mütterliche Princip der Dinge.

§. 98. Die Schwere ist unabhängig von aller Quantität, sowie von aller qualitativen Unterscheidung der Dinge. — Dieß folgt unmittelbar aus der Idee derselben, daß sie nämlich die absolute Identität selbst ist als Grund der Dinge angeschaut, jene aber keines Quantitäts- oder Qualitätsunterschiedes empfänglich ist.

Anmerkung. Dieser Satz widerstreitet gleicherweise jeder Art, wodurch der Schwere eine Abhängigkeit von oder Bestimmbarkeit durch Quantität gegeben wird. — Man könnte a) anführen, daß doch die Schwere der Quantität der Masse proportional sich zeige, indem z. B. ein Körper B gegen einen andern A um so mehr gravitire, je größer dieser der Masse nach ist. Allein nichtsdestoweniger hat die Schwere als solche keine Beziehung auf Quantität, denn die Schwere folgt aus dem Wesen der Dinge und des Universums selbst, und kann also überall keine Beziehung auf Quantität haben, so wenig als z. B. irgend eine Eigenschaft, die aus dem Wesen des Cirkels folgt. Die größere Gravitation eines Körpers gegen einen andern im Verhältniß der größeren Masse des letzteren involvirt keineswegs eine größere Schwere, denn auch gegen die kleinste Masse gravitirt jede andere, vermöge der allgemeinen Identität, sondern nur eine größere Summe von einzelnen Gravitationen, wodurch aber die Schwere selbst, die sich ewig gleich ist, keine Veränderung erleidet; so wenig als bei zwei gravitirenden Körpern, von welchen der eine dem anderen an Masse überlegen ist, die Schwere des einen wahrhaft größer ist als die des andern, indem bekanntlich allen andern Widerstand abgezogen, den der größere leichter überwinden kann, beide aus [illegible] Entfernungen in gleichen Zeiten bei dem Centrum anlangen, nach welchem sie sich bewegen. Die Schwere als solche ist also etwas von der Größe ganz Unabhängiges. — b) [illegible] anführen, daß nach Newton doch die Schwere im [illegible] niß des Quadrats der Distanz ab- und zunehme. Allein [illegible] worte ich, daß ich dieß leugne, und daß das, was Newton für ein

Abnehmen der Schwere gehalten hat, etwas ganz anderes ist, wovon späterhin mehr die Rede seyn wird.

Durch das Bisherige ist nun Folgendes über die Schwere bewiesen: a) daß, da die Materie ihrer einen Seite nach, bloß als Masse, als Raum erfüllend betrachtet, nur ein Leben in der Substanz hat, diese, die Substanz, sich zu ihr als Grund von Realität verhält; b) daß diese Erscheinung der Substanz als Grund von Realität = die Schwere sey, vermittelst welcher nämlich die Masse unmittelbar mit der unendlichen Substanz, und weil diese in jedem Dinge gleicherweise, alles im Universum Mittelpunkt ist, mit jedem andern Dinge der Substanz nach Eines zu seyn strebt, und wirklich Eines ist; c) daß also die Schwere der Masse nichts anderes ist als die Nothwendigkeit, die sie hat, in dem zu seyn, was ihr die Substanz ist; daß daher auch die Bewegung eines Dings gegen das, worin ihm die Substanz ist, gegen sein Centrum, nicht eine mitgetheilte Bewegung ist, in welcher das Ding als nichts an sich selbst gesetzt würde, da es vielmehr diejenige Bewegung ist, kraft welcher es ist, und die nicht sowohl eine Bestimmung seines Seyns, als vielmehr sein Seyn selbst ist; d) daß denn ferner aus dem gleichen Grunde die Schwere nicht auf einem einseitigen Causalverhältniß, also z. B. einer Anziehungskraft beruhe, welche der eine Körper auf den andern ausübt, daß vielmehr in der Schwere nicht nur je zwei Dinge wechselseitig eins werden, sondern auch der Grund dieser Einigung nicht in einer Einwirkung der Dinge aufeinander, sondern nur in der absoluten Identität liegt. Dieß daraus, daß kein Ding der Realität nach zu dem andern im Verhältniß des Bewirktwerdens stehen kann; denn der Realität nach ist alles sich gleich; das Bewirkte aber ist von dem Bewirkenden gerade durch dasjenige verschieden, was es nur von diesem hat, so wie es ihm durch dasjenige gleich ist, was es nicht von ihm hat; da nun der Schwere die Realität gleich ist, also auch dasjenige, was alle Dinge gemein haben, so kann die Schwere keines Dings das Bewirkte eines andern seyn — also Schwere überhaupt auf keinem einseitigen Causalverhältniß beruhen, sondern nur aus der absoluten Identität begriffen werden, in der,

als dem Wesen aller Dinge, die Dinge nothwendig auch unter sich Eines sind.

Hiermit hätten wir denn das Leben der Masse in der unendlichen Substanz durch die Schwere ausgesprochen und das einzig Reale, das an ihr ist, bestimmt. Aber die Masse ist ja selbst nur ein Abstraktum der Materie, und insofern haben wir durch alles Bisherige die Materie auch nur von einer ihrer beiden Seiten betrachtet. Wir ziehen nun ebenso die andere Seite in Betracht, um dadurch unsere Construktion zu vollenden.

§. 99. *Die Materie als Substanz*, oder die Materie, inwiefern sie nicht bloß Masse ist, sondern das Leben in sich selbst aufgenommen hat, *hat ein gedoppeltes Seyn — außer dem Seyn in der Substanz nämlich auch ein Seyn in sich selbst.* — Dieß folgt schon aus §. 68, wo dieser Satz *allgemein* für alle Dinge in der unendlichen realen Substanz bewiesen worden ist, dann zunächst daraus, daß wir das Leben der Materie als ein Leben in der Substanz bloß insofern bestimmten, als wir sie nur von Seiten der Masse betrachteten, und demnach von einer andern Seite derselben abstrahirten.

§. 100. *Die Schwere ist ein nothwendiges und ewiges Attribut der Natur oder der unendlichen realen Substanz.* — Ich nenne nämlich Attribut dasjenige, was die Vernunft von der Substanz erkennt als das *Wesen* der besonderen Dinge constituirend, und was eben deßhalb, weil es das Wesen der besonderen Dinge ist, selbst nichts Besonderes oder Endliches seyn kann, sondern die unendliche, ewige Wesenheit der Substanz selbst in sich ausgedrückt enthält. So z. B. ist nur die Schwere etwas, das die Vernunft von der Natur oder der unendlichen realen Substanz erkennt als constituirend das Wesen der besonderen Dinge, sofern sie bejaht sind. Die Vernunft erkennt also die Schwere nicht als etwas, das selbst endlich wäre, sondern weil es gegen die Dinge indifferent, gegen alle *gleich* ist, als etwas, das die unendliche Wesenheit der Natur selbst ausgedrückt enthält und demnach ein nothwendiges und unendliches Attribut derselben ist. — Auch so darzuthun. Das, was den besonderen Dingen in der unendlichen realen Substanz entspricht, kann nicht selbst wieder etwas Endliches, sondern nur ein Unendliches seyn. Das, was nun auch einer nothwendigen Seite des Dings, z. B. der Nothwendigkeit, die das Ding hat, in der unendlichen Substanz und dadurch in der Einheit mit allen Dingen zu seyn, das also, was in der unendlichen Substanz dieser Seite der Dinge entspricht, kann zwar nicht die absolut betrachtete unendliche Substanz seyn (denn diese ist das Wesen des ganzen Dings), aber auch nicht etwas Endliches, also einerseits nur ein Attribut der unendlichen Substanz, das aber die ganze unendliche Wesenheit derselben in sich ausdrückt und selbst unendlich ist. Nun ist aber das, was der Nothwendigkeit, mit welcher das Ding in der unendlichen Substanz ist, entspricht, die Schwere, welche daher nichts *Besonderes*, sondern zwar ein Attribut der Natur ist, aber ein unendliches, das sich zu den Dingen, inwiefern sie in der Substanz sind, als *Wesen*, als *absolute Identität* verhält. Die Schwere kann daher auch bestimmt werden als die ganze ungetheilte Unendlichkeit der realen Substanz, inwiefern sie von *der* Seite betrachtet wird, daß sie alle Dinge in sich enthält, alle Dinge in ihr als ihrem Wesen sind, — alle Dinge durch sie bejaht sind.

§. 101. *Die Schwere ist nur das Eine Attribut der Natur.* — Denn die Schwere ist das Wesen der unendlichen Substanz betrachtet in der Beziehung auf die Dinge, sofern sie nicht in sich selbst, sondern nur in der unendlichen Substanz sind. Nun haben aber die Dinge überhaupt, und die Materie insbesondere hat (§. 99) ein gedoppeltes Leben rc. Da nun die Schwere das Wesen der unendlichen Substanz ist nur in Bezug auf das Leben der Dinge im All, nicht aber in Bezug auf ihr eignes Leben, so ist die Schwere auch nur das Eine, wenn gleich ewige und nothwendige Attribut der Natur.

§. 102. *Die Schwere ist die unendliche Substanz, inwiefern sie das Affirmirte, Prädicirte ist* (oder die unendliche Substanz, obgleich auf unendliche Weise affirmirt betrachtet). — Das *der Schwere entgegengesetzte Attribut der Natur aber ist dasjenige, kraft dessen sie auf unendliche Weise affirmativ ist, oder kraft dessen sie auch ihr Affirmiren* (in der ersten

Position) *wieder affirmirt.* — Der erste Satz folgt aus §. 101. Denn durch die Schwere haben die Dinge nur ein Seyn in der unendlichen Substanz. Das aber, was nur in einem anderen ist, durch das es auch allein begriffen werden kann, ist bloß *affirmirt.* Da nun die Schwere das *Wesen*, d. h. das Unendliche der Dinge ist, sofern sie bloß *affirmirt* sind, so ist die Schwere selbst das *Unendliche*, inwiefern es das bloß *affirmirte* ist, obgleich, da es nur das Wesen des endlich-Affirmirten ist, das auf unendliche Weise affirmirte. Es versteht sich, daß dieß Affirmirt- oder Objektivseyn bloß relativ, die unendliche Substanz auch als affirmirt immer *affirmirend* — wieder als Position von sich selbst affirmirt ist —). Der zweite Satz ist von selbst durch das Entgegengesetzte klar, außerdem, daß er durch den allgemeinen, schon früher entwickelten Typus deutlich ist.

§. 103. *Das der Schwere entgegengesetzte Attribut der Natur ist das Lichtwesen* (als die allgemeine Substanz der Natur). — Dieser Satz ist auf vielfache Weise beweisbar. Zuvörderst nur aus den allgemeinsten Begriffen. — Die Schwere verhält sich als Grund von Realität, und ist insofern selbst das *Reale* in der Natur. Denn wenn sie auch affirmirend (nämlich Grund von Realität) ist, so ist sie es doch selbst auf reale oder auf affirmirte Weise. Das ihr entgegengesetzte Attribut muß sich daher als *Ideales* verhalten, oder die Natur unter dem der Schwere entgegengesetzten Attribut betrachtet, muß nicht auf affirmirte, sondern auf affirmative oder ideale Weise affirmirend seyn. Beide Attribute sind nun aber gesetzt als Attribute von einem und demselben, mit anderen Worten: es muß in dem einen gesetzt seyn, was in dem anderen gesetzt ist, nur in dem einen auf ideale Weise, was in dem anderen auf reale, und umgekehrt. Nun ist aber der unmittelbare Abdruck der Schwere, d. h. das unmittelbar kraft der Schwere Gesetzte, das Raum Erfüllende oder die Materie, von der bloß objektiven oder realen Seite betrachtet, die Materie als Masse. Demnach muß das, was der Schwere entgegengesetzt ist, im Idealen oder auf ideale Weise dasselbe seyn, was die Masse im Realen ist. Es muß also den Raum zwar nicht erfüllen (denn dieß ist das Reale), wohl aber das Affirmirende, der Begriff des Raum-Erfüllenden ohne wirkliche Erfüllung seyn, d. h. es muß den Raum bloß beschreiben. Ein solches, das den Raum bloß beschreibt, ohne ihn als solches auch zu erfüllen, ist nun im Allgemeinen (in abstracto) die Bewegung. Nun ist aber hier nicht von der einzelnen Bewegung die Rede, sondern von dem Unendlichen aller Bewegung, von dem Wesen alles in-sich-selbst-Seyns der Dinge. Wie also der Masse die Bewegung entgegengesetzt ist, ebenso muß der Schwere als dem Wesen aller Masse, in dem selbst nichts Körperliches mehr ist, das Wesen aller Bewegung, in dem selbst keine einzelne Bewegung mehr ist, sondern dessen Natur selbst Bewegung ist, entgegengesetzt seyn. Ein solches aber, dessen Natur selbst die Bewegung ist (das also kein Bewegtes mit oder außer sich hat, sondern die Ruhe in der Bewegung ist), oder dessen Wesen selbst Bewegung, d. h. ideale Beschreibung des Raumes ohne wirkliche Erfüllung ist, ist nur das Lichtwesen, und demnach ist das der Schwere entgegengesetzte Attribut der Natur oder die Natur selbst, sofern sie ebenso das Wesen oder Unendliche der Bewegung ist, wie sie als Schwere das Wesen oder Unendliche der Masse ist — die Natur selbst also unter dem entgegengesetzten Attribut der Schwere betrachtet, kann nur Licht seyn. — Die Schwere haben wir bestimmt als die unendliche reale Substanz, dieses sofern sie auf objektive Weise affirmirend ist. Der unmittelbare Ausdruck objektiven Affirmirens ist die Masse oder das Raum-Erfüllende. Das der Schwere entgegengesetzte Attribut der Natur wurde nun bestimmt als die Natur selbst, sofern sie auch jenes ihr objektives Affirmiren wieder affirmirt, d. h. als die Natur, sofern in ihr auch das Affirmirte wieder das Affirmirende ist. Inwiefern nun die Natur unter diesem Attribut betrachtet auch das objektiv-Affirmirende selbst wieder affirmirt, insofern begreift sie auch das Produkt desselben wieder, aber sie begreift es auf ideale Weise, d. h. sie ist selbst das Ideale davon. Nun ist aber das Produkt des objektiv Affirmirenden = Raumerfüllung. Also ist die Natur unter jenem der Schwere entgegengesetzten Attribut betrachtet, d. h. dieses Attribut selbst ist das Ideale der Raumerfüllung selbst, und zwar nicht einer besonderen Raumerfüllung, sondern aller Raumerfüllung. Es beschreibt daher den Raum zwar nach allen Richtungen und Dimensionen durch Bewegung, aber ohne ein Bewegtes (denn das in der einzelnen Bewegung Bewegte oder Affirmirte fällt hier weg), es beschreibt also den Raum durch Bewegung, aber ohne Bewegtes (daher Ruhe in der Bewegung), es beschreibt ihn daher, ohne ihn real zu erfüllen (wie die einzelne Bewegung thut, indem durch sie nach und nach der Raum in allen den Punkten erfüllt wird, durch welche der bewegte Körper geht). Ein solches Beschreiben des Raums durch Bewegung ohne ein Bewegtes und also auch ohne simultane oder successive Erfüllung des Raums ist nur das Lichtwesen, wie aus der Beschreibung selbst erhellt. Denn das Licht beschreibt allein die Dimensionen des Raums, ohne ihn successiv oder simultan zu erfüllen. — In den einzelnen Bewegungen erblicken wir nicht mehr das reine Wesen oder das An-sich aller Bewegung oder alles in-sich-selbst-Seyns der Natur, sondern schon die Bewegung mit der Masse oder dem Bewegten verbunden. Das Licht dagegen ist das Bewegende und Bewegte zugleich, und da es nur als bewegend auch bewegt ist, so kann es den Raum zwar beschreiben, aber ihn nicht erfüllen. — Auf andere Art.

Das Letztere läßt sich auf folgende Art nachweisen. Vergleichen wir a) das Licht mit der Bewegung, inwiefern diese mit einem von ihr selbst verschiedenen Bewegten oder mit einer Masse verbunden ist. In diesem Fall erscheint ohne Zweifel die Masse als das Wesentliche, die Bewegung aber als ein Unwesentliches, als Accidens, als bloße abstrakte Form ohne Gestalt. Das Licht hingegen ist selbst wesentlich, es ist nicht bloß Form, nicht bloß Accidens, sondern es ist Substanz, also real, aber es ist als Substanz unmittelbar zugleich Bewegung. Das, was an der Masse als bloßes Accidens erscheint, ist hier zugleich die Substanz selbst; das Licht ist ein Bewegtes, das zugleich auch das Bewegende selbst ist; es ist daher das wahre Wesen, die Substanz aller Bewegung, alles in-sich-selbst-Seyns der Dinge. Vergleichen wir b) das Licht mit der Masse, so beschreibt es zwar den Raum, den jene erfüllt, aber es erfüllt ihn nicht, d. h. es ist nur auf ideale und affirmative Weise, was die Masse auf reale und auf affirmirte Weise ist. Es ist also nicht Materie, nicht erfüllter Raum, noch selbst der Akt der Raumerfüllung, sondern der bloße Begriff, das bloße Ideale, der unendliche Schematismus aller Raumerfüllung. — Wir haben uns hier begreiflicherweise nicht an die empirischen Physiker zu kehren, welche die Materialität des Lichts behaupten. Gegen diese bedarf es nicht einmal der Philosophie; sie können schon hinlänglich durch bloß empirische Gründe widerlegt werden, und es ist offenbar die bloße Unfähigkeit sich vom Licht einen andern Begriff zu bilden, was sie, ungeachtet der offenbaren Unmöglichkeit, daß es materiell sey, bei diesem Gedanken dennoch erhalten hat. Wahrscheinlich waren es die bei der materiellen Ansicht des Lichts unauflöslichen Schwierigkeiten, welche auch einige Empiriker zur Behauptung der Immaterialität des Lichts hingetrieben haben. Allein dieser Begriff ist zuvörderst doch ein bloß verneinender Begriff, der über das Wesen des Lichts nichts bestimmt. Gewöhnlich wurde diese Immaterialität auch nur so verstanden, wie man z. B. die Immaterialität des Schalls behaupten kann, nämlich daß das Licht bloße Bewegung einer Materie, nicht aber selbst Materie sey: — die Eulersche Hypothese, wornach das Licht in Schwingungen des Aethers besteht. Allein außerdem daß diese Hypothese mit der Newtonschen mehrere Schwierigkeiten gemein hat, hat sie noch mehrere, die ihr eigenthümlich und die unauflöslich sind. Dann ist sie eben *bloß* Hypothese, d. h. diese Vorstellung ist angenommen, um die Erscheinungen daraus erklären zu können; allein auf diesem Wege ist nie Wahrheit zu erreichen, und wenn wir das Licht nicht an sich selbst oder durch eine allgemeine Ansicht des Universums begreifen, — als Einzelnheit oder aus seinen bloßen Wirkungen werden wir es nie wahrhaft begreifen.

Das wahre *Wesen* des Lichts ist einzig dadurch bestimmbar, daß es auf *positive* Weise im Idealen dasselbe ist, was die Materie im Realen ist. Dieß, nämlich das Daseyn eines *ganz idealen* Princips in der Natur, das doch *als ideal* ebenso *real* ist, als es das reale als real ist, ist ein ganz eigenthümliches, bloß der Speculation durchdringliches Verhältniß. Die Reflexion, welche alles in Denkende und in Ausgedehnte Wesen trennt und Materie und Geist als zwei absolut-entgegengesetzten Ansicht, mußte durch diese Trennung auch die Natur dem völligen Tod hingeben; daher auch die ganz auf Reflexionsbegriffe begründete empirisch-mechanistische Physik vor allem jenen Geist der Natur, das Licht, tödten mußte, um in der Natur ganz rein die Masse zu sehen. Wer dagegen das Licht begriffen hat, erkennt schon daraus, daß das Ideale, Geistige nicht der Natur entgegengesetzt, sondern in der Natur schon begriffen ist. Denn was einst, an den Grenzen der Natur, als Gedanke und Bewußtseyn ausbrechen soll, ist ihr schon im Licht eingebildet. — Weiter

§. 104. **Das Licht ist das dem eignen Leben der Dinge entsprechende Attribut der Natur.** Denn es ist (§. 103) das der Schwere entgegengesetzte Attribut. Nun ist aber diese das Wesen der Dinge, sofern sie **nicht in sich selbst**, sondern sofern die Substanz sie ist. Also ist das Licht etc. Hieraus läßt sich nun, wie leicht einzusehen, eine Reihe von Gegensätzen zwischen Schwere und Licht entwickeln. Zuvor aber müssen wir die Einheit betrachten. Also

§. 105. **In der Natur oder in der unendlichen realen Substanz absolut betrachtet, sind Licht und Schwere eins.** Denn sie sind Attribute der Natur oder der unendlichen Substanz, sie sind also nach der Erklärung, die wir vom Attribut gegeben haben, mit der unendlichen Substanz selbst eins, nämlich die unendliche Substanz nur auf gewisse Weise betrachtet, und sind daher auch unter sich eins.

Anmerkung. Hiermit haben wir denn erst den vollkommenen Begriff der Natur oder der realen Substanz. Dem Wesen einer unendlichen Substanz gemäß affirmirt sie nämlich nicht nur sich selbst auf unendliche Weise, sondern sie affirmirt auch dieses ihr Affirmiren wieder, und beides ist eins in ihr. Jenes, die unendliche Selbstaffirmation der unendlichen Substanz ist die Schwere, wodurch sie ihre Einheit in Unendlichkeit, dieses oder das Affirmiren dieses Affirmirens, wodurch sie die Unendlichkeit wieder in Einheit auflöst, ist das Licht. — Es ist hier zu bemerken, daß sowohl Schwere als Schwere wie Licht als Licht nur die Erscheinungsausdrücke jener beiden Attribute der unendlichen Substanz sind, daß wir aber in dem Licht wie in der

Schwere das Wesen der unendlichen Substanz selbst nachweisen, und daß es begreiflicherweise nicht die Schwere der Erscheinung nach, ebensowenig das Licht der Erscheinung nach, sondern eben das *Wesen* beider ist, wovon es sich hier handelt, und was wir eigentlich zu erkennen suchen.

Die Natur als das bloß objektiv Affirmirende der Dinge oder die Natur als Schwere ist nur der *Grund* der Realität der Dinge. Da sie nun der Realität nach alle sich gleich sind, oder da es nicht die Realität als Realität ist, wodurch sich die Dinge voneinander unterscheiden, so enthält die Natur, inwiefern sie bloß Grund von Realität oder Schwere ist, keinen Grund von Differenz; sie ist ewige Nacht, ein Abgrund ewiger Stille und Verborgenheit, in dem die Dinge ohne eignes Leben sind. Die unendliche Substanz aber, inwiefern sie auch ihr Affirmiren wieder affirmirt, ist dadurch nicht bloß Grund, sondern *Ursache* von Realität. Als solche erscheint sie im Licht. Das Licht ist die ewige Bejahung aller Dinge dem besondern Leben nach; es ist das ewige *Wort* der Natur, und die Natur erscheint daher in Licht und Schwere als die unendliche Substanz selbst, welche auf ewige Weise die Dinge aus sich selbst projicirt, und auf gleich ewige Weise in sich selbst zurücknimmt. Wie die Schwere relativ auf die Dinge das ewige Einnehmen der unendlichen Natur bezeichnet, so das Licht das Ausnehmen der Natur.

Inwiefern die Schwere den *Grund* der Realität abgibt, in welchem erst die besonderen Dinge entstehen, und aus dem sie zum eignen Leben hervorgehen, inwiefern also die Schwere überhaupt das empfangende und mütterliche Princip der Dinge ist, insofern ist das Licht das väterliche Princip aller Dinge in der Natur. Schwanger vom Licht gebiert die Schwere die besonderen Formen der Dinge und entläßt sie aus ihrem fruchtbaren Schooße zum eignen Leben. Inwiefern ferner die Schwere differenzlos, reine Identität aller Dinge ist, insofern ist sie für sich selbst arm und dürftig an Formen, das Licht aber ist reich daran, und da nach Platonischem Mythus aus Armuth und Reichthum die Liebe, durch diese aber die Welt gezeugt ist, so verhält sich die Schwere als Armuth, das Licht aber als Reichthum.

Wir wollen diesen Gegensatz des Lichts und der Schwere noch auf einige allgemeine Ausdrücke zu bringen suchen.

§. 106. Die Schwere ist die ewige Natur als (in Ansehung der Dinge) centripetal, das Licht als centrifugal. — Denn vermöge der Schwere sind alle Dinge sich gleich und eins und haben in sich die Identität. Die Schwere als die Einheit in der Unendlichkeit trägt alle Dinge und zieht sie an sich als mütterlicher Boden, dem sie sich nur durch das Licht entreißen. Das Licht dagegen ist die Ursache, wodurch die Dinge aus der Schwere als dem Centrum hervorgehen. Wäre allein die Schwere, so würde die Besonderheit der Dinge aufgelöst verschwinden, nur Unendlichkeit seyn. Bloß durch das Licht ist die Besonderheit der Form gesetzt.

Anmerkung. Ganz zufällig in Bezug auf die Erscheinung, bloß aus der Idee der Sache, fanden wir hier dieses Coincidiren der Centripetenz und Centrifugenz. Noch ist uns die Ordnung des Weltbaus verschlossen; indeß will ich vorläufig aufmerksam machen, daß wir hier schon den Grund sehen, warum diejenigen Substanzen des All, in welchen die anderen als ihrem Centrum sind, auch die Urquellen des Lichts für eben diese sind, warum also z. B. gerade mit dem sinnlichen Abbild, gegen welches alle Centripetenz in einem System gerichtet ist, z. B. die Sonne, auch die Centrifugenz im Licht verknüpft ist — welches ein sichtbares Beispiel, wie Schwere und Licht eins sind in der unendlichen Substanz und gleiche Attribute derselben Natur sind, denn nur aus diesem Grunde sind sie auch als eins erscheinend in jenen trefflicheren Naturen, welche unmittelbarer das Gepräge der unendlichen Substanz an sich tragen.

§. 107. Die Schwere ist das Princip der Endlichkeit, des nicht-für-sich-Seyns der Dinge (NB. wohl zu unterschriden von Wesenheiten), das Licht dagegen das Princip des in-sich-selbst-Seyns der Dinge. Denn die Schwere ist die Einheit in der Unendlichkeit. Vermöge derselben ist nichts Besonderes, kein concretum, sondern nur aktuelle Unendlichkeit. Die Schwere ist ferner das Princip, kraft dessen die Dinge in der unendlichen Substanz sind, sie ist daher Princip des nicht-für-sich-Seyns der Dinge. Von dem Licht als entgegengesetztem Attribut der Natur gilt nun nothwendig auch das Gegentheil, nämlich daß es Princip des in-sich-selbst Seyns, der Beseelung der Dinge ist; was übrigens nur mit anderen Worten schon im 101. Satz behauptet und bewiesen wurde.

Zusatz. Das Licht kann daher auch allgemein das Exponentiirende oder Potenzirende, die Schwere als die Wurzel der Dinge betrachtet werden.

Zur Erläuterung. Die Schwere ist in Bezug auf die Dinge die absolute Identität oder die potenzlose Vernunft selbst, aber die Vernunft in der vollkommenen Objektivität. Ist sie also einerseits der Grund alles Bestehens der Dinge, so ist sie auch andererseits der Grund der Endlichkeit der Dinge; sie ist der unterirdische Gott, der stygische Jupiter, der für sich getrennt vom Reich des Lichts die Besonderheiten der Dinge als bloße Schatten — und Idole — setzt. Der Schwere als dem Princip der Nacht stellt sich nun das Licht entgegen und wird die Ursache eines sich aus der Macht der Schwere loswindenden Reichs der Form und des besonderen Lebens. Die Schwere trägt, als das ganze nur objektiv angeschaute Wesen der Natur, auch alle Ideen sich eingebildet, aber versunken im Realen und gleichsam verloren in Endlichkeit. Das Licht ist das Weckende der schlafenden Ideen; seinem Rufe stehen sie auf, und bilden sich in der Materie zu den ihnen angemessenen, ihrer Besonderheit entsprechenden Formen aus, und entreißen sich dem Nichts. Wie also die Schwere dahin wirkt, alle Potenz, d. h. alle Besonderheit, auszulöschen, und ewig alle Wesen auf die Wurzel ihres Daseyns zu reduciren, so ist dagegen das Licht das Potenzirende, allgemein Beseelende, nicht der Begriff des besonderen Dings als solchen, sondern der Begriff und die unendliche Möglichkeit aller. Das Licht ist ein *Schauen* der Natur, und schauend *schafft* das unendliche Wesen.

§. 108. **Es ist nichts in der Natur, das bloß dem Licht oder bloß der Schwere eignete.** Denn die absolute Natur ist die absolute Identität beider, also kann sich die besondere von der unendlichen realen Substanz bloß durch die relative Identität beider unterscheiden, so wie dann die besonderen Dinge unter sich selbst bloß durch das verschiedene Verhältniß des Lichts und der Schwere in ihnen verschieden seyn können.

Zusatz. Die besonderen Dinge unterscheiden sich bloß durch das verschiedene Verhältniß des Lichts und der Schwere in ihnen. — Folgt schon aus dem gleich anfangs aufgestellten, nämlich aus dem allgemeinen Beseeltseyn aller Dinge. Die Schwere bekleidet die Dinge mit ihrem Leib, wie sie das Licht mit der Seele begabt. Das Reale in allen Naturdingen ist eben nur diese Identität von Licht und Schwere rein als solche, d. h. die Substanz. Alle Differenz beruht auf der Potenz.

§. 109. Die Potenzen innerhalb der Natur oder die Potenzen, sofern sie sich an den Dingen darstellen, können nur auf dem quantitativen Verhältniß von Licht und Schwere beruhen. Oder anders ausgedrückt: Die Besonderheit der endlichen Dinge, durch welche die unendliche reale Substanz, d. h. die absolute Identität von Licht und Schwere erscheint, kann nur entweder auf einem wechselseitigen Ueberwiegen des einen Faktors über den andern oder auf der Indifferenz beider beruhen. — Folgt aus dem Vorhergehenden, vergl. mit §. 54.

§. 110. Die erste Potenz ist durch die Dinge bezeichnet, sofern an ihnen die Form des besonderen Lebens oder die Bewegung dem Seyn oder der Ruhe untergeordnet ist. Die andere Potenz ist bezeichnet durch die Dinge, sofern an ihnen das Seyn der Form des besonderen Lebens oder der Bewegung untergeordnet erscheint. Die dritte Potenz endlich wird bezeichnet seyn durch die Dinge, inwiefern weder das Seyn der Bewegung noch die Bewegung dem Seyn untergeordnet ist, sondern beide als die gleichen Attribute der Substanz gesetzt sind (Einheit und Unendlichkeit im vollkommenen Gleichgewicht bestehen). — Die Erläuterung dieser Potenzen gehört in die specielle Naturphilosophie.

Da wir nun erst eigentlich übergehen zur Betrachtung des eignen Lebens der Dinge, welches sich, da es nur im Widerschein des All möglich ist, nach dem §. 70 als ein Leben in der Zeit darstellt, so haben wir hier auch die allgemeinen Grundsätze, das Leben der Dinge in der Zeit betreffend, aufzustellen, wie wir im Vorhergehenden das Leben der Dinge im Raum zuvor im Allgemeinen betrachtet hatten. Ich stelle daher zuvörderst folgende Erklärung auf.

§. 111. Das eigne Leben der Dinge in der unendlichen realen Substanz ist Dauer. Dieser Satz ist von sich selbst klar, so wie, daß wir das Leben der Substanz im Gegensatz gegen das Leben der Dinge nur durch die Ewigkeit, d. h. als unendliche Position von Realität, bestimmen können.

§. 112. Auch in Ansehung der Zeit ist jedes Ding in der unendlichen realen Substanz, an sich betrachtet, ein actu unendliches oder ewiges. Denn das An-sich aller besonderen Dinge ist die unendliche Substanz, welche als absolute und untheilbare Position von Realität actu unendlich und ewig ist.

Die Dinge sind nichts ohne die unendliche Substanz; wenn ich also die Substanz gleichsam herausziehe aus den Dingen, so bleiben sie als nichts zurück, betrachte ich aber die Substanz, d. h. das wahre An-sich in ihnen, so ist auch die Ewigkeit in ihnen, denn die Substanz und die Ewigkeit sind eins, oder die Substanz kann nur als ewig gedacht werden. Also ist jedes besondere Ding an sich, d. h. wahrhaft betrachtet, auch relativ auf die Zeit nicht endlich, sondern actu unendlich.

Wenn wir die noch nicht abgeleiteten Begriffe der Vergangenheit, der Gegenwart, der Zukunft hier anwenden wollen, so können wir diesen Satz von der Ewigkeit jedes Dings dem Wesen nach so deutlich machen: die Substanz ist ewig, d. h. in der Substanz ist kein Unterschied der Vergangenheit, der Gegenwart und der Zukunft, sondern nur absolute Identität. Sofern also die Substanz in dem Ding ist, insofern ist auch die Ewigkeit in dem Ding, d. h. Vergangenheit, Gegenwart und Zukunft sind eins in ihm; erst indem wir das Ding betrachten, inwiefern die Substanz nicht in ihm, d. h. nur inwiefern wir das Ding betrachten abgesehen oder abstrahirt von der Substanz, ist es auch Differenz von Vergangenheit und Gegenwart, d. h. nicht-ewig. — Alle Besonderheiten fließen aus der unendlichen Substanz auf eine ewige, nicht auf zeitliche Weise, ihre zeitliche Bestimmung ist also erst möglich, nachdem ich sie abgesondert von der unendlichen Substanz oder von der Totalität betrachte. Sie *sind* nur in der Totalität (d. h. in der Unendlichkeit, sofern sie in die Einheit aufgenommen und also zumal gegenwärtig ist), diese aber ist ewig, und auf diese Art sind auch die Dinge ewig, so wie dieselben abgesondert von der Totalität für sich gesetzt nicht-ewig sind. Nicht das Besondere als das Besondere ist unmittelbar durch die Idee Gottes, sondern nur das All als *All*, und nur durch das All auch das Besondere. Inwiefern es also betrachtet wird, wie es im All ist, insofern wird es selbst in seinem ewigen Ursprung betrachtet (secundum modum, quo a rebus aeternis fluit); nicht im All (mit dem All), sondern *für sich* gesetzt, bedarf es einer unendlichen Reihe, ins All aufgenommen zu werden, es entsteht die empirische Unendlichkeit der Zeit, von welcher wir jetzt weiter handeln.

Was actuelle Unendlichkeit, so wie der Unterschied dieser von der empirischen Unendlichkeit, ist übrigens bereits §. 80 erläutert worden. Wenn das Universum nichts anderes als die actuelle Unendlichkeit ist, welche unmittelbar aus der Idee Gottes folgt und sie selbst ist, so kann auch diese Unendlichkeit oder Ewigkeit sich in nichts theilen, und wie in der wahrhaften Unendlichkeit auch jeder Theil wieder die gleiche actuelle Unendlichkeit involvirt, so ist auch *in* dem Universum oder von dem, was durch das All aus der Idee Gottes folgt, nichts, das nicht selbst unendlich und ewig wäre. Wird dagegen das, was nur Realität hat im All und durch das All, abgesondert von der Totalität, also nicht an sich selbst betrachtet, so wird es auch nothwendig als endlich und als der Zeit *unterworfen* erkannt.

Die Zeit ist also eine Bestimmung der Dinge, die nur entsteht, indem ihr durch das All gesetztes Seyn als abstrahirt von diesem, als Dauer für sich bestehender Wesen betrachtet wird.

Dasselbe ist auch so darzustellen.

Das Eine, aus dessen Idee unmittelbar auch das Seyn folgt, ist Gott oder das All, denn es ist dem All schlechthin unmöglich, nicht zu seyn. Alles andere aber, was in dem All ist, ist bloß ein Bejahtes desselben, und die Realität folgt in Ansehung seiner nicht unmittelbar aus seiner Idee, sondern nur aus der Idee des *All*. In dieser Idee des All ist es nun gleichfalls auf eine ewige und zeitlose Art begriffen. — Betrachte ich es aber nicht diesem seinem Seyn im All oder nicht der Art nach, wie es aus der Ewigkeit fließt, sondern betrachte ich es für sich als eine selbständige Realität, als ein selbständig Bejahtes, also in der bloßen Beziehung auf *seine* Wesenheit, *seinen* Begriff, so erkenne ich, daß sein Daseyn nicht aus seinem Begriff folgt, ich erkenne also, daß ich es ebenso als existirend wie als nicht existirend denken kann, — ich erkenne es als *zufällig*, da es doch dem Seyn im All nach nothwendig ist; ich kann seine Existenz nach Belieben *größer* oder *kleiner* bestimmen (welches bei dem All oder der Substanz nicht möglich ist, indem diese durch schlechthin einfache Position ist, ein ganz untheilbares Seyn hat, das durch keine Größe bestimmbar ist); — ich kann denn ferner die Existenz eines solchen vom All abgetrennt Betrachteten, bloß auf *seinen* Begriff, nicht auf den Begriff des All Bezogenen nach Belieben *theilen* — durch welche Theilung dann eben die *Zeit*. Also

§. 113. *Die Zeit ist nichts unabhängig von der abstrakten Betrachtung der Dinge, oder die Zeit ist ein bloßer Modus die Dinge in der Abstraktion von der Ewigkeit oder dem All zu denken.* Der Beweis liegt in allem Bisherigen. Wie nun die Dinge als zeitlich betrachtet selbst nur Abstrakta des All sind, so ist die sogenannte reine Zeit oder die Zeit *als* solche wieder ein Abstraktum der Dinge, also überall nichts Wahres, Reales.

Bei dieser Gelegenheit wollen wir nun auch vollends den Ursprung der Zahl betrachten.

Zusatz. *Der Akt des Bewußtwerdens der Dinge als vom All abstrahirter, für sich bestehender, ist die Anwendung der Zahl.* — Indem ich die Zahl anwende auf die Dinge, setze ich sie a) nicht nur überhaupt als Einzelnheiten, als dem All abstrahirte Endlichkeiten, sondern ich setze sie b) zugleich durch diese Anwendung in jener ihrer Abstraktion als reell. — Die Zahl ist also gleichsam ein ganz subjektiver Modus der Reflexion, der nicht einmal etwas Objektives in das Ding setzt, sondern die bloße Wiederholung oder die wiederfalsche Affirmation des Aktes der Abstraktion von dem All ist. Es begreift sich von selbst hieraus, daß der Begriff einer unendlichen Zahl nothwendig ein widersprechender Begriff ist, zugleich aber, daß dieser Widerspruch nicht gegen das *wahre* Unendliche, das infinitum actu angewendet werden könne, da jener Begriff eben nur entsteht, inwiefern von diesem abgesehen wird, und die aktuelle Unendlichkeit nicht eine solche ist, der nur eine unendliche, sondern der überall keine Zahl adäquat ist, die über aller Zahl ist.

Wir können den Ursprung der Zahl auch noch durch eine andere Gedankenreihe so erläutern.

Alle Zahl beruht darauf, daß das, was mehreren Dingen gemein ist, durch die Imagination herausgehoben wird, d. h. sie beruht zuvörderst auf der Bildung von Allgemeinbegriffen. Wenn z. B. 6 verschiedene Körper, wovon 2 Cuben, 2 Cylinder, 2 andere Sphären sind, so kann ich diese 6 Körper nicht zusammenzählen, bevor ich den gemeinschaftlichen herausgehoben habe — sie, wie man sagt, unter einen Allgemeinbegriff gebracht habe, der mir nun als die Identität dient, die ich in ihnen als in der Differenz wiederhole; welches Wiederholen dann eigentlich das Zählen ist. Hier ist also immer und nothwendig eine Differenz des Allgemeinen und des Besonderen gesetzt, welche im All nicht ist, so daß diese Differenz setzen eben wieder nur eine Art der Abstraktion vom All ist. Es gibt im All überall nichts *bloß* Allgemeines; *das Allgemeine* vielmehr, sofern es in den Begriff Gottes *aufgenommen* ist, ist *unmittelbar* auch das *Besondere* (das Existirende), weil aus der Idee Gottes unmittelbar auch die Realität, die Existenz folgt. Im All ist also das Allgemeine und das Besondere immer eins. Setze ich es als verschieden, so setze ich damit schon den Begriff oder das Allgemeine nicht als aufgenommen und aufgelöst in die Idee Gottes, denn sonst würde ich das Besondere, die Realität zugleich mit setzen; ich setze also das Allgemeine als ein Selbständiges, und ich beziehe das Besondere auf seinen Begriff als *seinen* Begriff, nicht auf den Begriff des All; ich erkenne also unmittelbar auch die Zufälligkeit seiner Existenz, d. h. ich erkenne, daß sein Seyn nicht aus seinem Begriffe folgt — daß der Begriff bloß ein Verhältniß zu ihm hat —; und ich wiederhole dieses bloße Verhältniß des Begriffs ohne *Identität* eben in der Zahl. — Wie nun nichts an sich durch Zahl bestimmt ist, sondern nur in Relation auf anderes betrachtet, so ist auch nichts an sich in der Zeit, sondern nur in der Relation auf anderes betrachtet, oder mit anderem *verglichen*, welches die bloße Sache der Imagination ist. Denn an sich folgt alles unmittelbar aus dem All und durch das All aus der Idee Gottes (es ist auf ewige Weise in ihm auch dem relativen Leben nach); es ist daher an sich so wenig zeitlich, als das All zeitlich ist.

Wie von der Reflexion die Endlichkeit der Dinge, auch der Substanz nach, darum behauptet wird, weil sie theilbar und aus Theilen zusammengesetzt seyen; so wird auf dieselbe Weise aus der endlichen Dauer der Dinge ihre Nichtewigkeit geschlossen. Allein wie die Größe im Raum die wahre Unendlichkeit nicht afficirt, so kann die wahre Ewigkeit der Dinge auch nicht von der Größe ihrer Dauer afficirt werden. Ihre wahre Ewigkeit beruht darauf, a) daß sie nur durch das Universum *sind*, also mit diesem zumal (auch der Relation nach) sind, b) daß in jedem für sich eine Totalität, also eine aktuelle Ewigkeit angeschaut wird, von welchem sein Zeitleben die bloße durch Abstraktion gesetzte Erscheinung ist, indeß es doch gar nicht verfließen, also selbst nicht *wirklich* seyn könnte, ginge die untheilbare Affirmation oder Position desselben nicht als Ganzes den Theilen voran, indem, wenn seine Dauer aus Momenten zusammengesetzt wäre, auch nicht der kleinste Theil der Zeit als verfließend gedacht werden könnte. Mit dieser Anerkennung der Ewigkeit in allen Dingen hebt der Philosoph auch noch die letzte Entzweiung zwischen der Erscheinungswelt und den Dingen an sich auf. Er erkennt, daß nicht *zwei* Welten sind, sondern nur Eine wahre Welt, die nicht *außer*, oder *über* der erscheinenden, sondern selbst in ihr ist. Denn die Endlichkeit, welche diese der Ausdehnung wie der Dauer nach zeigt, hat auf ihre wahre Unendlichkeit und Ewigkeit gar keinen Bezug; die Erscheinungswelt würde, wenn sie endlos ausgedehnt wäre oder eine endlose Zeit dauerte, deßwegen doch nicht ewig seyn; es ist also kein wahrer Gegensatz zwischen der Unendlichkeit der Dinge und der Endlichkeit ihres Seyns in der Erscheinung, und jene kann nicht durch diese beschränkt oder aufgehoben werden, da sie sich zu ihr nicht als entgegengesetzt, sondern wie Nichts zur Realität verhält.

Wir haben nun noch kurz das Verhältniß der drei Dimensionen in der Zeit zu dieser und unter sich selbst zu bestimmen durch folgende Sätze.

§. 114. Die erste Dimension in der Zeit ist die Zukunft. Erläuterung. Die Dinge sind insofern in der Zeit, als sie nicht alles in der That und auf einmal sind, was sie dem Begriff nach seyn können, d. h. sie sind in der Zeit wegen der Differenz des Begriffs und des Seyns. Der Begriff aber ist das Affirmirende, wie das Seyn das Affirmirte; insbesondere ist Zukunft gesetzt durch Differenz des Affirmirenden von seinem Affirmirten; denn ich sage, daß etwas zukünftig ist, wovon der Begriff und die Möglichkeit vorhanden ist ohne das Seyn und die Wirklichkeit. — Noch auf andere Weise so darzustellen.

Wie der Raum die Privation der besonderen Dinge von der Seite der Identität, also bloß eine Betrachtungsweise der Dinge ist, inwiefern sie als für sich bestehende in der Unendlichkeit (ohne die Einheit) betrachtet werden, so ist die Zeit die Privation der besonderen Dinge von der Seite der Totalität. In dem Setzen einer Zukunft wird nun aber eben die Totalität negirt; daher ist, dieß vorher zu sagen, die Zukunft eigentlich die Zeit in der Zeit, sowie die Linie die Zeit im Raume ist. — Das Wesen der Zukunft aber, oder das, was sich per oppositum in diesem Scheinbild reflektirt, ist das vollendete Affirmirtseyn, die Totalität, welche der Zeit ewig fehlt, der Raum aber hat.

§. 115. Die zweite Dimension der Zeit ist die Vergangenheit. Erläuterung. In der Vergangenheit denken wir uns den Keim der Gegenwart, dessen, was wirklich ist, die Möglichkeit der gegenwärtigen Wirklichkeit, aber jene als different, als geschieden von dieser, als nicht-seyend, da jene ist. Wie also die Gegenwart in Bezug auf die Zukunft bloß affirmirend ist, ohne affirmirt zu seyn, so ist sie in Bezug auf Vergangenheit bloß Affirmirtes ohne Affirmirendes.

Andere Art der Darstellung. Daß es eine Zukunft für die Dinge gibt, ist, sagten wir, der Ausdruck der Nicht-Totalität, ist Privation der Totalität. Die Vergangenheit dagegen ist Verneinung der Identität. Durch die Vergangenheit ist mein Zusammenhang aufgehoben mit dem, mit welchem ich eins war, z. B. mit den Verstorbenen, sie treten in Differenz mit mir durch die Zeit, da im All dagegen alles ungetrennt lebt und eins ist. Daher erscheint auch das zeitliche Vergehen als ein Zurückgehen in die Identität, das Affirmirte kommt wieder zu seinem Affirmirenden, der Mensch wird zu seinen Vätern versammelt, die Wirkung wird gleich dem Bewirkenden. — Das *Wesen* der Vergangenheit aber, oder das, was sich per oppositum in diesem Scheinbild reflektirt, ist also das Einsseyn aller Dinge im All; daß aber die Vergangenheit als ein *Zurückgegangenseyn* in das All erscheint, ist die bloße Folge des Scheins, der das Zeitleben der Dinge überhaupt begleitet (bloße Folge des Selbstlebens der Dinge).

§. 116. *Die dritte Dimension in der Zeit ist die Gegenwart* oder der bloß relative Indifferenzpunkt, durch welchen das Affirmirende mit seinem Affirmirten und dieses mit jenem zusammenhängt. — Ist von selbst klar. Die Gegenwart ist also in der Zeit, was die Tiefe im Raum ist. Sie ist *als solche* noch das unmittelbarste Gegenbild der Ewigkeit. Sie ist nicht die absolute Thesis wie diese, sondern nur die Synthesis. Wie aber die unendliche Substanz in den Dingen unmittelbar nur die Identität wirkt, und wie diese bloß an dem Nichts der Besonderheit in drei Dimensionen auseinandertritt, so producirt das All auch in jeglichem Ding unmittelbar nur unendliche, ewige, zeitlose Gegenwart, die nicht bloß Mitte, sondern wahre Identität ist — nur gleichfalls an dem Nichts der Besonderheit.

§. 117. *Wird der Raum mit der Zeit verglichen, so ist die Zeit in dem Raum = erster Dimension, der Raum im Raum = zweiter Dimension. Hinwiederum verhält sich die Zukunft als die Zeit in der Zeit, die Vergangen-*

heit aber als der Raum in der Zeit. — Dieser Satz ist durch die vorhergehende Erklärung von selbst deutlich. Nur was den letzten Punkt betrifft, daß Vergangenheit = dem Raume in der Zeit, so will ich bloß darauf aufmerksam machen, daß der Raum ebenso wie die Vergangenheit per oppositum Reflex der Identität der Dinge in dem All ist (§. 69), daß sie ebenso wie der Raum ein abgeschlossenes Bild ist, in dem sich alle Differenzen ausgleichen. Es ergibt sich hieraus ferner:

Zusatz. Die herrschende Dimension der Zeit ist die erste, die herrschende des Raums die andere Dimension, oder in der Zeit sind alle Dimensionen der ersten, in dem Raum der anderen untergeordnet.

II. Specielle Naturphilosophie

oder

Construktion der einzelnen Potenzen der Natur.

Ehe wir nun zur Betrachtung der einzelnen Potenzen in der Natur übergehen, hebe ich die Hauptsätze nochmals heraus, die ich Axiome der Naturphilosophie nennen möchte, obgleich sie in der allgemeinen Philosophie allerdings bewiesen werden, auch von uns bewiesen worden sind. Es wird nämlich vortheilhaft seyn, diese Sätze, auf welche in der Folge alle andern gegründet werden, mit Einem Blick zu übersehen. Also

Oberste Grundsätze oder Axiome der Naturphilosophie.

I. Die ganze Natur ist zu betrachten als die unendliche Substanz selbst, die bloß relativ unter dem Exponenten des Realen erscheint, an sich betrachtet aber die ganze sich selbst affirmirende Substanz ist. (Sie wird nämlich als real, als objektiv nur gesetzt in Bezug z. B. auf das Wissen; an sich selbst oder in sich selbst betrachtet, ist sie aber die ganze absolute Identität von Realem und Idealem, von Subjektivem und Objektivem).

II. Ihrem Exponenten nach betrachtet, erscheint die Natur in jedem Ding als bewußtlos schaffend, und mehr als Organ oder Gegenbild der Idee, denn als die Idee selbst; an sich betrachtet, ist sie aber die schaffende und produktive Idee selbst. (Erläuterung. Der Begriff der Natur, der sich selbst der bloßen Anschauung aufdringt, ist der, daß sie sey unendliche, wenn gleich bewußtlose Kunst, ein Bild göttlicher Weisheit, selbst nicht wissend, was sie ausführt, und doch die intelligiblen Formen einer ewigen Vernunft in sich ausprägend. Dieses ganz eigenthümliche Verhältniß ist es, was selbst dem nicht philosophischen Betrachter eine Ahndung von dem wahren Wesen der Natur erregt, daß sie nämlich nicht sowohl göttlich hervorgebracht als selbst göttlich sey, daß die Ideen nicht übergehen in die Dinge aus einer ihnen fremden Vernunft, sondern daß die Dinge die Ideen selbst seyen. Offenbar ist in der Natur der Gedanke nicht von der That, der Entwurf nicht von der Ausführung, der Künstler nicht von seinem Werke verschieden, sondern eins. Diese der Natur inwohnende Kunst wird nie begreifen, wer sie nicht selbst als schaffend, als das Göttliche begreift, das hier nur in der völligen Objektivität seiner ewigen Affirmation erscheint. Die Reflexionsmenschen haben keine Vorstellung von einer objektiven Vernunft, von einer Idee, die doch als solche ganz objektiv und real ist; alle Vernunft ist ihnen etwas Subjektives, ebenso alles Ideale, und die Idee selbst hat für sie nur den Sinn einer Subjektivität, daher sie nur zwei Welten kennen, die eine bestehend aus Steinen und Schutt, die andere aus Anschauen jener Steine und den Gedanken darüber).

III. Die Dinge der Natur sind zu ihr in demselben Verhältniß zu betrachten, in welchem die Dinge überhaupt zum Absoluten zu betrachten sind; oder es ist dasselbe Verhältniß zwischen der Natur und den Naturdingen, wie zwischen der absoluten Identität und den Dingen überhaupt.

IV. In jeglichem Ding ist a) das Wesen oder die Unendlichkeit der Natur, b) die Form oder die Besonderheit zu betrachten, welche die Substanz ist, und welche dann entweder dem Wesen gleich, oder ihm nicht gleich, demnach in Differenz von ihm erscheint.

V. Der Erscheinungsexponent der Dinge ist, daß sie in Realität oder Gegenbildlichkeit versunken sind, ihr wahres Wesen ist aber durch das zweite Axiom bestimmt (das Wesen die Idee).

VI. Inwiefern die Dinge die absolute Identität nicht in sich selbst aufnehmen, so daß sie sich selbst die Substanz sind, erscheint sie nur als ihr Grund, als ihre Nothwendigkeit oder das Fatum, dem sie unterworfen sind.

VII. Kein Ding in der Natur wirkt der Substanz nach auf das andere oder erfährt eine Wirkung, sondern jedes, als eine Welt im Kleinen, stimmt mit jedem andern durch absolute Identität zusammen.

VIII. Die Dinge sind sich nicht bloß äußerlich, sondern innerlich verknüpft. (*Erläuterung*. Sofern die Dinge nur der Schwere eignen und durch die Schwere eins sind, haben sie auch nur ein äußerliches Leben in der unendlichen Substanz, ein innerliches Leben würden sie nur dadurch erlangen, daß sie die Substanz (als Einheit) in sich selbst aufnähmen, d. h. durch das eigne Leben. Denn alsdann ist das allgemeine Leben der Dinge zugleich ihr *besonderes* Leben, und sie sind durch dieses ihr besonderes Leben andern Dingen innerlich verknüpft. Für diese innerliche Verknüpfung der Dinge haben wir keine andere Bezeichnung, als entweder die der Sympathie und Antipathie, der Liebe und des Hasses, wie bei den Alten, oder allgemeiner und deutlicher die der *Perception*. Daß die Thiere z. B. Perceptionen haben, kann nicht geleugnet werden; sie haben ein Vorgefühl künftiger Dinge, z. B. der Witterungsveränderung, wahre Ahndungen und Divinationen, wodurch sich also neben ihrem äußeren Leben ein inneres offenbart, durch welches sie mit andern Dingen verknüpft und im Zusammenhang sind. Aber auch der sogenannten nicht organischen Materie kann diese innere Verknüpfung, also auch Perceptionen nicht abgesprochen werden, obgleich sie nur Perceptionen von der dumpfesten Gattung haben können, wie sie das Thier und selbst der Mensch im Schlafzustand hat. Daher Leibniz mit Recht den Zustand der unorganischen Materie als den Schlafzustand der Materie bezeichnet. Außer den Gründen, welche in allgemeinen, schon früher entwickelten Ansichten liegen, daß nämlich das Ding die schaffende Idee selbst und ganz Seele und ganz Leib ist, aus welchem folgt, daß die Materie nothwendig Perceptionen habe, abgesehen von diesen Gründen also würden wir ohne Theilnahme der Materie an diesem allgemeinen inneren Leben eine Menge Erscheinungen, die sich nicht auf die Quantität, wie die Schwere, sondern auf die Qualität der Dinge

begreifen und manche besondere Umstände der chemischen, der elektrischen und magnetischen Erscheinungen nicht vollkommen begreifen[1]. Das innere Leben der Dinge nimmt relativ auf das äußere in dem Verhältniß zu, in welchem ihr besonderes Leben dem Centro sich einbildet oder diesem gleich wird; daher der Mensch, der ganz im Centrum steht, die vollkommenste, innerste Einheit mit allen Dingen hat, die in ihm zum Wissen und Erkennen wird).

IX. In der Natur besteht ein stets gleiches Verhältniß des Affirmativen zum Affirmirten, des Positiven zum Negativen, der Bewegung zur Ruhe. (Denn von außen kann jenes Verhältniß nicht verändert werden, da nichts außer der Natur ist, innerhalb der Natur kann aber jenes Verhältniß zwar in Ansehung der einzelnen Dinge, aber es kann nie in Ansehung der Natur selbst oder des Ganzen verändert werden).

X. Bei dem Wechsel des Einzelnen bleibt das Ganze sich stets gleich. (Aller Wechsel des Einzelnen kann, da sich die Dinge der Substanz nach gleich sind, bloß darauf sich beziehen, daß das Verhältniß des Affirmativen und Affirmirten, der Ruhe und der Bewegung im Einzelnen sich ändert).

XI. Der Theil ist dem Ganzen gleich; nicht nur der Substanz, sondern auch der Modification nach. — Der Substanz nach, denn die Substanz ist nothwendig unendlich, also die gleiche in allen. Aber auch der Modification nach, denn da der Theil nur ist im Ganzen und ausschließlich durch das Ganze bestimmt; so muß er an sich die Bestimmungen tragen, die ihm durch alle andern Theile im Ganzen gegeben sind, d. h. er muß mit dem Ganzen übereinstimmen und es jederzeit auch durch seine Modification an sich ausdrücken.

XII. Alles, was in der Natur ist, gehört als solches zum Seyn und zur Idee der unendlichen Substanz. — Denn nichts Besonderes im Universum ist durch sich selbst, sondern nur kraft der Idee der unendlichen Substanz, zu deren Natur es allein gehört, daß sie sey. Da nun alles nur dadurch ist, daß die unendliche Substanz ist, alles Seyn

[1] Vgl. hier Philosophie der Mythologie S. 582. D. H.

also nur das Seyn der unendlichen Substanz ist, so muß auch alles, was ist, z. B. jeder Theil der Materie zum Seyn der unendlichen Substanz gehören, indem er ohnedieß überall nicht seyn könnte.

Auf diese zwölf Grundsätze lassen sich alle wesentlichen Behauptungen der Naturphilosophie zurückführen, zu deren Darstellung ich jetzt fortgehe und sogleich Folgendes aufstelle.

§. 118. Die unendliche reale Substanz begreift alle besonderen Formen dem Wesen oder der Idee nach in sich, indeß sie eben deßhalb selbst differenzlos ist. — Sie begreift alle dem Wesen nach in sich, d. h. der Begriff aller ist verbunden mit dem Begriff der unendlichen Substanz, denn nur dadurch sind sie wirklich, weil es nur zum Begriff der unendlichen Substanz gehört, zu seyn. Die unendliche reale Substanz oder, wie wir uns auch ausdrücken können, die Materie als unendliche Substanz, als absolute Identität von Licht und Schwere, ist aber dennoch selbst differenzlos; denn eben weil sie nur das Wesen, nur die Position jener besonderen Formen, und zwar in ihrer Allheit ist, so ist in ihr selbst keine Differenz, sondern reine Identität. — Dieser Satz ist bloß concretere Anwendung des schon früher Erläuterten.

§. 119. Die Besonderheit der Form beruht nur auf verschiedenen Verhältnissen des Affirmirten zum Affirmirenden, nicht allein im Ganzen, sondern auch im Einzelnen. — Gleichfalls allgemein schon bewiesen im §. 63, vgl. §. 64. Denn wenn die reale Substanz oder die Materie der Substanz nach unendliche und absolute Identität des Affirmirten und Affirmirenden ist, so können sich die Dinge von ihr und von einander unterscheiden nur durch das verschiedene Verhältniß beider, und dieß macht nicht nur den Unterschied der Potenz in Bezug auf das Ganze, sondern auch in einer und derselben Potenz wieder können sich Dinge nur durch das verschiedene Verhältniß beider in Bezug auf diese Potenz unterscheiden.

Hier bemerke ich, daß wir künftig ein relatives Uebergewicht des Affirmativen über das Affirmirte, oder umgekehrt — sofern es nothwendig seinen Gegensatz in einem relativen Uebergewicht des andern

Faktors hat — durch Pol, aber das Verhältniß beider relativen Differenzen, da sie es nur beziehungsweise aufeinander seyn können, als ein Verhältniß von **Polen** bezeichnen werden. Ich sage: ein relatives Uebergewicht, sofern es **nothwendig** seinen Gegensatz in einem relativen Ueberwiegen des andern Faktors hat. Denn da nach dem zweiten Axiom in der Natur ein stets gleiches Verhältniß des Affirmativen zum Affirmirten besteht, so kann das Verhältniß des einen zum andern nicht auf der einen Seite erhöht werden, ohne daß zugleich auf einer andern Seite das Verhältniß des entgegengesetzten zum andern erhöht werde. Denn wäre dieß nicht der Fall, so müßte das Verhältniß des Affirmirenden zum Affirmirten in der Natur im Ganzen ein veränderliches seyn, welches unmöglich ist.

§. 120. **Das allgemeine Gesetz der endlichen Erscheinung in der Materie ist das Gesetz der Polarität oder der Duplicität in der Identität.** — Denn beruht alle Besonderheit und Unterscheidbarkeit der Form auf dem bloß **relativen** Einssetzen des Positiven und Negativen in der Materie, so beruht es nothwendig auch auf der relativen Differenz beider: die relative Einheit ist nothwendig auch relative Differenz. Aber jede Differenz ist **nur** relativ, d. h. sie ist nur möglich in Bezug auf eine entsprechende Differenz, die ein entgegengesetztes Verhältniß von A und B ausdrückt; nach der Ordnung des Universums, daß nämlich Positives und Negatives, Bewegung und Ruhe in ihm nur relativ, nicht aber absolut vermehrt werden können. Nun ist aber nach der im vorigen Satz vorausgeschehenen Erklärung eben diese relative Differenz = ein Verhältniß von Polen. Also ist das Gesetz der Polarität ein schlechthin allgemeines Naturgesetz, nämlich ein schlechthin allgemeines Gesetz aller endlichen Erscheinung.

Nun ist aber die Polarität auch = Duplicität in der Identität. Duplicität, weil einmal $\overset{+}{A} + B$, dann $A + \overset{+}{B}$ gesetzt ist, Identität, weil das Reale in beiden doch immer eins ist; nämlich die Identität, weil also diese Differenzen nur Erscheinungsweisen einer und derselben Substanz sind.

Zusatz. Alle weitere Differenz ist nun bloß durch die verschiedene

Art des relativen Eins- und des relativen Different-Seyns beider bestimmt. — Wir haben also hiermit den allgemeinen Typus aller Differenz in der Natur gefunden, und zunächst nur eben diese verschiedenen Arten des relativen Einsseyns zu bestimmen.

§. 121. Der Typus aller bloß relativen Einheit des Positiven und Negativen (Affirmirenden und Affirmirten) ist uns durch die Triplicität der Dimensionen gegeben. (Ich berufe mich auf die frühere Construktion der Dimensionen). Hiermit ist also in die Natur das geometrische Verhältniß gebracht, oder dargethan, wie die Natur in ihren Differenzen die Formen der Geometrie ausprägt. Ist das Gesetz der allgemeinen Polarität dasjenige, was uns am tiefsten in die Gesetze der Erscheinung und Bewegung der Natur eindringen läßt, so das der Dimensionen am tiefsten in das Seyn, ja es eröffnet ganz einzig die Aussicht zur wahren Naturwissenschaft, welche nämlich die Physik ganz mathematisch, d. h. alle Formen der Natur als Ausprägungen ewiger geometrischer Urbilder darzuthun hat. Es war keine leere Rede der Alten, der Pythagoreer, wenn sie die Elemente der Natur den fünf regulären geometrischen Körpern gleichsetzten, z. B. Luft = Oktaeder, Erde = Cubus, Feuer = Pyramide. Wenn dieß ist, wenn die Differenzen der Natur die Formen der Geometrie ausprägen, so sind dann auch die Gesetze geometrisch, z. B. das Verhältniß der Erde zum Feuer = dem des Cubus zur Pyramide u. s. w.

Daß man bis jetzt in der Naturwissenschaft so wenig Rücksicht auf die Dimensionen nahm, ist nicht zu verwundern. Hat man doch vor wenigen Jahren noch es für unmöglich gehalten zu begreifen, warum überhaupt der Raum und die Materie nach drei Dimensionen ausgedehnt seyen, obgleich man diesen nothwendigen Typus von Triplicität selbst in dem Organismus des Verstandes vor sich liegen sah, und selbst jeder Syllogismus seine drei Dimensionen hat. Die offenbare Abhängigkeit einer Menge von Erscheinungen von den Dimensionen, so daß sie nach dem Verhältniß derselben jetzt mehr, jetzt weniger hervortreten, ist ebensowenig beachtet worden. Kant, der die Materie aus dem Conflikt zweier Kräfte, einer anziehenden und zurückstoßenden, erklärt, gab doch selbst diesem kein anderes als bloß arithmetisches Verhältniß, woraus, wie er wohl einsah, nichts als die Unterschiede des Grades der Raumerfüllung oder der specifischen Dichtigkeit hervorgehen konnten, daher er auch alle Construktion der specifischen oder eigentlich qualitativen Differenz der Materie für eine ganz unauflösbare Aufgabe erklärte. Wenn man erst diesen allgemeinen Typus der Geometrie in den Formen der Materie erkannt haben und auf dem schon von Kepler und den Alten betretenen, aber leider seitdem wieder verlassenen Weg fortgehen wird, die Formen der Geometrie nämlich als Urbilder zu betrachten, von denen die nothwendigen Formen der Materie die Abbilder seyen — dann erst wird man sich der wahren Naturwissenschaft rühmen können. Die Naturphilosophie als Philosophie hat bloß diese Grundlage aller Naturwissenschaft, welche in der höheren Ansicht der Geometrie und der Mathematik selbst liegt, zu bezeichnen, welches denn durch den zuletzt aufgestellten Satz geschehen ist.

§. 122. Das allgemein Entsprechende der Dimensionen in der Materie ist die Cohäsion (oder: was im Raum rein als solchem durch die Dimensionen ausgedrückt ist, ist in der Materie Cohäsion), und es sind daher ebenso viele Formen der Cohäsion, als es Formen der Dimension gibt. Im Allgemeinen ist diese Identität von Cohäsion und Dimension — oder daß jene der reale Ausdruck von dieser in der Materie sey — dadurch bewiesen, daß Cohäsion in der Materie dasjenige ist, wodurch sie aus der Identität mit andern Dingen tritt und sich selbst identisch wird. Nun ist aber Dimension in Bezug auf den Raum dasselbe, nämlich die Dimensionen liegen im Raum als solchem ebenso wie die Differenzen der Materie in der Substanz, als absoluter Identität. Erst dadurch, daß die besondere Dimension als besondere hervortritt, ist auch das vom unendlichen Raum Abgeschlossene, sich selbst Gleiche, Differente, die Figur, gesetzt. — Nach dem Typus der drei Dimensionen wird es nun auch eine dreifache Form der Cohäsion geben. Die der Linie entsprechende, welche nicht in sich selbst zurückläuft, die, wo die Linie in den Winkel zerfällt, und zwar die Breite, nicht aber die Länge begrenzt ist, und die, wo die Cohäsion in sich selbst zurückläuft, welches am vollkommensten durch die

Flüssigkeit bezeichnet ist. Denn auch das Flüssige hat Cohäsion, nur eine in sich selbst zurücklaufende.

Zusatz. Cohäsion ist demnach auch die unmittelbare Form aller Differenzen in der Materie, oder sie ist die allgemeine Form, wodurch das besondere Ding aus der Identität mit andern Dingen tritt und sich selbst gleich wird.

§. 123. Die der ersten Dimension entsprechende Synthesis des Affirmirenden mit dem Affirmirten ist die absolute Cohäsion, ihr Ausdruck in der Materie ist die Starrheit. Denn da die Synthesis zwischen dem Affirmirenden und Affirmirten eine bloß relative, also keine absolute Identität seyn soll, welche im Raum als absoluter Uebergang des einen in das andere erscheinen würde, sowie die bloß relative Identität als ein Getrenntseyn im Raum erscheinen würde, so kann sich jene relative Synthesis bloß durch drei Punkte ausdrücken, wovon der eine das Uebergewicht des Affirmirenden, der andere des Affirmirten und der dritte die relative Indifferenz ausdrückt, und diese drei Punkte müssen selbst unter sich wieder eins seyn (sonst keine relative Identität), vom Begriff des Ganzen durchdrungen ihre Einzelheit verlieren, d. h. sie müssen Linie seyn. Wo aber zwei Punkte durch einen dritten zusammengesetzt sind, da ist Cohäsion, und zwar in der Richtung der Linie oder der Länge. Nun ist aber Cohäsion in der Länge eben das, was wir absolute Cohäsion nennen, und demnach ꝛc. — Starr heißt nun überhaupt alles, was nicht in sich selbst zurückläuft. Daher ist die Linie das Urbild der Starrheit in der Natur, so wie der Ausdruck der ersten Dimension oder der ersten Form der Cohäsion nothwendig ebenfalls die Starrheit ist.

Anmerkung. In den Erläuterungen des §. 74 haben wir die Linie erklärt als den Punkt, der sich selbst affirmirt, oder als die Identität, die sich selbst der Differenz einbildet. Wir können daher auch die der Linie oder der ersten Dimension überhaupt entsprechende Form der Cohäsion als die Einbildung des Affirmativen, des Begriffs eines Dings in das Affirmirte beschreiben — aber diese Einbildung kann als relative erscheinen nur, inwiefern der Punkt A, der sich in dem andern Punkt

B zum Objekt wird, mit dem Punkt B nicht absolut eins wird, und in ihm zurückfließt, inwiefern also Subjektives und Objektives, Affirmirendes und Affirmirtes nur in relativer Identität bleiben, deren Ausdruck eben die starre Linie ist. — Ginge A absolut in B über, so wäre eben damit die Subjekt-Objektivirung oder die Selbstaffirmation aufgehoben, die Starrheit also als Ausdruck der Selbstheit negirt: es wäre Verflüchtigung, Auflösung des Affirmirten in die Identität gesetzt. Hieraus können wir die Folge ziehen, daß nur bei einem gewissen Grade der Einbildung des A in B, d. h. nur bei einem gewissen Grade der Identität beider, Cohäsion und Starrheit besteht, daß aber die Materie, wenn dieser Punkt überschritten ist, nothwendig und in gleichem Verhältniß mit dem Uebergang des A in das B aufgelöst oder verflüchtigt wird. Jener Grad selbst bestimmt sich darnach, daß beide, wenn Starrheit producirt werden soll, nothwendig außereinander und als gerad' entgegengesetzte nur relativ vereinigte erscheinen.

§. 124. Die dem Leben in der Schwere entgegengesetzte Form des in-sich-selbst-Seyns ist im Allgemeinen Cohäsion, insbesondere aber die absolute Cohäsion. Denn Cohäsion als das allgemeine Entsprechende der Dimension (§. 122) ist auch die allgemeine Form der Differenzirung und Absonderung von der Identität, und dadurch auch von der Schwere, welche eben die Identität ist. Durch die Cohäsion entreißt sich jedes Ding der Schwere, es affirmirt sich selbst als sich selbst, oder es setzt die Identität, das Allgemeine, Affirmative als den unmittelbaren Begriff von sich selbst. — Daß aber in der Cohäsion insbesondere wieder die absolute Cohäsion die der Schwere am meisten entgegengesetzte Form sey (die aber eben deßhalb selbst am meisten Schwere ist), erhellt aus Folgendem. Die absolute Cohäsion entspricht der ersten Dimension, so wie diese der Zeit entspricht, und Ausdruck der Zeit an dem Ding ist. Demnach ist auch die absolute Cohäsion Form des Beseeltseyns der besonderen Dinge als besonderer, eine Form der Centrifugenz, wie die Schwere der Centripetenz: sie ist daher die der Schwere am meisten entgegengesetzte Form des in-sich-selbst-Seyns der Materie.

Anmerkung. Wir können auch sagen, die Cohäsion in gerader Linie sey der Ausdruck der Ichheit der Dinge — der allgemeine Akt der Absonderung von der Totalität, des Abfalls von der Schwere (Gravitation auseinander).

§. 125. Das, was vermöge der Schwere in dem Ding absolut eins ist (die aktuelle Unendlichkeit), wird durch die Cohäsion differenzirt und relativ eins. Denn die Schwere verhält sich überhaupt zu der Materie als die absolut differenzlose Identität; das + und —, welches in der Cohäsion als unterscheidbar hervortritt, kann daher in der Schwere nur absolut eins seyn; die Cohäsion ist also auch in dieser Beziehung der Ausdruck der Differenz von der Schwere oder von der absoluten Identität.

Anmerkung. Man könnte hieraus folgern: auch die Schwere als solche könne demnach aus einer Duplicität, einem + und — construirt werden. Allein dieß ist wenigstens nicht so zu verstehen, als ob die Schwere die Synthese von dem + und — der Cohäsion wäre, oder als ob diese beiden Faktoren ihr als Bedingungen vorausgingen. Sie ist vielmehr die absolute Identität beider, und diese können nur aus ihr, nicht aber kann sie aus ihnen hervorgehen. — Auch wird durch die Cohäsion keineswegs die Schwere als Schwere zerlegt. Denn diese ist keiner Differenz fähig, und bleibt auch in Bezug auf die Cohäsion ewig dieselbe. Mit der Cohäsion zugleich ist allerdings auch specifische Schwere gesetzt. Aber diese ist, wie auch schon früherhin gezeigt wurde, keine Differenz der Schwere selbst, die vielmehr gegen alle specifische Differenz sich gleichgültig verhält.

§. 126. Je mehr in einem Ding die Schwere mit der Cohäsion gleichgesetzt und eins ist, desto höher ist der Grad seiner Realität. Denn nach §. 61 ist der Grad der Realität eines Dings bestimmt durch den Grad seiner Annäherung zur absoluten Identität. Nun ist aber die schlechthin absolute Identität oder die Natur schlechthin betrachtet eine Identität von Licht und Schwere, indem diese nur die Natur ist als Grund von Realität, so wie das Licht nur der unendliche Begriff des eignen Lebens der Dinge, das allgemein [illegible] und Beschränkende ist. Je mehr daher ein Ding Cohäsion als Form des eignen Lebens, die dem Licht entspricht, und Schwere als Form des Seyns in der Gestaltung unter sich gleichsetzt, desto mehr nähert es sich in seiner Potenz der absoluten Identität, desto höher ist also der Grad seiner Realität. — Aus dieser Ansicht erhellt auch, daß Schwere und Cohäsion nicht gerade im umgekehrten Verhältniß stehen *müssen*, so daß, wie die Cohäsion steigt, die specifische Schwere sinkt, sondern daß beide auch verknüpft seyn können in einem und demselben Ding. — Hier können wir nun auch zuerst den Begriff der *specifischen Schwere* erklären, der ein bloßer Vergleichungsbegriff und nur eine Bestimmung der Materie als *theilbarer Größe*, nicht aber eine Bestimmung der Schwere selbst ist. — Durch die Cohäsion wird die Masse, die an sich identisch ist, differenzirt, und da die Schwere auf Concentration wirkt, wirkt die Cohäsion vielmehr auf Ausdehnung, Expansion, und ist centrifugal. Je mehr also die Cohäsion über die Schwere siegt, desto mehr wird nothwendig die Masse expandirt; d. h. desto mehr nimmt ihr Verhältniß zum Raum ab, desto weniger Masse, d. h. desto weniger *Schweres* ist im gleichen Raum. Nicht also die Schwere wird hier verändert, sondern nur das Schwere. Die Schwere als absolute Identität der Dinge der Quantität nach ist eben deßhalb selbst keiner Differenz in Bezug auf Quantität, so wie das Licht als absolute Identität der Dinge der Qualität nach keiner Differenz in Bezug auf Qualität empfänglich. Die Schwere hat zu jeder Art der Materie das gleiche Verhältniß, und absolut betrachtet ist alles *gleich schwer*. Aber da die Masse durch Cohäsion expandirt wird, so hängt es von ihrem Verhältniß zur Schwere ab, ob in gleicher Ausdehnung mehr oder weniger *Schweres*, nämlich mehr oder weniger Masse gesetzt ist; nur darf dieß nicht, wie insgemein, atomistisch verstanden werden, als ob nämlich die specifische Schwere von der Summe der einzelnen materiellen Theile oder Atomen abhänge, welche im Körper vereinigt sind, denn damit müßte die endliche Theilbarkeit aller Materie behauptet werden. Eben jene — die Expansion ist vielmehr ein ganz dynamisches, so daß die specifisch leichteste Materie, in der auch der atomistischen Vorstellung die

Summe der kleinsten Theile im gleichen Raum eine viel geringere [illegible] füllte, als in der schwersten, z. B. einem Metall — so daß, sage ich, jene den Raum mit der gleichen Stetigkeit erfüllt, wie dieses. Eben so wenig kann gesagt werden, das Metall sey absolut betrachtet schwerer, als es z. B. die Luft ist: absolut betrachtet sind beide gleich schwer; nur als Quantum angesehen, oder in der Abstraktion von der Identität betrachtet, hat das eine mehr Schweres als das andere, eben, weil es mehr von dem, was schwer ist und der Schwere angehört, als sich angehörig, relativ auf sich, als sein Reales gesetzt.

Der Begriff der specifischen Schwere ist also wieder ein bloßer Vergleichungsbegriff, der nichts im Wesen oder in der Beziehung des Dinges bestimmt. Die Schwere ist ja nicht Schwere eines Begriffs [illegible], sondern, sie ist die Identität aller Dinge, die sich, so zu sagen, in keine Differenz setzt. Wird aber von specifischer Schwere gesprochen, so wird schon von Schwere eines Dinges gesprochen, d. h. es ist nicht von der absoluten Schwere, der Schwere an sich die Rede. Hieraus aber ist offenbar, daß unmittelbar mit der Cohäsion auch specifische Schwere gesetzt wird. Denn die Cohäsion ist das, wodurch ein Ding sich von andern Dingen sondert, also auch das, wodurch das Verhältniß der Masse zur Ausdehnung in ihm, d. h. wodurch der Grad seiner Raumerfüllung, seine Dichtigkeit, also auch der seiner specifischen Schwere bestimmt wird. So wenig daher Cohäsion ohne diese, so wenig kann auch diese gedacht werden ohne jene.

§. 127. Das Schema der Cohäsion ist zugleich das Schema aller Polarität. Denn nach der Erklärung von §. 12[illegible] ist Polarität dadurch gesetzt, daß einer relativen Identität von A und B, in welcher A oder B überwiegt, eine gleiche gegenübersteht, in welcher B oder A überwiegend ist. Nun aber ist (§. 120) eine solche Duplicität auch die Bedingung aller Cohäsion, ihr Schema ist die Linie, in welcher auch von einem Punkt die Affirmation oder [illegible] wird das Affirmirte relativ überwiegt [illegible]

Erläuterung zu genauerer Betrachtung der Cohäsionslinie.

Weil sich mit Nothwendigkeit und allgemein mit der Cohäsion

einfachen Linie ist, daß sie auf der relativen Einheit dreier Punkte beruht, eines, der sich in dem andern objektiv wird, also subjektiv ist, des andern, in welchem er sich objektiv wird, und eines dritten, der beide zugleich trennt (weil sie nicht ineinander überfließen sollen, da sonst keine Differenzirung) und sie vereinigt. Diese Form der Cohäsion ist nun selbst wieder unabhängig von aller Quantität, d. h. in der größten wie in der kleinsten Linie ist nothwendig dieselbe Triplicität. Ich mag die Linie verlängern, wie ich will, oder verkürzen, so sind im Ganzen immer nur die drei Punkte. Aber eben deßhalb gilt auch, was vom Ganzen gilt, unausweichliche wieder vom Theil. Wenn ich einen Magnet, der dieses Schema am reinsten an sich trägt, zerstückle, so ist jeder, auch der kleinste Theil, wieder Magnet, d. h. auch er hat wieder zwei Pole und einen Indifferenzpunkt. Zugleich ist aber dieses Schema der Cohäsion Schema aller quantitativen Differenz in der Natur. Denn wie in der eben angezogenen Cohäsionslinie nur ein und dasselbe Identische, immer nämlich Identität von A und B gesetzt ist, nur einmal mit $\overset{+}{A}$ und dann $\overset{+}{B}$, so auch im Universum. (Kein Pol eines Magnets ist rein südlich oder nördlich, sondern immer beides). Wie ferner die Bestimmung des einzelnen Punktes innerhalb der Cohäsionslinie völlig relativ ist, so daß derselbe Punkt, der in der einen Beziehung ein + von A repräsentirt, in der andern ein + von B oder auch eine Indifferenz von + und − repräsentirt, so ist im Universum alle Differenz etwas bloß Relatives, wodurch nichts an sich bestimmt ist. Wie vielmehr in der Cohäsionslinie jeder Punkt wieder die ganze Linie ist, so im Universum jeder Theil selbst wieder Universum, und trägt alle Bestimmungen des Universums an sich; nur vergleichungsweise mit andern betrachtet, d. h. nicht in sich betrachtet, wird in ihm ein + oder − des Affirmativen gefunden, was in Bezug auf ihn selbst nicht stattfindet. So ist die Differenz im Universum mit der Identität zugleich ohne Schaden oder ohne Aufhebung derselben, wie wir dann auch schon früher die Beispiele einer solchen Linie gebraucht haben, jenes Verhältniß der Differenz im Universum deutlich zu machen, daher es hier unnöthig wäre, länger dabei zu verweilen.

§. 1[illegible]. Die der zweiten Dimension entsprechende Form der Cohäsion ist die relative. Das Verhältniß von A² zu A (Affirmativem und Affirmirtem) ist hier ein solches, daß das Reale ein relatives Uebergewicht hat. Dieses Uebergewicht erscheint nach §. 76 als ein Uebergewicht der Fläche oder Breite über den cubischen Inhalt, als ein Zerfallen der Linie in Differenz.

§. 129. Der dritten Dimension kann nur die Indifferenz der beiden Cohäsionsformen entsprechen, welche in ihrer Vollkommenheit durch das Flüssige dargestellt wird. Solange jene beiden Cohäsionsformen noch nicht völlig ausgeglichen, also nur relativ-indifferent sind, wird immer die eine oder die andere überwiegen. Sobald sie aber wechselseitig ausgelöscht werden, so wird, da Länge und Breite nur in der Tiefe verschwinden können, nothwendig das Flüssige producirt; denn von diesem ist Länge und Breite gleicherweise negirt, es hat nur noch die Tendenz zur Production der dritten Dimension in der reinen Kugelgestalt, die es sich selbst überlassen annehmen würde. Die Flüssigkeit ist also allerdings auch noch eine Form der Cohäsion, aber eine gänzlich in sich zurückfallende.

Anmerkung. Als diese rein passive Privation (warum passiv, wird in der Folge deutlich werden) aller Eigenschaften stellt sich das Wasser dar, als das ursprünglich Flüssige.

Zusatz 1. Dem Reich der Formen oder der Differenzen, welche durch active und relative Cohäsion gesetzt sind, steht das Reich des Flüssigen entgegen. — Beide sind keineswegs als eins, sondern als zwei verschiedene Welten zu betrachten. In der Materie sind also überhaupt zwei Welten, eine Welt der Selbstheit, der Form, der Differenz, und eine Welt der Privation und vielleicht auch der Negation der Selbstheit, welche miteinander als im Streit liegend gedacht werden können. — Wenn auch, wie aus dem Vorhergehenden allerdings zu schließen ist, alle Differenzen der Materie selbst wieder auf eine Cohäsionslinie zurückgebracht werden können, so daß ihre Verschiedenheiten nur an sich der Verschiedenheit der Punkte in einer und derselben Cohäsionslinie, so gilt doch dieser Satz nur von der Materie, in der wirkliche Differenz ist, nicht aber von der Materie, deren Differenz von andern eben darin besteht.

ein Princip aller Differenz zu seyn. Wie nämlich jene erste Reihe, welche uns die Evolutionen der Schöpfung darstellt und von der größten Contraction durch stete Expansion zu den äußersten Differenzen fortgeht, — wie also diese Reihe Position von Differenzen ist, so ist dagegen diese andere Welt, das Flüssige, die Privation, oder im Gegensatz mit jener die Negation aller Differenzen, welches in der Folge sich als wichtig bewähren wird.

Zusatz 2. Von den drei Schöpfungsformen ist die erste wieder die reale, wodurch das Ding nur sich selbst gleich ist, die andere, als die entgegengesetzte, die ideale, wodurch es auch seiner Besonderheit oder Form nach (in andern Dingen) ist. — Da sich ferner ein Ding dadurch, daß es sich von der Substanz sondert, auch zugleich mit dem unendlichen Begriff aller Dinge, dem Licht, in Differenz setzt, so ist unter den beiden Schöpfungsformen die erste, wodurch ein Ding ganz in sich selbst ist, dem Licht als unendlichem Begriff der endlichen Dinge am meisten entgegengesetzt, die andere aber, weil durch sie das Ding, auch seiner Besonderheit nach, zugleich in andern Dingen ist, weniger.

Hier ist nun auch der Ort, das Verhältniß der Pole in der Schöpfungslinie, so wie ihre Bezeichnungen genauer zu bestimmen, welches um so weniger unwichtig ist, als nach §. 129 das Schema der Schöpfung allgemeines Schema der Polarität überhaupt ist. — Wenn nun die Frage die ist, welches von beiden Principien, ob das affirmative oder das affirmirende, absolut betrachtet, positiv oder negativ sey, so beantwortet sich die Frage von selbst, denn ohne Zweifel ist dasjenige, welches affirmirend ist, auch positiv, das andere also in diesem Gegensatz negativ. Wenn aber gefragt wird, wie beide im Verhältniß zueinander bestimmt werden müssen, so kommt hier Folgendes in Betracht. Die Materie oder die Masse ist an sich eins und sich überall gleich. Das, was einen Theil der allgemeinen Masse oder dessen, was der Schwere angehört, setzt, als Masse eines Dings, eines Besonderen, und es dadurch absondert von der Totalität der Masse, ist eben das Affirmative, welches jenen Theil der Masse sich als Leib aneignet, in ihm sich bildet; das Affirmative verhält sich also insofern als das besondernde Princip, das, was besonder macht, denn insofern die Masse als [illegible] Gemeine, als Identisches, als Allgemeines gegenübersteht, so daß in jener Beziehung das Affirmative, als das Negirende der Totalitäts-Schwerkraft, auch als Negatives gesetzt werden könnte; denn, obwohl nur in dieser Beziehung, die Masse als Allgemeines, dennoch als Positives entgegensteht. Es ist indeß klar, daß, nachdem man sich einmal darüber verständigt hat, was man + oder — nennen wolle, die Bezeichnung übrigens ganz gleichgültig ist; um so mehr, da, wenn von einem positiven oder negativen Pol die Rede seyn wird, damit auf jeden Fall nur ein Ueberwiegen desjenigen Faktors bezeichnet wird, zu dem man das + oder — setzt, und welcher ebenso gut A als B seyn kann. Wichtiger aber ist zu erklären, wornach das Ueberwiegen des einen oder andern Faktors selbst bestimmt werde. Denken wir uns eine Linie, A B C, wo C den Indifferenzpunkt, A und B die beiden Pole bezeichnen,

A ——— C ——— B

so ist die ganze Linie überhaupt Form der Selbstaffirmation eines Dings. Das Maximum dieser Selbstaffirmation liegt nothwendig in C, hier wird also zufolge der Anmerkung bei §. 123 der Grad der Einbildung des Allgemeinen in das Besondere seyn, bei welchem die Einerleiheit am vollkommensten besteht. Außer diesem Punkt und relativ auf denselben wird nur entweder ein + oder — dieser Einbildung und also auch des Uebergehens von A in B stattfinden können. — Die Selbstaffirmation fordert einen gewissen Grad der Differenzirung, des objektiv-Werdens von B. Diese ist in C erst erreicht. Die Selbstaffirmation oder Cohäsion ist also von A bis C fortwährend im Zunehmen, von C bis A aber im Abnehmen. In A wird nämlich der geringste Grad der Differenzirung seyn; das Affirmirte ist hier noch im Affirmativen verloren, das Leben, welches in dem Punkt C zur Reife gedeiht, wird noch wie in einer Farbenschale verschlossen erscheinen. Erst allmählich von A bis C gelingt es dem Affirmativen, sich in dem Affirmirten objektiv zu werden, und mit ihm in dasjenige Verhältniß oder Gleichgewicht zu kommen, bei welcher die vollkommene Selbstanschauung oder Selbstaffirmation möglich ist. Das Affirmative ist also in den Punkten [illegible] bis C das Vorherrschende, so muß, wenn wir die [illegible] Pole nach dem Uebergewicht von A bestimmen, A der [illegible] seyn. Das Affirmative ist seiner Natur nach Identität; es wird repräsentirt durch den Punkt, der die bloße unendliche Möglichkeit zum Affirmiren ist, ohne wirkliches Affirmirtseyn. Von C nach A wird also fortwährende Tendenz zur Identität, zur Contraction oder zum Punkt seyn; und in A wird die Materie wirklich fast auf den Punkt reducirt scheinen (dahin fällt in der Cohäsionslinie der ganzen Erde z. B. der Diamant) — so wie dagegen von A nach C eine fortwährende Expansion geschieht, die in C endlich den Grad erreicht, bei welchem die vollkommenste Selbstaffirmation, die größte Starrheit stattfindet. Von der ganzen Linie A C B ist also die Seite A C die der herrschenden, activen Cohäsion. — Mit dem Vorherrschen des Affirmativen ist nothwendig auch die höchste Besonderung gesetzt, und insofern, wenn man die Schwere oder Masse als das Allgemeine, die Affirmation aber als das Negirende des Allgemeinen betrachtet, insofern wäre hier der negative Pol: nicht der von A, sondern der von B. Bei A, so wie in der ganzen Linie A C, kann noch nicht jene lebendige Starrheit seyn, welche in C ist, also mehr eine Starrheit, welche ich durch Härte bezeichne. — Betrachten wir nun die andere Seite dieser Cohäsionslinie, so wird, wenn in A das Affirmirte noch im Affirmirenden verloren, also der Punkt gesetzt war, der dann von A bis C sich zur Linie expandirt — es wird, sage ich, von C an bis B das Affirmirende sich immer mehr im Affirmirten, die Identität in der Differenz verlieren. War dort die Tendenz zur Contraction, so hier nothwendig zur Expansion, dort auf den Punkt, die Negation des Raums, so hier auf Totalität oder auf unendlichen Raum, von dem die Materie auch im letzten Moment ihrer Verflüchtigung als Luft ununterschieden und mit ihm schlechthin eins wird. In diese Richtung fällt also auch das, was wir relative Cohäsion, nämlich Zerfallen der Linie in Fläche, [illegible] [illegible] untergeordnet der ersten Dimension. Der [illegible] [illegible] über die Zeit — indem sich die Materie selbst in dem [illegible] [illegible] Ende nach Differenz, [illegible] Differenz [illegible], so mehr für sich den Extremen nähert. Die absolute Indifferenz aller Differenzen, das Wasser, kann daher nicht mit in dieser Cohäsionslinie liegen; es steht vielmehr dem Punkt C, welcher relativer Indifferenzpunkt und durch seine Systole und Diastole nach entgegengesetzten Richtungen das Schwebende aller Differenzen der Materie ist, es steht diesem Punkte als absoluter Indifferenzpunkt entgegen, und fällt daher überall nicht in diese Linie. Haben wir den Punkt A, weil dort das Affirmirte im [illegible] verloren war, als den positiven von A bezeichnet, so wird der Punkt B dagegen der relativ negative von A seyn, weil hier das Affirmirte sich verdrängt. Beziehen wir aber das + Zeichen auf B, so wird jener Punkt vielmehr der negative von B, dieser der positive von B seyn. Bei dieser letzteren Bezeichnung werde ich nun auch hier bleiben, wie ich sie auch in meinen bisherigen Schriften gewählt habe. Da nämlich in der ganzen Linie A C B eigentlich eine fortgehende und stetige Expansion des A in B stattfindet, so werde ich das + der Expansion, welches in B fällt, insofern auch durch den + Pol bezeichnen; das Abnehmen dagegen in A durch den — Pol; nur, daß man bei dieser Bezeichnung nie vergessen darf, daß + und — hier nicht die Natur der besonderen Faktoren selbst ausdrückt, sondern immer nur das relative Uebergewicht des einen über den andern, daß also der positive Pol hier nicht ein Uebergewicht des affirmativen Princips, sondern, wenn wir das + oder — zu B setzen, ein + von B oder des Affirmirtseyns, der Expansion bezeichnet, und umgekehrt.

Noch einige Reflexionen, die sich aus der eben geführten Construktion der Cohäsionslinie ergeben.

a) Da von C nach B die Materie sich ihrem Expansionszustande nähert, so wie von C nach A ihrem Contraktionszustand, so kann der Punkt C nicht auch dem Raum nach oder mathematisch in die Mitte fallen, wie er dynamisch allerdings Mittelpunkt ist. Denken wir uns das Verhältniß des Affirmativen und Affirmirten als ein im Ganzen stets und nothwendig gleiches, so wird dem + des Affirmativen in A C ein gleiches + des Affirmirten in A B entgegenstehen; beide Seiten werden sich insofern dynamisch gleich seyn, aber in C A ist die [illegible]

[illegible] Erzeugung [illegible] ist also [illegible] [illegible] Entstehung [illegible], [illegible] Masse in A O und in O B seyn, so wird O nothwendig [illegible] gegen A als B liegen. Allgemein also: der Indifferenzpunkt der Cohäsionslinie liegt nie genau in der mathematischen Mitte, sondern näher gegen den negativen Pol von B. [illegible] nicht allein jeder Magnet, wo der Indifferenzpunkt [illegible] dem negativen von B gerückt ist, sondern [illegible] aus Steffens aus empirischen Gründen wahrscheinlich [illegible], daß auch der physische Äquator der Erde näher dem Nordpol [illegible] dem Südpol.

[illegible]) Erinnere ich die bloß quantitative Differenz der absoluten und relativen Cohäsion. Denn diese folgt [illegible] durch [illegible] der Einbildung des Affirmativen ins Affirmirte, so daß auch jede einzelne Cohäsionslinie in sich wieder active und relative Cohäsion und die Indifferenz beider begreift. (In der obigen Linie A O wäre aber absolute, O B = relative, O = Indifferenz). Dieß kann sich freilich in der Erscheinung an einer sehr eingeschränkten Cohäsionslinie nicht darstellen; obgleich es nothwendig ist, daß z. B. in der Cohäsionslinie des Magnets die eine Seite ein + von activer Cohäsion repräsentirt (die nördliche), die andere ein — oder + von relativer Cohäsion, was bei der Cohäsionslinie der ganzen Erde sehr deutlich ist. Denn der Nordpol der Erde hat offenbar die höhere active Cohäsion, daher die Erde hier compakt, zusammenhängend, und die Masse gedrängt erscheint; dagegen der Südpol die active Cohäsion mehr oder weniger gelöst zeigt, das feste Land in Inseln, die absolute Cohäsion also in relative zerfallen zeigt. So zeigt von [illegible] die eine Seite offenbar mehr active Cohäsion, die andere ein [illegible] der Masse. Nun weiter:

§ [illegible]. Alle wirkliche Differenz der Materie ist nur Differenz in der Cohäsionslinie gleich. — [illegible] Es versteht sich von selbst, [illegible] ist, [illegible] aller Differenz [illegible]

Betracht kommt, oder nicht mit unter jenen Satz subsumirt werden kann, da es vielmehr das gemeinschaftlich Entgegengesetzte aller Differenz ist.

Zusatz. Die Differenz der Materie ist daher keine absolute oder solche, die dem Wesen nach stattfände, sondern bloß relative; denn die Differenz der Cohäsionslinie ist eine bloß relative, indem, wie von selbst erhellt und auch bewiesen worden ist, jede mögliche Potenz, durch welche die Natur eines Punktes erklärt würde, z. B. daß er positiv, negativ oder indifferent sey, bloß vergleichungsweise, nicht aber an sich ihm zukommt.

§. 181. Alle Qualitäten, wodurch sich Materien voneinander unterscheiden, sind bestimmt durch ihr besonderes Verhältniß zu den Dimensionen. Denn alle Differenz der Materie ist = der Differenz in der Cohäsionslinie nach §. 180. Nun ist aber nach den Erläuterungen bei demselben Paragraphen die Differenz in der Cohäsionslinie im Ganzen die, daß die eine Seite vorzugsweise die absolute, die andere vorzugsweise die relative Cohäsion repräsentirt. Diese beiden entsprechen aber den beiden ersten Dimensionen. Inwiefern aber die dritte nicht bloß relative Indifferenz dieser beiden, sondern wechselseitige Auslöschung beider durcheinander, also absolute Indifferenz ist, insofern ist durch diese keine Qualität, sondern vielmehr das Qualitätslose gesetzt. Hieraus folgt, daß, ob eine Materie unterscheidbare Qualität hat oder nicht hat, auf jeden Fall von dem Verhältniß zu den Dimensionen abhängt, daß ihre Qualität im ersten Fall entweder mehr durch ihr Verhältniß mit der ersten oder mit der zweiten Dimension bestimmt ist, im andern aber ihr Mangel an Qualität mit ihrem Verhältniß zur dritten Dimension zusammenhängt.

§. 182. Alle Materie ist an sich Eine. (Positiv ausgesprochen, was im Zusatz zu §. 180 nur negativ). Denn ihre Differenz beruht bloß auf dem Exponenten, unter dem sie gesetzt ist, nämlich einzig auf dem + oder — des Affirmativen und Affirmirten in der Cohäsionslinie. Da aber auch dieses + oder — auf der bloßen Vergleichung beruht, jede Materie für sich und außer aller Vergleichung, d. h. an sich betrachtet, Indifferenz von Affirmativem und Affirmirendem ist in ihr wahrhaft keine Differenz, sondern alle Materie ist an sich Eine, und also auch hier ist nur vollkommene Identität.

§. 193. Jeder Materie von bestimmter Differenz steht nothwendig eine andere von entgegengesetzter Differenz entgegen. Denn das Gesetz der Polarität ist ein allgemeines Gesetz der Materie (nach §. 180). Wäre ferner nicht durch jede bestimmte Differenz von A = B (es sey z. B. mit überwiegendem A) unmittelbar eine entgegengesetzte (also mit überwiegendem B) gesetzt, so könnte A oder B in der Natur absolut vermehrt oder vermindert werden, welches (Lehrsatz IX) unmöglich ist.

Zusatz 1. Da nun aber jede Materie zu jeder andern in dem Verhältniß steht, daß sie relativ auf sie entweder ein + von A oder ein + von B repräsentirt, so ist alle Materie überhaupt unter sich polarisch geordnet.

Zusatz 2. Da auf diese Art jeder Materie eine andere entgegensteht, mit welcher verbunden sie unmittelbar oder wieder durch Vermittlung mit andern in die 0 der Differenz übergienge, ebenso wie + und − in Verbindung immer 0 geben; da ferner alle Differenzen der Materie zumal sind, so erhellt, wie im Ganzen, d. h. in der unendlichen Substanz als solcher die wahre 0 aller Differenz sey, ohne daß diese doch deßhalb in Ansehung der einzelnen Dinge aufgehoben wäre.

Zusatz 3. Da alle Varietäten der Materie die Substanz gar nicht angehen, vielmehr in allen die Substanz gleich und nur der Exponent der Erscheinung oder die Potenz eine verschiedene ist, so muß die ganze Variation aller Materie als bloße Metamorphose begriffen werden, d. h. als Verwandlung, bei welcher die Identität der Substanz besteht.

Folgendes enthält einige allgemeine Gesetze dieser Metamorphose, die sich aus dem Vorhergehenden ergeben.

§. 194. Je mehr in einem Ding alle Potenzen oder Dimensionen relativ vereinigt und ungetrennt zugleich sind, desto höher ist der Grad seiner Realität; je mehr dagegen Dimensionen in ihm einzeln und geschieden hervortreten, desto geringer ist der Grad seiner Realität. Denn, was das Erste betrifft, so nähert sich ein Ding in dem Verhältniß der absoluten Identität, in welcher alle Dimensionen ungeschieden als eins liegen, desto höher ist also auch (§. 61) der Grad seiner Realität. Im entgegengesetzten Fall das Umgekehrte.

Anmerkung. Da in der Schwere alle Dimensionen in gleichem Maß und Ziel gesetzt sind, so ist mit der ersten Differenzirung des Schwerpunkts nothwendig ein Streit aller Dimensionen gesetzt. Wir werden daher auch die Dimensionen in der Materie nicht rein geschieden, sondern mehr in einem relativen Chaos finden, und je mehr sich die streitenden Dimensionen in einem und demselben Ding durchdringen, desto concreter wird uns die Materie erscheinen.

§. 186. Je mehr in einem Ding alle Dimensionen relativ vereinigt sind, desto mehr wird es auch die Differenz oder das Leben in sich der Schwere verbinden, und umgekehrt. Denn die Schwere ist die Identität aller Dimensionen.

Zusatz. Wir werden hier also auch auf den Satz zurückgeführt, den wir schon früher in einem andern Zusammenhang aufgestellt haben, daß der Grad der Realität eines Dings um so höher ist, je mehr es die Form des In-sich-selbst-Seyns oder die Cohäsion mit der Schwere vereinigt.

Wir haben nun diese Grundsätze nachzuweisen an den Producten der Metamorphose, soweit sie uns sinnlich bekannt sind, also an den Producten der Erdmetamorphose. Unser Geschäft kann aber auch in dem bloßen Nachweisen bestehen, d. h. nur darin, daß wir den entsprechenden concreten Ausdruck jeder Construktion aufzeigen. Also:

1) Die zwei entgegengesetzten Pole der Metamorphose oder der Cohäsionslinie im Ganzen lassen sich als Minimum und Maximum der Extension bestimmen. (Aus dem Vorhergehenden klar). Dort ist das Affirmirte im Affirmativen, hier umgekehrt dieses in jenem verloren.

2) Das Minimum der Extension ist der Punkt. Die nothwendigen Formen, welche zwischen dem Punkt und der unendlichen Extension des unendlichen Raums, sind Linie, Fläche und Kreis oder Sphäre.

3) Von dem Punkt ist eine doppelte Ansicht möglich, eine negative

auch eine positive. Negativ betrachtet ist er nur die Negation aller Ausdehnung. Positiv betrachtet aber ist er das Entgegengesetzte der Sphäre; er ist Kreis, dessen Peripherie mit dem Mittelpunkt zusammenfällt. Der Punkt in der ersten Bedeutung ist also todter Punkt, in der zweiten ist er lebendiger Punkt. Der Punkt in der angegebenen Progression hat also eine nothwendige Beziehung auf die Sphäre, wie die Linie auf die Fläche. Denn wie diese nur die zerfallene Linie ist, so die Sphäre nur der ausgedehnte Punkt.

4) Die beiden Seiten der Cohäsionslinie verhalten sich wieder wie Affirmatives und Affirmirendes. Denn active oder absolute Cohäsion ist affirmativer, relative ist affirmirter. — Der Punkt ist der affirmative Kreis, der Kreis ist der affirmirte Punkt. Ebenso ist die Linie das Affirmative der Fläche, die Fläche das Affirmirte der Linie. Punkt und Linie gehören also der ersten Seite (A C), Fläche und Kreis der andern an.

5) Punkt, Linie, Fläche und Kreis sind demnach die 4 allgemeinen Formen, in denen sich die Cohäsion ausdrücken kann, und da die edelsten Dinge diejenigen sind, welche Schwere und Cohäsion am meisten in sich vereinigen (als ein gedoppeltes Leben), so werden durch die Synthese der Schwere mit dem Punkt, der Linie, der Fläche und dem Kreis die am meisten edlen oder die selbstständigsten Körper gesetzt seyn.

6) Der Ausdruck der mit betreffender Schwere verbundenen Cohäsion ist Metallität. Jene 4 Körper werden also die Urmetalle darstellen, deren jedes in seiner Sphäre eine Synthese der Schwere und Cohäsion ausdrückt, jedes also in seiner Sphäre wieder den absoluten Indifferenzpunkt von Schwere und Cohäsion bezeichnet. — Bei diesen 4 Urmetallen oder edlen Metallen existiren nun in der Erdsphäre wirklich die entsprechenden Ausdrücke:

a) In derjenigen Sphäre der Cohäsion, wo das relative Maximum des Affirmativen ist, oder die Cohäsion gegen den Punkt strebt, drückt sich der Indifferenzpunkt von Cohäsion und Schwere durch die Platina aus. Die Platina ist nicht nur das specifisch schwerste Metall, sondern auch außer dem Eisen das cohärenteste, härteste. Die

Tendenz der Cohäsion zum Punkt ist dadurch ausgedrückt, daß die Platina nur in Körnern bricht, welche selbst nur die entsprechende concrete Gestalt der Tropfen sind, in welche das cohäsionslose Metall — das Quecksilber — zerrinnt. Für diese Sphäre der Cohäsionslinie ist also die Platina wieder Indifferenzpunkt. (Dieselbe Form der Cohäsion, die auf den Punkt tendirt in der Differenz mit der Schwere, drückt sich durch den Diamant aus. Nicht nur die betreffende Härte dieses Steins, sondern auch seine ganz bestimmte Afficirbarkeit durch Magnetismus weisen ihm seine Stelle auf der affirmativen Seite der Cohäsionslinie an).

b) In derjenigen Sphäre der Cohäsion, wo diese gegen die Linie tendirt, drückt sich der Indifferenzpunkt von Cohäsion und Schwere durch das Silber aus. — Das Silber ist nach der Platina das einzige Metall, welches mit der betreffenden aktiven Cohäsion eine bedeutende specifische Schwere verbindet. Es entspricht der Linie, wie die Platina dem Punkt. — Hier tritt nun die relative Indifferenz als Synthese von Contraktion und Expansion, Punkt und Linie ein. — im Eisen.

c) In derjenigen Sphäre der Cohäsion, wo das relative [illegible] des Affirmirten ist, oder die Cohäsion gegen die Expansion tendirt, drückt sich der Indifferenzpunkt von Cohäsion und Schwere durch das Gold aus. — In dem Golde tritt vorzugsweise die relative Cohäsion hervor, welches sich durch seine außerordentliche Dehnbarkeit und die Fähigkeit, die größte Ausbreitung der Fläche nach anzunehmen, ausspricht. Die Form, welche die Cohärenz des Goldes entspricht, ist daher die Fläche.

d) In derjenigen Sphäre der Cohäsion, wo die Cohäsion in sich selbst zurückläuft, oder die dritte Dimension herrschend ist, stellt sich als Indifferenzpunkt von Schwere und Cohäsion das Quecksilber dar, das vereinigt mit der tropfbaren Flüssigkeit beträchtliche specifische Schwere. Seine entsprechende Form ist der Kreis oder die Sphäre.

e) Außer der Sphäre, innerhalb welcher die drei Dimensionen in [illegible] Begrenzung erscheinen, ist nun bloß noch der [illegible] Raum selbst, in welchem sie in völliger Entgrenzung erscheinen [illegible] nothwendig die höchste Verflüchtigung der Metalle, wobei sie nur überhaupt noch Raum erfüllend sind, ohne daß eine bestimmte Dimension, ohne daß selbst die dritte noch vorherrschte — wie im tropfbar-flüssigen. Dieser Zustand der Materie ist der luftförmige; denn hier zeigt die Materie auch nicht einmal mehr die Tendenz zur Kugelgestalt. Wie also in dem einen Extrem der Metamorphose die Materie ganz in Identität, den Punkt, zurückzustreben schien, so verbindet sie sich hier, in unendlicher Extension verloren, mit dem unendlichen Raum, von dem sie als Luft ganz ununterscheidbar wird. Die Materie nähert sich diesem Extrem in der Metamorphose durch successive Expansion in den flüchtigen Metallen. Dieses Produkt selbst ist in unserer jetzigen Chemie als Stickstoff bezeichnet. Diese Luft ist nach allen möglichen Kennzeichen metallischer Art und nichts anderes als ein luftförmig aufgelöstes Metall, wie das Quecksilber ein tropfbar-flüssiges ist. — (Ueberhaupt durchläuft also die Metamorphose solche Stufen, welche der Progression folgender Formen entsprechen: der Linie, der Fläche, dem Kreis und dem unendlichen Raum. — — Wie sich das Maximum der Contraction nach der einen Seite durch den Diamant, die reinste Kohle, darstellt, so das Maximum der Expansion nach der andern durch den sogenannten Stickstoff, der von der Erde losgerissen erscheint. Wie jene in der Cohärenz mit der Erde, gleichsam das Thier; so diese die Pflanze).

f) Eine schöne Bemerkung über die vier Urmetalle kann noch in Bezug auf §. 134 gemacht werden. Dort wurde behauptet: „Je mehr ein Ding alle Dimensionen relativ-vereinigt zeigt, desto mehr wird es auch die Differenz der Indifferenz verbinden, d. h. desto voller wird es erscheinen." Dieß ist an den ersten Metallen nachzuweisen. Der todte Punkt begreift alle Dimensionen auf eine bloß negative Weise; d. h. sie sind alle von ihm negirt (daher der Diamant im Verhältniß der Cohärenz geringe specifische Schwere). Der lebendige Punkt als unendliche Position begreift sie alle auf positive Weise; das Metall, welches [illegible] Punkt entspricht, hat mit der bedeutenden Cohärenz die größte specifische Schwere. — So begreift die relative Cohäsion über die Fläche und die Linie auch die erste Dimension, die dritte Form, als der Indifferenz.

begreift beide, diese werden also nach der Platina die specifisch-schwersten seyn. Die Dimension, welche am wenigsten die andern begreift, [illegible] meisten ausschließt, ist die erste; daher auch Silber das specifisch leichteste der edeln Metalle. Außer jenen Centralmetallen, welche die unmittelbaren Geburten der Erde sind, gehen nun die beiden Einheiten der Cohäsion und der Schwere durch die andern Metalle in immer größere Differenz auseinander, sie sind daher im eigentlichen Sinne nur Halbmetalle.

§. 186. Die Metamorphose, sofern sie durch aktive Cohäsion gesetzt ist, geht nothwendig von der relativen Negation aller Dimension durch den Punkt, als Position derselben, und die Linie zum relativen Gleichgewicht von Expansion und Contraktion, von Punkt und Linie; von da durch die zweite Dimension, als Differenz der Linie, und die dritte oder sphärische Cohäsionsform, zur Tilgung aller Dimension im relativen Maximum der Ausdehnung oder zum Entsprechenden des unendlichen Raums fort. — Mit den entsprechenden Produkten stellt sich also das Ganze so dar:

Dem Punkt als relativer Negation
aller Dimension entspricht das . . . . . Erdprincip.
Dem Punkt als Affirmativem . . . . . Platina.
Der Linie . . . . Silber.
Der Synthese von Punkt und Linie Eisen.
Der Fläche oder zweiten Dimension Gold.
Der Tiefe oder der dritten Dimension Quecksilber.
Dem unendlichen Raum . . . . . Luft (Stickstoff).

§. 187. Die ganze eben beschriebene Reihe ist im Ganzen nun wieder der aktiven Cohäsion untergeordnet. Dieß erhellt von selbst aus dem Bisherigen. Denn sie stellt nichts anderes dar als die fortwährende Einbildung des Affirmativen in das Affirmirte, des Allgemeinen in das Besondere, welches diejenige Einheit ist, die aller aktiven Cohäsion zu Grunde liegt.

Der Charakter der ganzen Reihe ist also auch durch der Charakter der [illegible], des In-sich-Seyns, und dieser Charakter der Selbstheit verliert sich auch an den Extremen der Reihe nicht.

Zusatz. Inwiefern also in dieser Reihe relative Cohäsion oder die Indifferenz hervortritt, so sind doch diese Formen im Ganzen noch immer der aktiven Cohäsion untergeordnet. — Die Extreme dieser Reihe verhalten sich ferner zueinander als Pole, und sind die Endpunkte einer und derselben Cohäsionslinie.

§. 128. Dieser ganzen Evolutionsreihe, die durchaus auf absoluter Cohäsion beruht und im Einzelnen und Ganzen auf Continuität, auf Fortsetzung des Gleichen im Gleichen geht, steht nothwendig eine andere gegenüber, welche auf Negation der Continuität geht und der relativen Cohäsion entspricht. Denn da in der ganzen oben beschriebenen Metamorphose nach dem vorhergehenden Satz doch eigentlich nur die aktive Cohäsion die herrschende ist, so ist nothwendig, daß dieser auch im Ganzen wieder die relative Cohäsion als ihre Negation entgegensteht; oder da die Materie in jener bloß centrifugal, so steht nothwendig dieser centrifugalen Richtung eine centripetale entgegen. Dort Verlust, wechselseitige Unabhängigkeit, hier Herstellung, welche immer der zweiten Dimension entspricht. — Wie nun jene das Setzende aller Differenzen ist, so ist nothwendig diese das Negirende aller Differenzen (allein dieß nur in ihrer absoluten Indifferenz).

Zusatz 1. Es sind also auch in der Natur zwei gleich ursprüngliche, zwei entgegengesetzte und streitende Thätigkeiten, die eine, welche Position des In-sich-selbst-Seyns der Materie ist, die andere, welche auf die Negation alles In-sich-selbst-Seyns hinwirkt.

Zusatz 2. Wie jene erste Reihe durch Produkte bezeichnet ist, so auch diese zweite.

§. 129. In dieser zweiten Reihe, da sie auf Negation oder Privation aller Differenzen geht, ist keine andere Differenz weiter möglich, als daß die Privation der Selbstheit entweder mehr auf affirmative oder mehr auf leidende Art gesetzt ist. — Denn in der gänzlichen Vernichtung aller Selbstheit kann allerdings kein anderer Unterschied mehr stattfinden als der angegebene. Denn wie sich in der positiven Reihe der eine Pol mehr als affirmativ, der andere mehr als affirmirt verhält, so muß es auch hier seyn. Nur, weil hier keine Position, sondern Negation gesetzt ist, muß, was dort affirmirend ist, hier negirend, was dort affirmirt ist, hier negirt erscheinen.

Zusatz 1. Die Polarität der zweiten Reihe oder, weil die erste, im Ganzen genommen, Polarität der aktiven Cohäsion ist, die Polarität der ersten Dimension wird also überhaupt durch zwei Produkte bezeichnet seyn, wovon das eine die höchste passive Vernichtung aller Selbstheit und Cohärenz ausdrückt, das andere aber ein aller Selbstheit und Cohärenz feindseliges, sie verzehrendes Princip ist.

Zusatz 2. Da nach §. 129, Anm., die reine Privation aller Differenz das Wasser ist, so wird demnach die Indifferenz der beiden angegebenen Principien das Wasser selbst seyn, oder jene beiden Produkte werden nur die entgegengesetzten Zustände des Wassers selbst bezeichnen. Nämlich die reine Privation aller Besonderheit im Wasser aktiv gesetzt wird verzehrendes Princip; dieselbe passiv gesetzt muß sich ausdrücken durch den höchsten Grad der Cohäsionslosigkeit in einer bestimmten Sphäre der Metamorphose. (Hieher fallen die beiden Produkte, welche unsere Chemie als Sauer- und Wasserstoff bezeichnet. Dieser ist die specifisch leichteste, cohäsionslose Substanz der ganzen Erde, in der die Materie gleichsam sich lichtet und dem Licht am meisten verwandt wird, jener ist das allgemein verzehrende Princip der Natur, das, womit alles andere verbrennt, und was daher allen Dimensionen und Formen der Metamorphose gemeinschaftlich entgegengesetzt ist).

Ehe ich diese Polarität weiter verfolge, will ich einiges Allgemeine vorausschicken.

§. 140. Die Materie erscheint da, wo sie ganz einer bestimmten Potenz untergeordnet ist, als einfach, als Urstoff. Jede Materie unterscheidet sich von jeder anderen bloß durch ihren Exponenten oder ihre Potenz (§§. 130, 133). Je reiner oder concreter die Materie ist, desto mehr befinden sich diese verschiedenen

Potenzen in relativer Vereinigung. Z. B. in dem höchsten Grad activer Cohäsion befinden sich die beiden entgegengesetzten Potenzen des Affirmativen und Affirmirten im vollkommenen Gleichgewicht; je mehr sich dagegen die Materie ihren Extremen annähert, desto mehr treten diese Potenzen in ihrer Unterscheidbarkeit hervor, und im gleichen Verhältniß sagen wir nun, die Materie erscheine als einfach. — Dieß zu beweisen, bemerke ich vorher: einfach nenne ich das, worin die Substanz und die Qualität Eines ist. Die Qualität nämlich, da sie auf der Form beruht, erscheint in den concreten Dingen als das bloße Accidens der Substanz und von der Substanz trennbar. (Darauf beruht, wie wir in der Folge finden werden, alle sogenannte Zerlegbarkeit der Körper). Wo nun also die Qualität mit der Substanz so eins ist, daß beide nicht weiter getrennt werden können, erscheint die Materie nothwendig einfach. Nun ist dieß aber eben nur da der Fall, wo die Materie ganz einer bestimmten Potenz untergeordnet ist. Z. B. die Qualität einer Materie sey bestimmt durch die relative Vereinigung des Affirmativen und des Affirmirten, so wird die Materie, wenn sie differenziirt wird, unter zwei entgegengesetzten Formen erscheinen können, unter + nämlich und —, d. h. die Substanz wird hier von der Qualität trennbar, diese also als Accidens erscheinen. Dagegen sey die Materie entweder ausschließlich oder vorzugsweise unter der Potenz von + und — gesetzt, so wird diese Materie nicht weiter differenziirbar erscheinen, weil sie bereits das Maximum der Differenz erreicht hat; sie wird daher als einfach, als Element erscheinen. (Hieraus schon die gänzliche Relativität des Begriffs Element, Stoff u. s. w.). Hinwiederum also — und dieß gleich als

Zusatz 1. Es gibt keine der Substanz nach verschiedenen Urstoffe oder Elemente der Natur; vielmehr ist in allen Elementen nur Eine Substanz (die Materie), aber unter verschiedenen Exponenten gesetzt (also keine Stoffe im Sinne der Chemie).

Zusatz 2. Da diese Exponenten das Beseelende so wie das thätige Princip der Materie sind, so kann die Natur der Stoffe auch so bezeichnet werden: Stoff ist die Materie, inwiefern sie mit ihrem beseelenden dem Princip ganz eins erscheint. Oder der Begriff des Stoffs ist: ganz Materie und dennoch ganz thätig und dennoch geistig zu seyn. Die Exponenten selbst, inwiefern sie das Beseelende der Materie sind, können daher auch als die allgemeinen *Psychen* der Dinge betrachtet werden, die aber wie unabhängig von der Materie erscheinen [illegible] den Urstoffen ganz leiblich sind. (Die gemeine Vorstellung ist a[illegible] die, daß die Elemente dem Ganzen, nicht aber das Ganze den Elementen vorangehend gedacht wird. Die Chemie namentlich fängt von diesen Abstraktionen an, die sie Stoffe nennt, und läßt daraus die übrigen Erdkörper zusammengesetzt seyn. Allein auch in dieser Beziehung ist kein Körper der Natur wahrhaft zusammengesetzt, sondern umgekehrt vielmehr *die Materie als Identität oder der Substanz nach* begreift potentialiter oder der Möglichkeit nach alle jene Exponenten in sich; ohne die Aufforderung des Lichtes würden sie in ihr ewig schlafen. In dem Verhältniß nun, wie die Materie selbst zum eignen und besonderen Leben erwacht, in *dem* Verhältniß differenziiren sich jene Potenzen, die in der Substanz Eins waren und treten gesondert hervor. Wo sie durch die Macht des realen Princips (und selbst die active Cohäsion ist ja nur das *reale* Princip, nur wieder die Schwere, welche jetzt unter anderer Form wirkt), wo sie also durch die Macht des realen Princips noch gezwungen zusammengehalten werden, erscheint die Materie noch concreter, indifferenter — in dem Verhältniß, wie durch fortgehende Differenziirung die Schwere überwunden wird, in dem Verhältniß treten die einzelnen Potenzen für sich hervor, und an den Enden der Cohäsionsreihe erscheint die Materie nothwendig nur Einer Potenz vorzugsweise hingegeben, z. B. der affirmativen oder der affirmirten, daher auch nicht weiter differenziirbar, also einfach.

§. 141. *In der Natur sind nur vier Elemente oder Urstoffe denkbar.* — Denn nach der vorhergehenden Construktion sind nur zwei ursprüngliche Reihen der Evolution der Materie. Die erste, welche durch active Cohäsion gesetzt ist, und die nur zwei Begrenzungspunkte hat, nach der einen Richtung das relative Maximum des Affirmativen, wo also die Materie ganz unter diesem Exponenten erscheint, nach der andern das relative Maximum des Affirmirten, wo also diese Potenz in der Materie vorherrschend ist. Da nun die Stoffe oder Elemente nur da hervortreten, wo das Maximum der Differenziirung erreicht ist, so sind durch die erste Evolution der Materie auch nur zwei Elemente oder Principien gesetzt; das erste jenes, welches gleich affirmativ von sich selbst, am meisten also auch in sich selbst ist. Dieses wird als die Seele der starresten und cohärentesten Körper erscheinen; wir bezeichnen es als Erdprincip, als das eigentlich *irdische* Princip in aller Materie, welches auch schon die ältesten Chemiker als die höchste Privation der göttlichen Substanz — als die Kohle derselben — bezeichnet haben. Das andere dieser Principien ist jenes, welches den höchsten Grad der Einbildung der Identität in die Differenz, also auch das relative Maximum des Affirmirtseyns bezeichnet. Da in diesem Princip, wie wir früher gefunden haben, alle Dimensionen wieder aufgelöst und aufgenommen sind, es also dadurch im Gegenbild am meisten dem Urbild ähnlich ist, so wollen wir es das *gegenbildliche* Princip nennen. Es wird die herrlichsten und schönsten aller Formen in sich auszuprägen bestimmt und am meisten geschickt seyn, den Samen der Ideen in sich aufzunehmen. — Die Materie versiert sich also in der durch aktive Cohäsion bestimmten Metamorphose in zwei Pole, wovon der eine durch das Vorherrschen des Affirmativen, der andere durch das Vorherrschen des Affirmirten ausgezeichnet ist. Inwiefern an diesen Punkten das Maximum der Differenziirung erreicht ist, erscheint die Substanz als eins mit ihrer Qualität, und umgekehrt; sie kann also als einfach oder als Stoff betrachtet werden. In der dieser Reihe entgegengesetzten Sphäre sind wieder zwei Pole. Die Privation aller Selbstheit wird entweder mehr affirmativ oder mehr affirmirt, oder sie wird indifferent gesetzt, so daß sie gegen jede dieser Bestimmungen gleichgültig ist. Unter diesen drei verschiedenen Formen ist immer Ein und dasselbe gesetzt, nämlich Wasser. — Hier erscheint also die Materie gleichfalls nur unter zwei geschiedenen Potenzen, und erscheint insofern als *Stoff*, während, wie in der positiven Reihe, doch nur Eine Substanz ist. Es ist demnach der Satz bewiesen, daß in der Natur nur *vier* Elemente möglich sind, wenn nämlich unter Urstoff nichts anderes verstanden wird als ein Extrem der Materie, wo sie vorzugsweise unter dem einen oder dem andern Exponenten gesetzt wird. Betrachten wir diese Exponenten als die thätigen und wirksamen Principien der Materie, so sind also in allen Verwandlungen derselben auch nur vier Principien wirksam, aus deren Wechselstreit alle Besonderheit der Materie entspringt, nämlich 1) die Seele der Selbstheit, 2) die Nichtselbstheit, 3) das Gegenbildliche, 4) die alles verzehrende Feuerseele der Natur.

Wir wollen hier erläuterungsweise noch einiges *über das Verhältniß dieser vier Principien unter sich* anführen. — Von dem verzehrenden Princip kann man sagen, es gehöre keiner besonderen Potenz an, sey vielmehr allen entgegengesetzt. Es verhält sich also in der Natur als das *göttliche* alles auflösende Princip. Aber in seiner materiellen Erscheinung als Stoff ist es nicht reines Princip, reine Thätigkeit, es ist vielmehr in die Materie versunken, und beherrscht diese so, daß die Materie die Eigenschaft oder die Wirkungsweise zu haben scheint, die nur dem Princip an und für sich selbst zukommt. Nothwendig ist nun dieses Princip am meisten der Selbstheit entgegen; am *meisten* wird es also seine zerstörende Gewalt gegen die Sphäre der herrschenden Starrheit richten, und das Produkt des Erdprincips entweder ganz auflösen, wie es gerade mit den härtesten Körpern dieser Sphäre, dem Demant, geschieht, der, durch das Verbrennen ganz in Dunst verschwindet, oder es wird sie zwingen, ihre Starrheit in relativer Cohäsion aufzulösen, überhaupt also ihre Realität zu vermindern, welches bald mehr bald weniger in dem allgemeinen Verbrennungsproceß der Natur geschieht. (Ich bemerke hier, daß ich unter dem verzehrenden Princip nicht etwa nur den eigentlichen luftförmigen Sauerstoff verstehe, sondern auch das Wasser selbst. Denn auch das Wasser ist *verzehrend*; es greift z. B. unmittelbar die Metalle an und löst sie auf, es erwartet dazu nur die Bestimmung von außen, anstatt daß es im Sauerstoff der Atmosphäre z. B. schon bestimmt ist und gleichsam das Bedürfniß hat anderes zu verzehren). Ist also dem Princip der Selbstheit das verzehrende Princip feindlich, so wird dagegen dasjenige Princip, in welchem die größte Tilgung aller Cohäsion ist, und welches wir, um es überhaupt zu bezeichnen, da es das verbrennlichste ist, das Phlogiston nennen wollen, — dieses Princip wird von dem entgegengesetzten zwar verzehrt werden, aber durch Verbindung mit demselben, weit entfernt in seiner Realität vermindert zu werden, vielmehr mehr Realität erlangen, und nach Ablegung seiner Besonderheit (da es doch immer eine bestimmte Potenz repräsentirt, expansiv ist), in seinen Ursprung zurückkehren, in das potenzlose Wasser, welches, wie Pindar sagt, das vortrefflichste aller Dinge ist. — Das eigentlich gegenbildliche Princip aber wird dem verzehrenden auch entgegengesetzt seyn, allein da es im Gegenbildlichen oder Realen dasselbe ist, was jenes gleichsam im Urbildlichen ist, so wird dieses gerade als das selbständigste, nicht wieder auflösbare erscheinen, und im Gegensatz mit dem Erdprincip, welches durch Verbindung mit dem verzehrenden Princip an Realität verliert, vielmehr gewinnen, wie es denn durch diese Verbindung aus dem luftförmigen Zustand in tropfbar-flüssigen niedergeschlagen wird oder in noch concreteren übergeht. — Wir können nun nach dem Bisherigen das, was wir im §. 138 noch unbestimmter ausgesprochen haben, ganz bestimmt in folgendem aussprechen.

§. 142. *In der Materie und ihrer Metamorphose sind zwei einander entgegengesetzte Polaritäten im Streit um das Produkt. Die erste ist die der Länge, die andere die Breite, jene die aktive, diese die relative Cohäsion.* — Schon §. 138 nämlich ist bewiesen, daß jener ersten Evolutionsreihe (der positiven) eine sie negirende entgegenstehe. In der letzten haben wir aber seitdem in §. 139 so wie in den Erläuterungen zu §. 140 gleichfalls eine Polarität nachgewiesen. Es ist daher in der Materie im Ganzen und im Einzelnen (dieß versteht sich immer von selbst) nicht nur Eine, sondern es ist eine gedoppelte Polarität, die zugleich einen Gegensatz unter sich macht; die eine entspricht der Länge oder der ersten Dimension, also auch der aktiven Cohäsion, die andere der zweiten, also auch der relativen.

Zusatz: Die Endpunkte der beiden Polaritäten bestimmen vier Weltgegenden. (Ihre Bezeichnung ist allerdings gleichgültig, indeß in Ansehung der Erde offenbar, daß die Längen-Polarität die von Süd und Nord, die von Ost und West die Breite-Polarität ist). Dieser Gegensatz beider Polaritäten ist ein allgemeines Naturgesetz, aus dem sich, nachdem es erkannt ist, die größten und zuvor unbegriffensten Erscheinungen als nothwendige Folgen einsehen lassen. Es hat nothwendig den größten Einfluß auf die Construktion der ganzen Erde, ihrer Geschichte und ihrer Conformation, so wie auf die ganze physische Astronomie, und wird diesen Einfluß immer mehr beweisen, je mehr man die Natur nach diesem Gesetze zu erkennen versucht. Da die Richtung der Schwere als Richtung nach unten erscheint, die des Lichts also als Richtung nach oben, so ist hiermit die ganze cubische Bestimmung auch des besonderen Dings nach seinen sechs Seiten gegeben, wovon zwei (oben und unten) durch Licht und Schwere, zwei durch die Länge-, zwei durch die Breite-Polarität bestimmt sind, von denen jene wieder mehr der Schwere, diese dem Lichte verwandt ist.

Anmerkung. Theils um dieß anschaulich zu machen, theils um noch zu weiteren Betrachtungen Gelegenheit zu geben, denken Sie sich also die Cohäsionslinie ACB, welche die Richtung der Längen-Polarität bezeichnet,

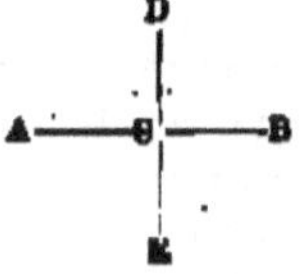

in C von einer anderen Linie, die wir durch DCE bezeichnen wollen, senkrecht durchschnitten, diese bezeichne die Breite-Polarität, welche auf Vernichtung und Auflösung der ersten hinwirkt, oder überhaupt die negirende von dieser ist. Der Punkt C ist nun beiden Linien gemeinschaftlich. Was in diesen Punkt fällt, sofern er Indifferenzpunkt der Linie ACB ist, ist das Eisen. In denselben Punkt fällt aber auch das Wasser, aber nur sofern er in der Linie DCE liegt. Dem Eisen, als

Repräsentanten der aktiven oder differenzirenden Cohäsion, steht also das Wasser als der andere Indifferenzpunkt, nämlich als Indifferenzpunkt der negirten Differenz entgegen. — Betrachten wir nun in der Linie ACB die Seite AC, so wird von A bis C noch das affirmative Princip herrschend seyn; vom Punkt aus, der in A fällt, expandirt sich die Materie allmählich bis zur Linie, wie in C die Synthese von Linie und Punkt fällt. Hier folgt also die Materie nach der reinen Richtung der Starrheit oder ersten Dimension. Das herrschende Princip dieser Sphäre ist das Erdprincip oder der Kohlenstoff, das Bestimmende aller Metallität. In C, wo das Maximum der Starrheit erreicht ist, fängt die relative Cohäsion oder die Breite-Polarität an sich zu regen; könnte diese siegen, so würde die Metamorphose nach der Richtung der Linie DCE (welche die Breiten bezeichnet) abweichen. Allein, wie §. 109, Zus. [illegible] gezeigt wurde, die relative Cohäsion, die Breite-Polarität bleibt hier noch der aktiven Cohäsion untergeordnet. Die Linie AC und mit ihr die positive Metamorphose geht also in der Richtung B fort; die Breite-Polarität bildet sich dagegen gleichfalls zu einer eignen Welt in der Linie DCE aus. In der Linie CB (der andern Seite) der aktiven Cohäsionslinie) erscheint sie nie in ihrer reinen Gleichartigkeit, sondern immer zugleich in der Verbindung oder Synthese mit der ersten, d. h. nur in der dritten Dimension, welche auch wirklich hier noch in metallischer Form producirt wird. (Im Vorbeigehen zu sagen: man stellt sich die Flüssigkeit nach einem sehr gewöhnlichen Vorurtheil als Expansion vor, aber in dem Produkt der Flüssigkeit oder der dritten Dimension ist vielmehr immer Contraktion, zum Beweis, daß die erste Dimension hier mit eingeht, und die auf bloße Expansion, den Raum, tendirende zweite Dimension nicht allein Gewalt hat. Das Eis, wenn es flüssig wird, contrahirt sich und umgekehrt). Indem also die Metamorphose in der Linie CB sich fortsetzt, bleibt immer die Bestimmung der ersten Dimension noch zugleich mit der zweiten; man kann daher sagen, in der Linie CB sey die dritte Dimension so wie in der Abweichungslinie CE die zweite Dimension herrschend. Wie nun auf der Seite AC der Kohlenstoff das Herrschende war, so ist das, was durch die Produkte der Seite CB, das Gold z. B., das Quecksilber und andere, schon hindurchschimmert, der Stickstoff aber das gegenbildliche Princip, das an der Grenze der Linie in den völlig dimensionslosen Zustand übergehend alle Dimensionen in sich aufnimmt. Insofern aber dieses Princip doch das durch die ganze Linie CB sich Entwickelnde ist und schon durch alle Produkte derselben hindurchblickt, insofern kann man den Stickstoff (absolut betrachtet, denn seine luftförmige Erscheinung ist eben auch nur Eine Form seines Daseyns) — also den Stickstoff, inwiefern er das Wesen dieser ganzen Reihe ist, kann man an der dritten Dimension setzen. Betrachten wir nun die andere Linie DCE, so fällt, wie wir bereits wissen, in den Punkt C das Wasser (das eigentlich Darstellende der absolut producirten dritten Dimension) als Privation aller Qualität — nicht als relative *Indifferenz*, sondern als *Nullpunkt* aller aktiven Cohäsion und dadurch auch aller Differenz. Es ist keiner andern Metamorphose fähig, als welche gleichfalls auf Negation aller Differenz geht: es wird also zwar auch, wie wir wissen, nach zwei entgegengesetzten Richtungen producirt, aber nach der einen nur als vollkommen Negirtes aller Cohäsion — nach dieser Seite producirt es also am reinsten die zweite Dimension, welche in ihrer Absolutheit eben die Auflösung aller Cohärenz, reine Expansion ist. Hieher fällt also das Phlogiston, oder was die neuere Chemie den Wasserstoff nennt, und was wir daher der zweiten Dimension in der gänzlichen Geschiedenheit von der ersten gleichsetzen können. (Nur die Grundtendenz im Wasserstoff immer noch nach Continuität). Wie sich das Wasser nach dieser Seite expandirt, so contrahirt es sich nach der andern; es wird gleichfalls *selbstisch*, aber da es dieß nur als Privation aller Differenz wird, so wird sich diese Selbstheit nur in dem Gegensatz gegen alle Differenz, also auch gegen alle Cohäsion darstellen; es wird insofern im Negativen ebenso dimensionslos erscheinen, wie die Metallität im höchsten Punkt ihrer Verklärung im Stickstoff gleichfalls als dimensionslos, aber auf positive Art, erscheint. In der Linie DCE fällt also gegen den Punkt E das Phlogiston oder der Wasserstoff und die ihm entsprechenden Produkte der zweiten Reihe (Schwefel); gegen den Punkt

D das verzehrende Princip oder der Sauerstoff und die ihm entsprechenden Produkte der Erden.

Wenn wir demnach jetzt die ganze Construktion nochmals zusammenfassen, wird die Linie AC die reine Herrschaft der ersten Dimension und des Kohlenstoffs, die von der Linie ACB abweichende Linie CE wird die reine Herrschaft der zweiten Dimension in ihrer Geschiedenheit von der ersten und den Wasserstoff, die andre Seite der Linie AOB, nämlich CB, wird die Herrschaft der dritten Dimension, inwiefern sie Indifferenz der beiden ersten ist, so wie endlich die andere Seite der Abweichungslinie DCE, nämlich DC, die völlige Negation aller Dimension, demnach das verzehrende Princip oder den Sauerstoff darstellen.

Demgemäß können wir denn auch das Verhältniß der vier Urprincipien nach dem Schema der Dimensionen bestimmen.

Das Entsprechende der ersten Dimension, das Bestimmende aller Metallität ist	das Erdprincip oder der Kohlenstoff.
Das Entsprechende der zweiten Dimension in ihrer reinen Geschiedenheit von der ersten, das Bestimmte aller Gestaltungslosigkeit ist	das Phlogiston oder der Wasserstoff.
Das Entsprechende der dritten Dimension als Indifferenz der beiden ersten oder das Bestimmte aller Metallität ist . .	das gegenbildliche Princip oder der Stickstoff (als Wesen der ganzen Seite OB).
Endlich das aller Dimension (als Indifferenz) gemeinschaftlich Entgegengesetzte, Dimensionslose	das verzehrende Princip oder der Sauerstoff.

Daß dieses in Bezug auf alle andere Materie Dimensionslose oder aller Dimension Entgegengesetzte aber in die Richtung der Breite-Polarität fallen müsse, ist daraus begreiflich, daß eben die erste Dimension die scheidende aller Differenz ist, das Regierende aller also nicht in Eine Richtung fallen kann. Dagegen ist es ebenso nothwendig, daß die Linie ACB, als das Setzende aller Dimension, zuletzt im Maximum der Einbildung des Idealen ins Reale sich gleichfalls, nur in positive Dimensionslosigkeit, verkläre, so daß der Stickstoff, der in den Producten der Linie CB das Wesen der dritten Dimension war, in seiner höchsten Verklärung im Punkt B zum positiv Dimensionslosen, und also zum positiv Entgegengesetzten des Sauerstoffs wird. — Dieses Verhältniß des Stickstoffs zum Sauerstoff, welches in manchen bisher räthselhaften und unerklärten Erscheinungen und Verhältnissen schon sich aussprach, ist nur aus der eben entwickelten Ansicht begreiflich und dient insofern zu einer neuen Bestätigung derselben. — Ich führe hier nur Folgendes an. Es ist keinem Zweifel unterworfen, daß der Stickstoff das herrschende Princip aller Alkalien ist. Aber was ist denn die Causticität, die Zerstörungskraft der Alkalien anderes als eine der Kraft des Feuers, also auch der des Sauerstoffs völlig analoge Wirkung? Wie ist es nach der gewöhnlichen Vorstellung erklärbar, daß gerade die beiden am meisten entgegengesetzten Producte, die sich in der Verbindung wechselseitig indifferenziiren, Säuren und Alkalien die gleichen Wirkungen haben? Schon diese einzige Erscheinung beweist das Feuerähnliche des Stickstoffs, und daß er im Positiven dasselbe ist, was der Sauerstoff im Negativen. Man hat bisher wohl zu begreifen gesucht, wie sich Metalle in Säuren, nicht aber wie sie auch durch Alkalien aufgelöst und jenen sogar entzogen werden können. — Metallkalke gehen durch die höchsten Grade der Oxydation zur Durchsichtigkeit über; dasselbe vermögen die Alkalien mit der Kieselerde, welche mit ihnen zusammengeschmolzen verglast und so zuletzt sogar der Auflösung in Wasser fähig wird. Die noch immer nicht erledigten Erscheinungen des Leuchtens und Verbrennens von Phosphor in Stickgas will ich hier bloß erwähnen, da ich glaube, daß das Vorhergehende hinreichend ist, meine Behauptung zu beweisen, nämlich daß selbst empirische Gründe vorhanden sind, welche zwingen, einzusehen, daß der Stickstoff im Positiven dasselbe ist, was der Sauerstoff im Negativen. Die Göttlichkeit dieses Princips, die Unverletzlichkeit seines Wesens, kraft der es das eigentlich Gegenbildliche im Gegenbildlichen ist, erhellt vorzüglich in der animalischen Natur, welche das in die Materie hineingeschaute Göttliche erst wahrhaft entfaltet.

Wenn wir übrigens die drei Formen des Wassers wieder unter sich vergleichen, so erkennen wir, daß auch der tropfbar-flüssige Zustand desselben nur Eine Form desselben, sein wahres Wesen also unerkennbar ist. Der Sauerstoff ist im Negativen oder in Ansehung des Wassers wieder die erste Dimension, in welcher es eben daher als am meisten selbstisch und verzehrend erscheint. Der Wasserstoff ist auch in dieser Beziehung die zweite Dimension, so wie das tropfbar-flüssige Wasser die dritte.

Bisher haben wir die Materie überhaupt betrachtet, inwiefern in ihr die Form des besonderen Lebens oder die Bewegung dem Seyn in der Ruhe untergeordnet ist, d. h. wir haben zufolge der Erklärung in §. 110 nur die erste Potenz der Materie überhaupt betrachtet. Die Formen der Bewegung erscheinen hier als Formen des Seyns oder der Ruhe. Jetzt gehen wir über zur Betrachtung derselben Formen, inwiefern sie nicht Formen der Ruhe oder des Seyns, sondern Formen der Thätigkeit sind, inwiefern also die Masse vielmehr das Accidens von ihnen ist. — Ich stelle in dieser Beziehung Folgendes auf.

§. 143. Jeder Form des Seyns oder der Ruhe in der Materie entspricht nothwendig eine gleiche Form der Thätigkeit oder der Bewegung. — Denn nach §. 108 gehören die besonderen Dinge in der unendlichen realen Substanz gleicherweise der Schwere und dem Licht an. Nun sind aber die bisher abgeleiteten Formen des besonderen Lebens der Dinge als Formen des Seyns auch nur Formen der Schwere und, wenn gleich Ausdruck des Lichts an der Materie, doch der Schwere untergeordnet, nicht als dem Licht entsprechende Formen (dieß nur inwiefern als Formen der Bewegung), denn das Licht ist das Wesen und die Seele aller Bewegung; sie erscheinen also ebenso nothwendig auch als Formen der Bewegung oder der Thätigkeit wie als Formen des Seyns.

Auf andere Art unmittelbar aus dem Begriff der Potenzen und dem, was bereits §. 109 von den Potenzen der Natur bewiesen wurde. Am kürzesten aus dem allgemeinen Grundsatz, daß nichts in der Natur affirmirt, was nicht eben deßhalb affirmativ; nichts objektiv, das nicht auch subjektiv. Da nun jene Formen des besonderen Lebens als Formen der Ruhe nur affirmirt sind, so müssen sie nothwendig auch affirmativ, d. h. nach den früher aufgestellten Begriffen von Bewegung als Formen der Bewegung gesetzt werden.

§. 144. *In der ersten Potenz der Natur erscheinen die Formen des besonderen Lebens nur als Accidens der Materie, also als wandelbar und vergänglich, in der zweiten Potenz muß im Gegentheil die Form als das Allgemeine und die Materie als das Accidens oder das Wandelbare erscheinen.*

Auch dieß folgt schon aus dem Entwurf der Potenzen im §. 110.

Zur Erläuterung. Wenn auch in der Materie die Substanz mit der *Form* oder *Potenz* eins wird, wie dieß in den sogenannten Stoffen der Fall ist, so wird doch immer die Materie dabei betrachtet als die Substanz, die Form als Accidens. Z. B. die Substanz des Sauer- und Wasserstoffs ist eine und dieselbe; sie sind also nicht der Substanz nach verschieden, und da sie nur durch die Potenz verschieden sind, so ist oder erscheint diese selbst als zufällig. In der zweiten Potenz soll nun dagegen die Materie als Accidens des bewegenden Princips erscheinen, so daß sie alle Verwandlungen und Veränderungen, welche dieses gebietet, durchläuft, also als stets wechselnd, als ein immer anderes erscheint. Die erste Potenz war also überhaupt die Potenz des Bestehens der Materie, die zweite Potenz ist die des steten Wechsels und Wandels derselben. Dieser Gegensatz ist besonders wichtig in der höheren Beziehung auf die dritte Potenz, in der er ausgeglichen wird. — Wie in der ersten für sich die Form der Bewegung nur erscheinen konnte als untergeordnet der Substanz, so erscheint in der zweiten für sich die Materie im Gegentheil ganz hingegeben der Bewegung; in der dritten Potenz erscheinen beide als gleich unwandelbare Attribute der wahren

Substanz, die Materie ist Werkzeug des bewegenden Princips, aber so, daß sie durch die Bewegung zugleich selbst immer reproducirt wird, also die Bewegung zugleich Werkzeug von ihr ist, anstatt daß außer dieser Identität die Bewegung entweder in der Materie erlischt, oder diese in der Bewegung verloren geht (welches dann freilich auch nur gilt, sofern die Natur bloß in der einzelnen Potenz, nicht in der Totalität aufgefaßt wird, denn in dem großen oder All-Organismus sind dieselben Gesetze, welche im einzelnen sind, und nach dem Gesetz des ewig gleichen Verhältnisses von Affirmirendem und Affirmirtem (Axiom IX) wie auch hier stets dieselbe Gestalt des Ganzen reproducirt).

Wir haben nun jene Formen des besonderen Lebens als Formen der Thätigkeit ebenso zu begreifen wie als Formen des Seyns; zuvor aber das Grundgesetz aller lebendigen Bewegung, d. h. derjenigen, die aus einem inneren Bewegungsprincip hervorquillt, aufzustellen.

§. 145. Das Grundgesetz jeder lebendigen Bewegung eines Körpers relativ auf sich oder auf andere ist, daß entgegengesetzte Pole zusammenstreben, gleiche sich fliehen. Dieses Gesetz entspricht dem, welches wir §. 120 als allgemeines Gesetz der ersten Potenz ausgesprochen haben. Wie nämlich das Gesetz alles endlichen Seyns der Materie die Polarität oder die Duplicität in der Identität ist, so ist das Gesetz aller Bewegung in der Natur das Gesetz der Identität in der Duplicität, oder dieses, daß Entgegengesetzte sich gleich, Gleiche aber entgegengesetzt sind. Der Beweis dieses Gesetzes ist folgender. Kein Ding der Natur wirkt auf das andere der Substanz nach, zufolge des VII. Axioms, und alle Einwirkung der Dinge aufeinander, also auch in der Bewegung ist vermittelt durch die allgemeine Identität, die absolute Substanz, welche auch in der höheren Potenz wieder als Grund von Seyn und Bewegung, darnach als Schwere eintritt, und, nur unter anderer Form, zu wirken gezwungen, einen Gravitationsproceß der Dinge gegeneinander einleitet, durch welchen sie die Dinge, die ihr durch die Metamorphose entrissen sind, auch dem besonderen Leben nach wieder eins zu machen, eben dadurch aber zu verwandeln und vernichten sucht. Da nun in der Materie keine andere Differenz möglich ist; als nach dem Gesetz der Polarität, d. h. so, daß jeder willkührlichen quantitativen Differenz von A und B eine andere entgegengesetzte, jedes + eines Faktors in der einen Materie also ein + des entgegengesetzten, welches also ein — des ersteren ist, in einem andern außer sich hat, die Identität also nur durch Vereinigung Entgegengesetzter, durch Verbindung jenes + und — hergestellt werden kann, so ist das nothwendige Gesetz aller Bewegung dieses, daß Entgegengesetzte sich suchen, Gleiche aber sich fliehen. Denn Entgegengesetzte können sich wechselseitig ergänzen, so daß zwar keines für sich, aber doch beide in Verbindung eine Totalität oder Identität darstellen (die nun nur etwa gegen ein Drittes sich wieder als Differenz verhalten kann). Gleiche aber können sich nicht ergänzen, denn, was in dem einen ist, ist auch in dem anderen, und was in dem einen nicht ist, ist auch in dem anderen nicht. — Dieß ist also das allgemeine und nothwendige Gesetz der Natur, welches das ewige Wechselspiel ihres Lebens und ihrer Bewegung unterhält. Ohne die Differenz wäre die Natur ein in sich selbst und in ihre Ruhe verlorene Identität. Nur die Differenz macht sie handeln; sie handelt um der Ruhe willen, und um in die Identität zurückzukehren.

Erklärung. Wir werden die Bewegung, inwiefern sie auf dem eben aufgestellten Gesetze beruht, durch dynamische Bewegung bezeichnen. Der Grund ist, weil diese Bewegung nicht, wie die der Schwere, auf der Substanz, sondern auf der Qualität oder der Besonderheit der Dinge beruht und durch diese vermittelt ist.

Zusatz: Durch diese Bewegung sind die Dinge sich auch innerlich verknüpft, oder diese Bewegung drückt den Zusammenhang ihres inneren Lebens aus nach Axiom VIII, wo gezeigt wurde, die innerliche Verknüpfung der Dinge beruhe darauf, daß die Substanz oder das allgemeine Leben zugleich ihr besonderes Leben sey. Dieß ist aber nach den vorhergehenden Erklärungen eben in dieser Bewegung der Fall. Denn die Schwere, wie sie in der ersten Potenz erscheint, hat kein Verhältniß zu der Differenz der Dinge; sie sieht die Besonderheit nicht an, und ist völlig gleich gegen dieselbe. In der gegenwärtigen Potenz, in welche die Schwere zugleich mit-enthalten ist (denn sie ist die allgemeine Identität der Natur, und kann also in nichts und durch nichts aufgehoben werden); in der gegenwärtigen Potenz ist diese allgemeine Identität die Seele der Bewegung, inwiefern sie durch das besondere Seyn der Dinge vermittelt ist, und da sich eben in dieser Bewegung am meisten das besondere Leben der Dinge ausspricht, so wird hier das allgemeine Leben der Dinge zugleich ihr besonderes Leben, d. h. sie werden einander innerlich verknüpft, und neben ihrem äußeren Leben in der Schwere wird ein inneres offenbar, kraft dessen sie nicht nur der Substanz, sondern auch den Qualitäten nach untereinander eins sind. — Dieß setzt uns nun in den Stand, auch das Verhältniß der zweiten Potenz zur ersten überhaupt noch bestimmter als bisher zu bezeichnen.

§. 146. **Die erste Potenz der Materie oder Metamorphose der Materie verhält sich wieder als centrifugale Einheit (im Ganzen), die zweite Potenz aber oder die dynamische Bewegung im Ganzen als centripetale.** — Denn durch die Metamorphose gehen die Dinge aus dem Centro und ein in ein unterschiedenes Leben. Das Gesetz der ersten Potenz ist die Polarität oder der Uebergang aus der Identität in Duplicität, durch die dynamische Bewegung aber streben sie (wie aus dem Gesetz derselben §. 145 folgt) in die Identität zurück, das Gesetz derselben ist die Antipolarität oder der Uebergang aus der Duplicität in die Identität, demnach diese Potenz centripetal.

Anmerkung. Hieraus erklärt sich auch, was §. 144 behauptet wurde, daß nämlich in der ersten Potenz die Formen des besonderen Lebens nur als Accidens der Substanz erscheinen (denn als Formen des besonderen Seyns setzen sie die Differenz von der Substanz, und können sich daher nur als Accidenzen verhalten) — daß aber in der zweiten Potenz umgekehrt vielmehr die Materie als Ausdruck der Form erscheine (denn hier erscheint die Form als Bewegung, die in die Identität zurückstrebt, das besondere Leben also nicht in Differenz, sondern in der Identität mit der Substanz. Daher kann vielmehr die Materie hier als Accidens und als das Unendliche wandelbar erscheint).

In der ganzen Folge der Construktion werden wir es also als einen bewiesenen Satz annehmen, daß alle dynamische Bewegung der Natur aus Identität hervorquillt, daß sie aber eben deßhalb auch als ihre Bedingung (welches von Ursache wohl zu unterscheiden ist) als Bedingung also Differenz fordert. — Jetzt die einzelnen Formen der Bewegung, wobei nur voraus zu erinnern, daß da ihr Typus derselbe ist mit dem Typus der Formen des Seyns, allerdings auch in ihnen eine Abstufung des Zurückstrebens in die Identität stattfinden wird; da ja überhaupt diese Sphäre nur im Ganzen als die der Centripetenz charakterisirt wurde.

Nun zur Ableitung der einzelnen Formen.

§. 147. Der absoluten Cohäsion als Form des In-sich-selbst-Seyns entspricht als Form der Bewegung der Magnetismus. Oder: die absolute Cohäsion selbst, aktiv, lebendig angeschaut ist Magnetismus. — Dieser Satz kann auf verschiedene Art bewiesen werden, je nachdem man das Auszeichnende dieser Thätigkeitsform in dieser oder jener Bestimmung sucht. Ich gebe einige Führungen des Beweises an. Wir haben oben §. 123 gezeigt, daß die allgemeine Form aller Cohäsion drei Punkte sind, wovon sich zwei, A und B, als entgegengesetzte verhalten (indem nämlich A in B sich selbst zum Objekt macht, und beide nicht ineinander übergehen dürfen, wenn eine wahre Subjekt-Objektivität stattfinden soll; ebensowenig dürfen sie aber voneinander getrennt seyn; sie müssen daher durch einen dritten zusammengehalten seyn, der sich insofern indifferent zu beiden verhält und ihr relativer Gleichgewichtspunkt ist). Nun wird aber jeder zugeben, daß auch die magnetische Thätigkeit a) auf der Differenz zweier Punkte oder Pole beruht, die, da in der Natur keine andere Differenz als die des Affirmativen und Affirmirten möglich, und auch diese nur quantitativ möglich ist, sich wie diese beide zueinander verhalten müssen; b) aber zeigt sich auch im Magnetismus ein Punkt, der gleichgültig gegen beide Pole scheint. Denn nach dem oben (§. 145) aufgestellten Gesetz werden die beiden Pole jeder nothwendig mit seinem entgegengesetzten sich zu vereinigen streben, den gleichen aber fliehen, jeder wird also einen Unterscheidung beider Pole z. B. in einem andern magnetischen Körper zeigen; der dritte Punkt aber wird diese Unterscheidung nicht machen, sondern sich gleichgültig gegen jeden zeigen. Aber auch diese Bestimmung folgt aus der ersten Construktion der aktiven Cohärenz, und insofern ist also die Identität zwischen dieser als Form des Seyns und dem Magnetismus als Form der Thätigkeit in Ansehung aller Punkte bewiesen, die wesentlich sind zu einem jeden von beiden (denn auch zum Magnetismus sind wie zur größten und zur kleinsten Cohäsionslinie eben nur die drei Punkte wesentlich — außerdem nichts).

Andere Form des Beweises. Die aktive Cohäsion ist die erste Dimension des Dings, und entspricht also der Linie. Nun ist die Linie nach §. 74 nichts anderes als Synthese eines Affirmativen mit einem Affirmirten, jedoch ohne Totalität. Das Affirmative, der dem Ding eingeborne Begriff, ist nämlich seiner Natur nach unendlich, das Endliche aber, dem er eingeboren wird, nothwendig auch das Unendliche endlich (solange wenigstens beide nur unter der Form der ersten Dimension synthesirt sind) — das Endliche oder das Reale ist also dem Begriff, das Affirmirte dem Affirmativen nicht angemessen. Dieser Mangel der Totalität wird also als ein Trieb erscheinen, mit andern Dingen eins zu seyn, sich selbst durch sie zu construiren und so möglich zu ergänzen; andere Dinge also unter der gleichen Form der Cohäsion und der Polarität mit sich selbst zu setzen. Aber eben diese Thätigkeit, wie sie sich aus dem bloßen Begriff der Cohäsion als nothwendig einsehen läßt, ist durch die im Magnetismus realisirt — denn was heißt das Magnetisiren eines Dings durch ein anderes Ding anders, als daß dieses jenes unter der gleichen Form der Polarität mit sich selbst setzt und mit ihm wirklich cohärirt. Am bestimmtesten aber, nachdem einmal dieser Ergänzungstrieb als eine nothwendige Folge aktiver Cohäsion eingesehen ist, läßt sich seine Identität mit dem Magnetismus darthun, wenn man das Gesetz aller dynamischen Thätigkeit §. 146 dazu nimmt. Denn nach diesem Gesetz wird sich jener Ergänzungstrieb, die nothwendige Folge absoluter Cohäsion, auf solche Art äußern, daß jeder Pol der Cohäsionslinie seinen entgegengesetzten sucht, oder selbst außer sich setzt, um durch ihn zur Identität, zur Befriedigung seines Verlangens nach Totalität zu gelangen. Aber eben dieß ist die bekannte Bestimmung aller magnetischen Thätigkeit, daß jeder Pol seinen entgegengesetzten sucht, und wo er ihn nicht findet, ihn außer sich setzt und hervorruft, um mit ihm zu concresciren und eins zu werden. Demnach ist auch die magnetische Thätigkeit selbst oder der Magnetismus überhaupt nichts anderes als diese Concrescenz, welche den Zusammenhang und die Starrheit der Körper bestimmt, lebendig, thätig angeschaut. — Eine empirische Art des Beweises wäre noch, wenn man sich entweder auf die Coincidenz des in seiner Thätigkeit erkennbaren Magnetismus mit dem cohärentesten aller Metalle, dem Eisen, berufen wollte, oder auch darauf, daß die aktive Cohäsion die Längs-Polarität, in Ansehung der Erde also die Süd-Nord-Polarität bestimmt, welche eben auch die im Magnetismus herrschende ist.

§. 148. Der Magnetismus ist ebenso wie die absolute Cohäsion selbst eine Funktion der Länge. Folgt unmittelbar. Zur weiteren Erläuterung verweise ich auf die Abhandlung vom chemischen Proceß[1], wo die hieher gehörigen Thatsachen gesammelt sind, obgleich sie mit vielen anderen noch vermehrt werden könnten.

Zusatz. Die Starrheit ist also auch Bedingung der Erscheinung alles Magnetismus. — Denn da nach dem Gesetz (§. 145) die entgegengesetzten Pole zusammenstreben, so würden sie, wenn sie daran nicht durch die Starrheit verhindert wären, wirklich zusammentreffen, aber in der Verbindung, die 0 producirt, womit alle magnetische Thätigkeit aufhörte. Die Starrheit, oder die Unmöglichkeit in sich selbst zurückzukehren, ist also Bedingung der Erscheinung des Magnetismus, so wie dagegen der Magnetismus selbst das Lebende oder das Thätige in aller Starrheit ist.

Anmerkung. Die entgegengesetzten Pole eines und desselben Magnets streben nicht minder zusammen, als die zweier verschiedener Magnete. Dieß erhellt daraus, daß, wenn ihm eine bewegliche Materie

[1] Band IV, S. 1 ff.

dargeboten wird, durch die sich der Magnetismus continuiren kann, der eine Pol mit dem andern durch diese Materie zu cohäriren sucht und sich gleichsam eine Brücke aus ihr baut, welches der Grund der bekannten Figuren ist, welche z. B. Eisenfeile mit einem Magnetpol bildet.

§. 149. Der Magnetismus ist keine Wirkung eines besonderen Princips, sondern allgemeine Kategorie der Materie überhaupt. Denn er ist so nothwendig in der Natur, als die Starrheit nothwendig ist, und wie diese auf einem allgemeinen Princip beruht und aus den allgemeinen Bedingungen der Construktion einer Materie überhaupt eingesehen werden kann, ebenso auch der Magnetismus. — Seitdem die Eigenschaften des Magnets bewundert werden, hat man auch gesucht, sie theoretisch zu begreifen. Dieses hier mitten in der größten Starrheit durchbrechende Leben, die stille, aber höchst bedeutende Sprache des Anziehens und Abstoßens ohne weitere Erscheinungen, jenes Hinweisen auf die Tiefe und das innerste Leben der Erde selbst waren für die mechanische Ansicht der Natur ebenso viele Unbegreiflichkeiten. Da man die Materie für sich als todt annahm, alle Bewegung ihr also nur von außen kommen konnte, so mußte allerdings der Grund auch dieser Erscheinungen in einer Materie gesucht werden, deren Unsichtbarkeit und Undarstellbarkeit man mit ihrer feinen und subtilen Natur entschuldigte, und für die es dann freilich nicht schwer fiel, die freien Durchgänge durch ein so starres Metall und durch den ganzen Erdkörper aufzufinden. Was die Fabel von den Wirkungen der Elfen erzählt, die nur bei Mondlicht halb sichtbar sind, oder von anderen Luftgeistern, wovon viele tausend durch ein kleines Nadelöhr gehen, ist glaublich gegen die mechanischen Erklärungen der Physiker vom Magnetismus. Wenn auch eine solche Materie, als die mechanischen Physiker annehmen, zureichte, die Richtung des Magnets gegen die Erdpole, seine Neigung gegen die Tiefe und den Durst zu erklären, mit dem jeder Pol seinen entgegengesetzten ergreift und an ihm festhält, ferner das offenbar Periodische, die Tage, und größere und kleinere Jahre, welche die Magnetnadel hat, so wäre doch das Daseyn einer solchen

Materie selbst eine bloße Zufälligkeit, so daß, sie gesetzt, allerdings jene Erscheinungen erfolgten, ihr Gesetzliches selbst aber gar nicht begriffen wäre. — Aus dem Mittelpunkt der Materie bricht all' ihr Leben hervor; es wird nicht von außen in sie gegossen, sie selbst hegt den Keim desselben, der eben zuerst im Magnetismus sich entfaltet. Der Magnetismus ist der allgemeine Akt der Beseelung oder der Individuation als Akt, als Thätigkeit angeschaut. Er ist so nothwendig in der Natur gegründet, als die erste Dimension der Körper, und die Starrheit darin gegründet ist. Er ist also wahrhaft eine allgemeine Kategorie der Materie.

Zusatz 1. Der Magnetismus ist allgemeine Bestimmung aller starren Körper; er ist also allgemein in der ganzen Sphäre der positiven Evolution oder der Metallität. Wo er zu verschwinden scheint, verschwindet er bloß für die Erscheinung, und auch für diese hat er sich, seitdem die Naturphilosophie diese Allgemeinheit des Magnetismus zuerst behauptet hat, in derselben wirklich bewährt. Coulomb hat bewiesen, daß kein starrer Körper, auch der nicht, welcher durch die organische Metamorphose hindurchgegangen ist, bei schicklicher Veranstaltung des Versuchs den Wirkungen des Magnetismus entgeht. Die gezwungenen Versuche, dieß zu erklären, welche die noch an die Partialität des Magnetismus glaubenden Physiker machen, widerlegen sich von selbst. — Wir werden also in der Folge den Magnetismus als eine Form ansehen, die in ihrer Art ebenso allgemein ist, als es die Schwere ist, als eine inwohnende, aus dem Innern der Dinge selbst stammende Thätigkeit, so daß, wenn wir z. B. im Organischen dem Magnetismus Aehnliches finden, dieß in ihm nicht von außen zu kommen braucht, sondern aus ihm selbst hervorgeht.

Zusatz 2. Der Magnetismus muß angesehen werden als diejenige Thätigkeit der Natur, welche aller Gestaltung, aller Fortpflanzung von Gleichem durch Gleiches vorsteht. Aller Gestaltung; denn alle Gestalt geht von der Linie aus, und verliert sich zuletzt im Flüssigen. Jede Gestalt der Natur ist der Ausdruck eines aufgelösten Problems, eines Zusammenstrebens entgegengesetzter Pole, die sich eben nur durch die Gestalt vereinigen, wie in dem vorhin angeführten Beispiele die regelmäßige Stellung der Eisenfeile nur der Ausdruck der Verbindung des einen Pols mit dem andern ist. Aus der Identität der Gestalt mag daher am sichersten auf die Identität der Qualität geschlossen werden, weit sicherer wenigstens als durch Versuche, in welchen zuvörderst die Materie verändert, also ein neues Produkt gesetzt wird, wie in der Chemie. Jede Gestalt ist der Ausdruck eines zur Ruhe, zur Befriedigung gelangten, in sich abgeschlossenen Seyns.

Ueber das entschiedene Hervortreten des Magnetismus an bestimmten Stellen der Metamorphose hier nur noch die Bemerkung. Das Maximum seiner Erscheinung muß nothwendig mit dem Maximum der Starrheit und aktiven Cohäsion in eins fallen. Daher das Eisen. Dann muß er wieder im Ganzen mehr hervortreten auf der affirmativen Seite der Cohäsionslinie, da die nämliche auch die der herrschenden aktiven Cohäsion ist. Daher der Magnetismus des reinsten Diamants, der gemeinen Holzkohle selbst, der Platina, auch des Silbers (welches schon in seinen dendritischen Verzweigungen früher darauf hindeutete), vorzüglich aller Metalle, welche in der Cohärenz dem Eisen am nächsten liegen, Kobalt, Nickel u. s. w., die sich nur wie Monde des Eisens verhalten. Aber auch auf der expandirten Seite der Cohäsionslinie verschwindet der Magnetismus nicht völlig; auch das tropfbarflüssige Metall in starren Zustand versetzt offenbart ihn, so wie es im flüssigen Zustand dennoch die beiden Pole, nur ineinander zurückgeflossen, wenigstens potentialiter, enthält.

§. 150. Durch den Magnetismus ist jedem Ding mehr oder weniger die Zeit eingebildet, daß es sie in sich selbst hat. Denn der Magnetismus = erster Dimension, so wie diese nach §. 74 = Zeit. Demnach ist mit dem Magnetismus, als dem individuell Betreffenden des Dings, ihm die Zeit zugleich einverleibt. Die Magnetnadel, wie sie ein Gefühl und Kenntniß anderer Dinge außer ihr hat, die sie entweder bejahet oder flieht, hat auch ihren Tag und ihre Jahre, eine periodische, also eigne Zeit.

§. 151. Die magnetische Bewegung ist nichts anderes

als ein höherer, durch Differenz vermittelter Gravitationsproceß. Denn ein solcher ist nach den in §. 145 gegebenen Erläuterungen jede Bewegung, die nach dem dort aufgestellten Gesetz geschieht. Nun ist aber alle magnetische Bewegung diesem Gesetz gemäß, jeder Pol sucht nämlich mit seinem Entgegengesetzten eins zu werden, oder ihn außer sich zu setzen und dadurch selbst in die Identität zurückzukehren. Demnach da das Vermittelnde aller magnetischen Bewegung die Identität, ihre Bedingung aber Differenz ist, so ist sie ꝛc. (Da alle Erscheinungen des Magnetismus, so sehr sie auch variirt werden mögen, auf das Eine Gesetz §. 145 zurückkommen, so halten wir uns nicht länger dabei auf).

§. 152. Kein Körper kann magnetisch werden, ohne in seiner Cohärenz zugleich relativ erhöht und vermindert zu werden, oder ohne relative Contraktion und Expansion. Denn eben auf der Synthese beider beruht alle aktive Cohäsion. In jeder Cohäsionslinie ist ein Punkt mit dem + des Affirmativen, ein anderer mit dem + des Affirmirten, der dritte ist gleichgültig. Jene beiden verhalten sich aber nach den Erläuterungen bei §. 129 wie Contraktion und Expansion. Also ꝛc.

Anmerkung. Bestimmung der Pole. Halten wir uns an die Quantität der Faktoren, um die Pole darnach zu bezeichnen, so müßte der cohärentere (also der nördliche) als der positive, der minder cohärente, also der südliche, als der negative bezeichnet werden. Drücken wir aber durch + und —, nur ein relatives Ueberwiegen des einen Faktors über den andern, gleichviel welchen aus, und beziehen das + und — auf B als das Reale, so wird der contrahirtere Pol der negative, der expandirte also der positive heißen müssen. Diese Bezeichnung werde ich auch in Bezug auf Magnetismus beibehalten, und insofern also unter dem Positiven das + der Expansion (Südpol), unter dem Negativen das — der Expansion (Nordpol) verstehen.

§. 153. Der Magnetismus ist das Extensions-Bestimmende der Materie. Denn er ist die Form der Continuität des Gleichen im Gleichen, nach dem Zusatz 2 zum §. 149.

Man hat gegen die Construktion der Materie aus zwei entgegengesetzten Faktoren überhaupt die Einwendung gemacht, daß sich daraus die spezifische Größe derselben nicht begreifen lasse, und man hat hierin allerdings vollkommen richtig geurtheilt; nur war es ungereimt, die Quantitätsbestimmung in dem zu suchen, was in gar keiner Beziehung zu Quantität stehen kann. Gegen die Kantische Construktion namentlich ist so argumentirt worden. Angenommen, daß die Materie eine Synthese der anziehenden und der zurückstoßenden Kraft sey, so muß, weil die beiden Kräfte entgegengesetzt sind und sie sich beide wechselseitig im Produkt vermindern, jedes Verhältniß derselben als das Verhältniß einer Division betrachtet werden. Es sey also die Anziehungskraft = A, die Zurückstoßungskraft = B, so wird die Formel A : B allgemeiner Ausdruck der Synthese beider in der Materie seyn. Ist nun dieß (so schloß man weiter), so müßte auf einen Körper von doppelter Extension oder Größe, z. B. auf 2 Pfund Blei auch die doppelte Attraktiv- und Repulsivkraft, auf einen von der dreifachen auch die dreifache verwendet werden, welches durch die Formel 2A : 2B oder 3A : 3B ausgedrückt werden müßte. Allein 2A : 2B sagt immer wieder nur ebenso viel als das einfache A : B, also ist aus dem Verhältniß der Kräfte, oder allgemein auszudrücken, aus dem Verhältniß entgegengesetzter Faktoren überhaupt niemals die Quantität der Materie zu construiren. — Das Argument ist ganz richtig, nur ist die Voraussetzung absurd, daß die Quantitätsbestimmung überhaupt zu einem der beiden Faktoren hinzugesetzt werden könne, da diese, sie mögen übrigens gedacht werden, wie sie wollen, nothwendig über alle Quantität erhaben sind. Auch in der Kantischen Construktion würde die Formel A : B nie die absolute Größe beider Faktoren, sondern nur die relative Größe, die sie in Bezug aufeinander haben, ausdrücken. Die Formel 2A : 2B, und so jede mögliche, wo die zu A oder B gesetzte Zahl gleich ist, würde also nie etwas anderes besagen, als daß das Verhältniß beider Faktoren ein ganz gleiches sey, so wie die Formel 3A : 2B sagen würde, daß die Größe von A sich zu der Größe von B = 3 : 2 verhalte, die Größe von B relativ auf die Größe von A = 2 : 3 sey. Da nun aber in jeder Materie, die relative Verhältniß der beiden Faktoren. sey übrigens welches es wolle, dieses Verhältniß im größten wie im kleinsten Theil der Materie das gleiche seyn würde — (denn eben darauf beruht ja die unendliche Theilbarkeit der Materie, alle Theilung beruht eben auf der unendlichen Homogeneität der Theile mit dem Ganzen), so kann die extensive Größe nicht auf jenem, sondern einzig auf der Wiederholung und demnach der Addition jenes Verhältnisses beruhen. Aber eben jene Wiederholung oder Addition ist = Magnetismus. Der Magnetismus ist also die allgemeine Bestimmung der Extension der Materie; und abgesehen von der Cohäsion ist keine Addition denkbar; die Materie an und für sich ist schlechthin eins: (es ist in ihr, abstrahirt von dem Magnetismus betrachtet nicht einmal jene Duplicität, die in der Formel A : B ausgedrückt wird. Denn das Verhältniß beider Faktoren ist keineswegs, wie Kant will, das einer wechselseitigen Einschränkung oder Division durcheinander — es ist in der Materie überhaupt nur Eines, nämlich A, oder Allgemeines, welches aber hier B, Besonderes, ist. Der Ausdruck der Materie ist also A = B, und diese Formel sagt für sich keineswegs, daß hier zwei Faktoren, A und B, sich etwa wie die zwei Gewichte einer Wage das Gleichgewicht halten, sondern sie sagt, daß A ganz B, B ganz A ist. Aller Unterschied der Materie der Qualität nach beruht dann bloß auf dem Maß, in welchem B, das Besondere, = A ist, und umgekehrt, welches aber wiederum nicht durch Zahl bestimmt werden kann. Jedes A = B ist für sich eine Identität, nämlich B, das aber als solches A ist. Zahl und Bestimmung durch Zahl tritt erst ein, indem das A = B als Identität, als Allgemeines, nun selbst wieder im Besonderen oder in einer Vielheit wiederholt wird; für sich ist es unabhängig von aller Quantität. Durch die Cohäsion wird also überhaupt Materie erst theilbare Größe oder Quantum; ihr Schema ist 1 + 1 + 1 u. s. f. Eine andere Frage ist es, wodurch alsdann die Größe jener Addition selbst bestimmt sey, worin z. B. der Grund liege, daß von dieser so oder so beschaffenen Materie eine größere, von dieser eine geringere Quantität producirt sey. Allein diese Frage läßt sich nicht mehr aus dem allgemeinen Begriff der Cohäsion, mit dem wir hier allein zu thun haben, sondern nur aus der allgemeinen Ordnung der Natur oder den besondern Verhältnissen eines Weltkörpers zum Universum erklären.

§. 154. Dem Magnetismus als Thätigkeitsform der Länge-Polarität steht nothwendig eine andere Thätigkeitsform entgegen, die der Breite-Polarität entspricht. Denn da nach §. 142 zwei streitende Polaritäten in der Metamorphose oder als Formen des Seyns sich entgegenstehen, jeder Form des Seyns aber nach §. 143 eine gleiche Form der Thätigkeit entspricht, so steht rc. (Wir haben nun das Verhältniß beider Thätigkeitsformen noch genauer zu erwägen).

§. 155. In dem Magnetismus wird zwar Identität, aber nur durch Continuation der Differenz ins Unendliche gesetzt; er ist also selbst als dynamische Form noch Position von Differenz. — Der erste Theil des Satzes läßt sich unmittelbar in der Anschauung darstellen. Denken wir uns A——C——B, so ist das Affirmative in A im Uebergewicht, und verlangt nothwendig nach einem Affirmirten, um auch für sich die magnetische Indifferenz zu constituiren. Es finde dieß in einem anderen = X außer ihm, so ist es selbst in der Identität. Dagegen ist aber X nothwendig an seinem entgegengesetzten Ende mit einem + des Affirmativen gesetzt; dieß verlangt also wieder nach einem Affirmirten, und setzt dadurch zwar sich in Indifferenz, läßt aber die Differenz in dem andern zurück, u. s. f. ins Unendliche. — Dasselbe ist auch nach der Seite von B der Fall, nämlich jeder mögliche Endpunkt der Linie ist wieder = + B, also nicht Indifferenz. Die Identität wird also nur durch eine stete Continuation der Differenz gesetzt werden, ohne daß je Totalität erreicht würde, wie in dem empirischen Unendlichen überhaupt (deren Schema die Linie ist) die Unendlichkeit oder Identität nur die stets continuirte Differenz oder Endlichkeit ist. — Der andere Theil des Satzes versteht sich nun von selbst und kann auch so ausgedrückt werden: Der Magnetismus ist selbst noch in seinem Zurückstreben in die Identität selbstische Form; das Einzelne setzt zwar sich in Indifferenz, aber nur indem es anderes in Differenz setzt. Auch so: In der magnetischen Thätigkeit wird zwar Identität gesetzt, aber als bloß relative, so nämlich daß die Differenz von Subjektiv und Objektiv ins Unendliche fort besteht.

§. 156. **Die entgegengesetzte Thätigkeitsform des Magnetismus geht daher nothwendig auf absolute Identität oder Negation der Differenz.** Folgt aus dem Gegensatz. Ueberhaupt geht im dynamischen Proceß die Natur **darauf** aus.

§. 157. **Nur gleiche oder indifferente Dinge können durch Magnetismus eins werden.** Denn der Magnetismus ist nur Continuation des Gleichen im Gleichen, nach Zusatz 2 zu §. 145. Oder auch: er ist, wie aus der Demonstration des vorhergehenden Satzes erhellt, die stets wiederholte Position von sich selbst (sich selbst wiederholend im anderen).

§. 158. **Die entgegengesetzte Thätigkeitsform des Magnetismus ist durch Differenz der concurrirenden Kräfte bedingt.** Denn gesetzt sie wären sich gleich (von derselben Qualität), so würden sie sich wechselseitig unter der gleichen Form der Polarität setzen, um eins zu seyn; einer würde sich durch den andern continuiren und fortwachsen; es wäre also Position von Differenz, nicht (dem §. 155 zufolge) Negation gesetzt. Auch so auszudrücken: Die der Länge-Polarität entgegengesetzte Polarität ist die Breite-Polarität, in welcher die Linie zum Winkel, die Identität in Differenz zerfällt. Wären nun die concurrirenden Körper nicht der Qualität nach different, so würde die Position oder der Begriff des einen sich durch den andern continuiren; es wäre also Magnetismus gesetzt, welches gegen die Voraussetzung ist.

§. 159. **Jeder Körper und jeder Theil der Materie ist, bloß in Bezug auf sich selbst betrachtet, Identität und Totalität.** Denn die Differenz der Materie ist = der Differenz der Punkte in der Cohäsionslinie (§. 130). Nun ist aber in der Cohäsionslinie an und für sich kein Punkt positiv, negativ oder selbst indifferent; er ist dieß nur relativ auf andere oder vergleichungsweise, wie in den Erläuterungen zu §. 127 gezeigt wurde. Jeder Körper und jeder Theil der Materie ist also ꝛc. (Könnte man die allgemeine Verkettung aufheben, so würde das Qualitätslose zurückbleiben).

§. 160. Jeder Körper und jeder Theil der Materie wird different (z. B. er wird + oder —) nur, indem er in eine Cohäsionslinie (mit einem oder mehreren anderen) eintritt. — Unmittelbare Folge.

Erklärung. Ein Körper tritt in die Cohäsionslinie mit einem andern ein, sobald ihre Grenze eine gemeinschaftliche wird, wie z. B. im Punkt C der magnetischen Linie ACB der Punkt C die gemeinschaftliche Grenze beider Seiten ist. Zwei Körper berühren sich, heißt also: sie treten in eine gemeinschaftliche Cohäsionslinie, und hieraus erhellt, wie sogleich noch bestimmter der Grund einzusehen, warum Berührung die allgemeine Bedingung dynamischer Erscheinungen ist.

§. 161. Je zwei der Qualität nach differente Körper, die in Berührung sind, können nicht sich wechselseitig durcheinander zu continuiren, sondern nur sich wechselseitig durcheinander zu negiren — ihre Selbstheit aufzuheben — suchen. Denn jeder ist affirmativ von sich selbst. Nun kann er aber nach dem Gesetz im §. 157 in der Ungleichheit nicht sich selbst affirmiren, d. h. es unter der gleichen Form der Polarität mit sich selbst setzen: und gleichwohl sind beide durch die Berührung in eine und dieselbe Cohäsionslinie versetzt. Jeder von beiden, so gewiß er affirmativ von sich selbst ist, sucht also den andern zu negiren.

Zusatz. Beide sind also nur unter der Form der zweiten, die erste (oder die Differenz überhaupt) negirenden Polarität gesetzt.

Wie also im magnetischen Proceß die Materie noch immer exponentiirt wird, so drückt sich in dem entgegengesetzten Proceß die Differenz der Qualität durch ein Wechselverhältniß des Negirens und Negirtseyns (also auf jeden Fall durch nichts Positives) aus.

§. 162. Zwei differente Körper, die sich berühren, verhalten sich also zwar auch wie Affirmatives und Affirmirtes, aber so, daß sie unmittelbar in absolute Identität übergehen, oder so, daß ihre Differenz dabei unmittelbar zugleich als negirt gesetzt ist, und nicht als beständig gedacht werden kann, wie im magnetischen Proceß.

Zusatz. Zwei differente Körper, die sich berühren, sind nur unter der Form der Polarität gesetzt, welche die Negirende der ersten, und insofern auch aller Differenz ist (die daher auch auf absolute Identität geht). — Der eine Körper ist allerdings negirender Qualität, aber nur in Bezug auf ein Drittes, er wird daher z. B. das Negirte außer sich setzen im Wasser. Der andere ist negirt, aber auch nur in Bezug auf ein anderes; er wird daher z. B. das Wasser unter der negirenden Form, als Sauerstoff setzen, weil jeder Pol sein Entgegengesetztes außer sich setzt.

Was nun die Bestimmung betrifft, von welcher es abhängt, welcher Körper als der affirmative, welcher dagegen als der affirmirte erscheine, so wird, weil das affirmative Princip dieser Polarität auch der Exponent des Sauerstoffs ist, immer derjenige Körper, welcher entweder in seiner Art der dimensionslosere oder der von selbst vom Sauerstoff beseelte ist, z. B. Säuren, Wasser, Schwefel u. s. f. der affirmative (nach außen der negirende) seyn; der entgegengesetzte aber nothwendig der affirmirte, expandirte.

§. 168. Das Wechselverhältniß beider Körper begründet einen durch ihre Exponenten vermittelten Gravitationsproceß beider unter sich, der (dieß eben ist das Auszeichnende der gegenwärtigen Thätigkeitsform) unmittelbar absolute Identität oder die 0 der Differenz producirt. — Denn weder ist das Negirende etwas ohne das Negirte, in dem es sich anschaut, noch ist dieses Negirte ohne das Negirende. Beide graviliren daher nothwendig gegeneinander, und zwar nicht vermöge der Substanz, sondern vermöge ihrer beiderseitigen Exponenten oder vermöge ihrer Besonderheit.

Zusatz 1. Auch diese Bewegung wird nach dem Gesetz §. 145 erfolgen; nämlich gleiche werden sich fliehen, da sie sich nicht integriren können, dagegen ungleiche sich suchen. Jeder Pol wird daher auch streben, seinen entgegengesetzten außer sich zu setzen. Denn die Pole, die im Magnetismus nach der Linie auseinander und daher Pole eines und desselben Individuums sind, sind hier unter der Form der Differenz, also unter der Form des Winkels gesetzt. Im Uebrigen wird diese Thätigkeitsform allen Gesetzen des Magnetismus folgen.

Erläuterung. Bedingung dieser der ersten entgegengesetzten Thätigkeitsform ist, daß differente Körper sich berühren. — Da alle Differenz nur im Gegensatz stattfindet, so wird die Differenz beider Körper eben erst hervortreten im Moment, in welchem sie in Eine Cohäsionslinie treten, d. h. in welchem sie sich berühren. Mit diesem Moment gleichzeitig wird also auch jene Thätigkeit gesetzt seyn, deren Bedingung ihre wechselseitige Differenz ist; der eine wird sich relativ auf den andern in seiner Cohäsion erhöhen, die des andern also vermindern. Die Thätigkeit des ersten wird contrahirend, affirmativ, die des andern expandirt seyn. Solange sie nun in der Berührung verharren, bilden sie ein abgeschlossenes Ganzes; es ist insofern *keine* Differenz. Nun höre aber die Berührung auf, d. h. beide treten aus der gemeinschaftlichen Cohäsionslinie, so ist leicht einzusehen, was erfolgen werde. Jeder von beiden Körpern war das, was er war, nur durch das Verhältniß zum andern, nicht *an sich*; so wie er also aus diesem Verhältniß tritt, muß er unmittelbar in ein neues treten, d. h. er muß seinen entgegengesetzten Pol außer sich setzen. Dieß geschehe in einem dritten Körper C; der in B gesetzte Pol sey der positive, also wird B in C den entsprechenden negativen setzen. Allein dieses — (Minus) von C tritt nun mit dem + von B zusammen; so daß in diese[illegible]. Indifferenz zurückkehrt. In gleichem Verhältniß aber, wie das — von C durch das + von B aufgehoben oder zur 0 zurückgebracht wird, tritt das + in C selbst hervor, d. h. in dem Verhältniß, in welchem B aufhört positiv zu seyn, wird es jetzt C, und B scheint daher sein + an C *mitgetheilt* zu haben, welches nun wieder auf eine gleiche Weise sich durch einen andern Körper D in Indifferenz zurückzuführen sucht. Jeder auf diese Art aus der Indifferenz gesetzte Körper setzt also *nothwendig* und immer seinen entgegengesetzten Pol außer sich, und auch die Mittheilung des Homogenen, z. B. des + oder — von B an C, von C an D geschieht nur durch Vermittlung jenes Gesetzes — (Die Physiker nennen dieß *Vertheilung*, wenn ein Körper, der z. B. den positiven Pol repräsentirt, den negativen außer sich setzt, — *Mittheilung* hingegen, wenn er die Bestimmung, welche in ihm selbst nur einem andern mitzutheilen scheint. Ich habe aber oben gezeigt, daß auch Mittheilung nur Vertheilung und durch diese vermittelt ist. Warum aber beim Magnetismus auch nicht einmal der Schein dieser Mittheilung stattfindet, davon liegt der Grund schon im Vorhergehenden, weil nämlich Magnetismus nicht absolute Identität, sondern nur relative Indifferenz produciren, + und — also nie vollkommen ineinander übergehen. — Gesetzt aber ein in den beschriebenen Zustand versetzter Körper habe den entgegengesetzten Pol nicht außer sich zu suchen, sondern er finde ihn, so werden beide Körper, wenn Masse und Schwere nicht zu großen Widerstand entgegensetzen, wechselseitig gegen einander graviren und in der Verbindung sich wechselseitig zur Indifferenz reduciren; denn der im negativen Zustand befindliche wird in dem Verhältniß wieder positiv, in welchem sein Minus zur Tilgung des Plus im andern verwendet wird, so wie dieser in dem Verhältniß wieder negativ wird, in welchem sein Plus zur Tilgung des Minus im andern nothwendig ist, und da jener (der negative) über, dieser (der positive) unter seinen natürlichen Expansionszustand versetzt war, so kehrt ein jeder zur Indifferenz zurück.

§. 164. In dem Verhältniß, als die relative Differenz [illegible] Körper verschwindet (zur Null übergeht), erscheint das Licht als das Unendliche oder die Identität aller Differenz. — Im Magnetismus wird, wie §. 165 gezeigt wurde, die Identität zwar gesetzt, aber nur durch stete Continuation der Differenz. Hier kann also das Licht als die Identität, das An-sich aller Differenz (in welchem sie eben deßhalb verschwindet) nicht erscheinen. In der dem Magnetismus entgegengesetzten Thätigkeitsform muß dagegen in dem Verhältniß, in dem die Differenz zur Null übergeht, das Licht erscheinen.

§. 165. Die dem Magnetismus entgegengesetzte Thätigkeitsform ist die Elektricität. — Dieß ist nur dadurch zu beweisen, daß alle bisher abgeleiteten Bestimmungen jener Form an der Elektricität nachgewiesen werden (ganz kurz): a) Differenz der concurrirenden Kräfte nach §. 160; b) sie müssen sich berühren, d. h. in eine

Cohäsionslinie treten. Daß zur Elektricität nichts weiter außer dieser Berührung differenter Körper erfordert werde, ist jetzt entschieden. Reibung ist nichts als wiederholte, successiv in mehreren Punkten zugleich geschehende Berührung — nothwendig bei Körpern, welche in geringerem Grad affirmativ sind, und also die Bestimmung, die in Einem Punkte gesetzt ist, nicht über das Ganze verbreiten (Nichtleiter). c) Von je zwei differenten Körpern wird unter diesen Umständen der eine relativ auf den andern in seiner Cohäsion erhöht, der andere mehr negirt, also expandirt (in der Cohäsion vermindert), oder die Potenzen beider Körper verhalten sich zueinander, wie sich Expansion und Contraktion verhalten. Dieß ist auf verschiedene Art zu beweisen. Z. B. durch die sogenannten Lichtenbergischen Figuren, wo diejenige Elektricität, welche insgemein die negative heißt, eigentlich aber die negirende (nach außen); in Bezug auf sich die affirmative ist, offenbar sich als contrahirende, die andere als expandirende zeigt. Dort Ringe, die von außen gegen einen Mittelpunkt zusammenstreben, hier Sterne, die von einem Mittelpunkt ohne Begrenzung ausstrahlen, — Erscheinung des Lichts. Die negirende Elektricität erscheint als Punkt, d. h. als Contraktion, die entgegengesetzte in Linien (Strahlenbüscheln), d. h. als Expansion. Was besonders ihr chemisches Verhalten betrifft, so wird durch die negirende Elektricität ein Drittes, das außer ihr ist, nach dem Gesetz, daß jeder Pol sein Entgegengesetztes außer sich setzt, expandirt, d. h. mit verminderter Cohäsion gesetzt. Durch die negirte, d. h. durch die, welche einen negirten Zustand des Körpers involvirt, wird dagegen in dem Dritten (dem Wasser z. B.) Contraktion gesetzt (das Wasser wird zu Sauerstoff potenzirt). Beide Elektricitäten verhalten sich also auch (wie §. 162, Zusatz, behauptet wurde) wie Sauerstoff und Wasserstoff, die negirende nämlich = jenem, die negirte = diesem. Beide Elektricitäten beweisen sich auch dadurch als die reinen Principien oder Exponenten der Breite-Polarität.

Eine andere Frage ist nun die, von welcher Qualität es abhängig sey, daß ein Körper sich relativ auf die Breite-Polarität mehr als affirmativ oder mehr als affirmirt zeige. Die Beantwortung dieser Frage würde uns hier zu weit führen, aber als allgemeines Princip besteht, daß von zwei differenten Körpern immer derjenige der negativ elektrische seyn werde, der sich in diesem Conflikt seiner relativen Cohäsion nach erhöht, so wie derjenige der positiv-elektrische, dessen relative Cohäsion vermindert wird. d) Die Phänomene der wechselseitigen Gravitation der elektrischen Körper verhalten sich ganz, wie sie im §. 169 aus dem allgemeinen Begriff dieser Thätigkeitsform abgeleitet wurden. e) Endlich die Lichterscheinung ist das vornämlich Auszeichnende des Elektricitätsprocesses; und zwar zeigt sich Elektricität immer nur da, wo ein + in ein — oder ein — in ein + verschwindet, also die 0, die Identität beider Pole, producirt wird. So scheint an einem metallischen Leiter der Funke herabzulaufen, da sich die Elektricität an ihm eigentlich nur nach dem §. 163 Erläuterung beschriebenen Schema propagirt, dadurch nämlich, daß das ∓ jedes Punkts sich mit dem ± des angrenzenden indifferenzirt, dadurch aber in diesem selbst ein ∓ setzt u. s. f.

Dieß mag für unsern Zweck hinreichen, die Identität der Thätigkeitsform der zweiten Dimension mit der Elektricität zu beweisen.

Zusatz. Allgemein kann daher die der Längepolarität in der Natur entgegengesetzte und mit ihr streitende Polarität (nach §. 149) Elektricität bezeichnet werden — im Ganzen und im Einzelnen (Aufhebung der Continuation).

§. 166. **Die Elektricität ist ebenso wie Magnetismus nicht die Wirkung eines besonderen Princips, sondern eine allgemeine Kategorie der Materie.** — Denn sie ist gleich jenem in den ersten Bedingungen der Construktion der Materie überhaupt gegründet. Sie entspricht ebenso der zweiten Dimension oder der relativen Cohäsion, wie jene der ersten oder der absoluten Cohäsion entspricht. — Vermöge der letzteren würde in der Materie ins Unendliche fort Gleiches durch Gleiches sich fortsetzen; es würde, auch der Besonderheit nach, nur Eine Materie seyn. Vermöge der relativen Cohäsion zerfällt die Materie in Differenz; sie ist also, wenn jene die Form der relativen Identität ist, die Form der relativen Duplicität. Aber eben deßwegen, weil nämlich nur vermöge der relativen Cohäsion wahrer Gegensatz, wahre Differenz in der Materie ist (so wie sie vermöge des Magnetismus homogen ist) — eben deßhalb kann in der dynamischen Bewegung auch nur, sofern sie durch diese Differenz vermittelt, d. h. sofern sie Elektricität ist, absolute Identität producirt werden. Aber diese Identität wird allerdings nur so weit producirt werden, als die Differenz gesetzt war, und wenn z. B. die Differenz, welche diese Thätigkeitsform vermittelt, auf die Fläche oder zweite Dimension beschränkt ist, so wird dasselbe auch von der Identität gelten, welche producirt wird, und die vollkommene, auf alle Dimensionen sich erstreckende Identität wird, wenn sie überhaupt möglich ist, nur in einer noch höheren Thätigkeitsform wirklich erreicht werden.

Zusatz. Die Elektricität ist nicht auf die Länge, wie der Magnetismus, wohl aber auf die Fläche eingeschränkt. Sie ist also nur Funktion der Fläche. Allgemein folgt dieß schon daraus, daß sie der relativen Cohäsion und der Breite entspricht. Die empirischen Nachweisungen davon, daß nämlich die Elektricität sich zwar über die Oberfläche verbreite, aber nicht in die Tiefe dringe, finden sich gleichfalls in der schon angeführten Abhandlung vom dynamischen Proceß (Zeitschr. Bd. 1, Heft 2, [im Band IV]). Ich will hier, um die Abhängigkeit der Elektricität von der Fläche anschaulich zu machen, nur daran erinnern, daß zwischen je zwei Körpern unangesehen ihrer Qualitäten die Elektricität sich im gleichem Verhältniß der Oberflächen vertheilt, daß die bloßen Bestimmungen der Oberfläche, Rauhheit, Mattheit u.s.f. die elektrischen Verhältnisse eines Körpers bestimmen, daß insbesondere die elektrischen Lichterscheinungen in einem ganz bestimmten umgekehrten Verhältniß zu dem cubischen Inhalt stehen, und die Elektricität in dem Verhältniß leuchtend dargestellt werden kann, in welchem dieser vermindert wird, wie ihre Erscheinungen im sogenannten luftleeren Raum beweisen, wo bei vermindertem cubischen Inhalt der Luft diese fast ganz in Elektricität sich aufzulösen, gleichsam geistige Fläche zu werden scheint, wie es die Elektricität ist.

Es könnte hier noch von dem Begriff der Leitungskraft, so wie von dem verschiedenen Verhalten der Körper in Ansehung derselben geredet werden, allein da ich bereits im §. 163 (Erläuterung) das allgemeine Schema der elektrischen Leitung angegeben habe, so verweise ich wegen der Unterschiede der Körper in dieser Beziehung auf die Sätze meiner Zeitschrift, II. Bd., 2. Heft [Band IV], deren Vergleichung ohnehin nützlich seyn wird.

Wirkungen der Elektricität reduciren sich alle auf gewaltsame Cohäsionsänderungen, die dadurch vermittelt sind, daß jeder elektrische Pol in einem Körper in dem andern seinen entgegengesetzten sucht, so daß z. B. die + Elektricität in dem Körper, den sie trifft, die — Elektricität hervorruft, welche mit jener zur 0 zusammentritt, wodurch aber dann in dem getroffenen Körper selbst in gleichem Verhältniß das Plus (das expansive Princip) hervortritt, so daß er z. B. geschmolzen in flüssigen Zustand versetzt wird. (Unterscheidung der beiden Elektricitäten. Auch hierzu ist keine elektrische Materie, noch weniger zwei zu postuliren. Alle diese Erscheinungen selbst sind in die Natur durch ein und dasselbe, die Cohäsion oder die Differenz, gelegt).

§. 167. *Weder durch Magnetismus noch durch Elektricität ist die Totalität des dynamischen Processes gesetzt.* — Nicht durch Magnetismus; denn in diesem ist bloß relative Identität der beiden Faktoren, des Affirmativen und Affirmirten gesetzt (oder nur Identität der ersten Dimension), in der Elektricität aber wird zwar absolute Identität, Negation aller Differenz, aber nur der Fläche nach producirt, wie der Gegensatz nur Flächengegensatz war. Da nun nach §. 146 die dynamische Bewegung die Rückkehr aus der Differenz in die Identität, das Zurückstreben aus der Duplicität zu der Einheit ist, so ist weder durch Magnetismus noch durch Elektricität die vollkommene Totalität dynamischer Bewegung gesetzt, indem durch beide die Identität keineswegs in der Totalität aller Dimensionen producirt ist.

Zusatz. Da der dynamische Proceß (nach dem, was so eben bewiesen wurde) Rückkehr aus der Differenz in die Identität, aus der Potenz auf das Potenzlose ist, so kann die Totalität seiner Formen nur durch Vermittlung desjenigen gesetzt seyn, was selbst nicht Potenz, sondern Privation aller Qualität ist (also nur durch Vermittlung des absolut-Flüssigen, des Wassers); worunter aber nicht bloß das tropfbar-Flüssige, sondern die gemeinschaftliche Substanz in den drei Formen begriffen ist. Magnetismus und Elektricität sind nämlich beide auch bloß zwischen starren Körpern möglich. Die Totalität der Bewegungsformen kann aber nur gesetzt seyn, wenn die Totalität aller Formen des Seyns gesetzt ist. Aber dieß ist erst, indem dasjenige hinzutritt, was Privation aller Differenz ist.

§. 168. Die Totalität des dynamischen Processes ist nur im chemischen Proceß dargestellt. — Der Beweis ist schon dadurch gegeben, daß nur der chemische Proceß alle Dimensionen afficirt, da der magnetische und elektrische nur Länge und Breite, oder auch auf wirkliche Identität geht, die in der Elektricität unerreicht. Aber anschaulicher ist der Beweis auf folgende Art. In die Totalität des dynamischen Processes muß das absolut-Flüssige eingreifen, es muß als Drittes hinzutreten zu dem Gegensatz, den die beiden Körper des elektrischen Processes miteinander bilden. Das Schema der Elektricität war die Verbindung zweier differenter Körper unter der Form des Winkels. Tritt das Flüssige hinzu, so wird das Dreieck geschlossen; die Linie ABC, die im Magnetismus identisch war, ist zur Triplicität zerfallen und wieder vereinigt. In dem Dreieck ACB bezeichnet AC und AB die beiden Körper, welche in elektrischer Differenz sind; BC, die Basis, bezeichnet das Flüssige oder das Wasser. Da AC und AB im elektrischen Verhältniß stehen, so sind sie auch nothwendig als Differenzen zu denken; der eine dieser Körper wird also relativ auf den andern expandirt, der andere contrahirt seyn, d. h. jener ist unter dem Exponenten der positiven, dieser unter dem Exponenten der negativen Elektricität gesetzt. BC (das Wasser) ist nun gegen beide Bestimmungen gleichgültig; als absoluter Nullpunkt aktiver Cohäsion kann es aber nicht auf magnetische Weise differenziirt werden, d. h. so daß die beiden Pole durch einen dritten zusammengehalten, und der eine sich unmittelbar in dem andern objektiv würde, sondern nur auf elektrische Weise, d. h. so daß es mit der Polarisirung zugleich in zwei Differenzprodukte zerfällt.

Jedes von den beiden entgegengesetzten AB und AC sucht nun, um für sich zur Indifferenz zu gelangen, in dem dritten nach §. 169 seinen entgegengesetzten Pol zu setzen: AB, der expandirte, insofern + elektrische, also die — Elektricität (d. h. die affirmative oder negirende Elektricität), AC aber der contrahirte, insofern — elektrische, die + Elektricität, d. h. die affirmirte, expandirte. Da nun das Wasser gegen beide Bestimmungen gleichgültig ist, so wird es nach zwei entgegengesetzten Richtungen potenzirt. Wasser aber unter der Potenz von + Elektricität (der Expansion) gesetzt, ist nach §. 139, Zusatz 2, = Phlogiston (Wasserstoff), so wie dasselbe, wenn es unter der Potenz der affirmativen, also der — Elektricität gesetzt wird, selbst aktive Privation von Qualität, verzehrendes Princip, Sauerstoff ist. In Bezug auf das Wasser drückt sich also die unter oben angegebenem Schema gesetzte Thätigkeit als Darstellung eines und desselben identischen Dings unter entgegengesetzten Formen der Existenz, d. h. in der gewöhnlichen Sprache als Zerlegung aus. Sie ist also in Bezug auf das Wasser chemische Thätigkeit. Wir haben zu betrachten, was sie in Bezug auf die beiden Körper ist. Hier ist Folgendes zu bemerken.

Nach den Erläuterungen zu §. 141 ist das verzehrende Princip am meisten der Selbstheit feindselig, und sucht die Starrheit der ersten Dimension zunächst in der zweiten zu lösen; es macht den starren Körper zerfallen. Dieselben Produkte aber, welche alle Dimensionen noch am meisten in der Identität, am meisten auf affirmative Weise in sich haben, sind es auch, die nach den Erläuterungen zu §. 163 sich im elektrischen Conflikt als affirmativ, als — Elektricität verhalten, dieselben also, wenn es wahr ist, daß die negative Elektricität der Exponent des verzehrenden Princips ist, sind es auch, die diesem am meisten widerstreben, am wenigsten also auch von ihm angegriffen werden. Dagegen werden diejenigen Produkte, welche vorzugsweise der centrifugalen Richtung angehören, nicht nur am ehesten expandirt werden, sondern auch dem verzehrenden Princip am meisten unterliegen. Es sey also AB ein Produkt der letzten, AC ein Produkt der ersten Art (und so müssen sich beide ungefähr verhalten, da sie different seyn sollen), so wird AB in dem Verhältniß, als es in diesem Proceß oder im Conflikt mit AC expandirt, d. h. in seiner Starrheit vermindert wird, auch dem verzehrenden Princip unterliegen und kraft desselben die erste Dimension oder die absolute Cohäsion in die zweite oder relative umwandeln; es wird zerfallen — (dieß ist der insgemein sogenannte Oxydationsproceß, also gleichfalls chemischer Proceß). Dem Gegensatz zufolge, der in allen Erscheinungen ist, würde nun im Gegentheil der andere Körper AC, wenn er z. B. in einem Grad der Oxydation befindlich wäre, in diesem Proceß sich vielmehr desoxydiren, d. h. er würde in seiner vollkommenen Selbstheit hergestellt werden müssen. Auch dieß = chemischer Thätigkeit. Demnach ist überhaupt die in dem Dreieck ACB gesetzte Thätigkeit = chemische Thätigkeit, und daher auch, was bewiesen werden sollte, ist die Totalität des dynamischen Processes (deren Ausdruck eben jenes Dreieck ist) nur im chemischen Proceß dargestellt.

Wir können nun die dynamische Totalität noch auf verschiedene Weise in eben dieser Thätigkeitsform darstellen: a) indem wir auf die vier Urprincipien der Natur reflectiren, welche §. 141 dargestellt sind. Denn da sich von den beiden starren Körpern der eine, z. B. AC nothwendig als der affirmative, der andere AB als der affirmirte verhält, so verhält sich jener auch als der affirmative Pol der activen Cohäsionslinie (als Erdprincip oder Kohlenstoff), dieser als der affirmirte oder expandirte Pol derselben Linie (als Stickstoff); so wie dann die Polarisation des Wassers die beiden anderen Principien der Breite-Polarität hinzubringt — also Totalität der Weltgegenden. So wie denn auch umgekehrt wieder klar ist, daß die eigentlichen Principien, die reine Entelechie in den sogenannten Stoffen, eigentlich die zwei Pole des Magnetismus und die beiden Elektricitäten sind, und daß jene nur Materien repräsentirt, welche vorzugsweise unter diesen vier Exponenten gesetzt sind. — In Bezug auf die Bestimmung der Weltgegenden ist hier im Vorbeigehen noch zu bemerken. Da die sogenannte negative Elektricität, wenn man auf die Qualität des Faktors selbst sieht, die affirmative ist, so entspricht diese und daher auch das Wasser, sofern es unter ihrem Exponenten steht (dem Sauerstoff), dem östlichen Pol, der sich durchaus wie der nördliche verhält, auf dessen Seite z. B. im Ganzen [illegible] sich ebenso bestimmt die höhere Contraktion und die größere specifische Schwere im einzelnen zeigt. Dagegen da die positive Elektricität die expandirte, negirte ist, so entspricht diese und das Wasser, sofern es unter ihrem Exponenten steht, dem westlichen Pol, der relativ auf den östlichen wieder ebenso bestimmt Expansion zeigt, als es der [illegible] in Bezug auf den nördlichen thut. Im Wasserstoff geht die [illegible] des Erdmagnetismus unter; er tritt überall hervor, wo eine Individualität zerfällt und sich auflöst. — Dieselbe Totalität ist auch darzustellen: b) wenn auf allgemeinere, nämlich auf Zahl- und Raumverhältnisse gesehen wird. Die erste nothwendige, aus Identität und Duplicität geborne Zahl ist die 3. Der Magnetismus ist also die 1 des dynamischen Processes, sein Schema ist die Reihe 1 + 1 + 1 ins Unendliche. Die Elektricität ist die 2. Hier zerfällt die Materie zuerst in wahre Duplicität. Der chemische Proceß ist die 3, und ist daher auch insofern — Totalität. — Wie die drei ersten Primzahlen der arithmetischen Reihe keine Potenzen voneinander, jede vielmehr eine unmittelbare, mit den anderen zugleich und gleich ursprünglich ist, ebenso verhält es sich auch mit den Formen des dynamischen Processes. Wie ferner in der 2 auch die 1 begriffen ist, ohne daß doch diese eine Zusammensetzung der 1 wäre (denn die Duplicität ist ebenso ursprünglich wie die Identität), so begreift die Elektricität den Magnetismus, und wie dann in der 3 die 1 und 2 begriffen sind, so Magnetismus und Elektricität im chemischen Proceß. (Den Fortgang dieser Thätigkeitsformen von Linie und Winkel zum Dreieck brauche ich nicht besonders zu erwähnen, so wenig als daß der chemische Proceß so nothwendig die dynamische Totalität ist, als z. B. die dritte Dimension die beiden ersten in sich faßt).

Zusatz 1. Der chemische Proceß in seiner reinsten und ursprünglichen Form beruht darauf, daß zwei differente Körper durch Berührung relative Cohäsionsänderungen ineinander setzen, und jeder derselben seinen Zustand auf Kosten des dritten, des Qualitätslosen, herzustellen sucht.

Zusatz 2. Allgemeines Gesetz ist, daß von zwei unter die Bedingung des chemischen Processes versetzten Körpern jederzeit derjenige verzehrt wird (sich oxydirt), welcher in seiner Cohäsion relativ vermindert wird; das Gegentheil wird daher bei dem in seiner Cohäsion relativ erhöhten erfolgen.

Dieß wäre also zugleich die Construktion dessen, was man unter Affinität oder Verwandtschaft der Körper zum Sauerstoff allein eigentlich verstehen kann.

§. 169. *Der chemische Proceß ist sowohl durch Magnetismus als durch Elektricität vermittelt.* Beweis ist alles Bisherige. Der chemische Proceß in seiner ursprünglichen Erscheinung durchläuft also auch nothwendig diese drei Dimensionen, die Veränderungen, welche Körper wechselseitig ineinander setzen können. Denn wenn sie einander nur in der ersten Dimension verändern, so magnetisiren sie sich; in der zweiten, so elektrisiren sie sich, in der dritten, so verändern sie sich chemisch. Da nun in dem Dreieck ACB die zwei Linien AC und AB sich auch als die zwei Seiten eines und desselben Magnets wechselnd gedacht werden können, so ist begreiflich, warum auch umgekehrt z. B. zwei starke magnetische Pole in Berührung mit Wasser chemischen Proceß einleiten können. Die Elektricität im chemischen Proceß, ja sogar als Vermittlung (nicht, wie manche sich vorstellen, als Produkt) desselben, ist übrigens nun zur Genüge durch die Voltaische Erfindung dargestellt.

Es sollte nun hier ausführlicher geredet werden von der Coincidenz des a priori gefundenen Schemas alles chemischen Processes mit dem Schema des sogenannten Galvanismus, welches gleichfalls auf der Berührung zweier Körper von differenter Cohäsion unter sich und mit einem dritten flüssigen beruht. Allein da dieses Verhältniß in den Sätzen der Zeitschrift, besonders in den Erläuterungen zu §. 118[1], hinlänglich auseinandergesetzt ist, so verweise ich dahin, und bemerke hier das Einzige, daß Galvanismus und chemischer Proceß eins und dasselbe ist, nur daß dieser in jenem wirklich in der Totalität seiner Bedingungen, ebendaher auch durch Elektricität vermittelt, wie, nur minder sichtbar,

[1] Vgl. Band IV, S. 185.

jeder chemische Proceß gleichsam gegliedert und auseinander gelegt erscheint; daß Galvanismus also keine besondere Thätigkeitsform der Natur ist, noch weniger ein eignes Agens, etwa ein besonderes, wohl gar imponderables Fluidum, sondern die, besonders in der Voltaischen Länge, auseinandergelegte Totalität aller Formen, a) des Magnetismus, dessen Schema ganz an ihr nachzuweisen ist; denn α) es ist durch die ganze Länge dasselbe Identische, nur an den Polen mit einem Uebergewicht von + und — gesetzt; β) was von der ganzen Länge gilt, gilt auch von jedem einzelnen Theil; γ) jeder Punkt dieser Länge ist, je nachdem er betrachtet wird, relativ auf ein anderes +, — oder indifferent; b) der Elektricität. An diese partiale Seite halten sich Volta und andere, welche die natürliche Folge umkehrend die Elektricität als entsprungen oder vermittelt durch den chemischen Proceß betrachten. Allein es ist allgemein einzusehen, ist auch bereits vor dieser Erfindung Voltas in der Naturphilosophie allgemein bewiesen worden, daß jeder chemische Proceß erst durch Elektricität hindurchgehen müsse; denn das Identische muß erst in das Verhältniß der absoluten Duplicität, also der Elektricität, treten und zerfallen, ehe es sich in der dritten Dimension im chemischen Proceß wieder einigen, in Eine gemeinschaftliche Raumerfüllung übergehen kann.

§. 170. Der chemische Proceß, obgleich er in allen Dimensionen wirkt, afficirt doch in allen bloß die Form oder die Cohäsion. Dieß ist schon daraus offenbar, daß auch das chemische Dreieck wieder reducirt ist auf die Linie ACB, woraus erhellt, daß der ganze dynamische Proceß wieder auf das Schema der Cohäsion zurückkommt.

§. 171. Durch den chemischen Proceß können die Körper nicht der Substanz, sondern nur dem Accidens nach verändert werden. Folgt unmittelbar aus dem Vorhergehenden, dazu genommen, daß Cohäsion nur eine Affektion der Substanz ist.

Die Materie, welche in der ersten Potenz ruhiges Bestehen war, wird also im dynamischen Proceß allerdings verwandelt, aber diese Verwandlung ist keine Umwandlung der Substanz, sondern eben bloß der

Potenzen oder der Formen, welche in der ersten Potenz als Formen des Bestehens gedacht wurden.

§. 172. *Alle, auch chemische Qualitäten der Materie sind bloße Potenzen der Cohäsion.* Folgt aus allem Bisherigen.

§. 173. *Die Substanz jedes Körpers ist von seinen Qualitäten unabhängig und nicht durch sie bestimmt.* Denn überhaupt ist die Substanz, unabhängig von ihren Affektionen, sich ewig gleich und dieselbe. Daher vollkommene Einheit der Substanz in allen materiellen Dingen. Z. B. also, was die Chemie Kohlenstoff oder Stickstoff nennt, ist der Substanz nach dasselbe, obgleich die Potenzen verschieden sind. Wie es sich mit dem Wasser verhält, das in seinen Verwandlungen der Substanz nach ein und dasselbe, so mit der Materie überhaupt.

(Da nun alle Potenzen überall bloß relativ, vergleichungsweise sind, so ist klar, wie sich auch in dem chemischen Proceß die ewige, affektionslose Identität des wahren Wesens, des Urwesens der Materie spiegelt).

§. 174. *Kein Körper ist der Substanz nach zusammengesetzt* (auch nicht chemisch). Denn die Substanz ist eine und durchaus dieselbe. Was daher auch getheilt oder zerlegt werden möge, so wird doch nie die Substanz zerlegt.

Zusatz 1. Es ist daher falsch zu sagen, irgend eine Materie *bestehe* aus diesen oder jenen Elementen, oder sey aus ihnen zusammengesetzt. Denn daß die identische Materie eines Körpers etwa unter zwei verschiedenen Formen dargestellt werden kann, beweist nicht, daß der Körper selbst zusammengesetzt war, so wenig als aus der unendlichen Theilbarkeit der Materie folgt, daß sie aus unendlich vielen Theilen zusammengesetzt sey.

Zusatz 2. Eine Materie wird chemisch zerlegt heißt: ein und dasselbe wird unter differenten Formen der Existenz oder unter differenten Exponenten gesetzt, und die sogenannten Stoffe, aus denen die Körper bestehen sollen, sind daher erst durch die Zerlegung selbst gesetzt und Produkte der Zerlegung. (Hieraus ist zu beurtheilen, daß der Streit um die Einfachheit oder Nichteinfachheit eines Stoffes, wie er unter den Chemikern geführt wird, ein ganz leerer Streit sey. Fragt man z. B.: ist das Wasser einfach oder zusammengesetzt? so kann man beides behaupten, je nachdem man sich auf den höheren oder niederen Standpunkt stellt. In dem Sinn, in welchem das Wasser einfach ist, ist es jede Materie, und in dem Sinn, in welchem andere Materie zusammengesetzt und zerlegbar ist, ist es auch das Wasser. Es ist daher eine Partialität, die Einfachheit des Wassers zu behaupten, während man noch von der Zusammengesetztheit der übrigen Materien spricht, so wie überhaupt keine Chemie wissenschaftlich construirt heißen kann, solange sie noch auf ein *Bestehen* oder Zusammengesetztseyn der Körper aus Stoffen ausgeht, wenn sie auch im Uebrigen, wie z. B. die von Winterl, bei weitem pneumatischer, d. h. geistreicher, als die französische seyn sollte.

Zusatz 2. Ein Körper, obgleich er zerlegbar ist, ist dennoch einfach. Folgt aus dem Begriff der Zerlegung und daraus, daß die Differenz erst ein Produkt der Zerlegung selbst ist.

§. 175. *Alle sogenannte chemische Zerlegung ist Potenzirung, alle Zusammensetzung dagegen Depotenzirung der Materie.* Das erste erhellt aus dem Begriff der Zerlegung, den wir im zweiten Zusatz zum vorigen Satze gegeben haben. Das andere so: in allem dynamischen Proceß, vorzugsweise aber im chemischen, geht die Natur darauf aus, die Differenz aufzuheben, und da dieß nur durch Indifferenz geschehen kann, eine Potenz durch die andere auszulöschen, d. h. also die Materie potenzlos zu machen, demnach zu depotenziren. So sagt man z. B.: das Neutralsalz ist eine Zusammensetzung eines Alkali mit einer Säure. Richtiger gesprochen: es ist die mehr oder weniger gelungene Depotenzirung beider, dadurch nämlich, daß die entgegengesetzten Potenzen des einen und des andern sich auf die 0 reduciren.

Zusatz 1. Man kann daher auch sagen: die allgemeine Tendenz aller sogenannten Zusammensetzung sey, die Materie aufs Wasser zu reduciren. Denn ist alle sogenannte chemische Zusammensetzung Aufhebung einer Potenz durch die andere, so wird ihr letztes Ziel nur in der vollkommenen Potenzlosigkeit erreicht seyn, die nach früheren Erklärungen nur im Wasser ist.

Zusatz 2. Im chemischen Proceß als chemischen kann diese Depotenzirung der Materie nicht vollkommen erreicht werden. Denn ist der chemische Proceß = dritter Dimension, so geht auch die erste Dimension noch in ihn ein und ist bestimmend im chemischen Proceß, so daß zwar die Indifferenz beider, das Flüssige, niemals aber die absolute Identität producirt werden kann.

Diese vollkommen gelungene Depotenzirung könnte also nur durch einen Proceß erreicht werden, der selbst keiner besonderen Dimension mehr entspräche, sondern allen gemeinschaftlich entgegengesetzt wäre.

Anmerkung. Wir bemerken hier, daß der allgemeine Ausdruck jener Indifferenz, wie sie im chemischen Proceß erreicht wird ohne völlige Vertilgung der Qualität, die Auflösung oder Solution ist, von welcher die *Säuren* selbst das erste und allgemeinste Beispiel sind. Da nämlich die Faktoren der relativen Cohäsion sich im Wasser zur absoluten Identität, und demnach zur völligen Privation aller Qualität reduciren, so ist in den Säuren offenbar noch die erste Dimension oder die Metallität mitbestimmend. Der Sauerstoff, der sich mit dem Wasserstoff indifferenzirt, producirt keine Säure, alles aber, in dem der unvertilgliche Charakter der Metallität ist, wird nur Säure, noch *differente* Flüssigkeit. — Die Säuren treten dann übrigens wieder im chemischen Proceß als Drittes oder Flüssiges ein, und die Auflösung der Metalle durch sie geschieht nach keinem andern Schema als dem allgemeinen des chemischen Processes, wie es §. 168 entworfen ist. Denn da jede Säure eigentlich ein metallisches Substrat ist, von welchem die Säure die bloße Qualität ist, da also die Säure zugleich einen flüssigen und festen Körper repräsentirt, so ist bei jeder Auflösung eines Metalls in Säuren die zum chemischen Proceß nothwendige Triplicität gegeben. Die Säuren sind also eigentlich der Uebergang aus dem starren Zustand in den potenzlosen. Das verzehrende Princip hat in ihnen das irdische ganz aufgezehrt, so daß sie die Funktion des ersten ausüben und gleichsam ein flüssiges Feuer sind, welches die Cohäsion der starresten Körper löst, ohne sie jedoch dem völligen Tod, der gänzlichen Potenzlosigkeit hingeben zu können. Daher

§. 176. Die Vernichtung aller Potenz, das höchste Ziel aller dynamischen Thätigkeit, wird nur im Ausbruch des Feuers oder im Verbrennungsproceß erreicht. (Dieser also verhält sich zu den drei Stufen dynamischer Thätigkeit, Magnetismus, Elektricität und chemischer Proceß, selbst wieder als das Potenzlose, er verhält sich so, wie sich die absolute Identität des Göttlichen zu den drei Potenzen der Natur verhält). — Indirekter Beweis: Wenn es wahr ist, daß die völlige Tilgung aller Potenz, das höchste Ziel aller dynamischen Thätigkeit, nur im Verbrennungsproceß erreicht wäre, so müßte dieser am vollkommensten, ja er müßte einzig da seyn, wo die Potenzlosigkeit wirklich hergestellt wird. Aber dieß kann nur geschehen, wo das Produkt der Depotenzirung das Wasser ist, denn dieß ist allein das Potenzlose. Nun ist aber auch wirklich der wahre Verbrennungsproceß, der mit dem Ausbruch des Feuers verbunden ist, eingeschränkt auf die wechselseitige Depotenzirung der beiden Formen des Wassers durcheinander, und schwerlich möchte ein solcher ohne die Gegenwart des Phlogiston und des verzehrenden Princips irgend stattfinden. Demnach ist auch der Verbrennungsproceß oder der Ausbruch des Feuers diejenige Erscheinung, welche die gänzliche Vertilgung aller Differenz, also überhaupt die höchste Blüthe des dynamischen Processes bezeichnet.

Erläuterungen: 1) Aller chemische Proceß überhaupt ist, in Ansehung der starren Körper ein Streit der Länge- und Breite-Polarität, die in Magnetismus und Elektricität gesondert erscheinen, hier aber im Wechselstreit zusammentreffen. Im Verbrennungsproceß des starren Körpers siegt die relative Cohäsion über die absolute, und wird durch das verzehrende Princip hervorgerufen in ihm; das starre Metall zerfällt in Erde, in eine zerreibliche Masse. Bloß insofern auch die beiden Principien der relativen Cohäsion und die Breite-Polarität selbst in Identität übergehen, kann die wahrhaft differenzlose Identität im

Feuer hervortreten, und bloß insofern sind auch Erscheinungen des Feuers mit dem Auflösungsproceß starrer Körper verbunden. Ist nun der erste Satz (1) richtig, so wird 2) auch die Verbrennlichkeit aller Körper auf dem Gegensatz der Dimensionen des In-sich-selbst-Seyns und des Seyns in anderem beruhen. Je mehr daher ein Körper beide für sich gleichsetzt, d. h. je mehr er überhaupt die verschiedenen Dimensionen in sich relativ vereinigt, desto mehr wird er sich auch der Gewalt des Feuers entziehen (welches auf der Differenziirung beruht); daher wir sehen, daß die edlen Metalle, die Platina z. B., das Gold, das Quecksilber, in dem Verhältniß, in welchem sie in sich die Dimensionen relativ gleichsetzen, schwerer verbrennlich sind, und selbst mit fortgerissen in den allgemeinen Verzehrungsproceß der Natur, doch, sobald nur die äußere Möglichkeit gegeben ist, durch innere Kraft sich aus jenem wieder loswinden und zu ihrem Zustand herstellen. Weniger ist dieß schon der Fall beim Silber, weil dieses ausschließender die Länge repräsentirt, und bei dem sich der Kreis von Metamorphosen schon beträchtlich erweitert, die es unter Einwirkung des verzehrenden Princips durchläuft. Der Diamant, der gewissermaßen noch alles verschlossen im Keim enthält, was bei dem härtesten Metall schon wenigstens zum lebendigen Punkt sich entfaltet hat, weicht nur den höchsten Graden des Feuers, indem er zugleich unwiederherstellbar in Dunst verschwindet. — In dem Verhältniß, als entweder die reine Länge-Polarität oder die entgegengesetzte der Breite an den Körpern geschiedener hervortritt, nimmt die Gewalt des verzehrenden Princips über die Materie zu, und also auch der Grad der Verbrennlichkeit bis zu dem Punkte, wo mit völlig vernichteter Individualität die letzte Differenz aus dem Wasser gehoben wird, in einer Materie, die, fast centrifugal in Bezug auf die [illegible] der Schwere und Cohäsion gleicherweise entrissen ist. Allein auch [illegible] ist noch eine Art der Selbstheit, die wieder vernichtet, vom verzehrenden Princip niedergeschlagen wird und mit ihm gemeinschaftlich in das Wasser eingeht, welches als die vollkommenste Identität aller Polarität der Punkt ist, in welchem allein das verzehrende Princip selbst seine Ruhe findet.

Die höchste Beziehung des Verbrennungsprocesses, so wie aller dynamischen Thätigkeit überhaupt, können wir indeß hier noch nicht angeben, da wir noch von dem Verhältniß des Einzelnen im großen Organismus des Weltsystems nicht gehandelt haben. Nur so viel indeß. Alles Verbrennen ist Versöhnung des realen mit dem idealen Princip, des Irdischen mit dem Himmlischen. Daher die reinigende Kraft des Feuers und sein symbolischer Gebrauch in allen Religionen. Das gute Princip verklärt das Finstere im Feuer und verzehrt das Irdische an ihm — in den härtesten Körpern zu dem Punkt, wo es zwar nicht Licht, aber auch nicht mehr finstere Materie ist, zur völligen Durchsichtigkeit. Nur im Kampf mit dem widerstrebenden Princip wird die ruhige Substanz zur verzehrenden Flamme. Jeder Verbrennungsproceß ist eine Aufopferung der Individualität, und wenn die Sonne in Bezug auf die Erde das ideale Princip repräsentirt, so opfert in jedem Verbrennungsproceß die Erde gleichsam die Sonne, wie sie sich ihr zu opfern selbst im vulcanischen Proceß aufgefordert ist, obschon sie, dem Phönix gleich, durch die Macht der innewohnenden Individualität immer wieder aus ihrer Asche aufsteht, um sich aufs neue mit der Sonne zu verbinden. Jeder Verbrennungsproceß ist daher ein Sieg der Sonne über die Erde, welchen jene mit dem Ausbruch des Feuers feiert. Kein Wunder, daß man in allen Mythologien, denen jene wunderbare Mischung des Allgemeinen und Concreten, des Idealen und Realen in den Dingen als eine Zufälligkeit erschien, ihren ewigen Streit einst, im Weltende, durch das Feuer ausgeglichen erwartete; denn alle Verzehrung durch Feuer ist in der That nichts anderes als eine Auflösung des Realen durch das Ideale.

Die volle Erkenntniß der Natur des Feuers aber können wir erst von einer Untersuchung erwarten, die wir noch anzustellen haben, und mit welcher wir erst diese Lehre vom dynamischen Leben der Dinge schließen.

Das Verhältniß nämlich der ersten Potenz der Natur und der zweiten, mit deren Betrachtung wir noch beschäftigt sind, ist dieses, daß in jener noch die reale Seite der Substanz oder die Substanz selbst als real, hier dagegen die ideale Seite derselben oder dieselbe unendliche Substanz als ideal das eigentlich Betrachtete ist. In allen dynamischen Erscheinungen blickt — unvollkommen auf der tiefsten Stufe im Magnetismus, wo das Ideale ganz im Realen verhüllt ist — die Unendlichkeit der idealen Substanz durch, wie sich in der Metamorphose die Unendlichkeit der realen offenbart. Beides ist nur Eine Substanz, und was in dem einen erkennbar ist, muß auch in dem andern durchbrechen.

Nun haben wir aber in der ersten Potenz alle Formen jederzeit auf gedoppelte Weise betrachtet. Einmal als Form oder in der Differenz, dann als Substanz oder in der Indifferenz — die sich hier, wo nämlich die Substanz ganz von der realen Seite betrachtet wird, nur materiell ausdrücken konnte. Wir fanden zwei sich entsprechende Reihen:

Die erste Dimension drückte sich, als Form oder in der Differenz, durch aktive Cohäsion, die zweite, gleichfalls als Form, durch relative, die dritte, gleichfalls als Form, durch sphärische Cohäsion aus. In der Substanz oder der Indifferenz entsprachen diesen Formen ebenso viele reale Ausdrücke. Der ersten Dimension das Erdprincip, der zweiten das Phlogiston, der dritten das allgemein gegenbildliche Princip. Für das, was über aller Dimension ist, gibt es in der Differenz oder Form keinen Ausdruck (weil hier alle Form und Differenz aufhören), wohl aber im Produkt durch den Sauerstoff, so wie dann ferner alle diese Polaritäten und die des verzehrenden Princips selbst im Wasser ihre Indifferenz und ihre Ruhe fanden.

Ein ähnlicher Parallelismus muß sich nun auch für die zweite Potenz finden. Auch hier muß sich nämlich von jeder Bewegungsform ein gedoppelter Ausdruck finden, einmal in der Differenz, und dann in der Substanz. Sind nämlich alle dynamischen Bewegungen Erscheinungen der unendlichen idealen Substanz, wie die Formen des Seyns und der Metamorphose Gestaltungen der unendlichen realen Substanz sind, so müssen jene immer gedoppelt betrachtet werden können. Einmal in Bezug auf die Materie oder die Differenz, als solche haben wir sie bisher betrachtet. Dann muß das An-sich jeder dieser Formen in der unendlichen idealen Substanz selbst aufgezeigt werden, oder, besser ausgedrückt, es muß gezeigt werden, wie die unendliche ideale Substanz als das An-sich jeder jener Formen erscheint; ebenso wie in der ersten Potenz jedesmal gezeigt wurde, wie die unendliche reale Substanz in jeder jener besonderen Formen des Seyns erscheint. Zu dieser Untersuchung gehen wir jetzt fort.

§. 177. Von jeder der dynamischen Formen (dem Magnetismus, der Elektricität, dem chemischen und Verbrennungsproceß) ist die unendliche ideale Substanz das An-sich oder das Wesen. — Bedarf keines Beweises; denn sie beruhen auf Differenz; von aller Differenz aber ꝛc.

§. 178. Die unendliche ideale Substanz als das An-sich alles Magnetismus (und insofern auch der Identität der Dinge untereinander) erscheint als Klang.

Erläuterung. Wir behaupten nicht, Klang sey Magnetismus oder Cohäsion, sondern wir behaupten, der Klang sey das unendliche Ideale selbst, angeschaut als das An-sich, die Identität alles Magnetismus. Der Klang an sich selbst ist körperlos, obgleich er nur in der Beziehung auf Körper stattfindet, und zwar bestimmt sich hier seine besondere Beziehung, nämlich das An-sich des Magnetismus zu seyn, darnach, daß er durch Cohärenz bedingt erscheint, indem die Sonorität aller Körper im nächsten Verhältniß mit ihrer Cohärenz steht, der Klang selbst auch eigentlich nur ein Leben in der Zeit hat, wie der Magnetismus.

Zur Erläuterung. Der Klang ist die in der Natur wiedertönende unendliche Affirmation der Idee Gottes, gleichsam das in die Welt gesprochene Wort Gottes. In Bezug auf den einzelnen Körper ist er nichts anderes als die Affirmation, d. h. eben die Identität der Cohärenz, das An-sich des In-sich-selbst-, des real-Seyns des Körpers. Daher ist es Bedingung seiner Erscheinung, daß ein Körper aus der Ruhe, aus dem Gleichgewicht und der Identität mit sich selbst (des Allgemeinen und Besonderen, Wesen und Gestalt) gesetzt werde, welches durch Stoß und überhaupt Berührung von außen geschieht. Der Klang ist dann die Wiederherstellung, d. h. die Affirmation der Identität des

Körpers mit sich selbst oder des in-sich-selbst-Seyns des Körpers. Da er also hier als die Seele der Selbstheit erscheint, so ist der Klang überhaupt ein Nachbild des Ausgehens aller Dinge aus Gott. Jedes Ding der Natur gehört zum Seyn Gottes, und ist selbst nur, inwiefern es zu diesem Seyn gehört. Dieses sein Begriffenseyn in der unendlichen Affirmation Gottes ist, was sich an ihm als Klang ausspricht, der eben nur die Affirmation seiner Realität ist — (der unendliche, durch alle Dinge hingehende Begriff Gottes, daher auch die Identität der Dinge ist Klang). Diese unendliche Bejahung Gottes in der Natur, welche der ewige Grund des Lebens ist, tönt herauf bis zur Vernunft, welche, nur die vollkommenste Wiederholung davon, sich selbst wieder in Rede und Sprache ebenso symbolisch faßt, wie sich das göttliche Wissen in der Welt symbolisch gefaßt hat. Auch die reale Welt ist real nur in Relation, an sich aber Identität des Affirmativen und Affirmirten. Sie erscheint nur nicht als das lebendige Wort, als das Sprechen Gottes selbst, sondern als das gesprochene Wort. In den ältesten Philosophemen des Orients insbesondere ist jene unendliche Affirmation seiner selbst, die zugleich das Wesen Gottes ist, als das lebendige Wort bezeichnet worden, so wie in den meisten Sprachen der Ausdruck der Vernunft und der Rede einer und derselbe ist. Im Klang erscheint die wirkliche Affirmativität der Natur, d. h. es erscheint die unendliche ideale Substanz als das An-sich des besonderen Lebens und in der unmittelbaren Beziehung auf dasselbe[1].

Hierüber noch mehr in der Folge.

§. 179. Die unendliche ideale Substanz als das An-sich aller Elektricität (und insofern auch aller Differenz der Dinge von einander) erscheint als Licht. Dieser Satz bedarf zuvörderst [illegible] Erläuterung, welche dann aber zugleich den Beweis von ihm [illegible] — Im Magnetismus wird die Identität aller Dinge der Besonderheit nach angeschaut, so daß er auf der höheren Stufe nur wieder eine Art der Schwere ist, kraft welcher die Dinge ihren Accidenzen oder ihrer

[1] Vgl. die Philosophie der Kunst im vorhergehenden Band, S. 488 ff. D. H.

Form nach ebenso zusammenstreben und in eins übergehen als der Substanz nach durch die Schwere. Ihm stellt sich aber die andere Polarität entgegen, durch welche die Dinge in Differenz zerfallen. Dieß Zerfallen in Gegensatz bezeichnet den Moment der Elektricität, welche durchaus und ebenso Duplicität fordert, wie der Magnetismus Identität. Aber auch von dieser Differenz ist das Licht, das allgemeine Exponentiirende der Dinge, wieder die Identität. Daher es (nach §. 164) hervortritt, sowie die Differenz der Körper in der Identität verschwindet, zur 0 wird. Wie daher der Klang das An-sich der Identität aller Dinge ist, so ist das Licht, als solches erscheinend, das An-sich der Differenz aller Dinge, was eben deßhalb, weil es das An-sich davon ist, selbst differenzlos ist.

Anmerkung. Wir haben gleich anfangs, als von dem der Schwere entgegengesetzten Attribut der Natur die Rede war, das Licht, wie es erscheint, von dem Lichtwesen unterschieden, und haben dieses als die ideale Allgegenwart der unendlichen Substanz bezeichnet. Licht ist insofern wieder der allgemeine Ausdruck der unendlichen idealen Substanz; denn wo sie in ihrer Idealität hervortritt, ist Licht. Im Magnetismus ist das Licht (d. h. die unendliche Bejahung aller Differenz) die Affirmation oder der Begriff des Einzelnen; auch der Klang ist Licht, er ist nur das innere, das unmittelbare Licht der Körper. Das, was wir in specie Licht nennen und in obigem Satz so genannt haben, ist nur das als Licht auch erscheinende Licht. — Licht ist überall der Erscheinungsausdruck der idealen Substanz — in der Elektricität und im Feuer (denn im chemischen Proceß, wo die erste Dimension wieder eingreift, taucht auch das Licht wieder in die Materie unter) — Licht ist also ihr Gewand, wo sie als ideale hervortritt, und dem-[illegible] ist Licht zugleich der allgemeine Ausdruck der idealen Substanz und der besondere, inwiefern sie nämlich auch insbesondere als solche, nämlich als das An-sich aller Differenz der Dinge erscheint, welches eben in der Elektricität geschieht. Hier ist nun auch der Ort, wo wir die empirischen Erscheinungen des Lichts in Bezug auf die Körper, also überhaupt die Lehre vom Licht, wovon im Vorhergehenden bloß das

Allgemeinste berührt wurde, darstellen können. Ich werde daher die Hauptsätze dieser Lehre hier als Zwischensätze oder auch als *Zusätze* zum Vorhergehenden einschalten. Es sind folgende:

1) *Das Licht ist reine Identität, schlechthin einfach.* — *Zur Erläuterung*: Es ist nicht ein + und ein −, wie die Materie (als Identität von Licht und Schwere), es ist noch in einem andern Sinne einfach als auch die Materie, es ist reines +, das reine Exponentiirende. Noch weniger kann es mechanisch oder *chemisch* zusammengesetzt seyn, wie einige Neuere wollen, die damit zwar sehr viel Lichtstoff, aber wenig Licht in die Natur gebracht haben. Es ist *einfach*; denn einfach ist alles, in Ansehung dessen die Qualität mit der Substanz eins ist, oder dessen Qualität zugleich auch die Substanz ist. Nun ist dieß aber eben der Fall mit dem Licht. Seine Qualität ist auch seine Substanz, und es ist insofern (kann man sagen) nichts wie Qualität, die reine Identität aller Qualität selbst.

2) *Das Licht kann als Licht nur im Gegensatz mit dem Körper als das Nicht-Licht erscheinen.* Denn überhaupt kann das Ideale als Ideales nur im Gegensatz gegen das Reale erscheinen.

Folgesatz: Alles sinnliche Licht ist daher nicht das Licht, wie es an sich selbst, sondern wie es im Gegensatz ist, also bloße Erscheinung des Lichts absolut betrachtet.

3) *Erklärung.* Differenz des Körpers mit dem Licht ist Undurchsichtigkeit, Indifferenz gegen das Licht Durchsichtigkeit.

(Wir haben hier kürzlich anzugeben, worauf dieß Verhältniß beruhe. Die Substanz, das Wesen der Materie ist die Schwere; diese geht vor dem Licht her als Grund aller Realität, aber beide sind doch eins, beide sind nur die verschiedenen Attribute derselben absoluten Substanz. Nicht also die Schwere an und für sich ist undurchsichtig für das Licht, sondern nur, was selbst Abstraktion, quantitative Differenz der *Schwere* ist, und in dem Verhältniß, als es dieß ist, also auch in dem Verhältniß, in welchem es sich absondert von der Totalität mit andern Dingen, ist undurchsichtig. Zuvörderst ist nun die Materie im ganz potenzlosen Zustande in der größten Identität mit der Substanz, und daher auch außer dem Gegensatz mit dem Licht. Hierher fällt, wie wir wissen, das absolut Flüssige, das Wasser. Da nämlich das Licht die Identität aller Differenz ist, so ist die vollkommen differenzlose Materie gleichsam nur das objektiv angeschaute Licht; in ihr erkennt das Licht nicht Materie, sondern schaut nur sich selbst an (daher auch Indifferenzpunkt der Elektricität). Diese Continuation seiner Selbstanschauung durch Materie, oder richtiger, diese Anschauung seiner selbst in der Materie ist das, was als ein Durchgehen des Lichts durch ein transparentes Medium erscheint. Der Körper ist nichts Positives in Bezug auf das Licht; er ist als relatives Nichtseyn gesetzt; er ist also zwar nicht Licht, in Bezug auf das Licht aber auch nicht Körper, und daher indifferent gegen das Licht. Da sich nun Licht und Schwere auch verhalten, wie sich Identität und Totalität verhält, so wird die Materie ferner gegen das Licht sich indifferent verhalten, d. h. das Licht wird sich selbst in ihr anschauen, nur in dem Maße, in welchem die Materie sich entweder rein der Identität oder rein der Totalität nähert; Identität drückt sich nun aus durch das Maximum von Contraktion, Totalität durch das Maximum der Expansion, demnach wird die Durchsichtigkeit außer dem absoluten Nullpunkt aller Differenz, dem Wasser, nur noch an den Extremen der Cohäsionsgrade, im Maximum der Identität oder der erreichten Totalität stattfinden. Der härteste Körper, der Diamant, ist z. B. durchsichtig (die Schwärze der Kohle ist nur eine anfangende Durchsichtigkeit, wo die Materie schon in Bezug auf das Licht als bloße Privation zu erscheinen beginnt); also der härteste Körper, so wie dann wiederum der cohäsionsloseste, sind es, welche durchsichtig erscheinen. — Dagegen in dem Verhältniß, wie die Selbstheit hervortritt, tritt nothwendig die Differenz mit dem Licht ein, daher vorzüglich in den edlen Metallen (hier dagegen das innere Licht der Klang); denn da das Licht der unendliche Begriff aller Differenzen ist, so tritt der Körper nothwendig in dem Verhältniß, als er sich von der Totalität der Körper sondert, in Gegensatz mit dem Licht, er trübt sich für das Licht und wird undurchsichtig.

4) **Weder kann das Licht unmittelbar auf den Körper, noch der Körper auf das Licht wirken**; beide sind vielmehr über-

haupt und in jedem Verhältniß nur durch die absolute Identität vermittelt. Denn sie verhalten sich wie *real* und *ideal*; Reales und Ideales können aber überall nur durch die absolute Substanz eins seyn. Also sind auch in der Natur Licht und Körper und alle Verhältnisse derselben nur vermittelt durch die absolute Identität, die Substanz schlechthin betrachtet, und es ist nichts anzunehmen, als entweder eine *Perception* im Licht (nach dem, was im VIII. Axiom darüber behauptet ist), die, weil sie blind und bewußtlos ist, als eine Art von Instinkt gedacht werden müßte; oder, da auch aller Instinkt in der Natur vermittelt ist durch die allgemeine Substanz, so ist auch Reflex und Brechung als vermittelt zu betrachten durch dasjenige, worin Licht und Materie eins sind. — Nach diesem Grundsatz sind denn auch die verschiedenen Verhältnisse der Reflexion und Refraktion selbst näher zu bestimmen.

5) Das *empirische* Licht oder das Licht, inwiefern es von der unendlichen idealen Substanz selbst wieder *nur* die Erscheinung ist, *durchläuft dieselben Dimensionen, welche auch sein Gegenbild, die Cohäsion, durchläuft.* Ich nenne die Cohäsion ein Gegenbild des Lichts, nicht allein weil das Licht, als das Affirmative, das Setzende aller Cohäsion in der Materie ist, sondern auch aus Gründen, die sich in der Folge noch ergeben werden. — Wir haben zuvörderst diese Dimensionen selbst näher anzugeben.

6) *Die erste Dimension in der Erscheinung des Lichts ist seine reine Expansion*, der strahlende Zustand (gleichsam die reine aktive Cohäsion des Lichts, die, in der Materie mit dem passiven Princip verbunden, im Licht rein als *solche* oder in der reinen Thätigkeit angeschaut wird). Das Licht in seiner reinen Expansion und Centrifugenz ist das Urbild aller Stetigkeit, und insofern, da das reine Bild der Stetigkeit die Linie, deren Abdruck aber die Cohäsion ist, auch das Urbild aller Cohäsion. — Hier bietet sich von selbst die Gelegenheit dar, uns auch genauer, als es bisher geschehen ist, über die Propagation des Lichts zu erklären, zu welchem Ende aber noch einiges Allgemeine vorausgeschickt werden muß.

Ich habe schon erinnert, daß das Licht sowohl der allgemeine als auch der besondere Ausdruck der unendlichen idealen Substanz ist, aber daß die unendliche ideale Substanz sowohl überhaupt als in der besonderen Beziehung, auf die Elektricität z. B., oder als das besondere An-sich dieser Erscheinung Licht ist. Aber die unendliche ideale Substanz ist nothwendig und ebenso allgegenwärtig, wie es die Schwere ist, und schon früher haben wir das Licht, im Gegensatz der Schwere, nur als die ideale Allgegenwart der Substanz bestimmt. Das Licht geht also im Universum nicht von einem oder mehreren bestimmten Punkten aus, oder ist an diese Punkte gefesselt (denn es ist ja die allgegenwärtige Substanz selbst). Es gibt im wahren Universum keine Sonnen und keine Planeten, sondern es gibt nur Eine unendliche und allgegenwärtige Sonne, das Licht selbst, und nur Einen unendlichen Planeten, welcher die Schwere ist. Was wir insgemein Sonnen und Planeten nennen, sind einzelne Bilder und Abdrücke der absoluten Identität des Lichts und der Schwere, wovon sich die einen als vollkommenere Organe der Identität verhalten als die anderen, wie in einem organischen Leib das Werkzeug der Bewegung, die Muskeln z. B., gewissermaßen die Planeten, die Sinnesorgane aber, die Augen insbesondere, die Sonnen sind, die Seele aber doch, allgegenwärtig, sich in jedem Organ fühlt und in ihm sich anschaut. Verhält sich nun das Licht zum Universum, wie sich die Seele zu einem organischen Leib verhält, so nämlich, daß es unmittelbar in jedem Theil desselben empfindet und gegenwärtig ist, so kann es auch keine Propagation des Lichtes geben, wie sie insgemein angenommen wird. Alle Propagation des Lichtes ist vermittelt durch die wirkliche Allgegenwart der unendlichen Seele des Alls; nicht anders als wie im organischen Leib die Bewegung vom Centro aus den äußersten Gliedern sich mittheilt, nicht als ob sie von dem Gehirn durch den Nerven in das Glied fortliefe, sondern weil es eine und dieselbe Seele ist, die in jenem und in diesem sich anschaut. Die empirische Sonne sendet uns im strengen Sinne des Worts kein Licht zu, sondern sie regt nur für uns die überall gegenwärtige unendliche Sonne oder vielmehr die Lichtwelt selbst an, auf keine andere Weise, als wie sie den elektrischen Körper oder das Verbrennende gleichfalls einschließt, und wie jene gleichsam intelligible Welt in den realen überall hervortritt, wo die Scheidewand fällt, zum Beweis ihrer Allgegenwart. Das Licht erscheint, wie die Bedingungen dieser Erscheinung gegeben sind; es entsteht also nicht erst in diesem Augenblicke, sondern es ist, unveränderlich gegenwärtig, wie die Schwere. Das Licht ist das Affirmative der Natur, das auf planetarischen Weltkörpern ohne höheren Einfluß sich im Affirmirten verliert. Von der Sonne pflanzt sich das Affirmative nicht anders fort, als wie es z. B. im Dendrit an die träge Materie gebunden langsam fortsproßt, ohne daß das, was in dem vorhergehenden Punkte war, in den folgenden übergetragen und jenem genommen würde; wie vielmehr in jener Fortpflanzung des Homogenen durch Homogenes, die wir im allgemeinen Bildungstrieb der Natur, im Wachsthum der Pflanzen, im Sprossen der Metalle, und in ihrer magnetischen Concrescenz erblicken — wie also in dieser Fortpflanzung des Homogenen durch Homogenes das Vorhergehende zugleich besteht, indem das Folgende wird, so sproßt das Licht, aber nicht mit träger Materie sich schleppend, sondern hüllenlos und frei von der Sonne, zu uns fort, indem jeder Punkt, in dem dieß Affirmative ist, unmittelbar und ohne andere Vermittlung als die Allgegenwart der Substanz selbst, dasselbe + auch in jedem folgenden setzt, wodurch eben die Erscheinung der Propagation des Lichts das wahre Urbild aller [illegible] und Stetigkeit in der Natur wird. Es ist in der That im höchsten Grade ungereimt zu glauben, daß das Licht, das wir jetzt sehen, dasselbe ist, welches (nach der gemeinen Meinung) vor ungefähr acht Minuten aus der Sonne floß, wie der Tropfen Wasser, den ich aus dem Fenster gieße, als derselbe auch auf der Straße ankommt. Die Vibrationen des Aethers nach Euler sind in dieser Erklärung der Propagation in der That noch erträglicher als die Newtonsche Vorstellung; nur durch mechanische Schläge pflanzt sich das Licht nicht fort, auch nicht durch Vermittlung eines Aethers, sondern durch dynamische Continuität, welche einzig durch die Allgegenwart des unendlichen Affirmativen der Natur vermittelt ist.

Nach dieser Ansicht ist aber auch offenbar, daß die Expansion oder die Strahlung des Lichts eine bloße Bestimmung des empirischen Lichts ist, nicht des Lichts schlechthin betrachtet, welches die Bewegung, die Agilität selbst ist, und daher nicht selbst bewegt werden kann. Durch dieselbe Vermittlung geschieht es auch, daß der Klang sich fortpflanzt. Es ist ungereimt, das bloße Vehikel der Propagation für das Vermittelnde selbst zu halten. Selbst auffallende Phänomene beweisen, daß der Schall, bei einer Explosion z. B., von der Erschütterung der Luft, welche freilich damit verbunden ist, ganz unabhängig sey, so wie wir durch Chladni jetzt wissen, daß das vermeinte Zittern oder Beben der kleinsten Theile zum Schalle nicht nothwendig und bei klingenden Körpern gar nicht vorhanden sey, so daß Euler also wohl Recht hatte, die Propagation des Lichts und des Schalls als eine analoge zu betrachten, nur daß er seine falsche Vorstellung von der des ersteren auf die des letzteren übertrug, anstatt daß wir die höhere Vorstellung von jener auf diese übertragen, welche von ihr nur dadurch verschieden ist, daß der Klang der Erscheinung nach an den festen Körper gebunden ist, also zeitlich wird, obgleich das Körperliche für sich ohne die Gegenwart der idealen Substanz niemals Klang hervorbringen würde. — Ebenso verhält es sich mit jeder andern Propagation, z. B. der Wärme.

Daß man die Fortpflanzung des Lichts als eine zeitliche [illegible], beruht auf Schlüssen, die ganz nach dem empirischen Augenschein gemacht sind. Die Retardation hängt nämlich dabei, wenn sie stattfindet, von Bedingungen ab, die außerhalb des Lichtes liegen, so daß daraus nichts auf die Natur des Lichts selbst gefolgert [illegible] kann. Wie vielmehr Schwere Aufhebung des Raums, so Licht [illegible]

7) Die zweite Dimension der [illegible]erscheinung ist die Reflexion oder die Färbung an der Fläche der Körper. Als zweite Dimension schon dadurch bestimmt, daß die Linie hier zum Winkel oder, wie Newton richtig gesehen hat, zur Curve gekrümmt wird.

Daß die Reflexion keineswegs auf einem einseitigen Causalverhältniß zwischen Licht und Körper beruhe, ist schon beim vierten Satz gezeigt worden. Was nun insbesondere die eigenthümliche Farbe der Körper betrifft, so ist sie eine bloße Flächenerscheinung, wie die Elektricität, und drückt nichts anderes als das elektrische Verhältniß des Lichts in Bezug auf den Körper oder des Körpers in Bezug auf das Licht aus. Die Farbe ist es, wodurch der Körper sich als different vom Licht setzt, wie das Verschwinden der Farbe — im Schwarz — der erste Uebergang zur Durchsichtigkeit ist; daher der bestimmende Einfluß der Farbe auf die Elektricität, so daß, alles gleichgesetzt, es von der Färbung eines Körpers abhängt, ob er z. B. positiv oder negativ elektrisch erscheine. — Das Wesen der Farbe selbst wird sich indeß erst durch die folgenden Sätze näher erklären.

8) Der dritte Moment in der Erscheinung des Lichts ist der Moment der Refraktion. Hier wird nämlich der Körper von dem Lichte durchdrungen; es geht eine wirkliche Intussusception vor. Dieser Moment verhält sich also in Ansehung des Lichts wie der Moment des chemischen Processes, also = dritter Dimension. Die Bedingung aller Refraktion ist die Durchsichtigkeit, deren Bedeutung schon im Vorhergehenden entwickelt wurde. Gäbe es nun in der Natur eine vollkommene Durchsichtigkeit, so würde der Körper relativ auf das Licht völlig = 0 seyn. Aber es bleibt auch im durchsichtigsten Körper noch ein Moment der Differenz zurück, welches auch hier sich durch Unterbrechung der stetigen Linie, durch Krümmung des Lichts vor der Continuation durch den Körper ausdrückt. Daß die Brechung oder die sogenannte Ablenkung des Lichts beim Eintritt in den durchsichtigen Körper ihren Grund noch in der Differenz des letzteren habe, erhellt daraus, daß eben diejenigen durchsichtigen Körper, welche noch mit einem bedeutenden Moment der [illegible]keit gesetzt sind, z. B. die verbrennlichen, das Licht auch am [illegible] brechen. Das Licht oder das Identische im Licht wird daher in der Refraktion wahrhaft synthesirt mit der Privation oder der Differenz im Körper, und alle transparenten Mittel sind zugleich trübende Mittel. Jene Synthese der Identität mit der Differenz, der Position mit der Privation ist es, was als Farbe erscheint. Daher noch zu bemerken

9) Das Licht wird weder durch Reflexion noch durch

Refraktion dynamisch oder mechanisch differenziirt. Der Grund der Differenz in der Farbe liegt außer dem Licht, im Entgegengesetzten, im Nicht-Licht, mit dem es synthesirt wird. Das Licht ist also ewiglich Eins, und es kann durch nichts und in nichts zu einem Zwei werden. Die Farbe ist nicht im Licht, sondern entsteht aus dem Licht durch das Hinzukommen eines andern als es selbst, welches Differenz ist. Die Formel der Farbe ist nicht die, daß etwa die Identität des Lichts selbst in ein + 1 und ein — 1 sich zerlegte, wie manche fälschlich auch Goethes Ansicht noch verstanden haben. Die Formel des Lichts ist 1 + 2, Licht + Körper oder Licht + Nicht-Licht. Auf diese Weise entsteht die Farbe in den einfachsten Fällen, so oft nämlich überhaupt das Licht mit seinem Gegentheil synthesirt wird, und die Qualität der Farbe steht immer im Verhältniß des Mehr oder Weniger des Getrübtwerdens. Der allgemeine Charakter der Farbe ist: heller als schwarz, dunkler als Licht zu seyn; aber das Verhältniß der Faktoren, der Position und der Privation, kann quantitativ verschieden seyn, so daß ein Uebergewicht des ersten die hellere, das Uebergewicht des letzteren die dunklere Farbe gibt. Das prismatische Farbenbild gehört überall nicht zu den ursprünglichen, sondern zu den abgeleiteten und schon höchst bedingten Phänomenen. Die wahre Ansicht vom prismatischen Farbenbild will ich hier nicht weiter entwickeln[1], und kehre nun von dieser Episode über das Licht in den Zusammenhang unserer Untersuchung zurück, deren Absicht die war, zu zeigen, wie die unendliche Substanz als das An-sich jeder jener Formen dynamischer Bewegung erscheine. Als das An-sich des Magnetismus = Klang. Als das An-sich der Elektricität oder der Differenz der Dinge = Licht (auch in specie, da sie allgemein und überhaupt = Licht ist). Jetzt

§. 180. Die unendliche ideale Substanz als das An-sich des chemischen Processes (oder als Totalität der Dinge der Differenz nach, wie die Schwere als Totalität der Identität oder dem Allgemeinen nach) erscheint als Wärme. — Schon daraus einzu-

[1] Vgl. im vorhergehenden Band, S. 512, 513.

sehen, daß der chemische Proceß in dritter Dimension. Daß nun auch die Wärme vorzüglich die inwohnende Seele der dritten Dimension sey, ist aus Folgendem klar. Die Wärme als allgemein fluidisirendes Princip hat man auch schon eher erkannt, den Grund davon aber einzig in der Expansivität der Wärme gesucht, weil man auch die Flüssigkeit sich als eine Expansion dachte. Allein ich habe diese Vorstellung schon früher widerlegt. Die dritte Dimension ist in Bezug auf die zweite offenbar wieder Contraktion, denn überhaupt tendirt das Flüssige, sich selbst überlassen, zur Kugelgestalt, dieses aber ist diejenige Form, welche die meiste Materie unter der geringsten Oberfläche oder Berührung mit dem Raum zu enthalten vermag. In die dritte Dimension geht auch die erste wieder ein, so wie die Flüssigkeit überhaupt nur die in sich selbst zurücklaufende oder sphärische Cohäsion repräsentirt. Schon aus diesen allgemeinen Gründen ist offenbar, daß die Flüssigkeit nicht in Expansion besteht, sondern eher Contraktion ist. Aber auch in der Erfahrung ist dieß schon längst dargestellt, vorzüglich in der Abhandlung über Entstehung der Wärme durch Reibung von Möller im dritten Heft meiner neuen Zeitschrift (S. 83 ff.). Nur einiges Wasser zu Eis übergehend expandirt sich mit einer ungeheuern Kraft, welches selbst die stärksten Bomben zersprengt. Die Kälte, d. h. der Mangel der Wärme, gibt ihm also ein größeres Volum, die Wärme dagegen ein geringeres. Ferner: jeder Theil eines festen Metalls schwimmt auf demselben Metall, wenn es flüssig, z. B. geschmolzen ist; dieses muß also offenbar specifisch dichter seyn, da die Materie übrigens als gleich angenommen wird. — Nun könnte hierauf nur etwa erwiedert werden, die Wärme sey nur erforderlich, die Starrheit der Cohäsion bis zu dem Punkt zu lösen, wobei der Körper flüssig werden könne, das wirkliche Flüssigwerden, d. h. die wirkliche Contraktion könne aber noch durch ein anderes Princip bedingt seyn. Allein auch dieß verhält sich nicht so, sondern die Wärme ist recht eigentlich specifisches Princip der Fluidität als Fluidität, und findet nur in dieser ihre Ruhe. Es ist bekannt, daß Eis z. B. durch Wärme schmilzt, sich contrahirt, aber die Wärme, die dazu verwandt wird, wird auch ganz bloß darauf verwandt; das Wasser, welches eben nur geschmolzen ist, hat noch die Kälte des Eises; die Wärme hat also gerade nur Fluidität, nichts weiteres bewirkt. Die Chemiker drücken dieß als Verschluckwerden der Wärme aus. Allein die Wärme, als das vollkommene Gleichgewicht beider Dimensionen selbst, ist dasjenige Princip der Natur, was in der Sphäre sich anschaut, nur in der Sphäre objektiv werden kann, und sie daher überall sucht. Expandirt sie erst den starren Körper, so ist es nur, um ihn aus der ersten Dimension (die ihr am meisten entgegengesetzt ist) in die zweite, aus dieser aber erst in die dritte zu bringen, in welcher sie dann selbst zur Ruhe, zur Indifferenz gelangt (latent wird). Der Grund der Täuschung, nach welcher man die Wärme unbedingt als expansiv betrachtete, lag darin, daß man dabei vorzüglich nur flüssige Körper zum Maßstab nahm. Wir haben gesehen, daß Wärme einen festen Körper im Uebergang zum flüssigen Zustand contrahirt, den flüssigen Körper expandirt sie freilich scheinbar, aber auch nur scheinbar. Ein flüssiger Körper ist derjenige, dessen Theile nicht durch eine nach Einer Richtung determinirte Cohäsion zu einem gemeinschaftlichen Schwerpunkt vereinigt sind, in der vielmehr jeder Theil seinen eignen Schwerpunkt hat (daher eigentlich Ausdruck der Totalität) und von der Totalität einer Masse sich auch nur durch seine eigne Schwere sondert. Die Wärme aber ist nur eine höhere Schwere, die höhere, sich auf Differenz beziehende Schwere, welche das Flüssige gleichfalls in einzelnen Tropfen, in Bläschen auseinander reißt, deren jedes nun eine besondere Sphäre bildet, in der die Wärme sich anschaut.

Diese Erklärungen vorausgesetzt, wird die Behauptung keine Schwierigkeit haben, daß die Wärme die reine dritte Dimension, die ideale Substanz der Dinge, und insofern im Idealen dasselbe sey, was die Schwere im Realen, wo das Flüssige ihr vollkommen objektiver Ausdruck ist. Ihre Einheit mit der Schwere ist in jedem Betracht offenbar. Die Wärme ist die wahre Totalität aller Dinge, wie es die Schwere ist. Sie wirkt gleich dieser auf die reine Kugelgestalt hin, so wie, wenn wir die Totalität unter einem Bilde anschauen wollen, wir sie als Sphäre anschauen müssen. Durch nichts sind die Dinge in innigerer, nicht bloß auf die Oberfläche eingeschränkter, sondern sie durchdringender Gemeinschaft als durch Schwere und Wärme. Wie es ein Gleichgewicht der Schwere gibt, so ein Gleichgewicht der Wärme unter den Körpern. Alle Lehren der Physiker von specifischer Wärme, Gleichgewicht der Temperatur u. s. w. lassen sich auf höhere Gravitationsgesetze zurückführen.

Wie starre Körper in der Erwärmung durch relative Cohäsion hindurchgehen, um zur dritten Dimension der Flüssigkeit zu gelangen, so geht ein erwärmter Körper auch rückwärts wieder durch Elektricität zur Erkältung, wie in sehr vielen Fällen auch sinnlich darstellbar ist; und indifferente, sich gleiche Körper, die sich in der Berührung magnetisiren, gehen bei fortgesetzter, in mehreren Punkten geschehender Berührung nicht zur Elektricität über, denn diese fordert Differenz — aber zur Indifferenz, welche durch Wärme erscheint.

Die Verwandtschaft der Wärme mit Klang und Licht hat man jederzeit eingesehen, ja mit dem letzteren sie sogar durch eine falsche Identität zu vereinigen gesucht. Ohne den allgemeinen Typus der Natur zu kennen, konnte man nie weder die wahre Identität noch die wahre Differenz der Erscheinung erkennen. Die Wärme ist das wahrhaft Gegenbildliche in der Materie, die Seele der dritten Dimension, die durch das Licht geweckt sich auf alle Weise auszubreiten sucht, aber immer so, daß sie die dritte Dimension als ihr einzig angemessene sucht. Wie der Körper unerschöpflich ist an Klang, so an Wärme; so wenig bei jenem, ebensowenig ist auch bei dieser eine eigne Materie im Spiel, und wenn die Chemiker alles aus besonderen Materien erklären, wenn sie eine eigne warm machende Materie haben u. s. w. je nach der Verschiedenheit lebendiger Erscheinungen der Natur, muß man sich nur wundern, daß sie sich nicht schon lange, um aller dieser Noth ein Ende zu machen, auch eine Materie machende Materie haben zugeben lassen.

Ueberall, auch in der organischen Welt, tritt die Wärme auf die Seite der dritten Dimension, im Ganzen auf die Seite des Thierreichs, denn dieß = dritter Dimension, aber im Einzelnen desselben immer auf die Seite, wo in Einer Richtung die dritte Dimension erreicht ist.

§. 181. Die unendliche ideale Substanz, als das Auflösende aller Formen des dynamischen Lebens, erscheint im Feuer. — Dieß bedarf nach dem, was schon §. 176 bewiesen worden, keines weitern Beweises. Im Feuer erscheint die Tilgung aller Potenz oder Differenz; wo in der Natur die Materie übergeht zur Identität aller Potenzen, da erscheint das Feuer, der uralte Zeuge des Lebens in der Natur. Auch hier ist der Ausdruck der Substanz Licht, aber Licht, das zugleich Wärme begreift; auch der Klang möchte wohl mittönen im höchsten Verbrennungsproceß, und aus der Materie, als Seele, wie ein Schwanengesang ausziehen. — Das Feuer entsteht nicht, es ist die klare Ursubstanz selbst, die mit der Materie gleich ewig ist, aber sie hier verzehrt — aufzulösen trachtet — die heilige Vesta, deren griechischer Name Ἑστία schon der etymologischen Herkunft nach auf Substanz deutet. — Weil das Feuer die ideale Substanz ist, nicht an sich selbst betrachtet, sondern, wie sie im Gegensatz der Materie als alle Differenz verzehrendes Princip erscheint, so ist insofern das Licht, als die ruhige Identität aller Differenz, reiner, idealer, als das Feuer; und weil das Wesen der idealen Substanz eben die Idealität ist, so wird ihre Bezeichnung billig auch von der idealsten Erscheinung, dem Licht, hergenommen. Denn jedes Princip der Natur, wenn es auch alle Dimensionen durchläuft, spricht sich doch in derjenigen am reinsten aus, welche die ihm selbst ursprünglich entsprechende ist, aber es ist nur ein und dasselbe Ideale, für das wir keinen andern Ausdruck als den des Lichts haben, was im Klang, im Licht, in der Wärme und endlich im Feuer, wo es als feindselig der Materie erscheint, hervortritt.

Hiemit hätten wir denn die Materie im dynamischen Proceß bis zu ihrem letzten Schicksal begleitet, und demgemäß können wir diese Betrachtung über das dynamische Leben der Dinge mit folgendem allgemeinen Schema beschließen, das sowohl die erste als die zweite Potenz umfaßt. In jeder Potenz ist wieder der Gegensatz der Form und der Substanz, so wie sich beide als Reales und Ideales verhalten.

Wie in der

ersten Potenz ist die erste Dimension		zweiten Potenz ist dieselbe Dimension	
1. in der Form aktiver Cohäsion.	2. In der Substanz Erdprincip (Metallität). Da das Erdprincip das Bestimmende der ganzen ersten von uns so genannten positiven Evolutionsreihe ist, so fällt unter dieses Princip nothwendig alles, worin die Metallität noch bestimmend und herrschend ist, also nicht nur das Erdprincip im Maximum seiner Contraktion, sondern auch im Maximum seiner Expansion oder in seiner Blüthe; also auch der Stickstoff, der selbst noch metallisch ist und nur in Bezug auf diese erste Evolutionsreihe (die metallische) = dritter Dimension, sowie im Punkt seiner höchsten Verklärung = Feuer ist.	1. in der Form Magnetismus.	2. in der Substanz Klang.

In der ersten Potenz ist die zweite Dimension		In der zweiten Potenz ist dieselbe Dimension	
1. in der Form Breite = relative Cohäsion.	2. in der Substanz Phlogiston (Luft).	1. in der Form Elektricität.	2. in der Substanz Licht.

Dritte Dimension		Dieselbe Dimension	
1. in der Form sphärische Cohäsion.	2. in der Substanz Wasser. (Der Stickstoff, das gegenbildliche Princip, wurde nur in Bezug auf die erste Reihe, die, im Ganzen genommen, wieder = der ersten Dimension ist, obgleich sie für sich alle Dimensionen bis zur dritten durchläuft, als dritte Dimension gesetzt. Das Wasser als Urbild aller Flüssigkeit ist der allgemeine Ausdruck sphärischer Cohäsion, d. h. es ist Ausdruck der Flüssigkeit, nicht nur in Bezug auf die erste Dimension, sondern überhaupt, und davon ist in dem gegenwärtigen Schema die Rede, so wie es auch, nach früheren Beweisen, sich zu Sauerstoff und Wasserstoff wirklich als dritte Dimension verhält).	1. in der Form Auflösungs- oder Flüssigkeitsproceß (Chemismus im engeren Sinn).	2. in der Substanz Wärme.

(Zur Erläuterung hievon noch Folgendes. Die Materie durchläuft in ihrer positiven Evolution schlechthin alle Dimensionen, den Magnetismus, die Elektricität bis zur Wärme, die in dem Verhältniß auch in der starren Materie hervortritt, in welchem das gegenbildliche Princip sich entwickelt. Klang, Licht, Wärme, Feuer, sind ebenso viele Naturseelen, die sich der Materie einbilden und mit ihren Evolutionen gleichzeitig hervortreten. Wie die Wärme selbst in ihrer ἀκμῇ Feuer wird, so auch die Materie, daher das gegenbildliche Princip im Moment seiner höchsten Verklärung feuerähnlich ist. In das allgemeine Schema aber fällt die ganze positive Evolution wieder unter Eine Linie, unter die erste Dimension. Die zweite Dimension, in ihrer Geschiedenheit von der ersten, tritt nur in den Stoffen hervor, die der ersten Dimension positiv entgegengesetzt sind, und deren Hauptrepräsentant das Phlogiston ist; so wie die dritte Dimension nicht nur als Indifferenz der ersten, sondern auch als Indifferenz der zweiten Dimension (wo sie absolute Identität ist, nach dem Schema der Elektricität), also überhaupt die dritte Dimension in ihrem absoluten Ausdruck nur im Wasser hervortritt).

Was nun aller Dimension entgegengesetzt ist, kann als das Formlose in der Form der ersten Potenz keinen besonderen Ausdruck haben, in der Substanz aber prägt es sich für diese Potenz durch das Wasser ab, inwiefern es, selbst wieder beseelt und polarisirt, aktive Privation von Differenz wird, also durch den Sauerstoff oder das allgemein verzehrende Princip der Natur; so wie dann in der zweiten Potenz, im Idealen, das aller Dimension Entgegengesetzte als Form durch Verbrennungsproceß, als Substanz durch Feuer erscheint. Da im Feuer auch die Polarität des Wassers wieder vernichtet wird, so bleiben demnach als die letzten Principien aller Dinge der Natur nur die beiden entgegengesetztesten, Feuer und Wasser, zurück.

Das Ineinanderwirken aller dieser Principien der Natur, ihr Wechselspiel und ihr Wechselstreit um das Produkt bringt nun auch jenes Chaos der sinnlichen Erscheinungen hervor, in welchem nichts rein geschieden ist; erst in der höheren Potenz, wo allgemein das Ideale und Reale zusammenschlagen, gelangen jene Naturseelen zu ihrer vollkommenen Selbstanschauung in einem Leibe. Denn in der früheren Potenz ist die Materie noch wandelbar, und erscheint als bloßes Accidens. In der höheren, wo das Ideale selbst ihr gleich und an sie gebunden ist, wird auch *sie selbst wesentlich*, das Accidens wird eins mit der Substanz. — Je nach der Beschaffenheit des Leibes nimmt das Einzelne die Seele des Magnetismus oder des Klangs in sich auf, und wird Pflanze oder Thier; wieder ein anderes nimmt das Licht sich zur Seele, ein anderes die Wärme, wieder ein anderes das Feuer, und indem so jede Naturursache sich in dem ihr entsprechenden Leib als einer eignen Welt anschaut, zuletzt aber alle Naturseelen in Eine zusammenfließen, entstehen erst die wahren Monaden, deren jede ein Universum für sich ist. Alle jene verschiedenen Seelen des Klangs, des Lichts, der Wärme und des Feuers sind nur Abkömmlinge und gleichsam Ableger der Einen unendlichen Seele des Ganzen, der unendlichen idealen Substanz, die sich nicht im Einzelnen, sondern in der Totalität aller Dinge zugleich anschaut, so wie denn jene Universa im Kleinen, die eigentlichen Organismen, auch nur einzelne Abdrücke des absoluten Universum sind, in welchen Seele und Leib doch immer nur auf zeitliche Weise vereinigt sind, wie sie im All-Organismus der Natur auf eine unauflösliche und ewige Weise zusammengeboren sind.

Wir gehen nun über zu dieser höheren Sphäre, zur Betrachtung der *organischen Natur*.

§. 162. *In dem Verhältniß, wie die Dinge vom All abgetrennt betrachtet werden, erscheinen sie als Organe des All, die desto vollkommener sind, je mehr sie für sich* (in ihrer Endlichkeit schon) *das Wesen des All ausdrücken.* — Werden die Dinge wahrhaft betrachtet, d. h. werden sie im All betrachtet, so verschwindet eben damit ihre Besonderheit, alles Differenzverhältniß mit dem All. Werden sie aber in der Abstraktion von dem All dennoch als reell gesetzt, so bleiben sie doch immer im Verhältniß zu demselben als zu ihrem Grunde; nur das Verhältniß der absoluten Identität ist aufgehoben; nicht aber dasjenige Verhältniß, kraft dessen sie, selbst in der Trennung vom All, dennoch als Gegenbilder von ihm erscheinen. Das aber, was sich zu einem anderen so verhält, daß es die Idee des anderen ausdrückt, ohne sie selbst zu seyn, ist Organ, ist Werkzeug dieses anderen, und demnach ist das Verhältniß der Dinge zum All das Verhältniß von Organen. — Von selbst ist dann klar, daß die Dinge in *dem* Verhältniß als vollkommenere Organe des All erscheinen, in welchem sie für sich — in ihrem relativen Nichtseyn in Bezug auf das All — dennoch das All selbst ausdrücken, je mehr sie sich also der absoluten Identität annähern. Im §. 61 wurde schon bewiesen, daß der Grad der Realität jedes Dings in dem Verhältniß seiner Annäherung zur absoluten Identität stehe. Je höher also der Grad der Realität eines Dings ist, je mehr es auch in seiner Abtrennung vom All dennoch das Gepräge von diesem trägt, in dem Verhältniß ist es vollkommeneres Werkzeug.

Zusatz. Es ist zum voraus einzusehen, daß, wenn das Abgetrennte in seiner Abtrennung wirklich vollkommener Abdruck des All wäre, die Privation in ihm zur Position würde, es selbst sich wieder auflösete in das All, oder in die Identität mit ihm zurückkehrte.

§. 183. **Das allgemeine Verhältniß der Erscheinungswelt zur absoluten ist das Verhältniß eines Organs, und Organismus daher kein besonderer, nur von einer Gattung der Dinge geltender Begriff, sondern ein durchaus allgemeiner Begriff.** — Dieß ist von selbst klar aus dem vorhergehenden Satz. Das erscheinende Universum im Ganzen ist daher nichts anderes als der Total-Organismus des absoluten All.

Durch die beiden letzten Paragraphen haben wir nur das allgemeine Verhältniß der Erscheinungswelt als eines Organs der absoluten bestimmt, und zugleich eben damit *Organismus* als einen Begriff bezeichnet, der ein ganz allgemeines Verhältniß ausdrückt. Auf welche Art nun aber jenes organische Verhältniß selbst in der Erscheinung hervortrete und sich offenbare, dieß haben wir jetzt vorzüglich zu bestimmen.

§. 184. **Im All schlechthin betrachtet ist nichts Zufälliges, sondern alles, auch das Endliche, ist nothwendig.** —

Zufällig nennen wir dasjenige, von dem es uns scheint, daß es seyn und auch nicht seyn könne. Dieser Schein entsteht uns aber einzig dadurch, daß wir das Endliche von dem unendlichen Begriff abgesondert, als eine Realität für sich betrachten. Bezogen auf das All aber, d. h. im All betrachtet, ist nichts Zufälliges, sondern auch das Endliche nothwendig. Denn nach Axiom XII. gehört alles, was in der Natur ist, sofern es ist, zum Seyn und zur Idee der unendlichen Substanz. Es erscheint uns als ein Zufälliges, weil es nicht von sich selbst ist, so wie uns nur das als ein wahrhaft Nothwendiges erscheinen kann, aus dessen Begriff unmittelbar auch das Seyn folgt. Das Endliche in seiner Abstraktion vom All betrachtet ist nun allerdings nicht von sich selbst — das Seyn folgt nicht aus seinem Begriff —, aber eben deßhalb kann es, wenn es ist, nur seyn, inwiefern sein Begriff zum Begriff desjenigen gehört, aus dessen Idee das Seyn folgt, da es für sich selbst nicht seyn könnte. Ist aber sein Begriff enthalten im unendlichen Begriff, so gehört auch sein Seyn zum Seyn der unendlichen Substanz, und da dieses ein nothwendiges ist, so ist auch sein Seyn ein nothwendiges. Es ist also zufällig nur, inwiefern es als Realität für sich, d. h. inwiefern es nicht wahrhaft betrachtet wird.

§. 185. In dem dynamischen Proceß der Natur erscheint das Seyn der Materie nicht als ein nothwendiges, sondern als ein zufälliges. — Durch die allgemeine Metamorphose wird zuerst ein besonderes Leben in die unendliche reale Substanz gesetzt, welches Leben aber im dynamischen Proceß als ein zufälliges, stets wandelbares, veränderliches und vergängliches erscheint.

Zusatz 1. Im dynamischen Proceß wird die Materie nicht vom Standpunkt der Totalität, sondern der Einzelheit betrachtet. — Denn in der Totalität ist alles, was ist, nothwendig; was daher als zufällig und vergänglich erscheint, ist, insofern es so erscheint, nicht betrachtet, wie es in der Totalität, sondern wie es in der Absonderung von derselben ist.

Zusatz 2. Dasselbe ist auch daraus einzusehen, daß die Materie im dynamischen Proceß im Gegensatz mit dem Licht als solchem, d. h. mit dem Licht als dem unendlichen Begriff der Dinge, erscheint. — Denn real, nothwendig ist das Einzelne nur, sofern es aufgelöst ist im unendlichen Begriff, weil nur aus diesem auch das Seyn folgt. Die Vergänglichkeit der Materie im dynamischen Proceß kann also nur insofern oder insoweit stattfinden, als sie nicht in der Totalität erscheint und betrachtet wird. Denn da nach Axiom X das Wesen und die Form des Ganzen immer dasselbe bleibt, so kann in jener Zeitlichkeit der Materie nur die unendliche Identität und stete Gleichheit des All mit sich selbst angeschaut werden, welche Identität das einzig Reelle der Dinge ist.

§. 186. Das nothwendige Seyn der Materie im All kann, auch in der Erscheinung, dennoch hervortreten, wo die Materie in ihrer Endlichkeit den unendlichen Begriff der Dinge in sich aufnimmt. Denn das zufällige und vergängliche Seyn der Dinge in der Materie beruht auf ihrer Differenz mit dem unendlichen Begriff, wie im Zusatz 2 des vorhergehenden Satzes gezeigt wurde, und auch daraus folgt, daß nach dem Beweis des 184. Satzes das Seyn der Dinge im All ein nothwendiges ist, nur inwiefern ihr Begriff zum unendlichen Begriff gehört. Da nun in der Erscheinung das Einzelne, um als Einzelnes zu erscheinen, nothwendig in der Abstraktion vom All und also auch vom unendlichen Begriff erscheinen muß, so kann das einzelne Seyn in der Erscheinung, d. h. in der Abtrennung vom All selbst, als ein nothwendiges nur erscheinen, inwiefern es auch in dieser Abtrennung den unendlichen Begriff in sich aufgenommen hat.

Zur Erläuterung. Das Endliche ist nothwendig, einzig inwiefern der Begriff von ihm selbst nicht bloß der Begriff von ihm als einem Endlichen, sondern der Begriff aller Dinge ist. Soll also das Seyn der Materie in irgend einer Erscheinung als ein nothwendiges vorkommen, so muß der ihr verbundene Begriff nicht der Begriff eines Besonderen, sondern der Begriff einer Totalität, einer Allheit seyn. Denn alsdann ist nicht unmittelbar das Besondere als Besonderes, sondern nur das Ganze ist affirmirt, und nur mittelbar durch das Ganze ist es auch das Besondere. (Ein All im Kleinen).

§. 187. *Jene Aufnahme des unendlichen Begriffs in die Materie kann auch ausgedrückt werden als vollkommene Identification von Materie und Licht.* Denn das Licht ist der unendliche Begriff der Dinge. Nimmt also die Materie das Unendliche als Unendliches in sich auf, so wird sie auch mit dem Licht vollkommen identisch.

Umgekehrt erhellt hieraus auch, daß die Materie in der Metamorphose sowohl als im dynamischen Proceß in der Differenz mit dem Licht war.

Das Licht ist das Affirmative *aller* Differenzen der Materie als *aller*, und nur dadurch der besonderen. Bloß inwiefern nun die einzelne Differenz begriffen ist im *All* der Differenzen und ihm gleich, ist sie nothwendig; als einzelne aber oder für sich betrachtet zufällig.

Der dynamische Proceß ist der sichtbare Ausdruck jener Differenz von dem Licht und von der Allheit. Denn im dynamischen Proceß wird eben diese Differenz vernichtet.

In der Metamorphose setzt die Materie das Affirmative, welches auf unendliche Weise es ist, als *affirmativ* bloß von sich selbst, und wird eben dadurch endlich und der Vergänglichkeit unterworfen.

§. 188. *Unmittelbar dadurch, daß die Materie den unendlichen Begriff, d. h. das Licht sich identificirt, wird sie als Form oder Attribut der absoluten Substanz, aber eben deßhalb selbst als nothwendig und wesentlich gesetzt.* Denn die absolute Substanz ist an sich weder real noch ideal, sondern die absolute Identität von Realem und Idealem. — Schwere und Licht, *beide* verhalten sich zur absoluten Substanz nur als Attribute derselben, wenn gleich als ewige und nothwendige. Inwiefern der Materie nun bloß die Schwere eignet, insofern affektirt sie Substanz für-sich zu seyn; im Verhältniß zum Licht aber und in der unvollkommenen bloß relativen Synthese mit demselben, in der Metamorphose schon, wird das, was Substanz zu seyn schien, als bloße Form gesetzt; die mit der Form synthesirte Substanz, d. h. die Materie, erscheint dann im dynamischen Proceß als von zufälligem Daseyn, vergänglich, wandelbar; *mit andern*

Worten: die Form ist hier dem Wesen nicht gleich, dieses ist ewig, jenes ist vergänglich. — Die Besonderheit, die Form an der Materie erscheint als das Endliche, dem das Licht als das Wesen oder das Unendliche entgegensteht. Wird nun aber zwischen Materie und Licht wahre, vollkommene Identität gesetzt, so tritt 1) zwar die Materie von der Seite auch, von welcher sie Substanz zu seyn schien, in den Dienst der wahren und absoluten Substanz, sie wird also bloß Form, bloß Attribut; von der andern Seite wird aber auch nicht minder das Licht der absoluten Substanz untergeordnet und zum Attribut, und da ferner die Materie als Form, als Endliches, sich mit dem Wesen, dem Licht, als dem Unendlichen identificirt hat, so tritt hier zuerst jenes Verhältniß der Nothwendigkeit auch des Zufälligen ein; das Zufällige gelangt zur Identität mit dem Wesentlichen, es ist also wahrhaft und auch in der besonderen und einzelnen Erscheinung das nothwendige Seyn des Endlichen im All oder im Unendlichen ausgedrückt.

§. 189. **Die Erscheinung dieser Identification des Lichts mit der Materie und demnach auch jenes nothwendigen Seyns des Endlichen im All ist der Organismus.** — Denn dadurch daß Licht und Materie identisch gesetzt werden, wird die Materie selbst (§. 188) zwar als Accidens, aber unmittelbar zugleich auch als wesentlich gesetzt, und so, daß das Seyn der Substanz und das Seyn der Form ein und dasselbe ist. Es wird eben dadurch ferner gesetzt, daß das Einzelne nur ist, inwiefern eine Allheit ist, und inwiefern es zu dieser Allheit gehört; das Einzelne oder der Theil wird also als bedingt durch das Ganze, als nur Realität habend im Ganzen gesetzt. Aber eben diese Bestimmungen treffen im Organismus und nur im Organismus zusammen. Denn was das erste betrifft, so ist im Organismus die Form wahrhaft substantiell, das Accidens wesentlich. Das Bestehen des Organismus als solchen beruht nicht auf dem Bestehen der Materie der Substanz nach; wenn z. B. eine Pflanze verbrannt wird, so bleibt die Materie der Substanz nach dieselbe, es geht nichts von ihr verloren, aber die Pflanze als Pflanze hört auf zu seyn; das Bestehen des Organismus beruht also auf dem Bestehen des

Accidens, d. h. der Begriff des Organismus selbst ist der, daß die Form substantiell; das Accidens wesentlich sey. Was die zweite Bestimmung betrifft, so ist die allgemeine Ansicht des Organismus die, daß der Theil in ihm nur ist, inwiefern das Ganze ist, daß jedem Theil die unendliche Möglichkeit des Ganzen verknüpft ist, das Einzelne also als begriffen in einer Allheit erscheint.

Demnach ist auch Organismus überhaupt die Erscheinung jener Identification des Lichts mit der Materie oder des *nothwendigen* Seyns des Endlichen im All oder im Unendlichen.

§. 190. *Der Organismus ist das unmittelbare Abbild der absoluten Substanz oder der Natur schlechthin betrachtet.* Denn die absolute Substanz ist die, von welcher Schwere und Licht die beiden gleich ewigen und nothwendigen Attribute sind. Aber eben diese sind auch im Organismus als ein und dasselbe, oder sie sind einem Gemeinschaftlichen als Attribute untergeordnet. Demnach ꝛc.

(Der Organismus in specie ist also auch der vollkommenste Ausdruck jenes allgemeinen Verhältnisses der Erscheinungswelt zur absoluten, kraft welcher nämlich jene das Gegenbild oder Organ von dieser ist. Der Organismus in specie ist nämlich eben dadurch, daß er in sich selbst eine Totalität, eine Allheit ist, auch das unmittelbarste Gegenbild und Organ der absoluten Identität).

§. 191. *Die Identität von Licht und Schwere ist auch absolute Identität von Thätigkeit und Seyn.* Denn die Schwere geht auf das bloße, reine Seyn, welches sich in der Materie abdrückt, sofern sie bloß der Schwere eignet. Das Wesen des Lichts aber ist die reine Aktuosität selbst. Demnach ist der Organismus als Identität von Materie und Licht auch Identität von Seyn und Thätigkeit.

Zur Erläuterung dient auch hier der Gegensatz des Unorganischen. Die Form der Bewegung oder des eignen Lebens erscheint am unorganischen Körper entweder als bloßes Accidens der Substanz, so daß die Form *nicht*-seyn kann, auch ohne Nachtheil der Substanz; die Thätigkeit ist also hier trennbar von dem Seyn, oder umgekehrt: durch die Thätigkeit wird das Seyn gestört, die Materie verwandelt. Im Organismus dagegen ist die Thätigkeit wesentlich und gehört selbst zur Substanz, so daß, die Thätigkeit aufgehoben, auch das Wesen oder die Substanz selbst aufgehoben ist, und umgekehrt. Da das Seyn mit der Thätigkeit eins ist, wird auch jenes durch diese immer neu geboren, so daß das Seyn vielmehr nur besteht, solange die Thätigkeit besteht, als daß die Thätigkeit das Seyn, das Seyn die Thätigkeit ausschließen sollte.

Anmerkung. Auf gleiche Weise, wie es hier geschehen ist, könnten wir dieselbe Identität durch alle diejenigen Formen hindurchführen, in welchen der Gegensatz ausgedrückt zu werden pflegt, und in Bezug auf jede derselben zeigen, daß im Organismus die Identität ausgedrückt sey.

Hier nur Eine Bemerkung über die gewöhnlichen Ansichten des Organismus. Die herrschende ist die, kraft welcher derselbe als ein zweckmäßiges Ganzes gedacht wird. Aber was ist denn Zweckmäßigkeit? Es gibt innere und äußere Zweckmäßigkeit. Jene ist, wenn in jedem Theil eines Ganzen der Begriff des Ganzen liegt, diese, wenn in dem Begriff eines Dings zugleich der Begriff anderer Dinge enthalten ist. Aber diese Zweckmäßigkeit hat eine Maschine auch. Denn in jeder Maschine ist der Begriff des Theils durch den Begriff des Ganzen bestimmt, sowie überhaupt in jedem Werkzeug als solchem eigentlich der Begriff eines andern liegt als es selbst. Worin liegt also der Unterschied des Organismus von dieser Art der Zweckmäßigkeit? Darin, daß in dieser der Begriff des Ganzen dem Theil nur durch einen ihm fremden Zusammenhang verbunden ist, der Zusammenhang also nicht in dem Theil selbst, sondern außer ihm liegt, anstatt daß im Organismus der Begriff des Ganzen zugleich der Begriff des Theils selbst, und in diesen übergegangen, mit ihm völlig identisch ist. Wie dann der einzelne Theil vom Begriff des Ganzen beseelt ist, so ist im Ganzen selbst wieder der Begriff anderer Dinge außer ihm enthalten, aber so daß dieser Begriff dem Objekt, dem Seyn, welchem er verbunden ist, nicht fremd, sondern ganz in es übergegangen sey. In den organischen Naturprodukten ist also allerdings eine Zweckmäßigkeit, aber eine ganz blinde, nothwendige

Zweckmäßigkeit, in der keine Zufälligkeit ist wie in der eines Werkzeugs, sondern die aus dem Gegenstand selbst kommt und im Gegenstand einwohnend ist. Daher das Widersinnige und für alle wahre Betrachtung Zerstörende der sogenannten teleologischen Erklärungsarten.

§. 192. Der Organismus ist nothwendig in der Natur. Denn das Wesen der Natur ist absolute Identität von Licht und Schwere. Diese ist aber weder durch die Metamorphose der ersten Potenz noch durch die der zweiten dargestellt, sondern nur durch den Organismus. Also ist dieser nothwendig in der Natur. Auch so: Die Natur ist wie das Universum die Totalität aller Potenzen, und nur insofern auch Identität. Nun sind aber nach dem Vorhergehenden zwei Potenzen in der Natur: 1) die, in welcher die Natur nur objektiv affirmirend, also relativ affirmirt ist; 2) die, in welcher sie auch dieses ihr Affirmiren wieder affirmirt, in der sie also relativ affirmirend ist. Aber die Natur ist an sich absolute Identität des Affirmativen und des Affirmirten, also ist außer jenen Potenzen nothwendig eine dritte, durch welche Schwere und Licht beide gleicherweise affirmirt sind, d. h. welche die Identität von beiden ist. Aber dieß ist nur der Organismus. Also rc. Auch so: In der Materie sehen wir entweder ein bloßes Seyn, welches die Thätigkeit ausschließt; dieß ist der Fall der ersten Potenz, wo daher die Formen der Bewegung als bloßes Accidens der Substanz erscheinen, oder wir sehen Thätigkeit, zu der sich aber das Seyn als Accidens, als stets wandelbar und zufällig verhält; in der Natur an sich betrachtet ist aber die Form mit dem Wesen eins; beide sind gleich ewig. Demnach ist die Natur an sich, d. h. die unendliche reale Substanz, das wahre Wesen alles Organischen, und da alles, was aus dem Begriff der unendlichen Substanz folgt, nothwendig ist, so ist auch der Organismus nothwendig in der Natur.

§. 193. Es gibt keine unorganische Natur an sich. Denn wie aus dem §. 185, Zusatz 1, erhellt, ist diejenige Betrachtung, kraft der ein Ding als einzelnes unorganisches erscheint, nicht die Betrachtungsweise vom Standpunkt der Totalität, d. h. nicht die wahre Betrachtungsweise. Demnach existirt auch objektiv oder wahrhaft keine unorganische Natur. — Der Unterschied des Organischen und Unorganischen würde also nur darin bestehen, daß nur jenes das nothwendige Seyn des Endlichen im All auch im Einzelnen darstellt, die sogenannte unorganische Natur aber nur im Ganzen organisch ist; oder umgekehrt, daß der All-Organismus, in welchem auch die sogenannte unorganische Materie wieder begriffen ist, und in dem besonderen Organischen selbst wieder im Einzelnen und durch Einzelnes erscheint. Die Natur absolut betrachtet ist also durchaus organisch, und Organismus wirklich die allgemeine Art des Endlichen, im All zu seyn. Jedes Einzelne gehört zum Seyn der unendlichen Substanz und ist, inwiefern es dazu gehört. Nur für die Reflexion verliert sich der absolute Organismus der Natur in die beiden Entgegengesetzten von Licht und Schwere, im Ganzen sind sie aber ebenso und noch vollkommener eins, als sie im einzelnen Organismus Eines sind. Die Verwandlung einzelner Dinge im Universum ist keine andere, als wie sie auch im organischen Leib stattfindet, wo zwar die Form und Gestalt des Ganzen und jedes Organs dieselbe bleibt, obschon die Materie beständig wechselt und durch andere ersetzt wird. — Von einem andern Standpunkt aus erscheint der Gegensatz von Organischem und Unorganischem nicht minder als ein bloßer Gegensatz der Erscheinung. Die Materie und jeder Theil der Materie ist eine Welt für sich, ist actu unendlich. In der unorganisch scheinenden Materie liegt also, und zwar in jedem Theil, jederzeit der Typus des Ganzen, so daß es nur der Entwicklung desselben bedürfte, damit die Materie als organisch erscheine; die sogenannte unorganische Natur ist also potentialiter organisch in jedem Theil; sie ist nur eine schlafende Thier- und Pflanzenwelt, die durch einen Blick der absoluten Identität zum Leben erwachen würde; wie dieß alles durch die folgenden Sätze noch deutlicher werden soll.

§. 194. **Das Licht als absolute Identität kann sich in der Materie anschauen, nur sofern diese selbst Totalität ist oder Totalität wird.** Denn die absolute Identität ist nur der absoluten Totalität gleich. Nun ist aber die Forderung diese, daß Licht und Materie eins seyen, jenes sich in dieser wahrhaft objektiv werde und sich selbst erkenne. Dieß ist also nur in dem Verhältniß der Fall, in welchem die Materie selbst Totalität wird, und je vollkommener sie es ist, d. h. je vollkommener die einzelne Materie, als einzelne, demnach den Typus des Ganzen, alle Qualitäten der Natur und alle Formen der Wirklichkeit in sich vereinigt und entwickelt darstellt, nur in dem Verhältniß wird sich das Licht in der Materie objektiv, d. h. nur in dem Verhältniß ist Organismus.

Nur inwiefern die Materie für sich schon in ihrer Endlichkeit unendlich und Ausdruck des Universums ist, nur in dem Verhältniß nimmt sie den unendlichen Begriff des Ganzen in sich auf, der in der unorganisch scheinenden Natur, im Licht außerhalb der einzelnen Materie fällt, da diese nur sich selbst gleich und eben dadurch endlich ist. Hieraus folgt denn, daß der Organismus nicht ein einzelnes durchaus homogenes, nur sich selbst gleiches Ding seyn könne, sondern daß er gleich dem Universum eine Totalität, ein System von Dingen sey, und daß je mehr er dieß ist, desto mehr auch der unendliche Begriff aller Dinge, das Licht, in ihn selbst fällt.

Der Zeit entzogen lebt auch das Besondere im All ein unvergängliches Leben, sofern der unendliche Begriff des Ganzen in ihm ist, und sofern es von diesem beseelt ist, inwiefern es also selbst zum Seyn der unendlichen Substanz gehört. Denn nur dem unendlichen Begriff des Ganzen ist das Seyn nothwendig und ewig verbunden, dem endlichen Begriff aber nur zufällig und zeitlich. In den Phänomenen der unorganischen Natur erscheint die Materie mehr oder weniger der Zufälligkeit unterworfen und vergänglich. Denn hier wird die Materie nicht betrachtet als Glied eines Ganzen, sondern als etwas für sich, als ob sie ein eignes Leben hätte auch abgetrennt vom All. Nur was im Ganzen ist, und nur sofern es in ihm ist, also überhaupt nur was organisch ist, ist auch der Zeit entzogen. Betrachte ich die Materie als Glied des Ganzen, so dauert dieses Glied nothwendig und ewig fort. Alle Veränderungen der Form und Gestalt können die Realität schlechterdings nicht aufheben; sie ist als Glied in dem großen Organismus aller Dinge nothwendig und ewig; nicht aber als die einzelne Materie. Denn die Materie soll nichts für sich seyn im All, sie ist nur etwas als Organ des All; dieß ist ihr allgemeinstes Verhältniß (§. 182). Gerade indem sie ihr Leben für sich opfert, eintritt in ein Ganzes, von dem sie Glied ist, wird sie erst wahrhaft reell, und gewinnt das ächte Leben, indem sie bloß Accidens zu werden scheint. Was wir an der sogenannten unorganischen Materie als ihre Vergänglichkeit erkennen, ist nur der Ausdruck ihres Nichtsseyns für sich selbst.

So ist auch, dem Mechanismus entgegen, die Materie als Materie im Organismus nichts, sondern einem steten Wechsel unterworfen. Es ist nicht dieselbe Materie, welche im Anfang und im Fortgang des Lebens die Glieder bildet. Nicht die Materie *als* Materie oder die Materie in ihrer Rohheit, d. h. in ihrem Für-sich-Seyn, *besteht*, sondern nur die mit dem Begriff verbundene Materie, nur die *Idee*, das Wesen, der urbildliche Typus besteht, zu dem sich aber die Materie für sich betrachtet als ein bloßes Accidens verhält. Dieß ist die Bedeutung des Seyns der Materie im All; nur insofern ist sie auch als Zufälliges nothwendig, inwiefern sie nichts für sich selbst ist, sondern nur durchdrungen vom unendlichen Begriff des Ganzen. Wo nun *dieses* Verhältniß der Materie, nichts zu seyn für sich, reell zu seyn aber und *bestehend*, der Zeit entgegen, in der Verbindung mit dem unendlichen Begriff — wo dieses Verhältniß der Materie auch im *Einzelnen, in der Erscheinung* oder in *dem* selbst, was in anderer Beziehung wieder ein Abstraktum des All ist, hervortritt, da ist das höchste Verhältniß in der Art aller Dinge, im All zu seyn, auch in der Erscheinung dargestellt. Dieß kann nun einzig in denjenigen Punkt der *Natur* fallen, wo der unendliche Begriff der körperlichen Dinge, das Licht selbst in die Materie eintritt, die Materie sich identificirt, d. h. wo Materie und Licht sich als die beiden ersten Potenzen der Natur verhalten, da wo auch diese selbst wieder affirmirt, selbst wieder identisch gesetzt werden, also in der dritten Potenz der Natur.

Identität von Materie und Licht ist daher der Ausdruck jener Darstellung der *Art*, wie die Materie im All ist, der Ausdruck ihres Seyns als Glied, als durchdrungen vom unendlichen Begriff.

Dadurch daß die Materie aus der Differenz mit dem Licht (dem unendlichen Begriff *aller* Dinge) tritt, opfert sie zwar ihr eignes Seyn, sie wird Form, Attribut der wahren Substanz, aber eben dadurch wird ihr Seyn auch ein nothwendiges, dem Zufall entzogenes. In der ersten Potenz der Natur verhielt sich die Form zu der Substanz als bloßes Accidens derselben, und war daher vergänglich; hier im Gegentheil wird das Accidens selbst wesentlich, Wesen und Form sind eins, die Substanz besteht nur, inwiefern auch das Accidens besteht. In der zweiten Potenz war die Materie ganz dem Gesetz von Ursache und Wirkung untergeordnet, hier dagegen ist sie ihm entzogen, die gerade Linie der Succession, wo das Einzelne, unversöhnt dem unendlichen Begriff, nur als Durchgangspunkt desselben Realität hat, läuft in sich selbst zurück, *der Kreis der Ewigkeit wird wieder geschlossen*, der Theil ist nicht durch den andern Theil, sondern kraft der Idee des Ganzen, durch absolute Position, dieses Ganze ist nur von sich selbst die Ursache und die Wirkung, es ist Producirendes zugleich und Product. — Daß nun dieser Punkt der Natur nur durch den Organismus dargestellt sey, ist leicht nachzuweisen. 1) Im Organismus ist die Materie nichts mehr für sich, es gibt hier keine Materie, die als solche etwas wäre, nur die mit der Form vermählte Materie, die Materie als *Idee*, als durchdrungen vom Begriff des Ganzen, ist etwas. Nicht das Ganze, nicht das einzelne Organ besteht durch die Materie, sondern nur durch die Verbindung derselben mit dem Licht. Die Materie ist ganz Form, ganz Accidens, aber als dieses zugleich *permanent* und (relativ wenigstens) unvergänglich, so nämlich, daß es nur mit dem Ganzen zugleich erliegen oder aufhören kann zu seyn, wie in Bezug auf den All-Organismus, wenn ein Theil der Materie vernichtet werden könnte, auch dieser zugleich vernichtet werden müßte. 2) Da das Licht das Wesen der Bewegung selbst ist, die Masse dagegen an und für sich träg ist, und nur, soweit sie dem Licht verbunden, auch selbst ein Bewegungsprincip in sich hat, so wird bei der vollkommenen Indifferenz mit dem Licht zugleich auch die vollkommene Indifferenz von Thätigkeit und Seyn, von Bewegung und Ruhe gesetzt seyn, das Ganze wird als ein von sich selbst Bewegtes erscheinen, ohne daß das Seyn durch die Thätigkeit oder die Thätigkeit durch das Seyn gestört würde; das Seyn wird vielmehr nur bestehen, inwiefern die Thätigkeit besteht, und umgekehrt.

Daß alle diese Bestimmungen nur im Organismus zusammentreffen, so wie daß dieser durch eben diese Vereinung der Materie und des Lichts, des Endlichen mit dem Unendlichen, das unmittelbare Abbild der absoluten Substanz ist — derjenigen, als deren Attribut wir Schwere und Licht erkannt haben — dieß ist von selbst offenbar.

Wir haben nun aber weiter die Möglichkeit dieses Einswerdens von Materie und Licht zu eruiren, und schon zuletzt ist der Satz aufgestellt worden: „das Licht als unendlicher Begriff aller Dinge oder als absolute Identität kann sich in der Materie nur anschauen, inwiefern sie selbst Totalität, oder bestimmter Unendlichkeit ist". — Dem unendlichen Begriff aller Dinge kann nur die wirkliche Unendlichkeit, der Identität nur die Totalität adäquat seyn. Jene verhält sich hier als das Bejahende, das Erkennende, diese als das Bejahte, das Erkannte. Das Unendliche kann sich im Endlichen erkennen, nur inwiefern es in diesem selbst das Unendliche erkennt; und nur inwiefern es sich in diesem erkennt, kann es als Seele von ihm eintreten.

Nur in dem Verhältniß also, als in der Materie für sich wirklich das Unendliche dargestellt ist, nur in dem Verhältniß wird sich das Licht in ihr anschauen, mit ihr wahrhaft identisch werden können — ein Satz, durch welchen uns zum voraus auch schon die Stufenfolge bezeichnet ist, in welcher das Licht der Materie sich identificirt.

Wir können diesen Satz auch sogleich bestimmter ausdrücken.

§. 196. **Das Licht kann in der Materie Objekt werden nur in dem Verhältniß, wie diese als ein actu Unendliches auch wirklich erscheint.** — Im §. 79 wurde die Behauptung aufgestellt und bewiesen: die Materie selbst und jeder Theil derselben sey ein actu Unendliches. Den vielfach erläuterten Begriff der actuellen Unendlichkeit setze ich hier voraus. Derselbe Satz konnte auch so ausgedrückt werden: die Materie und jeder Theil derselben ist eine absolute Position unendlicher Realität, sie ist Universum, Totalität im Bezug auf sich selbst. Hieraus erhellt aber auch unmittelbar die Identität zwischen dem vorhergehenden und dem gegenwärtigen [illegible] nämlich die Materie als Totalität in sich selbst auch nicht [illegible] kann sich das Licht in der Materie Objekt werden auch nur, [illegible] die der Materie eingeborene, aktuelle Unendlichkeit wirklich, auch als solche dargestellt wird. — Wir setzen also in dem eben aufgestellten Satz voraus, daß jene aktuelle Unendlichkeit in der unorganisch erscheinenden Materie nicht wirklich dargestellt sey, und wir haben dieß auch insbesondere darzuthun. — Nichts, sagten wir, ist im Universum endlich, als inwiefern es im Gegensatz, also nicht an sich selbst begriffen wird; nichts ist unfruchtbar, leer, ungebaut in der Materie, sondern alles von unendlicher Fülle, so gewiß sie integrantes Glied des All ist; sie selbst und jeder Theil ist eine eigne Welt, Mikrokosmus, in dem die große Welt vollkommen nach- und abgebildet ist. — Was ist es denn nun, was uns die Materie als ein Endliches erscheinen macht oder jene aktuelle Unendlichkeit in eine bloß empirische verwandelt?

§. 196. **In der Cohärenz wird die aktuelle Unendlichkeit der Materie als bloß empirische gesetzt.** — Wir haben §. 60 die empirische Unendlichkeit als diejenige erklärt, welche auf der bloßen Addition oder Hinzufügung von Endlichem zu Endlichem beruht. Nun ist aber nach §. 168 Cohärenz und Magnetismus eben die Additionsbestimmung in der Materie, dasjenige, wodurch in der Materie Endliches zu Endlichem gefügt wird. Also ist die Cohärenz auch ꝛc. Von einer andern Seite ist dieß vielleicht noch klarer einzusehen. Empirische Unendlichkeit entsteht, wenn das, was nur Realität hat im All, als etwas für sich Reelles und in der Absonderung vom All gesetzt wird. Dadurch wird das, was in ihm als absolute Position unendlicher Realität war, bloß relative Position, relative Affirmation von ihm selbst; die aktuelle Unendlichkeit in ihm wird getilgt, indem die Realität bloß relativ auf **seinen** Begriff, als eine endliche, demnach nicht als Allheit gesetzt wird. Nun ist aber die Cohärenz (§. [illegible]) eben dasjenige, wodurch ein Ding sich absondert von der Totalität der Dinge, oder dem All, wodurch ein Ding das Affirmative bloß als

Affirmation von sich selbst, nicht von der Totalität sezt, die Schwere also auch das, wodurch die aktuelle Unendlichkeit getilgt, und bloß relativ auf einen unendlichen Begriff gesetzt, einem solchen Begriff unterworfen wird.

Wir können also unsern Satz: das Licht kann sich in der Materie Objekt werden, nur inwiefern rc., auch so ausdrücken:

Zusatz. Organismus kann nur gesetzt werden, indem die empirische Unendlichkeit der unorganischen Materie als eine aktuelle gesetzt wird.

In der todten Materie, wo die unendliche Realität dadurch unterdrückt ist, daß sie dem Begriff eines Einzelnen verbunden ist, gibt es nur eine *Theilbarkeit* der Materie ins Unendliche; die organische Materie muß aber ins Unendliche nicht nur theilbar, sondern wirklich getheilt seyn, und dieses wirkliche Getheiltseyn selbst ist wieder nicht denkbar, ohne daß die Homogeneität ins Unendliche aufgehoben, jeder Theil für sich wieder eine Welt, demnach nicht durch den Begriff eines Einzelnen unterdrückt ist, sondern in der Totalität als eine Welt für sich lebt. — Dieser Satz sezt uns nun auch in Stand den Uebergang von der Sphäre des dynamischen Processes in die des organischen bestimmter darzustellen. Der dynamische Proceß verändert selbst in seiner höchsten Erscheinung im chemischen Proceß bloß die Accidenzen der Materie, er entfaltet nicht das wahrhaft Innere der Materie, er bleibt bei der Hülle stehen, und schon dieß, daß er von der Materie die bloßen Accidenzen verändert, beweist, da alle Accidenzen nur durch Schwere gesetzt sind, daß er nur dasjenige an der Materie afficirt, wodurch sie endlich, nicht das, wodurch sie unendlich ist. Er greift also nicht an die Substanz der Materie, welche eben das Universum in ihr ist; er sezt sie nicht als *actu unendlich*. Der organische Proceß tritt der Selbstheit der Materie näher, und sezt die Substanz *als actu* unendlich. Der Fortgang von der ersten Stufe der Natur bis zur höchsten der organischen ist also folgender. Die Schwere ist nur *ewiger* Grund von Realität, sie hat in sich die Fülle des Göttlichen empfangen, aber sie trägt es bloß als Grund in sich, ohne die Wirklichkeiten setzen. Das Licht, der unendliche Begriff, die unendliche Seele, welche sich mit einem Leib zu verbinden trachtet, sucht in der Schwere die ihr entsprechende Totalität zu erkennen, sie strebt das in der Schwere gesetzte und gleichsam begrabene Unendliche als wirklich zu setzen. Aber indem das Licht die Totalität zu setzen strebt, stellt sich ihm eine neue Form der Schwere entgegen, die Negation der Totalität ist — die Cohäsion. Im dynamischen Proceß alsdann, sucht die Schwere auch die Differenz, die sie enthüllt hatte, wieder zu verbergen, eine Potenz durch die andere aufzuheben, aber eben hierdurch sieht sie sich in einen unauflöslichen Widerspruch verwickelt. Denn bei dem stets gleichen Verhältniß des Positiven und Negativen in der Natur kann sie die eine Potenz nicht hier aufheben, ohne sie dort zu setzen — hier ist die absolute Grenze der bloß dynamischen Naturthätigkeit. Endlich ist die Schwere selbst gezwungen, die unbezwingliche Verkettung zu lösen, die harte Schale der Endlichkeit zu zerbrechen und die Materie ihrer Herrschaft so weit zu entlassen, um sich mit dem Licht zu vermählen, die ideelle Thätigkeit, mit der sie bisher im Streit lag, eher selbst in die Materie aufzunehmen, und den Streit dadurch zu enden, daß sie das Licht gemeinschaftlich mit der Materie unter ihre Herrschaft bringt. Dieß geschieht, indem sie die aktuelle Unendlichkeit, die in jedem Atom liegt, dem nicht minder als einem Weltkörper der Typus des All eingeboren ist, ihrer Schranke entläßt. „Kein Ding ist so gering, sagt Bruno, daß nicht Geist, Unendliches in ihm wohne, und dieß Unendliche bedarf nur eines angemessenen Verhältnisses, um sich als Pflanze auszubreiten, oder als Thier zu den Gliedern irgend eines regen Leibes zu gelangen.“ Dieser Punkt also, wo die Schwere im dynamischen Proceß ihre absolute Grenze findet, ist auch der Anfangspunkt der organischen Natur, der Moment der allgemeinen Blüthe, wo die Schwere selbst, das göttliche Princip erkennend, sich öffnet, um es in sich aufzunehmen — ein Moment, der sich noch immer in der organischen Natur [illegible], wo die Blüthe der Pflanze z. B. die höchste Gattungs-[illegible] und der Erde in dem Feuer und der Pracht der Farben [illegible] in jedem Moment, wo das Lebensprincip [illegible]

Sonne aufs neue in die Erde einschlägt. — Aber die Schwere kann das Licht nicht selbst in die Materie aufnehmen, ohne diese eben damit als ganz zerlegt darzustellen. Die letzte Zerlegung der Materie geschieht also erst in dem organischen Proceß, wo auch das im chemischen Proceß, der bloß die Faktoren der Form, d. h. der Endlichkeit, ändert, nicht aber die Endlichkeit selbst aufhebt, wo auch das im chemischen Proceß indifferent gebliebene Indifferenzpunkt zur Welt, zur Totalität wird, und das unendliche Leben aus dem Mittelpunkt der Materie selbst hervorbricht. Denn nichts der allgemeinen Schöpfung Fremdes ist die Erscheinung des Lebens; das Leben tritt von selbst hervor, wo die Schranke der Endlichkeit fällt, und aus dem Kern der Materie selbst sprießt die Blüthe des organischen Lebens hervor. Es bedarf keiner Urkeime, die wir in das Chaos ausgestreut seyn ließen, gleichsam als unmittelbar aus der Hand des Schöpfers gefallen. Alles ist Urkeim oder nichts. Jeder Theil der Materie lebt nicht nur, sondern ist auch ein Universum von verschiedenen Arten des Lebens, wenn gleich die starre Selbstheit dieß unendliche Leben zurückdrängt. Die Materie selbst gebiert aus der Fülle ihrer Substanz, was sich in der Natur entwickelt.

In dem ersten Wesen aller Materie schon, welches dann erst sich in Unorganisches und Organisches scheidet, liegt das Organische präformirt, und hätte die Erde z. B. nicht schon längst ausgeblüht und wie der mütterliche Stamm ihre reifen Früchte zu immer neuer Fortpflanzung um sich zerstreut, so würde ihr dieser Blüthestand noch bevorstehen. Viele Weltkörper mögen diesen Moment noch nicht erreicht haben, wo die wilden Kämpfe der Materie ihr Ziel finden, und die Materie, um aus diesem Streit mit dem Licht zu treten, selbst Licht wird, und die Schwere in einer höheren Potenz das Licht gemeinschaftlich mit der Materie in einem und demselben gebiert. Nur freilich darf hier auch an keinen Ursprung des Organischen aus dem Unorganischen gedacht werden, welcher nicht nur, wie Kant sagt, ein Abenteuer der Vernunft, sondern ein Ungeheuer und eine Ungereimtheit ist. Das Unorganische ist nur der negirte Organismus, das Todte nur das zurückgedrängte Leben. In starre Bande geschlagen liegt es in der todten [illegible] der wahren Schöpfung, der Erde z. B., vor uns. Nicht ein Causalverhältniß zwischen der Erde und dem Organischen hat diesem sein Daseyn gegeben. Die Erde, und nicht nur diese, jeder Theil der Materie ist schon Pflanze und Thier, sie kann es nur werden, weil sie es schon ist. Wir behaupten nicht einen zeitlichen, sondern einen ewigen Ursprung oder vielmehr ein ewiges Daseyn des Organischen und des Lebens. Noch immer unvollkommen entwickelt zeigt uns der einzelne Organismus jenes Leben, jene Unendlichkeit, die das Wesen, das An-sich aller Materie ist. Ist nun das Organische überhaupt nichts zeitlich Entstandenes, so noch weniger aus dem Unorganischen. Was ist denn dieß Unorganische außer dem Gegensatz mit dem Organischen? Und haben nicht beide vielmehr eine gemeinschaftliche Abkunft, als daß jenes der Grund von diesem wäre. Nicht das Unorganische ist das, woraus Pflanzen und Thiere geworden sind, es ist vielmehr dasjenige von der Erde, derjenige Antheil, der nicht Thier, nicht Pflanze in specie wurde, der zurücksank in die allgemeine Nacht, in die Identität des Daseyns. — Wenn wir die Ideen dazu nehmen, diejenigen, die Steffens aufgestellt, daß die Erdarten eine ebenso entgegengesetzte Reihe bilden als Thiere und Pflanzen, daß sich das Thierreich von der einen Seite ebenso bestimmt an das Kalkige, wie das Pflanzenreich an die Kieselreihe anschließt, so können wir noch gleichsam die Geburtsstätte beider organischen Naturreiche bezeichnen. Die Versteinerungen erhalten von diesem Punkt aus eine höhere Bedeutung. Sie sind nicht Abdrücke vorher dagewesener Organisationen, sie drücken auch das Regewerden des organischen Typus in der Erde selbst aus, sie sind mißlungene Organisationen, die von der Schwere zurückgehalten, in die Starrheit zurückgesunken sind. An diesen Versteinerungen sehen wir, daß sich der organische Typus in der Masse der Erde selbst geregt hat und ihr eingeboren war. Dieser Idee hat Steffens durch die Bemerkung ein bedeutendes Gewicht gegeben, daß die Versteinerungen in der Stufenfolge ihres Hervortretens genau dem Alter der Gebirge folgen, daß die ältesten, selbst die Uebergangsgebirge, entweder gar keine Versteinerungen enthalten oder diese nur Zoophyten sind, daß sogar die ältesten Flözgebirge sich nur auf Versteinerungen der untersten Thierklassen beschränken. Nur in den jüngsten Gebirgen kommen Versteinerungen der höheren Thierklassen vor, wie die Blüthe nur am Gipfel der Pflanze hervorbricht. Ueberhaupt und im Allgemeinen muß man die innere Identität aller Dinge, die Unendlichkeit der Substanz, die in allem gleich gegenwärtig alles in allem gebiert, und demnach die potentiale Gegenwart von allem in allem vor Augen haben. Auch die sogenannte todte Materie ist nur eine schlafende, gleichsam von Endlichkeit trunkene Thier- und Pflanzenwelt, die ihre Auferstehung noch erwartet oder den Moment derselben versäumt hat.

Wir haben nun noch einige Sätze nachzutragen.

§. 197. Der Organismus entfaltet die Materie nicht bloß in ihren Accidenzen, sondern der Substanz nach. — Denn die Substanz der Materie ist die Unendlichkeit derselben, das, wodurch sie selbst = All ist und den Typus des Alls in sich trägt. Nun setzt aber der Organismus wirklich die Materie als actu unendlich auch für die Erscheinung selbst (nach den beiden vorhergehenden §§.), und demnach entfaltet der Organismus die Materie ec.

Zusatz 1. Der dynamische Proceß überhaupt und auch der chemische verändert bloß die Accidenzen der Materie, d. h. die Formen der Endlichkeit, ohne die Endlichkeit selbst aufzuheben.

Zusatz 2. Der organische Proceß tritt daher der Selbstheit der Materie am nächsten.

Zusatz 3. Im Organismus ist die Materie nicht nur ins Unendliche theilbar (wie in den unorganischen Wesen, wo die unendliche Realität von der Endlichkeit des Begriffs, dem sie verbunden wird, unterdrückt ist) sondern sie ist actu getheilt ins Unendliche. — Die Schwierigkeiten, welche die Reflexion gegen ein actu divisum in infinitum erhebt, brauchen hier nach den Erläuterungen bei §. 80 nicht mehr berücksichtigt zu werden. Dieses wirklich dargestellte, actu Unendliche ist ein Unendliches kraft absoluter Position, nicht durch Zahl; es ist nicht von einer Unendlichkeit die Rede, welche durch eine unendliche Zahl, sondern von einer solchen, die überall nicht durch Zahl bestimmt werden kann.

§. 198. Der Organismus hat ein ewiges Daseyn in der Natur und kann nur der Erscheinung, nicht dem Wesen nach entstehen. — Ein ewiges, denn sein Daseyn beruht auf der aktuellen Unendlichkeit der Materie, dem Welttypus, der einer jeden eingeboren ist. Nun ist aber die Materie ein actu Unendliches nach §. 79, d. h. sie ist potentia schon organisirt, und demnach hat der Organismus ein ewiges Daseyn, er entsteht bloß der Erscheinung, nicht der Substanz nach. — (Die wirkliche historische Darlegung des ersten Ursprungs der Erdorganisationen wird nur im Zusammenhang mit der Geschichte der ganzen Erde und aller ihrer auch anorgischen Bildungen möglich seyn. Man wird, je weiter man in dieser Erkenntniß fortschreitet, desto mehr finden, daß die Bildungen des Anorgischen der Erde mit denen des Organischen bestimmte Parallelen bilden, und dann die organischen Geburten der Erde nicht unbegreiflicher finden, als ihre unorganischen).

§. 199. Die aktuelle Unendlichkeit der Materie ist: absolute Position von Totalität, also weder bloß Totalität, noch bloß Identität, sondern als Identität Totalität, und als Totalität Identität zu seyn. — Aktuelle Unendlichkeit ist dadurch aktuelle, daß sie = Position von Totalität (nach §. 79). Die Position aber verhält sich als die Identität. Demnach ist auch in dem Organismus weder bloß Totalität (überhaupt kann wahre Totalität nie seyn ohne absolute Identität) noch bloß Identität ohne Totalität (überhaupt kann auch wahre Identität nur die seyn, welche als solche auch Allheit ist; die unorganische Natur zeigt uns in der Cohäsion eine Identität mit vernichteter oder negirter Totalität, wie die Linie überhaupt Negation der Totalität ist); also ist auch die Abstraktion von Raum und Zeit hier völlig aufgehoben.

§. 200. Alle Differenzen des Organismus im Ganzen und im Einzelnen werden dadurch bestimmt seyn, daß entweder die Identität oder die Totalität vorherrscht, oder daß beide in vollkommener Gleichheit sind. — Differenz ist allgemeines Gesetz und Schicksal der Endlichkeit. Inwiefern also der

Organismus durch einzelne Dinge erscheint, erscheint er nothwendig auch durch *quantitative* Differenzen derjenigen Factoren, [illegible] in seiner Idee sich gleich und ein und dasselbe sind. Inwiefern es [illegible] Natur des Organismus ist, als Identität unmittelbar auch Totalität, unendliche Realität zu seyn, und umgekehrt, so werden sich alle Differenzen des Organismus im Einzelnen und im Ganzen ausdrücken lassen als Differenzen der Totalität und der Identität. — Es versteht sich, daß die Identität in der Differenz von der Totalität nur zugleich im Gegensatz derselben erscheinen kann. Da nun die Identität im Gegensatz, d. h. als Negation der Totalität, das Eigenthümliche der unorganischen Natur die Cohäsion ist, so wie die Totalität, die unendliche Realität der Materie, eigentlich erst durch den Organismus gesetzt wird, so wird das Uebergewicht der Identität über die Totalität sich durch ein mehr oder weniger auffallendes Zurückgehen zur Cohäsion und insofern zum Unorgischen ausdrücken, dagegen der Organismus als solcher in *dem* Verhältniß entwickelter hervortreten wird, in welchem die Identität zugleich auch Totalität ist. Da es ferner das Licht ist, was in der Materie die unendliche Realität, das All zu erkennen sucht, so wird das Vorherrschen der Totalität auch ein Vorherrschen des Lichtes bedeuten, so wie umgekehrt dagegen das Vorherrschen der Identität ein Vorherrschen der Cohäsion. Denn Schwere und Cohäsion sind nicht vernichtet durch den Organismus, vielmehr ist der Organismus nur das Schauspiel eines beständigen Kampfes zwischen dem Licht, das die Totalität, und der Schwere, welche in dieser Beziehung als Cohäsion die Identität setzt. Da ferner der Gegensatz in Bezug auf den Organismus, wie aus dem eben Gesagten erhellt, sich auch als Gegensatz von Licht und Cohäsion betrachten läßt, so wird die Materie überhaupt dadurch, daß sie organisch wird, nur in einen höheren Cohäsionsproceß verwickelt erscheinen, und dieser Cohäsionsproceß wird *als solcher* in dem Verhältniß hervortreten, in welchem die Identität die Totalität zurückdrängt, die Schwere das Licht überwältigt. — Dieß vorausgesetzt

§. 201. *Der Organismus bildet sich nothwendig in zwei verschiedenen, einander entgegengesetzten Reichen aus.*

wovon das eine relativ auf den Organismus wieder mehr der Schwere, das andere dem Licht eignet, in dem einen die Identität, in dem andern die Totalität herrschend ist. — Dieser Gegensatz ist ausgedrückt in der Natur als Gegensatz des Pflanzen- und Thierreichs. — Daß die Pflanze, welche auch in der Cohärenz mit der Erde ist, am reinsten jenen höheren Cohäsionsprozeß darstelle, in welchem die Materie durch das Eintreten des Lichts [illegible] verwickelt wird: dieß bedarf wohl kaum des Beweises. — Es ist der eigentliche Erdgeist, der im unorganischen Naturreich die Stufe der Starrheit war, der in der Pflanze sein Haupt erhebt und die Sonne grüßt. In den entwickelteren Leib der Pflanze gefaßt, folgt er doch auch hier nur dem Gesetz eines höheren Magnetismus, der zwischen Erde und Sonne ist, d. h. er strebt Materie und Licht selbst wieder unter der Form der Identität eins zu machen. Die Pflanze würde, wenn sie bloß ihrem Triebe folgte, bis in die Sonne wachsen und die Identität herstellen. — Daß in dem Thier, im Ganzen genommen, mehr die Totalität, wie in der Pflanze die Identität herrschend sey, dieß zeigt von der einen Seite die Ausbildung des thierischen Organismus nach allen Dimensionen (der entwickelte Weltkörper), aber ohne Unterordnung unter eine herrschende Identität, welche erst im Menschen erreicht wird, der die vollkommen gelungene Auflösung des Problems ist, daß Identität und Totalität eins seyn solle, und der eben daher schon der Form der äußeren Erscheinung nach zwischen das Thier und die Pflanze gestellt erscheint. — Eine weitere Ausführung ist begreiflicher Weise hier nicht möglich, da eine Menge Bestimmungen und Verhältnisse anticipirt werden müßten, deren Enthüllung wir erst von der Folge erwarten können. Daß wir aber das Pflanzen- und Thierreich keineswegs als ein identisches betrachten, zwischen dem eine Continuität der Entwicklung stattfände, daß wir vielmehr beide als zwei völlig getrennte, ja entgegengesetzte Reiche bezeichnen, wird sich gleichfalls durch die Folge rechtfertigen, indeß wir hier bloß bemerken wollen, daß Schwere und Licht die zwei gleich absoluten, gleich ewigen und nothwendigen Gründe der Natur sind, und daß selbst da, wo sie in der Erscheinung eins werden, sie doch ebenso nothwendig wieder in zwei entgegengesetzte Welten sich ausbilden, als es nothwendig ist, daß sie in der Natur überhaupt entgegengesetzt sind, oder es nothwendig ist, daß Realität und Idealität, jedes sich zu einer Welt für sich ausbilde.

§. 208. Der Mittelpunkt beider Welten, der herrschenden Identität und der herrschenden Totalität, d. h. der Punkt, von welchem aus beide gemeinschaftlich nach entgegengesetzter Richtung sich bilden, ist die Welt des reinen Zerfallens oder der Totalität mit gänzlicher Verneinung der Identität (entsprechend der unorganischen Welt, welche Identität mit gänzlicher Verneinung der Totalität ist). Dieser Punkt in der Natur ist bezeichnet durch das Reich der Infusionsthiere. In einer Welt, wohin kaum das bewaffnete Auge noch reicht, regt sich diese unendliche, in ihren Grenzen nicht nur unbekannte, sondern völlig unbestimmbare Schöpfung, die von der Natur stets aufs neue eingeschoben zu werden scheint, und zwischen der potenzialen und actualen Organisation der Materie in der Mitte liegt. Schon vorlängst habe ich die Infusionsthiere als den gemeinschaftlichen Mittelpunkt der Thier- und Pflanzenwelt betrachtet, oder, genauer ausgedrückt, als den Wendepunkt, von dem aus in jetzt sich fliehenden und völlig entgegengesetzten Richtungen die Thier- und Pflanzenwelt sich bildet. Dieß ist selbst in der Erfahrung so offenbar, daß es zu verwundern ist, wie es so lange übersehen werden konnte. Da, wo die Pflanze und das Thier noch gleich unvollkommen sind, zeigen sie ihren Ursprung aus jener unbestimmten Welt noch am bestimmtesten. Die einfachste Erzeugung eines Pflanzen-Organismus ist ohne Zweifel die Entstehung der sogenannten Priestleyschen Materie aus dem Wasser, noch einfacher jedoch die Erzeugung jener zarten Fäden, die ein Niederschlag aus der Luft wie jene aus dem Wasser sind und gewöhnlich der Nachsommer genannt werden. Von der Priestleyschen Materie haben es mehrere Naturforscher schon vorlängst empirisch wahrscheinlich gemacht, daß sie aus Infusionsthieren gebildet werde, welche durch den vegetativen Proceß in Gährung unter sich treten und ihr partiales Leben verlieren. Einen ähnlichen Ursprung gebe ich jenen zarten Gewächsen der Luft, welche gleichfalls eine Vegetation sind. Die Natur selbst zeigt in den Bildungen dieser einfachsten Pflanzen auf die Infusionsthiere als die ersten Elemente aller Pflanzenbildung hin, deren eignes Leben, nur durch den Proceß der Vegetation unterjocht, durch die Auflösung sich wiederherstellt, aber in den schon thierischeren, zu einer höheren Vollendung durch das Licht gelangten Theilen, z. B. den weichen Früchten mancher Pflanzen, die nach Versuchen, z. B. von Goethe, zerschnitten, unter dem Mikroscop betrachtet, sich in Infusionsthiere auflösen. Das Gleiche ist auch schon vom Blumenstaub der Pflanzen behauptet worden. Es wird auf genauere Untersuchung ankommen, ob es sich darthun läßt, daß auch der größte Theil der kryptogamischen Gewächse, die Tremellen, Conferven u. s. w. ihren Grund in Infusionsthieren haben, ob sie vielleicht ebenso nur das Gehäuse von Thieren sind, wie auf der andern Seite, wo auch die thierische Natur noch auf der Stufe des starren Sprossens verweilt, die Korallen z. B. nur das Gehäuse und Product der Polypen sind. Offenbar ist indeß schon aus dem entschiedenen Bekannten, daß die beiden entgegengesetzten Richtungen, welche die Natur im Pflanzen- und Thierreich nimmt, auf einen gemeinschaftlichen Mittelpunkt hindeuten, welcher nur in die Welt der Infusionsthiere fallen kann. Wäre wirklich nicht zwischen Thier und Pflanze ein so vollkommener Gegensatz als zwischen entgegengesetzten Richtungen, die aber von Einem Punkte ausgehen, so müßten die am vollkommensten ausgebildeten Pflanzen es seyn, die sich an die niedersten Thiergattungen anschlößen, es ist aber vielmehr das Gegentheil der Fall, zum Beweis, daß jedes dieser Naturreiche eine andere Welt ist, wo nur die unvollkommenen Erzeugnisse einer jeden mit denen der andern zusammenfallen können, die vollkommeneren aber am weitesten auseinander liegen. Die Klasse der Zoophyten fällt in denjenigen Punkt, wo die Pflanze und das Thier noch gleich unvollkommen sind; es giebt also noch einen gemeinschaftlichen Mittelpunkt der beiden Welten, wo sie sich beide gleich unvollkommen zeigen und nur dadurch eins sind, und von welchem aus erst in ihren entgegengesetzten Richtungen jede sich in ihrer Einzelheit am vollkommensten ausbildet, so daß das ausgebildetste Thier und die ausgebildetste

Pflanze am weitesten voneinander abstehen. (Der Mensch bleibt hier noch gänzlich aus dem Spiel, da in ihm als vollendeter Allheit eben wieder als eins angeschaut wird, was im Thier- und Pflanzenreich getrennt erscheint). Seitdem man die Welt der Infusionsthiere kennt, hat man den verschiedenartigsten Vorstellungen über sie Raum gegeben, aber wahrhaft möchte wohl keine andere möglich seyn, als die auch schon Leibniz angedeutet hat, nämlich die aktuelle Unendlichkeit der Materie in ihr zu erkennen, die hier nur ihrer Position oder Identität beraubt erscheint, jene Unendlichkeit, kraft welcher, wie Leibniz sagt, jeder Theil der Materie ins Unendliche nicht nur theilbar, sondern wirklich getheilt und gleich einem Garten voll Pflanzen oder einem Wasser voll lebender Geschöpfe ist.

Um das bestimmtere Verhältniß dieser drei Reiche in Bezug auf den allgemeinen Typus anzudeuten, so wäre, da in der Pflanzenwelt die Zeit als die Identität das Herrschende ist, die Infusionswelt dagegen die Welt des reinen Raums. Die Pflanze lebt ganz in der Zeit, und folgt in ihren Verwandlungen dem Gesetz derselben, das Infusionsthier aber hat gar kein Bestehen in der Zeit, es gehört bloß dem Raum, der Form der Zerfallenheit an, sogar daß bei manchen selbst die Gestalt und äußere Form in der Zeit nicht fixirt ist, manche vielmehr, wie der Proteus polymorphus der Vorticella rotatoria und andere, eine wunderlich wandelbare, stets veränderte Gestalt zeigen. Im Thier ist der Raum vorherrschend relativ auf die Pflanze; nur in dem, worin auch das Thier Pflanze ist, ist es gleichfalls der Zeit unterworfen. In dieser Beziehung könnte man die drei Naturreiche auch wohl den drei Dimensionen gleichsetzen, und die Pflanze als erste gesetzt, die Welt der Infusionsthiere als zweite, die der Thiere als dritte setzen. Auch hier also wäre der überall gleiche Fortgang von Identität in der Pflanze zur Differenz, zur absoluten Nichtidentität in der Infusionswelt, und von da zur wahren Allheit, d. h. zur Identität, die zugleich Differenz ist, in der Thierwelt. (Dieser Fortgang nicht in der Zeit, sondern in der Idee [illegible]). Die organische Metamorphose kann betrachtet werden als ein Streit des Lichts und der Schwere um die Dimensionen des Produkts; so wie dann ferner auch die Differenzen des Organismus bezeichnet werden können als Differenzen der Verhältnisse oder der Dimensionen, in welchen Licht und Schwere eins sind. — Da nun der Organismus in der Idee absolute Identität von Licht und Schwere ist, so kann er in der Erscheinung nicht als wahrhaft absolute Identität, demnach nur als Streit des Lichts und der Schwere erscheinen; da aber (§. 121) alle Differenz des Verhältnisses zwischen entgegengesetzten Faktoren sich immer als Dimension ausspricht, so werden die Differenzen des Organismus sich auch als Differenzen der Dimensionen unterscheiden, in welchen oder relativ auf welche Schwere und Licht eins sind. — Beide werden nämlich entweder relativ auf die erste oder die zweite oder die dritte Dimension identisch seyn.

Zur Erläuterung. Das Bestreben des Lichts und insofern auch der Metamorphose, die nur Erscheinung jenes Bestrebens ist, geht dahin, die ganze Substanz oder Realität in ihrer Unendlichkeit darzustellen, die Materie ganz zu zerlegen und der absoluten Substanz als Attribut unterzuordnen. Dieses Streben erscheint nothwendig als ein Kampf um die Dimensionen des Produkts, wodurch dann drei Hauptstufen der organischen Metamorphose bestimmt sind. Der höchste Sieg des idealen Princips wird ohne Zweifel da gefeiert, wo es ganz an die Stelle der Materie tritt, so daß das Organische ganz Licht und Materie und eine und dieselbe Substanz ist, die auf völlig gleiche Weise real und ideal ist, womit dann aber eben auch die Unendlichkeit des Weltsystems, die der Materie eingebildet ist, am vollkommensten entwickelt ist.

Wir bestimmen zuvörderst im Allgemeinen diese Dimensionen des Organismus, um sie nachher einzeln, sowohl im Produkt als in der Thätigkeit — in der Metamorphose und im Proceß, nachzuweisen.

§. 204. Das Licht, die unendliche Möglichkeit, ist der Materie nur für die erste Dimension verbunden, wenn es ihr nur als unendliche Möglichkeit von ihr selbst eingebildet ist. — Die erste Dimension ist überall die der [illegible] tion seiner selbst (z. B. im Magnetismus). Wenn also der Materie zwar der unendliche Begriff, die unendliche Möglichkeit aber nur als die unendliche Möglichkeit von ihr selbst verbunden ist, so sind Licht und Materie nur eins für die erste Dimension.

Zusatz. Dieser Dimension entsprechend ist die Reproduktion in der allgemeinsten Bedeutung des Worts. Denn kraft der Reproduktion enthält das organische Wesen zwar allerdings eine unendliche Möglichkeit, aber nur als unendliche Möglichkeit von sich selbst entweder als Individuum (im Wachsthum ꝛc.) oder als Gattung (in der Zeugung). In dieser Beziehung erscheint also die organische Thätigkeit vorzugsweise als ein höherer Gestaltungstrieb — noch aber geht das Individuum nicht über sich selbst hinaus. Daher diese Dimension vorzugsweise repräsentirt durch die Pflanzen.

§. [illegible] Das Licht, die unendliche Möglichkeit, ist der Materie auch für die zweite Dimension vermählt, wenn es ihr als die unendliche Möglichkeit anderer Dinge, als anderer, eingebildet ist. Denn die zweite Dimension ist überall diejenige, wodurch ein Ding in anderen Dingen ist, so wie die erste die, wodurch es in sich selbst ist. Diese ist aber eben deßhalb auch die der Identität, jene der Differenz.

Zusatz. Dieser Dimension entsprechend ist die lebendige Bewegung oder in der gewöhnlichen Bezeichnung die Irritabilität des Organismus. (Ich behalte diese, wenn gleich ungeschickten Bezeichnungen vor der Hand bei, um mich nicht unnöthig mit Namenveränderungen aufzuhalten). Durch die Irritabilität oder die Bewegung ist dem Organismus eine unendliche Möglichkeit anderer Dinge, aber ohne [illegible], also als anderer mitgetheilt, mit denen er sich eben erst durch die Bewegung verbindet.

Bewegung ist also hier der Ausdruck der Differenz der Möglichkeit und der Wirklichkeit. Die Möglichkeit der Dinge liegt im Organismus, die Wirklichkeit außer ihm. [illegible] ist, daß auch in dieser Beziehung die [illegible] thiere sich auf die Seite der zweiten Dimension stellen. Ohne eigentliche Reproduktion (da der meisten Gestalt wohl nicht einmal fixirt ist), ohne Sinne sind sie doch der schnellsten Bewegung in zum Theil sehr widerstehenden Mitteln fähig, sie erscheinen wie Lebensfunken, die hier und dort aufblitzen, als elektrische Kugeln, Bläschen u. s. w.

§. 206. Das Licht, die unendliche Möglichkeit der Dinge, ist der Materie auch für die dritte Dimension vermählt, wenn es ihr als Möglichkeit anderer Dinge, deren Wirklichkeit doch zugleich in den Kreis des Organismus fällt, verbunden ist. — Die dritte Dimension ist jederzeit die Synthese der beiden ersten. In der ersten war der Organismus produktiv, aber bloß von sich selbst, ohne über sich selbst hinauszugehen. In der zweiten nahm er die Möglichkeit anderer Dinge in sich auf, aber als anderer Dinge, aber mit Differenz. Die Synthese wird die seyn, daß der Organismus produktiv ist, wie in der ersten Dimension, aber produktiv von anderen Dingen als anderen, so daß diese als andere dennoch zugleich in ihm selbst sind. Diese Synthese ist, wie leicht einzusehen, nur dadurch erreicht, daß das organische Wesen anschauend, perceptiv wird. Es geht in der Perception nicht über sich hinaus, die Anschauung fällt in es selbst, und dennoch ist sie zugleich Anschauung anderer Dinge, außer dem Organismus.

Zusatz. Dieser Dimension entsprechend ist die Sensibilität oder die Perceptivität des Organismus. (Hiermit ist also der allgemeine Typus abgeleitet, innerhalb dessen alle organische Metamorphose sowohl als der Proceß selbst eingeschlossen ist.)

§. 207. Der Streit beider Principien um das Produkt (§. 203) drückt sich in der Erscheinung auch als ein Wechsel der Expansion und der Contraktion aus. — Die beiden Principien sind das Licht auf der einen, welches die Totalität verlangt, und das [illegible] Princip auf der andern Seite, das auf [illegible] geht. Das Streben des [illegible] Princips ist Continuation ins Endlose, also ohne Totalität; vermöge desselben würde die Pflanze z. B. ins Unendliche fortsprossen. Der Ausdruck der Thätigkeit dieses Princips ist daher

Expansion in die reine Länge (in dieser Bedeutung hier das Wort Expansion). Das Licht im Gegentheil, welches überall die gleichmäßige Expansion fordert, setzt jener Expansion oder der Linie eine Contraktion entgegen, die sich durch die sphärische Form als Bild der in der Identität gesetzten Differenz oder der Totalität ausdrückt. — Da nun der Organismus in der Erscheinung zwischen Identität und Totalität gestellt ist, da ferner die organische Metamorphose ein Streit der beiden Principien ist, wovon das eine auf Identität, das andere auf Totalität geht, so wird jene nothwendig auch als ein Wechsel von Contraktion und Expansion erscheinen, und zwar wird die Expansion Ausdruck des cohäsiven Princips, die Contraktion dagegen Ausdruck des ideellen oder des Lichtes seyn.

In den einfachsten Bildungen, auch in den Infusionsthieren, wovon einige kugelartig, globos, andere längliche Fäden sind, in andern wieder, mit wechselnder Gestalt, ein Princip nach abwechselnd das andere zu verdrängen scheint, finden wir jene beiden Momente unterscheidbar; vereinigt schon, wo auf die einfachste Weise durch Contraktion eine sphärische Bildung, durch Expansion die längliche gesetzt ist, und jene den Kopf, diese den übrigen Leib repräsentirt.

§. 208. *Der Moment des Magnetismus im organischen Proceß ist der Moment der Reproduktion* — folgt schon aus §. 204. — Auch der Magnet hat in sich die Möglichkeit, seine Form oder Polarität durch unendlich viele Mittelglieder zu propagiren, jedoch so, daß ihm die Substanz gegeben wird. Im Organismus dagegen wird jene Thätigkeit, die im Magnetismus bloß Form war, *wesentlich*. Die Materie hat keine von ihrer Form trennbare Existenz, sie ist selbst Magnetismus und existirt nur in der absoluten Identität mit dieser Form, und umgekehrt, der Magnetismus hat hier die Substanz selbst ergriffen, diese erscheint in ihrer absoluten [illegible]heit, obgleich [illegible] immer der Form des Magnetismus. — In der organischen [illegible] ist die Form des Magnetismus absolut eins mit dem [illegible] different, wie in der tieferen Potenz, und dieß ist der Unterschied der organischen Propagation von der, welche auch im unorganischen Naturreich stattfindet.

Zur Erläuterung. Alle Bildung einer organischen [illegible] als im Produciren der Masse geht der organische Proceß im ersten Moment nicht) beruht darauf, daß eine gleiche Möglichkeit, eine gleiche Affirmativität durch die ganze Substanz, aber nur in den [illegible] der ersten Dimension greift. Der Magnetismus ist [illegible] mehr Form, er ist zugleich das Innere, das Wesen der Materie selbst; auch ist die Möglichkeit hier nicht eine endliche, sondern eine ihrer Natur nach unendliche.

In der endlosen Fortsetzung einer Pflanze von Punkt zu Punkt, die nur etwa durch Contraktion unterbrochen, aber, solange nicht das Geschlecht entwickelt ist, nicht aufgehoben wird, ist jeder Punkt potenzirt, die der Materie vermählte Möglichkeit des Ganzen ist das Potenzirende; jedes Potenzirte in dieser Linie ist selbst wieder potenzirend und bringt das Gleiche hervor. Wollte man gegen diese Ansicht des Bildungsprocesses als eines substantiellen Magnetismus einwenden, daß in diesem jeder Pol, d. h. jedes Potenzirte, sein Entgegengesetztes außer sich setze, daß also statt der identischen und homogenen Fortsetzung vielmehr durchgängige Heterogeneität und Nicht-Identität stattfinden müßte, so bedarf es bloß der Erinnerung, daß die Differenz der magnetischen Pole selbst nur eine Differenz in der Homogeneität ist. Die Substanz des Eisens ist des Magnetismus unerachtet, ja vielmehr vermöge des Magnetismus durchaus homogen, und eben nur zwischen gleichen und indifferenten Dingen gibt es Magnetismus (wie §. 154 bewiesen wurde). Diejenige Differenz, welche innerhalb eines Magnets stattfindet, welche aber, wie bekannt, eine durchaus relative ist, ist auch in dem homogensten Faden einer Pflanze z. B., so daß freilich kein Punkt dem andern absolut gleich, aber doch auch nur relativ [illegible] andern different ist.

Wer dem Zusammenhang der Construktion [illegible] gefolgt wäre, könnte diese Ansicht des organischen [illegible] die Materie selbst ganz als Ausdruck [illegible] processes für eine bloße Hypothese zu halten versucht werden, und in der That keine theoretische Ansicht irgend einer Naturerscheinung ist mehr als dieß außer dem Zusammenhang eines Ganzen, in dem sie nothwendig ist. Nicht von der beobachteten Erscheinung aus schließend, müssen wir die Ursachen erkennen wollen, sondern umgekehrt müssen die Erscheinungen aus Principien folgen, die an und für sich selbst erkannt sind. Es gibt eigentlich keine Naturerklärung, es gibt nur Construktion gemäß einem aus der Vernunft geschöpften Typus; die Erklärung jeder Erscheinung ist die Stelle, die sie nach diesem Typus einnimmt. So ist es nicht zufällig, sondern nothwendig, daß in dem organischen Proceß ein Moment vorkomme, der dem des Magnetismus oder der der allgemeinen Dimension des in-sich-selbst-Seyns entspreche. Dieser Moment kann nur der der Reproduktion seyn, also ist auch umgekehrt Reproduktion nichts anderes als eben jener Moment (nur mit dem Unterschied, der zwischen anorgischer und organischer Welt stattfindet). Hier fällt also alles Zufällige und demnach auch alles Hypothetische hinweg. Es kann uns im organischen Proceß, wie in jedem anderen immer nur dasselbe entstehen, denn die Natur ist sich ewig und nothwendig gleich. Der organische Proceß kann also auch vom dynamischen nicht dem Wesen, sondern der bloßen Potenz nach verschieden seyn, und namentlich kann der sogenannte Bildungstrieb nichts anderes seyn als der Magnetismus der höheren Potenz. Dieß folgt allerdings nicht aus einer isolirten Betrachtung, für welche jede mögliche Erklärung nur Hypothese ist, aber es folgt aus dem Zusammenhang des Ganzen, in welchem eines immer durch alles, und alles durch eines bedingt ist.

Es bedarf nach diesem kaum noch der Erinnerung, daß hier nicht davon die Rede ist, daß Magnetismus etwa die Ursache der organischen Reproduktionserscheinung sey. Es handelt sich nicht bloß hier, sondern überall nicht von einem Causalverhältniß. Reproduktion und Magnetismus sind vielmehr ein und dasselbe, nur der Potenz nach verschieden, und mit gleichem Grunde kann auch gesagt werden: der Bildungstrieb ist derselbe Moment, den wir auch in der Erscheinung des Lichts erkannten, im Moment seiner Expansion nämlich; wie es hier als Urbild der Stetigkeit hüllen- und zeitlos fortsproßt, so, mit der

Materie vermählt, nur zeitlich und in einer Hülle verborgen durch das organische Gebild.

§. 209. In der Reproduktion für sich wiederholen sich alle Dimensionen. Entweder nämlich enthält das organische Wesen die unendliche Möglichkeit von sich selbst unter der Form der bloß relativen Identität (dieß ist der Fall in der Reproduktion seiner selbst als Individuum), oder es enthält die unendliche Möglichkeit von sich selbst unter der Form relativer Differenz (dieß der Fall in der Reproduktion seiner selbst als Gattung). — Der Beweis dieser zwei Möglichkeiten ergibt sich unmittelbar aus dem Begriff der Reproduktion. Durch den allgemeinen Begriff der Reproduktion ist nur gesetzt, daß der Organismus die unendliche Möglichkeit von sich selbst enthalte. Wenn ein organisches Wesen sich selbst in einem übrigens selbständigen, für sich bestehenden Abdruck von sich selbst darstellt, so wiederholt es allerdings nur sich selbst, aber doch zugleich in einem anderen als es selbst, demnach unter der Form relativer Differenz. Wiederholt dagegen das organische Wesen nicht nur überhaupt sich selbst, sondern auch sich selbst in sich selbst, so continuirt es sich unter der bloßen Form der relativen Indifferenz. Da nun aber durch den allgemeinen Begriff des Organismus nicht insbesondere bestimmt ist, unter welcher Form der Organismus sich selbst reproducirt, sondern nur, daß er überhaupt sich selbst reproducirt, so wiederholt die Reproduktion in sich nothwendig beide Dimensionen, die der relativen Identität und der relativen Duplicität.

§. 210. Die Reproduktion unter der Form relativer Identität kann nach drei Dimensionen betrachtet werden. Die erste ist die Kraft, mit welcher der Organismus der von außen gegebenen oder genommenen Materie (denn er setzt diese nicht der Substanz nach) das Gepräge seines Lebens aufdrückt (Einbildung der Identität in die Differenz), die andere, wodurch er sie in relative Differenz setzt, die dritte, wodurch er sie als different mit sich selbst in Indifferenz setzt.

Dieser Satz bedarf bloß der Erläuterung. — Der allgemeine

Typus ist Fortgang von Identität zu Differenz und von da zur Synthese beider. Durch die erste Dimension wird jederzeit ein Differentes homogen gesetzt; die erste Funktion der organischen Bildung ist daher auch die Homogenisirung der Materie, ähnlich der, welche im Magnetismus stattfindet, die zweite ist dann nothwendig die Differenzirung oder Zerfällung der Materie, so wie die dritte diejenige, wodurch die Materie als differenzirt dennoch zugleich in die Identität mit dem Organismus gesetzt oder unter der Einheit seines Wesens subsumirt wird.

Der Organismus ist eine geschlossene Welt, nichts Fremdartiges kann daher das Gebiet des organischen Processes betreten, ohne von ihm ergriffen und als Accidens gesetzt zu werden. Der erste Schritt dazu ist, daß die Cohäsion des Fremdartigen aufgelöst, das partikulare Leben in der Materie wieder hervorgerufen wird; nur wenn das Fremdartige zuvörderst sein eignes Leben verloren hat, kann ihm das Gepräge des andern aufgedrückt werden. Die reinste Darstellung jenes Einbildens der organischen Polarität, des organischen Magnetismus in das Fremde ist die *Resorption* und das Resorptionssystem, welches als vorzugsweise unter dem Schema des organischen Magnetismus stehend schon dadurch ausgezeichnet ist, daß die Organisationen desselben die reinste Länge repräsentiren, ferner dadurch, daß es kein *geschlossenes* System ist; wie die Linie nicht geschlossen ist. Diese Funktion ist auch diejenige, welche schlechthin jedem organischen Wesen, auch dem der tiefsten Stufe, zukommen muß, wenn auch auf einfachere Weise als in den höheren Gattungen, die nicht mehr einfache Thiere, sondern ein All von Thieren sind, und wo die Resorption in bestimmt geschiedene Organisationen fällt, die gleichsam untergeordnete Thiere vorstellen, welche der rohe Nahrungsstoff erst durchwandeln muß, um durch verschiedene Stufen der Läuterung zu den höheren Formen zu gelangen. Mit der letzten Stufe der Homogenisirung tritt der flüssige Stoff in ein höheres Reich ein, wo die neue *Schöpfung* in der geschlossenen Welt des Organismus, also die Differenzirung schon beginnt, — im Blut, wo die ähnliche Flüssigkeit schon wieder zu *Kugeln*, der ersten Form des partialen Lebens zerfällt, und der Organismus in sich selbst wieder zum Anfang aller Bildung, zur Infusionswelt zurückkehrt.

Mit der zweiten Dimension der Reproduktion tritt nun schon ein höheres Verhältniß ein, welches Vorspiel der Zeugung ist. Die zweite Dimension ist nämlich die Secretion; in dieser zerfällt der Stoff in Differenz, ebenso wie er in der Resorption zur Identität gebracht wurde. Das Moment der Secretion entspricht wieder dem der Elektricität. — Jedes Secretionsorgan vollführt einen wahren Zeugungsproceß, durch eine Metamorphose des Bluts, welches sich als der allgemeine Stoff der Zeugung verhält.

Die dritte Dimension ist dann endlich diejenige, in welcher die Materie zugleich different gesetzt und wieder unter die Identität des Organismus aufgenommen wird. Dieß aber ist nur in dem Begriff der Assimilation vereinigt. Diese setzt voraus Differenziirung des Identischen und Aufnahme dieses Differenziirten unter die höhere Identität.

Da sich diese drei Dimensionen auch wieder verhalten, wie sich Reproduktion, Irritabilität und Sensibilität verhalten, so kann man sagen, daß die Assimilation eigentlich die Sensibilität oder Perceptivität der organischen Reproduktion sey. Wie gleich im Anfang gezeigt wurde, ist das Seyn der Materie unmittelbar als solches auch Perception, in der Assimilation waltet nur die tiefste und dumpfste Art organischer Perception, wie auch einige schon das Verähnlichungsvermögen der einzelnen Organe als eine Art von partialem Geschmacksinn betrachtet haben.

Ein größeres Detail kann in der gegenwärtigen Untersuchung nicht erwartet werden, deren einzige Aufgabe nur die ist, den allgemeinen Typus zu bezeichnen, und dem Physiologen im Allgemeinen zu zeigen, daß er die Resorption nach dem Schema des Magnetismus, die Secretion nach dem der Elektricität, so wie dann die Assimilation nach dem Schema des chemischen Processes zu begreifen habe. Das weitere Begreifen selbst aber fällt nicht mehr in den Umkreis einer philosophischen Betrachtung.

§. 211. Die Reproduktion unter der Form relativer Differenz ist die Reproduktion durch Vermittlung des *Geschlechts oder die Zeugung*. — Obwohl dieser Satz an sich selbst klar genug ist, haben wir dennoch ihn zu erläutern, zuvörderst die Bedeutung der Geschlechtsdifferenz in der Natur überhaupt darzuthun.

Wir haben den Organismus überhaupt bezeichnet als Produkt des Wechselstreites zweier Principien, wovon das eine auf die Identität, das andere zur Totalität strebt, jenes dem cohäsiven Princip der Natur, dieses dem Licht entspricht. Jedes dieser beiden Principien hat seinen Grund in einem der nothwendigen und ewigen Attribute der Natur, welche eben hier, im Organismus, wo die absolute Substanz zu vollkommener Selbstanschauung strebt, als eins gesetzt werden sollen. Aber jedes jener Attribute ist außer dem, daß es mit dem andern identisch, also der Substanz untergeordnet ist, auch wieder selbständig, ewig. In der vollkommensten Selbstanschauung der Natur können demnach beide nicht nur überhaupt *identisch*, sondern jedes muß auch wieder für sich, weil es selbständig ist, und doch in diesem für-sich-Seyn wieder identisch mit dem andern angeschaut werden. Dieß ist nur möglich durch das Geschlecht.

In jedem organischen Individuum wird zuvörderst die Identität beider Attribute angeschaut, denn alles organische Leben beruht auf dieser Identität, aber zugleich scheinen sie hier ihre Substantialität oder Selbständigkeit verloren zu haben; es ist also nicht die *wahre* Identität gesetzt, diejenige, mit der zugleich die Substantialität eines jeden besteht. Jedes der beiden Attribute muß also durch ein gesondertes Produkt dargestellt werden, damit seine Substantialität erscheine, aber dieß muß so geschehen, daß das gesonderte Produkt dennoch *nichts* sey ohne das andere, eins des anderen nothwendig zur Integration bedarf, damit in dieser Selbständigkeit eines jeden dennoch zugleich die Identität bewahrt werde. Wäre die Differenz beider Principien nur durch eine Differenz von *Organen* an einem und demselben Organismus ausgedrückt, nicht aber durch eine Differenz des organischen Individuums selbst, wäre mit Einem Wort jedes dieser Principien nur durch ein Theilganzes bezeichnet, nicht durch ein Selbstganzes, so wäre eben damit die Selbständigkeit beider Attribute und jenes höchste Verhältniß beider ausgelöscht, welches dieses ist: Theile, d. h. nicht das Ganze, und dennoch das Ganze, dennoch nämlich Substanz zu seyn, welches eben das Ausgezeichnete der Attribute der Substanz ist. Die Schwere z. B. ist nicht die ganze absolute Substanz, und dennoch ist sie Substanz; sie verliert durch dieses ihr nicht-Ganzes-Seyn keineswegs die Substantialität, der Charakter der nicht-Ganzheit oder des Attributes involvirt hier keineswegs den Charakter einer Theilung. Dieses höchste aller Verhältnisse ist nun einzig durch das Geschlecht darstellbar und wirklich dargestellt. — Das männliche und das weibliche Individuum, jedes ist ein Ganzes, ein eignes organisches Wesen, das insofern vollkommene Substantialität und Selbständigkeit hat und dadurch ein Attribut der Natur ausdrückt. Es ist aber dieser seiner Selbständigkeit unbeschadet dennoch wieder ein nicht-Ganzes, d. h. ein solches, [illegible] seyn kann, inwiefern auch das Entgegengesetzte [illegible] haft nur ist in der Identität mit diesem Entgegengesetzte[illegible] beiden drückt freilich für sich schon eine Identität beider [illegible], aber diese Identität ist eine einfache und deßhalb unvollkommene. Die wahre Identität kann eben nur in der potenzirten Einheit angeschaut werden, d. h. in einer solchen Einheit, wo jedes der beiden Entgegengesetzten etwas für sich ist, und dennoch nicht ohne das andere ist. — So ist in der höchsten Beziehung auf Gott das Reale z. B. das ganze Absolute, und dennoch kann es nicht seyn und ist nicht ohne das Ideale, welches wieder das ganze Absolute ist, und dennoch nicht seyn kann und nicht ist ohne das Reale. Dieß ist der Charakter einer göttlichen Identität zum Unterschied einer bloß endlichen [illegible] nicht Entgegengesetzte verbunden werden, die der Verbl[illegible] um Substantialität zu haben, sondern Entgegengesetzte, w[illegible] sich absolut ist, und dennoch nicht seyn kann ohne das andere.

Dieß ist das Geheimniß der ewigen Liebe, daß das, was für sich absolut seyn könnte, dennoch es für keinen Raub achtet für sich absolut zu seyn, sondern das andere sucht, und es nur in der Identität mit diesem ist. Wäre nicht jedes ein Ganzes, sondern bloß Theil eines Ganzen, so wäre nicht Liebe: darum aber ist Liebe, weil jedes ein Ganzes ist, und doch das andere will und das andere sucht.

Wenn nun das Reale überhaupt, wenn demnach auch die Natur nur Grund von Seyn, und allgemein das empfangende oder mütterliche Princip der Dinge ist, das Ideale dagegen das väterliche und zeugende, so ist ohne Zweifel das Höchste in der Natur erreicht, wo innerhalb ihrer Sphäre selbst wieder das thätige und leidende, das göttliche und das natürliche Princip, jedes in seiner Selbständigkeit hergestellt, durch ein eignes Wesen repräsentirt ist. Denn die Natur, wenn gleich bloß empfangend, ist doch Realität für sich, ebenso ist das Ideale, wenn gleich thätig, schaffend, doch nichts ohne die Natur. Dadurch, daß das formative oder das natürliche Princip in das eine Produkt gelegt ist, kann das göttliche reiner in dem andern wohnen, und umgekehrt besteht jenes in der Abtrennung von diesem in desto reinerer Identität. Deßhalb geschieht es, daß, je selbständiger die Natur jedes ihrer Attribute gleichsam hypostasirt aufstellt, und je mehr Tiefe in das organische Produkt überhaupt gelegt wird, desto mehr die Geschlechter getrennt sind, sowie daß das Individuum desto mehr von der Unvergänglichkeit des Attributs an sich hat, das es repräsentirt, je reiner dieses in ihm ausgebildet ist.

So sehen wir in den beiden Geschlechtern in der That nur die beiden Seiten der Natur personificirt, jedes der Geschlechter ist selbständig neben dem anderen, eine eigene Welt, und doch eins mit ihm vermöge einer *göttlichen* Identität; und zwar ist kein Zweifel, daß das Reich der Schwere, wie es im Ganzen und Großen sich in der Pflanze gestaltet, und den blühenden Schmuck zahlloser Zweige, die aus seinem Mittelpunkt hervorwachsen, liebevoll und besiegt in seiner Starrheit der Sonne entgegenstreckt, so dasselbe im Einzelnen sich wieder durch das weibliche Geschlecht darstelle. Wie die Schwere flieht vor dem Licht und schamhaft sich gleichsam verhüllt, aber vom Licht erfüllt ihre herrlichen Formen gebiert, und in heißen Liebesschlägen ihm entgegenwallt, so ist in der organischen Welt das Verhältniß der Geschlechter, durch welches nur jenes ewige und große Verhältniß der Natur selbst wiederholt wird.

Das Geschäft des Empfangens, der Bildung, mit Einem Wort das Geschäft der Pflanze ist dem Weib übertragen durch die ganze Natur, es ist also selbst in dem Thier wieder die Pflanze, und der Mann unter den Thieren wieder das Thier. Alle Differenzen des Geschlechtscharakters lassen sich hieraus einsehen und ableiten.

Durch die selbständige Ausbildung jenes Verhältnisses, auf welchem die ewige Zeugung und Geburt der Dinge in der Natur selbst beruht, durch die selbständige Ausbildung dieses Verhältnisses im Einzelnen erlangt dieses das Vorrecht der Natur productiv zu seyn, nicht bloß in sich selbst, sondern in Dingen, die ein dem Zeugenden unabhängiges Leben und Daseyn haben. Die ganze Fülle und Fruchtbarkeit ist übergegangen, ist sichtbar dargestellt im weiblichen Geschlecht, der ganze Reichthum des Lichts im männlichen.

Wie das Daseyn und Leben der Natur auf der ewigen Umarmung des Lichts und der Schwere beruht, so sind die Verbindungen der Geschlechter, die Propagationen zahlloser Gattungen durch Zeugung nichts anderes als die Feier der ewigen Liebe jener beiden, die, da sie zwei seyn konnten, doch nur eins seyn wollten und dadurch die Natur schufen.

Vergleichen wir nun mit dieser allgemeinen Ansicht den Hergang der Geschlechtstrennung in der Natur, und wie allmählich jedes zur Selbständigkeit seines entsprechenden Attributs gelangt, so ist begreiflich auch die geringste Trennung der Geschlechter in der Pflanze. In der Pflanze ist die Erde noch starr, sie hat das Licht noch nicht in sich selbst aufgenommen, nur relative, nur vermittelte Identität sucht sie mit ihm. Der Ausdruck dieser Vermittlung ist die Pflanze selbst. Daher jener wunderbare, dem Instinkt ähnliche Trieb der Keime und der Pflanze überhaupt zum Licht. Aus der Finsterniß strebt der sich entwickelnde Keim, die Kunde des Lichts von ferne vernehmend, ihm entgegen, und weiß die Stelle zu finden, wo er sich gegen das Licht expandiren, sich ins Lichtmeer einsenken kann. Das Leben der Pflanze ist also ein höherer, ein über die Erde gehobener Magnetismus, ein Magnetismus zwischen Erde und Sonne. Wie sich die Magnetnadel in ihre Lage richtet, und nur in der gefundenen Richtung ruht, so die Pflanze, so schon der Keim, der in die verkehrte Lage in die Erde gebracht, sich selbst wieder umkehrt. Der erste Moment ihres Lebens ist der des reinen Sprossens, des Fortsetzens in die Länge, die nur durch einzelne Contraktionspunkte unterbrochen wird, in denen das ideale Princip, das Licht, sich selbst anzuschauen sucht. — Erst in der Blattbildung wird die reine Succession unterbrochen, die Starrheit löst sich in relative Cohäsion, das ideelle Princip vermählt sich der Materie auch für die zweite Dimension. (Ost- und West-Polarität. Erstes Hervortreten des Moments der Irritabilität in den Blättern einzelner Pflanzen, des Hedysarum gyrans, der Mimosa u. s. w.). — Unter stetem Zufluß roher Säfte würde die Pflanze so ins Unendliche fortsprossen, wenn das eingeborne Licht sie nicht aufs neue im Kelch contrahirte, der aus den Stengelblättern gebildet wird, und die erste concentrische Stellung des zuvor successiv Producirten ausdrückt. Es folgt jetzt eine neue Expansion in die Krone, wo der Sieg des Lichtprincips durch die Lebendigkeit der Farben gefeiert wird; endlich gelangt das Ganze zu seiner Vollendung durch die neue Contraktion in den Geschlechtswerkzeugen, womit dann alle Succession aufgehoben, der Sieg der Totalität über die Identität entschieden, der Streit beider Principien dadurch geschlichtet ist, daß jedes in seiner (wenn gleich noch geringen) Selbständigkeit ausgebildet mit dem andern nun erst auch wahrhaft eins wird. Das Licht ist hier ganz an die Stelle der Materie getreten; wie der Lichtstrahl als Nerv eintritt in das Thier, so hier als Staubfaden, welcher der Nerv der Pflanze ist.

Der Bildungsproceß der Pflanze ist gleichsam das Urbild alles andern, in welchem noch am reinsten angeschaut wird, wie durch Contraktion und Expansion, d. h. nach §. 207 ein organisches Wesen zu seiner Vollendung gelangt, und wie zuletzt auch die Geschlechtsentwicklung nur Unterbrechung oder vielmehr Aufhebung der Identität ist, die auf das Endliche hinwirkend auch im organischen Naturreich nur eine empirische Unendlichkeit der Continuation ins Unbestimmbare setzen würde, nimmer aber die wahre Unendlichkeit, diejenige, welche als Identität zugleich Allheit ist. Auch das einfachste Sprossen der Pflanze ist Ausdruck einer innern Identität der beiden Principien; aber die Selbständigkeit beider ist dabei mehr oder weniger aufgehoben; indem das Geschlecht gesetzt wird, wird die Differenz und insofern die Selbständigkeit eines jeden, und dennoch zugleich die Identität, d. h. es wird Totalität gesetzt. In der Totalität als der Blüthe (welche diese ihre Bedeutung auch schon durch das simultane Produciren dessen, was zuvor succesiv producirt wurde, so wie durch die concentrische Stellung ausdrückt) schließt sich daher die Pflanze, deren Leben demnach nichts anderes als der Verlauf des allmählichen Einswerdens von Licht und Schwere selbst, aber die wahre Identität beider nur im Gipfel ihrer Vollendung, welcher zugleich das Ziel ihres Lebens ist, darstellt. Die Pflanze ist daher mehr nur vermittelnde Form, als daß sie ein selbständiges Leben hätte, der Proceß ihrer Bildung grenzt noch am nächsten an den bloß energischen Magnetismus; nur in ihren Blättern zeigen sich bisweilen Spuren von Irritabilität, so wie nur dem Staubfaden eine Art der Sensibilität einwohnt.

Wir können schon zum voraus erwarten, daß, wenn das Thierreich im Ganzen in Bezug auf die Pflanzenwelt wieder als Totalität sich verhält, auch in ihm eben das, was in der Pflanze unter der Form der Identität ist, gesondert hervortreten werde; alle Dimensionen, die der organische Proceß durchlaufen kann, also auch die der Reproduktion oder der Pflanze werden im Thierreich wieder nicht nur durch besondere Produkte, sondern durch besondere Reiche bezeichnet seyn. Je näher der gemeinschaftliche Mittelpunkt, von welchem Thier und Pflanze ausgehen, desto unentschiedener wird die besondere Natur eines jeden erscheinen. Auch im Thierreich wird die Natur erst sprossen, eh' sie zum Blüthenstand gelangt. Wie auf der Seite der Vegetation in der ersten Unentschiedenheit der Trennung noch der Animalismus hervorsticht, z. B. in den Schwämmen, deren animalische Mischung bekannt ist, so wird nach der andern Richtung noch die Vegetations- und Sprossungskraft ihr Uebergewicht beweisen, wie in den Polypen, wo das erste Lichtstreben der Gestalt eine *Verzweigung* ist, und wo die Macht der Reproduktion sich durch Wiederherstellung verlorener Glieder, die, wie bekannt, bei diesen Thieren so wunderbar und überraschend leicht geschieht, so wie durch die Art ihrer Vermehrung kundgibt, indem sie bekanntlich lebendige Sprossen aus dem Leibe treiben und sich wie die Pflanzen durch Ableger propagiren. Still, in der Tiefe des Meers, an öden Stellen fängt die Natur zu bilden an, und sucht ihre ersten Versuche noch gleichsam zu verbergen. In dem Verhältniß aber, wie sie sich von dem Mittelpunkt nach beiden Richtungen entfernt und ihrem Zweck näher rückt, tritt sie kühner und immer kühner aus ihren dunkeln Werkstätten hervor, bis sie mit der Unendlichkeit ihrer lebendigen Thätigkeit, mit der Mannichfaltigkeit der immer wechselnden Gestalten unsere Einbildungskraft umfängt.

Wer wagt es, die unendliche Tiefe der Natur zu erschöpfen, den ewigen Weg zurückzulegen, auf welchem sie rastlos von der unbestimmten Welt aus, in der sie nur die ersten Keime der beiden Reiche ausstreut, in engeren und immer engeren Sphären zu den höchsten Individuen gelangt, immer zurückgehend, immer wiederkehrend, immer von neuem kämpfend, Ruhe durch Vollendung suchend, aber sie nicht findend?

Nur Momente können wir hier angeben, nur die bedeutendsten Stufen, wie sie sich aus der Construktion selbst ergeben, in leichten Umrissen bezeichnen.

Die ganze erste Stufe des Animalischen werden wir durch Reproduktionsthiere oder durch Thiere der ersten Dimension bezeichnen. In jeder solcher Dimension verweilt die Natur selbst wieder auf allen Stufen, und läßt bestimmte Produkte als Denkmäler ihrer Thätigkeit zurück.

Der erste Schritt, den sie aus dem Chaos, der Grenze der Infusionswelt, nach der Seite des Animalischen thut, ist durch die Polypen bezeichnet. Die geringe Selbständigkeit des Lebens und der leise Kampf, in den es noch mit der anorgischen Natur verflochten ist, drückt sich durch den anorgischen Absatz aus, den die gallertartige Masse der Polypen nach außen macht. Diese Masse ist in den Korallen fast bloß mineralisch-chemisch gemischt, das Lebendige verschwindet fast in nichts gegen das Todte, dessen Uebergewicht die ungeheuren Anhäufungen dieser Produkte bezeugen mögen, die bekanntlich ganze Inseln und Inselgruppen bilden.

Andere

Zunächst dieser Stufe der Metamorphose steht die der Mollusken in der allgemeinen Bedeutung des Worts. Jene kreatische Thätigkeit, die sich in bloßem Sprossen äußert, und, wie in den Korallen, das Leben selbst noch zurückdrängt, hat hier schon verminderte Gewalt; die zweite Dimension tritt hervor; das Thierische zerfällt zuerst in wahre Individuen; während die Polypen nur gleichsam einzelne Lichtpunkte sind in einem gemeinschaftlichen Korallenstamm, hat hier jedes Thier wenigstens sein eignes Gehäuse; der energische Absatz dauert also zwar noch fort, aber der Bau ist mannichfaltig, die Formen werden allegorisch für das Organische, welches in den mannichfaltigeren Abänderungen der Farbe so wie in manchen mit Leichtigkeit und Regelmäßigkeit ausgeführten Veränderungen der Form zu spielen scheint.

Im Dunkel verhüllt ruht hier noch meistentheils Geschlecht und Art der Propagation. Bezeichnend für die zweite Dimension ist, daß in einigen Gattungen die Geschlechter zwar getrennt, aber in jedem Individuum doppelt sind — aber sicher geschieht in dieser Region noch nicht alle Fortpflanzung durch Geschlechtsvermittlung, und der Sprossungszustand der Natur zeigt sich durch die auch an Gattungen dieser Sphäre noch immer äußerst auffallende Ersetzungskraft verlorner Glieder.

Erst in einer folgenden Stufe erreicht die Natur den Blüthenstand, aber auch nur momentan, gleichsam zum Beweis, daß die entschiedene Trennung der Geschlechter nur den Gipfel dieser Richtung bezeichnet, in welcher nur die erste Dimension zu herrschen bestimmt war. Obgleich die Insektenwelt meist auf Pflanzen lebt, und diese Geschöpfe, gleich als wären auch sie nur schönere, lebendigere Blüthen, von denen der Pflanzenwelt am meisten angezogen werden, so ist doch in dieser Sphäre die Natur schon freier und nimmt mehr an dem Licht und der Sonne Theil, als in der dumpferen Sphäre tieferer Gattungen. Wie die Staubfäden der Pflanze eine unmittelbare Empfänglichkeit für das Licht haben, so das Insekt, besonders in seiner höchsten Verklärung, wo es nur gleichsam ein freier fliegender Staubfaden ist. Als Uebergang aus dem Reiche des reinen Sprossens stellt die Welt der Insekten vorzüglich dadurch sich dar, daß sie bei ihrer ersten Erscheinung noch geschlechtlos sind. Aber die Natur verläßt sie nicht in diesem Zustand, sondern vollendet vor unseren Augen das Geschäft durch die vielfach bewunderten Erscheinungen der Metamorphose, die nichts anderes als Erscheinung der geschlechtlichen Entwicklung. — Das Insekt durchläuft hier dieselbe Stufenleiter der Umwandlung, welche die Pflanze durchläuft, wenn sie zur Blüthe fortgeht, nur daß die Natur die Stufen nicht aufbewahrt, die Brücke hinter sich abwirft, so daß dann auch das letzte Produkt fast nichts anderes ist als bloßer Geschlechtstheil. Aber noch bezahlt eben deßhalb das Individuum den Tribut der entschiedenen Geschlechtsentwicklung durch das schnelle Hinwelken, wie die Blume stirbt, sowie die Fruktification vollbracht ist, gleichsam als ob das Geschlecht hier doch noch nicht zugleich um seiner selbst willen sey. So stirbt auch der Schmetterling unmittelbar nach der Begattung.

Da es uns wichtig ist, das Entsprechende jeder Dimension und jeder Stufe einer solchen in den allgemeinen Formen der Natur zu bezeichnen, so bemerken wir, daß das Charakterisirende der ersten Dimension immer die Starrheit ist, diese ist hier in ihrem größten Uebergewicht durch die anorgischen Absätze der Polypen ausgedrückt, das Charakterisirende der zweiten die Lösung der Starrheit, die Weiche, die Hinneigung zum Flüssigen. Dieß ist in der Weichheit des Wurms und der Mollaske dargestellt. Die dritte Dimension ist relativ auf die zweite immer wieder Contraktion (wie bewiesen) — diese Contraktion sind auch hier die Insekten — diese ganze Reihe ist also wieder Ein Thier, wovon das Insekt die Blüthe oder das Haupt, der Mollaske das Respirationsorgan, der Polyp das Reproduktive, mit dem Anorgischen unmittelbar Kämpfende ist.

Im Insekt als dritter Dimension treten eben deßhalb auch die drei Stufen oder Systeme, die in dem Wurm noch unter einer gemeinschaftlichen Hülle lagen, zuerst gegliedert, gesondert, auf, nämlich das System der zur Nahrung und Fortpflanzung gehörigen Theile, die Organe der Bewegung (Respirations- und Gefäßsystem) und das Haupt, der Sitz der Sinnesorgane und der Ganglien.

Das allgemein Entsprechende der dritten Dimension ist hier Wärme.

Zuerst die Insekten zeigen in dieser Folge eigenthümliche Wärme, so wie, wenn Sensibilität im Organismus = dritter Dimension, auch diese im Insekt zuerst in der deutlicheren Entwicklung der Sinnesorgane nicht nur, sondern auch im Hervortreten des Kunsttriebs, den wir durch die ganze Natur hindurch auf die Seite der dritten Dimension werden fallen sehen, sich vernehmlich ausspricht. — Folge der in dieser ganzen Sphäre herrschenden Identität ist es auch, daß ganze Geschlechter hier von einem gemeinschaftlichen Kunsttrieb beseelt sind. — Was bei den Polypen noch successiv geschieht, daß es nämlich eine Folge dieser Geschöpfe ist, die die Korallen baut, wenn man so uneigentlich sich ausdrücken will, dieß geschieht im Insektenreich simultan; was dort Succession war, ist hier Totalität (auch hier jenes Gesetz des Fortgangs zur Totalität). In der Klasse der Mollusken und Würmer findet sich nichts dem Aehnliches. Dort zerfallen die Individuen noch ganz in Differenz. In der dritten, wo immer auch die Bestimmung der ersten wieder eintritt, ist Identität des Kunsttriebs (denn noch ist das Individuum noch entschieden genug hervorgerufen), aber Identität, die zugleich Totalität ist.

Eine andere Folge der in dieser ganzen Sphäre herrschenden Identität ist, daß bei dem Geschlecht der Bienen z. B. die eigentliche Reproduktionskraft in Ein weibliches Individuum concentrirt ist, während dagegen die männlichen Individuen weniger gebunden, zahlreich hervorkommen. So eingedenk ihrer Identität ist hier noch die Schwere.

Es ist nun Zeit, daß wir das bisher Vorgetragene in einige Sätze zusammenfassen.

§. 212. **Die Bedeutung des Geschlechts ist, daß die beiden Attribute der Natur, die Schwere** (oder das cohäsive Princip) **und das Licht, die im Organismus als Eins gesetzt werden, als selbständig zugleich und als identisch angeschaut werden.** (Dieß nur möglich unter der Form der Geschlechtsverschiedenheit).

Zusatz 1. Die Personification des ideellen Princips in der organischen Natur ist das männliche, die Personification des reellen Princips oder der Schwere das weibliche Geschlecht.

Zusatz 2. Männliches und weibliches Geschlecht verhalten sich daher im Einzelnen wieder ebenso, wie sich Thier und Pflanze im Ganzen verhalten.

Zusatz 3. Die Reproduktion des Individuums im Ganzen (zum Unterschied der Reproduktion im Einzelnen, wie in der Secretion und Assimilation) kann wieder nach drei Dimensionen geschehen: a) unter der Form relativer Identität — dieß ist Wachsthum, reine Expansion der Identität in die Differenz. Hiermit reproducirt zwar das Individuum nur sich selbst, aber doch im Ganzen; b) unter der Form relativer Duplicität — dieß ist, wenn das Individuum sich selbst durch bloße Theilung oder durch bloßes Zerfallen reproducirt, wie wenn die Pflanze oder der Polyp sich durch Ableger propagirt; c) unter der Form der relativen Identität und Duplicität zugleich. Dieß durch Vermittlung des Geschlechts.

Anmerkung. Diese drei Fortpflanzungsarten sind mehr oder weniger identisch. Z. B. die Thätigkeit, welche in der Generation bei den Pflanzen wirksam ist, ist dieselbe mit derjenigen, welche sich im Sprossen zeigt, oder bestimmter: jene verhält sich nur als eine höhere Steigerung oder Potenz von dieser, was daraus erhellt, daß eine an die Stelle der andern substituirt werden kann, daß der Sprossungszustand verlängert und der Blüthenstand zurückgehalten oder auch umgekehrt dieser beschleunigt und jener verkürzt werden kann.

Daß aber auch zwischen der zweiten und dritten Fortpflanzungsart eine Identität stattfinde, erhellt daraus, daß beide in einem und demselben Individuum vereinigt seyn können, und aller Wahrscheinlichkeit nach nur die Pflanze sich zugleich durch Ableger und durch Begattung propagirt. Bei den höheren Thiergattungen fällt jene Fortpflanzungsart nur deßhalb scheinbar hinweg, weil der Organismus hier die Homogeneität abgelegt hat, die er in den niederen Gattungen noch behauptet. Wenigstens habe ich mir die Nothwendigkeit der Fructificationsweise selbst der Art derselben bei den höheren Thiergattungen nie anders denken können, als daß diese Art die bei ihnen einzig mögliche ist; wenn ein organischer Theil unverletzt und ohne Verletzung vom Ganzen

Organismus losgerissen werden kann. Jeder mögliche andere organische Theil eines Thiers, der ohne Verletzung seiner eignen Integrität und der des Totalorganismus ebenso losgerissen werden könnte, würde unter dieselben Bedingungen und äußeren Umstände versetzt gleich jenem sich zum Ganzen entwickeln. In jedem Theil eines Thiers, sofern er nur unverletzt ist, liegt, wie in jedem homogenen Theil einer Pflanze, die Möglichkeit des Ganzen.

Es ist übrigens nothwendig, daß das organische Wesen der höheren Stufe von der untersten an bis zur letzten Ausbildung alle tieferen Stufen durchgehe. Von einer einfachen Gallert fängt alle Bildung auch in den höheren Stufen an; auch der Mensch ist im Anfang seines Entstehens erst Polyp, dann Mollusk, Wasserthier, Amphibium u. s. w. Die Möglichkeit sich selbst fortzusetzen ist dem Keime, nachdem er von dem Stamm sich gelöst hat, schon dadurch verliehen, daß er ein vom belebten Ganzen losgerissener Theil ist. Die Gesetze der Metamorphose, wie sie in dem einfachen Hergang der Pflanzenbildung schon erkennbar sind, sind Gesetze auch der höheren organischen Bildung. Auch hier setzt sich der endlosen Expansion die Contraction entgegen, und bringt, wie dort Blätter, so hier die Symmetrie vorzüglich der Bewegungsorgane (Bild der Breite-Polarität) zu Wege, wie sie zuletzt alle Succession durch die centralische Stellung des innersten Producirten in einem bedeutenden Ende schließt, welches in der thierischen Natur das Haupt ist.

Zusatz 4. Die Geschlechtsdifferenz ist absolute Aufhebung der identischen Continuation und also erster Sieg der Totalität über die Identität. Durch das Geschlecht ist das organische Wesen 1) in sich geschlossen, mit der Entwicklung des Geschlechts hört es auf, einzig mit sich selbst, seiner Continuation beschäftigt zu seyn. 2) Da die Principien seines Daseyns, wovon das eine die Substanz ist, sofern sie bloß Grund von Realität ist, das andere die Existenz als das allgemein Beseelende der Dinge, — da diese beide Principien alles (vorzüglich aber des organischen) Daseyns durch die Geschlechter selbständig gemacht, in ihrer Substantialität hergestellt sind, so ist den organischen Naturen dadurch die Perennität; die ewige [illegible] Identität der Gattung geschlossen, und die im bloßen [illegible] in der reinen Continuation interminable Linie kehrt ewig durch die Zeugung in sich selbst zurück. — Noch ist der Satz zu bemerken —

§. 213. **Jeder Moment organischer Thätigkeit ist in der Natur auch durch ein bestimmtes Produkt bezeichnet.**

Denn überhaupt ist in der Natur der Typus der Thätigkeit derselbe wie der des Seyns, und insbesondere im organischen Naturreich ist Thätigkeit und Produkt eins.

Wir gehen nun zur Construktion des zweiten Moments des organischen Processes so wie der organischen Metamorphose über.

§. 214. **Der Moment der Elektricität im organischen Proceß kann sich nur durch einen Wechsel von Expansion und Contraktion in einem und demselben Organ ausdrücken.**

Beweis. Der Gegensatz des reellen und ideellen Princips läßt sich in Bezug auf organische Erscheinung auch aussprechen als Gegensatz von Expansion und Contraktion. Nun sind beide Principien in der Reproduktion zwar gleichfalls identisch gesetzt, aber unter der Form der ersten Dimension (§§. 204. 208), d. h. der **Succession**. In der Reproduktion, wo noch das Schema des Magnetismus herrscht, konnten die Entgegengesetzten ebenso wie im Magnet auch außereinander seyn und in getrennten Punkten hervortreten, wie dort ein Pol = Contraktion, der andere = Expansion ist. Allein in dem gegenwärtigen Moment sind Ideales und Reales; also auch Contraktion und Expansion nicht unter der Form äußerer Entgegensetzung, sondern unter der Form der zweiten Dimension, also der des Zugleich- oder [illegible] einanderseyns identisch gesetzt. Beide können also auch nicht mehr außereinander in **verschiedene** Punkte fallen (wie in der Pflanze), sondern nur in **ein und dasselbe**. Die Forderung ist aber, daß Expansion und Contraktion ganz gleich seyen; aber beide sind sich entgegengesetzt, die Contraktion hebt die Expansion und die Expansion (so scheint es) die Contraktion auf. Dieser Widerspruch ist nur durch den

Begriff des Wechsels zu lösen, in welchem beiden (der Expansion und der Contraction oder, was dasselbe ist, der Länge und der Breite) ein ganz gleiches Moment zukommt, und dem Uebergewicht, das der Breite in dem einen Moment gegeben wird, ein gleiches Uebergewicht der Länge in dem andern Moment entgegengestellt wird, und umgekehrt.

Betrachten wir von diesem Wechsel dasjenige Moment zuerst, wo die Länge beschränkt, der Breite das Uebergewicht gegeben wird.

Wird der Breite das Uebergewicht gegeben, so geschieht dieß, weil alle Formen der Bewegung hier substantiell sind, nothwendig durch die ganze Substanz gleicherweise; der lebendige Ausdruck dieser durch die ganze Substanz greifenden Beschränkung der Länge und Hervorrufung der Breite ist nothwendig: Contraction der Länge, Expansion der Breite (und dieß ist derjenige Moment, der gewöhnlich bloß als Contraction angesehen wird). Aber dieß ist nur Ein Moment der hier gesetzten Bewegung. Bliebe sie dabei stehen, so fände das geforderte Gleichgewicht und Nebeneinanderbestehen beider Dimensionen nicht statt, denn es darf nicht bloß die eine beschränkt und bloß die andere erweitert werden. Diesem ersten Moment muß also ein gleicher Moment entgegenstehen, in welchem nur die zweite Dimension beschränkt, der ersten aber das Uebergewicht gegeben wird. Der lebendige Ausdruck dieses Moments ist Contraction der Breite und Expansion der Länge nach (was gewöhnlich bloß durch Expansion bezeichnet wird). Es wird also mit Einem Wort für diesen Moment gefordert ein Organ, in welchem ein Wechsel der beiden entgegengesetzten Zustände, der Beschränkung der Länge mit Expansion der Breite und der Beschränkung der Breite mit Expansion der Länge, existirt. Ein solches Organ ist nun einzig der Muskel, und der Ausdruck des ganzen Moments für die Erscheinung ist daher ein nur durch Momente getrennter Wechsel von Contraction und Expansion in der Richtung der Länge und Breite — Irritabilität; welches denn auch wieder mit §. 205 zusammentrifft, wo wir die Irritabilität — lebendige Bewegung — als Ausdruck der Einheit bei den Gegensätzen in den großen Dimensionsgebieten [illegible] haben.

Anmerkung. Zu bemerken ist, daß man gewöhnlich nur [illegible] findet aber die Contraktion der irritabeln Organe statt (z. B. Muskelfasern 1) wie aus dem Vorhergehenden erhellt, ist [illegible] keine bloße Contraktion, sondern Contraktion und Expansion wechselnd nach den verschiedenen Dimensionen. 2) Die auf die sogenannte Contraktion folgende Erschlaffung oder Expansion ist ein ebenso selbstständiges Moment des ganzen Processes der Irritabilität, und nicht bloß die Negation des ersten Moments, sondern ebenso positiv wie jener.

Von jeher wurden die Irritabilitätserscheinungen zu den bewunderungswürdigsten und denen gerechnet, welche Natur in den undurchdringlichsten Schleier gehüllt hätte, ja sie schienen manchen über die gewöhnlichen Naturkräfte so erhaben, daß sie den Grund derselben nicht mehr in dem Umkreis der letztern finden zu können meinten. Ungeachtet des gänzlichen Mangels an einem eigentlichen Princip der Einsicht hat man sich gleichwohl auf das unsichere und weite Feld der Hypothese gewagt. Frühzeitig kam man auf die Analogie mit den elektrischen Erscheinungen, ohne doch ihre Einheit und Differenz begreiflich machen zu können, weil man keine deutliche Vorstellung von den Potenzen der Natur hatte. Nur eine solche Einsicht in die Naturerscheinungen ist wissenschaftlich, welche sie aus allgemeinen Formen begreift. Wenn aber gesagt wird: Elektricität ist Ursache dieser Erscheinung, so ist dieß bloß empirische nichtssagende Hypothese. Denn Elektricität wird hier selbst nicht als allgemeine Form, sondern als besondere Ursache begriffen. So würde nach dieser empirischen Weise das Aufschwellen des Muskels an der Elektrisirmaschine deutlich und durch das Aufschwellen eines Cylinders von [illegible], welche die Muskelfasern vorstellen sollten, sogar anschaulich zu machen gesucht.

In der letzten Zeit glaubte man, daß in den sogenannten galvanischen Erscheinungen ein Lichtstrahl aus diesem Dunkel hervorgebrochen sey; und schon glaubte man auf dem empirischen Wege sich der Erklärung der Irritabilitätserscheinungen genähert zu haben, als [illegible], daß uns aber auch diese Erscheinungen nicht weiter als bis zum [illegible] eines Hülfsmittels der Natur führen; und daß [illegible] [illegible] einer [illegible] [illegible] Proceß [illegible] [illegible]

Moment erkennen, welches davon noch in die äußern und unorganischen Glieder desselben fällt. Wir setzen den Moment der Irritabilität in dem organischen Proceß dem der Elektricität im dynamischen gleich, aber wir behaupten nicht, daß Elektricität Ursache der ersten, sondern daß jede von beiden in ihrer Art gleich unabhängige und gleich allgemeine Form ist. In der Irritabilität ist die Materie auch schon für die zweite Dimension als Accidens — als Elektricität gesetzt, und umgekehrt die Elektricität, die an sich bloß Accidens ist, ist in der Irritabilität der Substanz selbst verbunden und von ihr unzertrennlich. (So sehen wir reale und ideale Substanz successiv, nach und nach in allen Dimensionen eins werden). Wie sich Elektricität auf Länge und Breite, demnach auf die Fläche beschränkt, so auch Irritabilität; nur Länge und Breite werden durch sie afficirt, obgleich der Potenz des Organischen gemäß durch die ganze Substanz.

Es ist leicht einzusehen, daß man die Irritabilität auch als einen Wechsel der beiden Cohäsionsformen, der absoluten und der relativen, bezeichnen könnte. Mit der Cohäsion ist also in der Natur auch schon der Grund der Irritabilität gelegt, und die Muskeln, welche ihre metallische Abkunft schon durch ihre Mischung und durch den ihnen eigenen metallischen Glanz ausdrücken, zeigen auf diese noch bestimmter durch die bedeutende und schnelle Veränderlichkeit ihrer Cohärenz hin.

§. 215. **Der Moment der Irritabilität setzt nothwendig eine relative Differenz der Organe voraus.** — Die höhere Bedeutung des Moments der Irritabilität ist nach §. 205, Zusatz, die, daß der Organismus in ihm die Möglichkeit anderer Dinge und zwar als anderer, demnach mit relativer Differenz aufnimmt. Aller Organismus überhaupt beruht auf der Verbindung einer unendlichen Möglichkeit mit einem endlichen Wirklichen. Im ersten Moment ist es bloß unendliche Möglichkeit von sich selbst, entweder als Individuum oder als Gattung. Hier im gegenwärtigen Moment ist es unendliche Möglichkeit von andern Dingen, und zwar ausdrücklich als von andern; denn sonst wäre der höhere Moment gesetzt, wo nach §. 206 die Dinge als andere dennoch zugleich im Subject die

Organismus gesetzt sind. Es ist demnach zugleich in diesem Moment eine relative Differenz der Möglichkeit und der Wirklichkeit gesetzt, wie in der Elektricität eine relative Differenz der communicirenden Körper. Die Möglichkeit und die Wirklichkeit können hier nicht in ein und dasselbe fallen, wie beim Sprossen oder der Reproduktion überhaupt, wo die Möglichkeit die Möglichkeit des Individuums selbst ist. Die unendliche Möglichkeit anderer Dinge und die Wirklichkeit fällt nothwendig in differente Organe, so daß jedes für sich entweder die Möglichkeit ohne die Wirklichkeit oder die Wirklichkeit ohne die Möglichkeit enthält.

Anmerkung. Diese relative Differenz der Organe, welche auch im Produkt die Bedeutung dieses Moments ausdrückt, ist die Differenz von Nerv und Muskel.

Der Allgemeinheit dieses Grundsatzes unbeschadet können doch auch hier quantitative Differenzen stattfinden, so nämlich, daß entweder die Möglichkeit gegen die Wirklichkeit verschwindet, diese also das größte Uebergewicht hat, oder umgekehrt jene überwiegend ist; so wie dann auch beide mehr oder weniger im Gleichgewicht seyn können. Daher —

§. 216. Auch in der Irritabilität selbst wiederholt sich die Triplicität der Momente oder Dimensionen. — Folgt aus dem eben Bemerkten.

Zusatz 1. Der erste Moment der Irritabilität ist bezeichnet durch die nothwendigen Bewegungen, vorzugsweise aber durch den Kreislauf. — Daß der organische Kreislauf unter dem Schema des Magnetismus stehe, würde schon daraus demonstrirt werden können, daß er in der That zwischen entgegengesetzten Polen stattfindet, die durch ihn ebenso verbunden werden, wie die Pole des Magnets durch eine bewegliche Materie verbunden werden, die ihm dargeboten wird und des Magnetismus empfänglich ist. Bestimmter aber und allgemeiner: das Schema des Magnetismus ist die Linie, aber diese ist in der zweiten Dimension nicht mehr gerade, sondern in sich selbst zurücklaufende Linie, sie wird zum Kreise gekrümmt; je reiner daher im einzelnen Moment auch übrigens die Natur der Linie oder die Succession beibehalten wird, desto bestimmter wird sie auch der ersten unterworfen einer in sich selbst zurückkehrenden Succession erscheinen können. Daß nach Succession ist, dieß in Folge davon, daß hier die erste Dimension prädominirt, daß aber in sich selbst zurücklaufende Succession Folge davon, daß die erste Dimension in der zweiten, in der Dreieinheit. Diese Synthese der ersten mit der zweiten Dimension in der [illegible] kann nur vollkommen durch den Begriff eines Kreislaufs aufgelöst werden. Wegen des Vordringens der ersten Dimension verliert sich eben daher auch das Schema der Vegetation, die Verzweigung noch nicht, und das System der Circulation stellt in der That nichts anderes als eine vollkommene, nur in sich selbst zurücklaufende — nicht ins Endlose auslaufende — Vegetation dar. Auch die beiden Momente aller Vegetation, die in dieser nur successiv und nacheinander hervortreten, (Contraktion und Expansion) treten hier nur gemäß dem allgemeinen Schema dieser Dimension (wie in §. 214 gezeigt wurde) als ein *Nebeneinander* auf, die Expansion oder das Nacheinander fällt in die Arterien, die Contraktion oder das Nebeneinander in die Venen. In den *Arterien* ist eigentlich die reine Länge oder die Streckung herrschend (sie unterscheiden sich dadurch von den Muskeln, daß in diesen der erste Moment, der der Expansion, das Uebergewicht über den andern hat). Ihnen ist daher mit dem Schema der Länge und der Expansion auch am reinsten die Zeit eingebildet, so daß ihr Schlag ein bestimmtes, nur nach dem Zustand des Organismus veränderliches Maß abgibt, und selbst in Krankheiten wieder größere periodische Abwechselungen bildet. Entsprechen die Arterien dem Moment des reinen Expansums, der reinen Expansion, so ist dagegen in den *Venen* die Contraktion oder die relative Cohäsion hervorgetreten, ihre Bildung entspricht der Blattbildung in der Pflanze, sie haben daher keine eingeborne, ihnen eigenthümliche Zeit; das Nebeneinander hat über das Nacheinander gesiegt. Insbesondere entspricht die Bildung der *Klappen* in den Venen der Blattbildung und ist die nothwendige Folge des Uebergewichts der Breite. Wie also in der Zusammenziehung des Muskels Länge und Breite zwei verschiedene *Momente* haben, die sich wechselseitig ausschließen, so haben sich im gegenwärtigen Moment beide nicht nur der Zeit nach, sondern auch im Producte und daher dem Raume nach ausgeschlossen, so daß beide zugleich, aber in verschiedenem gesetzt sind. (Mögliche Verknöcherung der Arterien. Die Knochen selbst, welche eben nur zurückgesunkene, erstarrte Arterien sind, werden erst auch mit dem entschiedenern Hervortreten dieses Moments der Natur nach Innen zurückgedrängt). Wie sich die Bildung der Arterien und Venen verhält, so wieder die ihrer beiderseitigen Endpole, des Herzens und der Lunge, wovon in jenem wieder die Länge und höhere Gleichheit, in dieser die Fläche vorherrschend ist. — Der Kreislauf ist daher nichts anderes als eine Vermittlung des Gegensatzes von Expansion und Contraction, Länge und Breite, die hier nur unter der Form des Nebeneinander, nicht des Nacheinander auftreten können.

Die gegebene Ansicht ist noch einer Menge von Folgerungen fähig, denen ich aber, um mich nicht zu weit zu verlieren, nicht nachgehen kann.

Zusatz 2. Der zweite Moment in der Irritabilität ist bezeichnet durch diejenigen Bewegungen, welche zwischen die nothwendigen und die zufälligen in die Mitte fallend beides (Nothwendiges und Zufälliges) in sich vereinigen — also vorzugsweise durch die Respiration. Nothwendige Bewegung ist diejenige, wo die Wirklichkeit über die Möglichkeit das Uebergewicht hat; zufällige, wo das Gegentheil stattfindet. Ein Gleichgewicht beider in denen, welche Nothwendiges und Zufälliges in sich vereinigen. Als eine solche stellt sich nun vorzugsweise die Respiration dar, mit welcher dann alle andern Formen oder Bewegungen, die gleichfalls theils nothwendig, theils willkürlich scheinen können, in dem nächsten Connex stehen.

Daß nun die Respiration vorzugsweise die zweite Dimension der Irritabilität repräsentirt, ist schon daraus einzusehen: 1) daß sie Respiration ist, d. h. daß sie auf einem Conflikt mit der Luft und zwar vorzüglich dem verzehrenden Princip der Luft (demjenigen, welches überall Breite hervorruft) beruht; 2) selbst aus der Beschaffenheit des Organs, dessen ganz flächenartige, für die Elektricität geschaffene Bildung, fast ohne cubischen Inhalt, bestimmt auf dieses Moment hindeutet.

Hier wollen wir denn auch kurz die Bedeutung der Respiration im organischen Naturreich überhaupt zeigen.

Wie die Sonne durch das nach allen Richtungen verbreitete Licht nur das Bild ihrer selbst fortpflanzt, und nur die Einbildung ihres Wesens in die untergeordneten Organe ihres Systems bezeichnet, so sind die Nerven nur Bilder oder Strahlen der organischen Sonne. Das Wesen des Nerven ist allerdings nicht bloß Licht, sondern Indifferenz von Materie und Licht; aber in Bezug auf die untergeordneten Organe (da diese mit einem Uebergewicht des reellen Faktors gesetzt sind) verhalten sie sich wieder als ideelles Princip, als Licht. Wie nun in der allgemeinen Natur außer dem Licht und unter demselben auch noch das allgemein verbreitete göttliche Princip der Luft, das Wirkung des Lichts, die körperlichen Dinge beständig zur Auflösung ihrer Selbstheit auffordert, so im Organismus das Blut. Der Nerv, als der materielle Lichtstrahl, fordert an das bewegliche Organ stets die zweite Dimension, und gibt dieser das Uebergewicht über die erste — dasselbe thut das Blut. Wie nun das Verbrennen in der allgemeinen Natur nur eine Aufopferung der Selbstheit ist: so das Athmen im organischen Proceß; da es nur ein continuirlicher Verbrennungsproceß, wie der Thierorganismus ein stets sich verzehrendes Opfer ist, das im Athmen mehr und mehr das Irdische von sich entfernt und das Ideenverwandte, das Gegenbildliche in sich hervorruft; und eben zuerst in dem Moment, durch welchen zuerst die Selbstheit des Organismus sich löst und er die Möglichkeit anderer Dinge in sich aufnimmt, und der Starrheit der ersten, auf sich selbst beschränkten Dimension in die zweite übergeht, — eben in diesem Moment greift auch das göttliche Princip der Luft in den organischen Proceß ein, und die Größe, die Ausbreitung und Schnelligkeit der Respiration steht mit der Größe und Schnelligkeit der Bewegungsäußerungen im directesten Verhältniß.

Zusatz 4. Der dritte Moment der Irritabilität (gleichsam die Sensibilität derselben) ist bezeichnet durch die zufälligen, oder sogenannten willkührlichen Bewegungen. — Diese Behauptung bedarf ohne Zweifel keines Beweises; und ich bemerke daher nur

f) in Ansehung dieser Bewegungen ist selbst in dem Produkt das größte Uebergewicht der Möglichkeit über die Wirklichkeit ausgedrückt. Wie beim Herzen, als dem Anfangspunkt der ersten Dimension, die Irritabilität der Nerven gegen die Muskularsubstanz fast in nichts verschwindet, so sind im Gegentheil die sogenannten willkürlichen Bewegungsorgane durch den Nervenreichthum am meisten ausgezeichnet.

2) Daß der Begriff der willkürlichen Bewegung in der Bedeutung, wie Willkürlichkeit insgemein genommen wird, keinen Sinn habe, und auch die willkürliche Bewegung, wahrhaft betrachtet, wieder eine nothwendige sey, bedarf kaum der Erinnerung. Der Schein der Willkür beruht nur darauf, daß hier die Möglichkeit der Wirklichkeit vorangeht, und diese nicht in dasselbe fällt, in welches jene fällt, sondern in ein Differentes; daher die sogenannte willkürliche Bewegung nichts anderes ist als nur die andere Seite der Sensibilität selbst, wie sie denn auch unmittelbar an diese grenzt, welches auch die Ursache ist, daß wir die vollständige Construktion derselben erst im Gegensatz der Sensibilität werden führen können.

Bemerkt werden kann hier noch, daß jener Gegensatz der Arterien und der Venen auch hier in dem Antagonismus des Muskelsystems wiederkehre, daß die Streckmuskeln z. B. sich als Arterien, die Beugemuskeln als Venen verhalten, also auch hier der herrschenden Form des Nebeneinander gemäß Länge und Breite noch in distinkten Organen besonders geschieden sind. — Eine andere Bewandtniß aber hat es

g) mit der nothwendigen Symmetrie der willkürlichen Bewegungsorgane. Beweis. Der Gegensatz der Breite-Polarität ist von der Art, daß er nie in relative Identität, sondern nur in absolute übergehen kann, wie im allgemeinen schon bewiesen. Nun ist aber im Organismus nothwendig ein Gegensatz der Breite, oder Breite-Polarität. Um also beides zu vereinigen wird zwar das Nebeneinander oder ein Gegensatz in der Breite, aber ohne alle wirkliche Entgegensetzung, producirt, dadurch, daß die willkürlichen Bewegungsorgane gedoppelt, symmetrisch oder vollkommen sich gleich producirt werden.

Wir haben nun dieselbe Stufenfolge, die wir bisher zuerst nur in ihren allgemeinsten Begriffen, aber, wie ich doch glaube, erschöpfend genug, im Proceß nachgewiesen haben, auch im Produkt oder der Metamorphose aufzuzeigen.

Haben wir nun in der ersten Reihe der Metamorphose, derjenigen, welche im Ganzen bloße Evolution der ersten Dimension ist, die Reproduktion von der Resorption an (welche das fast einzig Eigne des Polyps und der tiefsten Klasse der Würmer ist) durch die Secretion, welche durch die Mollusken [illegible] wird, bis zur Assimilation und bis zur entschiedenen Trennung, aber auch nur Trennung der Geschlechter im Insekt (indem sie hier noch nicht allgemein permanent ist, und die volle Entscheidung des Geschlechts auch der letzte Schlußmoment des Individuums ist), herausgeführt: so wird nun in der zweiten Reihe das Entwicklungsgesetz der Gattungen nicht mehr der Reproduktion oder der Geschlechtsentwicklung parallel seyn (denn die Geschlechter sind hier in getrennten Individuen nicht nur dargestellt, sondern sogar eigentlich permanent gemacht) — dagegen kann die Entwicklung höherer Verhältnisse beginnen, für welche uns die entsprechenden [illegible] Vorhergehenden gegeben sind. Es sind die der Irritabilität, der Respiration und der willkürlichen Bewegung.

Allgemeines Gesetz ist, daß der Proceß der Organisation mit jeder neuen Dimension ins Wasser, als den ersten Anfang aller Bildung, wo es der Natur zuerst gelang, ein partiales Leben hervorzurufen, zurückgeht. Die erste Dimension in dieser Reihe aber unter den Irritabilitätsthieren weise ich daher den Fischen an.

Ich bemerke hiebei allgemein Folgendes. Die Stelle, welche jeder Thierklasse in einer Dimension angewiesen wird, ist keineswegs zu bestimmen nach dem, was in ihr am vorzüglichsten ausgebildet ist, denn es ist kein Organ, das nicht in den höheren Thiergattungen vollkommener ausgebildet würde, wenn es nicht etwa ganz verschwindet, als in den niedrigen; sicher aber [illegible] es der Natur nicht, irgend ein Gebilde zuerst hervorzurufen, als es [illegible] sehr ausgebildet. Die Stelle jeder Thierklasse ist daher nach dem zu bestimmen, was in ihr zuerst hervortritt, weil dann eine neue Stufe der Naturthätigkeit, eine neue Epoche in der Geschichte ihrer Schöpfung beginnt. Wollten wir nicht dieser Bestimmung folgen, so müßte der Fisch z. B. als die propagativste aller Gattungen ganz in die erste Dimension gesetzt werden, oder umgekehrt müßte ein Thier der tieferen Klasse oft in die höhere verrücken. — Das beim Fisch zuerst Hervortretende ist nur das Herz, und mit diesem der Kreislauf. Dieß weist ihm in der zweiten Dimension die erste an. Allerdings ist der Kreislauf (der Stelle, welche diese Klasse bezeichnet, ganz gemäß) hier noch durchaus einfach, und das Herz nur ein Herz für den großen Kreislauf. Das Blut strömt nämlich von dem Herzen zu den Kiemen, und ohne von diesen unmittelbar wieder zurückzukehren, in die Extremitäten, und erst von da wieder zum Herzen. Dagegen ist bedeutend genug das eigentliche Respirationsorgan hier noch ganz zurückgedrängt; auch dieß weist den Fisch in die erste Dimension zurück, er athmet durch Kiemen, die Natur hat es in dieser Beziehung mit ihm noch nicht weiter gebracht als zum Theil schon mit den Mollusken in der vorigen Klasse; nur was dort schon war, wird hier reproducirt, aber nichts Neues geschaffen in Bezug auf Respiration.

Als die zweite Dimension in der zweiten setze ich das Amphibium. — Beweis. Das erste Hervortreten einer eigentlichen Lunge, und zwar einer sehr ausgebreiteten, ausgebildeten. Der Kreislauf ist wenigstens in den vollkommensten Gattungen schon doppelt; woraus offenbar, daß die Natur aus der Identität der ersten Dimension in die zweite übergegangen ist, so wie denn natürlich mit der zweiten Dimension in der zweiten auch die dauerndste, von der Materie unzertrennlichste und substantiellste Irritabilität verknüpft seyn muß, welche auch in den Amphibien von jeher erkannt worden ist, und worin ihnen die Fische z. B. nicht gleichkommen.

Die zweite Dimension ist überhaupt die Dimension des [illegible]. Nun ist bekannt, wie weit die Beweglichkeit einzelner Theile der Amphibien selbst nach der Trennung vom Ganzen geht. [illegible] Schildkröte (Beweis des Maximums der Irritabilität)[1]. Die Selbständigkeit der Respiration zeigt sich durch die Gewalt, welche die Amphibien darüber haben.

[1] Vgl. Entwurf, Bd. III, S. 198, Anm. [illegible]

Im Fischgeschlecht kehrt die organisch schaffende Natur ins Wasser zurück, aus dem sie einst den Polypen schuf; im Amphibion ist sie mehr oder weniger zwischen Wasser und Luft getheilt; endlich erhebt sich [illegible] das Vogelgeschlecht, welches fast ausschließlich der Luft angehört.

Schnelligkeit, Mannichfaltigkeit, Lebendigkeit willkürlicher Bewegung (mit abnehmender Dauer und Substantialität derselben) treten unläugbar in dieser Gattung am entschiedensten hervor. Kreislauf und Respiration sind hier beide gleich vollkommen, das Herz hat zwei Ventrikel oder wenigstens die Annäherung dazu. In der zweiten Dimension (dem Amphibion) wurde in Bezug auf das Herz nichts geändert; hier (in der dritten), wo die erste wieder eingreift, erlangt dieses Organ eine neue Vollendung; zudem ist die Lunge sehr ausgebildet, die Luft scheint das ganze Wesen des Vogels zu durchströmen.

Mit der dritten Dimension findet sich auch hier wieder die größte thierische Wärme so wie der Kunsttrieb ein. Die nach innen zurückgedrängten Knochen sind noch hohl, zur Erinnerung an die Luftgänge der Insekten in der tieferen Stufe.

Auch das äußere Ansehen ist nicht mehr [illegible]; der metallische Glanz an den Flügeldecken und Flügeln der Insekten ist zu dem [illegible] prachtvollen Federkleide erhoben, durch welche sich der Vogel als die höhere Potenz des Insekts ebenso wie durch die Uebereinstimmung der andern Verhältnisse erweist. Wie das Insekt vorzugsweise die Blumen liebt und auf Blumen wohnt, so der Vogel auf den Gewächsen der höheren Art, den Bäumen. Wie das Insekt fast fleischlos ist, so auch der leichte, schlanke Vogel.

Wenn wir die Kategorien der ersten Dimension auf diese Folge anwenden; so findet sich dieselbe Uebereinstimmung. Der Fisch ist vorzugsweise Resorption, und kann in seinem Medium fast nichts anderes seyn. Im Amphibion tritt die Secretion in ihrer größten Schärfe auf. Ich erinnere an die Gifte der Amphibien (obgleich hier noch etwas anderes eintritt, was erst in der Folge erklärt werden kann). Im Vogel ist die Assimilation; ich erinnere an den Magen der Vögel und andere Verhältnisse. Daher

Zusatz 4. Die Thiere der zweiten Dimension sind, nach der Stufenfolge von Kreislauf, Respiration und willkürlicher Bewegung, Fisch, Amphibien, Vogel.

§. 217. Der dritte Moment oder dem chemischen Proceß entsprechend im Organischen ist der Moment der Sensibilität.

Das Bestimmte des dritten Moments oder der dritten Dimension ist überall und auch im chemischen Proceß, daß Identität und Differenz selbst eins, selbst synthesirt werden. Nun war der erste Moment (die Reproduktion) in Bezug auf den Organismus der Moment der Identität, der Organismus war auf sich selbst beschränkt, bestand aber eben damit in der Gleichheit mit sich. Im zweiten Moment (dem der Irritabilität) ging der Organismus über sich selbst hinaus, er nahm die Möglichkeit anderer Dinge in sich auf, aber eben damit war zugleich die Identität aufgehoben. Wo nun beides synthesirt wird, d. h. wo der Organismus, ohne aus seiner Identität herauszugehen, dennoch zugleich die Möglichkeit anderer Dinge in sich auch als Wirklichkeit setzt, da ist nothwendig der dritte Moment des organischen Processes überhaupt. Nun ist aber jene Synthese der Identität und der Differenz *nur* in der Sensibilität gesetzt, denn nur in der Sensibilität ist dem Organismus die [illegible] Möglichkeit anderer Dinge vorhanden, ohne daß er deßhalb (um nämlich ihre Wirklichkeit zu setzen) aus sich selbst, aus seiner Identität, hinauszugehen hätte, wie er in der Bewegung thut, denn nach den Erklärungen, die bereits beim §. 206 gegeben worden, ist der Organismus in der Sensibilität produktiv, wie in der ersten Dimension, aber er ist produktiv von *andern* Dingen (nach dem Verhältniß der zweiten Dimension). Da also nur in der Sensibilität eine wahre Synthese der beiden *ersten* Momente des organischen Processes ist, so verhalten sich jene auch als dritter Moment des organischen Processes überhaupt.

Dasselbe noch auf andere Weise.

§. 218. In der Sensibilität wird das Wesen der absoluten Substanz nicht bloß objektiv, sondern auch subjektiv gesetzt. Objektiv ist es durch den ganzen Organismus gesetzt, inwiefern diese objektive Identität von Möglichkeit und Wirklichkeit ist. Aber der Organismus verhält sich zu selbst nur objektiv, gegenbildlich; sofern er nicht die vollkommene Identität beider ist. Wird er also vollkommene Identität, so verschwindet der Gegensatz des Urbildlichen und Abbildlichen. Subjekt und Objekt ist eins; d. h. der Organismus ist nicht bloß objektiv, sondern auch subjektiv gleich dem Wesen der absoluten Identität.

Nach dem dritten Axiom verhalten sich die einzelnen Dinge überhaupt als Organe des All, und der Organismus in specie verhält sich als das unmittelbare Abbild der absoluten Substanz oder der Natur schlechthin betrachtet. Der Organismus ist Abbild der absoluten Substanz, heißt: es ist in ihm auf eine gegenbildliche oder objektive Weise vereinigt, was in der absoluten Substanz absolut und auf eine urbildliche Weise eins ist. Nun ist das, was in der absoluten Substanz auf diese Art eins ist, Reales und Ideales, in der gegenwärtigen Beziehung Materie und Licht. Wenn daher beide im Objekt oder in der Form absolut eins werden, so ist auch keine Differenz zwischen jenem und seinem Urbild mehr, dieses erhält vielmehr die nothwendige Beziehung auf jenes, und verhält sich jenes as Objekt, so tritt das Urbild als Subjekt ein, und es tritt in dem Verhältniß ein, in welchem objektiv Licht und Materie gleich gesetzt sind. Nun sind aber in der Sensibilität offenbar beide vollkommen gleich gesetzt, denn Materie und Licht sind hier (nach §. 206) in allen Dimensionen eins; das Licht ist ganz an die Stelle der Materie getreten, die Materie ist ganz Licht und das Licht ganz Materie; demnach tritt auch, zwar immer nach im Verhältniß ihres Gleichseyns, aber denn doch in diesem Verhältniß die absolute Substanz selbst ein und verhält sich als Subjekt des Organismus. Nun ist aber ferner die Beziehung der absoluten Substanz auf ein einzelnes Ding = Idee; die Idee ist nämlich das Wesen eines Dings im All und durch das All, also ist es die (schaffende und producirende) Idee des Dings, welche in gleichem Verhältniß als Subjekt, als Wesen des Organismus eintritt, in welchem dieselbe Identität von Licht und Materie durch den Organismus objektiv gesetzt ist.

(Der Beweis könnte auch so geführt werden. In der absoluten Substanz ist die unendliche Möglichkeit der Dinge unmittelbar auch deren Wirklichkeit; denn dieß der Begriff der unendlichen Substanz. In dem Verhältniß also, in welchem der Organismus die unendliche Möglichkeit der Dinge unmittelbar und in sich selbst auch als Wirklichkeit setzt, in dem Verhältniß wird er produktiv und der absoluten Substanz gleich; ist er ihr aber gleich, so ist keine Differenz mehr des Organismus als Objekt und der Idee als Subjekt, also auch kein Verhältniß des Organismus als Gegenbilds; das Objekt ist = dem Subjekt und das Subjekt = dem Objekt).

§. 219. Wo der objektive Grund (oder die Natur, inwiefern sie Grund des Organismus als Objekts) und das subjektive Wesen des Organismus eins werden, tritt nothwendig das An-sich der Natur selbst in der Erscheinung als Produktivität anderer Dinge hervor. — Denn das An-sich der Natur ist (nach §. 62, Zusatz): als Affirmirtes auf unendliche Weise affirmativ zu seyn, als objektiv subjektiv, als Erkanntes oder Erkennbares zugleich Erkennendes. Wo also das Objekt des Organismus (der Organismus als Affirmirtes, als Erkennbares) mit dem absolut Subjektiven (dem absolut Affirmativen) eins wird, da tritt nothwendig das An-sich der Natur in der Erscheinung selbst hervor. Da nun das An-sich und Wesen der Natur ist, auf objektive Weise unendlich affirmativ oder produktiv von Dingen zu seyn, so erscheint jenes An-sich der Natur, wo es in der Erscheinung hervortritt, nothwendig als unendliche Produktivität anderer Dinge. — Da indeß das Produktive in der Sensibilität zwar die absolute Substanz ist, aber nicht die Substanz schlechthin betrachtet, sondern die Substanz, sofern sie objektiv im Organismus dargestellt wird, d. h. die Substanz in der Beziehung auf den Organismus als Subjekt desselben, so ist auch jene Produktivität in der Sensibilität keine absolute, sondern eine subjektive, und Sensibilität insofern relativ auf den Organismus ein subjektives Produktionsvermögen — mit Einem Wort: Anschauung.

Das Anschauende im Thier also, [illegible] Gehirne,

Bestimmende, ist allerdings das *wahre Wesen der Natur* selbst das A^0, die Idee, aber nicht dieß Wesen absolut betrachtet, sondern als Subjekt oder in der unmittelbaren Relation auf ein wirkliches Ding betrachtet.

Die absolute Substanz schlechthin betrachtet ist nicht *anschauend*, sie ist reines *Anschauen*. In Bezug auf den Organismus bloß *anschauend*. In der Sensibilität wird das Innerste, das Allerheiligste der Natur gleichsam geöffnet, hier tritt das wahre Wesen derselben hervor, und der Lehrling kann erinnert werden, von diesem Punkt der Construktion zurückzusehen auf die ersten Grundsätze über das Wesen der Natur. Was es heiße: das Wesen der Natur sey als Affirmirtes auf unendliche Weise affirmativ zu seyn, wird ihm hier, da es in concreto als ein solches erscheint, ohne Zweifel ganz deutlich werden.

Die nothwendige Produktivität in der Sensibilität ist übrigens auch so darzustellen.

Die Idee ist ihrer Natur nach produktiv, in der sinnlichen Beziehung, wie sie als Subjekt eines organischen Dings gesetzt ist, anschauend. Das Ideelle für sich ist als Licht das bloß relativ-Ideale, hier aber in der organischen Potenz sollte es nicht nur überhaupt als Thätigkeit, sondern es sollte in der Identität mit dem Realen oder dem Seyn gesetzt, Attribut eines Existirenden seyn, wie es Attribut der Natur ist. Das ideelle Princip ist reine Identität, das reelle ist Differenz oder Nichtidentität. Identität, die mit Differenz synthesirt ist, ist allgemeiner Ausdruck sinnlicher Anschauung, sowie aktive Gleichsetzung von Denken und Seyn im Subjekt nothwendig = Anschauung ist.

§. 230. *Durch die Sensibilität wird zuerst der Welttypus und das wahre innere Leben der Materie entfaltet, kraft dessen sie als Seyn unmittelbar auch Perception ist* — der Welttypus; denn die unendliche Möglichkeit aller Dinge wird hier wirklich in einem Theil der Materie angeschaut; ein Theil der Materie (*die* nämlich, welche zur Sensibilität entwickelt ist) ist auch *actu* das, was sie nach den allgemeinen Sätzen (§. 41. 42) potentiâ oder für das [illegible] Erkennen ist, nämlich lebendiges [illegible] des [illegible] auch das innere Leben der Materie wird in der [illegible] wissenschaft entwickelt, denn neben dem äußeren Leben der Dinge geht beständig ein inneres her, welches nach den Erläuterungen des VIII. [illegible] in Perceptivität besteht und in den tieferen Potenzen nur zu einem dumpferen Zustand zurückgesunken ist. Perceptivität ist nichts der Materie Zufälliges, ist ihr Wesen, ihre Substanz selbst, denn das Wesen der Materie ist die Idee. Seyn und Perception sind in der Materie auch nicht als ein Nebeneinander verknüpft, so daß die Materie ein Doppeltes wäre, sondern das Seyn ist als dieses auch jenes. Dieß ist der Hauptpunkt, nicht nur um die gegenwärtige Construction, sondern um die ganze Lehre von der Materie überhaupt zu fassen. Materie ist als Materie auch schon Perceptivität, diese kommt also nicht zufällig zu ihr hinzugekommen, etwa so, wie man in den Systemen des Dualismus (wo die Materie und das Geistige einen absoluten Gegensatz bilden) die Frage aufgeworfen hat, ob nicht Gott etwa auch der Materie die Denkkraft verleihen könne. Ich bestimme nun noch genauer den Hergang des Anschauens.

§. [illegible]. **Die absolute Substanz als Subjekt des Organismus, d. h. das absolute Subjekt des Organismus selbst, schaut nicht den Gegenstand unmittelbar, sondern nur durch den Organismus und im Organismus an.** — Ist das absolute Subjekt das Anschauende, so ist die im Organismus objektiv gesetzte Identität des Realen und Idealen das unmittelbar Angeschaute; denn als Subjekt des Organismus hat die Substanz keinen andern Gegenstand als den Organismus, d. h. sich selbst objektiv. [illegible] Nicht unmittelbar der äußere Gegenstand als der äußere wird angeschaut, sondern nur jenes Objektive, das im Organismus selbst liegt, und objektiv erkennbar für das absolut Subjektive — Möglichkeit und Wirklichkeit gleichsetzt. Der äußere Gegenstand hat auf den Organismus keine andere Beziehung als die, in ihm als Produkt Differenz zu setzen, [illegible] dadurch den objektiven Grund des Organismus zur Herstellung der Indifferenz zu bestimmen. Durch Herstellung der Indifferenz wird das ideale Princip, das an und für sich — im Licht, im Klang z. B. — als reines geistiges Beschreiben räumlicher Gegenstände erscheint, als Attribut eines Existirenden gesetzt, damit so, indem das ideelle Princip im Produkt zurückgehalten wird, das immaterielle Bild der Welt, das im dynamischen Licht außerhalb des Körpers fällt, in das Produkt, in den Organismus selbst falle, ihm gleichsam einverleibt und dadurch ein innerliches, immanentes Bild werde. Nur dadurch ist eine Hineinbildung der Außenwelt in den Organismus möglich, daß das ideelle Princip, die unendliche Möglichkeit, das Affirmative der Dinge, jederzeit der Wirklichkeit im Organismus verknüpft, zum Bild werde, in welchem das Subjekt das Aeußere anschaut. Denn das Handeln jenes objektiven Grundes, der höheren Schwere, oder des Indifferenzvermögens, wodurch das affirmative Princip der Dinge, das Licht, in allen seinen Formen, z. B. auch als Klang, dem Organismus verknüpft wird — jenes Handeln ist jederzeit der Bestimmung von außen sowohl der Art als dem Grade nach gleich; jenes objektive Handeln tritt also für das anschauende Subjekt an die Stelle des Gegenstandes, indem durch dasselbe die unendliche Möglichkeit, welche im idealen Princip liegt, immer gemäß der Affektion oder Bestimmung von außen begrenzt wird. Es wird also nichts angeschaut als jenes durch den objektiven Grund begrenzte und bestimmte Schema der Thätigkeit, welches für das absolute Subjekt in den Organismus als Objekt fällt.

Um diese Ansicht zu erläutern, will ich nur durch einige Beispiele zeigen, welchergestalt der objektive Grund an die Stelle des Gegenstandes tritt, und ich will mich hierbei ganz gewöhnlicher Ausdrücke bedienen, um mich verständlich zu machen.

Wenn wir also z. B. am erleuchteten Himmel mit unverwandtem Aug eine dunkle Wolke betrachten, so wird der objektive Grund des Organismus oder kürzer das Indifferenzvermögen in einem bestimmten Punkte des Sehorgans, der Retina, schwächer erregt als in den übrigen Punkten. Für diesen schwächer erregten Punkt ist daher der übrige Theil des Himmels ein relativ stärkerer Reiz als für die andern; wir sehen daher, indem wir uns nun von dem dunkleren Gegenstand abwenden, dennoch denselben Fleck von der Größe, dem Umriß und der Gestalt der Wolke, aber mit einer höheren, hellrothen Farbe. Umgekehrt, wenn wir eine Zeit lang in die roth untergehende Sonne als einen eminent-hellen Punkt geblickt haben, so sehen wir, indem sich das Auge von ihr ab gegen den übrigen minder hellen Theil des Himmels kehrt, noch denselben Gegenstand, die Sonne, aber dunkel, weil gegen den starken Reiz des Sonnenlichts die schwache Farbe des Himmels kein oder nur ein schwacher Reiz ist, wo also diese Reizlosigkeit nun selbst, und zwar in der Form und dem Umriß des ersten Gegenstandes objectiv wird. Wie es nun in diesen Beispielen offenbar der Fall ist, daß nicht der Gegenstand als solcher, sondern nur die durch den objectiven Grund gesetzte Synthese erkannt wird, so in allen übrigen Fällen. Wir sehen, oder richtiger zu reden, das Wesen, das absolute Subject in der Beziehung auf den Organismus sieht hier nur durch Vermittlung des Indifferenzvermögens, oder dieses ist eigentlich das Angeschaute von ihm, und zwar so, daß, weil (nach §. 219) der objective Grund hier dem subjectiven gleich ist, das Angeschaute und das Anschauende selbst eines sind. Das Indifferenzvermögen (der objective Grund) bestimmt, wie aus den angeführten Beispielen erhellt, nicht nur die Intensität des Gesehenen, sondern selbst Umriß, Gestalt, und ist daher mit dem Gegenstand ganz identisch.

Schon längst brauchte man auch nur die Erfahrung zu fragen, um diese Wahrheit zu erkennen. Bekanntlich lernt der Mensch erst durch Uebung und Correction mittelst des Gefühls die Entfernungen auch mit dem Gesicht schätzen. Die Beobachtungen, welche Geselden an einem Blindgebornen, dem er durch Operation das Gesicht gab, anzustellen Gelegenheit hatte, zeigen, daß dieser im ersten Anfang schlechthin keinen Gegenstand außer sich, sondern alle in sich zu sehen glaubte oder vielmehr wirklich sah. Die beständige Täuschung liegt für uns eben darin, daß wir die Gegenstände als äußere zu sehen glauben, da wir sie doch wahrhaftig nur als innere sehen.

In der Sensibilität sind also überhaupt (um jetzt zu resümiren) folgende Momente zu unterscheiden.

Wie die Eine Seele des All in der Außenwelt dennoch in verschiedenen Reihen sich offenbart, und so viel allgemeine Naturseelen sind, als es Dimensionen der Realität gibt, so scheinen wieder diese verschiedenen Naturseelen sich in besonderen Leibern oder besonderen Organismen, als in kleineren Welten, an (woraus, wie wir in der Folge finden werden, die Verschiedenheit der Sinne erwächst). Kraft der Conspiration der In- und Außenwelt und kraft der Einheit der idealen Substanz ist jede dieser Seelen in der unmittelbaren Identität mit der Allseele, nicht losgerissen von ihr, so daß sie *unmittelbar* vernimmt, was in der Allseele vernommen wird. Ihr Unterschied von dieser ist nur der, daß sie als Seele eines Besonderen, einer eignen Welt gesetzt ist, und daß sie das Vernommene *als* Seele eines Besonderen, demnach nicht absolut percipirt. Sie ist relative Affirmation der Außendinge, relativ auf den Organismus nämlich. Der objektive Grund des Organismus nun, welcher zugleich das Wesen des Organismus selbst ist, setzt auf immer gleiche Weise die Seele, das Licht, und den Leib, die Materie, identisch — als Attribute von einem und demselbigen; derselbe bringt das percipirende, das affirmative Princip in jedem einzelnen Fall — (wo es aus der Indifferenz gesetzt war) — zur Indifferenz zurück, und setzt es *als* Seele des Besonderen, der eignen Welt; er bewirkt dadurch, daß das Bild, das Affirmative des äußeren Gegenstandes in den Organismus selbst falle, inneres, immanentes Bild werde. Doch muß darunter kein passives, sondern nur ein objektives *Bilden* verstanden werden, denn die Substanz als objektiver Grund ist das Setzende des Bildes, und das Setzende des Bildes ist von dem Bild selbst nicht verschieden, ist selbst dieses Bild, oder vielmehr nur dieses objektive Bilden selbst, wodurch das Ideale, als *Seele*, einem Besonderen (mit allen Relationen des letzteren) verknüpft wird. Und ferner jenes objektive Bilden löst sich unmittelbar wieder in das subjektive auf; Angeschautes und Anschauendes ist eins.

Aufs kürzeste also so: — Das Erkennende, Affirmative liegt im idealen Princip. Dieses *allgemein* Erkennende wird durch den objektiven Grund des Organismus gesetzt als das *Erkennende* eines Besonderen (mit allen Relationen des letzteren), es wird durch diese Synthese selbst objektiv —, objektives Bilden — es wird ein *Erkanntes*, es wird Gegenstand; da aber der objektive Grund hier dem Wesen, dem Subjekt gleich ist, so ist der Gegenstand oder das Erkannte unmittelbar auch das Erkennende, es entsteht *Anschauung*, und zwar objektive Anschauung.

Bisher haben wir die innere Bedeutung der Sensibilität und der in ihr hervortretenden Produktivität erklärt; jetzt die äußeren Bedingungen dieses Moments.

§. 222. *Die Sensibilität fordert auch im Produkt eine Synthese der relativen Identität und Differenz der Organe.*

Erläuterung. Die Reproduktion, sich selbst überlassen, würde nichts als durchgängig Homogenes setzen. Die Irritabilität ist die Form des Zerfallens; auch fordert sie als unmittelbare Bedingung eine relative Differenz der Organe, die sich unter sich als Möglichkeit und als Wirklichkeit verhalten — Nerv und Muskel. Nun beruht aber die Sensibilität darauf, daß Möglichkeit und Wirklichkeit, die in der Irritabilität in verschiedene Organe fallen, in *ein und dasselbe* fallen, jedoch so, daß sie sich immer als Möglichkeit und Wirklichkeit verhalten. Dieß ist aber bloß dadurch möglich, daß zwar ein Gegensatz von Organen (von Muskel und Nerv) bestehe; beide aber unter einen gemeinschaftlichen Exponenten gebracht werden, welcher hier nothwendig der höhere, also = Nerv ist. Muskel und Nerv, beide sollen = Nerv seyn. So wie auf der tiefern Stufe in dem ersten Organ der nothwendigen Bewegung, dem Herzen, Nerv und Muskel im Muskel verschwindet, so muß auf dieser höheren Nerv und Muskel im Nerv verschwinden. Diese Forderung ist nun einzig erfüllt durch das *Gehirn*; das Gehirn ist = dem Nerven, nicht mehr in relativer Differenz mit ihm, wie der Muskel, und dennoch hat es zum Sinnennerven wieder eben das Verhältniß, welches der Bewegungsnerv zum Muskel hat. Muskel und Nerv sind also hier in ein und dasselbe gebracht, die Möglichkeit, die in diesen fällt, ist in jenem unmittelbar zugleich als Wirklichkeit gesetzt. Eben *deßhalb* kann sich die Synthese beider auch nicht durch ein äußeres Phänomen — durch *Bewegung* —, sondern nur durch ein inneres Phänomen ausdrücken.

Nach dieser Ansicht kommt also die ganze Bildung des Gehirn- und Nervensystems darauf zurück, daß 1) die relative Differenz der Organe so weit aufgehoben wird, daß beide in ein und dasselbe gesetzt, beide gemeinschaftlich unter dem Exponenten von Nerv gesetzt werden, 2) die eigentliche Gehirnbildung insbesondere auf der Unterbrechung der successiven Produktion durch eine simultane beruht, indem die Contractionspunkte oder Ganglien, welche der Nerv nacheinander bildet, zumal und in einer concentrirten Stellung als Totalität producirt werden, von wo aus dann eine neue Expansion (Vereinzelung der Totalität) in den Sinnesnerven, so wie dann endlich die letzte Contraktion in den Sinnesorganen geschieht.

Wie das Licht durch die Refraktion sinnlich empirisch wird, und synthesirt mit der Differenz die Farben producirt, so wird auch jenes innere und immanente Licht, welches hier der Materie ganz gleich ist, durch das Indifferenzvermögen refringirt, dem Reellen gleich gesetzt, und dadurch zum innern objectiven Bild — zum Angeschauten. (Nur hat sich das Angeschaute hier bereits zur Identität mit dem Anschauenden erhoben. Daher jenes Objektive *hier* schon nicht mehr bloß Objekt, wie der Gegenstand, sondern *als solches* auch Subjekt).

In der willkührlichen Bewegung fällt nur die Möglichkeit in den Nerv, die Wirklichkeit in den Muskel, also in ein *Anderes*; daher kann auch die Identität von Möglichkeit und Wirklichkeit hier nur durch ein äußeres Phänomen, durch Bewegung sich ausdrücken. In der Sensibilität fällt die Wirklichkeit in dasselbe, worein die Möglichkeit; das Wesen des Organismus wird dadurch Bild der absoluten Substanz, in der die Möglichkeit jederzeit auch die Wirklichkeit ist, Bild des absolut Productiven, dessen Wesen eben dieses ist, daß es die in ihm enthaltene Möglichkeit unmittelbar auch als Realität setzt.

Folgesatz. Die zufällige oder sogenannte willkürliche Bewegung im Thierreich ist nur als die andere oder umgekehrte Seite der Sensibilität zu betrachten, indem sie allein darauf beruht, daß die Contraction nicht in dasselbe fällt, in welches die Expansion, sondern in ein Differentes.

Alle willkürliche Bewegung im Thierreich beruht nur darauf, daß das Thier den Muskel zum Gehirn macht, während umgekehrt alle Sensibilität darauf beruht, daß das Gehirn zum Muskel wird, d. h. darauf, daß der Muskel zugleich in den Nerv selbst fällt.

Sensibilität und willkürliche Bewegung sind also bloße Wechselerscheinungen der organischen Natur, Erscheinungen der Verlegung des Einen und seiner Möglichkeit, jetzt in das Gehirn, jetzt in den Muskel.

§. [illegible] Der Wachzustand ist Unterordnung des Nervensystems unter die Totalität, der Schlaf ist Aufhebung der Totalität — Vereinzelung —. Wie der Tagesglanz der Sonne den Schimmer des Mondes verschwinden macht, so das höhere Leben des Gehirns und der Sinnesnerven das der niederern Gehirne und ihrer Nerven, die nur entweder unwillkürlichen Bewegungen oder dem Proceß der Vegetation vorstehen. Jedes Thier hat ein doppeltes Gehirnsystem: die Ganglien sind die Schwere-, die Gehirnorgane die Licht-Gehirne. Wie im Gegentheil nach dem Versinken der Sonne erst der Mond in seinem matten Glanze aufgeht, so geht nach dem Erlöschen jener höheren Thätigkeit, die durch das Verhältniß des Gehirns und der Nerven bedingt war, die untergeordnete Thätigkeit des zweiten Gehirnsystems, des Gehirnsystems der Schwere, der Ganglien auf, die nur die zweiten Sonnen oder die Monde des Gehirns sind. Wie das Gehirn den Tag über herrscht, so das Gangliensystem in der Nacht, wo die Schwere ihr uraltes Reich wiederherstellt. Jener Zustand der Fortleitung aller höheren Thätigkeit an den Ganglien ist der Schlaf. Das Thier, welches durch die Uebermacht des seiner Einzelheit verbundenen idealen Princips losgerissen war von der allgemeinen Natur, kehrt jetzt in die Identität mit derselben zurück. (Wie sich die Blüthe vieler Pflanzen im Schlafe schließt, so die Blüthe des Thiers).

Die Ermüdungsfähigkeit lebender Geschöpfe ist an sich schon ein Zeichen höheren Daseyns. Der Schlaf ist die höchste, lebenden Naturen verliehene Versöhnung, d. h. Rückkehr ins Universum. Das Wesen der Dinge, dem nur durch Vermittlung und Refraktion des Leiblichen die Welt zu einer vielfarbigen, zerstreuten und vielgestaltigen wird, kehrt in seine Einfachheit zurück.

Wie der Schlaf eine Zurückgabe des Leibes an sein Princip, an die Nacht, an das Nichts ist, so ist der Zustand aller Dinge, die vorzugsweise diesem Princip eignen, ein Zustand des Schlafs, daher schon Leibnitz die unorganische Welt mit Recht als die Welt der schlafenden Perception bezeichnete. Jener zweifelhafte Zustand, wo sich das ideelle Princip noch nicht in seiner Totalität setzt und erkennt im reellen — im Organismus als Produkt — jener Zustand des Uebergangs vom schlafenden Zustand ist der Traumzustand. Dieses Uebergehen bezeichnen die Thiere. Die Thiere sind Träumer der Natur, dunklere oder hellere, dumpfere oder lebhaftere, je nach der Stufe ihres Lebens. Nur im Menschen erwacht sie vollkommen, wo das ideelle Princip das Einzelne ganz (als Totalität) sich angeeignet, sich gleichgesetzt und eben daher aus der Identität mit den übrigen Dingen gerissen hat.

Wir gehen nun zu einer neuen Untersuchung fort.

In dem allgemeinen Licht schon schwebt und bewegt sich ein ideales Bild der Welt; die Welt wird dadurch zum zweiten Mal gleichsam geschaffen und wirklich immateriell. Die Grenze des Organischen und der allgemeinen Natur geht da, wo jenes anschauende Princip als Attribut eines Existirenden, als Seele einer besonderen Welt in der großen Welt gesetzt wird.

Die Sensibilität ist Totalität; in ihr wiederholt sich die ganze Natur in ihrer höchsten Mannichfaltigkeit. Alle Formen des Seyns und der Wirklichkeit, die in der allgemeinen Natur objektiv gesetzt sind, werden hier zugleich subjektiv gesetzt, und mit wahrer Unendlichkeit gesetzt. Die Unabhängigkeit aktueller Unendlichkeit von Ausdehnung im Raum ist nirgends klarer als hier. Jeder Punkt des Sehorgans z. B. ist fähig, eine Welt nicht nur aufzunehmen, sondern sie selbstthätig zu produciren; jeder Punkt ist unendlich productiv und verschließt in sich die Möglichkeit aller Dinge. Das wahre Unendliche tritt hier hervor, das, welches gleich unendlich ist im Theil und im Ganzen — (keine Beziehung auf Raum).

Der sensible Organismus, das Gehirn- und Nervensystem ist ein wahrer Lichtorganismus, ein Lichtgewächs, eine eigentliche Pflanze, nur daß diese Pflanze nicht mit dem Produciren von sich selbst, sondern mit dem Produciren von andern Dingen, die außer ihr sind, beschäftigt ist. — Nicht bloß die Materie, sondern das Licht selbst sproßt im Nervensysteme und macht sich ganz mit der Materie eins.

Das sensible System ist also der unmittelbare Leib der Allseele; es ist der Organismus des Organismus, in welchem aus diesem Grunde alle anderen Formen der organischen so wie der allgemeinen Naturthätigkeit wiederkehren.

§. 224. Die Sensibilität ist die Allheit der Formen, nicht nur relativ auf den Organismus, sondern relativ auf die gesammte Natur. — Relativ auf den Organismus; denn als dritte Dimension (nach §. 206 und §. 217) begreift sie außer sich selbst auch die beiden ersten Dimensionen. Sie ist daher a) der Inbegriff, die Totalität aller Formen organischer Thätigkeit; aber auch b) Allheit aller Formen der Natur; denn in der Sensibilität tritt die Substanz als das Subjekt oder das absolute Wesen des Organismus selbst ein und schaut sich in ihm an (nach §. 210), und (nach §. 219) ist es das „An-sich" der Natur selbst, welches in der Sensibilität hervortritt. Nun begreift aber (nach §. 115) die unendliche reale Substanz oder das An-sich der Natur alle Formen dem Wesen nach in sich und ist das a priori derselben; demnach begreift sie auch, sofern sie sich auf den Organismus bezieht oder das Subjekt desselben ist, und da sie dieß nur in Bezug auf die Sensibilität ist, — so begreift sie als Subjekt der Sensibilität alle Formen der Wirklichkeit und der gesammten Natur in sich.

Zusatz 1. Die Formen der Natur werden in der Sensibilität nur nicht absolut, sondern in der Relation auf ein besonderes Subjekt, den Organismus, producirt, d. h. sie werden nur subjektiv producirt.

Zusatz 2. Der Unterschied der Formen oder Dimensionen der Sensibilität von den Formen der allgemeinen Natur kann daher auch kein anderer seyn, als daß, was in dieser objektiv, in der Sensibilität subjektiv gesetzt ist.

Zusatz 3. Nothwendig ist daher auch der Typus ihrer Formen (der Formen der Sensibilität) übereinstimmend mit dem allgemeinen Typus der Natur und ihm gleich. (Siehe diesen Typus §. 181).

Zusatz 4. Die bestimmte Dimension der Sensibilität ist überhaupt Sinn. (Im Begriff des Sinns wird nämlich überhaupt eine Bestimmung oder Einschränkung der Sensibilität gedacht).

§. 225. Das System der Sinne folgt im Ganzen dem Schema der drei Dimensionen (jedoch, daß von jeder Dimension ein gedoppelter Ausdruck, ein realer und ein idealer, Kottschedel). — Denn dasselbe ist die Ordnung der Naturformen objektiv betrachtet.

Der ersten Dimension entsprechend ist:

im Realen oder in der Differenz — Magnetismus,

im Idealen oder in der Indifferenz — Klang.

Der zweiten Dimension entsprechend ist:

im Realen oder in der Form — Elektricität,

im Idealen oder in der Substanz — Licht.

Der dritten Dimension entsprechend ist:

im Realen oder in der Differenz — Chemismus,

im Idealen oder in der Indifferenz — Wärme.

Zusatz. Es ist daher eine reale und eine ideale Reihe der Sinne, welche beide sich wechselseitig parallel gehen.

§. 226. Der Cohäsion entsprechend unter den Sinnen ist der Gefühlssinn, dem Klang der Gehörsinn. — Dieß ist kaum des Beweises bedürftig.

Im Gefühl wird nicht nur überhaupt der Widerstand im Raum, sondern auch der Grad dieses Widerstandes, Härte, Weichheit und andere sich auf Cohäsion beziehende Bestimmungen, objektiv. Er ist der materiellste aller Sinne.

Ich bemerke hier, daß ich unter dem Gefühlssinn zugleich den Sinn des **Betastens** begreife, den mehrere mit vielem Scharfsinn als einen von dem Gefühlssinn verschiedenen, selbständigen darzuthun gesucht haben. Allein der Tastsinn ist nur gewissermaßen die Blüthe des allgemeinen Gefühlssinns, wie schon die bedeutendere Contraktion der Papillen (welche wahre Blüthen sind) in den eigentlichen Organen des Tastsinns, beim Menschen z. B. in den Fingern, diesen unmittelbaren Organen für Cohäsion, anzeigt. So wenig man etwa den Polen des Magnets einen eignen oder besonderen Magnetismus zuschreiben kann, darum, weil er an ihnen am freiesten hervortritt, so wenig den Organen des Tastsinns einen vom allgemeinen Gefühlssinn verschiedenen Sinn. Zudem ist es zum Theil wenigstens Werk der Erziehung und Bildung, daß diese feinere, nicht bloß Widerstand, nicht bloß Masse, sondern auch Dimensionen begreifende Modifikation des allgemeinen Gefühlssinns gerade auf besondere Organe eingeschränkt wurde, wie die Finger, die Symbole des allgemeinen Kunsttriebs, der alles umwandelnden Macht der Natur, sind. — Mit gleichem Rechte wenigstens scheint es mir, könnte man auch noch den Gesichtssinn in mehrere andere zerfällen. So ist es z. B. nicht eine und dieselbe Modification des Gesichtssinns, wodurch wir, von Umriß und Gestalt belehrt, diese gleichsam geistig betasten, und wodurch uns das eigentlich Körperliche (auf dem Helldunkel beruhende) erscheint, und **diese** Modification ist wieder nicht dieselbe mit derjenigen, durch welche die Differenzen der Farben empfunden werden, welches daraus erhellt, daß bekanntlich Menschen, die übrigens sehen, alles Sinns für Farben entbehren, so daß ihnen die Welt nicht anders als farblos, wie ein bloßer Kupferstich erscheint.

Was den **Gehörsinn** betrifft, so versteht sich der Parallelismus mit dem Klang von selbst. Im Gehör gelangt also die **ideale** Substanz als An-sich aller **Cohäsion** zur Selbstanschauung und wird sich als diese objektiv. Seiner Organisation nach ist das Gehörorgan (worunter ich nicht das äußere Gerüste, sondern das unmittelbare Organ verstehe) nur der unmittelbare Leib der Klangseele.

Wichtiger ist, schon hier auf die Polarität von Gefühls- und Gehörsinn aufmerksam zu machen. Nämlich das Organ des Gefühlssinns sind die gesammten weichen Theile des Organismus, das Organ des Gehörsinns die gesammten starren Theile, also das Knochensystem. Ueber das erste ist kein Zweifel. Was das zweite betrifft, so sind die Gehörknochen für diesen Sinn nur, was die Papillen für den Gefühlssinn, nämlich nur die Blüthen des Knochensystems. Auch hier ist die concentrische Stellung im engeren Kreise nachgeahmt, wie in den Knochen des Schädels in einem weiteren Kreise. (Die Erklärung der so sonderbaren Gestaltung der Gehörknochen, welche man so allgemein zweckmäßig findet, ist in dieser Idee zu suchen, die ich hier ebenfalls nur andeuten kann). Das vollkommene Thier, der Mensch, bestände also im Allgemeinen und zunächst nur aus einem Gefühls- und aus einem Gehör-Menschen, deren Vereinigung in der That das gelungenste und höchste Werk der Natur ist, wie sich beide auch wahrhaft und eigentlich entgegengesetzt sind. Der Gefühlsmensch ist der äußere, der Gehörmensch der innere Mensch. Wenn man bedenkt, welche Mühe es die Natur kostet, diese beiden zusammenzubringen und in einem und demselben darzustellen, so kann man nicht anstehen, dieser Vereinigung die größte Bedeutung zu geben, und sie als das höchste Problem der Natur im Schaffen der Thiere zu betrachten.

Wir haben schon früher darauf aufmerksam gemacht, wie die Natur successiv, von Stufe zu Stufe das Knochensystem mehr nach innen zurückdrängt. Hier können wir erst die wahre Bedeutung davon angeben. Auf den tiefsten Stufen gelingt es ihr nur, ein bloßes Gefühlsthier zu produciren, das Gehörthier fällt beim Polypen in den Korall, es ist außer dem Gefühlsthier gelegt und erstorben; im nackten Wurm wird es ganz abgelegt; die Schale der Mollusken, Schnecken u. s. w. bildet die künftigen Windungen des starren Gehörorgans vor, aber es liegt noch außer dem Thier, als ein anderes, wie es selbst, jedoch in näherer Identität mit ihm als beim Polypen. Im Insekt ist das

Harte; das Gehörorgan fast bloß in die Windungen dringt. Der Fisch, welch ein schwacher Anfang des Knochensystems! Auch bei Amphibien steht das Gehörorgan noch auf einer tiefen Stufe. Durch die Progression vom Wurm bis zum Vogel erreicht endlich die Natur, das Gehörthier, zuerst ganz nach innen zurückgedrängt, darzustellen; aber nun geht ihr darüber das Gefühlsthier fast verloren; der Vogel hat relativ am wenigsten weiche Masse, und auch die weichen Theile, die er hat, müssen bei ihm in eine Vegetation, eine äußere Bedeckung, auswachsen, die in ihm fast ganz das äußere Gefühl tödtet. Erst in der höheren Klasse der Säugethiere gelingt es der Natur beide zu vereinigen, das Gefühls- und das Gehörthier wahrhaft zusammenzubilden, am vollkommensten doch erst im Menschen, wo daher allein auch die fremdartigen äußeren Bedeckungen fehlen — und diese Vereinigung sich erst ausschließender Systeme ist keines der geringsten Unterscheidungszeichen der Säugethiere, der Thiere κατ' ἐξοχήν, von den niederen Klassen.

Wenn man die ungeheure Produktion der Erden im Knochensystem des Thierreichs wie in ihren energischen Absätzen (wogegen die im Pflanzenreich fast in nichts verschwindet) bedenkt, so kann man sich des Gedankens nicht erwehren, daß die zwei Reihen der unorganischen Natur, die an sich eine und dieselbe sind, nur die eine im Zustand des Zerfallens (gleichsam im thierischen Zustand), die andere im Zustand der Identität und der Cohäsion (im Zustand der Vegetation) angeschaut, — die zwei Reihen der Erden und der Metalle — im Fleisch- und im Knochensystem auch im Thierreich selbst noch reproducirt werden, wie sie im Großen und Allgemeinen im Thier- und Pflanzenreich getrennt fortleben, so daß die Erde mit allen ihren Kindern und lebenden Geschöpfen nur als eine ehemalige All-Organisation erscheint, die den Absatz nach außen, ebenso wie jetzt noch das einzelne Thier, in die Reihen der Erden und Metalle niederlegt, die sie in der unorganischen Welt nur unvollkommen zu vereinigen wußte.

§. 227. Der Elektricität entsprechend unter den Sinnen ist der Geruchssinn, dem Licht der Gesichtssinn.

— Gefühls- und Gehörsinn, sind Sinne für Identität [illegible] [illegible], in der Materie, wird gefühlt, [illegible] im Klang vernommen; denn die Stetigkeit wird eigentlich in der Materie gefühlt, und das Gehörte, der Klang, ist, wie ich bei der Lehre vom Klang gezeigt habe, die Identität aller Dinge. Der Geruchsinn ist der erste Sinn für Differenz, wodurch ein organisches Wesen am bestimmtesten von einem Außer-ihm als einem Außer-ihm belehrt wird. Dem Organismus ist hier die Möglichkeit anderer Dinge verbunden, aber als anderer, als differenter, ohne wirkliche Intussusception. Das Verhältniß der Dinge zum Organismus im Geruch ist also ein Verhältniß der Elektricität, welches dann auch auf anderen Wegen mannichfach bewiesen werden kann. Ich will nur erinnern a) an den Zusammenhang mit der Respiration, welche gleichfalls in der zweiten Dimension die zweite ist, b) an die Phänomene der Sympathie und Antipathie, einer wahren Anziehung und Abstoßung, die sich auf Geruch gründen. c) Der Geruchsinn wird nicht nur von der künstlich erregten Elektricität sehr stark afficirt, sondern er erkennt auch diejenige Elektricität, welche sich durch kein anderes Reagens unterscheiden läßt. Der ganz eigenthümliche Geruch der Metalle und der meisten ursprünglichen Körper ist nichts anderes als Ausdruck eines elektrischen Verhältnisses zu den Geruchsnerven, abgerechnet, daß das herrschende Princip, der spiritus rector aller Geruchsstoffe des Pflanzen- und Thierreichs das Phlogiston (das Entsprechende der Elektricität) ist. d) Einzelne Phänomene. So das Niesen, ein wahrhaft elektrischer oder galvanischer Prozeß. e) Formation des mehr flächenartigen Organs. In Bezug auf das Letztere ist merkwürdig, daß hier außer dem Gehör die einzige zum Organ selbst gehörige (es nicht bloß einschließende) knochenartige Anlage gemacht ist. In der That ist der Geruchsinn weniger als der Gesichtssinn, und hat mehr Bezug auf das Innere als dieser; wie z. B. die Thiere vorzugsweise durch das Gehör beherrscht werden, so auch vorzugsweise durch Geruch. In der ersten Dimension war (merkwürdig genug) der immaterielle oder der ideelle Sinn der Gehörsinn, derjenige, der die entschiedenste Knochenbildung forderte, der materielle hingegen der Gefühlssinn, derjenige, welcher durch die weichen Theile vermittelt wurde. In der gegenwärtigen ist es umgekehrt. Der Geruchssinn, die materielle und insofern tiefere Potenz des Gesichtssinns, ist hier mehr an ein knochenartiges Gebilde gebunden, während der immaterielle, der Gesichtssinn, fast durch reine Flüssigkeit, die nur in Häuten eingeschlossen ruht, also überhaupt durch den weichsten Theil des Leibes vermittelt ist. Dieß erklärt sich daraus, daß, da beide Sinne Sinne der Differenz, des Außer- und Nebeneinander, wie die vorigen des Nacheinander (im Raum und in der Zeit) waren, der Gesichtssinn als der höhere, in welchem die zweite Dimension also schon entschiedener hervorgetreten ist, mehr der Differenz hingegeben ist, und das organische Wesen mehr *außer* sich selbst reißt als der Geruch, welcher zwar zuerst ein wahres Außer-dem-Organismus, eine Distanz, und zwar als Distanz eines Gegenstandes, aber kein Nebeneinander setzt, wie der Gesichtssinn zugleich thut. Der Geruchssinn ist also der Identität noch näher. Der Gesichtssinn ist der eigentliche Sinn für Totalität, wie das Gehör für Identität. Die empirische Unendlichkeit des Raumes ist im Sehorgan aufgehoben oder zur aktuellen reducirt; der Punkt ist hier = dem unendlichen Raum, = dem All, und umgekehrt die unendliche Extension = unendlicher Intension. Nicht anders im Gehör, durch welches die empirische Unendlichkeit der Zeit in eine gegenwärtige verwandelt wird, denn jeder Schall oder Ton ist in sich wahrhaft unendlich, niemand kann ihn aussprechen. Was für Gesicht oder Gefühl der leere Raum ist, ist für das Gehör die *leere Zeit* oder die Stille.

Die Verbindung, in welche wir hier den Gesichtssinn mit dem Geruchssinn gesetzt haben, versteht sich ebenso wie das schon früher entwickelte Verhältniß von Elektricität und Licht (worunter hier immer Licht *in specie* verstanden wird). Beide sind Raumsinne; der Geruch aber ist, wie die Elektricität, ohne Tiefe, während im Auge sich die grundlose Tiefe des All selbst spiegelt, und wie es sich selbst wölbt, so in ihm der unendliche Raum selbst zur Totalität sich schließt.

Andere Verhältnisse und Bestimmungen können nur wieder im Gegensatz gegen andere Sinne entwickelt werden.

§. 229. Den Chemismus reproducirende unter den Sinnen ist der Geschmackssinn, die Wärme der Wärmesinn. — Die erste Behauptung bedarf wohl kaum des Beweises. Der Geschmackssinn bezieht sich auf die chemischen Eigenschaften der Körper, wie der Geruchssinn auf die elektrischen; er ist Intussusception in der dritten Dimension, er ist durch das Flüssige vermittelt, und, wie man sagt: corpora non agunt chemice, nisi soluta, so haben die Körper auch Geschmackswirkungen, nur insofern sie zugleich aufgelöst werden.

Der Wärmesinn bedarf einer besonderen Rechtfertigung, da er bis auf unsere Zeiten so allgemein übersehen und unter den allgemeinen Gefühlssinn subsumirt wurde. Dieß ist übrigens leicht erklärbar. Der Wärmesinn ist als ein Sinn der dritten Dimension zugleich ein aus Synthese begreiflicher, und da er sich nicht so grob materialistisch aussprang wie der Geschmackssinn, konnte seine Selbständigkeit leichter verkannt und in andere Sinne aufgelöst werden (er kann nämlich als Synthese von Gefühls- und von Lichtsinn begriffen werden), als dieß beim Geschmackssinn möglich war, bei dem freilich die Verwandtschaft mit Geruch leichter erkennbar wäre, desto weniger aber die hier allerdings mit eintretende Bestimmung des Gehörsinns, die sich nur materiell, nämlich dadurch ausdrücken konnte, daß die Organe des Geschmacks zugleich Organe der Stimme sind und in einer sehr nahen Communication mit dem Gehörorgan stehen. Im Geschmackssinn nämlich ist das Materielle herrschend: er ist der materielle Sinn unter beiden, dieses (das Materielle) drängt sich also auch hier vor, und der immaterielle Sinn kann nur durch eine partielle Gemeinschaft der Organe seine Verwandtschaft entfernt zeigen (wie in der Mundhöhle).

Die Selbständigkeit des Wärmesinns ist indeß unleugbar. Selbständig ist jeder Sinn, welcher von anderen Sinnen unabhängiger Veränderungen in sich fähig ist. Dieß ist aber der Fall des Wärmesinns. Wäre er mit dem Gefühl identisch oder nur eine Modification desselben, so würde der Organismus keines eigenthümlichen, vom Gefühl unabhängigen Wärmegefühls fähig seyn, wie er doch offenbar ist, in Krankheit z. B., wo die größte äußere Wärme, Bedeckungen u. s. w.

den inneren Frost nicht aufzuheben vermag, oder umgekehrt, die größte äußere Kälte das innere Wärmegefühl nicht mindert. Sein Verhältniß als dritte Dimension beurkundet übrigens der Wärmesinn ebenso wie der Geschmacksinn dadurch, daß er die Identität der ersten Dimension mit der Differenz der zweiten synthesirt. Das Wärmegefühl fließt fast mit dem Selbstgefühl zusammen, und hat dieser Innigkeit ungeachtet dennoch die unmittelbarste Beziehung auf das Aeußere. Im bloßen Gefühl wird eigentlich keine Differenz empfunden, es findet vielmehr ein Zusammenfließen des Inneren mit dem Aeußeren statt. Im Geruchssinn wird zuerst Differenz als Differenz gesetzt. Diese Differenz besteht auch noch im Geschmacksinn, aber mit dieser zugleich ist Intussusception gesetzt; die Differenz wird zugleich als Identität aufgenommen.

Daß der Wärmesinn ein eigenthümlicher, ein unabhängiger Sinn ist, ist auch dadurch offenbar, daß er durch das Uebergewicht eines anderen Sinnes völlig verdrängt werden kann. Warum erregt das Licht Wärme in allen Theilen des Körpers, nur im Auge nicht, wo der Lichtsinn thront, und in dessen Inneres das Licht doch bestimmter als in das Innere irgend eines anderen Organs einfließt? Der Grund ist, daß Lichtsinn und Wärmesinn einander entgegengesetzt sind, und daß, wo jener vorzugsweise aufblüht, dieser weichen muß. Im Wärmesinn ist das Licht, das Ideale, zurückgeführt zur Materie, zum Realen, im Gefühlssinn; im Gesichtssinn ist es das Licht als Licht, welches zur Selbstanschauung gelangt.

Ich bemerke noch. Das Organ des Wärmesinnes ist die Haut; diese aber hat eine ähnliche Organisation mit dem Auge; die verschiedene Farbe der Iris ist verbunden mit verschiedener Hautfarbe. Wo blonde Haare und weiße Haut, da sind auch blaue Augen, bei den Kakerlaken; wo schwarze Augen, meist braune Haut, und im höchsten Grade die Negerfarbe. Die Haut ist das Auge für die Wärme, wie das eigentliche Auge die Lichthaut ist.

Nachdem wir jetzt das System der Sinne philosophisch construirt und entworfen haben, so ist es eine andere mehr historische Frage, in welcher Ordnung diese Sinne in der Natur hervortreten — eine Frage, die indeß doch gleichfalls aus allgemeinen Gründen entschieden werden kann; ich stelle hierüber sogleich folgendes Princip auf.

§. 229. Die Sinne bloß im Verhältniß zum Organismus betrachtet sind bloße Wiederholungen seiner Dimensionen in der höheren Potenz. Die Ordnung, welche die Sinne in dieser Beziehung beobachten, bestimmt auch die Ordnung ihres Hervortretens in der Natur.

In der Sensibilität wiederholen sich (§. 224) nicht nur alle Formen der objektiven Naturthätigkeit (in dieser Beziehung haben wir sie bisher betrachtet), sondern auch die Formen der organischen Thätigkeit und demnach die Dimensionen des Organismus selbst. Wir können diese Ordnung im Gegentheil der ersten, welche die objektive war, die subjektive nennen. Wir behaupten nun, daß die Ordnung des Hervortretens der Sinne in der Natur der letzten und nicht der ersten entspreche, welches auf folgende Art bewiesen wird.

Bloß in der letzten Beziehung werden die Sinne betrachtet in ihrem Verhältniß zum Organismus, d. h. nach dem Verhältniß, in welchem sie einen höheren Grad der Realität und demnach der Perfektion in diesen setzen. Nun steigt aber die schaffende Natur vom Niedersten zum Höchsten auf; die Ordnung des Hervortretens und Erscheinens der Sinne in der Natur ist also nothwendig die umgekehrte von derjenigen, welche sie in Rücksicht des Grads der Perfektion befolgen, der durch sie in den Organismus gesetzt wird. Demnach kann auch die Ordnung ihres Hervortretens nur bestimmt werden nach dem, was die Sinne relativ auf den Organismus, nicht aber nach dem, was sie objektiv in Bezug auf die allgemeine Natur sind, d. h. die Ordnung des Hervortretens der Sinne ist bestimmt durch die subjektive, nicht durch die objektive Ordnung der Sinne.

Dieser Satz, welcher nun bewiesen ist, gibt also ein Princip, nach welchem dieses Hervortreten a priori bestimmt werden kann, und ein allgemeines Gesetz an die Hand, welchem jede bloß einzelne Rücksicht weichen muß.

Die Perfektion des Organismus steigt also überhaupt von dem Punkt an, in welchem er, lediglich auf sich selbst beschränkt, nur die unendliche Möglichkeit von sich selbst hat, zuerst durch dasjenige Verhältniß, wo er die Möglichkeit anderer Dinge in sich aufnimmt, obgleich noch als anderer, also überhaupt von der ersten durch die zweite Dimension bis zu dem höchsten Punkt, wo er die Möglichkeit anderer Dinge in sich aufnimmt, ohne aus der Identität mit sich selbst herauszugehen, wo also Inneres und Aeußeres zuerst wahrhaft in ihm eins werden.

Dieselbe Stufenfolge muß sich in den Sinnen, und zwar in der Ordnung ihres Hervortretens in der Natur zeigen. Zuerst werden diejenigen Sinne hervortreten, durch welche der Organismus am wenigsten über sich selbst hinausschreitet, und durch die er zunächst nur die unendliche Möglichkeit von sich selbst enthält; dann die, wodurch er die Differenz anderer Dinge und zwar als Differenz aufnimmt, endlich die, wo diese beiden Bestimmungen synthesirt werden. — Dieß vorausgesetzt, haben wir das Verhältniß der Sinne zu den verschiedenen Dimensionen des Organismus zu bestimmen.

§. 230. Diejenigen Sinne, durch welche der Organismus bloß die unendliche Möglichkeit von sich selbst erhält, und welche daher der Reproduktion oder der ersten Dimension in der Sensibilität entsprechen, sind der Gefühls- und der Geschmackssinn. Vom Gefühlssinn wegen seiner offenbar auf die Identität des Organismus, (wodurch dieser in sich selbst ist) gegründeten Möglichkeit, ist von selbst klar, daß er der tiefste der Sinne sey, indem durch denselben der Organismus am wenigsten aus der Identität seines Wesens heraustritt. Schon mehr Differenz ist im Geschmackssinn, aber doch bezieht sich dieser unmittelbar auf Ernährung und Reproduktion, und ist daher nächst dem Gefühl der am meisten selbstische aller Sinne.

§. 231. Diejenigen Sinne, die Wiederholungen der zweiten Dimension sind, oder der Irritabilität entsprechen, in denen also die Sensibilität die Möglichkeit anderer Dinge als anderer in sich aufnimmt, sind Geruchs- und Gesichtssinn. — Hierüber verweise ich nur auf die Beweise des §. 227.

Da eine allmähliche Entwicklung der Sinne von der Identität zur Differenz und von da zur Synthese der Identität und der Differenz ist, so muß auch der Geruchssinn in dieser subjektiven Ordnung dem Gesichtssinn vorangehen, indem jener zwar Differenz, aber in viel eingeschränkterem Sinn als dieser setzt, und eigentlich erst der Gesichtssinn die Außenwelt als eine Welt wahrhaft aufschließt.

§. 232. Diejenigen Sinne, welche die Sensibilität in der Sensibilität vorstellen, demnach als Reproduktionen der dritten Dimension des Organismus betrachtet werden müssen, sind der Wärmesinn und der Gehörsinn.

Der Beweis ist der, daß in beiden Sinnen das Selbstgefühl oder die Identität mit dem Gefühl der Differenz unmittelbar zusammenfließt und eins wird, die Sensibilität sich wieder in sich selbst zur Totalität schließt. Im Wärmesinn ist das Gefühlthier in der höchsten Entwicklung, im Gehörsinn das Hörthier.

Es ist merkwürdig, daß in dieser subjektiven Ordnung auch jederzeit zwei Sinne in einer Dimension vorkommen, die aber hier, da die Natur das Harte zum Weichen zu fügen strebt, jederzeit diesen Gegensatz ausdrücken. So Gefühl und Geschmack, jenes ganz auf die weichen Theile eingeschränkt, während das Organ von diesem wenigstens in unmittelbarer Verbindung mit harten Theilen steht, in manchen Thierklassen sie sogar in sich selbst aufnimmt. So dann wieder Gesicht und Geruch, dann Wärmesinn und Gehörsinn.

Es ergeben sich uns also folgende Sätze:

1) Die Sinne treten in der Ordnung hervor: Gefühl, Geschmack (Sinne der ersten Dimension relativ auf den Organismus), Geruch, Gesicht (Sinne der zweiten), Wärmesinn, Gehörsinn (Sinne der dritten Dimension relativ auf den Organismus).

2) Auch im Hervortreten der Sinne beobachtet also der Organismus den allgemeinen Typus des Fortgangs von der Identität (im

Gefühl und Geschmack) zur Differenz, dem Hinausgehen über sich selbst (im Geruch- und im Gesichtssinn) und von da zur Rückkehr in sich selbst oder zur Contraktion.

Im Gefühls- und Geschmackssinn ist die unmittelbare Berührung nothwendig; die Innenwelt fließt mit der Außenwelt zusammen; was hier noch unmittelbare Nähe ist, breitet sich im Geruch schon zur Distanz und im Gesichtssinn in die ganz unbestimmbare Entfernung aus.

Es ist daher falsch, daß die Sinne in derjenigen Ordnung hervortreten, in welcher sich durch sie die Welt eines organischen Wesens erweitert. Dieß Gesetz ist auch von Kielmeyer in der Rede über das Verhältniß der organischen Kräfte, worin er, nach einigen allgemeinen Ideen von Herder, zuerst bestimmt die Stufenfolge von Reproduktion, Irritabilität und Sensibilität aufstellte, behauptet worden. Allein nicht nur die Naturgeschichte widerstreitet ihm, sondern auch der nothwendige und allgemeine Typus aller Entwicklung. Gehört z. B. das Gesicht vorzugsweise der zweiten Dimension an, so muß es nothwendig eher hervortreten als diejenigen Sinne, welche der dritten angehören.

3) Die immateriellen Sinne gehen vor den materiellen her und entwickeln sich zuerst. In der That verhalten sich ja die sogenannten immateriellen Sinne zu den ersten als zweite Potenz (und schon hieraus die obige Folge).

Die Wichtigkeit, welche in dieser Ordnung der Sinne der Gehörsinn erhält, der doch von der einen Seite wegen seines nothwendigen Zusammenhangs mit Cohäsion eine tiefere Stufe einzunehmen scheinen könnte, kann zum Theil schon nach dem, was über die Identität des Weichen und Harten, des Lichts- und Schwere-Thiers im Thier, gesagt wurde, nicht mehr auffallend seyn.

Folgendes wird dienen, diese Würde des Gehörsinns noch entschiedener zu zeigen.[1]

Der Klang ist der Widerhall der ewigen Affirmation Gottes in

[1] Man vgl. auch Philosophie der Kunst, im vorherg. Band, S. 488 ff. – D. H.

der Natur, er ist der erste Ausgang aller Dinge aus Gott, nicht das gesprochene Wort, wie die Materie, sondern das sprechende, der wahre λόγος. Wie nun der Klang die erste Einbildung des Unendlichen in die Endlichkeit ist, so muß er in der vollendeten Einbildung zuerst auch *wieder* durchbrechen, und die höchste Einbildung des Unendlichen in das Endliche wird die vollkommenste Einbildung des Klangs in das Innere der Wesen, also offenbar der Gehörsinn seyn. Was in der einen Beziehung der Anfang war, ist in der anderen nothwendig auch wieder das Ende und der Gipfel. Wie in der höheren Wiederholung der Natur, in der Kunst, diese auch wieder von der Affirmation — von der Einbildung des Unendlichen ins Endliche — anfängt, in der Musik, dann durch fortwährende Einbildung wieder in dem Punkt schließt, wo die Affirmation im *Objekt selbst* als Rede wieder durchbricht (welches im Drama geschieht), so auch die Natur (Musik als Anfang der bildenden und Drama als Gipfel der redenden Kunst sind die beiden Pole). Die Natur beugt sich in sich selbst zurück; ihre Vollendung, ihre Geschlossenheit kann sie eben auch nur dadurch andeuten, daß sie in ihren Anfangspunkt zurückkehrt. Im Gehör *findet* sie sich selbst wieder, sie geht wieder in ihr erstes Bewußtseyn, in das sie sich faßte, als sie die Dinge durch Magnetismus — durch Subjekt-Objektivirung — gestaltete. Der Magnetismus ist nichts anderes als das objektive Selbstbewußtseyn, die Ichheit der Natur; diese kommt im Gehörsinn zu sich selbst; so wie dieser dann den unmittelbaren Uebergang zur Rede und zur Vernunft, dem vereinigten λόγος bildet.

Von allen Sinnen ist der Gehörsinn derjenige, durch welchen am unmittelbarsten und bestimmtesten auf das Innere eines Wesens gewirkt werden kann; so wie, um ihn als das Höchste in der Sensibilität zu bezeichnen, nur darauf reflektirt werden darf, daß es der einzige Sinn ist, durch welchen der Mensch mit dem Menschen in Vernunftzusammenhang tritt, der einzige, durch welchen sich Vernunft unmittelbar offenbaren kann, der eigentliche Sinn der Humanität. Was Shakespeare von den Menschen sagt, gilt vorzugsweise zwar von diesem, aber auch vom Thier:

Der Mann, der nicht Musik hat in sich selbst,
Taugt nur zum Mord, zu Räuberei und Tücken,
Die Regung seines Sinnes ist dumpf.
— — — Drum lehrt der Dichter,
Gelenkt hab' Orpheus Bäume, Felsen, Fluten,
Weil nichts so stöckisch, hart und voll von Wuth,
Das nicht Musik auf eine Zeit verwandelt.

Kaufmann von Venedig, V. 1.

Nach den in den vorhergehenden Sätzen gegebenen Prämissen zeige ich nun das *wirkliche* Hervortreten der Sinne in der Natur.

§. 233. *Diejenigen Thiere, in welchen zuerst die Sensibilität als Allheit aller Formen wohnt, sind die vollkommensten oder die Säugthiere.* Der Unterschied der untergeordneten Thiere von diesen kann also in Bezug auf Sensibilität nur darin bestehen, daß die Sinne, welche in jenen vereint hervortreten, in diesen vereinzelt sind.

Inwiefern das Säugthier die Totalität der Sinne begreift, ist es selbst *als Ganzes* wieder die *Identität* derselben, — vom Säugthier kann man daher sagen: es *hat* Sinne.

Wo die Sinne vereinzelt hervortreten, ist keine Totalität, also auch keine Identität; das Thier *hat* nicht sowohl Sinne, sondern es ist vielmehr selbst nur der für sich, in seiner Vereinzelung, äußerlich hingelegte Sinn, und es ist nichts wie dieser Sinn (ich bitte, dieß genau zu merken). Die sechs untern Thierklassen werden daher nichts anderes vorstellen als in der That die sechs *vereinzelten* Sinne, die dann erst im Säugthier vollkommen zusammentreten.

Die Frage ist also nun eigentlich die: welchem Sinn ähnlich ist ein untergeordnetes Thier geschaffen? — — —[1]

§. 234. *Wo in der That die Totalität im Objektiven*, also die absolute Substanz als Subjekt oder als Identität *eintritt*,

[1] Hier lasse ich die nähere Parallelisirung der Thierklassen mit den einzelnen Sinnen weg und verweise auf die (im nächsten Band abzudruckenden) *kritischen Fragmente* in den Jahrbüchern der Medicin als Wissenschaft. D. H.

und die Totalität im Objektiven sich erkennt, da ist nothwendig die höchste oder die absolute Selbsterkenntniß des All gesetzt. — In gleichem Verhältniß wie der Organismus die unendliche Möglichkeit in sich als Wirklichkeit setzt, tritt die Substanz selbst als Subjekt des Organismus ein (§. 218). Nur da aber, wo die Substanz nicht mehr bloß in bestimmtem Verhältniß, sondern absolut als Subjekt eintritt, ist die höchste Selbsterkenntniß der Natur gesetzt. Nur da nämlich, wo das Objektive dem Subjektiven vollkommen gleich ist, kann sich dieses in jenem erkennen, die Identität kann die Totalität ergreifen, Subjekt und Objekt also auch absolut eins werden. Subjekt und Objekt sind absolut eins, heißt also ebenso viel als: es ist die höchste oder absolute Selbsterkenntniß der Natur oder des All gesetzt. Denn das Subjekt und der objektive Grund sind sich gleich, beide nämlich die absolute Substanz. Wo also beide absolut eins werden, erkennt die absolute Substanz sich selbst im Objektiven als sich selbst, es ist daher die höchste Selbsterkenntniß der Substanz und insofern des All gesetzt.

§. 236. Bloß partiales Einsseyn des Subjekts und des objektiven Grundes (der Identität und der Totalität) ist Instinkt.

Denn im Begriff des Instinkts wird gedacht, daß der objektive Grund zwar dem Subjekt gleich sey und gewissermaßen als subjektiver handle, aber doch nicht, daß er ganz das Subjekt selbst sey. — Es wird, sage ich, a) gedacht, daß der objektive Grund handle. Im Handeln der Thiere nehmen wir zwar kein bewußtes oder subjektives, sondern ein bewußtloses, lediglich objektives und blindes Handeln an, d. h. wir nehmen an, es sey bloß der objektive Grund, der in ihnen handelt. Dennoch nehmen wir b) zugleich an, daß dieser objektive Grund als ein objektiver zugleich ein subjektiver, das bewußtlose Handeln als ein bewußtloses und in seiner Blindheit einem Bewußten gleich sey. (Dieß eben drücken wir durch den bisher so dunklen Begriff des Instinktes aus). Wir nehmen also an, daß das Objektive, was in den Thieren handelt, an sich, wenn gleich nicht relativ auf die

Thiere, = dem Subjektiven sey, oder, wir nehmen an, daß der objektive Grund zwar dem subjektiven gleich sey, nicht aber umgekehrt, auch der subjektive ganz der objektive.

Worin kann nun der Grund der hier noch bestehenden Differenz liegen?

Der objektive Grund muß, da er = der absoluten Substanz, also = der Vernunft ist, die im ganzen Universum wohnt, der *objektive Grund* muß, sage ich, da, wo er handelt, dem *subjektiven* gleich seyn (als Vernunft handeln); aber er ist dem subjektiven nicht gleich absolut und *in der Totalität möglichen* Handelns — es *besteht* daher noch immer eine Differenz des Subjektiven und des objektiven Grundes, während dieser schon für sich und im partiellen Handeln dem Subjektiven gleich ist. Deßwegen haben wir unsern Satz so ausgedrückt: „Bloß *partielles* Einsseyn des objektiven Grundes und des Subjekts ist Instinkt."

Schon die bloße Reflexion auf den Instinkt in der Natur hätte die Wissenschaft längst zu der Anerkennung der absoluten Identität des Objektiven und Subjektiven führen können. Das, was im thierischen Instinkt objektiv handelt, ist offenbar ein *blinder*, mit keinem Bewußtseyn verbundener Grund; er bricht unmittelbar aus der Materie hervor; schon dieß lehrt, daß die Materie ursprünglich in ihren tiefsten Erscheinungen auch schon Perception seyn muß, und daß kein absoluter Gegensatz ist von Materie und Geist. Die Lehre von der Identität des Objektiven und Subjektiven, daß nämlich das Objektive nur ein Objektiv-Subjektives ist, ist der Schlüssel zur Erkenntniß der höchsten Erscheinungen der Natur. Diese Lehre wurde von Leibniz zu seiner Zeit ausgedrückt als Lehre von den *blinden* Vorstellungen und Perceptionen. Man erkannte nämlich im *Objektiven*, in der Materie, das Perceptive, das Vorstellende, aber (damit die Bestimmung der Objektivität, mit der sich uns die Natur und die Materie aufdrängt, bestehe) als ein *bewußtlos* Vorstellendes, *blind* Percepirendes, ähnlich dem im Zustand des Somnambulismus (wo niemand an eine Seele denken wird, die vom Leib verschieden wäre. Diese Lehre machte daher den direkten Gegensatz gegen den Cartesianismus, welcher die strengste absolute Entgegensetzung von Materie und Geist behauptete, daher er auch die Thiere zu bloßen Maschinen herabsetzen *mußte*. Leibniz nahm diese cartesianische Behauptung auf, aber in viel höherem Sinne. Das Mechanische, sagte er, was ihr in den Handlungen der Thiere findet, erkenne auch ich an; ich erkenne, daß dieß Handeln ein blindes, insofern mechanisches ist, aber es ist dieß bloß der Form oder dem Exponenten nach. Das An-sich, was in diesem blinden Handeln wirkt, ist die Perception, ist das repräsentative Princip des Universums selbst. Gerade dieß ist; nur anders ausgedrückt, auch unsere Behauptung.

Was im Instinkt des Thiers handelt, ist noch ein ganz *Objektives*, aber es ist als *dieses Objektive*, ohne den Charakter des Objektiven abzulegen, zugleich ein *Subjektives*, was auch nachher an den Thieren mit einem Schein *wirklicher*, ihnen eigner Vernunft täuscht. Wir können daher unsern Satz: „Bloß partiales Eins-seyn ꝛc. = Instinkt" bestimmter noch so ausdrücken:

Zusatz. Im Instinkt ist der objektive Grund dem Subjektiven gleich für den besonderen Fall des wirklichen Handelns, aber nicht absolut und für alle Fälle des möglichen Handelns; daher ist nicht umgekehrt das Subjektive dem Objektiven gleich, die Identität ergreift nicht die Totalität als Totalität. — Könnte das Thier je in sich die Totalität ergreifen, so träte das Thier eben damit heraus aus der Thierheit. In dem Thier ist aber jene Indifferenz des Subjektiven und Objektiven nicht nur überhaupt partiell dadurch, daß sie sich nur in einzelnen Handlungen offenbart, sondern auch dadurch, daß es immer nur das *gegenwärtige* Handeln ist, in dem sie erscheint. Die Indifferenz ist also auch eingeschränkt der Zeit nach. Es findet kein absolutes Ergreifen der Totalität durch die Identität statt, sonst wäre *Vernunft* — nicht nur objektiv und potentiâ, sondern auch subjektiv oder actu. In der Vernunft hört die Zeit auf; wo Vernunft ist, da ist *Ewigkeit*, und wo sie ist, ist sie nicht partiell, sondern ganz. Es gibt eben deßhalb auch keine Grade der Vernunft, wie man wohl den Instinkt als einen geringeren Grad der Vernunft beschrieben hat. Das Handelnde im Thier ist allerdings dem Wesen nach Vernunft, und sogar so, daß es als Vernunft erscheint, hindurchblickt (aus einem Grund, den ich sogleich bestimmen werde); aber auch nur erscheint, nicht actu oder subjektiv im Subjekt des Thiers auch wirklich ist.

§. 236. Das An-sich des Instinktes ist der objektive Grund, der als objektive Vernunft darum auch erscheint, weil er relativ auf die Totalität des organischen Wesens (also als Identität derselben) handelt. Vernunft ist Identität der Totalität. In dem All, wie es an sich, und ebenso in der Vernunft ist nichts bloß abhängig, bloß bestimmt, nichts gedrückt oder unterjocht, jedes hat sein freies Leben für sich und doch nur im Ganzen. Nur in der Vernunft ist diese Vereinigung wieder vollkommen, daß nämlich die Differenz besteht ohne Schaden der Identität, und umgekehrt. Wo also ein Erkennen von Totalität ist, und so weit ein solches ist, da und so weit ist auch Vernunft. Nun erkennt gewissermaßen der objektive Grund im Instinkt des Thiers die Totalität in diesem, denn er bestimmt das Thier nicht zum Handeln dem einzelnen Theil nach, noch selbst als einzelnes, sondern als Totalität. Im Instinkt handelt das Thier als Totalität und in der Totalität. Es wird auf das Thier nicht mechanisch oder in Masse von außen gewirkt, es wird nicht angezogen und abgestoßen, wie der todte Körper angezogen und abgestoßen wird, dessen Totalität in jeder Bewegung der Art vernichtet wird, das Thier besteht vielmehr in jedem Handeln als Welt für sich, in innerer aktueller Unendlichkeit. Jedes Handeln in Totalität oder relativ auf eine Totalität erscheint denn unmittelbar auch als ein zweckmäßiges, und objektiv-zweckmäßig sind daher auch alle Handlungen des thierischen Instinkts, nur nicht subjektiv. Es ist der objektive Grund, welcher die Totalität im Thier anerkennend (da er eben nur objektiver Grund des Thiers, nichts anderes ist), nothwendig auch jener Totalität gemäß handelt; also mit Nothwendigkeit, nicht mit Bewußtseyn vernünftig handelt.

Dieses Verhältniß — dieses Handeln des Thiers in der Totalität und als Totalität — ist nothwendig das Unerklärbarste für die bloß mechanische Ansicht der Natur. Ich begreife etwa, wie ein Körper, den ich in dieser Rücksicht als ganz homogen betrachte, in welchem die aktuelle Unendlichkeit unterdrückt ist, wie ein solcher Körper mechanisch getrieben, oder dynamisch, chemisch angezogen werden kann, aber ich begreife nicht, wie auf ein Wesen, in welchem entschiedene Totalität ist, in Masse gewirkt werden könne.

Es ergibt sich nun auch eine andere Folgerung, nämlich:

§. 237. Der Instinkt ist das relativ Potenzlose im Thier, oder er ist die absolute Identität der Sinne (als die Totalität).

Es könnte die Frage entstehen, nachdem wir alle Dimensionen der Natur in den Sinnen nachgewiesen hatten, was denn nun dem Dimensionslosen entspreche, was zu den Sinnen sich ebenso verhalte, wie sich etwa zu den Formen des dynamischen Lebens das Feuer verhält. Dieses nun ist der Instinkt. Er ist das relativ-Potenzlose. Relativ, weil er nämlich bloß potenzlos ist in Bezug auf die Sinne, aber nicht absolut oder schlechthin betrachtet, indem er allerdings selbst noch unter der Potenz der Objektivität steht. — Ebenso ist es auch gemeint, wenn ich den Instinkt die absolute Identität der Sinne nenne. Relativ auf diese ist er nämlich ihre absolute Identität oder das, was alle begreifen, eben deßwegen selbst keiner insbesondere ist. Er ist eben dadurch auch dasjenige, wodurch allein das Thier in der Totalität handelt.

Es könnte nun hier, nachdem wir den Instinkt als ein partielles Eins-Seyn der Identität und der Totalität beschrieben haben, die weitere Frage entstehen, worauf denn die Partialität dieses Eins-Seyns beruhe, und es ist leicht einzusehen, daß der Grund davon nur im Objektiven, nämlich darin liegen könne, daß auch die Totalität, wie im Thier objektiv gesetzt ist, nicht die absolute, sondern noch immer eine bloß relative Totalität sey. Wodurch sich nun aber die Absolutheit, und wodurch sich die Relativität der Allheit im Objektiven des Organismus ausdrückt, diese Frage werden wir erst in der Folge genau beantworten können. Nur so viel will ich noch bemerken:

Mehr oder weniger sind alle Instinkte der Thiere doch vorzugsweise durch *gewisse* Organe oder Sinne vermittelt; der Grund ist, daß kein vollkommenes Gleichgewicht der Sinne, sondern, wie wir auch im Vorhergehenden gefunden haben, Ein Sinn vorherrscht, ja nicht selten auf Kosten des anderen hervortritt im Thierreich. Selbst da, wo die Beziehung auf die Einzelheit der Sinne mehr zu verschwinden scheint, z. B. in denjenigen Handlungen der Thiere, welche einen bestimmten Charakter errathen lassen, selbst da ist doch dieser Charakter selbst wieder ein einseitiger, mittelbar wenigstens sich auf eine bestimmte Dimension der Sinne beziehender. In den Säugethieren schafft die Natur allerdings allseitig in dem Sinne, daß sie keinen bestimmten Sinn *ganz* ausschließt, wie sie z. B. dem Wurme das Gehör nimmt; aber nicht allseitig in dem Sinn, daß sie alle Sinne in gleichem Maß und zur vollkommensten Harmonie, zur qualitativen Totalität vereinigt. Die Allheit der Sinne ist vielmehr hier immer eine bloß quantitative.

§. 238. *Das Thier verhält sich im Instinkt zur absoluten Substanz als zu seinem Grunde, und demnach als Schwere.* — Beweis ist alles Bisherige. Die Substanz ist das schlechthin Allgemeine, das Besondere ist die quantitative Differenz von ihm. Wo nun das Besondere für sich schon dem Allgemeinen schlechthin gleich wird, da tritt nothwendig ein anderes als das bloße Grund-Verhältniß ein; es tritt ein Identitäts-Verhältniß ein. Wo dagegen beide nicht identisch, und *soweit* sie nicht identisch sind, so weit verhält sich das Besondere zum Allgemeinen noch als zu seinem Grund, als Gezogenes zu Ziehendem. Wenn aber das Gezogene ist wie das Ziehende (das Erkannte wie das Erkennende), hört die Differenz auf.

Die Thiere sind nun die letzten Besonderheiten, die noch in Differenz mit der Substanz sind, sie sind noch nicht die Substanz, noch nicht die allgemeine, reine Vernunft selbst, deßhalb sind sie in ihren Handlungen bloß Ausdruck oder Werkzeug der im *All* wohnenden Vernunft, ohne selbst vernünftig zu seyn. Bloß in dem, was sie thun, ist Vernunft, nicht in ihnen selbst. Sie sind vernünftig durch blossen Zwang der Natur, denn die Natur ist selbst die *Vernunft*, und freilich, wenn wir uns mit unseren Gedanken nicht zu jener allgemeinen Vernunft erheben, die der Stoff und die Form aller Dinge ist, die nach Maß und Zahl alles ordnet, welche den Wechsel des Tags und der Nacht, der Jahre und Zeiten bestimmt, die Weltkörper in gewissen Entfernungen und in gemessenen Geschwindigkeiten bewegt, so werden wir auch nie begreifen, wie der Vogel z. B., ohne vernünftig zu seyn, mit Kunst sein Nest baut, und wie so viele Thiere, ohne alles Bewußtseyn, doch so manche kunstreiche Handlungen ausüben können.

Das Thier ist *objektiv* vernünftig, wie es die ganze Natur ist, wie es auch dem Leibe nach betrachtet jederzeit (aber sichtbar z. B. in den zweckmäßigen Bewegungen des Somnambulisten) der Mensch ist.

Wie der Körper durch die Schwere nur darum fällt, weil er nur ein *Modus* der absoluten Substanz, nicht sie selbst, ist, so das Thier, an welchem daher selbst das partiale *Eins-Seyn* des Subjekts und Objekts nur als eine höhere Schwere erscheinen kann.

Der Zwang, welcher in den Trieben und Handlungen der Thiere stattfindet, ist nur durch ein ebenso unmittelbares Verhältniß der absoluten Identität begreiflich als die Schwere — nur als Erscheinung, nicht der existirenden absoluten Identität, sondern der absoluten Identität, sofern sie Grund von Existenz ist. *Daher* ist begreiflich, daß gerade diese beiden Dinge, der Instinkt der Thiere und die Schwere der Körper, für den empirischen Naturforscher zu den größten Geheimnissen der Natur gehörten.

Auch schon ein älterer Schriftsteller sagt: Deus est anima brutorum, so wie viele die Schwere nur aus einer unmittelbaren göttlichen Impression begreifen konnten.

Man hat dagegen eingewendet, daß die Thiere in ihren Handlungen gleichwohl sehr viele Irrthümer begehen, Gott also der Urheber dieser Irrthümer seyn müßte. Allein in der Natur ist kein Irrthum, und wenn das Thier zu irren scheint, so ist in Ansehung seiner der Irrthum das Vernünftige.

Ich sage nun zwar nicht: das Göttliche an sich, wohl aber das göttliche Princip, sofern es Grund von Existenz ist, sey das Beseelende der Thiere.

Nach diesen allgemeinen Grundsätzen kann es nicht schwer seyn, die verschiedenen thierischen Handlungen, auch die scheinbar bewußtesten, dennoch aus ihrem Verhältniß zur Natur zu begreifen.

Ich will hier kein eigentliches System der Thierinstinkte entwickeln, sondern nur von den vorzüglichsten Erscheinungen derselben reden.

Was 1) diejenigen Handlungen betrifft, zu welchen die Thiere durch Schmerz, durch Bedürfnisse getrieben werden, die Handlungen, die sie der Nahrung, der Begattung, ja selbst der Sorge für die Jungen, also der Gattung wegen, ausüben, so sind diese völlig blinde Handlungen, und unmittelbar durch die allgemeine Identität der Dinge vermittelt, die sich an ihnen nur darum mehr als Vernunft offenbart, weil sie hier in Bezug auf Totalität erscheint. Das Thier ist wirklich identisch mit seiner Nahrung und hängt durch sie mit dem großen Leibe der Erde zusammen, dessen Glied es selbst ist. Ebenso ist es identisch mit seinen Jungen und hat von ihnen kein anderes Gefühl als von sich selbst. Es fühlt wirklich in seinen Jungen; bei manchen Thieren geht dieß Identitätsgefühl sogar bis zum wirklichen und völligen Identificiren, nämlich bis zum Auffressen.

Ich rechne unter diese Klasse von Trieben auch den Instinkt des Zugvogels, mit dem Wechsel der Jahreszeit, oder des Fisches, um die Zeit der Begattung eine andere Luft oder eine andere Art des Wassers zu suchen. Es tritt hier offenbar eine der magnetischen ähnliche Bestimmung ein, denn jene allein bestimmt doch überhaupt Direktion.

Der Zugvogel befindet sich in der höchsten Identität mit der allgemeinen Natur; sicher und ohnfehlbar leitet die Erde selbst seinen Flug, von der er nur ein Organ, nicht ein losgerissenes Wesen ist. Wie die Magnetnadel um dieselbe Zeit anfängt nach der entgegengesetzten Weltgegend abzuweichen, so beginnt auch der Zugvogel, von den allgemeinen Einflüssen regiert, den Flug nach dem andern Himmelsstrich.

Auf einer höheren Stufe als jene mehr oder weniger allgemeinen

Handlungen der Thiere, die sich auf Nahrung, Fortpflanzung u. s. w. beziehen, stehen die vielfach bewunderten Handlungen der Kunsttriebe, welche nicht allen Thieren gemein sind, und welche in ihrem Hervortreten einem bestimmten Gesetz folgen müssen. Auch in diesen Handlungen drückt sich nichts anderes als ein partiales Eins-Seyn von Subjekt und Objekt aus, von dem jedoch das Produkt noch ganz außerhalb des Thiers fällt (nicht in das Subjekt, sonst Vernunft). Indem die Biene Wachs bereitet und ihre Zellen baut, ist sie nichts als Werkzeug der allgemeinen Identität und der inneren Verwandtschaft und Schwere der Dinge gegeneinander unterworfen. Diese ist es, welche sie zu der Blume zieht und von da zu ihrem Bau zurückleitet. Könnte sie einen Augenblick heraustreten aus dieser Identität, so würde sie auch sogleich aufhören Wachs zu bereiten und Zellen zu bauen. Alle diese Handlungen sind daher, weit entfernt Aeußerungen von Vernunft zu seyn, vielmehr Andeutungen von dem freien Zurücksinken unter die allgemeine Schwere oder in die Substanz, sofern sie nicht ist, sondern nur Grund von Existenz ist.

Die ersten Aeußerungen des Kunsttriebes sind noch so einfach regelmäßig, daß sie ganz unter das allgemeine Gesetz der Krystallisation fallen, und die Produkte desselben als anorgische Absätze nach außen betrachtet werden können. Gerade da, wo die plastische Natur über die Grenze des Organischen geht, aus dem Organischen ins Anorgische zurückkehrt, verliert sie sich in die geometrische Regelmäßigkeit, welche eben vorzüglich an diesen Produkten am meisten bewundert worden ist, als ob nicht das ganz mit blinder Nothwendigkeit gebildete Haus der Schalthiere, das, unvermögend ganz in sich selbst zurückzukehren, sich in Spirallinien windet, als ob die Blüthen und Knospen der Bäume, manche Krystalle und Dendriten nicht weit bewunderungswürdigere Werke der allgemeinen Kunst der Natur wären, als z. B. die Zellen der Biene oder das Gewebe der Spinnen. —

Bei mehreren Thierklassen wird sogar der fehlende Kunsttrieb durch einen anorgischen Absatz nach außen ersetzt oder verdrängt, wie bei den Krebsen, die, obgleich Insekten, dennoch des Kunsttriebs entbehren, welcher ganz in ihre Schale zu gehen scheint. Ein wichtiger Punkt in dieser Betrachtung ist, daß der Kunsttrieb, mehr oder weniger in der ganzen Natur, am bestimmtesten aber in der tieferen Stufe bei den Thieren der ersten Dimension, den Insekten, an die Stelle des Zeugungstriebes tritt, daß also die Natur da, wo sie dem Thier nicht durch das Geschlecht die Schwere gegen die Erde geben konnte, es durch den Kunsttrieb zurückführt in die allgemeine Identität; denn eben die geschlechtslosen Thiere sind es, welche den Kunsttrieb fortwährend ausüben. Die produktiven Bienen sind auch die geschlechtslosen. Es ist, als müßten diese Thiere, da ihnen das Wesentliche des Organischen, das Geschlecht, fehlt, zum Anorgischen zurückkommen, anorgisch bilden. An ihnen äußert auch die Schwere die höchste Energie, indem sie diese Thiere zwingt, ihr durch beständige Aufmerksamkeit zu dienen, und sie auf einen Kreis einschränkt, den sie nie überschreiten. Die Biene wird als eine vollkommene Künstlerin geboren, und bringt gleich ihr Meisterwerk hervor, ohne erst zu pfuschen oder sich durch Studien zu üben. Aber die Werke dieses Geschlechtes sind eben deßhalb unperfektibel, und es baut seine Zelle noch, wie es sie von Anbeginn baute.

Derselbe Zug der Natur, den Kunsttrieb an die Stelle des Zeugungstriebes zu setzen, kehrt zurück selbst in den höheren Stufen, wo das Geschlecht wirklich entwickelt ist. Der Vogel baut vor der Begattung sein Nest nur seiner höheren Potenz gemäß, so daß er den Stoff von außen nimmt und mit offenbarer Kunst ihm die Form ertheilt. Andere, sämmtlich die, welche unvollkommen oder gar nicht bauen, zwingt die Natur, in ihrem Gesang sich zu vergessen und in die Einheit zurückzukehren; denn auch der Gesang der Vögel ist ein Kunsttrieb, und merkwürdig genug ist, daß von aller Kunst, die in dem Universum wohnt, es eben die Architektur und die Musik ist, welche die Natur bis zu einem gewissen Punkte auch den Thieren eingebildet hat; denn Architektur ist nur concrete, erstarrte Musik[1]. Nochmals in kunstreicher Anlage kehrt die Architektur in der ersten Dimension der Säugthiere

[1] Vergl. im vorhergehenden Band S. 571 ff. D. H.

zurück; die Hervorbringungen erscheinen hier schon viel zusammengesetzter, weil alle Formen der Sinne gleichmäßiger ausgebildet sind, und die Einheit des Subjektiven und Objektiven, da sie noch nicht in das Thier selbst fallen kann, nur durch verwickeltere Produkte äußerlich dargestellt werden kann.

Auf alle Handlungen der Thiere hat der allgemeine Zustand der Natur, und nicht nur der gegenwärtige, sondern auch der zukünftige, den bestimmtesten Einfluß, ja sichtbar offenbart sich in manchen derselben der All-Organismus, von dem alle Thiere selbst nur die einzelnen Organe und Glieder sind, und der über allen schwebt. In jenem liegt der Grund aller Gesetzmäßigkeit, die sich im Ganzen einer Gattung oder der organischen Natur überhaupt, des Zufälligen im Einzelnen ungeachtet, wiederherstellt. So sehen wir, daß, bei der Zufälligkeit der Geburt und des Sterbens im Einzelnen, dennoch im Ganzen z. B. der Menschengattung, ein ziemlich gleiches Verhältniß sich herstellt, so behauptet sich ein geringen Veränderlichkeiten unterworfenes stetes Verhältniß zwischen der Geburt männlicher und weiblicher Individuen, und dieses Verhältniß ist mit eben der Nothwendigkeit in dem allgemeinen Organismus der Erde präformirt, als z. B. das Verhältniß der Luftarten, die durch Polarisirung des Wassers entwickelt werden, ein stets gleichförmiges ist.

Da der allgemeine Organismus, derjenige, welcher nicht nur die organische Welt, sondern auch die unorganische umfaßt, einerseits die Quelle alles individuellen Organismus ist, andererseits aber ihm auch als Allgemeines dem Besonderen entgegensteht, und nur das Ganze, nicht das Einzelne setzt, so ist jener relativ auf den besonderen Organismus gleichsam mit zwei Attributen zu denken, deren eines auf Erhaltung, das andere auf Zerstörung des besonderen Organismus geht. Auch in der Entstehung und Verbreitung der Krankheiten herrscht nicht Zufall, sondern ein Weltgesetz, dessen Quelle der allgemeine und absolute Organismus ist. Krankheit ist Metamorphose, ist Wechsel der Dimensionen. Diejenige, durch welche der Organismus in seiner Individualität und Wirklichkeit besteht, ist die der Reproduktion, sie ist dem Magnetismus zu vergleichen. Das Hervortreten der höheren Dimensionen, besonders der zweiten, der Dimension des Herfallens und vernichteter Individualität, setzt im Magnetismus des Lebens eine Abweichung, und, wie die östliche oder westliche Abweichung der Magnetnadel, welche nur Ausdruck ist eines Kampfes zwischen der Süd-Nord- oder der Länge- und zwischen der Breite-Polarität der ganzen Erde (ein Kampf, der gleichfalls um das eigenthümliche Leben der Erde geführt wird); wie also jene Abweichung ihre Perioden, ihre Jahre, ja Jahrhunderte hat, so auch das Entstehen der Krankheiten, in welchen ein über die Zufälligkeiten des Einzelnen erhabenes Schicksal waltet. — Da in dem allgemeinen Organismus, der über jedem besonderen schwebt, dann in diesem, soweit er Bild und Nachahmung von jenem ist, Vergangenheit, Gegenwart und Zukunft sich durchdringen, so ist das Vorgefühl der Zukunft, das in manchen Thieren unleugbar wohnt, ein nothwendiges. Es hat einen tiefen Grund in der Natur, daß die Alten die Divinationsgabe vorzüglich den Thieren zuschrieben, denn nur diese sind in der vollkommenen Identität mit der Natur und die unmittelbaren Organe von ihr. Der Mensch ist durch seine hohe Selbstheit ganz aus dieser Identität gesetzt, und nur in außerordentlichen Zuständen, wo er in sie zurückkehrt, oder unter Umständen, die ihn entweder unter sich oder über sich selbst erheben, ist ihm vergönnt, klarer in die Zukunft zu schauen. Da es eine und dieselbe unendliche Natur ist, die in der Natur und in der Geschichte waltet, die das Leben des Ganzen und das Schicksal des Einzelnen bestimmt, so ist die Natur der Spiegel der Geschichte, und das sonst so stumme Weltall, wie Goethe sich irgendwo ausdrückt, versagt seinen Antheil an außerordentlichen Begebenheiten nicht.

Die Gabe der Prophezeiung schrieben die Alten außer dem Thier nur dem Wahnsinn oder andern Zuständen zu, durch welche der Mensch den Thieren ähnlicher wird. Freigelassener erscheint das Geschöpf in dem Verhältniß, in welchem die Identität des Subjektiven und Objektiven an ihm allseitiger, mächtiger hervortritt. Je mehr es sich dem Punkt nähert, wo das unendliche Wesen selbst als Seele eintritt, desto weniger entreißen ist es dem, das bloß Grund von Existenz ist. Bei den höheren Thierklassen verschwindet daher der Kunsttrieb; sie sind nur noch durch allgemeine Handlungen, nicht aber durch ein regelmäßiges, anhaltendes, auf eine bestimmte Hervorbringung eingeschränktes Produciren der Natur unterworfen.

Im Menschen freilich kehrt alles, aber in höherem Sinne zurück, auch der Kunsttrieb und nach einem analogen Gesetze.

Noch ist jene höhere Klasse thierischer Handlungen übrig, die auf bestimmte Charaktere hinzudeuten scheint. Steffens in seiner früheren Beurtheilung meiner naturphilosophischen Schriften hatte sehr recht, darauf aufmerksam zu machen, daß diese Handlungen noch eine andere Ansicht haben als die des bloßen Kunsttriebs. Es ist nämlich nicht zu leugnen, daß, wo dieser verschwindet, dagegen bestimmte Charaktere hervortreten. Es ist nicht zu leugnen, daß der Löwe großmüthig, der Tiger grausam ist, daß einige Thiere stolz, andere eitel sind, daß das eine listig der Gefahr entgeht, das andere sie gewaltsam überwindet, das dritte sie furchtsam flieht.

Auch für diese Erscheinungen liegt im Vorhergehenden der Grund. Denn was sind die Thiere anders als einzelne Gestaltungen eines All-Organismus der *Erde*? Alle Charaktere des Thierreichs liegen in diesem, als ihrer Identität, in der sie *eben deßhalb* ununterscheidbar sind. Es ist also die Unendlichkeit der Erde selbst, welche durch die verschiedenen Charaktere hindurchblickt. Die Erde hat nicht diesen oder jenen bestimmten Charakter, eben deßhalb weil sie die Unendlichkeit derselben ist. Bestimmter Charakter muß bei der unendlichen Möglichkeit desselben in der Erde hervortreten, so wie das Thier von jener Möglichkeit nur einen Theil als Wirklichkeit setzt. Alle Bestimmtheit des Charakters ist nichts Positives, sondern etwas lediglich Negatives. Der Fuchs ist nur schlau, weil er nicht das *allseitige* Thier ist, das die Natur will, ein anderes ist furchtsam nicht wegen einer positiven Bestimmung in ihm, sondern weil es wieder nicht der *ganze* Charakter, oder vielmehr, weil es nicht die Unendlichkeit der Erde ist, die es in sich ausdrückt. Steffens hat daher in gewissem Sinne sehr recht, wenn er sagt, die List, die Furchtsamkeit, die Frechheit der Thiere seyen nur einseitige Versuche, das Höchste oder die Harmonie hervorzubringen. Ich möchte es nur nicht ein Hervorbringen oder Versuche des Hervorbringens nennen. Das Höchste oder die Harmonie ist, und jene einseitigen Charaktere gehören bloß zur *Erscheinung dieser existirenden* Harmonie.

Jene einseitigen Charaktere kehren auch in der Menschengattung wieder, und sind auch da nur die einzelnen oder einseitigen Erscheinungen der Harmonie, auch hier nichts Positives, sondern bloße Beschränkungen.

Die Natur an sich gibt also immer nur das Positive zu allen Charakteren; das Beschränkende, wodurch sie besondere sind, gibt die eigne Natur des besonderen Wesens. Jene einseitigen Charaktere sollen durch die Ausbildung verschwinden und der Mensch durch Verschmelzung alles Einseitigen in sich zur Darstellung der Totalität gelangen. Im Thierreich ist die Gattung selbst Differenz, dagegen jedes Individuum seine Gattung vollkommen ausdrückt. Im Menschenreich ist die Gattung Indifferenz, dagegen ist hier das Individuum Differenz, also jedes Individuum = einer besonderen Gattung. Nicht nur der Geist also, sondern auch das Gemüth hat seine Wurzel in der Natur. Denn wie oft eine vielbegabte Mutter ihren Kindern ihre Eigenschaften vertheilt und nur Einem sich selbst ganz eingebiert, so hat auch die Natur sich in den Thieren bloß einseitig ausgesprochen, und alle Strahlen ihrer Thätigkeit nur in Einen Punkt als den Brennpunkt zusammenbrechen können. In diesen Einen Punkt fällt der Mensch.

Hiermit sehen wir uns bis an die Grenze der organischen Natur geführt. Auch das letzte Verhältniß im Thierreich ist aber nach §. 238 [illegible] Verhältniß der Schwere und insofern der Differenz von der absoluten Substanz.

Hieraus erhellt, daß durch die drei Potenzen der Natur hindurch doch in keiner das wahrhaft Absolute der Natur dargestellt ist, und daß wir dieses nur in demjenigen finden können, was selbst *außer aller Potenz* ist (auch der Instinkt ist nur das relativ Potenzlose).

Wir gehen also zu einer neuen Untersuchung über, zu der wir uns auch durch die organische Naturlehre fortgetrieben sehen. Ich schließe sie an das Vorhergehende durch folgende Sätze an.

§. 239. *Kein Wesen der Natur ist sich selbst die Substanz* (und also außer dem Differenzverhältniß mit dieser), *als inwiefern diese, als Subjekt, in ihm dem Objekt, absolut gleich wird.* — Ganz kurz so zu beweisen: Jedes Naturding verhält sich zur Natur schlechthin betrachtet, d. h. zur Substanz, wie Besonderes zum Allgemeinen. Als Besonderes ist es Affirmirtes = Objektives; es verhält sich also zur Substanz als *Objekt*. In dieser Beziehung steht also die Substanz auch zu ihm im Verhältniß des Subjekts, des Wesens oder des Grundes. Es kann daher *sich selbst* Substanz seyn, d. h. es kann aus jenem Verhältniß des Grundes in das Verhältniß absoluter Identität mit der Substanz nur insofern übergehen, inwiefern die absolute Substanz als Subjekt, als Wesen, in es selbst eintritt. Da es aber einmal zur Substanz im Verhältniß des Objekts steht, so ist auch *dieses* nur möglich, inwiefern die Substanz, als Subjekt, ihm als Besonderem, als Objekt, gleich wird. Demnach ist überhaupt kein Wesen der Natur sich selbst die Substanz und *außer* dem Verhältniß des Grundes zu dieser, als inwiefern die Substanz selbst, als Subjekt, als Wesen, als a priori alles Besonderen in ihm dem Objekt absolut gleich und demnach das Subjekt von ihm selbst wird. Hieraus folgt dann weiter.

§. 240. *Erklärung. Das Objektive an jedem Ding nennen wir das, wodurch es in der Substanz* [illegible] *seinem Grunde ist, das Subjektive das, wodurch es in sich selbst ist.* — Jenes auch das Endliche, dieses das Unendliche.

Im vorhergehenden Satz hatten wir nur allgemein [illegible]: Kein Wesen der Natur kann sich selbst die Substanz seyn, als [illegible] diese als Subjekt dem Objekt in ihm absolut gleich werde. Nun ist die Frage: *Wie kann die Substanz als Subjekt dem Objekt gleich werden?* Wir haben zwar im Vorhergehenden schon mehrmals diese Frage berührt, hier aber beantworten wir sie bestimmter als bisher.

§. 241. *Die Substanz kann als Subjekt* dem Objektiven eines *Wesens gleich, also das Subjekt von ihm selbst seyn, nur sofern dieses* (das Objektive) *für sich schon der unendlichen Substanz gleich ist.* — In der unendlichen Substanz selbst ist das Subjekt und das Objekt absolut eins. Eines ist das Affirmirende, und dasselbe ist das Affirmirte, Eins das Ideale und auch das Reale. Dieses Einsseyn des Affirmativen und Affirmirten, des Subjekts und Objekts, wie es in der absoluten Substanz ist, kann daher in der Erscheinung nur da hervortreten, wo auch das Affirmirte, das Objektive, für sich schon = der unendlichen Substanz ist, wie in der Substanz selbst das *Affirmirte* dem Affirmirenden nur dadurch gleich ist, daß es wie dieses die ganze unendliche Substanz ist.

Nun fragt es sich aber, wie das Objektive für sich schon = der unendlichen Substanz.

§. 242. *Der unendlichen Substanz gleich kann nur dasjenige seyn, was selbst keine Potenz, sondern das Unendliche, das Begreifende aller Potenzen ist.* Denn die unendliche Substanz ist keine Potenz, sondern ꝛc.

Zusatz. Da die unendliche Substanz objective betrachtet = All ist, so kann derselbe Satz auch so ausgedrückt werden: Der unendlichen Substanz gleich ist nur, was selbst = *All* ist.

§. 243. *Dem Objektiven nach kann ein Ding der unendlichen Substanz gleich seyn, nur inwiefern es schon dem Leibe nach = All, inwiefern es also nicht ein einzelner, sondern ein All-Leib ist.* Denn nichts kann dem Objektiven nach der unendlichen Substanz gleich seyn, als was als *Objektives*, als Besonderes, schon = dem All ist. Nun ist aber das Allgemein-Objektive der Dinge = dem Leib der Dinge, und demnach kann, dem Objektiven nach, ein Ding der unendlichen Substanz gleich seyn, nur inwiefern es dem Leibe nach = All, d. h. inwiefern es selbst ein *All-Leib* ist.

Zusatz. Dieser Begriff des All-Leibs ist ausgedrückt im Begriff des *Weltkörpers*, d. h. in dem, was Körper und als Körper zugleich Welt, zugleich All ist.

Erläuterung (und *Wiederholung*). Wenn das Objektive eines jeden Dings das ist, wodurch es ein Affirmirtes ist, wodurch es also in der Substanz, als seinem Grunde, ist, so kann es affirmativ von sich selbst, sich selbst die Substanz seyn, nur inwiefern schon das Affirmirte an ihm der unendlichen Realität gleich ist, denn alsdann wird die Substanz zu ihm als *Objekt* das Verhältniß des *Subjekts* erhalten, Objekt und Subjekt werden in ihm ebenso eins seyn, als sie in der absoluten Substanz selbst sind. Es wird also ein vollkommenes Abbild der unendlichen Selbstaffirmation (nach innen) seyn.

Nur unvollkommene Bilder der Substanz sind die Dinge, sofern sie bloß objektiv oder als Objekte die unendliche Substanz abdrücken, welches wir sonst auch so ausgedrückt haben: in den endlichen Dingen der Natur erscheine bloß die Eine Seite der Absolutheit. Sollen in der Erscheinung Abbilder seyn der unendlichen Substanz *als solcher*, der unendlichen Substanz nämlich, inwiefern sie das An-sich, das a priori aller Potenzen ist, so müssen diese Abbilder von der Art seyn, daß in ihnen, auch bloß objektiv betrachtet, die *Allheit* der Potenzen, die unendliche Selbstaffirmation begriffen sey, und daß demnach, da das Objektive für sich schon der unendlichen Realität gleich ist, diese Abbilder auch dem *Subjektiven* nach der unendlichen Substanz gleich und dadurch sich selbst die Substanz seyen. Das Objektive der Dinge ist nun allgemein der Leib der Dinge. Die Abbilder der Substanz müssen schon dem Objektiven nach dem All gleich alle Potenzen begreifen, heißt daher mit andern Worten: sie müssen schon dem Leibe nach = All, ihr Leib, ihr Objektives, muß ein All-Leib seyn, also zwar ein *Körper*, aber ein Körper, der zugleich ein All oder eine Welt ist, also ein *Weltkörper*. Der Begriff desjenigen in der Natur, was selbst außer aller Potenz, das unmittelbare Nachbild der absoluten Identität der unendlichen Substanz rein als solcher ist, ist daher der Begriff des Weltkörpers. Dem Weltkörper ist ebenso wie dem Universum selbst das Chaos aller Dinge eingeboren, er trägt die Früchte und Gewächse des ganzen All, zwar angemessen seinem eigenen Boden, aber so, daß er der gemeinschaftliche Grund beider ebenso ist, wie das All, die Substanz, die Wurzel und die Identität aller Dinge ist.

Uebrigens konnten wir von verschiedenen Punkten aus zu diesem Begriff gelangen.

In der Lehre von der Schwere wurde bewiesen: jedes Ding der Natur gravitire unmittelbar nur gegen das schlechthin *Eine*, die unendliche Substanz, und nur dadurch gegen alles. Aber kein einzelnes Ding kann unmittelbar gegen die unendliche Substanz als solche gravitiren, denn das einzelne als solches hat kein unmittelbares Verhältniß zur Substanz, sondern nur ein mittelbares; es kann daher nur gravitiren gegen die Substanz, sofern sie gleichfalls durch ein Ding, also im Abbild, jedoch als solche erscheint. Diese scheinbar widerstreitenden Bestimmungen sind nun einzig durch die Idee des Weltkörpers aufzulösen.

Hiemit also gehen wir zur Darstellung der *Lehre vom Weltbau* über, welche ohne Zweifel die erhabenste Aufgabe der Naturphilosophie ist. Der Weltbau ist das unmittelbar Objektive der Vernunft; in ihm sind die Gesetze der Ideenwelt sichtbar, vernehmlich ausgesprochen, so daß, wer sie in concreto zu sehen verlangte, nur an die Betrachtung der Gesetze der Weltkörper verwiesen zu werden brauchte.

Zum Nachlesen über diesen Gegenstand empfehle ich vorläufig die Darstellung, welche ich von den Gesetzen und der Ordnung des Weltbaus im *Bruno*, dann auch in der *Neuen Zeitschrift* [Band IV] gegeben habe. Mehrere Erläuterungen, die dort zu finden sind, werde ich hier, um Zeit und Raum für andere zu gewinnen, nicht wiederholen.

§. 244. *Die Weltkörper sind, auch selbst der Erscheinung nach, eine aktuelle Unendlichkeit.*

Gott affirmirt unmittelbar durch seine Idee *unendliche Realität*, und zwar *actu* unendliche Realität. Inwiefern nun die einzelnen Ideen das durch Idee Gottes *Affirmirte* sind, inwiefern sie also nur sind durch die Idee Gottes, insofern sind sie endlich, und tragen alle Bestimmungen der Endlichkeit an sich, und erscheinen, als das bloß Affirmirte, auch nur *objektiv* oder als *real*. Wird aber nicht auf die Form ihres Seyns (kraft dessen sie nothwendig *affirmirt* und bloß objektiv sind), sondern auf das Wesen, auf die in ihnen affirmirte Realität gesehen, so ist zwar die Materie überhaupt und jeder Theil derselben actu unendlich (nach §. 79), aber sie ist doch etwa nur actu unendlich für ihre Potenz. Die Weltkörper aber, da sie keiner besondern Potenz unterworfen sind, vielmehr selbst alle Potenzen begreifen (denn sie sind nicht organisch oder unorganisch insbesondere, sie sind auch davon die unendliche Möglichkeit), sind auch selbst der Erscheinung nach eine *aktuelle* Unendlichkeit. Sie sind actu unendlich nicht nur in dem, was sie unter der Form des Zugleichseyns begreifen, sondern auch in dem, was sie *nacheinander* und in successiven Evolutionen aus sich projiciren. Die Erde z. B. und jeder andere Stern ist die Identität nicht nur alles dessen, was auf ihm ist, sondern auch dessen, was war und was seyn wird; alles wird angeschaut in ihrer Idea. Wie der Kreis der Ewigkeit alle Dinge, die nur in endloser Zeit zum Daseyn gelangen, und demnach diese Zeit selbst als Identität, als aktuelle unendliche Gegenwart in sich gesetzt enthält, so auch der Weltkörper, der diese in ihm gesetzte, alle Zeit in sich begreifende Identität durch den *Umkreis* ausdrückt, in dem er, unangerührt von der Zeit, welche den *in ihm* begriffenen Dingen vorgeschrieben ist, sich bewegt. Die Weltkörper sind daher, relativ betrachtet, zwar nur die *realen*, die *objektiven* Gegenbilder, aber sie tragen in dieser Realität oder Objektivität sich eingeboren alle Potenzen und Möglichkeiten der Dinge. Vermöge der Bestimmung des *Affirmirtseyns* sind sie Körper, vermöge dessen, was *in ihnen* affirmirt, der aktuellen potenzlosen Unendlichkeit, sind sie Universa, Welten, göttliche Wesen. Nur sie, abstrakt betrachtet, sind der Form des Affirmirtseyns unterworfen, die Substanz in ihnen aber ist = der unendlichen realen Substanz.

Zusatz. Sie verhalten sich daher in der abgebildeten Welt zu den einzelnen Dingen selbst wieder als die Urbilder, von welchen jene die Accidenzen oder Erscheinungen sind.

Haben wir daher im Vorhergehenden die einzelnen Dinge mehr oder weniger als selbständige betrachtet, so nehmen wir sie hier als Accidenzen wieder auf in die Identität, die ihnen zu Grunde liegt und ihr Wesen ist.

§. 245. **Gott schaut auf ewig gleiche Weise das Eine im Vielen und das Viele im Einen an.** — Denn in Gott ist die Identität = der Totalität, oder er schaut das Eine als Alles; hinwiederum aber ist die Totalität = der Identität, d. h. er schaut Alles als Eines an.

Erklärung. Das Seyn des Einen im Vielen ist die ewige Expansion oder die **Centrifugenz** der Dinge, das Seyn des Vielen im Einen ist die ewige **Centripetenz** oder das Seyn der Dinge im Centrum. — Vgl. §. 106, Anmerkung.

§. 246. **Das Seyn der Dinge in sich selbst und das Seyn im Centro ist an sich ein und dasselbe Seyn.** — Gott schaut die Dinge in der **Einheit** (ohne aus der Einheit herauszugehen) als Vieles an; sie sind also als **Vieles**, als in sich selbst, dennoch auch Eines, d. h. im Centro. Hinwiederum schaut Gott die Dinge als **Eines** in der Vielheit an; sie sind sonach als **Eines** (also inwiefern sie im Centro sind) dennoch zugleich Vieles, also auch in sich selbst. Das Seyn der Dinge in sich selbst (als wahres Seyn) ist daher auch ihr Seyn in Gott, und umgekehrt, ihr Seyn in Gott, als dem Centro, ist auch ihr Seyn in sich selbst.

§. 247. **In den einzelnen realen Dingen ist das Seyn in der Substanz getrennt von dem Seyn in sich selbst und ihm nicht gleich; in denjenigen Dingen aber, die sich (nach §. 70) zu einzelnen Dingen selbst wieder als die Urbilder, oder als die wahren Dinge verhalten, muß das Seyn in der Substanz (oder im Centro) dem Seyn in sich selbst gleich, beides nur ein und dasselbe seyn.**

Erster Theil. Alle einzelnen realen Dinge bis zu den Thieren herauf verhalten sich, wie wir durch die ganze vorhergehende Betrachtung gefunden haben, zur Substanz, zur Schwere als zu ihrem Grunde

— sie sind nicht im Identitätsverhältniß mit ihr. Anders ausgedrückt: Sie, d. h. das Subjektive in ihnen, das, wodurch sie sie selbst, also in sich selbst sind, ist nicht = dem Objektiven, d. h. (nach der Erklärung im §. 240) nicht = dem, wodurch sie in der Substanz sind (können es nicht fassen). Es ist also ein Uebergewicht der Objektivität über die Subjektivität gesetzt; ihr Leben in der Substanz ist also noch getrennt oder different von dem Leben in sich selbst. Nun ist aber (nach dem vorhergehenden Satz) in Ansehung Gottes das Seyn der Dinge im Centro und das Seyn der Dinge in sich selbst nur ein und dasselbe Seyn, das heißt, die Dinge selbst in Ansehung Gottes, also die Dinge wahrhaft betrachtet, oder (was dasselbe ist) sie als Ideen, als Positionen, sind selbst auf eine ganz gleiche Weise in sich selbst und im Centro; ihr Seyn in diesem und ihr Seyn in sich selbst ist ein und dasselbe Seyn. Demnach müssen auch die Dinge, welche sich zu den einzelnen Erscheinungsdingen wieder als Urbilder oder Ideen verhalten, wenigstens soweit sie sich als solche verhalten, und relativ auf jene, diesen Charakter der Ideen an sich tragen, daß nämlich ihr Seyn in sich selbst und ihr Seyn im Centro als ein und dasselbe erscheine. Da nun die Weltkörper selbst nur Abbilder sind, und nur relativ auf die einzelnen Dinge sich als Urbilder verhalten, so versteht sich, daß sie nur in dem, was sie mit den einzelnen Dingen gemein haben (nämlich in der Abbildlichkeit) urbildlich seyen. (Sie haben also nothwendig alle Charaktere der Erscheinung, da auch sie selbst wirkliche, erscheinende Dinge sind, und verhalten sich nur innerhalb der Erscheinung den Ideen gleich.

§. 243. Das in-sich-selbst-Seyn der Dinge drückt sich in der Natur als Bewegung aus, und demnach muß in Ansehung der Weltkörper die Bewegung = seyn ihrem Seyn im Centro, d. h. sie muß eine Bewegung seyn, die ihr Seyn im Centro mitbegreift.

Der erste Theil folgt aus §. 86. Denn in der Bewegung ist dasselbe auf subjektive Weise, was in der Masse auf objektive Weise ist (ibid.). Nun ist aber auch hinwiederum nach der Erklärung des §. 238 das Subjective eines Dings das, wodurch es in sich selbst ist. Demnach ist auch *Bewegung* Ausdruck des In-sich-selbst-Seyns der Dinge in der Natur, so wie dagegen (wie von selbst klar) das Seyn der Dinge im Centro die ewige *Ruhe* ist. Soll nun, wie gefordert wurde, in Ansehung der Weltkörper die Bewegung = seyn der Ruhe, d. h. dem Seyn im Centro, so muß ihre Bewegung zugleich das Seyn im Centro in sich schließen, und umgekehrt, ihr Seyn im Centro zugleich die Bewegung in sich begreifen, welches eben zu beweisen war. (Wodurch sich diese Synthese selbst wieder ausspreche, fragen wir hier noch nicht, wird aber durch die Folge von selbst klar werden).

Zusatz. Da der Raum wie die Zeit bloße modi imaginandi sind, so ist das Eins-Seyn der Bewegung und des Seyns im Centro an sich, d. h. nach Abzug der bloßen Imaginationsbestimmungen, nichts anderes als der Ausdruck der ewigen Anschauung Gottes des Einen im Vielen und des Vielen im Einen. — Der Raum ist nämlich eine bloß mittelbare Erkenntniß der Dinge, wodurch sie erkannt werden im Gegensatze und in der Relation auf andere Dinge, denn nichts für sich betrachtet ist im Raum (§. 71), in Gott ist aber nur eine unmittelbare Erkenntniß. Die Bewegung der Weltkörper ist also *an sich* betrachtet nur ein ewiges, zeitloses Setzen der Einheit in der Vielheit, so wie ihr Seyn im Centro, sofern es auch diese Bewegung wieder begreift, ein ewiges raumloses Setzen der Vielheit in der Einheit. Hinwiederum ist das ewige Setzen der Einheit in der Vielheit für die *sinnliche* Betrachtung, d. h. diejenige, welche die Dinge nicht für sich und an sich, sondern bloß in der Relation betrachtet — für diese Betrachtung also kann das ewige Setzen der Einheit in der Vielheit sich nur durch *Bewegung*, welche Differenz, d. h. Distanz im Raume *setzt*, so wie das ewige Setzen der Vielheit in der Einheit nur durch Bewegung, welche Distanz im Raume *aufhebt*, darstellen. Wir müssen uns aber in der Betrachtung über allen Raum und alle Zeit erheben, um die Dinge selbst, um die Verhältnisse der Dinge zu schauen, wie sie an sich sind.

Daß in der Anschauung Gottes, d. h. im Universum, wie es an

sich ist, der Raum nicht in Betracht kommt, und jene Verhältnisse, die wir als Verhältnisse des Raums zu erkennen glauben, wahrhaft nur intelligible, nur absolute Verhältnisse sind, dieß kann auch auf folgende Art anschaulich gemacht werden.

Vermöge der sinnlichen Anschauung denken wir die Erde z. B. dem Raum nach außer der Sonne, aber doch zugleich auch in der Sonne, als ihrem Centro, darum, weil sie (im Ganzen) in stets gleicher Distanz von ihr bleibt. Zuvörderst also erscheint uns auch das Centrum, die Identität selbst, wieder durch ein Besonderes, wieder durch einen Weltkörper (denn dieß ist die nothwendige Folge der bloßen Betrachtung der Dinge in Relation), aber auch die Sonne ist wieder nur ein einzelner Weltkörper, nicht die wahrhaft absolute Identität selbst, auch sie muß also wieder in Relation stehen, nicht unmittelbar zur absoluten Identität selbst, denn da würde sie in ihrer Besonderheit verschwinden, sondern zu einem andern, welches wieder nicht die absolute Identität ist, sondern nur quantitative Differenz, und welches daher wieder der Relation auf ein anderes bedarf, das gleichfalls nicht die absolute Identität seyn kann — mit Einem Wort, es entsteht uns die empirische Unendlichkeit. — Aber alle diese sinnlichen Centra sind wahrhaft oder an sich betrachtet nur Ein Centrum; dieses Eine Centrum, welches die unendliche Substanz Gottes selbst ist, vertheilt sich für uns in der Imagination, d. h. in der bloß relativen Betrachtung der Dinge, auf eine Reihe von Centris, die darum endlos seyn muß, weil keine empirische oder sinnliche Unendlichkeit die aktuelle und intelligible Unendlichkeit Gottes zu erschöpfen oder ihr adäquat zu seyn vermag.

Gott schaut also mit Einem Blick gleichsam, nämlich kraft seiner bloßen Idee, das All und in dem All auch das Einzelne. Er schaut in der Einheit unmittelbar die Vielheit, und zwar als eine selbständige, so daß die Einheit zugleich in ihr und sie in der Einheit ist. Beides ist ein und dasselbe Schauen Gottes; aber jene Selbständigkeit der Vielheit, welche an sich nur ein Selbständigseyn der Idee nach ist, also kein Außereinander involvirt, wird für die sinnliche Anschauung eine Selbständigkeit, ein Außereinanderseyn im Raume. Umgekehrt jenes

Seyn der Vielheit in der Einheit, welches an sich nur ein intelligibles Begriffenseyn ist, wird für die sinnliche Anschauung u. gleichfalls ein räumliches. An sich aber ist kein Raum im Universum. Das Schauen z. B. der Sonne und das Schauen der Erde ist ein unräumliches Schauen. Die Erde ist auf eine intelligible Weise in der Sonne; die Erde könnte nicht seyn, ohne in der Sonne zu seyn, aber die Sonne wäre auch nicht Sonne, ohne die Erde zu begreifen. Eines schließt also das andere ein. Die Erde ist der Idee nach in der Sonne und in sich selbst. Die Einheit ist in der Vielheit, und die Vielheit in der Einheit, ohne daß es dazu des Raums bedürfte. Tritt die Imagination dazwischen, so kann, wie ich gezeigt habe, dieses ewige Seyn der Einheit in der Vielheit und der Vielheit in der Einheit sich nur durch eine empirische Unendlichkeit, nämlich durch einen endlosen Fortgang von Centrum zu Centrum ausdrücken, der für die Vernunft keinen Sinn hat und nur gut ist für die, welche, wie die Astronomen, die Erhabenheit in der Zahl suchen[1]. Es ist also offenbar, daß die Unterordnung im Weltbau, das Gravitationssystem und die räumlichen und zeitlichen Verhältnisse und Bewegungen desselben nichts anderes sind als Erscheinung, nichts anderes als die Art, wie vom Standpunkt der bloß relativen Betrachtung der Dinge (die uns mit unserem Endlichseyn zugleich angeboren ist) jenes ewige zeit- und räumliche Setzen der Einheit in der Vielheit und der Vielheit in der Einheit sich darstellen muß.

Darnach nun die Gesetze des Weltbaus.[2]

§. 249. Das ewige Setzen der Einheit in die Vielheit und der Vielheit in die Einheit erscheint in Ansehung der Weltkörper als Umlauf. — — —

§. 250. Je vollkommener die Natur eines Weltkörpers das Wesen der Absolutheit in sich trägt, desto vollkommener

[1] Vgl. hier den Nachruf an Kant, oben S. 7. D. H.

[2] Die nun folgende Construktion der drei Keplerischen Gesetze wurde, da sie in den früheren naturphilosophischen Schriften, dem Bruno und den ferneren Darstellungen (Band IV.), schon ausführlich gegeben ist, hier übergangen und nur der Text der Paragraphen 249 — 251 mitgetheilt. D. H.

wird — er in seiner Bewegung die beiden Einheiten [illegible] setzen, und das Urbild der Kreislinie reiner ausdrücken; im Gegentheil, je weniger er sich der Absolutheit annähert, desto ungleicher der Gleichheit wird er erscheinen, desto mehr also auch seine Bewegung von dem Urbild der Kreislinie abweichen.

§. 251. Die unauflösliche Vereinigung von Raum und Zeit (kraft des ersten Gesetzes) muß in der Differenz selbst (welche kraft des zweiten gesetzt ist) bestehen, so daß zwar der Form nach die Ellipse (der differenziirte Kreis), dem Wesen nach aber die reine Kreislinie selbst besteht.

Wir fassen nun unsere Ansicht der Weltkörper noch in einige Sätze zusammen.

§. 252. Im Weltsystem erscheinen die Dinge wahrhaft absolut und geschieden und wahrhaft eins. — Geschieden, denn jeder Weltkörper ist Universum für sich, aber nur das Universum ist wahrhaft und absolut geschieden, weil es alles in sich, nichts außer sich hat. Wahrhaft eins aus dem gleichen Grunde, weil nämlich jeder an dem Universum, in jedem also, nur in einer eignen Weise, die gleiche Substanz ist.

Anmerkung. Die höchste Aufgabe der Vernunft überhaupt ist, das Seyn des Besonderen im Absoluten, und umgekehrt das des Absoluten im Besonderen zu begreifen. Diese Aufgabe ist im Weltbau sinnlich gelöst. Das Besondere ist nur dadurch wahrhaft ein Besonderes, d. h. ein von allem schlechthin Abgesondertes, daß es das Absolute in sich hat. Aber ist das Absolute in ihm, so ist es nothwendig auch wieder im Absoluten; beides ist wahrhaft eins, wie es im Weltkörper auch als eins erscheint.

Das Weltsystem ist die aufgeschlossene [illegible] oder die [illegible] Unendlichkeit der [illegible], [illegible] als solche auch erscheint. [illegible] ist eine absolute, göttliche Unendlichkeit, die als solche nur im Weltsystem hervortritt; denn jeder Weltkörper ist nicht nur für sich ein [illegible]

Individuum, sondern das Weltsystem im Ganzen zeigt auch, wie jedes im All ins Unendliche wieder gleich All ist. Es erhellt wieder hieraus auch, daß das Weltsystem auf eine bestimmte Anzahl von Körpern zurückführen zu wollen, ebenso widersinnig ist, als etwa die Dauer des All durch Zeit bestimmen zu wollen. Diese aktuelle Unendlichkeit des Universums, die freilich etwas ganz anderes ist als die bloße Ausdehnung im Raum, diese Unendlichkeit der Idee, kraft welcher Unendliches auf unendliche Weise im Universum ist und aus ihm folgt — diese Unendlichkeit, die zugleich absolute Identität ist, muß sich selbst im einzelnen System ausdrücken, wie z. B. die ganz unbestimmbare Zahl der Kometen (von denen dieß entschiedener ist) in unserem Sonnensystem beweist. Die Kometen sind gleichsam die Infusionsthiere im Weltsystem; was für diese das Mikroskop ist, ist in Bezug auf jene das Teleskop. Wie ich in jedem Theil einer belebten Flüssigkeit, so weit ich mit geschärftem Sinne dringen kann, und wenn diese Schärfung ins Unendliche ginge, sicher auch ins Unendliche fort wieder belebte Wesen und selbst im Infusionsthier wieder Infusionsthiere finden würde; so gäbe es offenbar z. B. so viele Kometen, als wir sehen können; es gibt keine bestimmte Anzahl derselben; sondern das Sonnensystem ist eine in sich organisirte, wahrhaft aktuelle Unendlichkeit[1]. [illegible]

§. 253. Relativ auf die Schwere ist der Weltkörper sich selbst die Schwere, selbst die Substanz; relativ auf Cohäsion ist er frei von allen Cohäsionen, losgelassen, sich selbst genügend. — Der erste Theil ist leicht aus dem Vorigen zu beweisen. Der Weltkörper ist nur darum absolut außer dem Centrum, weil und inwiefern er zugleich das Centrum, d. h. die Substanz, absolut in sich aufgenommen hat. Die Centripetenz ist der Anschauung seiner = Centrifugenz. (Wie sich für die relative, d. h. empirische Betrachtung, die Identität, die der Weltkörper in sich selbst und die er selbst hinwiederum aufgenommen ist, im Gesetz der [illegible] relative Weise ausdrücke, indem das, was selbst nur [illegible]
[illegible]

[1] Vgl. Fernere Darstellungen, Bd. IV, S. 484.

Substanz, Körper ist, sein Centrum doch nur wieder in einem [illegible] derselben, in einem Körper haben kann, dieß ist schon im Vorhergehenden gezeigt). — In Bezug auf den zweiten Theil, das [illegible] der Geschöpfe vom Weltkörper vgl. Fernere Darstellungen [Bd. IV, S. 423].

§. 254. Der Weltkörper hat zu den einzelnen in ihm begriffenen Dingen ganz das Verhältniß der unendlichen realen Substanz, d. h. er ist die absolute Identität jener Dinge, und diese sind gesetzt und begriffen in ihm (auf dieselbe Weise, wie wir gezeigt haben, daß sie in der unendlichen Substanz selbst begriffen seyen). Natürlich verstehe ich hier unter Weltkörper nicht das Ding, welches man sich nach der gemeinen Vorstellung als bestehend aus Erden, Steinen, Metallen u. s. w. denkt, so wenig als ich unter dem All eine Zusammenhäufung oder das Conglomerat der einzelnen Dinge verstehe, die in ihm begriffen sind. Wie nämlich das All als Identität jedem Besonderen vorangeht, welches nur durch ihn und in ihm seyn kann, so geht auch der Weltkörper jedem in ihm begriffenen Besonderen als Allgemeines voran, und nur von dem Weltkörper, insofern er wahrhaft = All, das a priori aller besonderen Dinge ist, die in ihm sind, waren, oder seyn werden, ist hier überall die Rede. Die bisher herrschende Vorstellungsart von einem Weltkörper ist allerdings, ihn als ein Aggregat zu betrachten, das durch eine Accumulation von außen her entstanden ist, als deren Grund und Ursache man die Schwere nennen muß, weil man auch diese nur als äußerlich wirkend denkt. Uns wird es geziemen, die Sache umgekehrt zu betrachten, und die Differenz der Dinge, die in einem Weltkörper begriffen sind, als aus seiner Identität hervorgehend, und ihn selbst nicht als Composition der Dinge, sondern die Dinge umgekehrt als Produkte seiner Identität, in denen er sein inneres Wesen darlegt und gleichsam offenbaret, anzusehen. Wir werden also fortan das Verhältniß des Weltkörpers zu den einzelnen in ihm enthaltenen Dingen ganz als ein Verhältniß der unendlichen Substanz selbst betrachten. Da der Weltkörper eine wahre Allheit ist, so müssen dieselben Verhältnisse, die wir den Dingen zu der unendlichen Substanz gegeben haben, [illegible] Verhältnisse zu derselben unendlichen Substanz, sofern sie [illegible] körper erscheint, ansehen lassen, und jede Besonderheit der [illegible] Dinge muß im Weltkörper, als solchem, ebenso [illegible] haben, wie sie es in der unendlichen Substanz hatte.

Diese Verhältnisse der einzelnen Dinge zur unendlichen Substanz (nicht schlechthin betrachtet, sondern sofern sie [illegible] körper erscheint) haben wir nun noch kurz darzustellen, um [illegible] die Construktion ganz bis ins Besondere fortzuführen.

§. 255. Die beiden Attribute des Weltkörpers (die Centrifugenz und die Centripetenz) treten im [illegible] hervor, jene in der Metamorphose der [illegible], diese im dynamischen Leben der Dinge. Denn jene ist [illegible] der Einheit in die Vielheit; die absolute Centrifugenz der [illegible] ist also Produktivität, vermöge der er die ihm [illegible] selbst wieder in der Differenz erkennbar macht. Die [illegible] dagegen ist im dynamischen Leben der Dinge, weil Zurückstreben [illegible] tität. Man sehe zurück auf den Inhalt des §. 146, wo [illegible] daß sich die erste Potenz der Materie oder die Metamorphose [illegible] zu der centrifugalen, die zweite Potenz oder dynamische [illegible] der centripetalen verhalte.

Erläuterung. Die Centrifugenz in Ansehung des [illegible] ist das, wodurch seine Distanz (vom Centro), sein Leben [illegible] gesetzt wird. Aber diese als absolut begreift [illegible] Leben in der Zeit. Anders in den einzelnen Dingen. Die [illegible] der beiden Einheiten, der centrifugalen und centripetalen [illegible] sich [illegible] dadurch aus, daß durch die Metamorphose die Dinge ein Seyn im Raum haben. Diesem aber steht nur die dynamische Bewegung entgegen, durch welche sie ein Leben der Zeit haben, aber ohne Bestehen im Raume der Besonderheit nach, indem diese eben vernichtet wird.

§. 256. Die beiden Einheiten oder Attribute der Weltkörper finden sich wieder und vereinen sich im Organismus, jedoch auch hier mit Unterscheidbarkeit, so daß jedes insbesondere, nur selbständig, ausgebildet wird (Schwerpunkt-gegen-Centrum in der Pflanze; das Verhältniß des Centrums zu ihm selbst im Thier). Der erste Theil ist auf zwiefache Art zu beweisen. Ich berufe mich einmal darauf, daß Organismus = Synthese der beiden ersten Potenzen, dritte Potenz ist, also wenn (§. 255) diese (die beiden Potenzen) den beiden Attributen des Weltkörpers entsprechend sind, diese nothwendig auch im Organismus ihre Einigung finden.

Was den zweiten Theil betrifft, so folgt er schon aus dem §. 210, vorzüglich aber aus den Erläuterungen bei §. 211, wo gezeigt, daß die Pflanze nur Vermittlungsglied ist der Cohärenz zwischen Erde und Sonne, oder nur der Ausdruck eines Magnetismus zwischen beiden. Im Thier dagegen tritt das Centrum, die Sonne selbst, ein in das organische Wesen, in gleichem Verhältniß, wie das Gehirn ausgebildet wird. — Die Pflanze läßt sich definiren als ein organisches Wesen, dessen Gehirn in der Sonne ist, das Thier hat die Sonne in sich selbst, es ist also ein Centrifugum. Aber eben wegen dieser Trennung in Pflanze und Thier ist auch in keinem von beiden noch wahrhaft die Totalität der Weltkörper ausgesprochen.

Noch ist zu bemerken, daß eben aus diesem Grunde (nämlich der Einigung beider Attribute im organischen Wesen die in der Trennung von Pflanze und Thier dennoch stattfindet) der Organismus auch nach §. 186 das unmittelbare Abbild der Substanz ist, so wie denn überhaupt die Einheit des Organismus und des Weltkörpers sich durch alle möglichen Instanzen hindurch ausführen ließe. ([illegible] zu finden. Bestimmte Verhältnisse des Weltsystems sind offenbar reproducirt im Organismus, und umgekehrt sind jene gleichsam Vorbilder von diesen, wie an den Infusionsthieren schon nachgewiesen. — Die Blüthe, ganz insofern die Pflanzenbildung überhaupt in unserem Sonnensystem ist, durch die Monde repräsentirt, wie sie in [illegible] des Saturnus sich selbst [illegible] stellen, nachdem sie vorher [illegible] waren, gleichsam zur Blüthe gelangen. Die Planeten sind die Thiere [illegible].)

[illegible] Wesen des Weltkörpers, [illegible] (nach §. [illegible]) die unendliche Substanz selbst, sich als absolute, potenzlose Identität in einem besonderen Dinge [illegible], da erst wird das Objektive dem Subjektiven [illegible] gleich und mit ihm eins.

Erläuterung. Im vorhergehenden § wurde gezeigt, daß das Wesen des Weltkörpers, d. h. das Wesen der [illegible] Substanz in der organischen Natur noch nicht als wahrhaft potenzlose Identität sich darstelle, das Thier ist hier nach der Pflanze, die Pflanze dem Thiere entgegengesetzt. Ferner, es findet auch im Thierreich ein bloß partielles Eins-Seyn des Subjektiven und des objektiven Grundes statt, welches sich als Instinkt ausspricht (nach §. 235). Nun sehen wir aber, daß die Identität nicht unter irgend einem ihrer Attribute insbesondere, wie im Thier- und Pflanzenreich, sondern schlechthin, als absolute potenzlose Identität, sich durch ein besonderes Ding ausprägt, so wird Folgendes nothwendig seyn. Das Objektive eines Dings ist das, wodurch es [illegible] der Substanz, als seinem Grunde, ist; das Subjektive das, wodurch es in sich selbst ist. Das Ding verhält sich objektiv, heißt: es verhält sich als Werkzeug oder Gegenbild der Substanz; die Substanz verhält sich daher in dieser Beziehung zu ihm als Urbild oder als Subjekt. Nun kann aber dieses Verhältniß nur so lange bestehen, als zwischen dem Gegenbild und dem Urbild eine wirkliche Differenz ist. Wird aber jenes (das Gegenbild) wahrhaft = dem Urbild, so löst sich das Objektive in das Subjekt auf, das Objekt ist = dem Subjekt.

Kürzer nach §. 218 so zu beweisen: Das Objektive, der Organismus z. B., verhält sich als Gegenbild; er setzt also in dieser Beziehung ein Urbild, ein Subjekt, welches die absolute Substanz, das All selbst ist. Wird nun aber jener, der Organismus, selbst = All = der schlechthin potenzlosen Identität, so verhält er sich nicht mehr als Gegenbild im Gegensatz mit dem Urbild oder als Objektives im Gegensatz mit dem Subjektiven, diese ganze Antithese verschwindet nothwendig; das Objektive wird, als solches, absolut auch Subjektives, demnach = dem Subjekt.

§. 236. Mit der absoluten und totalen Identität des Objektiven und Subjektiven in einem besonderen Ding ist Bewußtsein gesetzt (nicht bloß Instinkt, der nur [illegible] im Thier) [illegible] — [illegible]

Beweis. Das Objektive, oder das, was nur relativ-[illegible] Dinge betrachtet, Grund von Existenz ist, und das Subjektive sind an sich eins, nämlich die unendliche Natur selbst oder das Absolute, welches an sich selbst weder subjektiv noch objektiv ist. Wird nun Objektives und Subjektives auch in einem besonderen Ding als solchem eins, löst sich das Objektive in das Subjektive auf, so ist jene absolute Identität, jenes ewige ein- und dasselbe-Seyn des Subjektiven und Objektiven in der unendlichen Natur hier auch im besonderen Ding offenbart, d. h. die Natur als die absolute Identität erkennt sich selbst im besonderen als diese Identität. Subjektives und Objektives sind nämlich nur darum eins hier, weil jedes für sich schon in der unendlichen Natur = dem All ist. Aber das Selbsterkennen der ewigen Gleichheit, die absolute Identität, ist nach der Erklärung, die davon schon gleich anfangs gegeben wurde = Vernunft. Also ist mit der absoluten und totalen Identität ꝛc.

§. 209. Das Besondere, in welchem das Wesen eines Weltkörpers, d. h. die unendliche Substanz, sich als absolute, potenzlose Identität ausprägt, ist nur der menschliche Organismus. — Denn 1) Organismus ist, wie aus §. 190 erhellt, der allgemeine Ausdruck des Eins-Werdens der beiden Attribute, des Objektiven und Subjektiven. Der besondere Organismus aber, in welchem sich das Wesen des Weltkörpers, d. h. die unendliche Substanz selbst, als potenzlose Identität ausprägt, kann 2) weder bloß thierischer noch bloß Pflanzenorganismus seyn; denn in beiden Reihen verfolgt die Natur unter dem allgemeinen Exponenten der Identität [illegible] verschiedene Richtungen, und bildet in der Pflanze vorzüglich das Verhältniß des Weltkörpers zum Centrum, im Thier mehr das Verhältniß des Centri zum Weltkörper aus. Jener besondere Organismus, der hier gefordert wird, kann also nur ein solcher seyn, der weder bloß Pflanzen- noch bloß Thierorganismus ist, also beiden gemeinschaftlich entgegensteht, und von beiden nicht sowohl die Synthese als vielmehr [illegible] ist.

absolute Identität ist. Daß nun ein solcher Organismus [illegible] menschliche sey, dieß müßte billig durch alle möglichen [illegible] durch bewiesen werden. Allein dieß, so wie überhaupt die [illegible] Construktion des Menschenorganismus (nicht als Organismus [illegible] haupt, wie in der Physiologie geschieht, sondern als Menschenorganismus, als potenzlosen Bilds der potenzlosen Identität) wäre die Sache einer eignen Wissenschaft, die noch nicht existirt, und die eigentlich Anthroposophie heißen sollte, etwas ganz anderes als was man bisher Anthropologie genannt hat. Hier also nur Einiges, was sich kurz angeben läßt ohne zu große Ausführlichkeit und Nachweisung.*

Schon die aufrechte Gestalt und Bildung des Menschen, die keinem Thier so eigentlich und so entschieden zukommt, zeigt [illegible] auf ihn als Schluß der Natur, als dasjenige hin, was weder bloß Thier noch bloß Pflanze, sondern absolute Identität davon ist. Die aufrechte Richtung der Pflanze, welche nur der Ausdruck ihres [illegible] von der Erde zur Sonne ist, ist bedeutend genug; im Thierreich in die horizontale verkehrt; im animalischen Leben ist die organische Sonne selbst eingetreten in das Thier, aber das Thier schaut nur in die Erde hinein und wird zu ihr hingezogen durch Nahrungs-Begier, selbst durch Bau des Körpers. In ihm ist die Centrifugalität die ihm eingedrückt ist, noch selbstisch, und mehr oder weniger sind alle seine Triebe bloß selbstische Triebe. Im Menschen dagegen [illegible] mit dem absoluten Eintreten des Centrums in ihn die Centrifugalität [illegible] Centripetenz wieder in sich aufgenommen; was im Thier [illegible] war, wird hier als selbstisch zugleich an sich schön und [illegible] um seiner selbst willen. Die Pflanze ist nur ein Organ der [illegible] ein Organ, wodurch sie zur Sonne spricht (und insofern [illegible] Thier), das Thier ist ein Organ der Sonne, aber wodurch [illegible] zur Erde spricht. Der Mensch dagegen ist losgerissen von der [illegible] wie das Thier und aufgerichtet wie die Pflanze. Er ist Organ der [illegible]

* Man vgl. zu dem Folgenden [illegible]

wodurch sie nicht nur die Sonne, sondern die ganze [illegible] bung sieht, nach dem alten Ausspruch von der Natur: [illegible]

> Ein erhabenes Antlitz verlieh sie dem Menschen und hieß ihn [illegible] Schauen zum Himmel empor und erhobenen Blicks zu den [illegible]

Er ist aber ebenso Organ der Sonne, wodurch sie die Erde [illegible] und zur Erde spricht, auf der er, ein sichtbarer Gott, wandelt, [illegible] seine Bewegung Nähe und Ferne verbindend, und alles [illegible] und bildend wie die Natur.

Der Ausdruck der Absolutheit und Selbständigkeit [illegible], wie wir schon bei den Weltkörpern gefunden haben, der [illegible] was ist der Mensch der Form seiner leiblichen Gestalt [illegible] der vollkommenste und gelungenste Cubus der Natur? [illegible], die auch Kepler schon irgendwo gemacht hat. Oder in welchem Geschöpf hat die Natur die sechs Ansichten des Cubus entschiedener und selbständiger ausgebildet und dargestellt als im Menschen, der von oben nach unten, von hinten nach vorn, wie von den beiden Seiten, der rechten und linken, auf die bedeutendste Weise abgeschlossen und vollendet ist? Auch hierdurch ist der Mensch als Identität der Pflanze und des Thiers bezeichnet. In der Pflanze ist ein entschiedenes Oben und Unten in der Blüthe und in der Wurzel (die Länge ist producirt und in ihren Endpunkten auf bedeutende Weise abgeschlossen), aber die Breite ist ihr genommen, als ausgebildete Dimension nämlich, indem die beiden Hälften, in die sie der Länge nach zerfällt, nicht bestimmt geschieden sind, so wenig als reine bestimmte Identität über einander ist. Ebenso ist in der Pflanze kein Unterschied von Hinten und Vorn; der [illegible] [illegible]. [illegible] ist nun mit der selbständigen Bewegung, die der Pflanze fehlt, [illegible] die entschiedene Ausbildung der zweiten Dimension gesetzt, dagegen aber ist die erste verwischt, es gibt kein [illegible] und Unten; das Oben und Unten seyn sollte, ist hier [illegible] Vorn, und umgekehrt, was Hinten und Vorn seyn sollte, [illegible] und Unten; es ist daher keine entschiedene Ausbildung irgend einer Dimension außer der Breite; die anderen liegen noch in Verwirrung.

Die

Aber im Menschen treten sie geschieden und gesondert, [illegible] gebildet und im vollkommenen Gleichgewicht hervor. Mit der Pflanze theilt der Mensch die entschiedene Vollendung nach oben und unten durch Haupt und Fuß, mit dem Thier die entschiedene Ausbildung nach beiden Seiten in den Werkzeugen der freien Bewegung und den Sinnesorganen, von denen die edelsten alle doppelt producirt sind, und so, daß die Linie, welche den Menschenleib in zwei symmetrische Hälften theilt, nicht wie beim Thier horizontal, sondern perpendikular geht. Die höchste und entschiedenste Ausbildung der dritten Dimension, das Hinten und Vorn, wird im Haupte erreicht, wo das Vorn in der herrlichen erhabenen Stirne hervortritt, welche bei den Thieren zurückweicht, und wo die Natur in dem einen Gebilde des Gehirns, gleichsam nochmals den ganzen Menschen concentrirend, den duplicirten Cubus zu produciren strebt, indem sie dem Vorn, welches das große Gehirn ist, das Hinten in einem selbständigen Gebilde, im kleinen Gehirn, entgegensetzt, wie in dem symmetrischen Bau der beiden Hälften des großen Gehirns die Breite producirt ist.

Als Ausdruck der Absolutheit oder Selbständigkeit relativ auf die Zeit fanden wir dagegen das Quadrat. Aber der Mensch ist ja nur Mensch, insofern er sich selbst als sich selbst erkennt; man nehme ihm dieß Vorrecht, sich selbst als sich selbst zu erkennen, und er ist nicht mehr Mensch, sondern Thier; er ist also das, was er ist, nur als das Quadrat von sich selbst, wie die Zeit das, was sie ist, nur als das Quadrat von sich selbst ist.

Demnach ist auch im Menschen, wie im Weltkörper, das Verhältniß des Allgemeinen (dessen, was in ihm der Zeit entspricht, des Subjekts) zum Besonderen (was in ihm dem Raum entspricht, zum Objekt) das Verhältniß eines Quadrats zum Cubus, und der Mensch ist hiemit zugleich zum unmittelbaren Bild des Weltkörpers, d. h. zum unmittelbaren Bild der Endlichkeit gemacht, sofern sie durch den Weltkörper erscheint.

Aber auch schon die äußere Conformation stellt das Bild der Erde und des Weltbaus, sinnlich dar. Winckelmann vergleicht die Schwingungen,

Erhöhungen und Senkungen der Muskeln einem [illegible] gleich einer herrlichen Landschaft; wie die Erde, die auf ihrer Oberfläche alle Schönheit versammelt, sie den Blicken darbietet. Die menschliche Gestalt ist nämlich vorzüglich dadurch ein verkleinertes Bild der Erde und des Himmels, daß das Leben und die Bewegung als Product der innern Triebfedern sich auf ihrer Oberfläche concentrirt, die ganze Fläche zum empfindlichen Organ macht. Wie die Organe und Triebfedern der Reproduction und Verarbeitung des Stoffs im Weltsystem nach Innen gebracht sind, und wie dieses ewig lebende Thier nur seine Sinnesorgane in der Sonne und seine Bewegungen oder Muskeln in den Planeten nach außen kehrt, so auch die menschliche Gestalt, welche selbst in der Ruhe ein geschlossenes und vollkommen abgewogenes System von Bewegungen andeutet.

Der Mensch ist also das Urbild alles Lebendigen, ihm ist die Harmonie und der Einklang des Universums eingeboren, er ist ein gegensatzloses Bild der gegensatzlosen Identität, er ist nicht nur im Centro, sondern ist zugleich das Centrum selbst, und dadurch in der unmittelbaren innern Gemeinschaft und Identität mit allen Dingen, welche ihm zum Wissen wird; alle Bewegungen der großen und der kleinen Natur sind in ihm concentrirt, alle Formen der Wirklichkeit, alle Qualitäten der Erde und des Himmels. Er ist mit Einem Wort das Weltsystem, die Fülle der unendlichen Substanz im Kleinen — der zusammengezogene, der Mensch gewordene Gott.

Zusatz. Im Menschen verhält sich ebenso wie im Weltkörper das Allgemeine oder Subjektive als ein Quadrat von sich selbst, das Besondere oder Objektive als vollendeter Kubus; die Bewegung des Weltkörpers insbesondere erscheint im Menschen als Sprache, welche zur Vernunft dasselbe Verhältniß hat, welches der Umlauf des Weltkörpers zu der in ihm wohnenden Identität. Denn wie sich in Ansehung des Weltkörpers das Allgemeine, die absolut gewordene Zeit, die unendliche Seele desselben, in ihm als Körper, als Leib erscheint und sich darstellt — ihm gleich setzt — durch gemessene, jetzt schnellere, jetzt langsamere, immer aber rhythmische Bewegung, so drückt sich das

Allgemeine der Vernunft in der Sprache durch abgemessene, rhythmisch-organisirte, artikulirte Bewegung aus. Die Sprache strebt unmittelbar in ihrer Geburt zur rhythmischen Bewegung, kraft der auch das Einzelne der Sprache die Zeit in sich selbst hat. Rhythmus ist [illegible], deswegen ist die Poesie wieder das höchste Bild des Weltkörpers. Sprache ist das Höchste in der Natur; sie ist das Wort, das Fleisch geworden ist, die unendliche, ewige Affirmation, die im Universum widerhallt, und die sich in der Sprache zuletzt ganz in Bewegung setzt und wieder zum Chaos wird, das alle Besonderheiten der Dinge und das ganze Universum in sich begreift. Die Sprache ist ein absolutes Ergreifen des Raums durch die Zeit, der Totalität durch die Identität; sie vergegenwärtigt unmittelbar ein Unendliches und hält es fest, wie die Zeit im Umlauf sich im Raum anschauend die objektive Allheit des Weltkörpers festhält. Die Sprache ist freies Leben, ewige Expansion des Subjekts und ewige Rückkehr in sich selbst wie der Umlauf[1].

Ueberschauen wir nun nochmals kurz die zuletzt entwickelten Verhältnisse.

Die Natur trägt und begreift in sich drei Potenzen der Dinge. Die erste, kraft welcher sie ein Leben in der Besonderheit oder dem Raum haben; die andere, wodurch sie ein Leben auch im Allgemeinen oder in der Zeit haben, welches aber jenem noch entgegengesetzt ist; die dritte, wo diese beiden sich einigen, und, was ein Leben in der Zeit hat, zugleich auch im Raum besteht (stets reproducirt wird). Aber die Dinge in allen diesen Potenzen sind doch nichts an sich selbst, sie alle sind nur, inwiefern sie in der Substanz sind, sie alle haben das Verhältniß zur Substanz, als zu ihrem Grunde. Außer diesen besonderen Dingen ist also noch das, was allen diesen Dingen Grund, Wesen und Identität ist, die Substanz, und erscheinen die Dinge, so erscheint auch die Substanz. Aber relativ auf die Dinge,

[1] Man vgl. zum Vorstehenden Philosophie der Kunst, S. [illegible]. D. H.

welche körperlich sind, kann auch die Substanz als die Identität körperlicher Dinge erscheinen; sie selbst aber ist nicht körperlich. Wir mögen freilich in die Erde eindringen so tief wir wollen, so finden wir z. B. Erden, Metalle und andere körperliche Dinge; aber diese sind ja nicht die Substanz selbst, welche als das Wesen, als das a priori aller dieser körperlichen Dinge nothwendig selbst nicht körperlich ist. Es ist also bloß sinnliche Täuschung, wenn wir die Weltkörper, die Identität nach, selbst als Körper betrachten. Daraus, daß alles Einzelne in ihnen körperlich ist, folgt nicht, daß auch das Allgemeine körperlich sey; es ist vielmehr nothwendig reine qualitätslose Substanz. Kraft derselben sinnlichen Täuschung, welche uns die Substanz nicht an sich selbst, sondern nur in Relation erkennen läßt, sezen wir dann ferner dem in Relation Betrachteten wieder ein Anderes entgegen, welches gleichfalls wieder nicht die Substanz an sich selbst, sondern, wie der Körper, wieder ein Relatives ist (Centralkörper), u. s. f. ins Endlose. Erheben wir uns aber über die sinnliche Betrachtung, so ist das, was wir Weltkörper nennen, nicht Körper, es ist die unendliche Substanz selbst, die, schlechthin betrachtet, weder objektiv noch subjektiv ist. Nehmen wir also vom Weltsystem alle Bestimmungen hinweg, welche bloß die Imagination und die subjektive Betrachtungsweise hinzuthut, so ist es auch nicht mehr bloß die Erscheinung oder das Abbild der unendlichen Substanz, sondern es ist diese Substanz selbst. Denn wenn das Weltsystem oder der Weltkörper als ein objektiv reelles Abbild der Substanz erscheint, so ist dieß nur in der Relation auf die besonderen Dinge, nur inwiefern er sich zu diesen als Grund verhält und so haben wir das Weltsystem auch zu Anfang betrachtet. Vor der Vernunft aber, in der nach §. 257 alle Differenz von Subjekt und Objekt verschwindet, ist auch das Weltsystem nicht mehr objektiv, es ist die absolute Identität, die bestimmungslose ewige Substanz.

Die Substanz also, welche, nur relativ und sinnlich betrachtet, durch Weltkörper erscheint, die Substanz trägt unmittelbar jene [illegible] Potenzen der Dinge in sich, aber sie sezt auch über und außer diesen Potenzen nothwendig das potenzlose Bild von sich selbst; den Menschen, in welchem das Objektive = die unendlichen Natur selbst, eingebildet ist, und in welchem eben daher auch dieß Objektive aus der Differenz mit der unendlichen Natur, als dem Wesen oder dem Subjekt, tritt, das Objektive also = dem Subjekt wird, und die unendliche Substanz selbst im Besonderen als absolute Identität sich erkennt. Dieses Selbsterkennen der ewigen Identität aber ist Vernunft. In der Vernunft geht daher aller Gegensatz unter; in der Vernunft ist keine reale und keine ideale Natur, sondern nur die eine unendliche und ewige Natur, und nachdem wir so die Construktion in ihren Anfangspunkt zurückgeführt haben (denn es war eben diese Idee der absoluten, bestimmungslosen Identität, von der sie ausging), so ist hiemit zugleich dasjenige geschlossen, was wir Naturphilosophie im engeren Sinne, nämlich Construktion der realen Welt nennen können. Allein da das reale All in der That das ganze unendliche All ist, und aller Unterschied des realen und idealen zur bloßen Erscheinung gehört, hinwiederum also reale und ideale Welt nur eine und dieselbe unendliche Natur ist, so ist eigentlich die ganze Philosophie Naturphilosophie — Lehre vom All. — Denken Sie sich also ja bei dem Uebergang, den wir jetzt machen werden, keinen Hiatus, sondern vielmehr die vollkommenste Stetigkeit. Das sogenannte reale All ist schon das ganze All, wesenhaft betrachtet, die unendliche Substanz Gottes selbst; was noch weiter aus ihm hervorgehen kann, ist nur eine andere Erscheinungsweise, nicht eine andere Welt.

C) Construktion der idealen Welt und ihrer Potenzen.

Wir stehen mit der Construktion jetzt eben im absoluten Indifferenzpunkt der Philosophie — in der Vernunft. Indem wir hier also die Lehre von der Vernunft und dem absoluten Eins-Seyn des Realen und Idealen in ihr noch besonders vortragen, wiederholen wir eigentlich nur in einer concentrirten Ansicht die höchsten Grundsätze der Philosophie selbst.

Indem wir also das Wesen der Vernunft zu betrachten fortfahren, sprechen wir sogleich die absolute Identität der Natur im folgenden Satze aus.

§. 260. **Die Natur erscheint als real, nur sofern die Vernunft relativ auf ein besonderes Ding oder subjektiv gesetzt, d. h. inwiefern sie nicht an sich selbst und schlechthin betrachtet wird.** — Die Vernunft ist totale absolute Identität des Objektiven und Subjektiven, aber sie wird gesetzt, weil, nur inwiefern ein **besonderes** Ding, der Mensch, als das potenzirte Bild der natürlichen Schöpfung gesetzt ist. Die Vernunft kann daher betrachtet werden einmal an sich selbst und schlechthin; in dieser Beziehung ist sie nichts als die sich selbst affirmirende Einheit des Objektiven und Subjektiven, d. h. das sich selbst affirmirende Absolute schlechthin betrachtet. Dann kann sie aber auch in der Relation auf ein besonderes Ding, d. h. sie kann bloß subjektiv betrachtet werden. Im letzteren Fall wird dann nothwendig auch die Natur nur relativ auf besondere Dinge, d. h. sie wird nicht an sich selbst, und da sie relativ auf die besondern Dinge, die ihr nicht gleich sind, wie ihr das Besondere in der Vernunft gleich wird, nur als Grund, demnach nur real, nur objektiv erscheinen kann, so erscheint sie als real überhaupt nur, inwiefern die Vernunft nicht schlechthin, sondern inwiefern sie selbst subjektiv in der Relation auf ein besonderes Ding, als Subjekt der Vernunft, betrachtet wird. Die Natur erscheint aber auch nur dann als real. Denn wird die Vernunft schlechthin und an sich selbst betrachtet, so wird in ihr unmittelbar nichts als das absolute Einsseyn dessen, was als objektiv erschien, und des Subjektiven erkannt, d. h. es wird erkannt, daß die Natur an sich selbst nicht objektiv, aber auch nicht subjektiv, daß sie also nur absolute Identität, die unendliche affektionslose Substanz selbst ist.

Daraus, daß die Menschen unfähig sind, in der Vernunft selbst von sich, als dem Subjekt der Vernunft, zu abstrahiren, dadurch also, daß sie die Vernunft nicht an sich selbst, nicht allgemein und schlechthin, sondern subjektiv als ihre Vernunft betrachten, daraus sind alle Irrthümer in der Philosophie entstanden, besonders der Grundirrthum, daß keine Erkenntniß des Absoluten möglich sey, welches nichts anderes sagt, als daß keine Vernunft sey.

Die Vernunft ist kein Subjektives, und ist eben deßhalb auch kein Objektives. Es ist auch für die Vernunft als Vernunft nichts objektiv und nichts subjektiv, das einzig Affirmirte der Vernunft ist nothwendig das schlechthin Eine, die absolute Identität des Subjekts und Objekts ohne alle weitere Bestimmung, d. h. das Wesen Gottes selbst.

Bemerken Sie hier auch den Unterschied des Standpunkts der Betrachtung, des Standpunkts der Totalität und des Standpunkts der einzelnen Dinge. Vom Standpunkt der einzelnen Dinge erscheint die Natur als objektiv, weil diese sich zu ihr als zu ihrem Grunde verhält; an sich aber oder vom Standpunkt der Totalität, welcher [illegible] dem Standpunkt der Vernunft, erscheint sie [illegible] absolute Substanz selbst, die an sich [illegible] eben das Absolute [illegible]

§. 261. *In der Vernunft ergreift die Identität absolut die Totalität und setzt diese sich selbst gleich.* — Denn das Objektive in der Vernunft ist = dem All, also = der Totalität. Inwiefern nun das Subjektive Subjektives ist, verhält es sich zum Objektiven als Erkennendes, Affirmatives, demnach als Identität. Wird also das Objektive dem Subjektiven gleich in der Vernunft und eins, so wird auch die Totalität mit der Identität eins, und diese setzt jene als sich selbst gleich. Auf diesem Ergreifen der Totalität durch die Identität beruht eben der Unterschied der Thierheit von der Vernunft. Auch im Thier ist für einzelne Fälle der objektive Grund und das Wesen eins (§. 236), aber das Objektive ist hier keineswegs der Totalität, demnach auch keineswegs der Identität absolut gleich gesetzt.

§. 262. *In der Vernunft ist Ewigkeit, und die Dinge durch Vernunft erkennen, heißt, sie als ewige erkennen.* Ewigkeit, denn die Totalität wird hier als Identität, die Unendlichkeit wird als eins gesetzt. Aber eben dieß ist Ewigkeit. In der Vernunft wird daher die empirische Unendlichkeit, das Scheinbild des aktuellen vernichtet, die Unendlichkeit wird hier eine gegenwärtige, absolute. — Der zweite Theil versteht sich von selbst.

§. 263. *Jede Affirmation oder, was dasselbe ist, jede Erkenntniß ist wahr, die mittelbar oder unmittelbar die absolute Identität des Objektiven und Subjektiven ausdrückt.* Denn wahr ist eine Erkenntniß, welche Affirmation ist von etwas, das ist. Nun ist aber wahrhaft nur Eines (nach §§. 25 und 26), nämlich die unendliche Substanz, welche als solche weder subjektiv noch objektiv, sondern absolute Identität ist. Demnach rc.

Die gewöhnliche Definition der Wahrheit ist: Uebereinstimmung des Begriffes mit dem Gegenstand, als ob Begriff und Gegenstand zwei verschiedene Dinge wären, diese etwa das Original, jener die Copie. Allein in der Vernunft und im Absoluten gibt es keinen Begriff, kein Affirmatives, das nicht als solches unmittelbar auch affirmirt wäre, und umgekehrt. Es ist also in der Vernunft durchaus keine Duplicität, sondern nur Eines, welches nicht real und nicht ideal, sondern eben die Identität davon ist.

Zusatz 1. Es gibt daher keine subjektive und keine objektive Wahrheit. Alle Wahrheit, die bloß die eine oder die andere ist, ist nothwendig nicht Wahrheit, und, absolut betrachtet, Irrthum.

Dasselbe kann daher auch so ausgedrückt werden. Absolut wahr ist jede Affirmation oder jeder Begriff, der auf das schlechthin Differenzlose, die absolute Identität bezogen wird. Dagegen ist nothwendig jede Affirmation, die nur in Bezug auf ein besonderes Subjektives gemacht wird, also überhaupt jeder subjektive Begriff falsch.

§. 264. Hinwiederum ist die Wahrheit nur durch das Absolute möglich. — Denn in jeder Erkenntniß, die wahr ist, wird die Forderung gemacht, daß der Begriff, das Affirmative, unmittelbar auch das Objektive, die Substanz selbst, das Ideale = dem Realen sey. Aber nur im Absoluten ist keine Differenz beider, also ist Wahrheit nur durch das Absolute möglich, und dieses ist der Grund, die Substanz, das Subjektive und das Objektive aller Wahrheit.

§. 265. Es ist an sich weder eine reale, noch eine ideale Welt, denn es ist nur Ein Universum und nur Eine unendliche Substanz. — Eine reale oder objektive Welt ist (nach §. 260) nur für die Vernunft, nicht absolut und an sich selbst, sondern relativ, in Bezug auf ein besonderes Subjekt oder subjektiv betrachtet. Ebenso ist eine subjektive oder ideale Welt, nur inwiefern eine objektive oder reale gesetzt wird. Da nun diese nicht an sich ist, so ist es auch jene nicht, und es ist daher nur Ein Universum — Eine unendliche Natur — von welchem alles, wir mögen es also real oder ideal bestimmen, nur die ganz gleiche Erscheinung ist.

§. 266. In Ansehung des Absoluten oder an sich ist Reales und Ideales in allen Dingen unmittelbar eins und dasselbe Ding, und nicht relativ, sondern an sich identisch. — Reales und Ideales sind unmittelbar eins. Es gibt nämlich nicht ein Reales und außer diesem noch ein Ideales, so daß erst beide verbunden oder synthesirt das wahre Reale oder das wahre

Ding ausmachten, sondern das Reale für sich ist das ganze Ding, aber dasselbe ganze Ding ist, inwiefern es real ist, auch ideal, d. h. das Reale und Ideale selbst ist ein und dasselbe Ding, nur unter verschiedenen Exponenten betrachtet (die Materie als Materie auch schon Perception — Monas, wie Leibniz es ausdrückt).

§. 267. **Alle Formen des Realen** sind an sich und wahrhaft betrachtet unmittelbar auch **Formen des Idealen**, und umgekehrt. — Da dieser Satz keines Beweises mehr bedarf, so kommt es bloß darauf an, diese Identität des Realen und Idealen an den einzelnen Formen des Seyns nachzuweisen. In folgenden Sätzen.

§. 268. **Die reale Einheit der Materie**, wodurch sie in sich selbst ist, ist als **Form des Seyns unmittelbar auch Form der Perception** (Selbstbewußtseyn); **die ideale Einheit** (oder die, wodurch sie in andern Dingen ist) ist **als Form des Seyns auch Form der Perception in der Materie** (Empfindung), **endlich die dritte**, welche beide gleichsetzt, ist **als Form des Seyns unmittelbar auch — Anschauung.**

Selbstbewußtseyn ist die erste Dimension im Idealen, ist Setzen der Einheit in die Vielheit, der Identität in die Differenz. An den materiellen Dingen ist also die erste Dimension, wodurch ihre Extension im Raum, ihre Cohäsion bestimmt ist, als Form des Seyns unmittelbar auch Form des Selbstbewußtseyns, wie wir sehen, daß die Magnetnadel z. B. kraft dieser Form eine wirkliche Perception anderer Dinge außer sich hat.

Empfindung ist = zweiter Dimension. Denn in die Empfindung wird jederzeit eine Differenz aufgenommen in die Identität, sie ist dasjenige, wodurch ein Ding zuerst über sich selbst hinaus auf andere Dinge geht; die Qualitäten also, welche in der Materie durch die zweite Dimension gesetzt sind, sind unmittelbar als solche auch Formen der Perception in der Materie, Formen nämlich der Empfindung.

Endlich ist die **Anschauung** dasjenige, wodurch ein Ding aus sich selbst hinaus auf andere Dinge geht und diese als andere in sich setzt; sie entspricht also der dritten Dimension. Das eigentlich Reale, die Substanz im Realen, ist daher als real unmittelbar auch ideal, nämlich eine Anschauung der Substanz. Die Körper der Natur sind daher nur gleichsam die erloschenen Anschauungen, die Qualitäten, die erstarrten Empfindungen der Natur. Die Natur selbst ist als reale Substanz unmittelbar auch ideale, d. h. sie ist wahrhaft weder real noch ideal insbesondere, sondern eben absolute Substanz.

§. 269. Auf gleiche Weise sind die Potenzen in der Natur in Ansehung der Natur, absolut betrachtet, als Potenzen des Realen zugleich Potenzen des Idealen. — Die erste Potenz ist die der Reflexion der Natur, worin sie sich als Allgemeines im Besonderen, als Einheit in der Vielheit reflektirt, sich selbst zum Objekt von sich selbst macht. Die andere Potenz ist in Ansehung der Natur die Potenz der Subsumtion, wodurch sie sich selbst als Differenz zurücknimmt in die Identität, als Besonderes ins Allgemeine. Die dritte Potenz ist die Einbildungskraft der Natur, wodurch sie sich selbst als Identität des Allgemeinen und Besonderen objektiv macht. Die Gesetzmäßigkeit des Weltsystems endlich ist die Vernunft der Natur, das schlechthin Potenzlose, in das alles sich auflöst. (Selbstbewußtseyn, Empfindung und Anschauung sind Ausdruck der Potenzen im Einzelnen oder die Dimensionen im Idealen. Im Ganzen oder als Potenzen entsprechen dem Selbstbewußtseyn die Reflexion (Kants reflektirende Urtheilskraft), der Empfindung die Subsumtion (Kants subsumirende Urtheilskraft), der Anschauung die Einbildungskraft (Kants ästhetische Urtheilskraft). Diese drei Dimensionen und Potenzen sind nun auch in der Natur dargestellt, und die Identität derselben mit den Potenzen der Natur ist nicht bloß ein allegorisches Spiel, das wir treiben, sondern wahrhaft ist die Metamorphose z. B., wodurch die Natur die Körperreihe bildet, nichts anderes als die Reflexion der Natur selbst (in Ansehung welcher Seyn und Perception eins ist); ebenso ist das dynamische Leben der Dinge nur die ewige Subsumtion, so wie dann der Organismus die Einbildungskraft der Natur).

§. 270. Zwischen Realem und Idealem, Seyn und Denken ist kein Causalzusammenhang möglich, oder das

Denken kann nie Ursache einer Bestimmung im Seyn, oder hinwiederum das Seyn Ursache einer Bestimmung im Denken seyn. — Denn Reales und Ideales sind nur verschiedene Ansichten einer und derselben Substanz; sie können also so wenig etwas ineinander bewirken, als eine Substanz etwas in sich selbst bewirken kann. Sie stimmen auch keineswegs zusammen, wie zwei verschiedene Dinge zusammenstimmen, für welche der Grund der Harmonie in einem fremden liegt, wie man die Leibnizische Harmonie verstanden und durch das Beispiel zweier Uhren erläutert hat, sondern sie stimmen zusammen, gerade weil sie nicht verschiedene, weil sie nur eine und dieselbe Substanz sind. Wie (um ein ganz handgreifliches Beispiel zu brauchen) ein Mensch, der etwa zwei Namen hätte, dennoch nur ein und derselbe Mensch ist, und der Mensch, der A heißt, mit dem Menschen B übereinstimmt, und dasselbe thut, nicht, weil sie durch irgend etwas verknüpft sind, oder, weil einer den andern bestimmt, sondern weil der Mensch, der A, und der Mensch, der B heißt, in der That nur ein und derselbe Mensch ist.

§. 271. Jede Bestimmung, die in einem Ding gesetzt wird, sofern es als Modus der Realität gedacht wird, muß auch bloß aus dem Realen oder dem Seyn, nicht aber aus dem Idealen oder dem Denken begriffen werden, und umgekehrt jede Bestimmung, die ꝛc.

Denn da jedes, das Reale und das Ideale, die ganze Substanz ist, oder, da ich, indem ich das Reale oder das Ideale denke, wahrhaft nur die ganze Substanz denke, so kann ich auch, was ich als Modus der Realität betrachte, ganz aus dem Realen begreifen, und umgekehrt; wie denn schon nach dem vorhergehenden Satze ohnehin keines als Ursache oder Bewirkendes irgend einer Bestimmung im anderen gedacht werden kann. Z. B. also, was ich als eine Bestimmung des Leibes denke, muß, als Bestimmung des Leibes, auch bloß aus diesem begriffen werden, als ob nichts außer ihm wäre. Ich kann z. B. keine Bewegung des Leibes als die Wirkung eines Begriffes oder einer Affirmation in der Seele, hinwiederum aber auch keine Affirmation in der

Seele durch eine Bestimmung oder Einwirkung des Leibes auf sie erklären.

Mit diesem Satz gehen wir nun zuerst eigentlich über zur Construktion der idealen Seite der Philosophie. Ich wiederhole nochmals, daß diese Construktion nur fortgesetzte Construktion der Natur oder des Universums ist, sofern es weder real noch ideal ist, und daß, was auch weiter aus ihm sich entwickeln mag, nur andere Erscheinungsweise, nichts aber dem Wesen nach anderes ist als das, was wir auch schon in der Natur erkannten.

§. 272. Nichts kann als real gesetzt seyn, ohne unmittelbar, nicht zugleich, sondern auf gleiche Weise und in derselben Potenz auch als ideal gesetzt zu seyn, und umgekehrt kann nichts als ideal gesetzt seyn, ohne in derselben Potenz auch als real rc. — Denn in Gott ist keine Affirmation, der nicht unmittelbar auch das Affirmirtseyn entspräche, und kein Affirmirtseyn, das nicht unmittelbar als solches auch ein Affirmiren wäre; denn dieß eben ist die Idee Gottes. Da nun alles nur ist, wie es kraft der Idee Gottes ist, kraft derselben aber kein Ideales ist, das nicht unmittelbar als solches auch real, und umgekehrt, so folgt u. s. w.

§. 273. Die nothwendige Form aller Existenz ist Individuum, d. h. daß der Leib als Leib unmittelbar auch Seele, die Seele als Seele unmittelbar auch Leib ist. — Denn der Begriff des Individuums ist eben der: nicht, daß zwei verschiedene verbunden, sondern daß ein und dasselbe Ding als ein und dasselbe, das eine und das andere sey. Da nun eben dieß das Verhältniß des Realen und Idealen, des Leibes und der Seele ist, so ist Individuum die nothwendige Form aller Existenz. (Die Begriffe des Leibes und der Seele als identisch mit den Begriffen von Affirmirtem und Affirmirendem, Realem und Idealem, setze ich aus den Erklärungen voraus, die schon im §. 64 gegeben wurden).

§. 274. Der Begriff oder die Affirmation eines Dings ist in Gott nicht getrennt vom Begriff oder von der Affirmation aller Dinge. — Nichts Einzelnes hat den Grund seines

Daseyns in sich selbst, denn das Seyn folgt bei ihm nicht aus dem Begriff (§. 7). Es kann also nur seyn, inwiefern sein Begriff aufgenommen oder enthalten ist im unendlichen Begriff Gottes, denn nur aus diesem folgt unmittelbar das Seyn. Nun ist aber der unendliche Begriff Gottes nicht unmittelbar der Begriff des Besonderen, sondern Begriff des All und nur durch das All auch des Besonderen. Demnach u. s. w.

§. 275. In ein rein endliches Ding, d. h. in ein Ding, sofern es nicht schon dem Objekt nach unendlich, dem All = ist, kann der Begriff auch nicht als Begriff aller Dinge, sondern nur als Begriff von ihm selbst, als einem endlichen fallen. Denn (§. 271) dem Realen entspricht nur ein Ideales der gleichen Potenz. Ist also das Ding ꝛc. Schon in der Natur, wo der unendliche Begriff aller Dinge, das Licht, als unendlicher Begriff außerhalb der einzelnen körperlichen Dinge fällt, der Organismus aber, weil dieser schon objektiv betrachtet = unendlich ist, im gleichem Verhältniß, als er dieß ist, auch das Licht als Begriff anderer Dinge aufnimmt.

§. 276. Die Seele ist als Seele nur ein Modus der unendlichen Affirmation, wie der Leib als Leib nur ein Modus des unendlichen Affirmirtseyns oder der unendlichen Realität ist. — Ist von selbst klar, da Leib und Seele eins, und was von dem einen, auch von dem andern gilt.

§. 277. Ein Modus (quantitative Differenz) der unendlichen Affirmation existirt als Modus (d. h. die unendliche Affirmation selbst existirt als Modus) nur dadurch, daß er a) der Begriff eines existirenden Dings, und b) mit diesem absolut eines ist. Denn erstens existirt überhaupt nur die absolute Identität des Erkennens und des Seyns. Nun ist das Ding ebenso ein Modus des Seyns, wie der Begriff des Erkennens, also existirt der Modus des unendlichen Erkennens nicht, ohne daß der gleiche Modus des unendlichen Seyns, d. h. ohne daß das Ding, dessen Begriff er ist, gleichfalls existirt. Nun ist aber (aus dem gleichen Grunde) die

Existenz dieses Dings und der Begriff dieser Existenz wiederum eins und dasselbe. Also existirt jeder Modus der unendlichen Affirmation nur dadurch, daß er der Begriff eines existirenden Dings oder eines existirenden Modus des unendlichen Seyns ist. Es kann nämlich der Begriff der Existenz und die Existenz selbst nicht *eines* seyn, wenn nicht auch das Ding selbst und der Begriff eines sind. Also existirt jeder Modus der unendlichen Affirmation nur durch die absolute Identität mit einem existirenden Ding, und wenn wir uns ganz bestimmt ausdrücken wollen, so existirt also weder der Begriff noch das Ding für sich, sondern es existirt nur das Eine Untheilbare, welches auf völlig gleiche Weise als Begriff und Ding, oder, weil es sowohl als Begriff wie als Ding als existirend gedacht wird — als Seele und Leib betrachtet werden kann.

§. 278. *Die unendliche Affirmation (der unendliche Begriff) als solche existirt nur dadurch, daß sie als unendliche Affirmation die Seele eines einzelnen existirenden Dings ist.*

Anmerkung. An *diesen* Satz insbesondere knüpft sich die Construktion der idealen Reihe an, und dieser bildet den Uebergang.

Beweis. Denn ein Modus der unendlichen Affirmation existirt nur dadurch, daß er Begriff eines existirenden Dings und mit ihm *völlig eins*, d. h. dadurch, daß er die Seele dieses Dings ist (nach dem §. 277), die unendliche Affirmation also nur dadurch, daß sie Begriff eines existirenden Dings und mit ihm völlig eins, d. h. dadurch, daß sie die Seele dieses existirenden Dings ist.

§. 279. *Die unendliche Affirmation ist (als solche) die Seele eines einzelnen existirenden Dings nur dadurch, daß dieses Ding die unendliche Möglichkeit durch die Wirklichkeit, d. h. das Universum oder die Totalität in sich darstellt.*

Beweis. Denn jeder Modus der unendlichen Affirmation ist die Seele eines Dings nur dadurch, daß er mit dem existirenden Ding völlig und absolut eins, dieses er selbst nur von der objektiven Seite ist. Die unendliche Affirmation als solche ist also die Seele eines Dings dadurch, daß sie völlig eins ist mit diesem Ding, und das Ding hinwiederum mit ihr. Nun ist aber die unendliche Affirmation nichts anderes als die unendliche Möglichkeit, das Ding aber ein Moment der unendlichen Wirklichkeit oder des Seyns. Demnach kann das unendliche Erkennen mit dem Ding nicht absolut eins, sonach die Seele dieses Dings seyn, als insofern dieses Ding die ganze unendliche Möglichkeit durch die Wirklichkeit gesetzt enthält, d. h. insofern es die Totalität oder das Universum darstellt, und schon von der realen Seite vollkommener Ausdruck der Idee ist.

Anmerkung. Die vollkommenste Darstellung der unendlichen Möglichkeit durch die Wirklichkeit findet nur in dem vollkommenen, grenzenlosen Organismus statt (bewiesen in der Naturphilosophie). Die Stufenfolge der Dinge läßt sich demnach bestimmter als bisher auf folgende Weise angeben. — Die einzelnen körperlichen Dinge sind selbst nur Modi des Seyns oder Erkennens (des Realen oder Idealen, je nachdem betrachtet, weil real und ideal im Absoluten ein und dasselbe), der unendliche Begriff aber, die Affirmation, durch den sie dieß sind, liegt (§. 274) nicht in ihnen selbst, nur im Unendlichen: dieß eben ist ihre Endlichkeit. In ihnen liegt jener Begriff nur so weit, als er durch ihre Natur ausgedrückt ist. Sie sind also bloß passive Modi der unendlichen (nicht auf einzelne Dinge, sondern das ganze Universum sich erstreckenden) Affirmation, sie sind durch diese nur gesetzt, ohne sie selbst hinwiederum zu setzen und in sich aufzunehmen; und durch sie ist die unendliche Affirmation überhaupt nicht als Affirmation, als Akt gesetzt. — Jedem passiven Modus der unendlichen Affirmation entspricht in der höheren Potenz (der organischen) ein aktiver. Die Thiere sind aktive Modi der unendlichen Affirmation; durch sie ist wirklich das Erkennen als Erkennen, als Akt, obgleich nur mit quantitativer Differenz gesetzt. Hier öffnet sich also die Welt. Der Modus der unendlichen Affirmation, den sie durch ihren Leib ausdrücken, fällt zugleich als Modus der Affirmation, als Akt, in das Thier selbst; jedes Thier ist also außerdem, daß es ein Ding ist, auch ein aktiver Modus der

Weltanschauung, und von der aktiven Weltanschauung fällt in jedes so viel, als es durch seinen Organismus ausdrückt. Allein auch das vollkommenste Thier ist doch nur ein Modus der Weltanschauung, ein Modus der unendlichen Affirmation. Es ist also nicht das Thier, was anschaut, sondern die Unendlichkeit selbst, betrachtet unter der bestimmten quantitativen Differenz, die durch das Thier ausgedrückt wird. Das Thier qua Thier ist nur ein bestimmter aktiver Modus des Anschauens, nicht das Anschauende selbst; denn sonst wäre es identisch mit dem Unendlichen, das Objekt in ihm = Subjekt. Erst die Seele der vollkommensten Organisation, welche die ganze Möglichkeit durch die Wirklichkeit darstellt, ist nicht ein Modus der unendlichen Affirmation, sondern die unendliche Affirmation selbst. Diese vollkommenste Organisation ist der Mensch — die gelungenste Darstellung des Unendlichen im Unendlichen.

Erläuterung. Das einzelne körperliche Ding erscheint an sich selbst betrachtet als ein bloß passiver Modus des unendlichen Erkennens oder der unendlichen Affirmation, weil ihm nicht das unendliche Erkennen selbst als solches eingebildet ist. Das Thier, weil in seinem Begriff zugleich der Begriff anderer Dinge enthalten ist, oder weil es nicht bloß ein einzelnes Ding ist, sondern einen Theil des Universums in sich darstellt, ist ein Modus des unendlichen Erkennens selbst. Die organischen Wesen also sind aktive Modi des unendlichen Erkennens, und ihre Vollkommenheit ist bestimmt durch die Größe desjenigen Theils vom Universum, dessen Begriff in dem Begriff ihres Leibes enthalten ist. Die Seele der vollkommenen Organisation, mit deren Begriff der Begriff aller Dinge verbunden ist, ist das unendliche Erkennen selbst — und durch diese erst ist das unendliche Erkennen als Erkennen, als existirend gesetzt.

§. 280. Wird das unendliche Erkennen bloß gedacht als die Seele dieses bestimmten Dings, so ist es auch selbst ein bloßer Modus des unendlichen Erkennens (wie jenes des unendlichen Seyns), schlechthin und an sich selbst betrachtet aber ist es nicht die Seele, sondern der Begriff der

Seele selbst, *also das, was allen Seelen gemein ist.* — Dieser Satz ist eigentlich von selbst offenbar und bedarf keines Beweises, sondern nur Erläuterung.

Die unendliche Affirmation wird als existirend gesetzt durch einen Modus des unendlichen Seyns (d. h. durch einen Modus des Seyns, in welchem die *ganze* absolute Affirmation von der realen Seite aus ausgedrückt ist). Nun gibt es aber zweierlei Betrachtungsweisen: entweder wird die unendliche Affirmation bloß bezogen auf *diesen* Modus des Seyns, *diesen* Leib, dann ist sie auch bloß *Seele* dieses Leibs und der Dinge, inwiefern auf diesen Leib sich beziehend. Wird sie aber *an sich* betrachtet, so ist sie nicht bloß die Seele dieses Leibs, denn insofern ist sie die unendliche Affirmation aller Dinge selbst, und insofern der *Begriff* der Seele. Im ersten Fall ist sie quantitative Differenz, in diesem Indifferenz. Also zeigt sich unmittelbar bei dem Eintritt in die ideale Welt wieder der Gegensatz von quantitativer Differenz und Indifferenz.

§. 281. *Unmittelbar a) dadurch, daß das unendliche Erkennen — die ideale Seite des absoluten Erkennens — als die Seele eines bestimmten Dings gesetzt wird, wird es auch als der Begriff der Seele gesetzt, und b) dieser Begriff der Seele ist mit der Seele ebenso eins, wie die Seele mit dem Leib ist* (oder: die Seele als objektiv und die Seele als subjektiv gesetzt verhält sich jetzt wieder wie Leib und Seele)[1].

Beweis. Denn was den *ersten* Theil des Satzes betrifft, so ist das unendliche Erkennen *Seele* des bestimmten Dings, insofern also selbst quantitative Differenz. Nun ist es aber zugleich als *unendliches* Erkennen gesetzt ex hypothesi; als solches kann es sich nur als die unendliche Möglichkeit, d. h. als Begriff der Seele verhalten, sofern sie Seele eines einzelnen Dings und demnach selbst einzeln und

[1] Man vgl. mit dem Folgenden besonders Bruno, Bd. IV, S. [illegible] ff. (Ausgabe von 1842, S. 183 ff.). D. H.

wirklich ist. Also ist das unendliche Erkennen, indem es als die Seele eines einzelnen Dings gesetzt wird, unmittelbar zugleich als der Begriff der Seele gesetzt. Was wir demnach hier als Seele und als Begriff der Seele einander entgegengesetzt, sind nur zwei verschiedene, aber nothwendige Ansichten von einem und demselben. Das unendliche Erkennen, als unmittelbare Seele *dieses* Dings betrachtet, ist selbst quantitative Differenz; dasselbe, schlechthin betrachtet, ist von jenem, also auch von der Seele *dieses* Dings die unendliche Möglichkeit. — Nun ist aber *zweitens* das unendliche Erkennen als die Seele dieses bestimmten Dings *Objekt*; das unendliche Erkennen, sofern es nicht *Seele dieses* Dings, sondern schlechthin betrachtet, dieses selbst ist, ist das *Subjekt*. Also ist das Verhältniß zwischen dem unendlichen Erkennen als Seele eines *bestimmten* Dings und zwischen dem unendlichen Erkennen schlechthin betrachtet dasselbe wie das des Leibs und der Seele. Demnach ist das *unendliche Erkennen*, schlechthin betrachtet, d. h. der *Begriff* der Seele, und das unendliche Erkennen, sofern es Seele *dieses* Leibs ist, d. h. die Seele selbst, eben so eins, wie die Seele mit dem Leib ist, mit anderen Worten: die *Seele selbst* und der Begriff der Seele ist eins, und mit *der Seele selbst* (sofern diese Seele das unendliche Erkennen ist) ist *nothwendig zugleich* der *Begriff* der Seele gesetzt.

Anmerkung. Um dasselbe mehr formell nachzuweisen, so ist das unendliche Erkennen reines A = A. Die unendliche Affirmation wird nur als existirend gesetzt dadurch, daß sie Seele eines einzelnen existirenden Dings = B wird. Wird nun darauf reflektirt, daß das unendliche Erkennen die Seele eines einzelnen existirenden Wesens (Dings) ist, und wird es bloß als solches aufgefaßt, so wird es nothwendig als A, d. h. endlich gesetzt. Aber das unendliche Erkennen wird, sofern es Seele *dieses* Dings ist, doch nothwendig zugleich als das unendliche Erkennen *schlechthin* gesetzt, d. h. es wird in unendlicher Beziehung gesetzt. Jenes quantitative Differenz, dieses Affirmation, jenes die einzelne Seele, dieses der Begriff der Seele. Der Begriff der Seele kann nun *zugleich* mit der Seele selbst [illegible] wo die Seele wirklich das unendliche Erkennen selbst ist, also nur mit der Seele der vollkommensten Organisation, welches wichtig ist.

§. 282. Das objektiv gesetzte unendliche Erkennen ist das Wissen, der Begriff des unendlichen Erkennens oder der mit der Seele zugleich gesetzte Begriff der Seele ist das Princip des Bewußtseyns.

Beweis. Denn 1) das Wissen ist ein wirkliches, also ein durch ein Objekt, sonach objektiv gesetztes Erkennen. Es ist aber nicht nur überhaupt objektiv gesetztes, sondern auch ein unendliches Erkennen; denn jedes Wissen ist nicht nur ein Erkennen überhaupt, sondern ein unendliches, weil mit dem Wissen auch das Wissen des Wissens. Also ist das Wissen ein objektiv gesetztes unendliches Erkennen, sonach auch umgekehrt das objektiv gesetzte unendliche Erkennen = Wissen. (Eine unendliche Affirmation ist, wie schon §. 23 gezeigt wurde, nicht eine einfache, sondern eine solche, die auch sich selbst wieder affirmirt. Das Wissen ist also nur, wo die Seele als unendliche Affirmation. Beim Thier z. B. ist dieß nicht, bei ihm ist objektiver Ausdruck eines Selbstbewußtseyns (Gehör), ohne doch um dieß Bewußtseyn zu wissen). 2) Der Begriff des unendlichen Erkennens oder der mit der Seele zugleich gesetzte Begriff der Seele ist das Princip des Bewußtseyns. Denn das Bewußtseyn verhält sich zu dem Wissen oder zu dem objektiv gesetzten Erkennen, wie sich der Begriff zu seinem Objekt verhält. Also ist das Bewußtseyn der Begriff des objektiv gesetzten unendlichen Erkennens; sonach auch umgekehrt der Begriff des unendlichen Erkennens oder der mit der Seele zugleich gesetzte Begriff der Seele das Princip des Bewußtseyns.

Folgesatz 1. Unmittelbar mit dem existirenden unendlichen Erkennen wird auch das Bewußtseyn gesetzt. Denn unmittelbar mit dem unendlichen Erkennen wird auch der Begriff des unendlichen Erkennens gesetzt.

Folgesatz 2. Das Bewußtseyn ist nur mittelst der vollkommenen, potenzlosen Organisation möglich. Denn nur in der vollkommensten

Organisation ist das unendliche Erkennen als existirend und mit der Seele zugleich der Begriff der Seele gesetzt.

§. 283. Das Wissen oder das objektiv gesetzte unendliche Erkennen ist unendlich, nur sofern es bezogen wird auf das Princip des Bewußtseyns. Denn nur sofern es bezogen wird auf das Bewußtseyn, wird es nicht als bloßer Modus des unendlichen Erkennens, sondern wie §. 280 bewiesen worden, als das unendliche Erkennen selbst, wenigstens der Form nach, gesetzt. Auch das Einzelne, was ich weiß, weiß ich unendlich, insofern ich es mit Bewußtseyn weiß, denn ich weiß auch, daß ich weiß u. s. w.

§. 284. Das objektiv gesetzte unendliche Erkennen bezogen auf das Princip des Bewußtseyns oder den Begriff dieses Erkennens ist die Ichheit. Denn nur insofern es bezogen wird auf das Princip des Bewußtseyns oder den Begriff des unendlichen Erkennens, wird es selbst als unendlich gesetzt (nach dem vorhergehenden Satz). Nun ist aber das Princip des Bewußtseyns oder der Begriff des unendlichen Erkennens an sich unendlich: also in dieser Beziehung das Bezogene und das, worauf bezogen wird, d. h. das objektiv gesetzte unendliche Erkennen und der Begriff des unendlichen Erkennens selbst, sind eins und ununterscheidbar. Aber eben diese Einheit und Ununterscheidbarkeit ist die Ichheit. Also ist das objektiv gesetzte unendliche Erkennen rc.

Anmerkung. Es könnten in Ansehung dieses Beweises folgende Fragen aufgeworfen werden.

1) Wodurch geschieht denn jene Beziehung des objektiv gesetzten unendlichen Erkennens auf den Begriff? Und hierauf antworte ich Folgendes. Das objektiv gesetzte unendliche Erkennen und der Begriff dieses Erkennens sind an sich eins und dasselbe, sie verhalten sich zueinander wie Seele und Leib, so daß in dem objektiv gesetzten Erkennen nichts seyn kann, was nicht auch im Begriff dieses Erkennens als Möglichkeit, und nichts im Begriff dieses Erkennens, was nicht auch in seinem Objekt wäre — nur dort als Möglichkeit, hier als Wirklichkeit. Beide sind also an sich vereinigt und werden als gleich gesetzt unmittelbar

dadurch, daß das unendliche Erkennen überhaupt als existirend, also unmittelbar dadurch, daß es als die Seele eines existirenden Dings gesetzt ist. Die Ichheit oder diese Identität des objektiv gesetzten Erkennens und des Begriffs von diesem Erkennen ist daher unmittelbar gesetzt mit der Existenz des unendlichen Erkennens als unendlichen, und umgekehrt nur durch die Ichheit, d. h. nur durch die Identität des objektiv gesetzten unendlichen Erkennens mit dem Begriff des unendlichen Erkennens ist das unendliche Erkennen selbst als existirend gesetzt, die Ichheit allein ist als der vollständige Ausdruck des existirenden unendlichen Erkennens (weil dazu gehört, daß es, um zu existiren, einmal als endliches, dann als unendliches gesetzt sey).

2) Die Identität, die durch die Ichheit ausgedrückt, selbst und der Begriff der Identität ist wiederum einer und derselbe aus dem gleichen Grunde, weil wir nämlich hier ganz in der Region des unendlichen Erkennens sind. Nun ist aber in dem unendlichen Erkennen von allem, was überhaupt gesetzt ist, unmittelbar auch der Begriff, und mit dem Begriff auch wieder der Begriff des Begriffs gesetzt, eben deßwegen weil unendliches Erkennen gesetzt ist. So ist also jene Identität und der Begriff dieser Identität im unendlichen Erkennen ebenso eins, wie das Existiren des unendlichen Erkennens und der Begriff dieses Existirens eins sind. Aller Regressus ins Unendliche ist hier abgeschnitten; es wird nichts überhaupt nur gesetzt, sondern es wird auch sein Begriff gesetzt. (Die Ichheit ist nichts von ihrem Begriff Verschiedenes; sie ist nur, inwiefern sie als solche sich selbst erkennt).

3) Man möchte vielleicht leugnen wollen, daß die Ichheit = diese Identität. Allein hierüber können wir uns theils auf die unmittelbare Anschauung berufen, theils wird es Folgendes noch klarer machen. — Die Ichheit ist die Identität des objektiv gesetzten unendlichen Erkennens mit dem Begriff des unendlichen Erkennens. Nun ist aber das objektiv gesetzte unendliche Erkennen in der Identität mit dem Begriff dieses Erkennens. Beides, das objektive Erkennen und das unendliche ist also hier eins, beides nämlich unendlich. Und eben diese Identität drückt sich

durch Ichheit aus. Das Ich ist das in-sich-selber-Kommen des Unendlichen. Das Unendliche erkennt das Endliche als sich selbst im Zusammenfließen des Unendlichen mit sich selbst in der Gestalt der Endlichkeit.

§. 285. Der Begriff des unendlichen Erkennens oder das Princip des Bewußtseyns ist das Princip aller Erkenntniß a priori. Denn unter der Erkenntniß a priori wird ein Begriff verstanden, der ohne andere als ideale Beziehung auf das Objekt als wahr befunden wird. Nun ist aber das unendliche Erkennen nur in dem Bewußtseyn, bloß als solches, ohne alle reale Beziehung auf ein Objekt gesetzt. Denn es hat in dem Bewußtseyn bloß das objektiv gesetzte unendliche Erkennen, d. h. sich selbst zum unmittelbaren Gegenstand. Also ist der Begriff des unendlichen Erkennens rc. (Ueberhaupt Erkenntniß a priori = unendliches Erkennen — nicht unabhängig von der Zeit (denn Bezug auf das Zeitliche), sondern für alle Zeit und alle Objekte in der Zeit).

§. 286. Jeder Begriff eines Objekts ist ohne alle reale Beziehung auf sein Objekt wahr, sofern er durch unmittelbare Beziehung des objektiv gesetzten unendlichen Erkennens auf den Begriff des unendlichen Erkennens eingesehen wird. — Eigentlich bloße Umkehrung des Vorhergehenden. Von dieser Art sind alle Begriffe a priori. Aber keine absolute Wahrheit ist in den Begriffen a priori. Denn sie beruhen darauf, daß das objektiv gesetzte unendliche Erkennen als ein objektives bezogen wird auf das Subjekt als Subjekt, als Möglichkeit von jenem. Nun ist aber dieß nicht an sich Möglichkeit, sondern nur in Entgegensetzung mit einer Wirklichkeit. Daher hier auch Begriffe bloß möglicher Dinge (Begriffe, aus denen die Realität nicht folgt).

§. 287. Mit jedem Begriff a priori ist nicht der Begriff eines einzelnen Dings, sondern der Begriff aller endlichen Dinge verbunden. Denn a priori wahr ist jeder Begriff, sofern er bezogen wird auf den unendlichen Begriff des Erkennens. Dieser aber ist der Begriff aller Dinge (hier nur nicht der schlechthin gesetzt, sondern der in Bezug auf das objektive, das endliche Wissen gesetzte). Also ist mit jedem Begriff a priori rc.

Anmerkung. Alle fernere Construktion beruht auf dem Gegensatz der objektiv gedachten (endlichen) Erkenntniß und dem unendlichen Begriff desselben.

§. 288. Von allem, was in dem unmittelbaren Objekt der Seele, dem Leibe, vorgeht, ist in der Seele nothwendig auch ein Erkennen. Denn von jeder Bestimmung, die in das Seyn gesetzt ist, ist im unendlichen Affirmiren ein Begriff, von jeder Bestimmung, die in einem bestimmten Modus des Seyns gesetzt ist, also ein Begriff im unendlichen Denken, nicht sofern es absolut ist, sondern insofern es als der unmittelbare Begriff, d. h. die Seele dieses Dings, betrachtet wird. Also ist in der Seele nothwendig ein Erkennen jeder Bestimmung, die in ihr unmittelbares Objekt, den Leib, gesetzt ist.

Anmerkung. Es ist schon früher bewiesen worden, daß dieß ohne alle direkte oder indirekte (z. B. per harmoniam praestabilitam) Causalverbindung zwischen Seele und Leib geschehe. Sondern das Erkennen einer Bestimmung des Seyns und diese Bestimmung selbst sind eins und dasselbe, auf das Absolute bezogen, bloß unter verschiedenen Attributen betrachtet.

§. 289. Die Seele erkennt den Leib nicht getrennt von den Bestimmungen, die er durch andere Dinge erhält, sondern nur mittelst der Begriffe dieser Bestimmungen. — Beweis. Im Begriff des Leibs ist der Begriff anderer Dinge enthalten (weil — Universum). Also ist im unendlichen Erkennen der Begriff des Leibs, nur sofern es afficirt ist durch den Begriff anderer Dinge, aber es ist afficirt durch den Begriff anderer Dinge eben nur, sofern es die Seele dieses Leibs ist. Also erkennt das unendliche Erkennen als die Seele des Leibes, d. h. die Seele selbst erkennt den Leib u. s. w.

Zusatz. Die Begriffe dieser Bestimmungen succediren sich in der Seele mit derselben Nothwendigkeit, mit welcher sich die Bestimmungen selbst in dem Leib succediren. Beweis. Denn die Seele ist nichts anderes als der unmittelbare Begriff des Dings, welches wir Leib nennen. Begriff und Ding aber sind eins, also ist auch die Ordnung der Bestimmungen des Leibes dieselbe mit der Ordnung der Begriffe dieser Bestimmungen, und sonach succediren sich die Begriffe der Bestimmungen des Leibs mit derselben Nothwendigkeit wie die Bestimmungen selbst.

§. 290. Die Seele erkennt sich selbst nur mittelst der Begriffe von den Bestimmungen des Leibs. Denn sie erkennt sich überhaupt nur ebenso, wie sie den Leib erkennt, oder das Verhältniß der Seele als objektiver zu dem Begriffe der Seele ist (bewiesenermaßen) dasselbe wie der Seele selbst zu dem Leib. Nun erkennt die Seele den Leib nur durch die Begriffe seiner Bestimmungen, die er durch andere Dinge erhält, also auch sich selbst (also inadäquate Erkenntniß).

Wir sind jetzt im Besitz aller Begriffe, die nöthig sind, um das System des reflektirten, d. h. des in Beziehung auf ein einzelnes Ding gesetzten Erkennens abzuleiten. Alle Begriffe der Reflexion sind dadurch bestimmt, daß das relativ Unendliche dem relativ Endlichen entgegengesetzt und beide synthesirt werden.

§. 291. Das System des Erkennens, welches dadurch entsteht, daß der unendliche Begriff objektiv und subjektiv gesetzt ist, ist das System der Nothwendigkeit, bestimmt durch Möglichkeit und Wirklichkeit.

Erklärung. In der Vernunft an sich betrachtet liegt das System des Erkennens zugleich mit dem des Seyns. Dieß ist bereits bewiesen. Hier ist aber die Rede von dem System des Erkennens, sofern es nicht in der Totalität (also in der Indifferenz mit dem System des Seyns), sondern sofern es als System des Erkennens, als ideales, objektiv gesetzt ist. Das System, welches dadurch entsteht, daß das unendliche Erkennen objektiv und subjektiv gesetzt ist, ist das System des Wissens selbst, worunter hier nicht das speculative, sondern das gemeine Wissen verstanden wird, alles Wissen außer dem absolut philosophischen, außerhalb der Totalität.

Das System des Wissens in diesem Sinn ist das System der allgemeinen Verständigkeit überhaupt. Jetzt zum Beweise. — Ich sage das System, welches entsteht durch den Gegensatz und die relative Identität des unendlichen Begriffs ist das System der Nothwendigkeit, bestimmt durch Möglichkeit und Wirklichkeit.

Beweis: Denn das Bewußtseyn und mit ihm das ganze System des reflektirten Wissens ist gesetzt dadurch, daß der unendliche Begriff zugleich real — insofern endlich — und ideal, insofern also als unendlich, gesetzt ist, und daß jener und dieser aufeinander bezogen werden. Da nun der als ideal gesetzte unendliche Begriff die bloße Möglichkeit des objektiv gesetzten, dieser dagegen die Wirklichkeit von jenem enthält, beide aber im Wissen identisch gesetzt werden, so ist, weil Identität der Möglichkeit und Wirklichkeit = Nothwendigkeit ist, das allgemeine System des Wissens das System der Nothwendigkeit, bestimmt durch Möglichkeit und Wirklichkeit.

Anmerkung. Nach diesem Satze muß sich also aus Nothwendigkeit, bestimmt durch Möglichkeit und Wirklichkeit, das ganze System des allgemeinen Wissens ableiten lassen, allerdings auch eine Totalität, aber eine bloße Reflexions-Totalität, also auch einer der eingeschränkten Standpunkte der Philosophie, aber bloß eine Philosophie des gemeinen Wissens, wie bei Kant.

Ehe ich dieß bestimmt zeige, noch folgende Bemerkungen.

Die drei Begriffe der Möglichkeit, der Wirklichkeit, der Nothwendigkeit entsprechen den drei Grundhandlungen des Erkennens, von welchen alle Dinge die passiven Ausdrücke sind, nämlich Selbstbewußtseyn, Empfindung und Anschauung. Das Selbstbewußtseyn enthält den bloßen Grund von Möglichkeit, Empfindung ist Wirklichkeit, die Anschauung Nothwendigkeit. Wie nun alle Potenzen des Erkennens, die in der Vernunft als absolute Möglichkeiten liegen, auf Anschauung, bestimmt durch Selbstbewußtseyn und Empfindung, beruhen, so das ganze System des objektiv gesetzten oder reflektirten endlichen Erkennens oder des Wissens auf Nothwendigkeit, bestimmt durch Möglichkeit und Wirklichkeit.

Und wie nach dem zuvor Bewiesenen Selbstbewußtseyn, Empfindung, Anschauung, jede für sich, wieder Schema einer besonderen

Sphäre werde, so ist auch in dem System des Wissens Möglichkeit, Wirklichkeit und Nothwendigkeit, jedes für sich, wieder Schema einer besonderen Sphäre. Die Sphäre, welche unter dem Schema der Möglichkeit steht, ist die Sphäre des *Begriffs*, der *reinen* Reflexion, denn der Begriff enthält die bloße Möglichkeit des Objekts. Die Sphäre des Erkennens, die unter dem Schema der Wirklichkeit steht, ist die des *Urtheils*. Die unter dem Schema der Nothwendigkeit ist die des *Schlusses*.

Diese drei Sphären werden aber wiederum nur durch die Reflexion getrennt, und sind an sich nie getrennt. Im wirklichen Vernunftgebrauch laufen Begriffe, Urtheile und Schlüsse durcheinander; der Schluß aber ist durchgängig das Erste und Herrschende, dem der Begriff und das Urtheil nur untergeordnet ist. (Uebrigens ist auch hierin ganz das Erscheinungsmäßige offenbar: der Begriff ist das Affirmative, nur insofern das Reale nicht mit ihm zugleich gesetzt ist. Urtheil — Differenz des Affirmirten von seinem Affirmativen. Schluß nur Synthese — nicht absolute Identität).

Aber noch überdieß: eben *deßwegen*, weil Begriff und Urtheil und Schluß zusammen nur das System der unter diesen drei Formen objektiv gesetzten *Vernunft* ausmachen, aber da in diesen verschiedenen Sphären nur ein und dasselbe unter den drei verschiedenen Formen der Möglichkeit, Wirklichkeit und Nothwendigkeit erscheint, ist jedes dieser darum für sich wieder Ausdruck *des ganzen* Systems der *Vernunft*, jedes für sich wieder Totalität, z. B. der Begriff, obgleich er die bloße Möglichkeit ist, ist doch wieder bestimmt durch Möglichkeit, Wirklichkeit und Nothwendigkeit. Die Sphäre des Begriffs wird also nothwendig drei Sphären unter sich begreifen, und in jeder dieser Sphären werden wiederum die drei Grundformen, Möglichkeit, Wirklichkeit, Nothwendigkeit, nur jedesmal einer der drei Formen untergeordnet, wiederkehren.

Dieß gibt also drei Hauptklassen von Begriffen und in jeder wieder drei einzelne Begriffe.

Die erste Sphäre ist bestimmt durch Möglichkeit, Wirklichkeit und

Nothwendigkeit, gemeinschaftlich unter Möglichkeit gesetzt, die zweite durch Möglichkeit, Wirklichkeit, Nothwendigkeit, gemeinschaftlich unter Wirklichkeit gesetzt, die dritte durch Möglichkeit, Wirklichkeit und Nothwendigkeit, gemeinschaftlich unter Nothwendigkeit gesetzt.

Ich brauche *Sie* nicht aufmerksam zu machen, wie das Unendliche gegliedert und gleichsam artikulirt auch hier das System der Vernunft erscheint, oder wie sie ihr eignes Wesen in allem auf unendliche Weise ausdrückt. Die Vernunft wird selbst wieder zum Leib, zum Objektiven an Artikulirtem. — Hiernach Deduktion der Verstandesbegriffe oder der Kategorien.

Die erste Sphäre der Begriffe ist also bestimmt durch Möglichkeit, Wirklichkeit und Nothwendigkeit, gemeinschaftlich unter Möglichkeit gesetzt.

Wir können schon zum voraus sehen, daß, da diese Begriffe unter dem Schema *alles Begriffs*, der *Möglichkeit* stehen, sie die reinsten Begriffe alles Denkens, oder, was dasselbe ist, aller Reflexion seyn werden.

Es ist oben gezeigt worden, daß die Sphäre der Möglichkeit die der *aktiven Reflexion* oder des Verstandes sey. Also sind hier die reinsten Begriffe der aktiven Reflexion oder des Verstandes. Die Reflexion steht aber, wie früher bewiesen worden ist, unter dem Schema des *Selbstbewußtseyns*, und dieses ist die erste oder reale Dimension im Idealen. — In dem objektiv gesetzten Erkennen ist das Selbstbewußtseyn *aktiv*, d. h. es ist selbst als existirend gesetzt. Dadurch, daß das Selbstbewußtseyn aktiv gesetzt wird, ist auch die Linie, welche sein Schema ist, aktiv gesetzt; diese aktiv gesetzte oder die lebendige Linie ist die *Zeit*. Die Zeit ist also nur mit dem Selbstbewußtseyn gesetzt, und durchaus *nichts* unabhängig von demselben, nichts unabhängig von dem Verhältniß, welches entsteht, wenn das, was an sich die absolute Identität von Möglichkeit und Wirklichkeit ist, als beides in relativer Identität gesetzt wird. In dem absoluten Erkennen ist keine Zeit, und eben deßwegen alles Mögliche auch wirklich; die *Zeit* eben, was zwischen Möglichkeit und Wirklichkeit zwischeneingeschoben wird.

Jetzt ist es um die Bestimmung der Begriffe zu thun, die unter dem reinen Schema der Reflexion stehen.

Wir sehen aus der bisherigen Deduktion, daß es die Zeitbegriffe seyn müssen. Nun haben wir aber unter dem Schema der reinen Möglichkeit wieder Möglichkeit, Wirklichkeit und Nothwendigkeit gemeinschaftlich gesetzt; dieß gibt also drei ursprüngliche Zeitbegriffe. Die bloße Möglichkeit einer Zeit enthält die reine Einheit. Die 1 unserer arithmetischen Zahlenreihe ist zwar nur der allgemeine Ausdruck der Endlichkeit selbst; aber sie ist dieß nicht an sich, sondern nur durch die 2. Denn soll 1 endlich seyn, so muß es nothwendig theilbar seyn durch irgend eine Größe: nun ist es aber nicht durch sich selbst, also nur durch 2, 3 u. s. w. Also ist 1 nicht an sich selbst endlich; denn setzen wir es schlechthin, so setzen wir $\frac{1}{0}$, d. h. = das Unendliche. Denn was durch keine Größe theilbar ist, ist $= \infty$. — Wir müssen also sagen: die bloße Möglichkeit des Zählens enthält die reine Einheit des Begriffs; der Begriff wird aber nie endlich = 1, ohne die quantitative Differenz; diese aber ist nicht gesetzt, wenn nicht 2 gesetzt ist. Die 2 setzt also zuerst die quantitative Differenz, d. h. die 2 setzt zuerst die 1 selber als 1 oder als Ausdruck der Endlichkeit.

Die ganze Wirklichkeit in der Zeit, bestimmt durch die unendliche Möglichkeit der Zeit, gibt die Allheit oder die Totalität; aber (wie sich von selbst versteht) im bloßen Sinn der Reflexion. In diesem Sinn ist ihr ursprünglicher Ausdruck in der arithmetischen Reihe die Dreizahl — die erste nothwendige Zahl (1 = Möglichkeit, 2 zur Wirklichkeit).

Sich aufdrängende Bemerkungen:

a) Daß diese Begriffe wirklich die reinsten Bestimmungen des Denkens sind (durch das Zählen kommt nichts zum Objekt hinzu).

b) Nimmt man von diesen Begriffen hinweg, was ihnen durch die bloße Reflexion anhängt, so sind es die höchsten Begriffe des speculativen Denkens: absolute Identität, Duplicität und Totalität. Nimmt man sie im Sinne der Reflexion, so sind es die Begriffe der relativen

Identität, Duplicität und Totalität, nur daß sie hier aktiv und als aktiv existirend gesetzt sind, anstatt daß wir sie zuvor in den existirenden Dingen nur passiv ausgedrückt fanden.

c) Wir sehen uns hier zurückgeführt auf die drei ersten Primzahlen, die sich uns überall und durchaus als Vernunftorganismus darstellen. So ist der Magnet nichts anderes als das 1 der Körper, die Elektricität das 2, der chemische Proceß das 3. Das 1 entspricht dem Selbstbewußtseyn, das 2 der Empfindung, das 3 ist das Grundschema der Anschauung und also auch der Schwerkraft.

d) Die 1, die 2, die 3 in unserer Zahlenreihe sind gleich ursprünglich-absolut. Nothwendig aber ist nur die einzige drei. — Diese Begriffe sind die bloßen reinen Substrate aller Potenz und entspringen selbst nicht durch Potenzirung. — In der Sphäre der bloßen Reflexion, d. h. der bloßen Begriffe, findet nur Addition und Subtraktion statt. Die Multiplication, wenn sie auf Begriffe zurückgebracht werden soll, muß in Addition so wie die Division in Subtraktion aufgelöst werden. Multiplication und Division stehen unter dem Schema der Subsumtion, wie Addition und Subtraktion der bloßen Reflexion; weßhalb in der eigentlichen Sphäre der bloßen Reflexion, der des Mechanismus, nur Subtraktion und Addition stattfindet. Erst der Organismus setzt Multiplication und Division als solche, und der organische Proceß im Großen und Kleinen ist nichts als ein stetes Multipliciren und Dividiren — Potenziren und Wurzelausziehen der Natur.

Ich bemerke hier noch Folgendes. — Es wurde schon gesagt, daß die Zahl zu dem Gegenstand nichts hinzuthue. Dieß gilt aber bloß im Addiren und Subtrahiren. Z. B. ich zähle eine Summe Geldes, so ist ein Thaler dadurch, daß er der zwanzigste ist, weder mehr noch weniger: es kommt zu seinem Begriff nichts hinzu noch davon. Das Zählen also ist reine Bestimmung des bloßen Denkens im Gegensatz mit dem Objekt. Dagegen Multiplication und Division sind die objektiven Formen; es kommt durch sie etwas ins Objekt, z. B. der Cubus von 2 ist nicht bloß die einzelne Achte, sondern die Achte als Totalität angeschaut, als zugleich begreifend ihre Factoren. – Davon nun ist die Anwendung auf den Unterschied des Organismus und des Unorganischen leicht zu machen. In jenem, sagten wir, sey zugleich der Begriff anderer Dinge enthalten; dieß hieß so viel: er ist die Potenz anderer Dinge. Denken *Sie* sich z. B. eine Reihe von Körpern, so hat in dieser Reihe jeder seine bestimmte Stelle und ist nicht *ohne die anderen*. Aber die anderen sind nicht *in ihm*, sondern außer ihm; er ist also immer und nothwendig einzeln. Denken *Sie* sich nun aber denselben Körper als den Begriff der anderen enthaltend, so ist er nicht mehr einzeln, sondern er ist ihre Potenz, weil die anderen in ihm sind. Es sind also zwei ganz verschiedene Ansichten einer Zahl; sie als Potenz und als durch Addition entstehend anzusehen; z. B. das siebenundzwanzigste Glied einer Reihe ist nur das siebenundzwanzigste, und in Ansehung seiner ist nichts als eben diese reine Reflexionsbestimmung gesetzt. Dagegen werde dieselbe Zahl als Cubus von drei betrachtet, so hat sie ihren Begriff nicht außer sich, sondern in sich selbst; sie ist also Totalität. So verhält es sich mit den Weltkörpern, so mit dem Organismus, der aus der unorganischen Materie nicht durch eine Addition entspringen kann, sondern nur Potenz von ihr ist.

e) Der Begriff, sagte ich eben, ist die quantitative Indifferenz, so wie die einzelnen Dinge die quantitative Differenz und also die Vielheit sind. Der Akt, durch welchen das unveränderliche Eins des Begriffs in einer Reihe von Dingen [wiederholt] wird, heißt Zählen. Bedingung des Zählens ist der Begriff. Zählen ist nichts anderes als das durch stete Reflexion sich fortsetzende Selbstbewußtseyn. Derselbe Akt, sofern er bloß auf das Bewußtseyn bezogen und von aller Beziehung auf die Dinge abgesehen wird, heißt *Rechnen*. Die Arithmetik ist daher eine Wissenschaft a priori.

Die zweite Klasse der Begriffe ist bestimmt durch Möglichkeit, Wirklichkeit und Nothwendigkeit, gemeinschaftlich gesetzt unter Wirklichkeit.

Die unendliche Möglichkeit aller *Wirklichkeit* ist die absolute oder die grenzenlose *Realität*, welche für das reflektirte Erkennen wirklich die bloße unendliche Möglichkeit des Wirklichen enthält (Anschauung des Raumes = Menge). — Das Wirkliche für das reflektirte Erkennen wird bloß gesetzt durch Begrenzung, denn es wird für das reflektirte Erkennen bloß gesetzt, sofern es in der Zeit gesetzt, d. h. unter dem Begriff der Dauer gedacht wird. So wie also die unendliche Möglichkeit der Wirklichkeit in der absoluten Realität, so liegt die Wirklichkeit in dem, was absolute Nicht-Realität — bloße Grenze ist. Die Nothwendigkeit endlich liegt in dem durch die Grenze bestimmten Realen oder in dem, was wir das Maß nennen können. — In diese Klasse fallen daher die Begriffe des grenzenlosen Realen (ἄπειρον), der Grenze (πέρας) und des Dritten (was als absolut betrachtet das Erste ist).

Allgemeine Anmerkung. Es ist eben bemerklich gemacht worden, daß, was in der Idee durchaus das Erste ist, für das reflektirte Erkenntniß als das Dritte oder die Synthesis erscheinen müsse, weil nämlich dieses durchaus von dem Gegensatz des Möglichen und Wirklichen ausgeht, das Bewußtseyn aber bloß aus der Synthesis des Möglichen und des Wirklichen construirt werden kann. Im absoluten Erkennen ist kein Gegensatz von Möglichkeit und Wirklichkeit, sondern absolute Identität. — Quantität : Qualität = Möglichkeit : Wirklichkeit (= Realität : Idealität). Beide fordern sich daher und messen sich. Eins tritt an dem andern hervor. Die Zeit verfließt mit Bewußtseyn nur, insofern sie gemessen wird durch den Raum (Qualität, z. B. Tag). Der Raum wird ins Bewußtseyn gesetzt nur dadurch, daß er mit der Zeit synthesirt wird.

Die dritte Klasse der Begriffe ist bestimmt durch Möglichkeit, Wirklichkeit und Nothwendigkeit, gemeinschaftlich unter Nothwendigkeit gesetzt.

Da hier die Nothwendigkeit das Herrschende ist, so müssen die Begriffe dieser Klasse, jeder für sich, die durch Möglichkeit bestimmte Wirklichkeit ausdrücken, und gleichwohl müssen sie unter sich wieder das Verhältniß der Möglichkeit, der Wirklichkeit, der Nothwendigkeit beobachten.

Die unendliche Möglichkeit der Nothwendigkeit enthält für die

Reflexion den Begriff der Substanz und des Accidens. Substanz und Accidens verhalten sich untereinander selbst wieder wie Möglichkeit und Wirklichkeit. Die Substanz, rein gedacht, enthält für das bloß reflektirte Erkennen die bloße Möglichkeit eines Seyns, die Wirklichkeit enthält das Accidens. Substanz und Accidens sind also an sich schon Möglichkeit bestimmt durch Wirklichkeit. Aber diese Synthesis enthält doch bloß die unendliche Möglichkeit der Nothwendigkeit, nicht die Wirklichkeit der Nothwendigkeit. Substanz und Accidens ist die bloße 1, was erst durch die 2 in Wirklichkeit übergeht. — Die Wirklichkeit der Nothwendigkeit ist ausgedrückt durch den Begriff der Ursache und der Wirkung. Ursache und Wirkung verhalten sich unter sich wieder wie Möglichkeit und Wirklichkeit in relativer Differenz. Die Ursache enthält für das reflektirte Erkennen die bloße Möglichkeit der Wirkung, die Wirkung ist die Wirklichkeit selbst. Nur beide verbunden gedacht geben die Nothwendigkeit. Zwischen die bloße Möglichkeit der Wirkung, die Ursache und die Wirklichkeit, die Wirkung selbst, schiebt die bloße Imagination die Zeit ein. Denn wahrhaft betrachtet ist die Ursache und die Wirkung eins und dasselbe, nur von verschiedenen Seiten angesehen.

Nur durch den Begriff der Ursache und der Wirkung sondern sich für das reflektirte Erkennen die Dinge von dem Unendlichen ab, und dauern, d. h. existiren nicht auf ewige Art, wie im Unendlichen, sondern auf eine zeitliche, endliche. Auch der Begriff der getrennten Ursache und Wirkung ist also, wie die Zeit, bloß durch das reflektirte Erkennen und den Begriff der getrennten Substanz und Accidens, gesetzt, und hat an sich, d. h. im Absoluten, durchaus keine Realität.

Die Nothwendigkeit als bloße Möglichkeit angeschaut, ist also ausgedrückt in dem Begriff von Substanz und Accidens; die Nothwendigkeit als Wirklichkeit in dem Begriff der Ursache und der Wirkung. Die Nothwendigkeit der Nothwendigkeit aber wird ausgedrückt durch die vollständige Synthesis der bloßen Möglichkeit der Nothwendigkeit mit der Wirklichkeit. Diese Synthesis ist der Begriff der allgemeinen Wechselwirkung, wodurch für das bloß reflektirte Erkennen die höchste Totalität der Reflexion gesetzt wird.

Anmerkung. Auch über diese Begriffe läßt sich dieselbe Anmerkung machen wie über alle andern. Nämlich abgesondert von dem, was ihnen von der Reflexion anhängt, aber als ewig und absolut gedacht, sind es die höchsten Begriffe aller Speculation. Für das reflektirte Erkennen sind es bloße Begriffe a priori, d. h. Begriffe, die, obgleich ohne andere als ideale Beziehung auf das Objekt mehr, doch ihrer Natur nach sich auf Objekte beziehen. In der Speculation, wie gesagt (welche keine Begriffe a priori kennt), sind es absolute Begriffe.

In der Absolutheit sind Substanz und Accidens nicht bloß synthetisch, sondern absolut eins: das Wesen auch die Form; die Form das Wesen. Im Unendlichen ist Ursache und Wirkung gleichfalls eins und dasselbe, absolut eins, wie objektive Möglichkeit und Wirklichkeit; jeder Wirklichkeit ihre Möglichkeit, jeder Möglichkeit ihre Wirklichkeit verbunden.

Aus dieser ganzen Construktion erhellt, daß alle diese Begriffe, wie sie in der Reflexion gedacht werden, aufs Absolute gar keine Anwendung leiden, daß sie überhaupt bloß im reflektirten Erkennen, und da dieß ein Erkennen in der Zeit, ein bloß endliches Erkennen ist, bloß in der Sphäre des Endlichen Bedeutung haben. Ebenso ist von selbst offenbar, daß diese Begriffe dieselbigen sind, welche Kant unter dem Namen der Kategorien aufgestellt hat. Den ganz eigenthümlichen Mechanismus der Vernunft, der durch den Reflex dieser Begriffe hindurchsieht, hat Kant zwar bemerkt (z. B. daß gleiche Zahl — die dritte immer Synthesis — daß in den zwei ersten ohne Correlat), aber von seinem Standpunkt aus nicht begreiflich machen können.

Noch etwas über den Standpunkt von Kant überhaupt.

Der gemeine Verstand ist ganz in diesen Begriffen befangen und kann von ihnen nicht hinweg. Der gemeine Verstand, wenn er philosophirt, philosophirt also auch ganz nach diesen Begriffen, und von dieser Art war die Philosophie nicht Platos, Spinozas, Leibnitzens; wohl aber die Philosophie, welche zu Kants Zeiten die herrschende war, und die auch jetzt einer großen Menge von Menschen im Kopf liegt, durch Begriffe zurückzuschließen aufs Absolute. Diese Philosophie hat durchaus bloß mit den Begriffen des Endlichen zu thun, und sucht nur mittelst eines Regressus durch Mittelglieder, die alle endlich sind, zum Absoluten aufzusteigen, durch die Begriffe, welche lauter Negationen des Absoluten selbst sind, dieses selbst zu bestimmen. Kant hat das Unmögliche einer solchen Philosophie eingesehen, und die ganze kritische Seite seiner Philosophie hat nur bewiesen, was sich eigentlich von selbst versteht, nämlich daß alle diese bloßen Verstandes- oder Reflexionsbegriffe auf das Absolute oder das An-sich gar keine Anwendung leiden. Kants Philosophie war daher bloße Kritik, und nicht Kritik der Philosophie im absoluten Sinne, sondern Kritik der zu seiner Zeit herrschenden Philosophie. Gerade die Philosophie aber ist bei dieser Kritik leer ausgegangen.

Ich habe mir das Verhältniß Kants immer durch ein Beispiel Platos erläutert. Plato stellt den Zustand des gemeinen Wissens vor als einen Zustand von Menschen, die in eine finstere Höhle eingeschlossen sind, die nur Eine Oeffnung hat, durch welche das Licht hereinfällt. Die Menschen sind aber nicht gegen das Licht, sondern nur gegen die gegenüberstehende Wand gekehrt, auf der sie die Schattenbilder der außen befindlichen oder vorübergehenden wahren Dinge sehen, und sie für die wirklichen Dinge halten. Kant ist mehr oder weniger mit in der Höhle gewesen: er sah jedoch ein, daß die Schattenbilder nicht die wahren Dinge seyen, und merkte das Licht. Aber er näherte sich ihm nur rückwärts, so daß er eigentlich immer noch die Scheindinge im Auge behielt und nie in den Besitz des Lichts selbst kam, noch genau wissen konnte, ob er aus der Höhle heraus sey oder nicht.

* * *

Die ganze Sphäre der Begriffe steht unter dem bloßen Schema der Möglichkeit oder der Reflexion, obgleich sich innerhalb dieser Sphäre wieder der ganze, durch Möglichkeit, Wirklichkeit und Nothwendigkeit bestimmte Organismus der Vernunft ausdrückt.

Unter dem Schema der Wirklichkeit steht vorzugsweise die Sphäre ter, Subsumtion oder des Urtheils. — Jedes Urtheil setzt eine Wirklichkeit, so wie der Begriff eine Möglichkeit. Der Begriff ist die Einheit, das Schema des Urtheils ist relative Differenz, und eben deßwegen heißt es Ur-theil. Jedes Urtheil ist die Subsumtion eines Wirklichen (einer quantitativen Differenz) unter dem Möglichen (dem Begriff oder der quantitativen Indifferenz).

Aber obgleich dem Schema die Wirklichkeit untergeordnet, so wiederholt sich doch auch hier der ganze Organismus der durch Möglichkeit und Wirklichkeit bestimmten Nothwendigkeit unter dem Schema der Wirklichkeit. Die Eintheilung des Urtheils ist daher ganz dieselbe wie die des Begriffs, und ich bemerke daher nur noch Folgendes.

1) Daß auch der Unterschied der Urtheile in Bezug aufs Unendliche gar keine Bedeutung habe, ist durch Kant bewiesen worden, und ist schon dadurch klar, daß er nur im reflektirten Erkennen stattfindet.

2) Das unendliche Erkennen wird zunächst und unmittelbar gesetzt durch die Reflexion oder den Begriff. Der Begriff wird wieder objektiv gesetzt durch das Urtheil: so wie nun endlich Begriff und Urtheil wieder objektiv werden durch den Schluß.

Die Construktion des Schlusses oder des Syllogismus beruht ganz und gar auf den drei Begriffen der Möglichkeit, Wirklichkeit und Nothwendigkeit, und ist die höchste Totalität, wodurch das reflektirte Erkennen die durch Möglichkeit und Wirklichkeit bestimmte Nothwendigkeit ausdrückt. Wenn also der Begriff die 1, das Urtheil die 2 ist, so ist dagegen der Schluß die 3. (Drei Dimensionen im Idealen — ganz articulirte Vernunft).

Der Obersatz im Urtheil steht ganz besonders unter dem Schema der Reflexion oder ist bloßer Ausdruck einer Reflexion. Der Untersatz ist die Subsumtion. Der Schlußsatz ist die durch Subsumtion bestimmte Reflexion — oder die höchste Nothwendigkeit. Der Obersatz drückt in Bezug auf den Schluß eine bloße Möglichkeit aus: z. B. „alles Körperliche ist zerstörbar", hier ist eine bloße Möglichkeit ausgesagt und keine Wirklichkeit; nun ist der Atom etwas Körperliches (hier die Wirklichkeit); also ist der Atom zerstörbar (Nothwendigkeit).

Der Schluß ist für die Potenz der Reflexion der höchste Ausdruck der Form des Absoluten. Das Absolute ist absolute Identität des Unendlichen und Endlichen, so nämlich, daß es das eine und das andere auf gleiche Weise ist. Diese absolute Identität unter der Form des einen und andern ist ausgedrückt in dem Schluß durch das, was man den Terminus medius, major und minor nennt, z. B. in dem Schluß

A = B
B = C
―――――
A = C

ist B die absolute Identität von A und C, A und C ist das eine und andere von B. Ich erinnere an den ersten Beweis des gleichschenkligen Dreiecks von Euklid, wo eine und dieselbe Linie zugleich in zwei Cirkeln und in dem ersten der einen, in dem zweiten der andern gleich ist, und dadurch auch diese beiden sich selbst gleich macht.

Der Schluß läßt keine andere Verschiedenheit zu, als welche durch den Begriff der Möglichkeit, der Wirklichkeit und der Nothwendigkeit selbst bestimmt ist, weil er in sich schon diese drei Formen enthält. Die Form der durch Möglichkeit gesetzten Wirklichkeit ist ausgedrückt in dem kategorischen, die Form der durch Wirklichkeit gesetzten Möglichkeit in dem hypothetischen, die Form der durch Möglichkeit und Wirklichkeit gesetzten Nothwendigkeit in dem disjunktiven Schluß. Der disjunktive Schluß stellt die höchste Totalität, gleichsam gegliedert, dar, indem er alle Bedingungen zur Bestimmung des Gegenstandes enthält.

Indeß wiederholen sich diese Formen auch hier wieder im Einzelnen. Z. B. im kategorischen, hypothetischen und disjunktiven Schluß ist der Obersatz eigentlich immer kategorisch, der Untersatz hypothetisch, der Schlußsatz disjunktiv. Denn der Obersatz sagt immer die Möglichkeit oder das Kategorische, der Untersatz die Wirklichkeit, also die Hypothesis des Schlusses aus. Der Schlußsatz ist immer disjunktiv; z. B. in dem Schluß

A = B (Reflexion)
B = C (Subsumtion)
A = C (Vernunft)

werden in dem Schlußsatz. A = C, A und C, welche in Bezug auf B Eines sind, disjungirt und nur durch das Disjunktiom gleich gesetzt.

Wie sich also die drei Formen der Schlüsse im Ganzen verhalten, so im Einzelnen wieder die drei Sätze oder Dimensionen jedes Schlusses: der Obersatz, der Untersatz und der Schlußsatz. Der erste = Möglichkeit, der zweite = Wirklichkeit, der dritte = Nothwendigkeit. Den drei Schlußarten aber, der kategorischen, hypothetischen, disjunktiven, so wie den drei Sätzen entsprechen ebenso viele logische Grundsätze.

Wie der Begriff im gemeinen Vernunftgebrauch eigentlich nur durch das Urtheil objektiv wird, indem ja z. B. eine Menge Menschen keinen Begriff von Substanz und Accidens, Ursache und Wirkung haben, und doch in unzähligen Fällen urtheilen, daß die Substanz weder vermehrt noch vermindert werde und nur das Accidens sich verändere, daß jede Wirkung ihre Ursache habe, so werden dagegen die Schlüsse wieder objektiv durch die Ideen, die auch im gemeinen Vernunftgebrauch vorkommen, und die dem kategorischen, hypothetischen und disjunktiven Vernunftschluß entsprechen. Dem kategorischen entspricht die Idee der Seele als einer einfachen Substanz (das Wort im Sinne der Reflexion genommen) — Einfachheit der Seele; dem hypothetischen die Idee einer vollständigen Reihe aller Bedingungen des Bedingten, dem disjunktiven die Idee Gottes, als der höchsten Synthesis des Kategorischen oder Unendlichen mit dem Hypothetischen oder Endlichen. Die Widersprüche, in welche sich eine Philosophie verflicht, die mit Begriffen des bloß reflektirten Erkennens gleichwohl in das Reich der Ideen sich erhebt, z. B. an der Reihe von Ursachen und Wirkungen (die bloß real ist) zum Unbedingten (das ideal-real ist) aufsteigen will, sind ebenso natürlich als nothwendig. So läßt sich z. B. mit bloßen Reflexionsbegriffen allerdings beweisen, daß die Welt einen Anfang habe, und daß sie keinen habe. Kant hat diese dialektischen Widersprüche des reflektirenden Erkennens und dadurch des Dogmatismus mit sich selbst durch die Antinomien dargestellt, welche ohne allen Zweifel der spekulativste Theil seiner Kritik sind. Der Widerspruch liegt hier immer nicht *zwischen* beiden Behauptungen, sondern in jeder für sich betrachtet. Beide sind falsch. Denn wahrhaft hat die Welt weder einen Anfang noch auch keinen Anfang, denn *an sich* betrachtet ist sie überhaupt nicht in der Zeit. Die *speculative Wahrheit* besteht eben darin, daß man von den entgegengesetzten Behauptungen der reflektirenden Vernunft, die aus dem in der Reflexion nothwendigen Gegensatz des Unendlichen und Endlichen entspringen, weder die eine noch die andere zuläßt. Das Entweder — Oder der Reflexion ist für die Speculation ein Weder — Noch oder eine absolute Identität, z. B. „Die Welt entweder endlich oder unendlich", hier gilt das Weder — Noch, oder gilt beides, sowohl unendlich als endlich, so daß bloß subjektiv sich ausschließend; das An-sich besteht eben darin, daß nichts ausschließend. Umgekehrt aber läßt das Weder — Noch der Speculation sich für die Reflexion nur durch ein Entweder — Oder, d. h. durch Antinomie, ausdrücken.

Auch die drei Schlußformen sind nur ein Reflex der Absolutheit. Wird der Unterschied der Schlüsse völlig rein gedacht, so drückt er nichts anderes aus als die drei höchsten Formen, unter welchen das Absolute gesetzt wird. Reflektire ich bloß auf das *Wesen* des Absoluten, so sehe ich es als das, was *weder* das eine noch das andere, aber eben deßwegen absolut ist. *Kategorisch* — (das bloße Wesen enthält für die endliche Betrachtungsweise eine bloße *Möglichkeit*) — kategorisch betrachtet ist das Absolute eine durch die bloße Möglichkeit gesetzte Wirklichkeit (dieß der wahre Sinn des ontologischen Beweises, wie er in den gewöhnlichen dogmatischen Systemen geführt zu werden pflegte). Wird das Absolute *hypothetisch* betrachtet, so ist es das eine *und* andere, Möglichkeit und Wirklichkeit, Ursache und Wirkung, Affirmatives und Affirmirtes auf gleich unendliche Weise. (*Diese* Idee schließt für die Reflexion die Causalreihe). Endlich die *disjunktive* Betrachtungsweise ist die Synthesis des Hypothetischen und des Kategorischen. Weder die Form des Weder — Noch, noch die Form des einen und anderen ist gesetzt, sondern beide zugleich, d. h. es ist nur das Absolute gesetzt, welches aber auf völlig gleiche Weise als Ideales und als Reales betrachtet werden kann.

Nur noch einige Bemerkungen über die Begriffe der Möglichkeit, Wirklichkeit, Nothwendigkeit.

Die unendliche Möglichkeit, Wirklichkeit und Nothwendigkeit haben keinen wahren Gegensatz, also kann nur die Unmöglichkeit, die Unwirklichkeit, die Zufälligkeit entgegenstehen. — Im Absoluten ist 1) nichts möglich, was nicht eben deßwegen auch wirklich wäre. Der Gegensatz von Möglichkeit und Wirklichkeit ist nur im endlichen Erkennen, weil hier Begriff und Objekt getrennt (oder der Begriff in der Seele als Subjekt allerdings das Wirkliche im Objekt übertrifft). So z. B. man sagt bei einem Gewitter: es ist möglich, daß es in dieses Haus einschlage, bloß weil die Imagination die Ursache eher setzt als die Wirkung, da die Ursache doch erst durch die Wirkung und mit der Wirkung zugleich wirklich ist oder existirt. Z. B. wenn es wirklich möglich ist, daß es einschlägt, so auch wirklich, und in dem Augenblick, da es möglich ist, schlägt es auch ein; denn schlägt es nicht ein, so urtheilen wir, es sey unmöglich gewesen, war es also möglich, so war es unmittelbar auch wirklich.

Ebenso sind 2) die Begriffe der Unmöglichkeit, des Nichtseyns, der Zufälligkeit gleich undenkbar in Bezug auf das Absolute — bloße Produkte der Imagination. Der Begriff der Unmöglichkeit setzt die Möglichkeit eines Begriffs voraus, dem das Seyn widerspricht; ein solcher ist im Absoluten undenkbar, der Begriff des Nichtseyns setzt die Möglichkeit eines Begriffs voraus, der nicht im Seyn ausgedrückt ist, — wieder unmöglich, denn alle Begriffe des Absoluten sind als solche auch reale. Zufälligkeit setzt voraus, daß die Wirklichkeit nicht durch die Möglichkeit, das Seyn nicht durch das Denken bestimmt sey — im Absoluten wieder undenkbar. —

Ich bemerke zum Schluß.

Unter Logik wird entweder verstanden, was bei den Griechen vor Aristoteles: Vernunftwissenschaft. Dann ist sie speculative Philosophie selbst. Oder das System des reflektirten Erkennens, somit transscendentale Logik. Dann ist es das, was ich jetzt vorgetragen. Oder endlich das, was bei Aristoteles, und was auf Akademien gewöhnlich darunter verstanden wird; alsdann ist die Logik die bloß subjektive Seite der realen, und nach gewöhnlicher Art des Vortrags sogar eine bloß empirische Wissenschaft, die, wie jede empirische, bloß durch Abstraktion entsteht. Die Logik in diesem Sinne ist eine bloße Abstraktion des gewöhnlichen Vernunftgebrauchs, nicht einmal eine Abstraktion der transscendentalen Logik. Sie construirt daher durchaus nichts und erklärt auch nichts, z. B. warum der Schluß drei Sätze, ferner ihre Regeln, die Eintheilung u. s. w.

Ich komme nun wieder zurück auf §. 289, nachdem wir das System des reflektirten Erkennens, d. h. des in Beziehung auf ein einzelnes Ding gesetzten Erkennens, durch alle seine Begriffe abgeleitet haben.

§. 292. **Die Erkenntniß der Seele von den Dingen sowohl als von sich selbst ist nothwendig eine inadäquate, keineswegs aber eine adäquate.** Dieser Satz ist nur Folgesatz oder Resultat aus §§. 289 und 290. — Adäquate Erkenntniß ist = Erkenntniß eines Dings an sich selbst, ohne Relation. Nun ist aber die Erkenntniß der Dinge und ihrer Bestimmungen vermittelt durch das Verhältniß der Dinge zu dem Leib, und nur mittelst dieser Bestimmungen geschieht die Erkenntniß derselben.

Wie aber die Seele den Leib nicht getrennt von den Bestimmungen der Dinge, also weder den Leib noch die Dinge adäquat erkennt, so ist auch die Erkenntniß der Seele von sich selbst vermittelt durch den Begriff von den Bestimmungen des Leibes. Denn die Seele ist nur der lebendige Begriff oder die lebendige Einheit des Leibes, nichts außer dem. Demnach kann sie auch sich selbst nur als Begriff des Leibes erkennen, und da sie diesen nicht getrennt von den Bestimmungen der Dinge erkennen kann, so vermag sie auch sich selbst nur als Begriff dieser Bestimmungen des Leibes, d. h. sie vermag sich selbst nur vermittelst dieser Bestimmungen des Leibes zu erkennen.

Da also auf diese Weise 1) die Erkenntniß der Seele von ihrem Leibe und den Dingen eine inadäquate ist, 2) auch die Erkenntniß, welche die Seele als Begriff der Seele von sich selbst hat, durch die Begriffe von den Bestimmungen des Leibes vermittelt ist, so ist nothwendig auch *diese* Erkenntniß eine inadäquate und keineswegs absolute oder adäquate. — *Anders ausgedrückt*: Auch die Erkenntniß der Seele a priori, d. h. die, welche sie als Begriff von sich selbst hat, ist inadäquat, weil sie nur im Gegensatz und in der Beziehung auf eine inadäquate Erkenntniß möglich ist.

Hier ist also klar, daß weder die Erkenntniß a posteriori noch die Erkenntniß a priori absolute, d. h. wahre Erkenntniß, nämlich Erkenntniß der Dinge an sich selbst.

Zur Erläuterung. Absolute Erkenntniß = Vernunfterkenntniß: diese = Erkenntniß der Dinge als ewiger. Vernunfterkenntniß ist Wiederauflösung des Geistes in die Allheit der Dinge. Allein die Erkenntniß, welche die Seele als unmittelbarer Begriff des Leibes, sowohl als diejenige, welche sie durch die unmittelbare Beziehung auf sich selbst als Begriff des Leibes erlangt, ist eine *abstrakte*, nämlich eine Erkenntniß in der Abstraktion von dem All. Denn a) sie erkennt den Leib nur mittelst der Bestimmungen der Dinge, die selbst wieder durch andere Bestimmungen ins Unendliche fortgehen, d. h. sie erkennt den Leib und die Dinge nur in der Zeit — Erkenntniß in der Zeit aber ist abstrakte Erkenntniß; b) dieser zeitlichen Erkenntniß, welche in jedem Moment eine durchaus bestimmte ist, und die auch *verworrene*, weil in die empirische Unendlichkeit auslaufend, steht nun zwar die Erkenntniß des Allgemeinen (a priori) entgegen. Aber α) diese ist schon durch den Gegensatz und die nothwendige Beziehung auf die objektive Erkenntniß inadäquat, β) auch sie ist eine *abstrakte* Erkenntniß. Denn wie dort, nämlich in der objektiven Erkenntniß, die Wirklichkeit ohne die gegenwärtige Möglichkeit erkannt wird, so dagegen in den Begriffen a priori eine Möglichkeit, aus der die Wirklichkeit nicht folgt, ihr nicht adäquat ist. In der absoluten Erkenntniß aber ist Möglichkeit = Wirklichkeit, Bejahung (Begriff) = Existenz. Hieraus nun also der Satz:

§. 293. Weder das unendliche Erkennen als Seele, noch dasselbe als unendlicher Begriff der Seele ist das An-sich oder das wahre Wesen der Erkenntniß. — Denn das unendliche Erkennen ist als Seele gesetzt nicht an sich selbst, sondern nur in der Beziehung auf ein einzelnes wirkliches Ding, welches (nach den allgemeinen Grundsätzen) als einzelnes selbst nichts An-sich ist. Aber auch die unendliche Erkenntniß als Begriff der Seele ist nicht an sich und nicht das wahre Wesen der Erkenntniß. Denn es ist als Begriff, als Möglichkeit selbst nur im Gegensatz mit der Wirklichkeit (mit der Seele als Objekt) gesetzt. Da nun diese nicht an sich ist (wie im ersten Theil bewiesen), so auch jenes nicht. Demnach ꝛc.

Zusatz. Ebenso wenig kann daher aus einer bloß relativen Identität beider (worin beide als reell bestehen) wahre oder absolute Erkenntniß entspringen. (Also überhaupt keine Erkenntniß, welche eine durch die Ichheit als solche vermittelte und allein mögliche Erkenntniß ist, ist wahre Erkenntniß. Jede Erkenntniß, die nicht selbst aus dem Absoluten kommt, ist nichtig, die nur Erkenntniß meiner als meiner).

Um nun das Ewige zu finden, gehen wir nochmals auf den Grund des Zeitlichen zurück.

§. 294. Nur sofern die Seele der Begriff eines wirklichen existirenden Dings ist, kann ihre Existenz durch Dauer bestimmt werden, und nur insofern auch bestimmt sie das Daseyn der Dinge durch Zeit, demnach als Dauer. — Denn an sich betrachtet ist die Seele das unendliche Erkennen selbst, und nur als der unmittelbare Begriff eines existirenden Dings betrachtet ist sie bloßer Modus des unendlichen Erkennens und dadurch zeitlich. Daß aber die Seele, nur inwiefern sie selbst durch Dauer bestimmt ist, auch die Existenz der Dinge durch Dauer bestimmt, dieß folgt daraus, daß alle Bestimmung durch Zeit überhaupt nur im abstrakten Erkennen stattfinden kann, wie im §. 291 bewiesen.

§. 295. Hinwiederum das Ding existirt auf zeitliche Weise, nur insofern auch sein Begriff auf gleiche Weise existirt. Denn das Ding selbst und der Begriff des Dings sind nur ein und dasselbe. Demnach kann ꝛc.

§. 296. *Der Begriff eines einzelnen Dings existirt als Begriff nur dadurch, daß er durch den Begriff eines andern Dings zum Daseyn bestimmt ist* (welcher ebenso wieder durch den Begriff eines andern bestimmt ist, und so fort ins Unendliche). — Denn der Begriff und das Ding selbst sind in Ansehung des Absoluten ein und dasselbe. Ein Ding *ist*, weil sein Begriff zum Begriff Gottes gehört; unmittelbar mit *diesem* ist aber auch das Seyn, die Realität gesetzt. Wird aber das Ding nicht betrachtet, wie sein Begriff im unendlichen Begriff Gottes enthalten ist, sondern insofern er für sich selbst ist, so ist dann (nach den frühern allgemeinen Beweisen) das Ding selbst nur durch ein *anderes* zum Daseyn bestimmt, welches wieder durch ein anderes; ebenso ist auch der Begriff des Dings (d. h. die Seele nicht an sich betrachtet) durch einen andern Begriff bestimmt, welcher wieder durch einen andern zum Daseyn bestimmt war, und so fort ins Endlose.

Auf andere Weise ist dieser Beweis auch so zu führen.

Ist nach § 270 zwischen Realem und Idealem kein Causalzusammenhang möglich, ist aber ferner nothwendig jedes Ding real und ideal, Leib und Seele, auf ganz gleiche Weise, so folgt, daß, da das einzelne wirkliche Ding — *als dieses* — nur ist, inwiefern es durch ein anderes zum Daseyn bestimmt wurde, daß, sage ich, auch die Seele des Dings oder, was dasselbe ist, der unmittelbare und aktive Begriff des Dings zum Daseyn bestimmt ist nicht durch eine Causalverknüpfung mit dem Ding, sondern durch einen andern Begriff, dessen Existenz selbst wieder durch die Existenz eines andern gesetzt war, und so fort ins Endlose.

Zur Erläuterung. Was man Seele nennt, ist nichts anderes als der unmittelbare Begriff, das Affirmative des Leibes. Nun ist aber, in Ansehung Gottes, das eine ganz und unmittelbar auch das andere; Begriff und Ding, Seele und Leib sind nur zwei verschiedene Ansichten von einem und demselbigen; beide sind nicht relativ, sie sind absolut eins. Ob ich also sage: ein einzelnes Ding ist zum Daseyn bestimmt durch ein anderes einzelnes Ding, oder: der Begriff eines einzelnen Dings ist zum Daseyn bestimmt durch einen andern Begriff, beides ist völlig gleichbedeutend.

Da indeß nichts existirt, das nicht Begriff und Ding auf ganz gleiche Weise wäre, der Begriff aber doch das Ding, und das Ding den Begriff nicht bestimmen kann, so ist jedes Ding unmittelbar nur durch das Absolute möglich; denn nur durch die Idee des Absoluten ist der Begriff des Dings und das Ding selbst ewig eins.

§. 297. Die nicht-existirenden Dinge und die Begriffe dieser Dinge sind im Absoluten ebenso wie die existirenden Dinge und die Begriffe dieser Dinge, nämlich auf eine ewige und unendliche Weise. — Die Dinge, welche wir existirend nennen, werden durch diese ihre Existenz nur wirklich für sich selbst, in Bezug auf das Absolute aber werden sie nicht wirklicher, als es auch die Dinge sind, die wir nicht-existirende nennen, die z. B. vergangen oder zukünftig sind. Denn jene ihre Existenz oder Wirklichkeit ist nicht ihr Leben im Absoluten, sondern vielmehr ihr Leben in Bezug auf andere Dinge oder für sich selbst. Umgekehrt also kann auch die Nicht-Existenz der Dinge in Ansehung des wahren Seyns, nämlich in Ansehung des Seyns in der Idee, nichts ändern, denn das Maß der Realität, welches jedem Ding in dem unendlichen Begriff des All zukommt, ist ihm in der Idee auf eine ewige Weise verbunden, und kann weder entstehen noch vergehen.

Anders ausgedrückt. In Ansehung des Absoluten ist kein Unterschied des Seyns und des Nichtseyns, dieser wird vielmehr bloß im abstrakten Erkennen gemacht. Auch das, was ist, ist im Absoluten auf keine andere Weise enthalten, als das, was für die abstrakte Erkenntniß nicht ist, was war, oder was erst seyn wird.

§. 298. Im Absoluten ist also auch der Begriff des menschlichen Leibes nicht auf eine bloß vorüberg[illegible] sondern auf eine ewige Weise enthalten als [illegible] Folge der Idee. — Dieß würde schon aus dem folgen, [illegible]

Beweis des vorhergehenden Satzes ausgeführt wurde. Noch bestimmter auf folgende Art:

Der Begriff des Leibes überhaupt ist die Seele. Nun ist aber die Seele einerseits zwar endlich (inwiefern sie der unmittelbare Begriff des Leibes ist), andererseits aber unendlich, inwiefern sie zugleich der Begriff von sich selbst ist. Nun ist aber in der Idee oder dem Wesen der Seele — dem, wodurch sie in die Ewigkeit aufgenommen ist — das, was im Unendlichen als Möglichkeit, im Endlichen als Wirklichkeit gesetzt ist, *absolut eins*, — d. h. die Seele ist ewig in der Idee. Ist nun die Seele der Idee oder dem Wesen nach ewig, so ist auch der Begriff *des Leibes* ewig und auf eine ewige Weise enthalten im Absoluten.

Zusatz. Dieser ewige Begriff oder diese ewige Position der Existenz des Leibes ist weder entstanden, noch kann er als vergänglich gedacht werden. — Folgt unmittelbar aus dem Begriff der Ewigkeit.

§. 299. *Dieser ewige Begriff des Leibes oder die Idee der menschlichen Existenz ist dasjenige von der Seele, was selbst ewig ist.* Denn der Begriff der Seele ist, die Affirmation, der Begriff des Leibes zu seyn. Der ewige Begriff desselben ist also nothwendig zugleich das Wesen der Seele selbst.

Sowohl die *Seele*, als *unmittelbarer* Begriff des Leibes, wie das Princip des Bewußtseyns, oder der mit der Seele zugleich gesetzte Begriff der Seele, beide stehen und fallen mit dem Leibe zugleich, d. h. beide haben nichts Ewiges, sondern sind zeitlich. Denn die Existenz der Seele als Begriffs des Leibes kann nur durch *Dauer* bestimmt werden. Nun hat aber die Seele keine Dauer, als inwiefern sie der Begriff des Leibes als eines existirenden Dings ist nach §. 294, die Existenz des Leibes aber ist eine zeitliche, eine vergängliche. Die Seele dauert also nur, solange der Leib dauert. — Aber auch das unendliche Erkennen als *Begriff*, als *möglich*, ist nur gesetzt dadurch, daß dieses als *wirklich*, als Objekt gesetzt ist; also ist auch das A^2 oder das Princip des Bewußtseyns nicht an sich ewig, sondern dauert nur durch den Leib. — Das Eine an sich Ewige ist nur die Idee oder

der im Absoluten auf ewige Weise ausgedrückte Begriff des Leibes, das Affirmirte der dritten Potenz, welches aber, nicht gegenbildlich, sondern an sich gedacht, die absolute Identität des Begriffs oder des Subjektiven und des Objektiven selbst (die eigentliche göttliche Selbstbejahung in dem Ding) ist. Daß nun dieses A^3 nicht entstanden sey, und nicht als vergänglich gedacht werden könne, bedarf keines Beweises, denn es ist das Wesen der Seele, dem Wesen nach aber kann nichts weder entstehen noch vergehen.

Nur aber deßwegen, weil dieses mit der Seele zugleich gesetzte Wesen der Seele schlechthin ewig ist, kann diese Ewigkeit weder als eine empirische Präexistenz noch als eine Fortdauer gedacht werden.

Was einem andern der Zeit nach vorangeht, verschwindet selbst in der Zeit; das Leben des Menschen in der Idee aber geht dem Sinnenleben nicht der Zeit nach voran; es ist sein Prius der Idee nach, das als solches weder entstehen noch dauern noch vergehen kann. Es hat überhaupt kein Verhältniß zu der Zeit, sondern ist das Prius aller Zeit, die reine Ewigkeit selbst.

§. 300. *Wie das Bewußtseyn oder der mit der Seele zugleich gesetzte Begriff der Seele Princip aller Erkenntniß a priori ist, so ist das Ewige, welches das Wesen der Seele constituirt, Princip der absoluten oder der ewigen Erkenntniß.* — Daß das unendliche Erkennen als Begriff der Seele Princip aller Erkenntniß a priori sey, ist schon im §. 283 bewiesen. Dasjenige nun, welches der unmittelbare Ausdruck der Art, wie wir im Absoluten sind, oder des ewigen und göttlichen Wesens in uns ist, ist eben deßwegen auch das Princip aller ewigen und absoluten Erkenntnißart, also besonders der philosophischen. (Hier die Philosophie zur Construktion von ihr selbst durchgedrungen).

Hiermit haben wir denn das An-sich der ersten Potenz der idealen Welt ausgezeichnet. Es ist *das ewige, das absolute Wissen*, das im Wesen der Seele selbst gegründet, oder vielmehr nur dieses Wesen, das Göttliche der Seele selbst ist. Die Seele, sofern sie sich unmittelbar auf den Leib bezieht, ist nichts wahrhaft *an sich*, und also ist auch die Erkenntniß, inwiefern sie in der *Seele* in *dieser* Beziehung ist, keine wahre, keine adäquate, keine Erkenntniß an sich, wie früher gezeigt wurde. Die Erkenntniß, welche die Seele durch Vermittlung des Leibes hat, d. h. die Erkenntniß a posteriori, ist eine inadäquate und verworrene. Aber ebenso wenig Realität hat die Erkenntniß a priori, denn sie beruht darauf, daß mit der Seele zugleich das unendliche Erkennen als *Begriff* der Seele gesetzt ist. Da nun jene nicht *an sich*, sondern nur durch Beziehung auf den Leib gesetzt ist, so ist auch der Begriff der Seele nicht *an sich* gesetzt. An sich und absolut ist nur das Wesen der Seele, das Ewige, wodurch sie in Gott ist, und von dem der Gegensatz der Seele, die sich auf den Leib bezieht, wie der Seele, inwiefern sie zugleich der unendliche Begriff von sich selbst ist, der bloße Erscheinungsgegensatz ist.

Nun Uebergang zur zweiten Potenz (der sich unmittelbar an das eben Gesagte anknüpft).

§. 301. *Mit jeder adäquaten Idee ist unmittelbar und nothwendig ein Handeln, so wie mit jeder inadäquaten ein Leiden verknüpft.*

Beweis. Denn jede adäquate Idee folgt aus dem Wesen oder dem Ewigen der Seele, denn nur dieses, das Ewige der Seele, ist der adäquaten Idee fähig (nach dem vorhergehenden Paragraph). Alles aber, was aus dem Wesen eines Dings, rein als solchem, so folgt, wie z. B. aus der Idee des Dreiecks folgt, daß alle drei Winkel in ihm zusammen = zwei rechten seyen, davon ist das Wesen dieses Dings der adäquate, der vollkommene Grund; so wie dagegen von allem, was nicht aus dem *Wesen* des *Dings*, an sich selbst betrachtet, sondern ganz oder zum Theil aus äußerer Bestimmung folgt, das Wesen des Dings entweder überhaupt nicht oder der inadäquate und unvollkommene Grund ist. — Ein Ding nun, inwiefern es der vollkommene Grund der Realität von irgend etwas ist, erscheint als *handelnd*. (Ich sage der vollkommene Grund; denn tritt irgend eine fremde Bestimmung hinzu, so ist das Ding insofern nicht handelnd, sondern leidend. Nur sofern die Realität des Dings rein aus seinem

Wesen, d. h. aus demjenigen in ihm folgt, was keiner Bestimmung fähig ist — und dieß überhaupt das Wesen eines Dings — nur insofern und nur insoweit können wir im strengen Sinne sagen, daß jenes gehandelt habe). Mit jeder adäquaten Idee ist also unmittelbar ein Handeln verknüpft, oder sie ist vielmehr selbst dieses Handeln, denn sie ist eine unmittelbare Folge aus dem Wesen der Seele, welches ewig und außer aller Bestimmung ist. Hingegen ist dann die inadäquate Idee diejenige, welche keineswegs aus dem Wesen oder An-sich der Seele absolut folgt, sondern aus der Seele, sofern sie der Begriff des Leibes und also gleich diesem den Bestimmungen durch andere Dinge unterworfen ist. Demnach ist mit der inadäquaten Idee ein Leiden verknüpft, oder vielmehr sie ist unmittelbar und als solche selbst ein Leiden der Seele — ein Bestimmtwerden, nicht ein Handeln.

§. 302. Eine freie Ursache kann nur diejenige heißen, welche, kraft der Nothwendigkeit ihres Wesens, ohne alle andere Bestimmung, nach dem Gesetz der Identität handelt.

Denn eine jede Wirkung, die nicht aus dem Wesen eines Dings folgt, folgt nothwendig aus etwas ihm Fremden, außer ihm Liegenden, d. h. zu einer solchen Wirkung war die Ursache (das Bewirkende) bestimmt durch eine andere Ursache, welche wieder durch eine andere. Es war also nicht frei, sondern gezwungen. Aber ferner die Wirkung, die aus dem Wesen eines Dings rein als solchem folgt, kann auch aus diesem nach keinem andern Gesetz folgen als dem der absoluten Identität, denn das Wesen eines jeden Dings ist an sich und abgesehen von allen Affektionen oder Bestimmungen betrachtet, die absolute Substanz selbst. Diese aber handelt, wie im Allgemeinen schon gleich zuerst bewiesen wurde, nicht so, daß sie sich selbst bestimmte, oder aus sich selbst herausginge, sondern kraft der reinen Nothwendigkeit ihrer Natur, nach dem bloßen Gesetz der Identität. Demnach ist auch eine freie Wirkung 1) nur eine solche, die aus dem bloßen Wesen eines Dings, und 2) die aus diesem nach dem Gesetz der Identität folgt.

Hiermit ist also auch der gewöhnliche Begriff einer freien *Selbstbestimmung* abgeschnitten; denn aus dem *Wesen* eines Dings als Wesen kann nichts nach dem Gesetz der Causalität, auch nicht einmal auf es selbst folgen; es hat nicht nöthig, sich selbst zu bestimmen, denn es ist absolute Identität. Bestimmt es aber sich selbst und so, wie bei dem Begriff einer freien Selbstbestimmung angenommen wird, daß das *Bestimmte* nicht an sich, sondern eben nur durch den Akt des Bestimmens ihm gleich würde, so handelte es nicht nach dem reinen Gesetz der Identität. Soll dieß seyn, so muß das Bestimmte im *Handeln* mit dem Bestimmenden an sich harmoniren, darum weil beides ein und dasselbe Ding ist, wie in Gott das Affirmirte dem Affirmativen entspricht und ihm gleich ist, nicht weil jenes durch dieses bestimmt ist, sondern weil beides ein und dasselbe, nämlich Gott ist.

Freie Selbstbestimmung ist also ein Widerspruch, weil in dem absolut freien Handeln das Bestimmte und das Bestimmende nicht zwei verschiedene, sondern nur ein und dasselbe sind, wie das Wesen des Cirkels und die Bestimmung, kraft welcher alle Punkte der Peripherie gleich weit vom Mittelpunkt entfernt sind, nicht zwei verschiedene, sondern nur ein und dasselbe sind; und diese aus jenem nicht durch Vermittlung, sondern unmittelbar, nach absoluter Identität fließt. Freies Handeln, oder, da dieß eigentlich ein Pleonasmus ist, *Handeln* überhaupt also ist nur da wahrhaft, wo das, was aus einem Ding folgt, aus seinem Wesen, kraft des Gesetzes der Identität folgt. Woraus denn auch einzusehen ist, daß alle andere Freiheit außer der, die im Göttlichen ist, nichtig sey, und Gott allein wahrhaft frei heißen könne. Denn das Handeln Gottes ist das Wesen Gottes selbst, und umgekehrt, und nichts kann aus ihm folgen, das nicht aus der bloßen Idee seines Wesens von selbst folgte und diesem gleich wäre.

§. 303. *Nur eine solche Handlung, die aus dem Wesen der Seele oder, was dasselbe ist, aus dem Göttlichen, sofern es das Wesen der Seele ist, mit absoluter Nothwendigkeit folgt, ist eine absolut freie Handlung.* Folgt aus den beiden vorhergehenden Sätzen. Denn jedes Setzen, jedes Affirmiren, das nicht aus dem Wesen der Seele folgt, ist an einer inadäquaten Idee, also = einem Leiden, einem Nicht-Handeln. Frei aber ist nach dem unmittelbar Vorhergehenden nur eine solche Handlung, die aus dem Wesen eines Dings kraft der bloßen Nothwendigkeit seiner Natur folgt, in Bezug auf die Seele also nur diejenige Handlung, die aus dem Wesen der Seele, d. h. aus Gott folgt, sofern er das Wesen, der Grund, das An-sich der Seele ist.

§. 304. **Absolutes Erkennen und absolutes Handeln sind ein und dasselbe, nur von verschiedenen Seiten angesehen.**

Denn nach dem §. 300 ist das Wesen der Seele Princip alles absoluten Erkennens, oder das Wesen der Seele ist vielmehr selbst nur dieses absolute Erkennen, nichts außerdem. Nur in dem absoluten Erkennen ist daher die Seele auch wahrhaft frei. Hinwiederum aber ist alles wahrhaft freie Handeln nichts anderes als eine absolute Affirmation, d. h. eine Affirmation, die ebenso aus dem Wesen der Seele folgt, wie es aus diesem Wesen folgt, daß ich A ewig als = A erkenne.

Der Unterschied, der zwischen dem Handeln und Erkennen gemacht wird, ist ein bloßer Unterschied der Potenz, d. h. ein unwesentlicher.

Wie ich nämlich im absoluten Wissen oder in der absoluten Contemplation das Endliche unmittelbar als ein Unendliches erkenne und affirmire, so ist umgekehrt das Handeln vielmehr ein Affirmiren des Unendlichen als eines Endlichen, des Idealen als eines Realen, das aber mit gleicher Nothwendigkeit aus dem Wesen der Seele fließen muß, als die Erkenntniß, daß das Endliche, das Reale = dem Idealen sey.

Das Wesen der Seele ist eines. Es gibt keine Vermögen, die etwa in der Seele ruhten, nicht ein besonderes Erkenntniß- und ein besonderes Willensvermögen, wie die falsche psychologische Abstraktion dichtet, sondern es ist nur Ein Wesen, nur Ein An-sich der Seele, in welchem alles ein und dasselbe ist, was die Abstraktion trennt; und nur, was aus diesem An-sich der Seele quillt, es sey nun im Wissen oder im Handeln, ist absolut, ist wahr, ist zugleich frei und nothwendig.

Die Abstraktion, welche die Wissenschaft verkehrt hat — ich meine

Abstraktion wie immer Absonderung der Dinge von der Allheit — die Abstraktion also, die in die Wissenschaft alle Irrthümer, alle einseitigen und falschen Systeme geboren hat, ist eben auch der Tod alles wahren Handelns und der Quell der meisten Irrthümer über die Natur des Handelns.

Die Vorstellung, daß es ein anderes sey, das in uns erkennt, und ein anderes, das handelt, hat zuerst zu der Vorstellung geführt, daß es eine Freiheit gebe unabhängig von der Nothwendigkeit. Die Trennung des Handelns vom Erkennen ist der Abfall der Freiheit von der Nothwendigkeit selbst, als ob jene etwas für sich seyn könnte. Wenn Wahrhaftigkeit (der Grund aller Tugend) Einheit des Handelns und Erkennens ist, so ist die Trennung beider die erste Lüge, und unsere heutige Moral ist nur diese fortgesetzte Lüge, nämlich an eine Tugend zu glauben, sie zu fordern und anzupreisen, die nicht aus dem Wesen der menschlichen Natur quillt, und aus der Nothwendigkeit desselben göttlichen Princips, aus welchem die Wissenschaft fließt, oder auch umgekehrt an eine Erkenntniß, die nicht unmittelbar als solche auch Handlung ist. (Ich muß bei dieser ganzen Darstellung voraussetzen, daß Sie zuvörderst sich bloß an die Beweise unserer Behauptung halten, ohne sich durch die Einwendungen, welche ihnen entgegenzutreten scheinen könnten, irre machen zu lassen).

§. 305. In der Seele als solcher gibt es keine Freiheit, sondern nur das Göttliche ist wahrhaft frei, und das Wesen der Seele, sofern es göttlich ist. (Aber in dem Sinn gibt es dann auch kein Individuum). — Der menschlichen Seele Freiheit zuzuschreiben, wurde man vorzüglich dadurch verleitet, daß man ihr erst einen besondern Willen als ein eignes Vermögen zuschrieb, welches ein bloßes Produkt der Imagination ist. In der Seele als solcher finden wir wahrhaft nichts als einzelne Akte des Wollens; aber außer diesen einzelnen Akten des Wollens gibt es so wenig noch einen besondern Willen, als es etwa außer den einzelnen ausgedehnten Dingen noch eine besondere Ausdehnung, oder außer den körperlichen Dingen noch eine besondere Körperlichkeit gibt. Die einzelnen Akte des Wollens sind aber in der Seele als Seele jederzeit nothwendig bestimmt, und also nicht frei, nicht absolut. Dieß ist ganz allgemein einzusehen.

Unter der Seele (als solcher) nämlich ist ein Modus der unendlichen Affirmation zu verstehen, der sich auf ein besonderes Ding bezieht, so daß von ihr dasselbe gilt, was von dem Ding selbst gilt. So wie nun dieses in jedem Augenblicke bestimmt ist, das zu *seyn*, was es ist, oder sich auf diese Weise zu *bewegen*, wie es sich bewegt, so nothwendig auch die Seele als Seele. In der Seele als solcher ist also keine Freiheit des Wollens.

Außer aller Bestimmbarkeit durch Causalzusammenhang liegt nur, was das absolute Prius aller Zeit ist; das Ewige, das Wesen der Seele. Aber das Wesen der Seele ist göttlich; demnach absolut frei ist nur das Göttliche als das Wesen der Seele; der Mensch ist nicht für sich selbst frei, sondern für sich und dem eignen Leben nach betrachtet, fällt er der Nothwendigkeit und dem Verhängniß in dem Maße anheim, in welchem er *seine* Freiheit als seine von der göttlichen trennt. Der Mensch ist nicht für sich selbst frei; nur das Handeln, was aus Gott stammt, ist frei, wie nur ein gleiches Wissen wahr ist.

Anmerkung. Mit dem Begriff der individuellen Freiheit des Menschen stehen in nächster Verbindung die Begriffe des *Bösen*, der Sünde, der Schuld, der Strafe u. s. w.

Eine kurze Ansicht dieser Begriffe nach unsern Grundsätzen wird dienen, diese selbst zu erläutern.

Zuvörderst rufe ich hier in *Ihre* Gedanken zurück, was gleich zu Anfang und öfters wiederholt in der Folge gezeigt wurde:

1) daß nichts *an sich selbst* betrachtet *endlich* ist. Als endlich wird ein Ding nur erkannt im Gegensatz und der Vergleichung mit andern Dingen, denn hier findet sich, daß mehreres von ihm verneint ist, was in andern Dingen bejaht ist. Wird es aber rein für sich selbst und an sich selbst, d. h. wird es wahrhaft betrachtet, so ist es nicht endlich, woraus denn 2) folgt, daß es nichts Positives an dem

Dingen ist, wodurch sie endlich sind, sondern eine bloße Privation, und diese Privation selbst ist wieder ein bloßer Akt des Imaginirens, oder des Betrachtens der Dinge in Relation. Wir setzen eine Privation in dem Ding nur, inwiefern wir urtheilen, daß etwas, das ihm fehlt, zu seiner Natur gehöre, ihm zukomme. Aber wir urtheilen dieß bloß, indem wir das Ding mit andern Dingen oder mit einem allgemeinen Begriff vergleichen, d. h. indem wir es nicht an sich selbst betrachten. So sagen wir, um ein Beispiel des Spinoza zu gebrauchen, von einem Blinden, er sey des Gesichts beraubt, wir setzen sein Nichtsehen als eine Privation. Dieß thun wir aber bloß, inwiefern wir ihn entweder mit andern Menschen, die sehen, oder mit ihm selbst in einem andern Zustand, in welchem er noch sah, oder auch mit dem Allgemeinbegriff des Menschen vergleichen, in welchen wir etwa das Vermögen zu sehen aufgenommen haben. Betrachten wir ihn aber nicht in dieser Relation, sondern an sich selbst und für sich selbst, so können wir seine Blindheit als keine Privation setzen, denn nach der Ordnung der Natur gehört das Sehen jetzt so wenig zur Natur dieses Menschen, als es zur Natur eines Steines gehört. Also selbst dieß, daß wir die Blindheit an ihm als eine Beraubung, eine Privation setzen, ist nur eine Sache der Imagination, nicht der Vernunft. An Beispielen, in denen selbst der gemeine Verstand die Dinge ihrem Wesen nach zu schauen gezwungen ist, also vorzüglich an geometrischen Beispielen, läßt sich dieß am deutlichsten machen. Niemand z. B. wird es dem Quadrat zum Vorwurf machen, oder es als eine Unvollkommenheit desselben bezeichnen, daß es nicht rund ist, wie der Cirkel. Denn alsdann wäre es nicht Quadrat, das nicht-rund-Seyn gehört also zu seinem Wesen, d. h. zu seiner Vollkommenheit. Aber (und dieß ist der Hauptpunkt) so nothwendig es zum Wesen des Quadrats gehört, nicht rund zu seyn, so nothwendig gehört es, wenn wir die Sache nicht imaginationsmäßig, sondern mit Vernunft oder adäquat betrachten, so nothwendig, sage ich, gehört es im obigen Fall zum Wesen des Blinden, daß er nicht sehe; denn vertrüge es sich mit der Ordnung der Natur, daß er sehend wäre, so würde er wirklich sehen.

Selbst das also, was wir vermöge der bloßen Imagination als Beraubung der Dinge betrachten, ist an sich oder auf Gott bezogen, d. h. vernünftig betrachtet, vielmehr nur *Negation*; Negation nämlich in dem Sinn, daß es das ausdrückt, was *nicht zum* Wesen *eines Dings gehört*, anstatt daß Privation etwas ausdrückt, was wir zum Wesen eines Dings gehörig glauben, und ihm doch fehlt. So ist z. B. das nicht-rund-Seyn in Ansehung des Quadrats keine Privation, keine Beraubung von etwas, das zu seiner Natur gehört, sondern es ist Negation, d. h. selbst wieder etwas Positives, eine Affirmation seiner Natur, seines Wesens, welchem das rund-Seyn widerstreitet.

Eine ganz gleiche Bewandtniß hat es nun mit dem, was als moralische Unvollkommenheit, als Laster, als bös u. s. w. gedacht wird.

Jedes *Handeln*, an und für sich selbst betrachtet, schließt nothwendig etwas Positives, einen gewissen Grad der Realität ein; bloß nach diesem Grad der Realität betrachtet ist in jeder Handlung Vollkommenheit, und wir würden in ihr keine Unvollkommenheit bemerken, wenn wir sie absolut und nicht in Vergleichung mit andern Dingen betrachteten. So wird z. B. die Lust und die Absicht andern zu schaden in den Menschen als *Bosheit*, als etwas Böses betrachtet. Aber *an sich* betrachtet, und wenn wir bloß auf das Positive in diesem Handeln sehen, auf die darin sichtbare Aktivität u. s. w., mit Einem Wort, wenn wir dieses Handeln absolute betrachten, nicht in der Beziehung auf das Subjekt, so daß wir dieses zugleich mit einem Allgemeinbegriff, oder mit andern Menschen vergleichen, so werden wir darin eine Art der Vollkommenheit, keineswegs aber eine Unvollkommenheit gewahr. Selbst daß seine Aktivität sich nur in demjenigen äußert, was andern schadet, ist, an sich betrachtet, keine Privation, denn dieß gehört so nothwendig zur Natur dieses Menschen, als das Gegentheil *nicht* dazu gehört. Vergleichen wir ihn mit *andern*, so werden wir allerdings einen höhern Grad der Realität, und also auch der Perfektion, in denjenigen erkennen, die thätig sind andern zum Heil, und wenn wir diese achten, werden wir jene nothwendig verachten, aber doch bloß vergleichungsweise; indem absolut, d. h. in Bezug auf die Natur betrachtet, auch sein Handeln eine offenbare Vollkommenheit einschließt; wie daraus erhellt, daß wir in der Natur, wo wir von seiner Beziehung auf das Subjekt abstrahiren, z. B. die Kraft und die Wildheit der Thiere bewundern und für eine Art der Perfektion halten, gesetzt auch, daß sie sich noch so schädlich für andere Thiere oder für den Menschen zeige.

Dieß muß die Frucht einer universellen, den Menschen zur Natur zurückführenden Philosophie seyn, daß sie die heitere Betrachtung der Welt und der Menschen lehrt, daß sie lehrt, Handlungen und Dinge nicht in Bezug auf das Subjekt, sondern an sich selbst und in Bezug auf die Ordnung der Natur zu betrachten, in welcher nichts an sich selbst unvollkommen ist, sondern, wenn gleich in verschiedenen Graden, alles die unendliche Realität ausdrückt.

Nachdem man das Uebel der Welt sowohl überhaupt als besonders in der moralischen Beziehung, das Laster, die Untugenden der Menschen, durch die Imagination betrachtet und exaggerirt hatte, so war es nothwendig, daß man endlich auch auf das Bedürfniß einer Rechtfertigung Gottes wegen der Zulassung des Uebels fiel, und in die traurige Alternative sich verwickelte, entweder Gott zum Urheber und Theilnehmer des Bösen zu machen, oder ihm das bloße Zusehen und Zulassen dabei zu lassen, welches beides das Unwürdigste ist, was von Gott gedacht werden kann: das Erste, wie von selbst klar ist; das Letzte; denn es kann nichts ohne den göttlichen Willen geschehen, alles folgt aus der Nothwendigkeit seiner Natur. Eine von beiden Annahmen wird immer die nothwendige Folge der Betrachtung des Bösen als eines Positiven seyn. Zwar Leibniz selbst sagt, daß von Gott nur das Positive der Dinge emanire, nur ihre Vollkommenheit, die Privation oder Unvollkommenheit aber lediglich in ihnen selbst liege. Aber Leibniz erhebt sich nicht zu der Einsicht, daß auch diese Privation oder Unvollkommenheit nur respective stattfindet, und an sich betrachtet nichts unvollkommen oder mangelhaft seyn kann. Denn alles, was ist, folgt aus der göttlichen Natur, und es folgt als dieses, welches nur als dieses durch die unendliche Natur affirmirt ist, weil also nur dieses zu seinem Wesen gehört, nichts anderes.

Auch die Privation also ist nur Privation respective unseres Verstandes, nicht aber in Ansehung Gottes.

Unser Verstand bildet nämlich Allgemeinbegriffe, z. B. einen Begriff des Menschen, und nimmt in diesen Begriff alles auf, was er an verschiedenen, z. B. an den meisten einzelnen Menschen, als etwas Positives erkennt; indem er nun mit diesem Allgemeinbegriff einzelne Menschen vergleicht, und findet, daß z. B. ihre Handlungen mit jener Vollkommenheit, die er in dem Allgemeinbegriff dachte, streiten, so sieht er den Zustand dieser Menschen als einen Zustand der Privation an. Allein in der Natur sind keine Allgemeinbegriffe, und Gott producirt die Dinge nicht vermöge eines Allgemeinbegriffs derselben, sondern unmittelbar als besondere, als concrete Dinge, die alle das sind, was sie vermöge der göttlichen Affirmation, d. h. vermöge des göttlichen Willens sind, und deren Vollkommenheit eben darin besteht, das zu seyn, was sie sind.

Daß diese Betrachtungsweise die einzige eigentlich philosophische und vernunftgemäße sey, wird jeder, der sie versteht, zugestehen müssen; und würde es auch zugestehen, wenn ihn nicht die gewöhnlichen Begriffe unserer Sittenlehre daran hinderten.

Aber fällt denn nun hiemit nicht, wie diese Lehre sonst und auch jetzt wieder gemißdeutet wurde, aller Unterschied des Rechten und des Unrechten, also eben damit auch aller Unterschied des Recht- und Unrecht-Handelns, alles Verdienst und alle Schuld hinweg? Wir wollen sehen. In allem, was ist, sagten wir, und in jeder Handlung drückt sich, absolut betrachtet, eine Perfektion aus, absolut betrachtet ist daher nichts unvollkommen, sondern nur in Vergleichung. Da nun Gott die Dinge nicht in Vergleichung miteinander, sondern jedes für sich als eine besondere Welt schafft, nicht nach einer gemeinsamen Einheit, so ist vor Gott nothwendig nichts unvollkommen, und man kann sagen: der relativ geringere Grad der Vollkommenheit, den z. B. der Stein relativ auf die Pflanze, die Pflanze relativ auf das Thier, das Thier relativ auf den Menschen, der schlechtere Mensch relativ auf den bessern ausdrückt, dieser relativ geringere Grad der Vollkommenheit sey in Ansehung des Steins, der Pflanze, des Thiers, des niederen Menschen gerade seine Vollkommenheit, nämlich das, wodurch er diese Stelle in der Schöpfung einnimmt, integrirender Theil derselben seyn kann, das, wodurch er ist. Aber doch je größer der Grad der Realität oder Perfektion eines Dings ist, desto mehr nähert es sich dem Göttlichen an (§. 61) und nimmt Theil an der Seligkeit des Göttlichen; so wie dagegen ein Ding, je geringer der Grad seiner Realität ist, desto mehr auch von der göttlichen entfernt ist, desto mehr an der Unseligkeit des Ungöttlichen Theil nimmt. Wenn also freilich auch der Unrechthandelnde einen gewissen Grad der Perfektion ausdrückt, so daß durch ihn die Vollkommenheit des Universums nicht gestört wird, so ist doch seine Trefflichkeit mit der des Rechthandelnden auf keine Weise zu vergleichen. Denn den Grad von Realität, den er wirklich ausdrückt, drückt er unwissend aus, wie der Stein oder das Thier auch den seinigen; dagegen folgt das Rechthandeln aus adäquaten Ideen. Jener verhält sich also, nach dem Ausdruck des Spinoza, nur wie ein Werkzeug in der Hand des Künstlers, das unwissenderweise dient und im Dienen abgenutzt und verbraucht wird. Die Rechthandelnden thun aber das Rechte mit Wissen und werden durch das Dienen selbst vollkommener.

Was dann das andere betrifft vom Verdienstlichen der Tugend, so gibt es, absolut betrachtet, allerdings kein Verdienst, nämlich vor Gott, so wenig als es einen Lohn der Tugend gibt. Dem Unrechthandelnden ist eben der geringere Grad der Realität, der in ihm ausgedrückt ist, selbst die Strafe. Absolut betrachtet ist auch er als Glied der Welt nothwendig, und insofern nicht strafbar und sogar entschuldbar. Aber der Stein ist auch entschuldbar, daß er nicht Mensch ist, nichtsdestoweniger ist er verdammt Stein zu seyn und zu leiden, was ein Stein leidet. Wer von einem tollen Hundsbiß wüthig geworden ist, sagt Spinoza, ist entschuldbar, und wird dennoch mit Recht als ein Thier behandelt. Ebenso, wer seine Begierden, seine Leidenschaften nicht zähmen kann, ist zwar wegen seiner Schwäche entschuldbar,

die, an ihrer Stelle, weil alle Grade der Perfektion vom niedrigen bis zu dem höchsten im Universum seyn müssen, gleichfalls nothwendig ist, aber er geht doch nothwendig verloren, und eben diese Schwäche selbst, dieß, daß er so handeln muß, wie er handelt, ist seine Strafe. Sein Handeln ist sein Seyn selbst, und sein Seyn sein Handeln.

So wenig also jene Lehre, daß alles, was im Universum ist, durch Gott ist, was es ist, und daß vor Gott eben deshalb nichts wahrhaft unvollkommen ist, den ewigen Unterschied des Rechten und des Unrechten aufhebt, ebenso viel trägt jene Lehre von der andern Seite bei zu einem heiteren und ruhigen Leben. Denn sie zeigt uns, daß alles Handeln aus dem göttlichen Willen fließt, und daß Rechthandeln selbst die höchste Seligkeit, nämlich die Theilnahme an der göttlichen Natur ist. Ferner zeigt sie uns, daß der Unrechthandelnde für uns betrachtet nur unglücklich ist, aber andere nicht beleidigt, unglücklich nämlich aber dadurch, daß er auf eine tiefere Stufe der Wesen zurückgesetzt ist, daß aber auch er zugleich in dieser Stufe zur Totalität des Weltphänomens gehöre, die wir in ihm ehren, ja selbst in dem Grade achten müssen, in welchem er diese Stufe erfüllt und sie rein in sich ausdrückt. Hierin liegt die wahre Duldsamkeit, alle Dinge als in einer Totalität begriffen zu denken und an ihrer Stelle zu achten; nicht aber darin, alles unter Ein Gesetz beugen zu wollen und die Mannichfaltigkeit der göttlichen Schöpfung, die sich vorzüglich im Menschengeschlecht offenbart, unter eine Formel zwingen zu wollen, Sittengesetz genannt, welches der größt mögliche Wahn ist, aus dem statt der Heiterkeit und Ruhe nur Unlust und vergebliche Mühe, wie bei unsern eingebildeten Welterziehern und Verbesserern entsteht, oder unmittelbar die Anklage des Schöpfers, dessen unendliche Fülle sich in allen Graden der Perfektion offenbart. — Nun weiter.

Zu der Gewalt, welche dem Menschen über seine Handlungen zugeschrieben wird, gehört auch die, daß die Seele die Bewegungen des Leibes nach Absicht und Willkür bestimmen kann. Hierüber [illegible] [illegible]

§. 308. Die Seele kann ebensowenig den Leib, noch die Bewegungen des Leibes bestimmen, als umgekehrt der

Leib die Seele und ihre Gedanken bestimmen kann. — Dieser Satz ist nur die besondere Folge dessen, was im §. 270 allgemein bewiesen wurde, daß nämlich zwischen Realem und Idealem auf keine Weise ein Causalzusammenhang möglich sey.

Alle Bewegungen des Körpers, zu welchen er durch einen Entschluß oder durch ein Wollen der Seele bestimmt scheint nach der gewöhnlichen Ansicht, — alle diese Bewegungen müssen daher erfolgen, als ob (wenn dieß gleich unmöglich ist) keine Seele und nur der Leib wäre. Nichts gelangt zur Bedeutung als Substanz, ohne Leib und Seele zu seyn, aber diese beiden sind nicht zwei, sondern der Substanz nach eins, und können sich daher nicht wechselseitig bestimmen. Reflektire ich also bloß auf den Leib, so muß, was auch in ihm gesetzt werden mag, doch bloß nach Gesetzen der ausgedehnten Substanz oder der Materie begriffen werden, nicht aber durch eine Einwirkung der Seele, welches ein völlig widersprechender Begriff ist. Dieser Lehrsatz ist wichtig, weil er die absolute Identität der realen und idealen Welt gleichsam in der höchsten Instanz zeigt. Alles, was auch durch Freiheit in der idealen Welt sich zu entwickeln scheint, liegt der Möglichkeit nach schon in der Materie; die Materie kann eben daher nicht das todte, rein reale Wesen seyn, für welches sie genommen wird; sie ist als reale Substanz zugleich die ideale und begreift, was diese begreift. Die ausgedehnte und die denkende Substanz, wie es Spinoza ausdrückt, sind nicht zwei verschiedene, sondern die ausgedehnte Substanz ist auch die denkende selbst, so wie die denkende die ausgedehnte. Was sich aus dem Abgrund der Materie und der Natur entwickeln kann, ist daher ein ebenso unbestimmbar Unendliches, als das, was sich aus der Seele entwickeln kann. Denn jeder Evolution der Seele geht nothwendig eine Evolution der Materie parallel.

Was die materielle Substanz für sich vermöge, dieß zeigen die Beispiele, wo wir selbst keinen Antheil der Seele erkennen, die Handlungen der Somnambulisten, die Kunsttriebe der Thiere, welche allein schon hinreichen, den Satz des Spinoza klar zu machen: quod substantia cogitans et substantia extensa est una eademque substantia.

Wie nun aber in den Bewegungen unseres Leibes nicht wir, als wir, sondern ein anderes, die Substanz, handelt, und diese Bewegungen auf eine uns, als uns, unbegreifliche, aber durchaus nothwendige Weise die Veränderungen der Seele begleiten, so ist nothwendig auch das Handeln unserer Seele, als Handeln, nicht *unser* Handeln, sondern ein Handeln der Substanz; denn wäre dieß nicht, wäre es nicht ein und dieselbe Substanz, die in der Seele handelt und diese Handlung der Seele durch die Bewegungen des Leibes ausdrückt, wie könnten diese mit jener harmoniren? In allem Handeln des Universums handelt nur die allgemeine, die unendliche Substanz — nicht unser Leib, also auch nicht die Seele. Jeder der zugeben muß, wie er denn zugeben muß, daß alle, auch die scheinbar freien Bewegungen des Leibes dennoch nicht durch ein Verursachen der Seele, sondern nach immanenten Gesetzen der Materie erfolgen, wird dieselbe Nothwendigkeit, auch für das Handeln des Subjekts zugeben müssen. Wie soll die Handlung in der Seele frei seyn, während dieselbe in der Materie — im Leib — nothwendig ist? Dieser Widerspruch ist nur aufzulösen dadurch, daß es ein und dasselbe ist, was im Leib (im Nothwendigen) und in der Seele (im Freien) handelt, und da dieses Eine nur die absolute Substanz seyn kann, weil nur diese die absolute Identität des Realen und des Idealen selbst ist, — dadurch, daß *in allem Handeln* nur die *absolute Substanz* (die nun weder frei noch nothwendig). Diese Behauptung verträgt sich allein auch mit der Harmonie des Universums; denn wie könnte dieß seyn, wenn jedes Besondere im Universum aus sich und für sich handelte?

Wodurch wird denn nun ein Handeln zum Handeln des Individuums — zu *meinem* Handeln —, wenn in allem nur die Substanz handelt? — Eine Handlung ist *meine* Handlung, heißt eben so viel als: es ist ein und dasselbe, das in mir handelt, und das in mir weiß. Die Handlung wird also zu meiner Handlung durch das *Wissen*, und sie wird in dem Verhältniß zur freien Handlung, in welchem sie aus einem absoluten Wissen, aus einer adäquaten Idee folgt. Denn in nichts sind wir wahrhaft frei als nur in dem, was wir auf absolute Weise erkennen; an nichts freier z. B. als in der Affirmation der Idee Gottes, obgleich diese Affirmation von der anderen Seite die absolute Nothwendigkeit ist. Der Unterschied des Recht- und des Unrecht-Handelnden in dieser Beziehung ist schon oben gezeigt worden. Auch in diesem handelt die unendliche Substanz, und insofern ist objektiv sein Handeln nicht bös, sondern wie es der Ordnung des Ganzen nach seyn muß, aber sie wirkt in ihm ohne sein Wissen das Gute; sein Handeln ist also kein Handeln, sondern ein Leiden, und er ist am meisten Werkzeug, indem er am meisten frei zu seyn glaubt. Der gut- und frei- Handelnde aber vermag zwar auch nicht für sich selbst zu handeln, und Gott handelt in ihm, aber das Gute wird nicht ohne sein Wissen gehandelt, es folgt aus dem Göttlichen, sofern es das Wesen seiner Seele ist, und demnach nach adäquaten Ideen, die er selbst davon hat, so daß er allein der wahrhaft Freie im Handeln ist.

§. 307. Die Freiheit, welche sich das Individuum als Individuum zuschreibt, ist keine Freiheit, sondern bloße Tendenz absolut in sich selbst zu seyn, die an sich selbst nichtig ist, und welcher die Verwicklung mit der Nothwendigkeit als das unmittelbare Verhängniß folgt. — Die meisten denken sich unter Freiheit nichts anderes als Willkür, d. h. ein Vermögen zu thun, was ihnen beliebt; selbst die Tugend ist nur Willkür bei ihnen, und diese Freiheit preisen sie auch als das höchste Gut des Menschen an. Allein daß diese Willkür keine Freiheit sey, dieß könnte sie selbst die bloße Erfahrung lehren. Denn diejenigen, die am meisten nach ihrem Gefallen zu handeln glauben, werden gerade am meisten durch Affektionen der Lust, des Hasses, der Leidenschaft überhaupt zum Handeln getrieben. So wie sicher niemand tugendhaft ist, der es nicht vermöge einer göttlichen Nothwendigkeit ist, die sich seiner bemächtigt.

Der obige Satz, den wir zu erläutern und zu beweisen haben, folgt übrigens aus dem, daß jedes Ding in der unendlichen Substanz ein gedoppeltes Leben hat, ein Leben in der Substanz und ein Leben in sich selbst. Dieses Leben in sich selbst wird dem in der Substanz gleich in der Vernunft, und das Vernunftwesen ist daher ein [illegible] in-sich selbst, indem es zugleich absolut im Absoluten ist. Mit andern Worten: die Nothwendigkeit der Naturdinge wird in diesem zugleich zur absoluten Freiheit. Aber diese Freiheit, wie [illegible] aus der gegebenen Ansicht von selbst erhellt, nichts in der Trennung von der Nothwendigkeit. Nun ist ihr zwar durch das Leben im Absoluten, d. h. durch die Nothwendigkeit, die Möglichkeit gegeben in-sich selbst zu seyn; die Wirklichkeit dieses in-sich-selbst-Seyns ist aber von ihrer Möglichkeit, der Nothwendigkeit, getrennt, [illegible] nichtig, wie jede Wirklichkeit, von ihrer Möglichkeit getrennt, an sich selbst nichtig und keine wahre Wirklichkeit ist. Das unmittelbare Verhängniß der Freiheit als Willkür, als in-sich-selbst-Seyn, ist also die Verwicklung mit der Nichtigkeit, der Endlichkeit mit derjenigen Nothwendigkeit, welche dem Seyenden selbst nur ein zufälliges Daseyn läßt, d. h. mit der empirischen.

Der Grund der Endlichkeit liegt nach unserer Ansicht einzig in einem nicht-in-Gott-Seyn der Dinge als besonderer; welches, da sie doch ihrem Wesen nach oder an sich nur in Gott sind, auch als ein Abfall — eine defectio — von Gott oder dem All ausgedrückt werden kann[1]. Die Freiheit in ihrer Lossagung von der Nothwendigkeit, d. h. die Besonderheit im eignen vom All abgetrennten Leben, ist nichts und kann nur Bilder ihrer eignen Nichtigkeit anschauen. Das an den Dingen, was unmittelbar durch die Idee des All selbst als das Nichts, als eine Nichtigkeit an ihnen, gesetzt ist, als Realität zu ergreifen, dieses ist die Sünde. Unser Sinnenleben ist nichts anderes als der fortwährende Ausdruck unseres nicht-in-Gott-Seyns der Besonderheit nach; die Philosophie aber ist unsere Wiedergeburt in das All, wodurch wir der Anschauung desselben und der ewigen Urbilder der Dinge wieder theilhaftig werden.

Die empirische Nothwendigkeit beherrscht die Welt der Nichtigkeit; dieser fällt die Seele anheim, indem sie von der absoluten Welt sich trennt, in welcher Freiheit in absoluter Identität mit der Noth-

[1] Vergl. Philosophie und Religion, oben S. [illegible]. D. H.

und die wahre Ruhe auf; ihm wölbt sich der Himmel als das verklärte Bild der Totalität, und wie der Polstern dem Schiffer durch die grundlose Tiefe, so leuchtet ihm die ewige Identität jenes Punkts durch alle Stürme und Abwechslungen des Lebens. Dieß beruhigt uns, dieß erhebt uns auf immer über alle leere Sehnsucht, Furcht und Hoffnung, zu wissen, daß nicht wir handeln, sondern daß eine göttliche Nothwendigkeit in uns handelt, von der wir zum Ziel getragen werden, und mit der nichts in Widerstreit stehen kann, was aus absoluter Freiheit folgt; denn sie ist selbst diese absolute Freiheit.

Nichts, was in uns aus adäquaten Ideen, aus der Erkenntniß Gottes folgt, kann jener Nothwendigkeit widerstreben, oder durch sie vernichtet werden, und schwerlich ist je ein durch Thaten oder Gedanken großer Mensch gewesen, der nicht diese Nothwendigkeit erkannt, und in diesem Sinn Fatalist gewesen wäre. Unmöglich nämlich kann weder die bloß empirische Gesetzmäßigkeit, welche die Handlungen der Menschen von selbst annehmen, sobald sie in die Außenwelt übergehen, noch die Freiheit des Willens einem solchen genügen.

Denn was jene betrifft, so ist es freilich wahr, daß ohne all unser Zuthun die Handlungen der Menschen, sobald sie nur in die Außenwelt treten, auch einem Naturmechanismus unterworfen sind. Zufälliger und zum Theil selbst der Willkür überlassener scheint nichts als das Loos, welches die Menschen ins Daseyn oder aus dem Leben entfernt — und doch wird die Natur in ihrem ewigen Gang nicht gestört. So ist es offenbar, daß durch eine bloße Naturnothwendigkeit aus dem Krieg der Frieden, und ganz gewiß, daß durch eine gleiche Nothwendigkeit ein wenn nicht ewiger doch dauernderer Friede [illegible] und näher rückt. Aber dieß ist eine bloß empirische Gesetzmäßigkeit, in der nichts Heiliges ist, als nur insofern sie der bloße ferne Widerschein jener höheren und zeitlosen Identität ist. Kant unter andern hat mit seiner Philosophie über diesen Gegenstand, z. B. in seiner Kritik der Urtheilskraft, der Schrift vom ewigen Frieden, bloß auf jenem empirischen Standpunkt gestanden.

Noch weniger als diese bloß empirische Gesetzmäßigkeit kann der

Mensch im Handeln sich mit der Willkür und Freiheit aller begnügen, von welcher etwas Zusammenstimmendes und eine vernünftige Entwicklung zu erwarten ebenso thöricht wäre, als sie von einem Schauspiel erwarten, das keinen Dichter hat, und in dem jeder für sich und nach Gefallen seine Rolle spielt.

Das einzig wahre System für das Handeln ist der unbedingte Glaube, d. h. nicht ein zweifelhaftes Fürwahrhalten, sondern das feste Zutrauen zur absoluten Nothwendigkeit, die in allem handelt (frei zugleich ist). Hierin allein das Heilige, dessen der Mensch bedarf.

§. 309. Die absolute Identität der Freiheit und der Nothwendigkeit ist und kann nicht hervorgebracht werden, als insofern sie ist. — Der erste Theil kann auch so ausgedrückt werden: Freiheit und Nothwendigkeit sind harmonisch, unabhängig von allem Handeln, an sich. — Denn es gibt weder eine wahre Nothwendigkeit als die der Substanz und welche aus den adäquaten Ideen folgt, noch eine andere Freiheit als dieselbe. Oder auch: Unmittelbar kraft der Idee Gottes sind Nothwendigkeit und Freiheit eins, sie sind also eins unabhängig von allem Handeln. Die Identität kann zweitens nur hervorgebracht werden, insofern sie ist. In jedem Handeln wird diese Identität beabsichtigt, aber sie kann nicht hervorgebracht werden, wenn nicht im An-sich des Handelns Freiheit und Nothwendigkeit schon harmonisch sind (wie aus §. 304 leicht zu folgern), d. h. sie kann nicht hervorgebracht werden, wenn sie nicht schon ist, unabhängig von allem Handeln.

§. 310. Die adäquate Erkenntniß Gottes ist mit dem absoluten Princip des Handelns eins und dasselbe. — Würde schon folgen aus §. 306, wo bewiesen, daß absolute Erkenntniß und absolutes Handeln eins. Nun gibt es aber kein absolutes Erkennen außer der Erkenntniß Gottes, also ꝛc. Noch bestimmter so: Es ist keine adäquate Idee in uns möglich, nach §. 301, aus der nicht ein Handeln folgte. Nun ist die adäquate Idee, in der alle andern vereinigt sind, oder die das Princip von ihnen ist, — die Idee Gottes. Also ist die adäquate Erkenntniß Gottes ꝛc.

Eine adäquate Erkenntniß Gottes ist nämlich nur diejenige, welche das ganze Wesen der Seele einnimmt, denn das Wesen der Seele ist die Vernunft, die Vernunft aber ist nach dem, was schon [illegible] und 8 bewiesen wurde, die absolute Affirmation der Idee Gottes, nichts außer dem. Ist also das ganze Wesen der Seele das, was sie an sich oder der Idee nach ist, auch wirklich, nämlich die absolute Affirmation der Idee Gottes, nichts außer dem, so können aus ihr auch keine Handlungen folgen, als welche die Idee Gottes ausdrücken, d. h. solche Handlungen, in welchen sich der höchst denkbare Grad von Realität ausdrückt, und welche daher die vollkommensten sind. — Endlich kann jener Zustand der Seele, in welchem sie das wirklich ist, was sie der Idee nach ist, nämlich Affirmation rc., ausgedrückt werden als die unendliche intellektuelle Liebe der Seele zu Gott, welche, absolut betrachtet, nur die Liebe ist, mit der Gott sich selbst liebt.

Die Trennung zwischen dem Erkennen und Handeln in der Erscheinung ist nicht in dem Wesen der Seele, und verschwindet daher selbst in der Erscheinung, wo die Seele ihrem Wesen gleich wird. Daß es ein in uns von der Erkenntniß unabhängiges Handeln gibt, oder daß ein solches geglaubt wird, dieß eben ist die erste Sünde.

Die Seele soll ganz eins werden mit Gott und eben dadurch mit sich selbst. Eins soll in ihr seyn das Erkennen und das Handeln. Dieß ist jene göttliche Nothwendigkeit, welche, indem sie es der Seele unmöglich macht anders als nach der Idee Gottes zu handeln, zugleich die absolute Freiheit selbst ist[1]. Nicht durch Zwang und Gebot handelt die Seele so; sondern weil ihre ganze Natur eben diese ist, die Affirmation Gottes zu seyn, nichts außer dem.

Es wird nöthig seyn, den Unterschied dieser Lehre von demjenigen zu zeigen, was jetzt und sonst dem Aehnliches in der Sittenlehre aufgestellt zu werden pflegte.

1) Wurde die Tugend als ein Befolgen göttlicher Gebote, u. Gott selbst als Gesetzgeber vorgestellt. Wir müssen das Gute wollen, sagte man, weil es göttliches Gesetz ist. (Gleichsam der Mosaismus der Moral). Allein hier würde noch eine Differenz bestehen zwischen dem

[1] Vgl. die Abhandlung Rückert und Weiß rc. im vorherg. Bd., S. 94. D. H.

Wissenden und der Idee Gottes. Vielmehr ist das Gesetz als Gesetz nur gegeben dem Nichtguten; für die Seele, welche in der Identität mit Gott ist, gibt es kein Gebot mehr (wie ich in der Folge nachzuweisen werde), sie handelt der bloßen Nothwendigkeit ihrer Natur gemäß.

2) Würde Gott vielmehr aus der Sittlichkeit abgeleitet, als ein nothwendiges Postulat der Moral. Wir wollen diese Vorstellung im besten Sinne nehmen, so ist sie gleichwohl falsch, ob wir schon deßwegen nicht etwa das Gegentheil wollen; nämlich, daß die Sittlichkeit von dem Erkennen Gottes abgeleitet werden soll; das Letzte können wir nicht, weil wir überhaupt keine Sittlichkeit zugeben in dem Sinn unserer jetzigen Moralisten, nämlich als eine Sittlichkeit des Menschen; wie schon das Wort ist ein Produkt unserer neueren Aufklärungsperiode; es gibt nur Tugend, virtus, d. h. es gibt eine göttliche Beschaffenheit der Seele, aber es gibt keine Moralität, die das Individuum als Individuum sich geben, oder deren es sich rühmen könnte. In diesem Sinn (als eine Tugend, die das Individuum sich geben könnte) mag und will ich gern allen zugeben, die es behaupten wollen, daß die Sittlichkeit aus meinem System ausgeschlossen sey. — Es ist ein Greuel, Gott aus der Sittlichkeit folgern zu wollen. Nicht etwa nur, wie manche die Annahme eines Gottes nützlich finden als Mittel zur Moralität. Solche Menschen pflegen alles ökonomisch anzusehen, Gott ist ihnen ein Hausmittel, das jeder für sich brauchen kann, um sich vermittelst desselben in der Moralität zu stärken, die so viel Mühe kostet. Diese Vorstellung ist um nichts besser als die Meinung, welche besonders die Großen und die angeblichen Staatsmänner haben, nach welcher der Glaube an Gott gut ist, die Völker im Zaum zu halten, und den schon lang lecken und baufälligen Staatsmaschinen zur Stütze zu dienen. Von all dem ist hier nicht die Rede, sondern, wie gesagt, es ist von jener Vorstellung in ihrem besten Sinn die Rede, aber auch in diesem Sinn ist es die tiefste Verkehrtheit, die Sittlichkeit zuerst und dann Gott zu setzen; denn dieß involvirt die Meinung, als ob es eine andere Vortrefflichkeit der Seele gäbe, als die aus dem Göttlichen selbst stammt, als ob der Mensch irgend was seyn könnte ohne

Gott und vor Gott. Aber hinwiederum auch das, was aus dem Göttlichen fließt, ist nicht bloße Sittlichkeit (welche immer das Verhältniß der Unterwerfung in sich schließt), es ist mehr als Sittlichkeit. Ich will es sagen, was ich an der Stelle dieses Begriffs als das Absolute dieser Sphäre setze. Es ist Religion, es ist Heroismus, es ist Glaube, es ist Treue gegen sich selbst und Gott. Unter Religion verstehe ich — (und ich bitte sehr, dieß nicht so zu mißverstehen) — ich verstehe nicht das, was man Ahndung des Göttlichen, was man Andacht nennt; wer von Gott nur eine Ahndung hat, ist noch weit entfernt von Gott. Gott muß die Substanz alles Denkens und Handelns selbst, nicht bloß Gegenstand seyn, es sey nun der Andacht oder eines bloßen Fürwahrhaltens oder eines falsch verstandenen Erkennens; es gibt kein Erkennen des Göttlichen, in dem es bloß das Objekt wäre; Gott wird entweder überhaupt nicht erkannt, oder er ist das Subjekt zugleich und das Objekt des Erkennens. Religion ist höher als Ahndung und als Gefühl. Die erste Bedeutung dieses oft mißbrauchten Worts ist Gewissenhaftigkeit, es ist Ausdruck der höchsten Einheit des Wissens und des Handelns, welche unmöglich macht, seinem Wissen im Handeln zu widersprechen. Einen Menschen, dem dieß — nicht auf eine menschliche, physische, oder psychologische, sondern — auf eine göttliche Weise unmöglich ist, nennt man religiös, gewissenhaft im höchsten Sinn des Worts. Derjenige ist nicht gewissenhaft z. B., der sich noch erst das Pflichtgebot vorhalten muß und sich erst durch die Achtung für das Gesetz zum Rechtthun bestimmen. Der Gewissenhafte bedarf dieß nicht; es ist ihm nicht möglich anders zu handeln als es recht ist. Religiosität bedeutet schon dem Ursprung nach ein Gebundenseyn des Handelns, keineswegs aber eine Wahl zwischen Entgegengesetzten, wie man bei der Freiheit des Willens annimmt, nicht ein aequilibrium arbitrii, wie man es nennt, sondern die höchste Entschiedenheit für das Rechte, ohne Wahl. —

Wie die Religion eines Menschen, das, was ihn auf übernatürliche, göttliche Weise bindet, nicht aus ihm selbst kommt, und nicht seine Moralität ist, sondern aus dem, was über allem Weltlichen erhaben ist, selbst dem moralischen, so ist auch Heroismus ein Handeln, welches nicht aus der endlichen Natur des Menschen kommt; es ist der freie schöne Muth des Menschen, zu handeln, wie der Gott ihn unterrichtet, und nicht im Handeln abzufallen von dem, was man im Wissen erkannt hat. Wahre Religion ist Heroismus, nicht ein müßiges Brüten, empfindsames Hinschauen oder Ahnden. Diejenigen nennt man Männer Gottes, in denen das Erkennen des Göttlichen unmittelbar zur Handlung wird, die im Großen und Ganzen gehandelt haben ohne Bekümmerniß um das Einzelne.

Gleicher Bedeutung hiermit ist der Glaube. Nicht in dem Sinn, daß es ein Fürwahrhalten bedeutet, wobei das Subjekt ein Verdienst hat, etwas für wahr gehalten zu haben, z. B. daß Gott sey, und wobei ihm noch für eine besondere Moralität angerechnet wird, daß er so besonders gut ist, das für wahr zu halten, was die Substanz aller Wahrheit ist; überhaupt nicht ein Fürwahrhalten, welches in irgend einer Beziehung zweifelhaft ist, eine Bedeutung, die sich diesem Wort durch seinen Gebrauch auch für andere gemeine Dinge angehängt hat, sondern Glaube in der ersten Bedeutung, als Zutrauen, Zuversicht auf das Göttliche, welche alle Wahl aufhebt. Und indem wir an die Stelle der vermeinten Sittlichkeit, die der Mensch sich selbst gibt, die Religion, den Glauben setzen, haben wir den Schöpfer des Christenthums selbst für uns, der da sagt: nicht die guten Werke machen selig, sondern der Glaube — und dieß das Evangelium im Gegensatz des Mosaismus. Und diesen Glauben, diese Treue gegen sich selbst und das Göttliche, wünsche ich auch, daß Sie statt aller aufgeblasenen Moral als die einzige wahre Frucht der Philosophie mit in das Leben nehmen. In diesem Glauben haben unsere wackern Alten gelebt und sind unverrückt tapfer und stark gewesen, anstatt daß seit unserer die Freiheit des Willens anpreisenden neueren Sittenlehre, wonach es noch ein besonderes Verdienst des Individuums ist, daß es sittlich ist, seit dem allgemeinen moralischen Hochmuthsgeist, der die guten Werke über den Glauben, Sittlichkeit über die Religion setzt, die Feigheit und Schwäche der Gesinnungen frech und öffentlich ihr Haupt erhebt, und kaum so eine solche Auflösung aller rechtlichen Begriffe geherrscht hat, als in diesem moralischen Zeitalter. — Auch weiter den Gegensatz der Religion und dessen, was man sittlich nennt, in folgenden Sätzen. —

§. 311. Es gibt keine absolute Sittlichkeit in dem Sinn, daß sie als ein Verdienst oder als ein Werk der individuellen Freiheit betrachtet werden könnte.

Soll nämlich die Sittlichkeit ein Verdienst des Menschen seyn, so muß es in seiner Willkür gestanden haben, recht oder auch unrecht zu handeln, und Willkür ist auch alle individuelle Freiheit. Allein so lange der Mensch über das Recht-Thun oder Nicht-Thun eine Willkür hat, so lange kann er nicht im absoluten Sinn sittlich heißen; seine Handlung mag wohl recht seyn, aber er selbst ist nicht sittlich im absoluten Sinn. Sittlich in diesem Sinn, nämlich tugendhaft, ist er nur durch eine absolute Gebundenheit seines Willens, vermöge der ihm das Gegentheil des Rechten unmöglich ist. Aber diese Gebundenheit kann nicht endlicher, nicht psychologischer Art seyn, sie kann daher nicht aus der Seele, nicht aus der individuellen Freiheit kommen, sondern aus dem, was über der Seele ist, was sie selbst überwältigt mit göttlicher Kraft, aus dem Absoluten, welches ihr Wesen ist.

Daß die Freiheit, die der Mensch beweist, indem er nur im Kampf gegen seine Neigung das Rechte wählt, nichts hinter sich habe, [illegible] erhellt schon daraus, daß ein solches Handeln immer nur ein gezwungener Zustand ist, aus dem sich der Mensch, wie immer, bei der ersten Gelegenheit, wo er sich etwas anderes überreden kann, zu setzen sucht, daher die häufigen und billigen Rückfälle, das Mißlingen solcher forcirter moralischer Zustände. Aber es erhellt noch bestimmter durch folgende Ueberlegung.

Philosophen, Priester und Dichter haben dem Menschen einen ursprünglichen Hang zum Bösen zugeschrieben, der in gewissem Sinn auch unleugbar ist. Nur ist, nach den gewöhnlichen Vorstellungsarten, das Sonderbare dabei, daß es ein allem einzelnen bösen Handeln vorangehender und doch wieder ein der moralischen Zurechnung fähiger Hang seyn soll. Das aber, was allem einzelnen Handeln vorangeht, ist nichts anderes als eben die Freiheit selbst [illegible] dem Sinne unserer Moralisten, nämlich die Tendenz, absolut und [illegible] selbst zu seyn, das vermeinte Vermögen, aus sich selbst und für sich selbst handeln zu können. Das ursprünglich Böse liegt also gerade darin, daß der Mensch etwas für sich selbst und aus sich selbst seyn will, woraus leicht zu folgern ist, daß die Moralität als eine eben aus diesem Für-sich-selbst- und Aus-sich-selbst-Handeln folgende zwar im Einzelnen mit dem Rechten und Guten zusammentreffen mag, aber im Princip und Grunde ganz mit diesem übereinstimmt (selbst nur ein Begriff im Gegensatz, also nichts Absolutes ist).

§. [illegible] Jedes Vernunftwesen kann zu der unmittelbaren Erkenntniß Gottes gelangen.

Denn der Begriff jedes Vernunftwesens ist in Gott auf ewige Weise ausgedrückt, und dieser in Gott auf ewige Weise enthaltene Begriff des Menschen constituirt das Wesen der Seele oder dasjenige von ihr, was selbst weder entstanden ist noch als vergänglich betrachtet werden kann (§. 299), und dieses Ewige der Seele selbst ist Princip aller absoluten Erkenntniß (§. 300), also Princip der unmittelbaren und absoluten Erkenntniß Gottes (der unmittelbaren, weil = dem Wesen der Seele).

Anmerkung. Die Erkenntniß des Absoluten leugnen, heißt also das Ewige der Seele selbst, heißt zugleich die Tugend, die Religion leugnen. Das Princip der absoluten Erkenntniß ist dasjenige von der Seele, wodurch sie selbst in Gott ist, das Princip der intellektuellen Anschauung, wodurch sie Gott in Gott schaut. Der intellektuellen Anschauung Gottes ist daher jede vernünftige Seele fähig. Diese Erkenntniß ist selbst eine ewige, die also mit dem Leibe weder entstehen noch vergehen kann, und überhaupt von nichts Bedingtem abhängig oder in einem Verhältniß zu der Zeit seyn kann.

Den Satz, daß jedes Vernunftwesen zu dieser Erkenntniß Gottes gelangen könne, ist allerdings nicht so zu verstehen, [illegible] durch sich selbst als Individuum, als Besonderes. Auch ist dem [illegible] nicht in Widerspruch mit [illegible] unter anderen Jacobi sagt: Nur durch [illegible] göttliches Leben werde man Gottes inne. Denn die adäquate Idee Gottes, als adäquate, ist nicht denkbar, ohne daß ein göttliches Leben des Menschen aus ihr folge, wie ich §. 310 gezeigt habe. Ein göttliches Leben ist eben nur dadurch möglich, daß jener ewige Begriff unseres Wesens in Gott, d. h. dadurch, daß Gott selbst in unserem Leben, also auch in der Seele als Erscheinung offenbar, das Ansich der Seele auch die wirkliche werde. Für den, in welchem das Ansich der Seele auch die wirkliche ist, ist Gott nicht außer ihm, der wird Gottes inne. Jeder andere verhält sich zu Gott als zu seinem Grunde; ihm offenbart er sich nur als Schicksal, oder er liegt ihm gar in unendlicher Ferne, als ein bloßer Gegenstand — gleichviel welches Fürwahrhaltens. Für den, dessen Seele selbst vom Göttlichen ergriffen ist, ist Gott kein Außer-ihm, noch eine Aufgabe in unendlicher Ferne, Gott ist in ihm und er in Gott.

Die wahren Atheisten sind die, welche über Atheismus rufen, wenn man behauptet, daß Gott nicht außer uns und wir nicht außer ihm sind. Daß Gott für sie außer ihnen und sie außer ihm sind, ist freilich wahr, aber dieß ist nicht ihre Meinung, sondern es ist ihre Schuld.

§. 313. Das höchste Ziel für alle Vernunftwesen ist die Identität mit Gott. — Denn das höchste Ziel alles wahren Handelns ist: Identität der Freiheit und der Nothwendigkeit, und da diese nur in Gott ist, Gott durch sein Handeln ausgedrücken, d. h. mit Gott identisch zu seyn.

Anmerkung. Die Identität mit Gott ist selbst nur dem Ewigen der Seele möglich. Da nun dieses absolut, also zeitlos ewig ist, so ist jene Identität mit Gott selbst eine ewige, d. h. sie ist auf keine natürliche oder empirische Weise begreiflich. Sie vernichtet alle Zeit und setzt mitten in der Zeit die absolute Ewigkeit: Frieden mit Gott, Verschwinden der Vergangenheit, Vergebung der Sünden. Die Unbegreiflichkeit eines solchen in der Zeit geschehenden Uebergangs zu einem völlig zeitlosen Zustand ist von jeher gefühlt worden. Das plötzliche Gewahrwerden nach langem Umhergreifen, daß man die

Ewigkeit in sich selbst habe, gleicht einer plötzlichen Aufhellung und Erleuchtung des Bewußtseyns, die man nur aus dem Ewigen, d. h. Gott selbst, erklären konnte. Das Ergreifen der in sich erkannten Ewigkeit kann auf dem Standpunkt des Handelns wiederum nur als die Wirkung einer *Gnade*, eines besonderen Glücks erscheinen. Wenn auch nur wenige dazu gelangen, in der *Zeit* noch die Ewigkeit auszudrücken, so erhellt doch aus dem Bisherigen, daß jeder *für sich* des Höchsten theilhaftig werden und mit Gott wahrhaft eins werden kann, und daß er hiezu der andern Menschen nur bis zu einem gewissen Grad bedarf. Das Individuum kann also der Gattung, deren Schicksal in die endlose Zeit ausgedehnt ist, zuvoreilen und das Höchste für sich zum voraus nehmen. Der wahre Weg, auf welchem doch zuletzt allein die möglichste Vollkommenheit des Ganzen erreicht wird, ist, daß jeder für sich das Höchste in sich darzustellen suche. Nichts ist entfernter von dieser Gesinnung als das unruhige Streben, andere unmittelbar bessern oder weiterbringen zu wollen, die philanthropische Sucht so vieler Menschen, welche das Wohl der Menschheit beständig im Munde führen und gleichsam an der Stelle der Vorsehung den Fortgang der Menschheit beschleunigen wollen, gewöhnlich solche, die sich selbst nicht zu vervollkommnen wissen und daher die Früchte ihrer eignen Langeweile andere genießen lassen wollen; statt so vieler Gegenstände des Nachdenkens, denen sie nichts abgewinnen können, richten sie sich auf die Menschheit, und freilich diese ist der langmüthigste Gegenstand.

Die menschenfreundlichen Ideen eines künftigen goldenen Zeitalters, eines ewigen Friedens u. s. w. verlieren von diesem Standpunkt aus großentheils ihre Bedeutung. Das goldene Zeitalter würde von selbst kommen, wenn es jeder in sich darstellte, und wer es in sich hat, bedarf es nicht *außer* sich. Die Weisheit der Alten hat uns einen bedeutenden Wink hinterlassen, indem sie das goldene Zeitalter hinter uns verlegt, gleichsam um dadurch anzudeuten, daß wir es nicht durch ein endloses und unruhiges *Fortschreiten* und *Wirken* nach *außen*, vielmehr durch eine Rückkehr zu dem Punkt, von dem jeder ausgegangen ist, zu der inneren Identität mit dem Absoluten, zu suchen haben. Ein gerechtes Verlangen der Seele zwar ist es, nachdem das Schöne und Große aus der Welt und unserem Staat verschwunden ist, es in neuen großen Organismen auf die Erde zurückzurufen. Nur ist dieß nicht an einem unruhigen Fortschreiten, wo Ein Verstandeswesen an die Stelle des andern gesetzt wird. Nur im Verstand gibt es *Fortschritt*, in der Vernunft keinen. Den wahren Vernunftstaat an die Stelle unserer Verstandes-Staaten zu setzen, wird kein Fortschritt, es wird die *wahre* Revolution seyn, deren Idee von dem, was man so genannt hat, völlig verschieden ist.

Die unendliche Perfektibilität der Menschengattung, das Lieblingsthema der Zeit, hat eine Menge von Mißverständnissen nach sich gezogen, und diese Idee in ihrer gewöhnlichen Darstellung ist nichts anderes als eine Anwendung des Stetigkeitsgesetzes auf die Geschichte, von dem schon früher gezeigt worden, daß es ein bloß mechanisches Gesetz, — ein Gesetz der bloßen Reflexion ist. Es läßt sich allgemein zeigen, daß der Menschengeschichte ein *ganz* anderes Gesetz zu Grunde liegt, ein Gesetz, das uns schon aus dem allgemeinen Typus aller Construktion entgegenleuchtet.

Wenn ein stetiger Fortschritt vom Niedrigeren zum Höheren, vom Schlechteren zum Besseren stattfindet, so bitte ich nur z. B. den stetigen Uebergang von der antiken zu der neuen Welt aufzuzeigen; ich wünsche, daß man mir z. B. den Dichter oder Künstler nenne, der sich zu den größten und erhabensten der Alten als eine höhere Stufe verhalte. Die moderne Welt ist aus der alten nicht durch ein stetiges Fortschreiten, sondern durch eine gänzliche Umkehrung hervorgegangen.

Wie das Göttliche in jedem Durchgangspunkt etwas Absolutes zurückläßt, das nicht nach dem Gesetz der Stetigkeit begriffen werden kann; so ist auch nothwendig, daß in der Geschichte die Erscheinungen der Göttlichkeit nicht nach einer mechanischen Stufenfolge sich succediren, sondern daß auch hier *immer dasselbige*, aber nur in andern Formen wiederkehre (Spirallinien von verschiedenen Linien durchschnitten). So allein ist begreiflich, wie das Herrlichste und Schönste einer *Vergangenheit* seyn kann, zugleich aber auch, wie es wieder kehren kann, ohne daß das Menschengeschlecht deßwegen im Kreise geht, wiederkehren, nämlich in einer anderen Stufe, einer anderen Potenz.

In der Hypothese einer stets fortschreitenden Vervollkommnung gibt es keine Wiederkehr. Dieselbe Hypothese hat der ganzen Betrachtung der Geschichte und der Schicksale der Menschen eine sentimentale Stimmung gegeben. Durch dieselbe verführt hat man die unleugbaren Uebel, denen die Gattung unterliegt, viel zu weinerlich angesehen. Das Mitleid, die Empfindlichkeit, die manche Philosophen wegen der Leiden, denen die ganze Gattung unterworfen ist, an den Tag legen, ist in hohem Grade unphilosophisch.

§. 314. Für den, der in der Identität mit Gott ist, gibt es so wenig ein Gebot als eine Belohnung; sondern er handelt der inneren Nothwendigkeit seiner Natur gemäß. — Denn 1) für Gott gibt es kein Gebot (das Gebot kündigt sich durch ein Sollen an, d. h. es setzt die Möglichkeit von ihm abzuweichen, den Begriff des Guten neben dem des Bösen voraus), also auch nicht für den, der in der Identität mit Gott ist. 2) Gott ist zu betrachten als ein und dasselbe, welches auf völlig gleiche Weise absolute Freiheit und absolute Nothwendigkeit: wo also absolute Freiheit ist, ist auch absolute Nothwendigkeit, derselbe also, welcher in der Identität mit Gott ist, handelt gleich diesem absolut frei und absolut nothwendig, d. h. er handelt ꝛc.

Anmerkung. Die Lehre, daß der Mensch aus bloßer Achtung für das Sittengebot moralisch handeln solle, wäre ganz richtig, wenn es nämlich überhaupt richtig wäre, daß das Höchste, wozu der Mensch gelangen kann, Sittlichkeit. Allein das höhere Ziel des Strebens für den Menschen ist, daß das Rechte sich in ein Gesetz seiner Natur verwandle, und daß er die Pflicht nicht aus bloßer Achtung, sondern aus Liebe und Kraft der inneren Nothwendigkeit seiner Natur erfülle. Ohne die Sittlichkeit unmittelbar als Seligkeit zu genießen, wäre der Mensch über aus knechtischer Unterwerfung unter das Gesetz unendlich, voll Ekel, Unlust und Schlechtheit.

§. 315. Jede Seele ist mit dem Theil ihrer Individualität ewig, der in *Gott* ist, und welcher die Affirmation *Gottes* ist. — Denn so viel als von der Seele Affirmation Gottes ist, gehört zu dem ewigen Begriffe der Seele in Gott, der nach §. 280 die Affirmation der Idee Gottes ist, nichts außer dem. Nun ist aber dieser Begriff ewig, und weder entstanden, noch kann er vergehen. Demnach ist auch von der Seele nothwendig so viel ewig, als von ihr Affirmation Gottes ist, nichts außer dem; alles andere aber, was nicht Affirmation Gottes ist, geht nothwendig zu Grunde, und ist nicht ewig, sondern vergänglich, der Relation angehörig. Dasjenige nämlich von der Seele, was schon jetzt nicht bloß der Begriff des gegenwärtigen Leibes ist, ist ewig, was sich nur auf diesen bezieht, ist vergänglich, wie dieser. Dieß ist sogar nur ein identischer Satz. Unsterblich kann nur seyn, was unsterblich ist, und welche Forderung, es mit dem zu seyn, was seiner Natur nach sterblich ist! Auch unser gegenwärtiges Leben ist nicht *jetzt* in Gott, denn in Gott ist keine Zeit; es ist auf ewige Weise in Gott. Das *künftige* Leben ist also in *Gott* nicht von dem gegenwärtigen getrennt. Der gegenwärtige Zustand der Welt und der künftige, das gegenwärtige Leben des Menschen und das zukünftige, und wieder das zukünftige dieses künftigen ist in Gott nur *Ein* absolutes Leben.

Dieß ist das größte Geheimniß des Universums, daß das Endliche *als Endliches* dem Unendlichen gleich werden kann und soll; Gott gibt die Idee der Dinge, die in ihm sind, dahin in die Endlichkeit, damit sie *als* selbständige, als die, die ein Leben in sich haben, durch ewige Versöhnung ewig in Gott seyen. Die Endlichkeit im eigenen Seyn der Dinge ist ein Abfall von Gott, aber ein Abfall, der unmittelbar zur Versöhnung wird. Diese Versöhnung ist *nicht zeitlich* in Gott, sie ist ohne Zeit. Denn unmittelbar in der ewigen Schöpfung, indem Gott die Endlichkeit an den Dingen als Nichtigkeit setzt (wie wir im §. 70 gezeigt haben) und durch seine eigne Ewigkeit das Nichtige auslöscht an den Dingen, unmittelbar damit setzt Gott auch nur das Unendliche als reell, d. h. er setzt die Welt als eine vollendete Welt. — Die Erscheinungswelt ist daher nichts anderes als das *Phänomen*, die successive Erscheinung dessen, was an den Dingen *nicht* ist, was durch die Idee der vollendeten Welt vernichtet ist, oder sie ist die successive Entwicklung jener *in Gott ewigen* Vollendung der Dinge, indem ja die Zeit, in der alle Erscheinung ist, nichts anderes ist als eben die Erscheinung des Vernichtetwerdens alles dessen, was nicht an sich *ewig* ist, was in der vollendeten Idee der Welt nicht begriffen ist, *nicht* zur Idee Gottes gehört. Die Geschichte selbst ist nichts anderes als die Entwicklung dieser *Versöhnung* des Endlichen, die in Gott ewig, ohne Zeit ist.

Aus unserer ganzen Ansicht erhellt, daß gerade diejenigen, die sich am wenigsten fürchten sterblich zu seyn, d. h. diejenigen, in deren Seelen das meiste ewig ist, am unsterblichsten sind. Dagegen ist es nothwendig, daß die, deren Seelen fast bloß von zeitlichen Dingen erfüllt sind, den Tod am meisten fürchten. Denn sie verlangen nicht nach der Unsterblichkeit des Unsterblichen, sondern nach der Unsterblichkeit des Sterblichen; sie wollen ein künftiges Daseyn, nur um das gegenwärtige fortzusetzen und ihre empirischen Zwecke in der ganzen Unendlichkeit zu verfolgen. Daher ihr besonderer Wunsch, ja sich aller Kleinigkeiten zu erinnern, da ein ordentlicher Mann schon in diesem Leben vieles gäbe, das meiste zu vergessen. Wie viel edler die Alten, welche die Seligen Vergessenheit im Lethe trinken ließen! Ebenso wollen sie das Persönliche mit allen Relationen retten, als ob in der Anschauung des Göttlichen zu leben nicht herrlicher. Für empirische Zwecke aber gibt es keine Ewigkeit; man sieht nicht ein, warum es so in alle Ewigkeit fortgehen solle. *Deßwegen* ist diesen Menschen der Gedanke an Vernichtung schrecklich, obgleich er für die Individualität überall nichts Schreckliches an sich hat. Denn wie ein englischer Schriftsteller sagt: „Tod, ich fürchte dich nicht, denn wo ich bin, bist du nicht, und wo du bist, bin ich nicht." Die Anhänglichkeit an das Endliche hat nothwendig die Furcht vor der Vernichtung, wie die Beschäftigung der Seele mit dem Ewigen die Gewißheit der Ewigkeit zur Folge. Denn freilich werden die Seelen derer, die ganz von zeitlichen Dingen erfüllt sind, gar sehr zusammengehen und sich dem Zustand der Vernichtung nähern; diejenigen aber, welche schon in diesem Leben von dem Bleibenden, dem Ewigen und Göttlichen er[illegible], werden auch mit dem größten Theil ihres Wesens ewig seyn.

Die Ewigkeit fängt also hier schon an, und für den, der schon in der Zeit ewig ist, ist die Ewigkeit gegenwärtig, so wie sie dem, der in der Zeit nur zeitlich ist, nothwendig *nur* zukünftig und zugleich der Gegenstand eines zweifelhaften Glaubens oder der Furcht ist.

§. 316. *Die Handlungen und Schicksale aller Menschen sind, aufs Absolute bezogen, weder frei noch nothwendig, sondern Erscheinungen der absoluten Identität von Freiheit und Nothwendigkeit.*

a) Nicht frei, denn wie es nicht ich als ich bin, der in meinem Leibe handelt, und in Veränderungen und Begierden der Seele entsprechende Bewegungen hervorbringt, sondern die allgemeine Substanz, so ist es auch nicht das Individuum als Individuum, das in der Seele handelt, sondern gleichsam die Substanz, welche die absolute Identität des Geistigen und des Leiblichen, nämlich das gleiche Wesen von beiden ist. Die Handlungen der Menschen sind also nicht frei.

b) Aber die Handlungen der Menschen sind an sich ebensowenig nothwendig in dem Sinne, in welchem Nothwendigkeit ein Bestimmtseyn von außen bedeutet. Denn eben, weil nicht die Seele handelt, sondern die Substanz, die nicht von außen bestimmt werden kann, und die, indem sie *absolut*, nämlich aus sich selbst, *nothwendig* ist, eben daher auch absolut frei ist; — aus diesem Grunde, sage ich, sind die Handlungen der Menschen auch nicht nothwendig im angegebenen Sinn. Sie sind Erscheinungen u. s. w.

Ich bemerke nur noch, daß eben dieß, die Handlungen der Menschen weder als frei noch als nothwendig insbesondere zu betrachten, die *wahre* Frömmigkeit ist, welche allein zum ruhigen Leben führt. Sie lehrt uns Glück und Unglück, Bestehen und Nichtbestehen der Dinge und aller unserer Unternehmungen von Gott erwarten. Was ewig sey und unvergänglich, darüber haben wir eine stete Offenbarung Gottes, diese Offenbarung ist die Zeit und in ihr die Geschichte. Was bestehen soll, besteht, und was vergehen soll, vergeht; an beidem kann nichts verhindert oder hinzugethan werden. Was vergeht oder noch vergehen wird, ist in Gott schon vergangen; die Zeit ist nur die ewige Offenbarung dessen, was vor Gott nichtig ist. Daher nannten sie die Alten die Mutter der Wahrheit, die Enthüllerin des Verborgenen. Wozu also alle Sorgen und das unruhige Streben? Was geschehen soll, geschieht doch. Niemand kann seiner Größe eine Elle zusetzen, ebensowenig seinem Beginnen eine Spanne Zeit. Aber umgekehrt kann auch von nichts etwas hinweggenommen, keinem ein Haar von seinem Haupte fallen, ohne daß Gott will.

§. 317. Das Wesen der Seele ist eins; im Wissen und im Thun freie Nothwendigkeit und nothwendige Freiheit. Die Synthese, in der nämlich die freie Nothwendigkeit als Wissen und als Thun gleicher Weise erscheint, ist die Kunst. — Vermöge jener freien Nothwendigkeit erkennt der Mensch das Höchste, nämlich Gott; vermöge derselben handelt er Gott ähnlich. Aber eben weil jene freie Nothwendigkeit sich auf eine gedoppelte Art, nämlich im Wissen und im Handeln ausspricht, so ist auch eine Synthese nothwendig, in der sie gleicher Weise als das eine und als das andere erscheint. Diese Synthese ist die Kunst. Das Wesen der Seele, welches freie Nothwendigkeit und nothwendige Freiheit ist im Erkennen und Handeln, wird als solches und als Identität des Erkennens und Handelns, objektiv in der Kunst. Alle Kunst (wovon hier, wie nicht zu erinnern, aller mechanische Nebenbegriff entfernt ist) beruht, wie jedermann anerkennt, weder allein auf einem freien, einem willkürlichen Thun, vielmehr ist alles Handeln der Kunst ein gebundenes Thun, aber es ist von der andern Seite auch kein nothwendiges, von außen bestimmtes Thun. Es ist auf eine göttliche Weise gebunden und nothwendig. Das herrschende Princip der Kunst ist daher eben jene freie Nothwendigkeit, die wir auch im Erkennen und im Handeln anerkennen. Aber sie spricht sich in der Kunst weder vorzugsweise als ein Wissen noch allein als ein Handeln aus. Sie erscheint in der Kunst vielmehr als ein wissendes Handeln und ein handelndes Wissen.

— Demnach erscheint, oder wird objektiv in der Kunst nicht nur jene freie Nothwendigkeit überhaupt, sondern sie wird auch bestimmt objektiv als absolute Identität des Erkennens und Handelns selbst — welches eben zu beweisen war. — Die Kunst und das Handeln in der Kunst wirft also ein Licht zurück auf die Art der Nothwendigkeit, die wir im Wissen, und die Art der Freiheit, die wir im Handeln erkannt und behauptet haben.

§. 318. Der ewige Begriff des Menschen, welcher die Identität der Nothwendigkeit und der Freiheit selbst ist, kann objektiv werden nur dadurch, daß er die Seele eines einzelnen existirenden Dinges wird, das objektiv Unendliches und Endliches gleichsetzt (Unendliches und Endliches ist gleichgesetzt, weil in der Form, was im Wesen). — Denn überhaupt wird der Begriff nur objektiv dadurch, daß er Begriff, d. h. Seele eines existirenden wirklichen Dings. Der ewige Begriff also ꝛc.

Zusatz. Ein einzelnes existirendes Ding, in welchem der ewige Begriff des Menschen wahrhaft (d. h. unabhängig vom Menschen) objektiv wird, nenne ich Kunstwerk. Denn wo der ewige Begriff des Menschen objektiv wird, wird auch das Wesen der Seele objektiv, welches freie Nothwendigkeit und nothwendige Freiheit ist. Dieß aber geschieht (nach dem vorhergehenden Satz) nur in der Kunst, also ist das einzelne wirkliche Ding, in welchem der ewige Begriff des Menschen objektiv wird, nothwendig ein Ding oder ein Werk der Kunst. — Die besondere Bestimmung, daß das Ding, in welchem der ewige Begriff objektiv wird, ein vom Menschen Unabhängiges seyn muß, bedarf keiner Rechtfertigung. Denn der ewige Begriff, der im Menschen objektiv ist, soll als im Menschen objektiv, d. h. er soll als ewiger Begriff des Menschen objektiv werden, er muß also in einem von dem Menschen Unabhängigen objektiv werden, welches insofern nicht ein Produkt der Natur, auch nicht bloß des Wissens und des Handelns, sondern eben nur der Kunst seyn kann.

§. 319. Stoff der Kunst ist jeder mögliche Gegenstand nur durch die Kunst, also nicht getrennt von der Form. —

Form und Stoff sind in der Kunst ebenso wie im Organismus eins. Dieß erhellt am deutlichsten aus dem Verhältniß der Poesie und Kunst (in der Kunst), in welcher Beziehung ich auf die Aesthetik verweise, wo auch die Deduktion der verschiedenen Kunstformen und Dichtarten, auf welche ich mich hier nicht einlassen kann. Ich bemerke hier nur Folgendes, was den Stoff der Kunst betrifft.

Wenn in einem Zeitalter wie das unsrige mit einer Art von Hunger nach dem Stoff gesucht wird, so muß dieß ebenso sehr als ein Mangel der wahren Kunst wie der wahren Poesie betrachtet werden. Fast möchte man auf die Poesie in dieser Beziehung anwenden, was ein uraltes Gedicht von der Weisheit sagt: Wie will man aber Poesie finden, und welches ist ihre Stätte? — Die Kunst, als solche, bedarf eines Stoffes, der schon aufgehört hat bloß elementarisch und roh zu seyn, der selbst schon organisch ist. Ein solcher ist nur der symbolische Stoff. Wo es an der allgemeinen Symbolik fehlt, wird sich die Poesie nothwendig zu zwei Extremen hinneigen müssen; nach dem einen hin wird sie der Rohheit des Stoffs unterliegen, nach dem andern, wo sie sich bestrebt ideal zu seyn, wird sie die Ideen selbst und unmittelbar als solche, nicht aber durch existirende Dinge darstellen. Mehr oder weniger sind dieß die zwei Pole unserer Dichtkunst. Die große Masse ihrer Hervorbringungen gleicht jenen schlecht gearbeiteten Statuen in der arabischen Sandwüste, von denen die Einwohner sagen, sie werden am jüngsten Gericht von ihren Urhebern die Seelen fordern, womit diese sie zu begaben vergessen haben; die Gedichte der andern Gattungen möchten wohl ihre Urheber um Leiber bitten müssen. Denn wie die Begriffe in Gott nur dadurch objektiv werden, daß sie als die Seelen wirklicher Dinge existiren, so die Begriffe der Menschen in der Kunst, welche daher nur Wiederholung der ersten Symbolik Gottes in der Natur ist.

Ich will es kurz sagen, worauf offenbar der Mangel einer eigentlichen Symbolik in der neueren Welt beruht.

Alle Symbolik muß von der Natur aus- und zurückgehen. Die Dinge der Natur bedeuten zugleich und sind. Die Schöpfungen des

Genies müssen ebenso wirklich, ja noch wirklicher seyn, als die sogenannten wirklichen Dinge, ewige Formen, die so nothwendig fortdauern als die Geschlechter der Pflanzen und der Menschen. Ein wahrer symbolischer Stoff ist nur in der Mythologie, die Mythologie selbst aber ursprünglich nur durch die Beziehung ihrer Gestaltungen auf die Natur möglich. Das ist das Herrliche der Götter in der alten Mythologie, daß sie nicht bloß Individuen sind, historische Wesen, wie die Personen der neueren Poesie — vorübergehende Erscheinungen, sondern ewige Naturwesen, die, indem sie in die Geschichte eingreifen und in ihr wirken, zugleich ihren ewigen Grund in der Natur haben, als Individuen zugleich Gattungen sind.

Die Wiedergeburt einer symbolischen Ansicht der Natur wäre daher der erste Schritt zur Wiederherstellung einer wahren Mythologie. Aber, wie soll diese sich bilden, wenn nicht zuvörderst eine sittliche Totalität, ein Volk sich selbst wieder als Individuum constituirt hat? denn die Mythologie ist nicht Sache des Individuums oder eines Geschlechts, das zerstreut wirkt, sondern nur eines Geschlechts, das von Einem Kunsttrieb ergriffen und beseelt ist. Also weist uns die Möglichkeit einer Mythologie selbst auf etwas Höheres hinaus, auf das Wiedereinswerden der Menschheit, es sey im Ganzen oder im Einzelnen. So lange ist nur partielle Mythologie möglich, die aus dem Stoff der Zeit, wie bei Dante, Shakespeare, Cervantes, Goethe, aber keine universelle, allgemein symbolische.

Aber ist dasselbe etwa minder der Fall mit jeder besondern Art der Poesie selbst? Auch die lyrische Poesie lebt und existirt wahrhaft nur in einem öffentlichen allgemeinen Leben. Wo alles öffentliche Leben in die Einzelheit und Mattheit des Privatlebens zerfällt, sinkt mehr oder weniger auch die Poesie herab in diese gleichgültige Sphäre. Die epische Poesie bedarf vorzugsweise der Mythologie und ist nichts ohne diese. Aber eben Mythologie ist nicht in der Einzelheit möglich, kann nur aus der Totalität einer Nation, die sich als solche zugleich als Identität — als Individuum verhält, geboren werden. In der dramatischen Poesie gründet sich die Tragödie auf das öffentliche Recht, auf die Tugend, die Religion, den Heroismus, mit Einem Wort auf das Heilige der Nation. Eine Nation, die nichts Heiliges hat, [illegible] der ihre Heiligthümer geraubt werden, kann auch keine wahre Tragödie haben. Ich erinnere an den Oedipus des Sophokles, an die Art, wie sich die mit dem Menschlichen bestehende Heiligkeit des Rechts in der [illegible] des athenischen Volks in den Eumeniden des Aeschylus ausspricht, wo der durch das Schicksal und den Willen eines Gottes zum [illegible] angetriebene Orestes nur dann erst der Strafe entbunden wird, nachdem jenen die Gerechtigkeit in den Personen der Erinnyen, den Dienerinnen des Schicksals, versöhnt ist. Die Nation, in welcher die Tugend auf solche Weise als Religion lebendig wäre, als sie in den [illegible] Aeschylus erscheint, würde von selbst Tragödien [illegible] die Komödie nur bei öffentlicher Freiheit. Ich erinnere an [illegible]. Wo, wie in unseren Staaten, die öffentliche Freiheit in den [illegible] des Privatlebens untergeht, kann die Komödie auch nur [illegible] finden. Die Frage nach der Möglichkeit eines universellen [illegible] der Poesie, ebenso wie die Frage nach der objektiven Existenz der Wissenschaft und der Religion, treibt uns also selbst auf einen [illegible]. Nur aus der geistigen Einheit eines Volks, aus einem wahrhaft öffentlichen Leben, kann die wahre und allgemeingültige Poesie sich erheben — wie nur in der geistigen und politischen Einheit eines [illegible] Wissenschaft und Religion ihre Objektivität finden.

Ehe ich mit dieser Idee schließe, will ich noch kürzlich das Verhältniß der Poesie zur Wissenschaft und zur Philosophie insbesondere bestimmen.

§. [illegible]. In der Kunst wird das Princip aller [illegible] ten Erkenntniß, aber nicht bloß als Princip des Erkennens, sondern zugleich als Princip des Handelns objektiv. Ist aus dem Vorhergehenden schon offenbar. Was also [illegible] und Handeln sich findet und in getrennten Formen [illegible] in einem absoluten Wissen und einem absoluten Handeln vereinigt [illegible] —, ist subjektiv und objektiv zugleich.

[illegible] ist also zugleich die Identität und die [illegible] der Wissenschaft und der Kunst.

§ 221. Die absolute Identität des Unendlichen mit dem Endlichen objektiv und gegenbildlich angeschaut, ist Schönheit. Denn Schönheit ist das Wesen des Kunstwerks. Nun ist aber das Objektive des Kunstwerks nur eben jene Identität des Unendlichen und Endlichen, also rc. (Wenn auf eine [illegible] Weise das Unendliche im Endlichen sich [illegible] ist, jenes in diesem [illegible] Schönheit.)

§ [illegible]. Absolute Wahrheit und absolute [illegible] sind Eins und dasselbe. Denn sie sind [illegible] Göttlichkeit (der ewigen Freiheit, die zugleich absolute [illegible] ist, und umgekehrt).

§ [illegible]. Die höchste Schönheit wird angeschaut in der Idee Gottes. — Denn in Gott sind alle Dinge auf eine [illegible] Weise, aber in Gott sind nur die ewigen Begriffe aller Dinge. [illegible] ist aber in dem ewigen Begriff jedes Dings das Endliche und Einzelne [illegible] absoluten Identität mit dem Unendlichen, d. h. es ist in absoluter Schönheit ausgedrückt. Die Urbilder aller Schönheit sind [illegible] Gott, und die absolute Schönheit selbst wird angeschaut in der Idee Gottes. —

[illegible] das Universum an sich durchaus [illegible] schön; das Verkehrte, Häßliche, [illegible] Dinge [illegible] zur zeitlichen Betrachtung, nicht [illegible]. Denn die ewigen Begriffe aller Dinge [illegible] Schönheit. Die wirklichen Dinge aber [illegible] wie sie in den [illegible] auf Abglanz der wahren, d. h. der ewigen [illegible].

§ [illegible]. Die höchste Seligkeit aller Menschen [illegible] der intellektuellen Anschauung der ursprünglichen [illegible] heit — [illegible] in der intellektuellen Anschauung Gottes [illegible] [illegible] das ewige aber das [illegible]

[illegible]

§. 326. Dasjenige, worin Wissenschaft, Religion und Kunst auf lebendige Weise sich durchdringend eins und in ihrer Einheit objektiv werden, ist der Staat. —

Dieß ist mehr zu erläutern, als zu beweisen.

Wie es eine und dieselbe Natur und unendliche Substanz ist, die, in der Schwere, im Licht und im Organismus erscheint, und wie sie in jedem von diesen dennoch für sich absolut ist, so ist es ein und dasselbe Göttliche, das in Wissenschaft, Religion und Kunst lebt. Nur diese drei absoluten Ausdrücke gibt es für die drei Potenzen der idealen Welt. Aber wie in der Natur die Substanz selbst, die alle jene Potenzen trägt und in sich begreift, noch als diese, als die potenzlose, objektiv wird im Weltkörper und im Weltbau, so das Göttliche, welches gesondert in Wissenschaft, Religion und Kunst, obgleich in jedem absolut lebt, durch den Staat. Wie ferner die Schwere, das Licht, der Organismus nur Attribute des Weltkörpers sind, und alle Dinge nur in ihm sind und seyn können, so hat weder wahre Wissenschaft, noch wahre Religion, noch wahre Kunst eine andere Objektivität als im Staat.

Zu bemerken ist, daß hier

a) kein Bild des Staats aus der wirklichen Erfahrung gemeint ist,

b) kein Staat, der bloß formell ist, der, um eines äußeren Zwecks willen errichtet gedacht wird, etwa nur zur wechselseitigen Sicherstellung der Rechte (wie die bisher construirten Staaten). Dieß sind bloße Zwang- und Nothstaaten, wie denn alle bisher, besonders seit Kant in der Wissenschaft construirte Staatsformen nichts enthalten als die bloß negativen Bedingungen eines Staats, durch die noch nichts Positives gesetzt ist, nichts von dem lebendigen, freien, organischen Staat, dem einzigen, wie er in der Vernunftidee ist.

c) Wenn wir den Staat als das Potenzlose bestimmen, so erhellt schon von selbst, daß er keinen wahren Gegensatz hat. Einen solchen kann nur der Staat haben, in dem selbst kein freies, schönes, allgemeines Leben ist, der ein bloßes Zwangsinstitut ist, der das eine Element des Lebens unterdrücken muß, um dieß andere zu erhalten —

woraus schon klar ist, daß die andere selbst zur Einseitigkeit seyn muß. Im freien organischen Leben eines Staats ist die Wissenschaft, die Religion, von selbst mitbegriffen. Die Kirche ist nicht außer einem solchen Staat, sie ist in ihm. Außer ihm wäre sie nur in einem Staat von bloß weltlichen Zwecken [illegible], ein solcher aber ist auch nicht mehr Staat.

d) [illegible] Art betreffend, wie jene im Staat begriffen [illegible], so sind sie es nicht nur insofern, als jede von den dreien, Wissenschaft, Religion und Kunst, eine besondere Angelegenheit des Staats seyn muß, sondern in seinem Wesen selbst sind sie begriffen; sie werden, in den Staat übergegangen, objektiv in ihm selbst leben — die Wissenschaft durch die Gesetzgebung (diese selbst ist die erhabenste Philosophie, in ihr muß sich, wie Plato zeigt, das lebendige Ganze der Wissenschaft selbst abprägen), die Religion durch die öffentliche Sittlichkeit und den Heroismus einer Nation, die Kunst durch den schöpferischen Geist, der über dem Ganzen schwebt und es kunstmäßig, nicht [illegible] beseelt, durch die lebendige rhythmische Bewegung des öffentlichen Lebens, die Schönheit seiner Erscheinung.

§. 326. Was der Staat objektiv, ist subjektiv — nicht die Wissenschaft der Philosophie, sondern — die Philosophie selbst als harmonischer Genuß und Theilnahme an allem Guten und Schönen in einem öffentlichen Leben.

Ist der Staat objektiv potenzlos, so die Philosophie subjektiv. Vernunft: Weltbau = Philosophie: Staat. Die Philosophie in diesem Sinn ist das Ziel aller Wissenschaft der Philosophie, obschon auch Philosophie [illegible] der Schranken der Wissenschaft und nur als Wissenschaft, [illegible] sich selbst leben kann; solange es an dem öffentlichen Leben fehlt, in dem sie sich anschauen könnte.

[illegible] — die nicht mehr Wissenschaft ist, sondern zum Leben [illegible] — ist das, was Plato das [illegible] nennt; das Leben mit [illegible] in einer sittlichen Totalität.

www.ingramcontent.com/pod-product-compliance
Lightning Source LLC
Chambersburg PA
CBHW031934290426
44108CB00011B/554
* 9 7 8 3 7 4 2 8 0 8 5 3 0 *